国家出版基金项目
NATIONAL PUBLICATION FOUNDATION

“一带一路”倡议下扩大教育开放战略与机制研究

刘宝存　胡瑞　等——著

YIDAIYILU CHANGYI XIA
KUODA JIAOYU KAIFANG ZHANLÜE
YU JIZHI YANJIU

GEP 广西教育出版社　南宁

图书在版编目（CIP）数据

“一带一路”倡议下扩大教育开放战略与机制研究 / 刘宝存，胡瑞等著 . -- 南宁 : 广西教育出版社 , 2022.6

ISBN 978-7-5435-9190-5

Ⅰ . ①一… Ⅱ . ①刘… ②胡… Ⅲ . ①国际教育 – 国际合作 – 研究 Ⅳ . ① G51

中国版本图书馆 CIP 数据核字（2022）第 115066 号

策　　划：廖民锂
责任编辑：马龙珠
责任校对：谢桂清　何　云
责任技编：蒋　媛
装帧设计：李浩丽

出 版 人：石立民
出版发行：广西教育出版社
地　　址：广西南宁市鲤湾路 8 号　邮政编码：530022
电　　话：0771-5865797
本社网址：http://www.gxeph.com
电子信箱：gxeph@vip.163.com
印　　刷：广西民族印刷包装集团有限公司
开　　本：787mm×1092mm 1/16
印　　张：34.25
字　　数：526 千字
版　　次：2022 年 6 月第 1 版
印　　次：2022 年 6 月第 1 次印刷
书　　号：ISBN 978-7-5435-9190-5
定　　价：108.00 元

前 言

2015年3月28日，我国政府正式发布了《推动共建丝绸之路经济带和21世纪海上丝绸之路的愿景与行动》。建设“丝绸之路经济带”和“21世纪海上丝绸之路”（以下简称“一带一路”），是党中央、国务院主动应对全球形势深刻变化、统筹国内国际两个大局作出的重大发展倡议。我国“一带一路”倡议将秉持和平合作、开放包容、互学互鉴、互利共赢的理念，全方位推进与“一带一路”沿线国家的务实合作，打造政治互信、经济融合、文化包容的利益共同体、命运共同体和责任共同体，促进“一带一路”沿线国家经济繁荣发展，加强文明交流共享，促进世界和平发展。为了实现这一目标，我国将以政策沟通、设施联通、贸易畅通、资金融通、民心相通为主要内容，推进与“一带一路”沿线国家的合作。教育在“一带一路”倡议中有着举足轻重的地位，发挥着基础性、全局性、先导性的作用。“一带一路”倡议的实施，不仅标志着我国国家发展战略和外交战略新的开端，同时也对我国教育的改革与发展，特别是教育的对外开放提出了新的要求。2016年7月，教育部颁布了《推进共建“一带一路”教育行动》，对“一带一路”教育合作进行了战略部署，揭开了我国教育对外开放的新篇章。

“一带一路”涉及东北亚、东南亚、南亚、中亚、西亚、北非、中东欧等地区的60多个沿线国家，这些国家在政治制度、经济发展、文化传统和教育发展水平等方面都存在很大的差异。既有新加坡、以色列、希腊、捷克、波兰、哈萨克斯坦、匈牙利等发达及中等发达国家，也有蒙古、老挝、柬埔寨等发展中国家；既有泰国、缅甸等佛教国家，也有埃及、沙特阿拉伯、巴基斯坦等伊斯兰文明国家，还有信奉印度教的印度及信奉基督教、天主教、东正教的中东欧国家；既有中东欧国家和俄罗斯等高等教育进入普及化阶段的国家，也有柬埔寨、老挝、缅甸、巴基斯坦等仍然在为普及初等教育而努力的国家。这些国家社会经济和教育发展水平不同，教育发展存在的问题与国际教育合作的需求不同，国际合作与交流的政策不同，增加了我国与其进行教育合作与交流的难度。同时，“一带一路”建设机遇与风险并存。按照大环境分析（PESTEL），“一带一路”建设面临的风险主要可以分为政治风险、战争风险、非法活动风险、法律风险、金融风险、治安风险等。“一带一路”沿线国家多是发展中国家，政治失衡、冲突迭起、社会封闭、法律薄弱、金融动荡、治安不良等问题比较突出。“一带一路”建设如何趋利避害、规避风险，也是必须直面的问题。

因此，当我们制定“一带一路”倡议下扩大教育开放战略时，我们有太多的问题需要回答：“一带一路”沿线国家教育发展现状和人才需求如何？“一带一路”沿线国家教育合作与交流的政策是什么？“一带一路”沿线国家教育合作与交流的重点领域、优先领域及其准入条件是什么？“一带一路”沿线国家与其他国家特别是与和我国存在战略竞争关系的国家有哪些教育合作与交流，教育合作与交流的方式如何？我国与“一带一路”沿线国家的教育合作与交流的历史发展、现状如何？我国与“一带一路”沿线国家教育合作与交流的成功与失败的案例有哪些，经验教训有哪些？我国与“一带一路”沿线国家开展教育合作的空间、机遇、挑战有哪些？“一带一路”倡议下我国扩大教育开放的指导思想和工作方针是什么？“一带一路”倡议下扩大教育开放的短期战略目标、中期战略目标、长期战略目标是什么？“一带一路”倡议下扩大教育开放的战略措施有哪些，战略工作重点有哪些？我国应该充分利用哪些双边、多边合作机制推动“一带一路”倡议下扩大教育开放工作？如何利用现有的“一带一路”区域及次区域相关国际论坛、展会等推动“一带一路”倡议下扩大教育开放工作？我国应该如何主动构建双边、多边合作机制，推动“一带一路”倡议下扩大教育开放工作？如何在这些机制中协调中央和地方、政府和民间、计划和市场的关系？如何通过机制建设规避扩大教育开放的潜在风险？

“一带一路”倡议下扩大教育开放，不仅是中国教育向外拓展的问题，而且是中国教育自我反思和调整的机会。“一带一路”倡议对我国教育自身的改革与发展提出了哪些新要求、新挑战？在新要求、新挑战面前我国教育理念、教育实践存在哪些问题、障碍，应该进行哪些教育理念、教育实践方面的调整和改革，在人才培养、科学研究、教学内容、教学方法等方面应该如何改革？“一带一路”倡议下扩大教育开放对我国现行的教育政策特别是涉及国际教育交流与合作的政策提出了哪些新要求、新挑战，我国应该进行哪些政策调整？应该建立哪些支持系统来保障“一带一路”倡议下扩大教育开放各项措施的顺利实施？“一带一路”倡议下扩大教育开放工作，应该如何充分利用国内各地区、各部门、各单位的比较优势，通过协调机制确保各地区、各部门、各单位在“一带一路”倡议下扩大教育开放战略中准确定位，分工协作，相互配合，共同实现“一带一路”倡议的目标？

以上这些问题都是我们在制定“一带一路”倡议下扩大教育开放战略时必须回答的问题，也是每一个教育工作者不得不认真思考的问题。2015年我们申报的针对以上问题进行深入研究的国家社科基金（教育学）重大课题获得批准，使我们很荣幸有机会对这些问题进行系统的研究。在课题研究中我们发现，“一带一路”倡议在最初提出时涉及65个国家，但是在实施过程中涉及的国家远远超出最初的65个。为了研究的精确性和行文的方便，我们把“一带一路”倡议在最初提出时涉及的65个国家称为“一带一路”沿线国家（简称“沿线国家”），把超出65个沿线国家范围、所有参与“一带一路”合作与交流的国家称为“一带一路”建设国家（简称“建设国家”）。

在课题研究过程中，我们邀请了来自全国20多所高等学校和研究机构的30多位研究者加入课题研究。现在呈献给大家的这本书就是在课题研究报告的基础上修改而成的，是集体攻关的结晶。本书由刘宝存负责整体设计，各章写作具体分工如下：第一章教育在“一带一路”倡议中的地位与作用，由江苏师范大学张伟撰写；第二章我国与“一带一路”沿线国家的教育合作与交流现状，由首都师范大学张梦琦撰写；第三章“一带一路”倡议下我国扩大教育开放战略，由北京师范大学刘宝存、浙江大学段世飞、中央民族大学傅淳华、北京师范大学张瑞芳、北京体育大学王雪双、中国教育科学研究院张永军、上海电机学院何倩、杭州师范大学肖军、江南大学屈廖健、北京语言大学孙琪、华中农业大学胡瑞、华中农业大学朱玮静、北京师范大学苏洋撰写；第四章“一带一路”倡议下扩大教育开放的保障机制，由天津大学郄海霞、天津师范大学李丽洁、青海师范大学包万平、济南大学张继桥、北京航空航天大学张惠、北京师范大学苟鸣瀚、北京师范大学刘宝存、北京师范大学张瑞芳、上海师范大学宋佳、江苏师范大学张伟撰写；第五章“一带一路”倡议下扩大教育开放与我国教育发展政策调整，由北京外国语大学孙岩、聊城大学李军、天津师范大学李丽洁、曲阜师范大学杨尊伟、北京联合大学李润华、北京师范大学庄腾腾、中国教育科学研究院赵章靖、中国传媒大学耿益群、华中科技大学李函颖、湖北开放大学陈峥、浙江大学黄亚婷撰写。最后，由刘宝存、胡瑞负责全书的统稿工作。在此，作为课题负责人，谨对他（她）们参与课题研究和撰写书稿报告所做出的贡献表示衷心的感谢。

由于水平有限，我们深知研究还有很多缺陷和问题，希望专家、学者和读者提出批评建议，我们一定聆听、学习和修改。在研究和撰写过程中，我们参考了国内外许多研究成果，未能一一列出，敬请谅解。

北京师范大学国际与比较教育研究院

刘宝存

2021 年 10 月

目录

第一章

教育在『一带一路』倡议中的地位与作用

教育是一个国家历史境遇和现实状况的直观显现，作为一种融合经济、政治、习俗与制度等因素而形成的复杂事物，教育一方面受所处社会内外环境的限制与影响，另一方面也会通过设定目标、规划路径与构建制度等方式回应时代和国家对其使命和角色的期望。在现代社会中，教育与国家发展的关系日趋紧密，通过教育政策和方针的调整来实现国家发展的预期目标已经成为众多国家普遍采用的途径。“一带一路”倡议是新时代我国提出的有关未来一段时期国家发展宏伟蓝图的全新构想，是党和政府在全球局势和国内环境日趋复杂的现实背景下，全面统筹国内和国际发展大局而做出的重大部署，必将全面而深刻地影响中国经济、社会与教育等诸多领域的发展方向与演变路径。如何认识、理解与处理“一带一路”倡议与教育的关系将是新时代背景下我国教育理论界探索的重大时代命题。本章在梳理“一带一路”倡议的提出背景、主要内涵和重要意义等内容基础上，分析“一带一路”倡议对中国教育提出的新要求与新挑战，探索教育在“一带一路”倡议中发挥的作用与肩负的使命，以便深刻理解教育与作为国家宏观规划的“一带一路”倡议间复杂而紧密的内在关系。

第一节　“一带一路”倡议的主要内涵与重要意义

“一带一路”（The Belt and Road，缩写为 B&R）是“丝绸之路经济带”和“21 世纪海上丝绸之路”（The Silk Road Economic Belt and the 21st-Century Maritime Silk Road）的简称。2013 年 9 月和 10 月，中国国家主席习近平在出访中亚和东南亚国家期间，先后提出共建“丝绸之路经济带”和“21 世纪海上丝绸之路”的倡议，并将这一倡议的宗旨描述为“为了使我们欧亚各国经济联系更加紧密、相互合作更加深入、发展空间更加广阔，我们可以用创新的合作模式……以点带面，从线到片，逐步形成区域大合作。”[①]“一带一路”倡议提出以后很快得到国际社会的高度关注，同时也得到沿线国家的积极响应，其影响已经突破“一带一路”所涉沿线国家和地区，成为一项具有全球辐射力和影响力的重大构想。

“一带一路”倡议的提出有着复杂深刻的历史与现实背景，它是我国面对新时代的发展要求和现实挑战主动做出的发展战略与改革方向上的调整，也是中国作为崛起的大国积极肩负国际责任的体现。随着时间的推移，“一带一路”倡议的内涵逐步从模糊走向清晰、从理论进入实践，不断充实、拓展与完善的历程反映出这一倡议具有鲜活的生命力和极强的适应性。“一带一路”倡议必将从根本上影响我国未来对外开放与对内改革的发展格局，也会深刻改变参与这一倡议的沿线国家和地区与中国的交往与互动关系，“一带一路”倡议将有可能对整个世界的发展方向和演进路径产生深远影响。

---

① 习近平 . 弘扬人民友谊　共创美好未来：在纳扎尔巴耶夫大学的演讲［N］. 人民日报，2013-09-08（3）.

一、“一带一路”倡议的提出背景

“一带一路”倡议的提出既是中国在发展思路上的主动调整，也是时代与全球形势交互影响的结果。进入21世纪以来，整个世界并未进入一种和平、理性与可持续的发展轨道，人口、能源、金融与卫生等领域不断涌现的全球性危机表明，世界并未稳定与繁荣，而是动荡与发展并存。各国仍然面临着许多区域性和世界性挑战，每一个国家只有通过自身不懈奋斗和磨炼智慧才能有效应对。中国自20世纪70年代末开始推行改革开放，经过几十年的累积，改革所带来的红利不断释放，国家的经济实力、战略影响力和文化辐射力都在显著提升。与此同时，人们逐步认识到崛起中的中国也面临着自身难以克服的新困难、新问题与新挑战。中国亟须寻找发展道路上的新模式、新理念与新路径，“一带一路”倡议便在这一背景下作为一种全新的构想登上历史舞台。

（一）“一带一路”倡议的历史文化积淀

“一带一路”倡议有着深厚的文化积淀，它从历史深处走来，横贯古今、连接中外，一方面顺应和平、发展、合作、共赢的时代潮流，另一方面承载着古老的“丝绸之路”沿线各国实现人文交流、贸易繁荣、经济发展的共同夙愿。“一带一路”借用了“丝绸之路”的文化内涵，也赋予后者崭新的时代内涵与历史使命。[①] 从文化渊源上说，“一带一路”是在继承“丝绸之路”概念的基础上延伸出来的新理念。“丝绸之路”在各国群众中拥有巨大的象征意义和独特的标识色彩，这为“一带一路”倡议的推进提供了良好的社会文化心理基础。

1877年，德国地质地理学家李希霍芬（Ferdinand von Richthofen）正式将“从公元前114年至公元127年间，中国与中亚、中国与印度间以丝绸贸易为媒介的这条西域交通道路”命名为“丝绸之路”。另一位德国学者赫尔曼（A.Herrmann）在20世纪初出版的《中国与叙利亚之间的古代丝绸之路》一书中将“丝绸之路”所涵盖范围延伸到地中海西岸与小亚细亚地区，从而真正确立了现代意义上的古代“丝绸之路”的公认内涵，即这是一条

① 徐照林，朴钟恩，王竞楠.“一带一路”建设与全球贸易及文化交流［M］.南京：东南大学出版社，2016：6.

中国古代经过中亚、南亚、西亚和北非，最终通往欧洲，从而连接东西方政治、经济和文化的重要道路。“丝绸之路”的概念普遍被学术界和大众所接受。而我国所谈论的“丝绸之路”是指由西汉时期的外交家、旅行家和探险家张骞（约公元前 164 年至公元前 114 年）开拓的一条从长安（今西安）经关中平原、河西走廊、塔里木盆地通到中亚、地中海各国的陆上通道，这条通道在东汉时期向西延伸到欧洲的罗马帝国，向东延伸到河南洛阳，成为东西方相互交流的见证。

随着时间的推移，“丝绸之路”成为一种独特的文化标志，其内涵和所涵盖范围也在不断扩展。“丝绸之路”在许多人看来已经成为古代中国与其他国家在政治、经济和文化等领域进行沟通与交往的通道的统称，许多类似的通道都被冠以“丝绸之路”的称谓，如：从黄河流域以北通往蒙古高原，西经西伯利亚大草原，抵达咸海、星海、黑海沿岸，乃至东欧地区的“草原丝绸之路”；成都到印度的山道崎岖的“西南丝绸之路”；从中国东南沿海地区出发，穿过南海，进入太平洋、印度洋、波斯湾，远及非洲、欧洲的“海上丝绸之路”等。在这些“丝绸之路”上，各国使节、商队、游客、学者、工匠、教徒沿着丝绸之路四处活动、川流不息，沿线民众互通有无、互学互鉴，逐渐形成了沟通中华文明、印度文明、波斯文明、阿拉伯文明、希腊文明的经济文化交流的友谊之路。“丝绸之路”有着深刻的历史与文化内涵，多姿多彩的“丝绸之路”紧密连接了中国与沿线各国。“通过它们，中国承认了外部，外部也接受了中国。货物交换、人员交往、文化交流、情感交融，中外共同创造和传承了人类社会的物质文明和精神文明。”[①]“丝绸之路”满足了人们对于前现代时期东西方社会与文化密切交流的期待，昭示着世界各国之间人文交流和经济交往的必然性。

汉代“丝绸之路”的本质是一条亚欧贸易的经济通道，却在现实中承载着东西方各国在政治、军事、文化、科技、人文、习俗、民族、宗教等全方位的交流，为东西方文化互通、民族迁徙和人心融合搭建了一条文明

① 孔寒冰 . 加强战略互信，夯实“丝绸之路经济带”的社会基础［J］. 当代世界，2014（5）：16-18.

友善之路。[①]“丝绸之路”对于当今世界特别是沿线各国而言，更多的是一种抽象意义上的文化符号，由于其主要存在于和平时期，并且沿线各地会因商品和人文交流而繁荣，因此被视为国家间通过沟通交流而实现普遍和平与共同繁荣的标志。总体上看，“一带一路”倡议的提出一方面是对古代“丝绸之路”文化价值的继承和发扬，另一方面“丝绸之路”也为“一带一路”奠定了良好的历史文化和社会心理基础。

（二）“一带一路”的时代发展诉求

“一带一路”倡议虽借用了“丝绸之路”的象征意义，但却具有全新的时代内涵。其出现主要是现实环境与时代潮流不断推动的结果。“一带一路”倡议的提出有着极为复杂的政治、经济因素的考虑，它是我国在人类社会进入经济全球化时代的历史机遇下根据世界、区域和本国发展的复杂形势和现实任务所做出的新选择。“一带一路”倡议是中国面对日益复杂的世界局势和发展形势而主动求变与筹划，是统筹国内发展与国际交往两个大局，通过打造新型区域合作模式与国际交往制度框架来深化国内改革与扩大对外开放，从而鼓励和支持世界的多元化发展，实现全球治理结构的合理化变革的一次尝试，“一带一路”倡议的根本目的是要成功应对和化解我国与周边世界发展所面临的现实困境。

从国际形势来说，尽管20世纪90年代以来，和平与发展已经成为世界各国的共识，然而从总体上看，这一共识的推进过程并不顺畅，各国面临的发展问题依然严峻。“当今世界正处在大发展大变革大调整的关键时期。新一轮科技和产业革命形成势头，全球治理体系和国际秩序变革加速推进。同时，世界面临的不稳定性和不确定性突出，恐怖主义、重大传染性疾病、气候变化等非传统安全威胁持续蔓延，面对此起彼伏的全球挑战，仅凭单个国家的力量难以独善其身，也无法解决世界面临的问题。”[②]2008年以后，受国际金融危机的影响，以欧美为代表的经济发展旧秩序和旧格局普遍面临重大挑战，许多国家都面临自身难以把握的发展方向和演进路径上的调整要求，整个世界都期待着发展理念与路径上

① 许安拓．“一带一路”对汉代丝路的传承与超越［J］．人民论坛，2018（4）：83.

② 涂端午．新时代教育对外开放和中外人文交流的中国担当［N］．中国教育报，2018-01-11（6）.

的创新性变革。

随着经济全球化和技术网络化的发展，世界上已经没有一个国家能够完全置身于全球知识和科技系统之外。世界发展的整体格局正在进入调整的动荡期，具体来说，“一是世界经济格局变化，发展中新经济体整体崛起，世界经济中心开始从大西洋沿岸向亚太地区转移；二是世界政治格局发生变化，当今世界格局正从美国一家独大向多极化发展；三是人类文明格局变化，西方文明的工具理性、消费主义、单边主义已经难以解决当前人类社会面临的问题……四是中国正面临美国‘亚太再平衡’……的遏制，需要寻求西部通往中亚、欧洲的通道和战略空间，这也是亚欧经济互补、和谐发展的需要”[①]。21 世纪以来，整个世界的政治经济版图正在发生变革，以中国、日本、韩国、俄罗斯、澳大利亚等国为核心的亚太地区的战略地位不断上升，世界重心在逐步东移，亚太地区正在成为世界经济复苏和增长的重要引擎，这一地区的经济发展总量在可预见的时期内将会超过北美和欧洲，成为世界经济的领头羊。整个世界对亚太地区的作为有了更大期待。

中国在 2010 年成为世界第二大经济体后，世界各国普遍认识到中国将会在未来国际格局中扮演重要角色，将会成为一个世界性大国，因此也对中国有了更多的期待。随着中国经济的发展，中国也更有能力和意愿帮助周围国家共同发展。作为一个制造业大国，中国既可以向外大量出口物美价廉的产品，也可以向有需要的国家提供装备和技术；作为外汇储备大国，中国有实力对海外国家进行直接或间接投资，帮助他们应对资本危机；作为劳动力大国，中国有能力和劳动力短缺的国家在人力资源交流方面进行合作。不断变化的国内外形势要求中国更紧密地与世界特别是周边国家联系在一起。

推动“一带一路”倡议既是中国加强与世界各国互利合作的需要，也是自身深化对外开放与实现模式改革的需要。尽管中国在开始实行改革开放政策后的相当长的时期内取得举世瞩目的发展成就，但是这种充分利用劳动力和资源的成本优势来实现跨越式进步的发展模式已经不能满足经济

① 张祥建，涂永前 .“一带一路”：中国大战略与全球新未来[M]. 上海：格致出版社，2017：前言 1.

社会发展的需要——长期以来，受多种因素的影响，中国经济在保持高速增长的同时也出现区域发展不平衡问题，广大中西部地区在经济发展速度上较为缓慢、在发展水平上较为落后，中国亟须转变传统经济发展思路和模式。中国希望借助“一带一路”倡议的推进实现全国范围内再一次跨越式发展，缓解甚至解决全国各区域间发展不均衡的问题。

二、“一带一路”倡议的主要内涵

薛力认为，“一带一路”对内是发展战略之一，对外是国际合作倡议，其目的是以和平手段实现国家复兴、构建人类命运共同体。[①] 与历史上出现的其他构想不同，中国主张在推进“一带一路”倡议时充分尊重各国国情，努力做到共商、共建和共享，真正实现各国的互利共赢。作为一个崛起中的大国所提出的影响世界的宏观构想，“一带一路”倡议具有丰富而深刻的内涵，同时也在实践中不断得到修正、扩充与提升。

（一）“一带一路”倡议的发展过程

“一带一路”倡议是一个长期持久的宏观发展规划，为了保障这一规划能够平稳有序地推进，中国实行“稳步推动、逐步提升”的推进步骤。2013 年 11 月，党的十八届三中全会通过《中共中央关于全面深化改革若干重大问题的决定》。该文件明确指出，“加快同周边国家和区域基础设施互联互通建设，推进丝绸之路经济带、海上丝绸之路建设，形成全方位开放新格局”，这标志着“一带一路”倡议成为国家层面推行的重要规划，也为“一带一路”倡议建设定下基调。2015 年 3 月，中国国家发展改革委、外交部、商务部联合发布了《推动共建丝绸之路经济带和 21 世纪海上丝绸之路的愿景与行动》。这一文件从时代背景、共建原则、框架思路、合作重点、合作机制、中国各地方开放态势、中国积极行动、共创美好未来等方面对“一带一路”倡议进行了全面阐述和系统规划。自此，“一带一路”倡议进入具体实施阶段，推进速度不断加快。

2016 年 8 月 17 日，“一带一路”倡议推进工作座谈会在北京召开，

---

① 薛力．“一带一路”与中国的“新改革开放”［EB/OL］．（2017-11-22）［2022-03-18］．https://www.hnzk.gov.cn/zhikujianyan/7076.html.

习近平主席在会上强调要总结经验、坚定信心、扎实推进，聚焦政策沟通、设施联通、贸易畅通、资金融通、民心相通，聚焦构建互利合作网络、新型合作模式、多元合作平台，聚焦携手打造绿色丝绸之路、健康丝绸之路、智力丝绸之路、和平丝绸之路，以钉钉子精神一步一步把“一带一路”建设推向前进，让“一带一路”建设造福沿线各国人民。① 2017 年 5 月 14—15 日，“一带一路”国际合作高峰论坛在北京举行，这是一件世界范围内的大事，也是“一带一路”倡议提出以来世界各国首脑首次大规模的集体表态。来自 30 个国家的领导人和联合国、世界银行、国际货币基金组织的负责人在会议期间达成 5 点重要共识：第一，致力于推动“一带一路”建设合作，携手应对世界经济面临的挑战；第二，支持加强经济政策协调和发展战略对接，努力实现协同联动发展；第三，推动各领域务实合作不断取得新成果；第四，架设各国民间交往的桥梁；第五，坚信“一带一路”建设是开放包容的发展平台，各国都是平等的参与者、贡献者、受益者。② 国际合作高峰论坛的召开既标志着中国政府推动“一带一路”倡议的坚定决心，也传递出各方合力推进“一带一路”建设合作、携手构建人类命运共同体的积极信号，同时也明确了“一带一路”倡议建设合作的目标和方向。

“一带一路”倡议的沿线国家有 65 个，主要规划的线路共有 4 条（详见表 1-1）。由于它是一个开放性的倡议，参与“一带一路”倡议建设的国家数量远远超过沿线国家数量，因此这一倡议最终涉及的国家和线路将远超以上规模。与此同时，“一带一路”倡议已经取得令人瞩目的成绩，“‘一带一路’倡议提出以来（截至 2018 年 4 月），中国通过平等协商，已经同 86 个国家和组织签署了 101 个合作协议，同 30 多个国家开展了机制化产能合作，在沿线 24 个国家推进建设了 75 个境外经贸合作区，中国企业对沿

① 新华社 . 总结经验坚定信心扎实推进　让“一带一路”建设造福沿线各国人民［N］. 人民日报，2016-08-18（1）.

② “一带一路”国际合作高峰论坛筹备委员会秘书处 .“一带一路”国际合作高峰论坛举行圆桌峰会，习近平主持会议并致辞［EB/OL］.［2018-03-01］. http://www.xinhuanet.com/world/2017-05/15/c129605243.htm.

线国家投资累计超过 500 亿美元，创造近 20 万个就业岗位”[①]。根据中国外交部的统计，到 2016 年底，“在共商、共建、共享原则指导下，在各参与方共同努力下，‘一带一路’逐渐从倡议变为行动，从理念转化为实践，成为开放包容的国际合作平台和各方普遍欢迎的全球公共产品。100 多个国家和国际组织积极支持参与，一大批有影响力的标志性项目顺利落地。我国与许多国家发展战略顺利对接，2014 年至 2016 年同‘一带一路’沿线国家贸易总额超过 3 万亿美元……‘一带一路’沿线基础设施互联互通水平快速提升”[②]。教育事业在“一带一路”倡议中的作用初步凸显，“中国设立了‘丝绸之路’中国政府奖学金，每年资助 1 万名沿线国家新生来华学习或研修；与 24 个沿线国家和地区签署了高等教育学历学位互认协议。‘一带一路’国家成为新的留学目的地，截至 2018 年 4 月，我国在‘一带一路’国家设立了 17 个国家文化中心、173 所孔子学院和 184 个孔子课堂，约占全球孔子学院和课堂总数的 1/4，2016 年注册学员达到 46 万人，开展各类文化活动近 8 000 场，受众高达 270 万人”[③]。

① 王义桅 . 如何看待“一带一路”建设的国际规则之争？［EB/OL］.(2017-10-03)［2018-03-02］. http://www.ftchinese.com/story/001076401?full=y.

② 中华人民共和国外交部党委 . 外交部：推进“一带一路”建设，构建全方位对外开放新格局［EB/OL］.（2017-10-03）［2018-02-21］. https://www.yidaiyilu.gov.cn/ghsl/gnzjgd/29653.htm.

③ 柴尚金 . 涵养“一带一路”良好人文生态 [EB/OL].(2019-07-08)[2020-11-22]. http://www.bjqx.org.cn/portal/sites/site-111/qxweb/dzk-ten/bjqx/n415798c1453.aspx.htm.

表 1-1　“一带一路”倡议沿线国家与主要路线（截至 2017 年 5 月）

沿线国家（中国除外）	俄罗斯、蒙古及中亚 5 国	俄罗斯、蒙古、哈萨克斯坦、塔吉克斯坦、吉尔吉斯斯坦、乌兹别克斯坦、土库曼斯坦
	独联体其他 5 国及格鲁吉亚	白俄罗斯、乌克兰、阿塞拜疆、摩尔多瓦、亚美尼亚、格鲁吉亚
	西亚北非 16 国	伊朗、叙利亚、约旦、以色列、伊拉克、黎巴嫩、巴勒斯坦、埃及、土耳其、沙特阿拉伯、阿拉伯联合酋长国、阿曼、科威特、卡塔尔、巴林、也门
	东南亚 10 国	印度尼西亚、柬埔寨、马来西亚、菲律宾、新加坡、泰国、文莱、越南、老挝、缅甸
	南亚 8 国	尼泊尔、不丹、阿富汗、巴基斯坦、印度、孟加拉国、斯里兰卡、马尔代夫
	中东欧及南欧 18 国	希腊、塞浦路斯、波兰、黑山、马其顿、波黑、阿尔巴尼亚、立陶宛、拉脱维亚、爱沙尼亚、捷克、斯洛伐克、匈牙利、斯洛文尼亚、克罗地亚、罗马尼亚、保加利亚、塞尔维亚
主要线路	北线	中国（北京）—俄罗斯—德国—北欧
	中线	中国（北京—郑州—西安—兰州—乌鲁木齐）—阿富汗—哈萨克斯坦—匈牙利—法国（巴黎）
	南线	泉州—福州—广州—海口—北海—河内—吉隆坡—雅加达—科伦坡—加尔各答—内罗毕—雅典—威尼斯
	中心线	中国（连云港—郑州—西安—兰州—新疆）—中亚—欧洲

资料来源：本表根据相关公开资料整理（截至 2017年 5月）。

2020 年以来，面对错综复杂的世界形势特别是新冠肺炎疫情的冲击，中国积极与“一带一路”相关国家携手同行、守望相助，各方的团结努力使得“一带一路”仍然取得了较大成绩。按照商务部的统计，截至 2021 年 1 月，“中国与 171 个国家和国际组织，签署了 205 份共建‘一带一路’合作文件”，“全年（2020 年）与沿线国家货物贸易额 1.35 万亿美元，同比增长 0.7%（人民币计为 1.0%），占我国总体外贸的比重达到 29.1%。中欧班列的贸易大通道作用更加突显，全年开行超过 1.2 万列，同比上升 50%，通达境外 21 个国家的 92 个城市，比 2019 年底增加了 37 个”[①]。与此同时，一大批境外项目和园区建设在克服新冠肺炎疫情中稳步推进。中国政府已经明确

① 中华人民共和国商务部．商务部召开 2020 年商务工作及运行情况新闻发布会［EB/OL］.［2021-01-30］. http://www.mofcom.gov.cn/xwfbh/20210129.shtml.

表示将对有意愿参与“一带一路”建设的国家和地区持开放态度，欢迎所有国家参与这一倡议。可以预计，随着“一带一路”建设的深入推进，将有更多的国家和地区成为“一带一路”倡议的参与者和建设者。

（二）“一带一路”倡议的核心内容

“一带一路”倡议所包含的理念是建立在中国传统文化基础上的全新的、非对抗性的发展理念，“求同存异”与“互利共赢”是这一倡议的核心。与此同时，作为一种新型区域经济合作架构，“一带一路”倡议在许多方面承担着合作平台的作用，具体来说，它是中国区域经济协调与发展平台，地区与全球经济一体化合作平台，欧亚非利益、命运与责任共同体建设平台，全球治理方案与全球公共物品供给平台，以及世界地缘政治经济与文明交流融合新格局构筑平台。[①]“一带一路”倡议的主要目标有两个：一是加强中国与沿线国家的合作，扩大中国对外开放的范围，提升对外开放的水平；二是整合国内发展的全局，完成经济转型，同时努力发展西部相对落后地区的经济，保持我国经济社会局面的稳定和谐。

“一带一路”倡议所涉及的范围比古代的“丝绸之路”更广泛。“丝绸之路经济带”主要包含三条路径[②]：一条从中国出发经中亚、俄罗斯至欧洲（波罗的海）；一条经中亚、西亚至波斯湾、地中海；还有一条连接东南亚、南亚和印度洋各国。与此同时，“一带一路”依托国际大通道，以沿线中心城市为支撑，以重点经贸产业园区为合作平台，共同打造新亚欧大陆桥、中蒙俄、中国—中亚—西亚、中国—中南半岛等国际经济合作走廊。“一带一路”倡议在国内所涉及的区域几乎涵盖全国各地，按照地理位置的不同主要分西北、东北、西南、内陆、沿海和港澳台等板块。目前，各个地区都在积极发挥各自的优势，全面提升对外开放水平。尽管“一带一路”倡议的内容非常丰富，但仍有其核心内涵与根本目标，把握后者能够帮助我们更好地理解其主导精神。

根据总体规划，陆上“丝绸之路经济带”依托国际大通道，以沿线中

---

① 杨荣国．“一带一路”公共外交战略研究［D］．兰州：兰州大学，2017.

② 国务院新闻办公室．“一带一路”路线图正式公布 [EB/OL].(2015-03-30)[2022-05-24]. http://www.scio.gov.cn/m/ztk/wh/slxy/31213/Document/1397460/1397460.htm.

心城市为支撑，以重点经贸产业园区为合作平台，共同打造若干国际经济合作走廊；海上“21世纪海上丝绸之路”以重点港口为节点，共同建设通畅、安全、高效的运输大通道。[①]“一带一路”倡议以“丝绸之路”精神为指引，利用公路、航空、河流等运输体系交织而成的运输网络，组成新型、巨型的区域经济合作平台。这一倡议的主要内容可以概括为“一个核心理念”（和平、发展、合作与共赢）、“五个合作重点”（政策沟通、设施联通、贸易畅通、资金融通与民心相通）、“三个共同体”（利益共同体、命运共同体和责任共同体）[②]。这种概括能够较为全面地反映出“一带一路”倡议的基本轮廓，对于我们认识和理解这一倡议大有裨益。

从核心理念的视角来看，“一带一路”倡议主张要全面推行开放、包容、均衡、普惠与可持续的全球化，倡导将分裂的世界、分割的市场互联互通，进而形成平等、横向的合作架构，将发达国家、发展中国家、新兴国家最广泛地连接在一起，真正实现东西、南北、中外、古今的大融通。[③]“一带一路”倡议的目标是要打造中国与沿线国家政治互信、经济融合、文化包容的共同体，其路径则是推进“五通”，即政策沟通、设施联通、贸易畅通、资金融通、民心相通。具体来说，“政策沟通”是指中国与其他国家政府间要加强合作，积极构建起多层次政府间宏观政策沟通交流机制，增强政治互信，深化利益融合，沿线国家在互信基础上共同制定推进区域合作的规划，为各种项目实施提供政策支持。“设施联通”既是指国内设施的联通，也是指中国与沿线国家之间设施的联通，设施联通能为“一带一路”提供交流的物质基础，是这一倡议优先建设的重要领域。想要推进设施联通，首先要增进国家间的政治互信，其次是国家间技术标准对接与项目建设和管理的协调，最后则是不同文明体间社会文化与价值观的相互沟通。“贸易畅通”是指国与国之间就贸易和投资便利化进行探讨并适当安排，从而消除贸易壁垒，降低合作双方贸易和投资成本。“货币流通”是指要在“一带一路”倡议推进过程中尽可能地大幅度降低各国间货币流通成本，同时增

① 许安拓.“一带一路”对汉代丝路的传承与超越［J］.人民论坛，2018（4）：83.

② 张祥建，涂永前.“一带一路”：中国大战略与全球新未来［M］.上海：格致出版社，2017：2.

③ 王义桅.如何看待“一带一路”建设的国际规则之争？［EB/OL］.［2018-03-02］.http://www.ftchinese.com/story/001076401?full=y.

强各方抵御金融风险的能力，提升本地区经济的国际竞争力。“民心相通”指不同国家间的民众要相互沟通交流，加强民间社会的相互认识和了解。贸易畅通和资金融通属于硬件建设，民心相通则是软件建设，也是“五通”的文化基础。

如果说“五通”是“一带一路”倡议的实施路径的话，那么“三同”则是这一倡议的根本目标。“三同”是指利益共同体、命运共同体和责任共同体。[①] 由于“一带一路”沿线国家大多是新兴经济体和发展中国家，各国在现实中普遍面临着发展经济、改善民生、维护稳定的重要任务，这就使得彼此之间战略利益相近、战略理念相通、命运休戚与共。基于上述考虑，“一带一路”倡议提出了打造利益共同体、命运共同体和责任共同体的目标，从而实现欧亚非各国的共同发展与合作共赢。尽管“三同”的含义相互有所关涉，但彼此各有侧重，并且它们与“五通”之间也相互联系。“利益共同体”强调各国经济互惠互利，“命运共同体”强调各国发展融合，“责任共同体”强调各国和平稳定，打造利益共同体、命运共同体和责任共同体重在实现各国间的互联互通，即在政策沟通方面实现理念共通与决策共商，在设施联通方面实现设施共建与资源共享，在贸易畅通方面实现关税共同与规则共议，在资金融通方面实现汇率共浮与信息共享，在民心相通方面实现文化共存与价值共惠。

在“五通”和“三同”里，“一带一路”倡议最为重大的理论创新就是提出“人类命运共同体”的理念。“人类命运共同体的概念超越了文化、种族、肤色、宗教和不同社会制度的界限，在表述上是一个中性、温和的概念，具有‘千年一叹’的精神能量；以谋求全球化的‘双赢’或‘多赢’格局为外交价值诉求，反映了中国希望以此与世界携手来构筑‘命运共同体’的愿望。”[②] 人类命运共同体的提出是新时代中国积极应对全球性问题和挑战，推动全球治理体系变革的一种全新尝试，其内涵超越国家、民族和文化的藩篱，力图构筑基于共同背景、共同挑战和共同理想的人类美好家

① 手机央广网．“五通三同”，四字看懂“一带一路”丰厚内涵 [EB/OL].(2015-03-29)[2022-06-18]. http://m.cnr.cn/news/20150329/t20150329518163512.html.

② 徐艳玲．人类命运共同体思想：全球化困境下的理论突围［J］．人民论坛，2017（28）：42-43.

园。政治、安全、经济、文化和生态五位一体，构成了人类命运共同体的丰富内涵。①

按照王义桅的说法，“命运共同体思想继承和弘扬了《联合国宪章》的宗旨和原则，是全球治理的共商、共建、共享原则的核心理念，超越消极意义上‘人类只有一个地球，各国共处一个世界’，形成积极意义上的‘命运相连，休戚与共’，就是不仅要在物质层面，还要在制度、精神层面上求同存异、聚同化异，塑造‘你中有我、我中有你’的人类新身份，开创天下为公、世界大同的人类新文明”②。“一个民族要走向世界，首先给世界贡献的不是国内生产总值，而是世界观。如果一个民族没有比以前曾引领世界的民族更先进的世界观，这个民族就无法走向世界，更不能引领世界。”③党的十九大报告提出，中国应坚持和平发展道路，推动构建人类命运共同体。唯有构建人类命运共同体，才能联通各国政策，形成合力，促进世界和平安宁和共同发展。人类命运共同体的核心是不同文明兼容并蓄、交流互鉴、和谐共生。它超越了文明冲突论和文明优越论，既是应对人类现实挑战的中国方案，也是中国担当。④

人类命运共同体的概念既包含各国自身的国家利益，也囊括超越国家层面的世界利益，国家利益与世界利益在这一概念体系下相互融合，这就迫使人们意识到在面对人类社会的共同问题时，需要各国人民同心协力，对世界发展共同负起责任，个体在这一过程中超越国家公民而成为全球公民。“人类命运共同体中的人，既属于自己的国家，但又必须超越国家的狭隘利益，具有全球的利益、全球的视野。”⑤为了推进人类命运共同体建设，教育应着力培养具有世界视野、能够为世界和平与发展做出贡献的人。“人类命运共同体思想，承载着中国对建设美好世界的崇高理想和不懈追求，

① 王辉，周雪.“一带一路”中阿文化交流的思考：互学互鉴，推动构建人类命运共同体［EB/OL］.［2018-02-06］. http://www.rmhb.com.cn/zt/ydyl/201801/t20180117_800114676.html.

② 王义桅. 人类命运共同体入宪的意义［EB/OL］.［2018-03-01］. http://www.aisixiang.com/data/108590.html.

③ 张文木.“一带一路”与世界治理的中国方案［J］. 世界经济与政治，2017（8）：4-25，156.

④ 涂端午. 新时代教育对外开放和中外人文交流的中国担当［N］. 中国教育报，2018-01-11（6）.

⑤ 冯建军. 以价值教育推动“构建人类命运共同体”［N］. 光明日报，2018-02-13（13）.

反映了世界各国人民对和平公正新秩序的美好期待，因此受到国际社会特别是广大发展中国家的普遍欢迎和强烈支持。‘构建人类命运共同体’理念被正式写入联合国决议，表明这一理念已经得到国际社会广泛认可。”①“如果从构建人类命运共同体的角度来考察‘一带一路’，那么就不能仅仅将其视为中国国内发展和经济外交的一部分，还应当重视如何通过倡议来改变和塑造人类世界。而且这种改造和塑造也绝不可能仅限于物质层面，相反必然会渗透到人类社会的制度和理念层面。如果没有一套共同的价值观、没有共同的理念信念，也绝不可能产生共同繁荣的人类命运共同体。”②

越来越多的人意识到，“一带一路”倡议的推进需要建立在教育交流和文化交往基础上的各国国民在价值观上的理解与认同，“一带一路”倡议是促进共同发展、实现共同繁荣的合作共赢之路，是增进理解信任、加强全方位交流的和平友谊之路。③人类命运共同体的概念“超越了近代以来西方开创的政治文明，是人类文明的创新……充分展示了中华文明的魅力和世界人民的期待”④。“‘共同体’超越民族作为想象共同体、中华作为文化共同体的层次，追求人类共同体的大同，实现全球化时代的天下一家梦想，超越地区一体化和全球化的矛盾，是对近代以来中心—边缘全球化体系的超越，实现一体化地理、政治、文化的合一，成就人类命运。”⑤“一带一路”倡议对内是国家发展规划，对外是国际合作倡议，其目标是以和平手段实现国家复兴与建设人类命运共同体。

总体上看，“一带一路”建设是一个史无前例的系统建设工程，其涵盖地区跨越亚洲、欧洲、非洲和大洋洲，囊括政治、经济、文化和社会等各方面，推进方式更是多种多样，这一跨越时空的宏伟构想，从历史深处走来，融通古今，连接中外，顺应和平、发展、合作与共赢的时代潮流，承

---

① 王义桅．“人类命运共同体”思想解决三大世界问题［EB/OL］．［2018-02-27］．http://www.aisixiang.com/data/108208.html.

② 肖河．“一带一路”的价值追求与历史使命［EB/OL］．［2018-03-02］．http://www.rmhb.com.cn/zt/ydyl/201712/t20171220_800112659.html.

③ 《人民日报》评论员．传承弘扬丝路精神　共筑梦想同谱华章［N］．人民日报，2015-03-29（4）．

④ 王义桅．人类命运共同体入宪的意义［EB/OL］．［2018-03-01］．http://www.aisixiang.com/data/108590.html.

⑤ 同④．

载着丝绸之路沿途各国发展进步的愿景，同时也赋予古老丝绸之路以新的时代内涵。[①]“一带一路”倡议的实施与推进坚持维护各国国家核心利益的原则，将互利共赢和互通相助结合起来，融和平发展于整体规划之内，将顶层设计与基层实践相互结合，通过合作推进与机制创新来为全球经济与其他方面治理结构的完善贡献智慧，从而携手打造一个集思广益、群策群力的发展局面，最终共同建设一个人类命运共同体，为所有国家的所有成员的发展创造美好幸福的未来。

三、“一带一路”倡议的重要意义

在整个世界都在发生深刻变革的时代背景下，推进“一带一路”建设有利于我国实现国内与国外的沟通合作，助推对内改革和对外开放，从而更好地帮助我国利用两种资源与两个市场来发展自己，同时，“一带一路”倡议的推进所产生的无与伦比的辐射力也将帮助沿线各国不断改善经济发展条件，提升参与国的文化交流水平。随着“一带一路”倡议的内涵不断丰富，“一带一路”倡议的重要意义正逐步凸显。

（一）“一带一路”倡议助推中国的改革与发展

“一带一路”倡议是我国改革开放面临重大挑战之际所做出的发展战略层面的调整，其提出对于中国未来经济的转型升级、社会的和谐稳定与个体的成长发展都将产生重要影响，将进一步推动中国的对外开放与对内改革。“一带一路”倡议的提出既是中国对世界和平发展做出的新的贡献，也是我国自身经济转型和实现中华民族伟大复兴的内在需要。

2014 年以来，随着中国经济进入新常态，经济增长的速度逐渐放缓，对外贸易和利用外资出现下滑趋势，与此同时，国内产能过剩、库存过大、杠杆过高，发展创新能力有所削弱。在此背景下，“一带一路”倡议为中国拓展了国际发展空间，为中国经济持续向好创造了条件。“建设‘丝绸之路经济带’，是打造中国经济升级版的新引擎，能够形成新的亚欧商贸通道和经济发展带，带动中国内陆沿边向西开放，扩大西部经济发展空间。建设‘21 世纪海上丝绸之路’，是打造东部经济升级版的新支点，能够带动沿海

① 胡伟．“一带一路”：打造中国与世界命运共同体［M］．北京：人民出版社，2016：26.

地区优化外贸结构，推动经济转型升级，减轻资源环境压力，形成与东南亚国家联动发展的新局面。”① 具体来看，“一带一路”沿线国家大多数是发展中经济体，这一现实条件为中国企业实施“走出去”战略提供了广阔空间，随着基础设施条件的持续改善，沿线国家的经济将会得到进一步改善，其对于外资的需求将为我国与这些国家经贸投资与金融领域合作创设新的空间。另外，中国在“一带一路”沿线国家和地区进行的基础设施建设项目和大规模工程建设活动将会强劲拉动我国进出口贸易和投资，从而为国内经济的转型升级创造良好的外部环境。总体上看，推动经济转型与促进经济增长是“一带一路”倡议为中国社会做出的重要贡献之一。

“一带一路”倡议为地方政府特别是中西部地区参与国际经济合作创造了条件。很多地方政府都根据自身优势在“一带一路”建设中积极寻找符合自身发展利益的定位和参与方式，并且制定了相应的规划和行动计划，地方政府已经成为“一带一路”国际产能合作的重要力量，“一带一路”沿线经贸产业园区大多也是由地方政府和地方企业主导建设、管理的。“一带一路”倡议不仅对中国的经济和政治领域有所助益，还将助推中国文化走向世界。“‘一带一路’是中国倡导的国际合作新方案。‘一带一路’借用古丝绸之路的历史符号，融入了新的时代特征，面向人类共同的发展未来，既是维护开放型世界经济体系，实现平等、多元、自主、包容、平衡和可持续发展的中国方案，也是深化区域合作，加强文明交流互鉴，维护世界和平稳定，推动全球化健康发展、构建平等互利共赢全球经济新秩序的中国主张，体现了中华文明历史的传承和思想的不断创新。”② “一带一路”倡议是连接“中国梦”和“世界梦”的战略纽带，它将促进全球范围内的互联互通，也将推进中国社会的对外开放水平，同时也会极大提升中国政府参与国际合作与全球治理的能力。

（二）“一带一路”倡议推动沿线各国合作与进步

“一带一路”倡议的实施不但对于中国的未来发展意义重大，同时也会

① 张祥建，涂永前.“一带一路”：中国大战略与全球新未来[M].上海：格致出版社，2017：前言 2.

② 王海峰.共建“一带一路”构建人类命运共同体[EB/OL].[2018-03-01].http://www.rmhb.com.cn/zt/ydyl/201711/t20171110_800109598.html.

对沿线国家产生重要影响，它将会有力地推进沿线国家和地区的交流合作与互利共荣。“一带一路”倡议的重要内容，用一个字来概括就是“通”。“通”的推进方式是“根据‘一带一路’走向，陆上依托国际大通道，以沿线中心城市为支撑，以重点经贸产业园区为合作平台，共同打造新亚欧大陆桥、中蒙俄、中国—中亚—西亚、中国—中南半岛等国际经济合作走廊；海上以重点港口为节点，共同建设通畅安全高效的运输大通道”[①]。“通”的目标是打造“一带一路”所经区域的政治互信、经济融合、文化包容的利益共同体、命运共同体和责任共同体，“一带一路”对于沿线国家的发展意义重大，这一构想的提出契合沿线各国的共同需求，为沿线国家优势互补、开放发展打开新的机遇之门[②]。“一带一路”不仅是实现中华民族伟大复兴的重要环节，也是促进沿线国家共同发展的有益路径，借助“一带一路”倡议，中国将和世界上所有的同道之国真正构建起命运共同体。

“一带一路”倡议提供的是一个开放包容的发展平台，它倡导互利共赢，尊重各国的道路选择，将会在三方面产生重要影响。首先是中国与沿线国家的交流合作将从经济贸易层面拓展到技术交流、劳动力互补与人文合作等更广泛层面；其次是各国将会通过更密切的安全领域的合作，扩大彼此的安全效益，维护各自的国家利益；最后是沿线各国还会增强各自人文传统和历史观的交流与共享，使之上升为共享的政治效益。“一带一路”倡议的推进能够顺应经济全球化、文化多样化和信息一体化的世界发展潮流，从而有助于经济要素的有序流动，使得沿线国家实现经济政策协调发展，共同打造开放、包容、互惠的全球经济合作架构。[③]多种迹象表明，推进“一带一路”倡议符合沿线国家的共同利益，这一倡议体现了各国人民对于美好世界的共同理想和真挚追求，既是国际合作与全球治理模式的伟大创新，也为世界的和平与进步贡献了智慧。

“一带一路”倡议的目标是推动全球化朝开放、包容、均衡、普惠、可

① 新华网．授权发布：推动共建丝绸之路经济带和21世纪海上丝绸之路的愿景与行动［EB/OL］．［2018-01-02］．http://www.xinhuanet.com/world/2015-03/28/c_1114793986.htm.

② 徐照林，朴钟恩，王竞楠．“一带一路”建设与全球贸易及文化交流［M］．南京：东南大学出版社，2016：6.

③ 同②3.

持续方向发展，它着眼于亚欧地区的互联互通，着眼于陆海联通，是对新自由主义主导的全球化的扬弃。通过“一带一路”建设，中国将开展更大范围、更高水平、更深层次的区域合作，共同打造开放、包容、均衡、普惠的区域合作架构。同时，“‘一带一路’打造‘绿色丝绸之路’‘健康丝绸之路’‘智力丝绸之路’‘和平丝绸之路’，让老百姓在其中有更多的参与感、获得感和幸福感，可以说，‘一带一路’倡议是老百姓版本的全球化，是‘南方国家’的全球化，这与跨国公司或少数利益集团把世界变成投资场所的全球化有本质的不同”①。“一带一路”倡议已经成为促进我国对外开放的重大决策，其沿线参与国家也在最大范围内整合和对接优势资源，进而通过国家间的合作交流，为未来发展赢得空间和机会。“丝绸之路经济带”的提出表明中国开始主动地去构建一个地区的外交构想。这是一种思维的重大转变，凸显了大国外交的魄力，为中国今后发展地区外交乃至构建全球规划都做出了有益的探索。②“一带一路”倡议不仅展现出中国作为一个新兴大国所拥有的大视野、大格局与大气度，同时也为世界其他国家的未来发展提供一个可供利用的历史机遇。

四、“一带一路”倡议对教育提出的要求

“一带一路”倡议的提出既是发展路径上的机遇，也是对发展模式的挑战，对各领域、各方面与各部门都提出新的要求。“‘一带一路’的建设作用不仅体现（在）对沿线各国的经济建设、贸易合作上，其内涵早已超越了经济纽带的狭隘范畴，覆盖文化、教育、科技、旅游等广泛领域。‘一带一路’建设架起了亚欧文化交流的桥梁，将有力增进中欧之间的相互理解与合作，其不仅是商贸之路，也是文化之路。”③人文交流是“一带一路”倡议的题中之义，也是“一带一路”保持旺盛活力的源泉。人文交流的前提

---

① 王义桅.如何看待“一带一路”建设的国际规则之争？［EB/OL］.［2018-03-02］. http://www.ftchinese.com/story/001076401?full=y.

② 孔寒冰.加强战略互信，夯实“丝绸之路经济带”的社会基础［J］.当代世界，2014（5）：16-18.

③ 徐照林，朴钟恩，王竞楠.“一带一路”建设与全球贸易及文化交流［M］.南京：东南大学出版社，2016：132.

是理念上的共通性与可理解性，具体体现为以民族国家为主体的人类社会，不以人类共同价值取代民族、国家的存在价值，而是承认和尊重各个民族与国家的价值，特别是要尊重其他民族、国家、地区的文化传统和信仰。教育是人文交流的重要组成部分，理念共通性和可理解性的形成离不开教育的参与。“一带一路”倡议对不同国家间人文交流的关注已经成为我们所处时代的宏观背景，同时，这一倡议也对传统教育的发展模式和改革路径提出新的要求，这一现实境遇迫使教育不得不回应因国家未来发展构想的调整所带来的现实挑战。

第一，要厘清“一带一路”沿线国家教育发展和人才需求状况，这是我国与“一带一路”沿线国家进行教育合作的前提。在“一带一路”倡议逐步推行的过程中，为保障中国与各国沟通交流的顺畅，我国需要尽早结合沿线国家教育发展以及双边合作所提出的人才需求来确定国家间教育合作与交流的基本政策、重点领域、优先领域、准入条件、合作方式，这是保障我国在“一带一路”背景下扩大教育开放事业顺利开展的基础工作。

第二，要探明我国与“一带一路”沿线国家教育合作与交流的历史发展和现实状况，这是我国与“一带一路”沿线国家进行教育合作的基础。经过近几十年特别是自“一带一路”倡议提出以来的快速发展，我国与“一带一路”沿线国家的教育合作与交流已经卓有成效，然而需要指出的是，在成就的背后也潜藏着失败的教训，无论是成功的案例还是失败的教训都是我们未来发展与“一带一路”国家沿线教育合作的宝贵经验，都需要我们认真总结与反思。与此同时，在新时代背景下，我们需要探索中国与“一带一路”沿线国家教育合作的空间、机遇和挑战，同时要注意分析“一带一路”沿线国家的政治、经济、文化和宗教等因素对于我们实施教育对外开放战略将会产生的影响。

第三，要总结“一带一路”倡议下扩大教育对外开放对我国教育自身的改革与发展提出的新要求与新挑战，这是我国与“一带一路”沿线国家进行教育合作的背景。教育对外开放是国之大事，它涉及教育领域的方方面面，“一带一路”倡议的出台是我国进行教育对外开放的时代背景，这一倡议也对教育提出全新的要求和挑战。在新时代背景下，我们必须检视自身的教育理念和实践中存在的问题与改革路径，特别是在操作层面，如人才培养、科学研究、教学内容、教学方法等方面应尽早确立改革理念和调整措施。与此同时，我们也应看到，“一带一路”倡议下扩大教育开放对我国现行教育政策，特别是教育对外交流与合作政策提出改革要求，我们应抓紧时间通过多方努力来研究这些要求的具体内容以及背后涉及的理念和制度层面的核心要素，通过利用现有资源在法律、政策和制度层面进行有效因应，从而保障扩大教育对外开放事业的顺利发展。

第四，要尝试确定“一带一路”倡议下我国扩大教育开放的指导思想和工作方针，这是我们与“一带一路”沿线国家进行教育合作的政策依据。“一带一路”倡议是国家宏观发展规划，教育对外开放在其中扮演着重要角色，在推进中国教育的对外发展时应尽早制定前后连贯、规划合理的短期、中期和长期战略目标，同时应出台与战略目标相一致的政策措施和实施重点。战略方针将会为我国未来教育的对外开放指明方向，也是中国与“一带一路”沿线国家进行教育合作交流的合法性依据。

第五，要研究建立“一带一路”倡议下我国扩大教育对外开放的合作交流机制，这是我们与“一带一路”沿线国家进行教育合作的外部保障制度。制度建设是国家间交往互动能够取得预期效果的重要保障，在“一带一路”倡议逐步实施的时代背景下，中国与沿线国家双边、多边合作机制的及早确立能够在最大程度上推进各方合作目标的实现与交往互动的常态化。合作机制建设是推动中国与“一带一路”沿线国家教育合作的现实路径，如何创造性地利用和改进现有的“一带一路”区域、次区域相关国际论坛、展会等跨区域机制推动中国教育对外开放，将是决定中国教育能否完成时代和历史所赋予使命的关键因素。

第六，要尽早建立“一带一路”倡议下我国扩大教育对外开放的国内协调机制，这是我们与“一带一路”沿线国家进行教育合作的内部保障制度。“一带一路”倡议既是对外发展宣言，也是对内改革纲领，是对中国教育发展理念的一次洗礼。为推动“一带一路”倡议下的教育对外开放工作，我们应充分挖掘和整合国内教育资源，尽早探明国内各地区、各部门、各单位的比较优势，通过建立高效合理的协调机制确保各地区、各部门、各单位参与教育对外开放工作时能够功能配合、资源整合、优势结合，从而共同致力于“一带一路”倡议目标的实现。在建立协调机制时，要正确处理中央和地方、政府和民间、计划和市场间的复杂关系，注意通过机制建设规避扩大教育对外开放的潜在风险。

总体上看，“一带一路”倡议是关乎中国未来发展的重大规划，“彰显了同舟共济、权责共担的命运共同体意识，为完善全球治理体系变革提供了新思路新方案。我们要坚持对话协商、共建共享、合作共赢、交流互鉴，同沿线国家谋求合作的最大公约数……造福沿线国家人民，推动构建人类命运共同体”①。“一带一路”倡议的出台具有深远的历史和现实意义，为中国教育对外开放事业的发展提出新的要求，教育是“一带一路”倡议的重要组成部分，也必然会对这一倡议的推进起到现实支撑作用。

第二节　教育在“一带一路”倡议中的重要作用

“和平合作、开放包容、互学互鉴、互利共赢”是“一带一路”倡议秉持的指导理念，这一倡议的目标是全方位推进与沿线各国的务实合作，通过双边、多边合作平台的建立来打造政治互信、经济融合、文化包容的利益共同体、命运共同体和责任共同体，从而促进沿线国家经济繁荣发展、文明交流共享与世界和平发展。为推进“一带一路”倡议的顺利实施，中国政府在 2015 年发布《推动共建丝绸之路经济带和 21 世纪海上丝绸之路的愿景与行动》，将这一倡议主要内容确定为“五通”，即政策沟通、设施联通、贸易畅通、资金融通、民心相通。这“五通”中，虽然几乎没有直接提到“教育”二字，但并不表明教育在“一带一路”倡议中是可有可无的，与之相反，教育在“一带一路”倡议中有着举足轻重的地位，起着基础性、全局性、先导性的作用。

① 新华网 . 习近平：推动共建“一带一路”走深走实造福人民［EB/OL］.［2018-12-11］. http://www.xinhuanet.com/politics/leaders/2018-08/27/c_1123336562.htm.

一、教育在“一带一路”倡议中起着基础性作用

在“一带一路”倡议进入发展关键期的历史时刻，教育要切实担负起实现“民心相通”的现实职责，为打造人类命运共同体贡献力量。教育是“五通”的基础，特别是“民心相通”的基础。“民心相通”既是“五通”的组成部分，又是其他“四通”的前提，没有“民心相通”，其他“四通”将难以实现。“一带一路”沿线国家历史文化不同，宗教信仰各异，政治体制多样，地缘政治复杂，经济发展水平不一，“五通”首先要“民心相通”，要实现“民心相通”，就要通过以教育为代表的文化领域的交流和合作，促进沿线国家人民的相互了解、相互理解、相互信任、相互尊重，并且增进彼此间的友谊。因此，教育在“一带一路”倡议中起着基础性作用。

教育是文化事业的重要组成部分，是各国间人员、技术和资金交流的现实载体，在推进“一带一路”倡议的过程中，教育所起到的作用和发挥的功能无疑将是至关重要的。教育和人文交流传承过去、造就现在、开创未来，是推动人类文明进步的重要力量，在增强各国人民人类命运共同体意识，凝聚全球治理共识，促成全球协调一致应对共同挑战方面具有基础性作用。就世界发展趋势而言，“教育和人文交流是推动建设相互尊重、公平正义、合作共赢的新型国际关系的重要力量，是人类命运共同体的塑造者。以教育为主要内容的人文交流，已成为……中国‘民间外交’最重要的舞台和推进文明交流互鉴最深厚的力量，与政治互信、经贸合作一同成为中国特色大国外交的三大支柱”①。教育在未来发展中要主动对接“一带一路”倡议的发展诉求，通过大力构筑人文交流网络来服务国家宏观战略规划。

教育是一项富含精神文化色彩的事业，教育发展及其背后的人文交流事业要为人类命运共同体的建设铸就坚实基础。在落实推动构建人类命运共同体的基本方略中，教育事业要以《推进共建“一带一路”教育行动》为抓手，积极“抓住中国人民和世界人民最关心、最直接、最现实的利益问题和兴趣点，用心用情去深耕细作，久久为功，不断释放正能量、暖力量，

① 涂端午．新时代教育对外开放和中外人文交流的中国担当［N］．中国教育报，2018-01-11（6）．

不断增进不同国家人民之间的了解和友谊，不断夯实构建人类命运共同体的国际社会民意基础，建好‘民间友谊之桥’‘文明共荣之桥’，推动实现‘各美其美，美人之美，美美与共，天下大同’”①。为人类命运共同体的早日实现贡献力量是时代赋予中国教育的历史责任，教育对外开放的扎实推进也为“一带一路”倡议目标的完成提供基础保障。

二、教育在“一带一路”倡议中起着全局性作用

“一带一路”倡议是事关中国乃至世界未来发展的重大规划调整，其核心内容涵盖经济、文化、外交等多个领域，因此需要调动中国社会各方面、各领域、各部门的总体资源来予以配合，教育在其中起着全局性的作用。教育特别是高等教育具有人才培养、科学研究、社会服务、人文交流等多种职能，可以通过其知识优势、智力优势、人才优势为“一带一路”倡议提供全方位的支持，为探索和创造新的国际合作以及全球治理新模式贡献宝贵智慧。总体上看，教育在“一带一路”倡议中的作用不是服务于“五通”的某一个或者某几个方面，而是战略性和总体性的。

《国家中长期教育改革和发展规划纲要（2010—2020 年）》提出，“教育是民族振兴、社会进步的基石，是提高国民素质、促进人的全面发展的根本途径，寄托着亿万家庭对美好生活的期盼。强国必先强教。优先发展教育、提高教育现代化水平，对实现全面建设小康社会奋斗目标、建设富强民主文明和谐的社会主义现代化国家具有决定性意义……中国未来发展、中华民族伟大复兴，关键靠人才，基础在教育”。2017 年召开的党的十九大指出，建设教育强国是中华民族伟大复兴的基础工程之一，教育对外开放和中外人文交流是实现中华民族伟大复兴中国梦的重要途径，在实现中国梦的道路上，中国教育与教育人应切实服务于国家宏观战略需求，全力建设一个共同繁荣与开放包容的人类命运共同体。这一表述与“一带一路”中教育应起到的全局性作用不谋而合。教育将会是“一带一路”建设的排头兵和助推器，正如有学者所指出的，“教育和人文交流传承过去、造就现在、开创未来，是推动人类文明进步的重要力量，在增强各国人民人类命

① 涂端午．新时代教育对外开放和中外人文交流的中国担当［N］．中国教育报，2018-01-11（6）．

运共同体意识，凝聚全球治理共识，促成全球协调一致应对共同挑战方面具有不可替代的作用”[①]。

“一带一路”倡议既是一个对外交流的倡议，也是对内发展的要求。它对我国各领域建设提出新的要求，其中一个重要方面就是要建设经济与人才强国，从而提升中国的吸引力和辐射力。无论是经济发展还是人才培养，教育都在其中充当着必不可少的角色，教育是一个国家培养人才的最重要与最直接的手段，人才培养靠教育已经成为全球共识。“一带一路”倡议是内外结合的总体性发展规划，在推进这一规划的过程中，对外交往是核心途径，修炼内功则是稳固基础。作为一个崛起中的大国，中国只有成为经济与人才强国，才能赢得沿线国家源自内心的认可与支持，从而保证“一带一路”建设具有长久、稳固与理想的发展环境。而教育作为建设经济与人才强国的重要组成部分，在实施“一带一路”倡议的背景下，对于这一目标的实现将起到至关重要的战略性作用。

在当今世界，教育是衡量一个国家文化的发展实力和未来潜力的首要因素。对于“一带一路”倡议所要实现的总体性构想，教育既是参与者，又是助推器，它既是“一带一路”建设的一部分，又会对这一倡议的其他参与性因素产生推动作用。涂端午指出，“教育对外开放和中外人文交流要增强机不可失、时不我待的紧迫感，以高度的政治责任感和历史使命感拥抱新时代，担当新使命，在贯彻落实《关于做好新时期教育对外开放工作的若干意见》《关于加强和改进中外人文交流工作的若干意见》等重要文件中，针对自身发展不平衡不充分的方面，抓重点，补短板，强弱项，努力开创新时代教育对外开放和中外人文交流事业的新篇章，为全面建成社会主义现代化强国作出新的贡献”[②]。一个国家如果没有强大的教育，就不会成为一个文化强国，也无法对周边或世界其他地区的国家产生一定的影响力和辐射力，更无法为“一带一路”的实施做好软件支持。对于我国来说，想要提升“一带一路”倡议对于全球的吸引力和认同感，想要保证“一带一路”建设具有和谐融洽的建设环境，就必须发挥教育的

① 涂端午. 新时代教育对外开放和中外人文交流的中国担当［N］. 中国教育报，2018-01-11（6）.

② 同①.

总体性作用。

三、教育在“一带一路”倡议中起着先导性作用

“‘一带一路’是促进共同发展、实现共同繁荣的合作共赢之路，是增进理解信任、加强交流合作的和平友谊之路……它承载着全面开放、统筹发展、民族复兴的伟大目标和崇高使命。”① 在“一带一路”倡议深入推进的时代背景下，教育的作用不仅具有基础性和全局性，还具有先导性，后者与教育的自身特征（即教育是一种培养人的事业）密切相关。教育不但与“一带一路”所倡导的“五通”的方向和要求相一致，而且始终处于先行者地位，这种角色定位使得教育能够为其他领域的发展起到示范与导向作用，客观上也深刻影响着“一带一路”倡议的推进效果。

教育的根本任务是培养人才，人才的培养绝非立竿见影，而是需要一个漫长的过程，这就决定了教育的发展既不能滞后，也不能与其他方面的发展同步，而要先行，要适度超前，才能为其他方面的发展奠定坚实的基础。同时，由于教育主要是培养具有一定知识技能、情感态度、思维方式、人生观、价值观和兴趣爱好的人，而人是一切活动中起主导作用的最积极、最活跃的因素，从这个意义上说，教育的先导性作用显而易见。

除人才培养方面之外，教育的先导性作用还体现在教育要直接为“一带一路”倡议的合法性提供价值层面的辩护与阐释。“一带一路”倡议所面临的挑战不但是技术、资本与设备等物质层面上的，也是价值、理念和思维等精神层面上的，这些挑战不但来自国外的复杂状况，而且源于国内民众对这一倡议的主导理念与核心内容的陌生。教育作为与普通民众的日常生活接触频繁的事业，本身带有普及性和启蒙性特征，如果在教育活动中适度增加与“一带一路”倡议相关的教育内容，可以增强民众对这一倡议的重要性和意义的理解和认识，也便于公众熟悉“一带一路”理念，进而推动这一倡议的顺利实施。时代与历史已经赋予教育无比艰巨的责任，这也是教育发挥先导性作用的重要方面。

总体上说，面对“一带一路”倡议所提出的宏观要求，中国教育要顺

① 瞿振元.“一带一路”建设与国家教育新使命［N］. 光明日报，2015-08-13（11）.

势而为，努力提升自身内在实力与竞争力。与此同时，教育机构与教育人“要坚持社会主义核心价值观，加强核心价值观、理想信念和中华优秀传统文化教育……不断增强教育的凝聚力。尤其要凝聚和焕发广大青少年的力量，让更多更优秀的学生进入世界顶尖大学一流学科学习深造，用外国人更容易听得到、听得懂、听得进的话语方式，积极传播中华文化，讲好中国教育故事，阐释好中国教育特色，打造‘中国教育名片’”[①]，为提升中国教育的世界影响力而做出贡献。“一带一路”倡议的提出为教育对外开放事业发展定下了基调，这是未来很长一段时期内影响中国文化与教育领域改革的一件大事，中国教育应坚持“主动靠近、积极有为、大有可为”的原则，主动融入“一带一路”倡议的时代洪流之中，切实发挥基础性、全局性和先导性的作用，完成时代赋予教育的历史责任。

第三节　教育在“一带一路”倡议中的使命

“一带一路”倡议是对中国自改革开放以来发展模式与指导理念的重要调整，也是对未来较长一段时期内中国发展走向的一次宏观设计，这一倡议对中国社会各个方面提出新的要求与期待，如何应对这种期待是包括教育在内的众多事业所面临的现实挑战。“一带一路”倡议提出应积极构建人类利益和命运共同体，后者的核心内涵就是要实现不同文明体、不同国家与不同民族的兼容并蓄、交流互鉴、和谐共生，毋庸置疑，不论是在历史上，还是在现实中，抑或是在将来，教育都在其中扮演重要角色。正如有学者所指出的，“在这一世纪性系统大工程中，我国教育特别是高等教育如何担当起应该担当的使命，以更加主动的姿态推动‘一带一路’沿线国家的教育合作发展，培养出宏大的人才队伍，适应和引领‘一带一路’建设，并且在这一伟大进程中做强自身，建成高等教育强国，需要我们认真思考、

① 涂端午．新时代教育对外开放和中外人文交流的中国担当［N］．中国教育报，2018-01-11（6）．

持续实践”[①]。“一带一路”既是贸易发展之路，更是人文交流之路，面对“一带一路”倡议提出的新要求，中国教育应顺应新形势、承担新使命、迎接新挑战。

一、教育要为“一带一路”倡议提供人才资源支撑

人才是现代社会的第一生产力，也是国家实现战略目标的首要资源。从发展趋势上说，人才已经成为经济建设和社会发展的根本动力，任何国家战略的推进都离不开一批具备较强知识、能力和技能的人才队伍的支持，而培养人才则是各国教育事业最为重要的使命和功能，也是教育不可逃避的社会责任。教育特别是高等教育和职业教育要服务于“一带一路”倡议，其首要方式就是为“一带一路”倡议提供各种紧缺人才，这已成为社会各界的共识。

人才培养是“一带一路”建设实现“政策沟通、设施联通、贸易畅通、资金融通、民心相通”的重要支撑。“一带一路”建设的推进需要大批了解和熟悉“一带一路”沿线国家与地区的复合型人才以及关键领域的专业人才。“一带一路”倡议的推进需要我们长期地、逐步地夯实其社会基础。对中国而言，首先应当增进中国与相关国家及民众之间的相互了解，在这方面更为重要的是加强青年学生的互换，他们是国家间理解、交流与合作的桥梁。[②]复杂多样的人才需求对教育事业的发展提出了巨大的挑战，“一带一路”倡议所涉及领域主要包括以下三个方面：一是交通、信息、能源基础设施，贸易与投资，能源资源，货币金融互联互通，可以理解为工程建设和经济贸易；二是区域性的生态环境保护、海上合作领域、政策的互联互通，可以理解为区域政治和秩序；三是区域性的语言文化、科技人文、卫生和旅游等人文领域的互联互通，可以理解为人文交流与合作。这些建设内容的推进无一不需要教育，特别是高等教育提供人才支撑。[③]教育要为“一带一路”倡议提供人才队伍支撑，首先要做到的就是满足这一倡议对于

---

① 瞿振元．“一带一路”建设与国家教育新使命［N］．光明日报，2015-08-13（11）．

② 孔寒冰．加强战略互信，夯实“丝绸之路经济带”的社会基础［J］．当代世界，2014（5）：16-18.

③ 同①．

人才的多规格与多类型的需求。

由于“一带一路”建设的特殊性，其对于人才的要求也极具特色，所需人才涉及的领域也极为广泛，这就使得教育工作不得不有针对性地开展。“一带一路”倡议的实施主要需要以下类型的人才。

第一，外语人才。“一带一路”沿线大多是多宗教、多民族、多语言的国家，国情与民情都较为复杂。在这种情况下，语言互通不仅是政策制定和沟通的前提，更是直达民心的根本所在。要与沿线各国实现利益互惠、共同繁荣，首先就要打破语言壁垒。在沿线国家中，通常存在官方语言、通用语言、民族语言共同使用的情况，官方语言与通用语言的不同之处在于，官方语言是以法律等形式确定下来的，通用语言则是普通民众在社会中通行的语言。在大多数国家，官方语言也是通用语言，但在少数国家，官方语言与通用语言是不同的，如菲律宾的官方语言是英语，但通用语言是以他加禄语为基础的菲律宾语。民族语言的使用情况则更为复杂，如菲律宾的民族语言有 100 多种，尼泊尔的语言种类多达 118 种。[①] 官方语言可以实现政策沟通，但更进一步的设施、贸易、金融甚至民心的互通则需要熟悉合作国的通用语言甚至一些主要的民族语言。据统计，“一带一路”沿线国家所使用官方语言、通用语言和主要民族语言多达 85 种，包含非通用语 80 种，涉及汉藏、印欧、乌拉尔、阿尔泰、高加索及达罗毗荼等主要语系。[②] “一带一路”沿线国家多样化的语言国情对我国外语尤其是非通用语人才提出了规模需求。一方面，合作国家日益增多，与之相应，对非通用语人才总量的需求也在持续增长；另一方面，“一带一路”沿线国家非通用语种众多，因此，在增加语言人才总量的同时，也要兼顾各语种人才数量同步增长。

第二，工程技术人才。当前基础设施互联互通作为“一带一路”建设的优先领域，正在稳步推进。基础设施领域的优先发展为我国企业与“一带一路”沿线国家在交通运输、能源、信息技术等产业领域的合作创造了有利条件。截至 2017 年 3 月，我国已与沿线国家签署了 130 多个涉及铁路、

① 杨亦鸣，赵晓群．“一带一路”沿线国家语言国情手册［M］．北京：商务印书馆，2016：前言 1.

② 根据“中国一带一路网”中“各国概况”统计得出。

公路、海运等双边和区域运输协定，与相关国家开通了356条国际道路客货运输线路。[①]这意味着我国将有一大批跨境的铁路、公路、港口、电力等工程项目陆续在沿线国家落地。可以预计，这些项目建设需要数以十万乃至百万计的铁路、电力、通信等产业领域的工程技术人才。然而由于我国与沿线国家在基础设施建设相关领域的发展规划、技术标准等方面存在较大差异，急需一批既懂工程技术又懂当地语言，既懂日常业务又通晓国际规则、善于国际协调的复合型工程技术人才。

第三，国际金融贸易人才。资金融通与贸易畅通是实现“一带一路”倡议目标的重要支撑。随着“一带一路”倡议逐步推进和落实，我国企业与沿线国家间的跨国贸易、跨国投资等合作项目和海外拓展业务数量与日俱增，迫切需要大批国际化的金融、贸易专业人才参与其中。2020年，我国与“一带一路”沿线国家货物贸易额达1.35万亿美元。[②]“一带一路”沿线国家的社会经济、贸易模式、资源禀赋各异，对我国金融贸易类专业人才培养提出了更高要求：要既能掌握经济金融理论知识，又能胜任经济金融国际实务工作；既精通国内业务，又熟悉沿线国家经济金融规则和发展特点。因此，加快培育一批具有扎实理论基础和较强业务能力、熟悉国际经贸规则以及具备创新能力的国际化金融贸易业务人才是我国面临的迫切任务。

第四，国际法律人才。“一带一路”沿线国家的政治制度和法律法规不尽相同，其中许多国家的法律传统与我国存在很大差异。随着我国企业海外投资贸易项目增多，相关的法律纠纷也随之增多，如贸易倾销与反倾销、产品质量与知识产权法律风险等一系列涉外法律纠纷。造成这些纠纷的一个重要原因是我国企业缺乏对当地法律法规和市场规则的了解，导致他们在境外业务中出现了“水土不服”，频频陷入合同纠纷、民事诉讼和仲裁，从而导致一些项目进展困难。截至2018年3月，全国开设法学本科专业的

① 新华网.“一带一路”:“五通”大数据和大事记[EB/OL].[2018-03-01].http://www.xinhuanet.com/fortune/2017-04/28/c_129580144.htm.

② 吴佳潼.中国发布 | 商务部：去年我国与“一带一路”沿线国家货物贸易额达1.35万亿美元[EB/OL].[2021-08-20].http://news.china.com.cn/txt/2021-01/29/content_77169072.htm.

高校有627所，在校法学本科生31万余人[①]，但培养能在国际舞台上运用法律武器维护国家领土、发展和安全利益的涉外法律人才的能力不足。[②]因此，我国应该加强培养一批精通外语，熟悉沿线国家贸易、金融投资法律法规，知晓当地商业合同规则的国际化法律专业人才，帮助我国企业在国际贸易合作中识别贸易合同条款中存在的风险，助力我国企业更快更好地“走出去”。

第五，国际交流与传播人才。“一带一路”倡议是一项“涉及国际传播、国际公关、人文交流等领域的长期性综合事业，其顺利开展和实施需要大量知国情、晓世界、懂外语、能够进行跨文化交流的新型高级人才，这些人才不仅包括新闻传播人才，还包括外语人才、外交人才、科学研究人才、经营管理人才、公关营销人才、国际教育与文化传播人才等”[③]。“一带一路”倡议涉及各国间关系的协调以及国家与国际组织频繁的互动，因此，培养更多懂得国际交往规则、掌握国际交往技巧、具备国际交往能力的高级国际交流与传播领域专业人才也是我国教育事业面临的艰巨任务。

第六，国际组织人才。中国要提升国际话语权，推动“一带一路”建设，必须更加主动、深度地参与国际组织，并在此基础上致力于国际组织活动规则的完善，令其更符合国际新秩序的发展，同时为“一带一路”未来的建设铺设一条较为平坦的道路。需要强调的是，中国更积极参与国际组织的目的，并非挑起中西模式之争，而是贡献中国的智慧和经验，为现有国际秩序作出有益补充。在推进“一带一路”建设中，中国需要更多的能够用国际语言传播中国文化的国际化人才，用对方可接受的方式讲述中国故事，从而更好地维护中国的合法利益。就当前国际组织人才的分布来看，中国在这方面已经处于落后位置。根据美国研究机构发布的报告，在全球53个主要的国际组织中，美国是其中24个国际组织的最大出资方，主导了这些国际组织的话语权、人事权，并列第二的日本、英国则分别是9个

① 程雪阳，冯嘉，吴俊．培养德法兼修的法律解决方案供给者［EB/OL］．［2021-04-01］.http://www.fxcxw.org.cn/dyna/content.php?id=19213.

② 杜玉波．创新高校人才培养机制的基本思路和重点任务［N］．中国教育报，2014-01-13（1）.

③ 杨荣国．“一带一路”公共外交战略研究［D］．兰州：兰州大学，2017：289.

国际组织的最大出资方。[①]作为全球第二大经济体的中国，暂时不是任何国际组织的最大出资方，也很少能够在主要国际组织中发挥主导作用。值得指出的是，成为国际组织的最大出资方固然会在一定程度上对这一组织发挥重要影响，但也并非只要出资就能够获得主导权。实际上，这种主导权的获取是众多综合因素共同作用的结果，如经济、物质、社会、资源和政治等因素都会产生影响，其中公认的较为重要的影响因素就是国际组织人才。

许多国家都在通过培养国际性人才来提升自身在国际交往中的话语权，如日本政府积极向私营部门中的资深高管群体（特别是私人企业的中年及老年资深高管和有帮助发展中国家经验的人士）发出倡议，力图通过为他们提供补助和培训，将其培养成联合国及其他国际组织的高级官员乃至最高官员，以增加在国际组织工作的日本籍高级官员数量，这一做法反映出日本通过人才培养获取国际话语权的努力。对于“一带一路”倡议的推进而言，日本在国际组织人才的培养和选用方面的做法值得我国政府特别是教育部门研究和借鉴。延伸而言，作为一个崛起中的大国，缺乏国际交往人才和国际交往能力将会严重削弱中国在全球各领域中的“软实力”，也会导致中国在与各国交往时缺乏有效渠道和必要抓手。通过“一带一路”建设，我国已经意识到应主动参与国际组织——这既是国家强大的标志，也符合中国的国家利益，且有助于向全球推广“一带一路”倡议，如果有更多中国的高级专业人才进入国际组织任职，不但可扩充中国籍高管的比例，更可发挥其专业知识，努力晋升为国际组织中的关键职务，以此提升中国政府在国际组织设置议程、议事决策等方面的话语权和影响力。[②]然而回望现实，国际组织人才的培养力不足正制约着“一带一路”倡议的顺利实施。

“一带一路”在建设过程中强调要构建人类命运共同体，人才队伍建设则是实现这一目标的基础。只有大力培养一批具有国际交往能力、社会

① 梁海明，冯达旋．日本“地缘经济”布局对“一带一路”的警示［EB/OL］.［2018-01-02］. http://www.ftchinese.com/story/001076052?full=y.

② 同①.

影响力与社会声誉，往来于各国间的专家学者、文化使者，通过学术研究、文化交流等方式进入整个社会的肌体中，才能实现民心相通。以人的国际化和专业化培养为战略重心，着力培养人才，打通人脉，互通人心，是民心相通重要途径，也是实现互联互通的必由之路。面对着“一带一路”建设过程中的艰巨挑战，中国教育应扎根实际，放眼全球，培养更多具有国际视野、人文情怀、创新精神的高级国际化人才。在人才培养过程中，“通过更加密切的互动交流，促进各国学生增进相互了解、树立世界眼光、激发创新灵感、确立为人类和平与发展贡献智慧和力量的远大志向，是教育对外开放和中外人文交流的重要任务”[①]。中国教育事业在“一带一路”建设过程中要牢记培育人才的首要使命，统筹好国内国际两个大局，以人才布局和人才培养的积极作为为我国赢得人才国际竞争提供助益，这是时代发展对教育事业提出的全新挑战。

二、教育要促进我国与“一带一路”沿线国家人文交流

20世纪90年代以来，随着“冷战”结束，传统的国际体系被打破，文化因素逐渐成为影响世界局势与民族国家交往的重要力量，各国都注重通过发展人文交流活动打破彼此之间的隔阂，为双方共赢创造条件。教育要努力为中国与“一带一路”沿线国家的人文交流创造条件，这是新时代赋予教育的历史使命。

文化差异的存在及人文交流的不畅使得不同国家间极易产生陌生感与不信任感，后者是造成民族冲突与国际战争的重要原因。“一带一路”沿线区域是世界上国情最为复杂、文化最为多元的地区，涉及60多个国家，涵盖人口达到40多亿。这些国家和民族在历史上创造出形态不同、风格各异的文明，是人类文明宝库的重要组成部分，各种文明混合带来的复杂生态使得这个地区的文化异常丰富。[②]具体来说，“一带一路”涉及西方文化、东亚文化、印度文化、伊斯兰文化、非洲文化及拉美文化等。“一带一路”沿线区域也是全球宗教和民族分布最为复杂的地方，是世界上几乎所有重

① 涂端午．新时代教育对外开放和中外人文交流的中国担当［N］．中国教育报，2018-01-11（6）．

② 张祥建，涂永前．“一带一路”：中国大战略与全球新未来［M］．上海：格致出版社，2017：40.

要宗教的发源地，众多民族此起彼伏地活跃在历史舞台。另外，“一带一路”的范围几乎包含世界各主要文化形态和文明，仅中亚地区就长期受到突厥文化、佛教文化、波斯文化、伊斯兰文化、斯拉夫文化以及西方文化的影响，其沿线并存着哈萨克、俄罗斯、乌克兰、德意志、朝鲜等民族以及伊斯兰教、佛教、东正教、天主教等宗教。[①] 总体上看，“一带一路”沿线地区的民族、宗教与文化极为多元，这使得人们在思维习惯、行为方式和价值观念等方面存在着显著差异。由于身处古老的亚欧大陆的交界处，“一带一路”沿线国家大多具有悠久的历史和特殊的传统，这就使得各国间的政治制度、风俗文化与生活习惯差异极大。尽管各国在相互交往、增进友谊、促进发展、维护地区乃至世界的安全与稳定等方面有着广泛的共识，但在国家战略重点的选择、地区利益的优先性考虑以及文化事物价值的判断方面仍存在着分歧，这种分歧往往导致国家间甚至整个地区的冲突，这已经成为制约中国与“一带一路”沿线国家交往的现实难题。

“一带一路”沿线国家不仅数量众多，而且在经济规模、发展程度、历史传统、民族语言、文化宗教等诸多方面存在巨大差别，基于此，想要推进“一带一路”建设，就必须重视和发挥人文交流的核心推动作用。人们常将人文交流比作桥梁与纽带，这有两个方面含义。一是人文交流可以与心灵对话，消弭偏见和不良心态，这便使其在“一带一路”建设中起到催化剂和润滑剂的作用；二是人文交流能够做开路先锋，成为“一带一路”建设的先遣队和排头兵。[②] 人文交流的影响力能够跨越时空与国界，它是民心工程、未来工程。“一带一路”倡议涉及几十个国家数十亿人口，这些国家在历史上创造出了形态不同、风格各异的文明形态，是人类文明宝库的重要组成部分。[③] 彼此交流才能构建起民族间的理解与文化间的认同。国之交在于民相亲，民相亲在于心相通，“一带一路”建设以“五通”（政策沟通、

① 孔寒冰．加强战略互信，夯实“丝绸之路经济带”的社会基础［J］．当代世界，2014（5）：16-18.

② 潘玥斐．深入开展“一带一路”文化交流与合作，谱写人类文明交流互鉴新篇章［N］．中国社会科学报，2017-02-22（1）.

③ 徐照林，朴钟恩，王竞楠．“一带一路”建设与全球贸易及文化交流［M］．南京：东南大学出版社，2016：130.

设施联通、贸易畅通、资金融通、民心相通）为主要内容，实现“民心相通”的一个重要途径是加强人文交流，这种交流不但能够促进丝绸之路的历史文化呈现，为民众提供了解丝路历史文化的渠道，还促进不同文化相互融通。[①]人文交流在“一带一路”倡议的推进过程中起着重要作用，从某种程度上说，没有沿线各国在人文领域的顺畅交流与沟通，“一带一路”目标的实现将困难重重。

人文交流是“一带一路”倡议顺利实施的基础和保障，我们在推进这一倡议时，“要坚持经济合作和人文交流共同推进，注重在人文领域精耕细作，尊重各国人民文化历史、风俗习惯，加强同沿线国家人民的友好往来，为‘一带一路’建设打下广泛社会基础……要重视和做好舆论引导工作，通过各种方式，讲好‘一带一路’故事，传播好‘一带一路’声音，为‘一带一路’建设营造良好舆论环境”[②]。根据刘作奎对欧洲各国精英群体进行的调查，在“一带一路”五个主要建设内容中，“民心相通”以 52.5% 的受关注程度位列第三，其受关注程度远超贸易畅通（40.7%）和资金融通（33.9%）；另外，在询问哪种形式的人文交流应该得到广泛推进时，“文化和学术交流”一项的得票率高达 87.3%，其次是“青年交流和志愿者服务”（47.5%）和“旅游和体育交流”（40.7%）。[③]“一带一路”倡议能否成功实施，核心在于能否重拾丝绸之路承载的和平合作、开放包容、互学互鉴、互利共赢的文化精神，综合发挥并放大其推动不同文明融合、促进不同文化交流的孵化器作用。[④]“一带一路”倡议是在平等包容原则基础上建立起来的伟大构想，文化包容与民心相通构成“一带一路”倡议的重要内容，相对于其他方式来说，人文交流与合作是最受欢迎也最为有效的拉近不同国家、不同民族与不同宗教间良好关系的重要手段，它不仅能起到润滑剂作用，而且具有战略性

---

① 杨琳．以数字化促进丝绸之路文化传播与文化认同 [EB/OL].[2017-11-24].https://theory.gmw.cn/2017-11/24/content_26893457.htm.

② 新华社．习近平在中共中央政治局第三十一次集体学习时强调　借鉴历史经验创新合作理念　让“一带一路”建设推动各国共同发展［N］．人民日报，2016-05-01（1）.

③ 刘作奎．欧洲与“一带一路”倡议：回应与风险（2017）［M］．北京：中国社会科学出版社，2017：48-49.

④ 李永全．“一带一路”建设发展报告（2017）［M］．北京：社会科学文献出版社，2017：322.

要素的地位。总体上看，如何完善中国与沿线国家人文教育交流合作平台，同时加强人文和教育互联互通，从而建设软环境平台，建设长期稳定的教育人文合作机制并使其制度化，是“一带一路”倡议向我国教育提出的全新挑战。“一带一路”倡议的提出为沿线国家和地区以及世界范围内民族与文化领域的合作发展提供了新的机遇和平台。在推进不同国家与民族间人文活动交流的工作中，作为“民心相通”重要实施路径的教育活动必将起到无法代替的重要作用。

无须讳言，教育是一个国家文化软实力的重要组成部分，其作用的发挥具有多面性，既表现在能够显著提升国民文化水平和增强国家科技实力等显性层面，也体现于增强个体的人文素养和改善民族的精神面貌等隐性层面。教育是培养国民精神素养和提升国家文化水平的重要渠道，也是增进不同民族相互理解与合作的主要手段。在“一带一路”倡议的推进逐步深入的时代背景下，如何增进不同民族间的理解沟通和文化领域的合作认同成为中国教育不得不面对的时代命题，也是新时代中国教育所要面临的新的任务与挑战。瞿振元认为，教育要服务于“一带一路”建设，就必须重视民族理解和文化理解教育，只有这样才能发挥教育促进民心互通与文化交融的作用。要使得“一带一路”倡议顺利实施，互利互惠是根本，民心相通是社会根基。沿线国家普遍国情复杂，宗教信仰、地缘政治、民心社情等比较复杂，政局动荡很难预期，地区、阶层、宗教派系差异性大，只有全面了解民间需求与广泛民意，消除误解误判，才能促进合作，只有沿线国家的学者、企业家、政府部门、民间组织和民众充分理解历史文化背景与民心社情，才可能更好地实施这一倡议，而这正是目前非常缺乏的，需要加强增进民族理解和文化理解认同的教育。[①] 增进人文交流与沟通是新时期国家赋予教育工作的新的使命。

三、教育要提升“一带一路”倡议的建设智慧

“一带一路”倡议的出现有着深刻的社会、政治与经济背景，随着全球化与国际化的推进，越来越多的个体意识到人类正生活在一个矛盾的世

---

① 瞿振元.“一带一路”建设与国家教育新使命［N］.光明日报，2015-08-13（11）.

界之中，“一方面，物质财富不断积累，科技进步日新月异，人类文明发展到历史最高水平。另一方面，地区冲突频繁发生，恐怖主义、难民潮等全球性挑战此起彼伏，贫困、失业、收入差距拉大，世界面临的不确定性上升。我们已经进入一个充满不确定的时代”①。这种不确定的状态一方面凸显出“一带一路”倡议的提出正当其时，世界经济、贸易和文化交流正站在一个崭新的发展关口，为了顺应和平、发展和合作的共同追求，“一带一路”被赋予崭新的丰富内涵和深远意义，它不仅是经贸领域的重要纽带，也是人文交流、文明交融的重要纽带，它将传承传统文化，也将创新时代文化，是共建人类文明，建设和谐世界的基础工程，将充分发挥连接不同文明的纽带作用。另一方面，也警醒我们在推进“一带一路”倡议时必须小心谨慎。只有不断提升自身应对风险与困难的智慧，我们才能有资格、有信心、有能力推动这一“千年大事”。教育由于其特殊性，本身就被视为一项提升自我、凝练能力、启迪智慧的活动，“一带一路”倡议的实施将对教育在提升我国建设能力与实践智慧方面提出全新要求。

在推进“一带一路”倡议时，我们面临着一些特殊困难，这些困难一方面源于“一带一路”沿线国家情况的复杂性——“一带一路”文化圈是多样多元的综合体，“2 500 多年来，贯通亚欧大陆的丝绸之路文化是基于沙漠、绿洲、草原、游牧、高原为生活基础的特色文化，丝绸之路上的那些古老的民族、悠久的文化、不同的宗教、多种的信仰，今天依然还在，甚至在同一寺庙中，存在多种宗教的融合，在同一藏经楼中，保存了不同宗教的经典著作”②。“一带一路”沿线国家除在语言、生活方式与发展阶段等方面存在一些明显差异外，还有许多软性的或者说隐性的差别，比如，佛教、伊斯兰教、东正教和天主教文化并存，“各国历史传统和政治文化迥异，（存在，编者加）多种多样的现行国体和政体，甚至还有千差万别的生活习俗。毫无疑问，这些国家在加强相互交往、增进友谊、促进发展、维护地区乃至世界的安全与稳定等方面有着广泛的共识，但是，在具体实施

① 韩庆祥．倡导和推动构建人类命运共同体［EB/OL］．［2018-03-02］．http://www.rmhb.com.cn/zt/ydyl/201712/t20171220_800112657.html.

② 徐照林，朴钟恩，王竞楠．“一带一路”建设与全球贸易及文化交流［M］．南京：东南大学出版社，2016：92.

办法和途径上却不尽相同，各有各的重点”[①]。另一方面，一些国家对这一倡议的实现目标和推进方式存在着疑虑和误解，担心该倡议的推进可能会对本国经济发展、国家主权和国防安全产生消极影响，这已成为“一带一路”建设面临的最大挑战，如何通过一种更有智慧的方式来推进“一带一路”建设成为这一倡议能否取得最终成效的关键。

“一带一路”倡议的实施是世界范围内前所未有的一件大事，在推进这一计划之时，我们既缺乏可以借鉴的前人经验，又没有行之有效的模式可以模仿，可以说，这一倡议的实际结果将由现实个体的所行所思所决定。在推进“一带一路”倡议时我们最缺乏的不是资金与技术，更不是勇气与信心，而是基于实践层面的智慧，这种智慧既源于理论层面的探求，也源于实践层面的经验。教育在促进人类事业的进步与提升方面能够发挥积极作用，对于“一带一路”倡议来说，教育活动既能够为这一事业的发展提供人才资源，也能起到智库的作用，从而降低“一带一路”倡议推进过程中的风险，保障这一倡议积极有效地推行。总体上看，随着“一带一路”倡议的深入发展，教育的文化使命和智库角色将会更加重要，其对“一带一路”倡议的提升与推动作用正日趋凸显。

教育能够有效提升“一带一路”倡议的建设智慧，这种作用主要表现在以下三个方面。首先，教育可以为“一带一路”沿线区域治理体系走向公正与和谐贡献智慧。由于“一带一路”沿线大都为新兴国家，尽管这些国家在国际事务中的影响力不断上升，但过去形成的国际政治经济秩序已然存在，不同国家和地区的经济社会发展不平衡现象也十分普遍，这成为困扰“一带一路”沿线各国的难题，教育作为一种培育智慧的活动，应该有能力也有意愿为“一带一路”沿线国家构建新型区域治理体系贡献力量，从而为沿线国家创造公正、和谐的发展环境。其次，教育可以为全球和区域的可持续发展贡献智慧。随着全球生产和消费需求的持续增长，困扰各国人民的能源短缺、水资源危机、森林资源流失、土地荒漠化、环境污染等问题不断涌现，这些问题给人类社会的可持续发展带来严峻挑战，需要

---

① 孔寒冰．加强战略互信，夯实“丝绸之路经济带”的社会基础［J］．当代世界，2014（5）：16-18.

全球人民共同面对，协调解决，可持续发展教育是解决上述问题的有效策略之一。在“一带一路”倡议的推进过程中，沿线国家如能够大力加强可持续发展教育，充分利用教育在培养个体可持续发展意识上的重要作用，“一带一路”倡议将会成为世界推行可持续发展的典范。再次，教育可以为解决以实际应用为导向的现实问题贡献智慧。“一带一路”倡议推进过程中会出现各种亟须解决的现实问题，这些问题广泛分布于文化、社会、政策、工程与技术等领域，其有效解决需要依靠人们对“一带一路”沿线国家发展情况进行深入研究，对此，教育责无旁贷。就目前情况而言，教育研究者应主动开展前瞻性、针对性、战略性政策研究，对“一带一路”建设未来较长一段时间内的发展前景与面临的挑战做出科学性预判、战略性分析和超前性筹划，同时围绕“一带一路”倡议在实施过程中出现的问题及需求给予专业化、建设性和实用性的建议与回应。

四、教育要力争开创地区教育合作新模式

“一带一路”是古代“丝绸之路”的拓宽和延长，它“超越了中国的西北、西南，中亚和西亚，扩展到了整个欧洲，将亚太和欧洲两大经济圈连在一起，形成了一个……发展前景广阔的经济大走廊……‘丝绸之路经济带’的价值和意义会远远超出经贸领域，也将成为东西方之间政治沟通、文化交流的桥梁”[①]。总体上看，“一带一路”倡议提出后，其沿线国家的发展状况成为中国关注的焦点问题，周边外交在中国外交布局体系中的重要性明显提升。有学者指出，以 2016 年为界，“周边外交”作为整体已经取代“大国外交”成为中国外交的优先方向，在周边外交中，发展中国家的地位明显提升，其主要原因是：与周边国家建立良好的关系是实现“中国梦”的必要条件；与周边中小发展中国家强化政治经济关系，是中国展示大国责任的需要。[②]作为一个正在崛起的发展中大国，中国政府在做好自己事情的同时，也重视承担国际责任，如何帮助周边地区发展成为“一带一路”倡

① 孔寒冰．加强战略互信，夯实“丝绸之路经济带”的社会基础［J］．当代世界，2014（5）：16-18.

② 薛力．“一带一路”与中国的“新改革开放”［EB/OL］．［2018-03-01］．http://www.ftchinese.com/story/001075165?full =y.

议能否成功的关键，对此，中国正在尝试构建多种区域性合作新模式以回应在发展中遇到的难题。

受制于政治、经济和历史等多方面的原因，“一带一路”沿线国家在教育发展水平和教育发展能力上均与世界先进国家存在较为明显的差距，这是我们在推进“一带一路”建设时所不得不面对的现实问题。“‘一带一路’沿线国家由于国情和发展阶段不同、社会经济制度多样、民族文化多元等因素，各国对于教育合作的需求也存在各自的差异与特色”①。受制于教育的特殊性，许多“一带一路”沿线国家不愿意开放自身的教育领域，认为这会对本国的价值观与文化传统造成无法预计的冲击。实际上，“一带一路”沿线之所以会成为全球“教育洼地”，很大程度上是由于各国在发展理念上互不认同，使得彼此之间在教育领域缺乏必要的交流与合作，从而影响人才、知识与技术资源的共享与利用。“一带一路”倡议的提出为沿线国家教育交流提供了可能，在此背景下，中国教育应主动行动，积极构建地区教育合作新模式，从而既服务于“民心相通”，也为全球教育发展提供可借鉴的实践经验。

人类命运共同体理念的提出是中国对世界的重要理论贡献，这一理念启发各国在处理对外关系时应坚信“任何先进的思想都不可能固守一隅，必须交互映照方能融会贯通。构建人类命运共同体就是坚持把人类文明多样性作为世界的基本特征，让文明交流互鉴成为人类社会发展进步的重要动力”②。各国间要相互理解和包容。在实际运行过程中，“‘一带一路’倡议高度重视‘相互尊重、协商一致、照顾各方舒适度的亚洲方式’。在倡议合作中，各国首先应当互相尊重各自在国际社会中的民主地位和自由权利，‘在追求本国利益时兼顾他国合理关切，在谋求自身发展中促进各国共同发展，不断扩大共同利益汇合点’；其次，更进一步的是‘应尊重各国自主选择社会制度和发展道路的权利’，‘把世界多样性和各国差异性转化为发展活力和动力’，从国际社会的多样性中发掘新的合作动力和空间。这种对国

---

① 谢萍，赵瞳瞳，石磊 . 英国与“一带一路”的教育合作之道［N］. 中国教育报，2018-03-02（5）.

② 张久安 . 构建人类命运共同体　引领文明互鉴新风尚［EB/OL］.［2018-03-08］. http://www.rmhb.com.cn/zt/ydyl/201803/t20180307_800120697.html.

际社会多样性的尊重是倡议与其他一体化进程最大的区别，体现了中国构建人类命运共同体的独特智慧”[①]。正是由于坚守“尊重”与“互利”的基本原则，“一带一路”倡议普遍赢得沿线国家的支持与认同，“‘一带一路’所倡导的和平发展、合作共赢、相互支持的外交理念，是新时期中国发展与世界各国关系的精髓，将会在政治互信、经济发展和文化包容方面推动整个世界的发展与繁荣，真正构建起中国与世界的‘利益共同体’和‘命运共同体’”[②]。在开展教育领域的交流与合作时，“一带一路”倡议始终秉持以下原则：每一个国家和地区教育的发展和演化都有其独特的、极富参考和借鉴价值的内涵存在，这对每一个国家和地区教育的发展都是一份宝贵的财富，享有这些财富是我们共同愿望。[③] 这种合作包容的态度为构建地区教育合作新模式打下良好的理念基础。

教育是提升国家经济、文化与科技实力的重要力量，是“一带一路”文化建设的主要驱动力，在推动“一带一路”框架范围内的教育发展时，中国既要兼顾国内教育发展阶段的中心问题的解决，还要注意与“一带一路”沿线国家教育领域内的合作与交流，努力挖掘双方可能存在的合作领域与层面，进而通过共同努力，打造全球化时代地区教育合作发展的创造性模式，为世界其他地区教育合作创立模板。目前来看，我国与“一带一路”沿线国家教育事务的交流合作已经取得一定成绩，我国教育质量日益获得国际社会尤其是发展中国家的认可，越来越多的来自“一带一路”沿线国家的学生来到中国，成为双方教育交流与合作的见证者。随着“一带一路”沿线项目的不断推进，沿线国家来华留学的学生数量持续增长，来华留学生人数增长最快的国家有韩国、泰国、印度、巴基斯坦、印度尼西亚和老挝，泰国、印度、巴基斯坦、印度尼西亚和老挝都属于“一带一路”沿线国家，

---

① 肖河．“一带一路”的价值追求与历史使命［EB/OL］.［2018-03-02］. http://www.rmhb.com.cn/zt/ydyl/201712/t20171220_800112659.html.

② 胡伟．“一带一路”：打造中国与世界命运共同体［M］. 北京：人民出版社，2016：1.

③ 康利．谁在管理我们的学校：变化中的角色和责任［M］. 侯定凯，译．上海：华东师范大学出版社，2011：2.

来华留学生增幅的平均值超过 20%。[①]“一带一路”沿线国家来华留学生人数的快速增长不仅为“一带一路”建设提供了人才支撑，也为中国文化对外传播及中国企业“走出去”提供了良好的发展机遇。

近年来，我国正逐渐扩大和加快教育对外开放，努力为中国教育融入世界创造条件。2019 年度我国出国留学人员总数为 70.35 万人[②]，继续保持世界上最大的留学生派出国地位。在出国留学事业蓬勃发展的同时，我国的来华留学生教育事业也稳步推进。2018 年共有来自 196 个国家和地区的 492 185 名各类外国留学人员在全国 31 个省（区、市）的 1 004 所高等院校学习[③]，继续保持世界第三大留学目的地国地位。“十三五”期间，教育部共审批和备案中外合作办学机构和项目 580 个，其中本科以上 356 个。截至 2020 年底，我国现有中外合作办学机构和项目 2 332 个，其中本科以上 1 230 个。[④]在引进国外优质教育资源的同时推动中国教育“走出去”，据不完全统计，到 2019 年，21 个省、自治区、直辖市的 84 所高校开展境外办学活动，境外办学机构和项目共有 128 个。[⑤]截至 2020 年 11 月，我国已在全球 17 个国家建成了 18 个“鲁班工坊”。[⑥]同时，随着 2020 年教育部首批海外中国国际学校试点学校开学，中国特色海外国际学校建设走上快车道。中外人文交流全球布局不断完善，截至 2021 年，我国已分别与美国、俄罗斯、英国、法国、印尼、南非、德国、印度、日本建立了高级别人文交流机制，各类人文交流活动丰富多彩，推动了中外在政治、经济之外的教育、文化、卫生、科技、体育、旅游等多个领域的交流与合作。我国已经

---

① 苗绿.“一带一路”沿线国家成来华留学新增长点［EB/OL］.［2018-02-23］. http://www.ftchinese.com/story/001076312?full=y.

② 中华人民共和国教育部. 2019 年度出国留学人员情况统计［EB/OL］.［2021-03-03］. http://www.moe.gov.cn/jyb_xwfb/gzdt_gzdt/s5987/202012/t20201214_505447.html.

③ 中华人民共和国教育部. 2018 年来华留学统计［EB/OL］.［2021-03-03］. http://www.moe.gov.cn/jyb_xwfb/gzdt_gzdt/s5987/201904/t20190412_377692.html.

④ 中华人民共和国教育部. 教育 2020 收官系列新闻发布会第六场：介绍“十三五”期间教育对外开放工作情况.［EB/OL］.［2020-12-29］. http://www.moe.gov.cn/fbh/live/2020/52834/twwd/202012/t20201222_506910.html.

⑤ 中国高等教育学会就《高等学校境外办学指南》答记者问［EB/OL］.［2021-03-03］. https://baijiahao.baidu.com/s?id=1645789376665049442&wfr=spider&for=pc.

⑥ 张清玲.“鲁班工坊”打造合作办学新名片［N］. 中国教育报，2021-04-08（10）.

初步形成了“本科—硕士—博士”完整的汉语国际教育人才培养体系，截至2020年6月，我国已在162国家（地区）设立了541所孔子学院和1 170个孔子课堂，全球有70个国家将中文纳入国民教育体系，约2 500万人正在我国以外学习中文。①“十三五”期间，全球有4 000万人次参加了HSK、YCT等中文水平考试。②我国积极参与全球教育治理，逐渐从全球教育治理的参与者、合作者变为贡献者和设计者。“十三五”期间，我国新签订11份高等教育学历学位互认协议，已累计覆盖54个国家和地区。③这些成绩的取得有力地表明我国教育的对外开放能力和水平已经取得各国的认可，同时也为未来打造“一带一路”区域教育共同体打好坚实的基础。

随着“一带一路”建设的深入推进，中国正从地区大国走向全球性大国，在越来越多的领域中展示出参与全球治理的能力和承担大国职责的愿望。中国走出了一条符合自身国情的发展道路，探索出了一种既具有中国特色又具有普遍世界意义的工业化、城镇化及市场经济模式，客观上在鼓励越来越多的国家走符合自身国情的发展道路。中国提出实现中华民族伟大复兴的中国梦，正在激励越来越多国家实现他们追求美好生活的梦想和人类文明共同复兴的愿望。④教育是中国参与全球治理的重要方面，中国已经制定了《APEC教育战略》《中国落实联合国2030年可持续发展议程国别方案》，推动联合国教科文组织《亚太地区承认高等教育资历公约》的深入落实，承办国际职业技术教育大会、世界学前教育组织国际学术研讨会、首届国际教育信息化大会等国际高端教育会议，筹组金砖国家大学联盟、成立APEC高等教育研究中心，在高校设立十个教育援外基地等。⑤这些事实充分说明，我国教育和人文交流的国际影响力有了历史性的提升，教育全球治理能力有了显著提高，中国教育正以更加自信、更加矫健的步伐走

① 刘宝存，胡昳昀．以高水平教育开放提升我国教育软实力［EB/OL］．［2021-05-12］．https://baijiahao.baidu.com/s?id=1699553540334145598&wfr=spider&for=pc&searchword.

② 中华人民共和国教育部．教育2020收官系列新闻发布会第六场：介绍“十三五”期间教育对外开放工作情况［EB/OL］．［2020-12-29］．http://www.moe.gov.cn/fbh/live/2020/52834/twwd/202012/t20201222_506910.html.

③ 同②.

④ 王义桅．全球治理的中国自信与自觉［J］．当代世界，2016（11）：14-17.

⑤ 涂端午．新时代教育对外开放和中外人文交流的中国担当［N］．中国教育报，2018-01-11（6）.

向世界教育舞台中央。面向未来，我们要加大教育对外开放的力度和深度，积极通过“走出去”与“引进来”两个抓手与两条路径来加强与沿线国家教育领域的合作，以建设人类命运共同体的使命感来实现地区教育合作的革命性创新。

“一带一路”倡议的提出不仅要求我们要积极对接沿线国家经济发展和区域合作规划，还要求我国教育对内准确把脉，寻找适合“一带一路”倡议发展的契合点和着力点，对外提高站位，谋划我国教育在“一带一路”建设中的战略布局和行动策略，“为沿线国家共建‘一带一路’提供人才支撑和智力支持，促进‘一带一路’沿线国家之间的经济、文化、教育的合作与交流，让沿线国家的人民共享‘一带一路’的建设成果，从而实现合作共赢”[①]。从总体上说，中国已经具备建设地区教育合作新模式的理念和实践条件，教育应顺势而为，在总结历史经验和探索前人模式的基础上勇于创新。地区教育合作新模式的出现将会有利于“一带一路”倡议的顺利推进，是中国教育对世界教育理念和教育实践的一个卓越贡献，也必将成为新时代中国教育事业的标志性成就。

“一带一路”倡议的提出对中国社会各个领域都将产生难以忽视的深远影响，作为文化事业重要组成部分的教育活动同样感受到其无与伦比的辐射力与吸引力。“一带一路”倡议不仅对中国教育的发展提出现实挑战，同时也赋予教育新的历史使命，如何回应国人的殷切期待，丰富并拓展教育在新时代的深刻内涵是摆在每一位教育理论工作者面前的一道难题。中国正逐渐从教育大国向教育强国的目标迈进，教育事业服务国家宏观战略层面的地位也在上升，在“一带一路”倡议深入推进的时代背景下，中国教育与人文交流在建设文化强国和构建人类命运共同体的过程中必将承担更大责任，这也是时代赋予教育的历史使命。新的历史潮流和时代背景对中国教育提出了新的要求，教育要主动回应国家与人民的新期待，努力肩负新使命，争取开创发展新局面。属于教育的新时代正悄然降临，所有的教育人在承担历史职责之时，也将见证中国教育新的辉煌时期的到来。

① 瞿振元．“一带一路”建设与国家教育新使命［N］．光明日报，2015-08-13（11）．

第二章 我国与『一带一路』沿线国家的教育合作与交流现状

教育合作与交流是我国扩大教育对外开放战略的重要组成部分，也是实现我国教育现代化的必由之路。从改革开放到正式加入世界贸易组织再到如今的“一带一路”倡议，我国与世界各国及地区的教育合作与交流经历了起步与快速发展阶段，并逐步形成“多层次、宽领域、全方位”的纵深发展格局。然而，由于国内区域间经济社会发展不平衡、区域教育发展水平差异明显，以及“一带一路”沿线国家经济、社会与文化复杂多变，教育整体发展水平参差不齐等诸多因素的影响，方兴未艾的中外教育合作与交流也面临多方面挑战。本章将在审视我国开展教育合作与交流相关理论的基础之上，结合“一带一路”沿线国家教育发展的现状与对外合作与交流的政策及实践，总结我国与“一带一路”沿线国家教育合作与交流的经验，分析当前面临的机遇与挑战，以期对“一带一路”教育共同体的构建有所助益。

第一节　我国与“一带一路”沿线国家教育合作的理论审视

教育合作与交流是国家之间、国家与非国家行为体以及非国家行为体之间为满足各方在教育领域的实际或预期需求而相互调整政策和行为，促进教育资源跨境双向流动的过程。随着全球化的不断深入，教育合作与交流不仅是教育发展和运行的一个方向，更逐渐上升为国家意志和行为，乃至成为一些国家构筑国际关系的重要“构件”。

一、教育合作与交流的传统理论视角

有学者曾指出，鉴于教育合作与交流的国际化特征，我们不能仅停留在国家层面对其进行考量，而应对其运作原理进行更广泛的探索。[①] 下文我们从国际体系层次的宏观国际合作理论、国家层次的中观国际合作类型和高校层次的微观国际化选择三个方面对教育合作与交流展开分析。

（一）国际体系层次的教育合作与交流

“二战”后，西方国际关系学的理论知识谱系以冲突与合作为主题，延伸至今形成多足鼎立的局面：新现实主义、新自由主义、世界理论体系和建构主义。此四种主流学派以国际关系的无政府状态为逻辑起点，将研究重心置于国际体系层次[②]，但又基于各自的核心假设演绎出不同的国际合作理论。

1. 新现实主义下的权力合作论

新现实主义（又称“结构现实主义”）的国际合作理论是在批判和继

---

① ZHA Q. Internationalization of higher education：towards a conceptual framework［J］. Policy Futures in Education，2003（2）：248-270.

② 秦亚青．权力·制度·文化：国际政治学的三种体系理论［J］. 世界经济与政治，2002（6）：5-10.

承古典现实主义基础上形成的。在现实主义者眼中，国际政治弱肉强食的“丛林法则”是铁律，因此国际合作虽可能实现，但只是缓解冲突、积蓄武力或“大国维护均势”的工具。而新现实主义的代表人物肯尼思·华尔兹（Kenneth Waltz）将自助体系（无政府秩序）、国家功能（利己特征与生存需求）、权力分配（国家之间实力/能力的分配）作为国际关系理论的三大变量。[①]他假定国际体系存在无政府状态的先验性、国家作为基本行为单位的固定性以及体系结构（权力分配结构）对国际体系的稳定和国家行为产生影响。其中，国际体系结构通过引导经济制裁、武力威胁、联盟制衡等（硬）实力手段决定国家行为。因此，将国际政治视为“权力政治游戏”的新现实主义国际合作理论被称为“权力合作论”。

新现实主义权力合作论的核心是霸权国的存在、意愿和反应，体现了家长式再分配和权威式控制的结合，因此，国际合作很有可能被大国利用来胁迫小国。[②]这些合作以霸权国自身意愿和需求为基础，对各国学生进行价值观重塑。这种由霸权国主导的“非对称性的合作”可能导致其他国家照搬前者的教育模式，或依附于中心国家的原创性成果，成为知识的“消费者”[③]。

2. 新自由主义下的制度合作论

新自由主义的国际合作理论强调非物质性权力因素的作用，即国际制度对国家合作行为的影响。其基本假设为国际社会处于无政府状态但却是有序的，受国际制度作用的影响；国家是自私、具有有限理性的单一行为体，它将本国利益置于对外关系的首要地位，却需以最小代价解决利益冲突；国际环境能够改变国家在寻求利益时的运作程序和行为体的认同感。[④]因此，国际合作可以通过国际制度得以成形。新自由主义的代表人物罗伯

---

① 华尔兹.国际政治理论［M］.信强，译.上海：上海人民出版社，2008：106.

② 马佳妮.高等教育国际合作：国际关系的视角［J］.高教探索，2014（5）：21-25.

③ 阿特巴赫.比较高等教育：知识、大学与发展［M］.人民教育出版社教育室，译.北京：人民教育出版社，2001：34.

④ KEOHANE R O. Theory of world politics：structural realism and reyond［M］//KEOHANE R O. International institutions and state power : essays in international relations theory. New York：Routledge，1989：62.

特·基欧汉（Robert O. Keohane）将国际制度视为“规定行为角色、限定行为活动并影响期望形成的连贯一致且互为关联的（正式或非正式的）成套规则”[①]。具有权威性、制约性和关联性的国际制度决定了国家行为[②]作用于国际合作，如促进国家间达成合作协议，为建立合作关系提供信息和信任基础；缓解利己主义和市场失灵等压力，促进合作良性发展；相互关联的行动规则可减少短视的利益行为，促进合作议题和参与国数量的扩大。[③]因此，以研究国际政治经济机制为核心的新自由主义被称为新自由制度主义，其国际合作理论被称为“制度合作论”。

按照新自由制度主义，国际制度是促进教育合作与交流的重要推手，特别体现在国际组织或区域性组织“自上而下”确立的教育合作协议或声明中。如伴随全球贸易自由化和价格市场化，世界贸易组织通过《服务贸易总协定》将教育服务商品化，以消除跨境教育流动的贸易壁垒。这一类似“国际立宪”的协定要求世贸组织成员在教育领域以跨境支付、境外消费、自然人流动和商业存在四种方式开展国际合作，倘若成员未能实现教育自由化的承诺，世贸组织将对其提出相应诉讼与惩罚机制。原则上，国际制度的权威性越高，其信息就被认为越可靠，促成国际合作的可能性也越大。[④]

3. 世界体系理论下的整体合作论

世界体系理论兴起于20世纪70年代，其渊源可追溯至马克思列宁主义。马克思认为世界市场形成了国家间的从属关系，列宁则进一步揭示了在帝国主义体系下国家间存在的依附关系，并强调金融资本在其中起主导作用。伊曼纽尔·沃勒斯坦（Immanuel Wallerstein）借鉴现代化理论，将世界体系理论做了升华。他认为“现代世界体系”是资本主义世界经济体系，该体系以世界范围的劳动分工为基础建立。在分工中，世界经济体的不同

---

① KEOHANE R O. Theory of world politics：structural realism and beyond［M］//KEOHANE R O. International institutions and state power：essays in international relations theory. New York：Routledge，1989：3.

② 秦亚青．国际制度与国际合作：反思新自由制度主义［J］．外交学院学报，1998（1）：40-48.

③ 宋秀琚．国际合作理论：批判与建构［M］．北京：世界知识出版社，2006：155.

④ 同②.

区域（中心区域、半边缘区和边缘区域）被派定承担特定的经济角色。[①] 沃勒斯坦将不同国家的发展置于相互联系的世界性体系中进行分析比较，认为世界体系本身固有的整体发展规律决定着其构成要素的单个国家在体系中的地位变动，任何一个国家的发展都离不开国际环境。[②] 在此理念引领下的高等教育国际合作被称为“整体合作论”。

坚持整体合作的世界体系理论认为，只有把世界政治置于全球资本主义结构的框架中才能揭示其实质和内容。在世界体系中的高等教育国际合作实践将影响一国教育走向世界的范围与程度。同时，世界体系结构也将发挥作用，使各国高等教育之间的交流与合作呈现巨大差距与不平衡现象，并形成不同的合作模式。然而，不同国家高等教育合作模式的产生和延续是为全球资本主义服务的，核心、半核心和边缘地带（即中心区域、半边缘区域和边缘区域）之间的关系实际上是一种阶级之间的剥削关系[③]。尽管各个国家在历史、文化习俗、资源的禀赋上存在差异，但都可以通过合作走一条普遍的发展道路，遵循一个普遍的发展模式，这个模式就是西方国家普遍走过的模式。[④] 因此，世界体系理论过分强调资本主义世界经济体系的作用，忽略了具体国家不同历史时期的特殊发展过程，忽视了对具体国家发展道路的探讨。

4. 建构主义下的文化合作论

建构主义的国际关系理论兴起于“冷战”后，它也强调国际体系结构对国家的作用，但除物质权力和国际制度外，国际观念结构的分配与共享同样也可解释和预测国家行为及其实践。[⑤]国家行为体的互动形成共有观念，共有观念形成国际体系文化，国际体系文化又决定国家身份、利益和行为。因此，国际体系文化就是国际体系中的观念结构或国际社会共有观念的分配。在建构主义的代表人物亚历山大·温特（Alexander Wendt）看来，观

---

① 沃勒斯坦 . 现代世界体系　第一卷［M］. 罗荣渠，等译 . 北京：高等教育出版社，1998 ：133.

② 杨启光 . 国际关系理论视野下中国教育国际化发展战略的研究［J］. 黑龙江高教研究，2010（7）：24-27.

③ 温特 . 国际政治的社会理论［M］. 秦亚青，译 . 上海人民出版社，2000 ：前言 7.

④ 王正毅 . 世界体系论与中国［M］. 北京：商务印书馆，2000 ：28 -29.

⑤ 宋秀琚 . 国际合作理论：批判与建构［M］. 北京：世界知识出版社，2006 ：173.

念结构才是赋予物质结构以意义的深层次社会性结构。[①]其理论假设是无政府状态由国家造就，且处于无政府状态的国际社会并非一成不变。[②]国家身份在国际互动中不断变化，使国家间的不同利益和行动取向形成三类无政府文化：霍布斯文化（对应的国家身份是敌人）、洛克文化（对应竞争对手）和康德文化（对应朋友）。而国家又在与其他行为体的互动中建构起参与国际社会的身份、利益和行为，形成主体间性（intersubjective）。温特认为，共有知识或文化是确定行为体身份与利益的根本因素，一切都是文化使然，国际合作也是如此。[③]因此，建构主义的国际合作理论被称为“文化合作论”。

秉承文化合作的建构主义认为，集体身份是形成合作型体系文化的关键。在此过程中，国家行为体通过对其周围世界的解释，产生相互依存、共同命运、同质化和自我约束等观念，进而形成共享的知识和文化。欧洲高等教育区就是建构主义取向下教育合作与交流的典型。欧共体在20世纪70年代开始参与高等教育活动时逐渐形成了诸如强化欧洲公民群体意识等共同的文化政策和社会政策目标。在后来欧盟高等教育的一体化进程中，达芬奇计划、“青年行动”计划等为成员国学生和学者提供了教育交融的契机，强化了欧洲公民的共同社会文化空间和共享价值。通过高等教育合作，成员国增强了其在国际教育市场的竞争实力和在国际事务中的影响力，提高了在国际社会上的地位。

（二）国家层次的教育合作与交流

如果说国际体系层次的教育合作与交流以无政府状态为逻辑起点，那么国家层次的中观教育合作与交流则以民族国家在教育国际化进程中的地位、能力和行为为根基。伴随全球化的深入，它依托跨境教育，在回应国家经济、地缘政治、文化传播和发展援助等需求中，愈发具有经济学、政治学或文化学意涵，并形成不同的教育合作与交流模式。经合组织（OECD）

① WENDT A. Social theory of international politics［M］.Cambridge：Cambridge University Press，1999：3.

② WENDT A. Anarchy is what states make of it：the social construction of power politics［J］. International Organization，1992（2）：391-425.

③ 宋秀琚. 国际合作理论：批判与建构［M］. 北京：世界知识出版社，2006：175-176.

将国家层次的教育合作与交流分为四种类型。①

1. 相互理解型教育合作与交流

以相互理解为基础的教育合作与交流紧跟国家政治、文化和学术发展等各类目标，主要通过奖学金项目和高校间的伙伴关系，允许和鼓励国内外学生、研究人员的国际流动。总体而言，该类型合作并非以大量招收留学生为目的，而只针对少数精英群体，并将国际合作的重点放在发展教育援助和对他国的地缘战略选择上，合作大多依赖外交部、教育部等拨发的奖学金，不倾向于吸引移民。留学生通常在学习结束时，可能只停留一段时间便返回本国。这种传统的国际化战略是日本、韩国、墨西哥和一些非 OECD 国家的选择重点。欧盟国家发起的伊拉斯谟计划（Erasmus Mundus），就是通过促进学生和教师的交流、在欧洲范围内建立大学机构和院系网络、共同制订课程学习计划，以便使欧洲年轻人形成“欧洲公民意识”。

2. 技术移民型教育合作与交流

以技术移民为基础的教育合作与交流是指一国主动并有针对性地对留学生进行选择性招募。该类型的合作依据知识经济逻辑，意在吸引技术型知识创新人员，提高接收国教育、研究的质量与国际竞争力，为其经济发展服务。在社会老龄化程度加深和低附加值产品国际竞争日趋激烈的背景下，工业化国家竞相将吸引国际高技术人员纳入国家战略规划。因此，其合作的目标人群多集中于高学历学生或高潜力技术研究人员，甚至是从事特定研究的专门人才，并多采取如广告宣传和国际贸易展览会等方式向他国推广本国高等教育，向目标人群提供各种关于生活、学习、签证和移民等便利性服务。这类合作通常出现在没有真正受到高校商业流动性影响且留学生人数不断增加的德国、加拿大（部分省份）、英国（针对欧盟学生）和美国（针对研究生）等国。如法国允许大学以英文教学，出台便于对留学生进行管理的移民政策和促进技术人员在法定居的相关政策。

3. 收益流动型教育合作与交流

以收益流动为基础的教育合作与交流更直接地导向教育的商业发展目

① VINCENT-LANCRIN S. L'enseignement supérieur transnational：un nouvel enjeu stratégique?［J］. Critique Internationale，2008，39（2）：67-86.

标，根据留学生的实际成本 / 费用结算提供跨境教育服务，留学生因此一般不享受任何公共补贴。高校通常可从留学生那里获取额外收益，进而使高校成为国际教育市场的代理人。这种以创收为目的的教育合作与交流被政府赋予高度的自治权，注重通过质量保障机制维护国际学生的利益，以确立高等教育的国际声誉。该类合作虽增加了留学生、营利性项目和高校科技人员流动的数量，但随之减少了公共经费在大学资源中所占的份额，其目标主要是创设新的教育服务出口行业。澳大利亚的教育国际化战略便是这种教育合作与交流类型的典型代表。新西兰、美国、加拿大、英国、丹麦、荷兰和爱尔兰（只针对欧盟以外的国际学生）也多采用这种教育合作与交流类型。

4. 能力建设型教育合作与交流

基于能力建设的教育合作与交流侧重于进口教育服务。采取这种合作类型的国家多为新兴国家，如马来西亚、新加坡、印度尼西亚、越南、阿拉伯联合酋长国等东南亚和中东国家或地区。原则上，如果一国没有足够的能力满足国内对教育的所有需求，那么跨国教育可以帮助该国增强为其经济和教育提供人力资本的能力。[①] 因此，引进他国教育成为提升国家教育能力的一条捷径。为确保教育合作活动与本国的学术和经济建设战略相协调，该类合作多在政府的规章制度框架内进行。如政府鼓励或要求地方教育提供者与外国高校达成配对协定和伙伴关系，以促进高校间的知识转让。同时，各国必须确保其质量保障制度能覆盖国外教育项目与高校，从而使引进的教育服务切实为本国发展做出积极贡献。该战略下的移民政策通常有利于专业人员的临时调动，且往往鼓励在外学习的侨民回国，从而避免人才外流。

（三）高校层次的教育合作与交流

在知识经济和贸易全球化时代，市场机制、新自由主义和新公共管理理念盛行，国家的传统权威逐渐受到挑战，竞争、质量、效率、问责等成为治国理政的核心追求。在此背景下，教育面向国际发展的趋势和过程也

---

① VINCENT-LANCRIN S. Building capacity through cross-border tertiary education［EB/OL］.［2018-05-03］. http://www.oecd.org/education/skills-beyond-school/33784331.pdf.

成为一国将其国际、跨文化和全球观念融入高校教学、科研和服务等功能的过程。①因此，高校肩负起从微观层面“协调国家现实与国际趋势间张力”②的使命，根据自身特点回应全球化挑战，并形成相应的国际合作理念与策略。

1. 高校开展国际合作的“程度与方式说”

从国际合作在高校中的发展程度和方式出发，约翰·戴维斯（John L. Davies）结合影响高校国际化战略的内外因素，提出高校国际合作的应对模式。③（1）中心—系统模式。采用该模式的高校将国际合作置于学校发展的优先位置，通过具体政策和支持性程序推进学校的国际化目标，对国际活动投入充足的人力、物力和财力，有专门机构组织和协调国际活动，并设立国际合作的激励机制和系统的质量监控机制。（2）零散随机—中心模式。采用该模式的高校将教育合作与交流视作学校的高层次活动，尽管活动频繁、多样，辐射群体较广，但多为临时特设合作项目，缺乏清晰的国际合作理念；合作市场不聚焦，合作成本测算不准确，收益低，校际合作协议未能落实，运行规则变数大，质量控制随机，合作项目常面临危机。（3）边缘—系统模式。采用该模式的高校开展的国际活动数量有限，但却拥有清晰的决策和良好的组织与协调性；合作项目针对性强，能依据自身优势准确地把握市场机会，侧重使高校成为学者专家的特定市场领域；合作成本预算和定价准确、切合实际。（4）零散随机—边缘模式。采用该模式的高校多处于国际化初始阶段，主要以学者或院系自发开展知识合作，国际合作活动少；他们既没有清晰的校级国际化决策，亦欠缺对市场的把握和应对，整体上对未来合作及保障缺乏系统谋划。

这四种模式反映了高校对国际化的重视程度及其国际化水平，但它们

---

① KNIGHT J. Internationalization：management strategies and issues［J］. International Education Magazine，1993，9（6）：21-22.

② ALTBACH P G. Globalization and the university：myths and realities in an unequal world［J］. Current Issues in Catholic Higher Education，2002，23（1）：5-26.

③ DAVIES J L. University strategies for internationalisation in different institutional and cultural settings：a conceptual framework［M］// Policy and policy implementation in internationalisation of higher education. Amsterdam：European Association for International Education，1995：3-18.

并非泾渭分明。一所高校可能兼有两种模式的特征，也可能正处在从一种模式向另一种模式转变的过程中。总而言之，戴维斯虽为我们提供了一个检视、分析高校国际化策略的框架①，但其研究路径多是对高校国际合作的程度与方式进行定性描述，忽视了合作的操作性问题。

2. 高校开展国际合作的“内容与组织说”

从高校国际合作的具体内容和组织出发，简·奈特（Jane Knight）提出了高校开展国际合作的两种互补性方式——项目战略和组织战略。②汉斯·德维特（Hans de Wit）等也指出，高校在国际化进程中，既要注重学术活动的开发，又应强调组织因素的策略，这是确保国际化成功的核心。③具体而言，项目战略主要指与高校教学科研和服务活动密切相关的各种规划与尝试，包括：（1）学术项目，指将国际教学和跨文化交际的相关理念融入课程内容和教学过程的学生交换项目、外语学习、国际课程、区域或专题研究、联合培养项目、跨文化训练和访学等学术活动；（2）研究与学者（间）合作，指同研究本质、研究方法及与知识传播相关的合作，如区域与主题中心、联合研究、国际会议、合作发文、国际研究协议等项目；（3）课外活动，指以增加本土与国际不同学生群体间、不同学生和社区文化团体间的互动与融合性合作，如学生俱乐部和社团、跨国跨文化校园活动和民族团体项目；（4）本国与境外联系，指国际院校间的双边合作，如海外办学，与他国非政府组织或企业团体形成的共同体伙伴关系，服务和跨文化交际计划，商业性教育项目和以合同为基础的培训、研究、海外校友项目等。④

组织战略负责推进项目策略的落实，被视作保障高校国际合作的支持性工具。“只有把国际合作维度融入院校的办学目标、规划与评估系统、政

① 郭丽君 . 全球化下的跨国高等教育：视点、问题与中国的应对［M］. 北京：中国社会科学出版社，2009：65-66.

② KNIGHT J. Internationalization remodeled：definition，approaches，and rationales［J］. Journal of Studies in International Education，2004，8（1）：5-31.

③ DE WIT H，KNIGHT J. Internationalisation of higher education in Asia Pacific countries［M］. Amsterdam：European Association for International Education，1997：6-17.

④ 同②.

策与程序，以及人员雇用和晋升系统，才能确保国际维度的制度化。”①奈特把组织战略也分为四类，具体包括：(1) 治理。院校使命陈述、计划与政策文件对国际化的认可，高层领导的明确承诺和教职工的积极参与。(2) 运作。高校和院系层面的顶层规划、预算与质量评估系统，与国际联络和协调相适应的组织结构系统，集权和分权平衡得当的国际化推进和管理系统，充足的财政支持和合理的资源分配机制。(3) 服务。行政单位（学生住宿、筹款和信息技术）、学术单位（图书馆、教学和课程开发）和服务单位（计划咨询和跨文化培训、签证建议）对学生的支持。(4) 人力资源发展。国际和跨文化专业人员的招聘和选拔，对教职工参与国际合作的奖励政策，教职工专业发展活动（国际任务和学术假期）等。②

两类战略尽管侧重点不同，但相辅相成，在高校独有的组织管理和文化环境下形成有机的统一体，进而引领高校国际合作的整体策略。与戴维斯的模式相比，奈特的模式更为系统和具体，不仅涉及组织层面国际合作的制度化，而且概括了合作活动的策略类型。

二、“一带一路”倡议下教育合作与交流的三层次理论

作为对接“一带一路”沿线国家和建设国家教育需求、实现“民心相通”的重要方式，教育合作与交流成为我国构筑国际关系的重要行动枢纽。它受益于中国特色外交所建构的全球新型伙伴关系和开放格局，为我国打通国际关系提供了“软实力”“巧实力”。正如瞿振元所言：“中国教育，特别是高等教育应以世界情怀和全球担当开阔眼界、拓宽思路，努力成为构建人类命运共同体的实践者、贡献者和先行者……全面推进中国特色大国外交……为我国发展营造了良好的国际环境和进一步做好教育对外开放工作的坚实基础。”③而与以往少数国家在教育对外开放中强调政治动机和为本国经济利益服务的交流不同，我国的“一带一路”教育行动更强调平等交

---

① 郭丽君．全球化下的跨国高等教育：视点、问题与中国的应对[M]．北京：中国社会科学出版社，2009：67.

② KNIGHT J. Internationalization remodeled：definition，approaches，and rationales [J]. Journal of Studies in International Education，2004，8 (1)：5-31.

③ 瞿振元．做好新时代教育对外开放 [N]．中国教育报，2018-04-10 (1).

流，互利互惠，尊重其他国家的主权、安全和社会公共利益。同时，建构“一带一路”教育共同体的提出正逢其时，它呼应了我国教育现代化发展的时代脉动，契合了全球教育治理的重大关切，因而成为全球教育合作与交流困境下的一种理论突围。

（一）教育合作与交流的国际选择

当前教育合作与交流的国际环境正面临全球化逐渐退潮、经贸环境欠佳、民粹主义思潮泛滥和非传统安全威胁上升等挑战。为应对这些挑战，各国教育需要借助新型合作理念探索共同利益、承担共同责任、共享发展成果，从而在不同国家、民族间共存、共荣、共建和共赢的过程中得到稳定和长足的发展。

首先，从霸权合作转向多元平等的共建合作。在国际政治多极化背景下，国际体系仍然受到霸权主义和强权政治的笼罩。新现实主义认为，每个国家都在努力追求利益最大化时，权力分配结构将限制合作的形成。个中缘由是，一国可能担心由于合作的开展以及商品和服务的交换而变得依附于他国。① 这就提醒我们应更深入地思考教育在国家间的不均衡发展，以尊重合作对象国教育发展的现实和诉求，增强战略合作互信。

“一带一路”背景下的新型教育合作与交流尤其强调“多元”“平等”“共建”原则，这是对强权政治、零和思维的根本否定，也是在全球教育高度依存之下各方实现共赢的可靠路径。习近平总书记曾表示，“‘一带一路’建设跨越不同地域、不同发展阶段、不同文明，是一个开放包容的合作平台，是各方共同打造的全球公共产品”②。其中，“开放包容”意味着教育合作与交流伙伴的多样化和多元性。“一带一路”建设“以亚欧大陆为重点，向所有志同道合的朋友开放，不排除、也不针对任何一方……要坚持在开放中合作，在合作中共赢，不画地为牢，不设高门槛，不搞排他性安排，反对保护主义”③，这体现了行为体间的平等合作关系。“一带一路”建设的“核心内容是促进基础设施建设和互联互通，对接

---

① 华尔兹 . 国际政治理论［M］. 信强，译 . 上海人民出版社，2008：140-141.

② 新华网 . 习近平在“一带一路”国际合作高峰论坛圆桌峰会上的开幕辞［EB/OL］.［2018-04-13］. http://www.xinhuanet.com/politics/2017-05/15/c_1120976082.htm.

③ 同②.

各国政策和发展战略，深化务实合作，促进协调联动发展，实现共同繁荣”①，这是和合共生的“共建”思想的具体体现。

其次，从制度合作转向民主协调的共商合作。教育合作与交流离不开制度作为基本保证。然而新自由制度主义最初的逻辑起点是满足美国的对外政策和宣传需要，因此，制度合作论承载了制度创立者所代表利益方的需要和通过国际制度维护美国霸权地位的本意。中国作为非霸权国家在国际合作中的理性战略选择应是：一方面利用国际制度并在其框架内进行国家间教育的合作或竞争（博弈）以谋求国家利益；另一方面不能忽视其他国家的行为对国际合作带来的影响，既重视制度，又不唯制度论。②无论如何，以拥有共同或共享的教育利益为根本，以国家间的教育相互依赖关系为归依，国际制度对国际合作才具有积极作用。

我国与“一带一路”沿线国家开展的各类教育合作都是以自愿为前提的，如在同东盟签署自贸区《服务贸易协议》的基础上，同柬埔寨、泰国等国相继签署政府间的教育合作协议或学历学位互认协议。但这些合作协议并无硬性规定，大多不具有强制性，缺乏集中权威以保证行动者对各项合作协议的服从。因此，这种“无政府状态下”的国际合作制度环境更需要合作双方通过民主协调，在切合各自实际发展阶段与利益诉求的基础上，共商具有针对性和专业化的合作运行与管理机制。其中，“民主协调”是建立政策协调对接机制过程中，合作行为体间既可以相互学习借鉴，也能够相互理解与妥协，而不是通过一方强制规约另一方，形成新的权力结构；“共商”则是“共同制定合作方案，共同采取合作行动”的基石，其最终目的是使教育合作与交流形成“规划衔接、发展融合、利益共享局面”③。

再次，从整体合作转向互利互惠的共荣合作。高等教育国际合作的本质，一是服务我国高等教育及其影响力的提升，而非“炫耀”国威；二是

---

① 新华网．习近平在“一带一路”国际合作高峰论坛圆桌峰会上的开幕辞［EB/OL］.［2018-04-15］. http://www.xinhuanet.com/politics/2017-05/15/c_1120976082.htm.

② 徐秀军．新自由制度主义的国际合作理论：文本解读与反思［C］// 中国国际关系学会．国际关系研究：合作理论及争鸣：2008 年博士论坛．北京：世界知识出版社，2009：81-99.

③ 同①.

满足沿线国家高等教育的发展需求，而非“推销”合作。“一带一路”倡议下的新型高等教育国际合作要尊重世界体系整体结构，并超越固有资本的束缚，促进国际合作行为体发挥主观能动性，即国家的交往是以自我建设为根本且互为主体的交流与沟通，从而实现真正意义上的互利互惠、共同发展。

由此，高等教育国际合作应以为合作双方带来更大利益或减少双方资源消耗为出发点，融合自身优势，有针对性地引进和培养人才，开展教学与科研交流，通过合作中的磁吸效应，打造优质的高等教育国际合作。具体来看，互利互惠的共荣合作一方面强调合作中的“利我惠我”，即以效益优先为基础，借助教育合作不断增强我国教育改革创新和自我建设的能力；另一方面重视合作中的“利他惠他”，即以长效发展为目标，正视和满足合作方真正所需，做到既“尚利”又“贵义”，在合作中重义求利收民心。此外，在各级各类合作中，我们不仅要学会讲并讲好中国的教育故事，发挥我国在文化教育软实力和工程技术硬实力方面的双重区域领导力，而且要创造诸如“丝绸之路”教育援助计划等更多的好故事。

最后，从文化合作转向双向互动的共建合作。当前“文明的冲突”观念主宰全球，建构主义“文化合作论”的目的在于固化当前有利于西方社会的话语霸权和意识形态霸权，维持现有的文化等级结构。[①] 加之教育国际合作与交流从来就没有完全的平等，教育输出国基本上都是发达国家，发展中国家主要扮演着教育输入国的角色。但事实上，倘若一国出于互利互惠而非以殖民或唯利目的输出教育，将有助于不同文明之间的对话。向国外输出教育，促进国际交流，为世界文明做贡献，已是发达国家和发展中国家教育的共同职责。[②] 对发展中国家来说，转变教育输入国的身份，主动对外输出本国教育是必由之路。

我国同沿线国家开展教育合作始终强调以尊重各国文明为基础，开展科技和人文交流，分享共同文化。约瑟夫・奈（Joseph Nye）指出，“软实力”

---

① 黄真. 中国国际合作理论：目的、途径与价值［J］. 国际论坛，2007（6）：42-46.

② 蒋凯，张军凤. 中国高等教育对外开放的基本特点［J］. 清华大学教育研究，2017，38（6）：7-15.

的重点在于社会的相互沟通和文化思想的交互作用。[①]教育作为国家“软实力”的一分子，其国际合作应当是对话而非灌输。因此，我国在推进教育“引进和输出”的双向功能时，应避免共享文化在“普遍化”的过程中被异化为一些国家所妄言的维护“中心国家”利益的意识形态工具，坚持强调“和而不同”的文化多样性理念，消除所谓的“文化入侵”，增强“文化理解与互信”的双重建构。

（二）教育合作与交流的国家选择

在前述四种教育合作与交流类型中，相互理解型属于传统的政治安全策略；技术移民、收益流动和能力建设是20世纪90年代以后全球涌现的新兴合作类型，更多地服务于国家经济考量和教育能力的建设。[②]有学者认为跨境教育合作与交流逐渐成为国家经济发展的杠杆，其关键是要超越教育政策惯用的框架，融入国家的经济政策和战略发展中。[③]不同国家采取相似或不同导向的合作，形成了各自的教育国际化道路。

鉴于“一带一路”沿线国家经济发展水平参差不齐，文化多元，教育系统和发展方式不一，我们无法仅以一种合作类型应对同各国的教育合作。同时由于我国教育的整体办学资源区域布局严重失衡，教育合作与交流方面也存在东部较为成熟、西部发展迟缓的现象，开展国际合作必须顾及国内教育现状的复杂性。因此，有效的教育合作与交流在开展顶层统筹时，应建立在对自身与合作国充分了解的基础上分类推进。在不能完全实现“一国一策”的情况下，尽量做到“一种类型，一个策略”的战略布局。[④]我国在此背景下推进教育合作与交流的过程中可吸纳多种类型，以特定方式设计教育合作与交流战略图景。

一般而言，一国的教育质量和科技实力与其经济发展水平不无关系，

---

① 杨启光．国际关系理论视野下中国教育国际化发展战略的研究［J］．黑龙江高教研究，2010（7）：24-27.

② VINCENT-LANCRIN S. L'enseignement supérieur transnational：un nouvel enjeu stratégique?［J］. Critique internationale，2008，39（2）：67-86.

③ 同②.

④ 辛越优，阚阅．“一带一路”倡议下的高等教育合作：国家图像与推进战略［J］．高等教育研究，2018（5）：101-109.

而教育的国际化和国际合作水平彰显了一国教育的对外开放程度。因此，我们将经济发展水平和教育对外开放程度[①]作为“一带一路”沿线合作行为体的两大特征变量，把沿线国家按其相应的发展特征划分成四种类型：A. 经济发达、对外开放程度高；B. 经济发达、对外开放程度低；C. 经济欠发达、对外开放程度高；D. 经济欠发达、对外开放程度低。而从中国教育的区域发展看，东部地区经济发达，教育发展较快，国际化程度较高；西部地区经济水平较低，教育发展较缓，国际化程度欠佳；中部地区则各有优劣。因此，我们将区域教育发展特征分为发达的中部、东部地区和欠发达的中部、西部地区两类[②]，从而形成中国与“一带一路”沿线国家教育合作与交流类型分解表（见表 2-1）。

表 2-1　中国与“一带一路”沿线国家教育合作与交流类型分解表

<table>
<tr><th rowspan="2">沿线国家教育合作特点</th><th colspan="2">中国教育区域发展特征</th></tr>
<tr><th>1- 发达的中部、东部地区</th><th>2- 欠发达的中部、西部地区</th></tr>
<tr><td>A- 经济发达、对外开放程度高</td><td>A1- 输入输出并重的多向发展型</td><td>A2- 输入为主的能力建设型</td></tr>
<tr><td>B- 经济发达、对外开放程度低</td><td>B1- 输入输出并重的创收带动型</td><td>B2- 输入为主的多向发展型</td></tr>
<tr><td>C- 经济欠发达、对外开放程度高</td><td>C1- 输出为主的能力建设型</td><td rowspan="2">CD2- 输入输出并重的优势探索型</td></tr>
<tr><td>D- 经济欠发达、对外开放程度低</td><td>D1- 输出为主的多向发展型</td></tr>
</table>

资料来源：作者自制。

① 由于本研究重点涉及中国和其他国家之间的国际合作，因此，高等教育对外开放程度专指中、外彼此间的高等教育对外开放程度。

② 此处暗含的假设是：中部、东部发达地区高等教育对外开放程度高，中部、西部欠发达地区高等教育对外开放程度相对较低。

分解表主要包括 7 种国际教育合作与交流类型。

A1–输入输出并重的多向发展型，主要针对我国中部、东部地区和经济发达、对外开放程度高的沿线国家所开展的国际合作。由于双方的教育合作与交流程度较高，能够基本实现平等协作，因此宜在交流方向上兼顾“引进来”和“走出去”，并继续推进以相互理解、吸引高端技术人才、营利且高质量为宗旨的多方向多层次深度合作。

B1–输入输出并重的创收带动型，主要针对我国中部、东部地区和经济发达、对外开放程度低的沿线国家所开展的国际合作。这一模式主要发挥教育合作与交流的服务功能，“一带一路”框架下合作双方可借助在经济领域内开展的功能性合作向教育领域外溢，通过引进和输出双向开发营利性且高质量的国际合作项目，增强我国与沿线国家的深度合作。

C1–输出为主的能力建设型，主要针对我国中部、东部地区和经济欠发达、对外开放程度高的沿线国家展开。这种合作类型考虑到合作行为体之间经济发展的差异，我国可通过对外教育援助等方式向经济欠发达的沿线国家输出教育资源，逐步深化双方的教育合作与交流，使沿线国家引进的教育服务切实为其自身发展做贡献，进而帮助相关国家提升教育质量。

D1–输出为主的多向发展型，主要针对我国中部、东部地区和经济欠发达、对外开放程度低的沿线国家所开展的国际合作。由于一些沿线国家经济欠发达、对外开放程度低，教育合作与交流宜以对其输出为主，并且在促进合作行为体民族文化或宗教方面的相互理解，辅助其培养高等人才、社会精英，以及发展教育水平能力建设等方面开展多向合作。

A2–输入为主的能力建设型，主要针对我国中部、西部地区和经济发达、对外开放程度高的沿线国家展开。我国中部、西部地区的教育发展质量和国际化水平均处于初期或蓄势待发阶段，适宜在国际合作中向外派出留学人员、引进营利性外国教育项目、鼓励海外人才回流，输入经济发达、对外开放程度高的沿线国家的教育相对优势及经验，以提升自身的教育水平，服务中部、西部地区的经济社会发展。

B2–输入为主的多向发展型，主要针对我国中部、西部地区和经济发达、对外开放程度低的沿线国家进行。这类国际合作是根据我国中部、西部地区教育发展的不足而采取引进国际项目和技术人员等输入为主的合作策略。由于同经济发达、对外开放程度低的沿线国家开展国际合作的基础薄弱，我们需要在相互理解中找准符合各自所需的合作生长点，有效提升中部、西部地区的教育能力，探索多向发展型合作的可能。

CD2- 输入输出并重的优势探索型，主要针对我国中部、西部地区和经济欠发达的沿线国家所开展的合作。这种类型的合作不同于前 6 种，合作对象国的经济发展水平和教育国际化程度均相对落后，但这并不意味着缺少开发教育合作与交流的契机。其重点在于挖掘各自的地方特色和教育领域的某些专长，打开合作的突破口，并寻求积聚效应，逐步形成专项国际合作。尽管双方的合作基础相对薄弱，但合作关系首先是平等的，更易于在教育方面引进各自所需和输出相对优势。

我国无论同“一带一路”沿线国家采取哪种教育合作与交流类型，在合作布局上均应优先配合“一带一路”建设中经济产业发展、重点发展领域的需求，在推动合作价值认同、文化认同和身份认同的同时，充分发挥教育的人才培养、科学研究、社会服务和文化交流的功能，全方位、多层次助力“一带一路”建设与发展。

（三）教育合作与交流的高校选择

从戴维斯的四种高校参与国际合作应对模式来看，我国高校的教育合作与交流总体上处于从“零散随机—中心模式”向“中心—系统模式”发展的过程。处于过渡阶段的各个高校需要从内部出发，在明确教育使命和组织传统基础上，结合专业发展、课程设置、师资和财政能力提出满足实际需求和所能承担的国际合作项目；从外部出发，提升对自身形象和身份的外部感知，明确自身在教育国际市场的定位，加强对发展机遇和竞争环境的评估，做出高质量的国际合作战略选择。然而戴维斯模型仅考虑了组织设计维度，忽视了内部管理与互动。

荷兰学者何塞范·迪克（José van Dijck）等人在政策（优先 / 边缘）和实施（结构化 / 零散随机）之间引入支持（单边 / 交互）维度，即如果对国际合作活动的支持主要源于高校组织体系，该项支持系统即归类为单边系统；如果对国际合作活动的支持来自行政层面、学术层面（院系和教师）等多元系统，就可以称之为交互系统。依据政策、支持和实施 3 个维度，以及优先和边缘、结构化和零散随机、单边和交互 6 个方面的划分，迪克等人将高校国际合作的组织策略模式细化为 8 个单元（cell），形成国际化魔方（international cube）（见表 2-2）。从单元 1 到单元 8，高校的国际化程度逐渐提升，反映出高校开展国际合作的动态路径。

表 2-2 高校国际合作的组织策略模式

单元	政策	支持	实施
1	边缘的	单边的	零散随机的
2	边缘的	单边的	结构化的
3	边缘的	交互的	零散随机的
4	边缘的	交互的	结构化的
5	优先的	单边的	零散随机的
6	优先的	单边的	结构化的
7	优先的	交互的	零散随机的
8	优先的	交互的	结构化的

资料来源：VAN DIJK H，MEIJER K. The internationalization cube：a tentative model for the study of organizational designs and the results of internationalization in higher education［J］. European Education，1998（4）:44-56.

由于不同高校的国际合作路径存在明显差别，借助迪克的政策、支持和实施所形成的国际化魔方有助于我们判断高校在教育合作与交流方面的管理和组织特征，总结合作的优势与不足，并在戴维斯“规划”的理念之上提出不同的国际合作改进策略。如遵循 1-2-6-8 路径开展国际合作的高校，一般在合作初期开展了较为系统的合作，进而推动高校制定相关政策，使合作制度化，再逐步推动高校学术资源支持的交互性；再如 1-5-7-8 路径，即以国际合作政策作为引导，再推动交互性支持合作的完成，最后形成结构化、组织化和系统化的合作实践。总之，在“一带一路”背景下，我国高校同沿线国家开展的各种国际合作活动，均应在清晰的国际化使命和目标指导之下，在明确的国际合作战略和组织支撑下开展。理论上，集优先性、交互性、结构化于一体的教育合作与交流组织策略无疑是我国高校加强国际化进程、最终实现高水准教育与科研发展的集体选择。

第二节　"一带一路"沿线国家教育发展现状与主要需求

摸清"一带一路"沿线国家的教育发展现状、整体实力、基本需求等各方面因素，是实现有效教育合作的前提。下文将探讨"一带一路"沿线国家在学前教育、初等教育、中等教育及中等后教育等不同教育阶段的发展现状及主要需求，从而使我们对沿线国家的教育图景形成整体认识。

一、"一带一路"沿线国家教育发展的现状概述

由于"一带一路"沿线国家的经济发展水平差异明显，各国历史、宗教和文化各具特色，教育发展的整体水平参差不齐，复杂多样。为了更清晰地梳理沿线国家教育发展的现状，下文将按照学前教育、初等教育、中等教育及中等后教育三大主题分别进行阐述。[①]

（一）"一带一路"沿线国家学前教育发展状况

学前教育是为儿童早期成长阶段提供的关于身体健康发育及认知、情感等综合发展的服务，对儿童未来的终身教育及发展具有重要影响。优质的学前教育对儿童来说，可以促进其认知水平、社交能力和智力发展。世界各国都越来越关注学前教育，不少"一带一路"沿线国家将其置于优先发展的位置。

联合国教科文组织统计研究所（UIS）2016年的数据显示，2000—2013年，世界各国学前教育毛入学率的均值从35%增长到54%，沿线国家的学前教育毛入学率都有不同程度的提高。从2013年的数据看，近半数沿线国家的毛入学率高于世界均值（54%），但国家间学前教育入学率差别较大。中东欧的罗马尼亚、斯洛伐克、拉脱维亚、斯洛文尼亚、捷克和白俄罗斯，以及马来西亚、泰国、以色列、斯里兰卡等10个国家的毛入学率超过90%，其中泰国、以色列、白俄罗斯、捷克的毛入学率超过100%；而塔吉克斯坦、叙利亚和也门等3个国家的毛入学率不足10%。入学率最低的国

① 这部分内容主要参考了北京师范大学中国教育与社会发展研究院"一带一路"国家教育发展研究课题组所著的《"一带一路"国家教育发展研究》一书。

家为也门，学龄前儿童接受教育的比例极低，毛入学率仅为1.3%。[①]

在学前教育师资方面，根据UIS2013年的数据，可查的34个沿线国家中，31个国家的生师比在10—15之间，低于世界均值20.8。区域间的整体差异并不明显，中东欧国家稍低于亚洲国家；但国家间的差异明显，柬埔寨最高，为28.6，白俄罗斯最低，为7.6，二者相差近4倍。[②]学前教师专业培训是保障学前教育质量的关键。沿线国家接受过培训的教师比例的数据虽不完备，但从18个国家的已有数据看，各国对教师教育的关注程度也各有不同，关注程度最高的沙特阿拉伯、巴勒斯坦、柬埔寨等国接受过专业培训的教师比例高达100%，而叙利亚、阿尔巴尼亚等国的这一比例只有30%。

总体看来，捷克、波兰、立陶宛等中东欧国家，希腊等西欧国家和新加坡、马来西亚等部分东盟国家的幼儿早期受教育状况良好；阿富汗、巴基斯坦等部分西亚和南亚国家以及缅甸、老挝、柬埔寨等部分东盟国家的发展情况相对落后。

（二）“一带一路”沿线国家初等教育发展状况

联合国教科文组织通过的“全民教育目标”和“千年发展目标”均明确提出了普及初等教育的要求。具体来看，普及初等教育需要重点关注学龄儿童接受和参与教育程度、巩固和升级普及程度，以及学习成绩和毕业率。自2000年以来，“一带一路”沿线国家几乎都对普及初等教育做出了坚定的政治承诺，并转化为具体的行动。社会经济发达地区保持良好的初等教育发展水平，发展中国家也在过去十几年中奋起直追，成效卓著。大多数国家已经实现适龄人口普遍参与初等教育的目标。

从入学情况看，沿线国家基本实现了初等教育阶段的普遍入学，入学率超过90%。许多国家致力于普及基础教育，其义务教育已涵盖小学和初中并逐渐延伸至高中。如泰国政府把学生接受免费学校教育的年龄扩大到15岁；巴基斯坦通过宪法第18次修正案呼吁为5—16岁儿童提供免费义务

① 北京师范大学中国教育与社会发展研究院“一带一路”国家教育发展研究课题组．“一带一路”国家教育发展研究［M］．北京：北京师范大学出版社，2017：28.

② 同①.

教育。[①] 同时，男童和女童在初等教育入学、巩固、毕业和升学方面的比例相当。在地区层面，各区域间还是存在或大或小的差距。在已有统计数据的 49 个沿线国家中，有 27 个国家实现了普及目标，其中，中东欧 8 个国家小学入学率最高，大多数阿拉伯国家的小学入学率也较高，而南亚地区只有斯里兰卡、印度等国的入学情况稍好一些。不过，中亚和阿拉伯国家分别只有 73% 和 75% 的儿童在法定年龄开始上学；在一些发生国际冲突后的国家，儿童超龄入学的情况很常见，如阿塞拜疆；巴林、格鲁吉亚、印度尼西亚、吉尔吉斯斯坦、黎巴嫩、蒙古、尼泊尔、阿曼、阿拉伯联合酋长国、卡塔尔和乌克兰等国出现低龄入学的情况；而巴基斯坦距离实现普遍参与初等教育的目标依然遥远。[②] 出现超龄或低龄入学的原因是有些儿童因为经济原因或学校离家太远而推后一年或多年才上学，而有些儿童则还没到年龄就被父母送入学校。

从完成情况看，许多沿线国家通过全民教育干预措施不断提高学生的入学率和完成率（见表 2-3），但一些国家小学和初中阶段的完成率并不高，学生若留级或提前退学、辍学就意味着无法实现普及初等教育的目标。

① UNESCO Office Bangkok and Regional Bureau for Education in Asia and the Pacific, UNICEF Regional Office for East Asia and the Pacific, UNICEF Regional Office for South Asia (Nepal) . Asia-Pacific end of decade notes on education for all EFA goal 2 : universal primary education [EB/OL] . [2018-03-06]. http://unesdoc.unesco.org/images/0022/002212/221200E.pdf.

② 北京师范大学中国教育与社会发展研究院“一带一路”国家教育发展研究课题组．“一带一路”国家教育发展研究［M］. 北京：北京师范大学出版社，2017 ： 62.

表 2-3 部分“一带一路”沿线国家入学率与学业完成情况（2018 年）

（单位：%）

	国家	小学完成率	小学留级率	初中完成率	初中留级率	高中完成率
入学率低（调整后的净入学率<95%）	巴基斯坦	60	—	50	48	23
	罗马尼亚	—	2	98	4	74
	也门	—	9	—	11	—
	不丹	—	14	—	32	—
	摩尔多瓦	—	0.3	—	1	—
	白俄罗斯	—	1	—	1	—
	阿塞拜疆	—	2	—	3	—
	印度	92	3	81	4	43
入学率高（调整后的净入学率>95%）	蒙古	99	1	83	2	69
	沙特阿拉伯	—	5	—	9	—
	尼泊尔	73	36	63	43	—
	菲律宾	92	9	81	17	78
	以色列	—	0.4	—	1	—
	阿曼	—	0.3	—	5	—
	塞尔维亚	99	1	99	1	92
	乌克兰	—	1	—	1	—

注：“—”表示没有相关数据。

资料来源：UNESCO. Rapport mondial de suivi sur l’éducation，2020: inclusion et éducation: tous，sans exception［R/OL］.［2021-03-06］. https://unesdoc.unesco.org/ark:/48223/pf0000374904.

联合国教科文组织《2020 年全球教育监测报告：融合与教育——全民覆盖，缺一不可》的统计数据显示了部分“一带一路”沿线国家初等教育入学率及学业完成情况，除巴基斯坦、罗马尼亚和也门等个别国家外，沿线国家的净入学率均在 95% 以上，且留级率相对较低，巩固率相对较高。此外，那些不能让儿童在法定年龄顺利入学的国家在初等教育阶段的升级和毕业方面仍然面临不小的挑战。2018 年，中亚和中东亚地区进入小学的儿童几乎都能升入高年级，但在南亚、西亚，留级现象却还是一个有待解决的问题。

在初等教育完成率方面，绝大多数“一带一路”沿线国家和地区的小学完成率都有所增长。在可得数据的国家中，中东欧和阿拉伯国家的留级率低，整体表现较为突出。虽然大部分国家已经具备了为适龄儿童提供完整的小学教育的能力，但是一部分南亚和西亚国家小学最高年级的毛入学率还不高，尤其是对那些基础设施较差的国家来说，教育质量不高是持久性的问题，贫困也会影响小学完成率。①此外，很多沿线国家在初中完成率方面已实现性别均等的目标，但也有一些国家，如也门、巴基斯坦、柬埔寨等，在性别均等指数方面存在对女孩不利的情况；而伊朗、不丹、阿拉伯联合酋长国、阿曼、科威特等国的数据表明男孩在小学完成率中处于劣势。②

（三）“一带一路”沿线国家中等教育及中等后教育发展状况

中等教育及中等后教育承担着为国家培养各级后备人才资源的重任，也是推动国家持续发展和进步的不竭动力。为此，“一带一路”沿线国家对中等教育及中等后教育均予以越来越多的关注。

1. “一带一路”沿线国家中等教育发展状况

中等教育分为初级中等教育（初中）和高级中等教育（高中）两个阶段。根据联合国教科文组织统计研究所的数据，2018 年世界初级中等教育毛入学率的均值为 84%，高级中等教育毛入学率的均值为 65%。“一带一路”沿线国家在初级中等教育阶段的毛入学率普遍略高于高级中等教育阶段。整体来看，约 70% 的沿线国家中等教育两个阶段的毛入学率都高于世界平均值，但是区域和国别间的差异显著。③

从初级中等教育阶段的可得数据发现，2018 年有 14 个“一带一路”沿线国家的毛入学率达到 100% 以上，其中包括东亚、东南亚和太平洋地区的

---

① UNESCO.Rapport mondial de suivi sur l’ éducation，2020：inclusion et éducation：tous，sans exception［R/OL］.［2021-03-06］. https://unesdoc.unesco.org/ark：/48223/pf0000374904.

② UNESCO Office Bangkok and Regional Bureau for Education in Asia and the Pacific，UNICEF Regional Office for East Asia and the Pacific，UNICEF Regional Office for South Asia (Nepal). Asia-Pacific end of decade notes on education for all EFA goal 2：universal primary education［EB/OL］.［2018-03-06］. http://unesdoc.unesco.org/images/0022/002212/221200E.pdf.

③ 同①.

4个国家（蒙古、文莱、新加坡、马尔代夫），南亚和西亚的6个国家（斯里兰卡、格鲁吉亚、塞浦路斯、以色列、阿曼、沙特阿拉伯），1个中亚国家（哈萨克斯坦），3个中东欧国家（立陶宛、俄罗斯、爱沙尼亚）。黎巴嫩、叙利亚、也门、阿富汗、巴基斯坦、孟加拉国、老挝和柬埔寨的初级中等教育毛入学率低于世界平均水平。巴基斯坦中等教育毛入学率最低，仅为68%；最高为哈萨克斯坦，入学率高达118%，二者相差近2倍。①

从高级中等教育阶段的可得数据发现，2018年有17个“一带一路”沿线国家的毛入学率达到90%以上，其中包括阿塞拜疆、巴林、塞浦路斯、以色列、沙特阿拉伯、哈萨克斯坦、新加坡、白俄罗斯、保加利亚、捷克、希腊、爱沙尼亚、波兰、立陶宛、斯洛伐克、斯洛文尼亚和乌克兰等国家。黎巴嫩、叙利亚、也门、印度、巴基斯坦、阿富汗、尼泊尔、孟加拉国、不丹、马来西亚和老挝等国家的毛入学率低于世界平均水平。毛入学率最低的阿富汗为41%；最高为新加坡，入学率高达100%，二者相差1倍多。②可以看出，中东欧国家在中等教育两个阶段的入学整体状况较好，而部分东亚和太平洋地区及南亚和西亚国家的中等教育毛入学率还亟待提高。

此外，中等教育阶段普通教育和职业教育的学生比例也是反映中等教育结构的重要指标。联合国教科文组织统计研究所的数据显示，在48个“一带一路”沿线国家中，约有半数国家的职业教育在校生比例高于世界平均水平（10.9%）。不同区域和国家在这一指标上的差异较大，大多数国家在初级中等教育阶段未设置职业教育；而设置了职业教育的国家，其在校生比例也很小。一般而言，职业教育在高级中等教育阶段的规模较大，半数以上的“一带一路”沿线国家职业教育在校生比例高于世界均值的22.9%，大多数中东欧国家的比例甚至达到50%以上。而南亚和西亚国家在高级中等教育阶段的职业教育在校生比例低于世界平均水平。可以说，高级中等教育阶段职业教育在校生比例高的国家，其中等职业教育总体在校生比例也较高。

---

① UNESCO. Rapport mondial de suivi sur l’éducation，2020：inclusion et éducation：tous，sans exception［R/OL］.［2021-03-06］. https://unesdoc.unesco.org/ark:/48223/pf0000374904.

② 同①.

2.“一带一路”沿线国家中等后教育发展状况

进入 21 世纪以来，“一带一路”沿线国家中等后教育的规模整体上不断扩大，各国间的高等教育交流与合作越来越密切，一些国家的顶尖大学在国际排名中崭露头角。然而，“一带一路”沿线国家高等教育的整体影响力仍有很大的提升空间。

从学生规模及分布看，大多数“一带一路”沿线国家高等教育毛入学率都有不同程度的增长，只有卡塔尔、也门等极少数国家除外。东盟国家整体增长较快，其中老挝的增幅最大，从 2000 年的 2.7% 提高到 2014 年的 17.3%，其次是越南，从 2000 年的 9.4% 提高到 2014 年的 30.5%。此外，阿尔巴尼亚、尼泊尔和伊朗的增幅也都较大。到 2014 年，除了阿富汗、土库曼斯坦、巴基斯坦和孟加拉国 4 个国家，绝大多数“一带一路”沿线国家都进入高等教育大众化阶段，1/3 以上的国家进入普及高等教育阶段。①

从联合国教科文组织统计研究所的数据看，2018 年“一带一路”的 65 个国家中，中东欧国家整体上高等教育毛入学率最高，大部分国家都进入高等教育普及化阶段。特别是希腊，毛入学率高达 137%。东亚和太平洋地区，中亚、南亚和西亚及阿拉伯国家中大部分还没有进入高等教育普及化阶段，尤其是南亚国家的高等教育毛入学率最低。而南亚毛入学率最高的是斯里兰卡和印度，到 2018 年，毛入学率都在 30% 以下；毛入学率低于 15% 的 4 个国家中，南亚国家占据了 3 个。土库曼斯坦的高等教育毛入学率仅有 8%，是所有国家中最低的。②

在接受高等教育的性别比例方面，性别差异主要体现在毛入学率的差别上。截至 2014 年，1/5 的“一带一路”沿线国家高等教育毛入学率性别均等指数低于 1，即女性毛入学率低于男性。而巴基斯坦、越南、叙利亚、希腊、沙特阿拉伯、印度、伊朗、老挝 8 个国家的性别均等状况较好，性别均等指数偏离标准值不到 0.1，男性、女性的毛入学率差别很小。埃及、土耳其、尼泊尔、孟加拉国、不丹、土库曼斯坦等国的性别均等指数均小

---

① 北京师范大学中国教育与社会发展研究院“一带一路”国家教育发展研究课题组.“一带一路”国家教育发展研究［M］. 北京：北京师范大学出版社，2017：96.

② UNESCO. Rapport mondial de suivi sur l’éducation，2020：inclusion et éducation：tous，sans exception［R/OL］.［2021-03-06］. https://unesdoc.unesco.org/ark：/48223/pf0000374904.

于 1，女性毛入学率低于男性。其中，阿富汗、土库曼斯坦和不丹 3 个国家的女性高等教育毛入学率不到 10%，不过这几个国家男性高等教育毛入学率也都低于 15%。因此高等教育整体规模仍有待扩大。①

在学生流动方面，由于高等教育国际化的不断推进，各国高校对优质生源的竞争越来越激烈，学生在不同国家之间的流动越来越频繁，进而使国际学生的规模也逐年扩大。在“一带一路”沿线国家中，马来西亚、韩国、新加坡等新兴留学目的地的发展势头良好。同时，“一带一路”沿线国家高等教育阶段学生流动规模也较大，如印度、沙特阿拉伯、马来西亚和越南等都是输出留学生较多的国家，大多数国家的学生也都流入高等教育实力较强的欧美国家。总的来说，尽管“一带一路”沿线国家的高校对国际学生的吸引力还十分有限，但随着中国、马来西亚、新加坡等国的高等教育实力不断增强，近年来这些国家接纳的国际学生数量都在不断增长，并在全球留学生市场上占据了一定的份额。

从高校的国际排名看，“一带一路”沿线国家的高校进入 QS、Times 和 US News 三大榜单前 150 名的比较罕见。虽然新加坡、中国、俄罗斯等少数国家的个别高校已经跻身前 100 名，但是还没有一个沿线国家的高校可以位列三大排行榜的前 10 位。因此，提升高等教育质量、创建世界顶尖高校是“一带一路”沿线各国高等教育未来面临的挑战。

二、“一带一路”沿线国家教育发展存在的问题与需求

基于对“一带一路”沿线国家教育发展现状的梳理，我们又进一步提炼了当前各国教育面临的主要问题及发展需求。

（一）“一带一路”沿线国家学前教育发展存在的问题与需求

在学前教育发展水平上，“一带一路”沿线国家不仅国家之间差别很大，而且不同区域间和区域内的差别也很大，其中既有学前教育发展水平处于领先的国家，也有连儿童基本生命安全、营养、健康、受教育权利都得不到有效保障的国家。不同发展程度的国家面对的挑战各不相同，即使面临

① 北京师范大学中国教育与社会发展研究院“一带一路”国家教育发展研究课题组．“一带一路”国家教育发展研究［M］．北京：北京师范大学出版社，2017：99.

相似的挑战，程度也各不相同。

首先，战乱和贫穷是威胁儿童受教育权的根源。目前有少数“一带一路”沿线国家仍然未能摆脱战乱和贫困。战乱直接危害儿童的生命和健康，而贫困使国家对儿童的教育投入难以得到保障。叙利亚内战，乌克兰危机，伊朗核问题，也门内乱，泰国、缅甸和阿富汗等国的暴力冲突、恐怖袭击等，这些对地区的整体经济发展产生了负面影响。外部势力的介入更加剧了问题的复杂性，导致局部地区问题长期得不到解决。生活在战乱或动乱国家的儿童不仅难以获得生命安全和健康保障，接受学前教育的比例也非常低。如阿富汗5岁以下的儿童死亡率最高；叙利亚和也门学前教育的毛入学率最低。叙利亚战争对儿童发展状况影响明显，在内战爆发后的5年间，有500万名以上的儿童因流离失所成为难民，2005—2010年的5年间叙利亚学前教育毛入学率在10%上下，而战争爆发两年后的2013年，叙利亚学前教育毛入学率降至5.88%。[①]除了战乱，贫困也使儿童成长受到阻碍。根据世界银行的标准，2018年人均国内生产总值低于1 035美元的则为低收入国家。按照这个标准，“一带一路”沿线国家中有超过1/3的国家属于中低收入国家。相对来说，中低收入国家在保障儿童的受教育权和教育基本条件方面则更加困难。

其次，各国国内的地域差异影响了处境不利的儿童接受学前教育的机会。对于“一带一路”沿线国家来说，学前教育发展的不均衡状况不仅存在于不同发展水平的国家和地区之间，在一国之内的城市和农村之间，在不同经济状况的家庭之间，在不同性别之间等也存在显著差异。[②]大多数沿线国家农村地区的基础设施条件相比城市仍存在较大差距，有些甚至连安全饮用水和基本卫生设施都无法完全保障。阿富汗、土库曼斯坦、吉尔吉斯斯坦、柬埔寨等国家的城市安全饮用水覆盖率能达到90%上下，而农村却只有50%—65%。基础条件不足和医疗服务资源匮乏，使生活在农村地区的儿童难以健康成长，再加上农村地区的教育资源不足，导致儿童特别是

① 孙若男．叙内战5周年：27万人死亡　1/3儿童仅知战争．中国日报网［N/OL］．［2018-07-03］．http://world.chinadaily.com.cn/2016-03/15/content_23871487.htm.

② UNESCO. Education for all 2000-2015：achievements and challenges［R/OL］．［2018-07-03］．http://unesdoc.unesco.org/images/0023/002322/232205e.pdf.

贫困儿童无法接受良好的学前教育。此外，有特殊需求的儿童也应是政府和社会关注的对象，他们的生活环境和教育权利也需要引起更多的关注。

因此，要减少地域差异和群体差异导致的教育不公平现象，亟须加强政府各部门、早期保育和教育服务机构、社区、医院和家庭等多方协作，共同促进学前教育的发展。这也是《达喀尔行动纲领》提出的行动策略。许多“一带一路”沿线国家已经相继制定了相关政策及法律框架，既有政府部门自上而下高度协同方面的政策，也有其他相关参与者合作的项目。匈牙利 3 岁以下幼儿保育机构自 2000 年至 2012 年增长了 20%，13% 的幼儿由日托中心照看，从而为需要工作的家长提供了支持。① 一些国家还与联合国等国际组织开展项目合作，如马来西亚与联合国教科文组织合作开展多语言教育试点项目，旨在促进针对少数民族儿童的教学方式从使用母语向使用马来西亚语和英语过渡。缅甸国家社会福利部与联合国机构、当地的非营利性组织共同为幼儿园和日托中心制定课程体系和教师手册。在保障特殊群体的儿童学前教育服务方面，许多国家也都进行了一些积极的尝试。在联合国儿童基金会及世界银行等国际组织和本国政府的资助下，印度在 1975 年设立儿童综合发展服务计划，扩展学前教育的服务范围，主要是针对农村贫困地区的儿童、城市贫民窟的儿童、孕妇及哺乳期妇女等弱势群体。② 此外，俄罗斯、捷克、斯洛伐克、哈萨克斯坦等国都出台了面向残障儿童的保育和教育服务相关政策，并建立了专门机构；土耳其、菲律宾、印度尼西亚等国也都面向边远地区儿童实施了基于社区的早期教育和面向农村、贫困地区的家庭行动项目，并在不同程度上扩大了幼儿学前教育服务的覆盖面。③

再次，“一带一路”沿线国家学前教育质量不高，需要加强师资建设、创新教育举措，提高教育服务质量。每个国家都应当且必须追求高质量的

① UNESCO.Education for all 2015 national review : Hungary［R/OL］.［2018-07-03］. http://unesdoc.unesco.org/images/0022/002299/229933E.pdf.

② NHP, India. Integrated child development services（ICDS）scheme［EB/OL］.［2018-07-03］. https://www.nhp.gov.in/integrated-child-development-services-icds_pg.

③ 北京师范大学中国教育与社会发展研究院“一带一路”国家教育发展研究课题组．“一带一路”国家教育发展研究［M］. 北京：北京师范大学出版社，2017：44.

学前教育，它是为国家未来培养高素质人才的基础。对于幼儿发展量化指标表现不佳的国家来说，在普及学前教育的同时，也要保证教育服务的质量，至少应满足儿童基本的发展需求；对于幼儿发展量化指标表现良好的国家来说，应当缩小地域间的质量差距，促进学前教育整体内涵的发展，以更好地帮助儿童实现个性化成长。但由于教育质量界定和测量的困难性，我们难以对"一带一路"沿线国家学前教育的整体质量状况做出精准判断。在缺少有效数据支撑的情况下，制定科学而有适切性的政策，探索提高学前教育质量的有效方法，是各国都面临的重要挑战。

鉴于此，许多"一带一路"沿线国家进行了一些创新性改革，以提高学前教育质量。如在制定标准方面，各个国家都采取了不同的措施。柬埔寨、老挝、菲律宾、泰国等东亚和太平洋地区的国家，在联合国儿童基金会提供的技术指导和经费支持下，积极制定儿童早期学习和发展标准，并按照儿童的身体状况、社会情感认知和语言发展的基本框架，对儿童早期保育和教育各方面的标准进行定义。① 塞浦路斯、马来西亚、斯洛文尼亚等国都出台了幼儿园办学标准，包括居住条件、教学设备和用具、师资保证等，从政策制度上保障不同地区幼儿园均能达到国家统一标准。另外，俄罗斯在 2013 年出台学前教育标准，注重儿童多元化、个性化及内在价值的培养。②

此外，一些"一带一路"沿线国家也注重学前教育的师资保障问题。如新加坡等国开发了学前教育教师培训和激励计划，将文凭作为聘任教师的标准，以提升幼儿园教师任职资格门槛，确保学前教育的质量。③

（二）"一带一路"沿线国家初等教育发展存在的问题与需求

"一带一路"沿线国家的初等教育也面临一系列问题。一方面，一些国家的失学和辍学现象依然严重。截至 2018 年，全球共有 5 900 余万名小学适龄儿童失学，从可得的数据来看，沿线国家中的失学儿童集中分布在

---

① 周欣，周晶，高黎亚，等. 早期学习与发展标准的制订：又一份国家指导性文件的诞生 [J]. 学前教育研究，2008（10）：3-7.

② UNESCO.Education for all 2015 national review : Hungary [R/OL] . [2018-07-03] . http://unesdoc.unesco.org/images/0022/002299/229933E.pdf.

③ 同①.

巴基斯坦(近601万人)、印尼(近156万人)、也门(65万人)和菲律宾(42万人)等国家。[①] 此外，南亚和西亚以及个别东盟国家的儿童失学问题也较为严重。柬埔寨、印度尼西亚、老挝、缅甸和菲律宾等东盟国家由于受贫困(如柬埔寨)、疾病和健康状况(如泰国)等因素影响而导致小学生辍学的情况较多；叙利亚的地区冲突、斯里兰卡的自然灾害、希腊的语言障碍以及民族、族群问题也导致小学生辍学情况较多，影响了国家教育的正常发展。

另一方面，沿线国家教育不均衡问题突出。国家平均水平掩盖了国家内部的差距，不同地区、不同家庭情况的儿童初等教育的参与情况也参差不齐，且面临的共同瓶颈是如何促使教育惠及边缘化的群体。各国政府需要掌握可靠信息，对教育实施有效的干预措施。这不仅需要积极制定符合当地特点和实际的国家性规划、全国性政策和项目活动，而且需要拓展合作伙伴，加大初等教育经费投入，努力缩小贫困儿童特别是边缘化儿童群体面临的差距，从而保障学龄儿童的初等教育权。

为缓解上述问题，各国开始从以下几方面开展工作。首先，一些国家政府开始通过顶层设计消除适龄儿童失学、辍学现象，强化民众的受教育权意识。具体来看，许多沿线国家采取了多种干预措施，包括通过宪法和教育法案等，重申所有人均可平等享有接受免费义务教育和基础教育的权利。如2009年印度政府通过的儿童免费义务教育权利法案规定，要向所有6—14岁儿童提供免费义务教育，从而推动印度教育的系统性改革。很多国家借助减免学费和修建新学校的方式增加儿童的受教育机会，消除"上学难"和"难上学"等问题。

在增加初等教育经费投入方面，各国政府开始给予弱势地区更多的教育补偿。孟加拉国为了推进城乡教育的公平发展，从国家到地方都采取了一系列发展教育的措施，如实行农村基础教育阶段学生资助项目和"小学教育发展计划Ⅲ"等政策。[②] 新加坡面对校际和群体间的教育不均衡问题，

---

① UNESCO. Rapport mondial de suivi sur l' éducation, 2020 : inclusion et éducation : tous, sans exception[R/OL].[2021-03-06]. https://unesdoc.unesco.org/ark:/48223/pf0000374904.

② 米赞.孟加拉(编者注：应为"孟加拉国")城乡教育公平发展存在的问题及对策：基于达卡市的个案研究[D].重庆：西南大学，2015.

推出了优质教育和卓越学校计划，加强校群督导建设，并使其肩负起让所有学校增值和发展的使命，缩小弱校与强校间的差距，促进学校教育的均衡发展。[①] 然而，仅配置更多的教育资源并不一定能保障教育均衡发展，还需公平分配教育资金。这都有赖于良好的治理政策、师资培训和教学配套设施。因此各国政府部门在加大资金投入力度的同时，也要充分利用好投入资金，提高教育体系的管理效率。

此外，各国政府也开始积极寻求教育合作伙伴，通过与私营部门之间的广泛合作，进一步完善初等教育服务体系，以此弥补教育管理、服务资金、师资水平等方面存在的差距。如菲律宾通过“全民教育计划”推行大联盟，即由教育部等相关政府部门和民间社会团体组成全民教育国家委员会，号召各公私机构和组织共同履行对基础教育目标的承诺。[②]

（三）“一带一路”沿线国家中等教育及中等后教育发展存在的问题与需求

“一带一路”沿线国家在中等教育及中等后教育的发展方面也面临诸多问题，且需要进一步提升和改进。

1. 中等教育发展的问题与需求

首先，“一带一路”沿线国家的中等教育虽然得到了极大发展，但区域间的差异性显著。自 1999 年以来，中东欧、西欧及北美国家整体优于其他地区，且这些区域内的国家之间差距较小。中亚国家之间差异不大，但整体表现平平。东亚和太平洋地区、南亚、西亚及阿拉伯国家内部呈现两极分化的状态。相对而言，菲律宾、马来西亚等国中等教育发展状况较好，而老挝、柬埔寨状况不佳；马尔代夫中等教育发展状况较好，而阿富汗、尼泊尔、巴基斯坦和孟加拉国等国状况不佳；沙特阿拉伯、阿拉伯联合酋长国等国中等教育发展状况较好，而叙利亚、也门、卡塔尔等国中等教育

① 罗刚，范国睿 . 新加坡的校际均衡与质量保障［J］. 全球教育展望，2009（5）：47-50，66.

② UNESCO Office Bangkok and Regional Bureau for Education in Asia and the Pacific，UNICEF Regional Office for East Asia and the Pacific，UNICEF Regional Office for South Asia (Nepal). Asia-Pacific end of decade notes on education for all EFA goal 2：universal primary education［EB/OL］.［2018-08-10］. http://unesdoc.unesco.org/images/0022/002212/221200E.pdf.

发展状况不佳。① 由于早婚、早育以及家庭经济限制等因素，在印度、阿富汗、巴基斯坦、柬埔寨、老挝等国的中等教育阶段，女孩的入学率普遍低于男孩，这些国家的女教师比例也低于男教师。在马来西亚、蒙古、菲律宾、泰国等地，中等教育阶段的男孩入学率比例偏低。除性别因素外，家庭社会经济状况、城乡差距等也是造成入学率不均衡情况的因素。因此，“一带一路”沿线国家在缩小差异和提升中等教育的公平问题上依然任重道远。

为解决上述问题，各国亟须进一步促进教育公平发展。许多“一带一路”沿线国家通过政策或立法将初级中等教育纳入义务教育范围。初级中等教育义务化可以保障适龄青少年接受中等教育的权利，进而提高初中阶段的普及率，扩大中等教育的服务范围。根据联合国教科文组织统计研究所的数据，2014 年除了伊拉克、阿拉伯联合酋长国、马来西亚、新加坡、孟加拉国、老挝和缅甸 7 个国家外，其余沿线国家的义务教育均涵盖初级中等教育。其中俄罗斯、波兰、土耳其、以色列、菲律宾、蒙古等国的义务教育学制长达 10 年以上。俄罗斯还规定在俄罗斯的外籍及无国籍青少年与本国青少年享有同等接受义务教育的权利。②

在消除性别不平等方面，除了巴基斯坦、伊朗等国，几乎各国政府都制定了各种政策措施。在印度尼西亚、柬埔寨和老挝等国，政府设立了相关部门，推出激励机制以时刻关注性别问题。柬埔寨在 2003 年制定了《柬埔寨性别教育政策》，随后又出台《2006—2010 教育的性别主流化战略》等文件，要求多部门合作解决性别不平等问题。③

此外，针对城乡、贫富教育差距和少数民族群体及残障青少年接受中等教育机会不均衡的问题，“一带一路”沿线国家也采取了相应的措施。其中，信息通信技术在中等教育的开放和远程教育方面，对满足弱势群体的受教育需求发挥了较大作用。老挝教育部也注重借助信息技术手段发展非

① 北京师范大学中国教育与社会发展研究院“一带一路”国家教育发展研究课题组．“一带一路”国家教育发展研究［M］. 北京：北京师范大学出版社，2017：267.

② UNESCO.Education for all 2015 national review : Hungary［R/OL］.［2018-07-03］. http://unesdoc.unesco.org/images/0022/002299/229933E.pdf.

③ 同 ①91.

正规中等教育，鼓励从中学辍学的农村青少年接受非正规的中等教育。[①] 印度尼西亚为缩小不同经济状况家庭儿童接受中等教育的差异，设立了面向贫困学生的助学金，并向边远地区输送优秀毕业生担任教师，这都满足了贫困和偏远地区学生接受中等教育的需求。[②]

其次，大部分“一带一路”沿线国家中等教育的教学方法陈旧、教育质量不高。中等教育是青少年面对未来社会获取必备文化知识和生活技能的关键阶段。在教学方面，一些国家为考试而让学生死记硬背的教学现象比较严重，对中学生的合作学习、批判性思维等的培养没有予以足够重视，以青少年为中心的教育理念没有得到有效实施。因此，如何满足不同学生群体的多样化学习需求，建立一条能为学生提供中等教育多元化发展通道，是这些国家中等教育发展面临的问题之一。

各国开始从以下几方面进一步提升中等教育质量。一是增加教师数量，加强师资建设，并将其作为扩大中等教育规模的配套性措施。印度从 21 世纪初开始实施普及中等教育的旗舰项目，并提出增加教师数量的发展目标。同时，缅甸、印度、马来西亚、新西兰等国都出台了旨在提高教师入职要求的相关政策与标准，并规定中学教师必须至少完成 12 年的正规教育及 3—4 年的师范教育，从而保障师资队伍的合格率。此外，新加坡等一些国家在教师遴选、教师职前和在职培训方面，也都积极推动教师的专业性发展。[③] 二是与时俱进，推动中等教育课程改革。不少“一带一路”沿线国家根据社会发展需求积极更新和调整课程内容，主张将新兴事物和理念融入中等教育课程。在职业教育课程结构方面，一些国家也更强调教育要同劳动力市场的需求相结合。总体上，各国越来越重视培养学生的创造力、批判性思维和人际交往能力等综合素质。如新加坡、俄罗斯等国为加强对中等教育的指导，设立了国家课程，由教育部负责在学校中推广。新加坡还对这

---

① UNESCO.Education for all 2015 national review : Hungary [R/OL] . [2018-07-03] . http://unesdoc.unesco.org/images/0022/002299/229933E.pdf.

② UNESCO.Education for all 2015 national review : Indonesia [R/OL] . [2018-08-10] . http://unesdoc.unesco.org/images/0022/002298/229874E.pdf.

③ UNESCO.Education for all 2015 national review : Singapore [R/OL] . [2018-08-10]. http://unesdoc.unesco.org/images/0022/002298/229877E.pdf.

类课程进行评估，并要求课程每6年更新1次，从而确保中等教育适应国家、社会和个人发展的需求。[①] 此外一些国家也引入教育评价机制，对中等教育的质量进行全方位评估。如印度国家教育研究与培训委员会开发了全国教育测评工具。[②] 可见，多措并举是各国提高中等教育质量的一剂良方。

2. 中等后教育发展的问题与需求

在高等教育方面，“一带一路”沿线国家发展程度参差不齐。整体上中东欧国家的高等教育发展水平较高，高等教育入学机会较多，能够覆盖大多数民众，且性别平等，教育公平状况良好。东亚和太平洋地区不同国家之间的高等教育发展状况差异较大，发展水平较高的国家，如新加坡等；发展水平较低的国家，如老挝等高等教育刚刚从精英化阶段进入大众化阶段。南亚、西亚、中亚国家整体上高等教育发展水平较差，阿富汗、土库曼斯坦、巴基斯坦和孟加拉国等国的高等教育仍处于精英化阶段，入学机会少，特别是土库曼斯坦和阿富汗等，是这些区域内的短板国家。沿线国家中等后教育面临的主要问题与需求包括以下几方面。

首先，一些国家还未实现高等教育的大众化，如何继续提升高等教育普及程度，是这些国家高等教育发展迫切需要解决的问题。在提升高等教育大众化水平方面，不仅从高等教育规模上要求各国在整体上有所提升，也要求实现高等教育入学机会公平。“一带一路”沿线国家高等教育规模区域间差别较大。如希腊在2018年高等教育的毛入学率已经达到137%，这一比例对于一些高等教育毛入学率较低的亚洲国家来说难度很大。可喜的是，不少国家近年来在增加高等教育入学机会、提高高等教育覆盖率以及推动高等教育公平方面都做出了一些努力。

一些国家采取增加高等教育投入的方式，促进高等教育大众化发展。事实上，“一带一路”沿线国家高等教育大众化路径可分为政府投入为主和民间投入为主两种类型，“一带一路”沿线国家的发展模式大多属于后一种。俄罗斯、波兰、匈牙利等中东欧国家在20世纪90年代之后，开始借助政

① UNESCO.Education for all 2015 national review : Singapore［R/OL］.［2018-08-10]. http://unesdoc.unesco.org/images/0022/002298/229877E.pdf.

② 北京师范大学中国教育与社会发展研究院“一带一路”国家教育发展研究课题组．“一带一路”国家教育发展研究［M］. 北京：北京师范大学出版社，2017 ：94.

府以外的私立机构发展高等教育。他们允许不同的社会组织、企业等创办高等教育机构，政府对私立高校的学生还提供助学补贴，这促进了私立高等教育的快速发展。私立高等教育通过录用自费生收取高额学费，补充了办学经费，有效地化解经验不足等挑战。①

其次，一些国家在推动高等教育大众化和普及化的同时，也面临如何进一步兼顾高等教育公平和质量的挑战。此外，高等教育也不能忽视贫困及偏远地区学生、有身体障碍和特殊学习需求的学生以及母语为非官方语言的少数民族地区学生等弱势群体的受教育需求。鉴于此类情况，各国开始对治理结构和办学体系等方面进行优先调整和改革，提升高校在人才培养、科学研究和社会服务方面的质量，通过高校的内在创新提高外在影响力。

在公平问题方面，印度的改革措施值得借鉴。早前印度高等教育的毛入学率低于发展中国家，城乡之间和性别之间的差异较大，教育质量亟待提升。因此，印度政府出台了《高等教育“十二五”规划（2012—2017）》，提出通过实施远程教育教学项目、创建社区学院等多种方式适度扩张高等教育规模。同时，印度还加强对弱势群体学生的财政支持，大幅增加公共部门财政经费，提高奖学金额度，普及国家奖学金和政府担保学生贷款资助项目。印度“十二五”规划期间的高等教育机会均等计划，还将残疾人全纳教育行动计划整合为国家残疾人全纳计划，从而使特殊群体也享受到了高等教育权。②

再次，“一带一路”沿线国家高等教育的国际化水平参差不齐，需要各国继续深化高等教育对外合作与交流。大多数沿线国家在高等教育国际化发展过程中，扮演着教育资源的“输入者”角色。这些国家的大批青年走出国门去发达国家开阔视野，然而，在吸引留学生方面，这些国家又面临巨大挑战。近年来，“一带一路”沿线国家之间、“一带一路”沿线国家与其他国家之间在高等教育领域的联系越来越频繁，在不同区域和国家之间流动的学生规模显著扩大，同时各国高校在科研和社会服务等方面的合作

---

① 潘懋元，罗丹．多国高等教育大众化模式比较研究［J］．高等教育研究，2007（3）：1-8.

② 杨晓斐．卓越、扩张、公平：印度高等教育“十二五”规划“三极”战略述评［J］．比较教育研究，2014（12）：45-50.

不断深入。特别是在“一带一路”倡议开始实施之后，高等教育承担起培养符合新时代需要的国际化人才，包括专业技术人才、小语种人才、“一带一路”沿线国家研究人员等的任务。

鉴于此，沿线国家开始积极应对高等教育国际化趋势，拓展国际合作。如沿线国家中有希腊和塞浦路斯等 21 个中东欧国家都加入欧洲高等教育一体化的改革。马来西亚、新加坡和中国等亚洲国家也出台了各自的国际化战略规划。在 2015 年的“一带一路”国际教育发展校长论坛上，与会的高校校长和专家共同发起成立“一带一路”国际教育发展大学教育联盟，以期搭建国际学术交流和人才培养的平台。此后，在 2017 年和 2021 年相继召开的“一带一路”大学创新创业教育校长论坛和“一带一路”中小学校长国际论坛，均为“一带一路”教育行动和人文交流提供了更广阔的舞台。

最后，“一带一路”沿线国家的高等教育质量水平有限，如何进一步提升高等教育质量、提高高校办学水平，是“一带一路”沿线国家高等教育发展面临的挑战。创建高水平大学、培养高素质人才是各国高等教育发展的目标。借助国际高等教育合作机制、完善高等教育评估体系是许多国家采取的改进策略。如在沿线国家中有一部分国家已经参与欧盟的博洛尼亚进程，并签订合作协议，成为博洛尼亚进程的正式成员国。俄罗斯在加入博洛尼亚进程后，利用新体制、新环境对高等教育进行了大力改革，既重视高校内部质量保障，又立足于新兴市场，充分发挥其对高等教育的宏观调控作用，推行新的高校评估模式，规范高校排名，不断完善高等教育质量的外部保障机制。[①] 哈萨克斯坦则在成为博洛尼亚进程成员国后，出台了《2011~2020 年国家教育发展纲要》文件，提出完善高等教育管理，提升高校教师专业能力，加强企业与教师机构合作，完善评估质量监测系统等措施，为提高高等教育质量提供了明确的方向。[②] 在未来，沿线国家可以深化合作，设立统一的相关专业的质量评估标准和资格认证制度，从而全面推动高等教育质量保障体系的建立与完善。

---

① 孙明娟 . 俄罗斯高等教育质量保障体系探析［J］. 中国高等教育，2016（10）：60-62.

② 马新英，程良宏 . 哈萨克斯坦《2011~2020 年国家教育发展纲要》中高等教育改革解读［J］. 俄罗斯中亚东欧市场，2013（2）：118-125.

第三节　“一带一路”沿线国家教育合作与交流的政策与实践

“一带一路”沿线国家对外教育合作与交流的政策文本反映出部分国家对其教育合作与交流有清晰、具体的顶层规划与设计，有些国家正在逐步建立完整的教育合作与交流机制，也有一些国家还未出台教育合作与交流的专项政策，但也不乏对教育国际化发展的积极认识和探索。在不同的政策指导下，各国在教育合作与交流方面也有不同的实践。二者共同勾勒出“一带一路”沿线国家教育合作与交流的现实走向。下文将“一带一路”沿线国家教育合作与交流的政策和实践分别进行梳理和介绍。

一、“一带一路”沿线国家对外教育合作与交流的政策制度

基于沿线国家教育合作与交流的不同发展程度和水平，我们将相关政策划分为以反映国家教育国际化理念和教育合作与交流方针为主的宏观政策，以及对教育合作与交流进行具体战略规划的微观政策两个层面，进而探索不同国家对教育合作与交流所采取的不同态度及其背后的价值逻辑。下文我们将依据“一带一路”沿线国家的地域划分，选取部分典型国家的教育合作与交流政策和实践进行分析。

（一）“一带一路”沿线国家教育合作与交流政策的理念与方针

从全球看，各国的国际教育合作与交流政策多以提升国家在国际关系中的政治地位，推动本国教育在全球教育服务贸易市场上占据一席之地，或扩大本国学术和文化的国际影响力为动因。“一带一路”沿线国家国际教育合作与交流的出发点也是如此，但在理念层面也有自身的考量。

在中东欧，为增强苏联解体后在世界舞台上的政治“软实力”，俄罗斯提出高等教育国际化战略。特别是21世纪以来，俄罗斯为提升其高等教育质量，增强国家的综合国力和在国际空间及经济现代化中的竞争力，将教育开放作为一项基本的教育政策，把国际教育合作与交流提升到国家战略的高度。在这一战略的推动下，俄罗斯高等教育国际化实践呈蓬勃发展态势，已逐步渗透到高等院校的招生、人才培养、学科建设、课程改革、师资队伍建设、人员交流和科技合作、教育质量监控以及学位体系、教育

结构、教育标准的再造等方面。[①] 另外，俄罗斯积极发展国际交流与合作，2008 年的《俄罗斯联邦 2020 年前长期社会经济发展纲要》提出，国际合作的重点方向应该是研究人员和专家的流动性，吸引一流的科学家参与俄罗斯高校的研究和教学，加大对年轻科学家的支持；促进学者、学生、教师的交流，机构发展以及项目的灵活性是教育领域国际化合作的重要方向。2014 年，俄罗斯联邦政府颁布的《俄罗斯联邦国家教育发展规划（2013—2020 年）》指出，俄罗斯要整合优质教学资源，打造世界名校，提高高等教育在国际教育市场的竞争力与吸引力，强调俄罗斯参与全球化的必要性。[②] 此外，俄罗斯政府积极倡导教育的国际合作，希望通过国际教育活动，促进俄罗斯融入世界教育空间，加强与伙伴国、邻国的教育和科学一体化进程，从而使俄罗斯教育成为世界科学和教育的重要组成部分。

在西亚，沙特阿拉伯作为中东最大的国家以及伊斯兰教的发源地，意欲通过教育在阿拉伯世界确立主导地位并全面提升其国际地位及影响力。2016 年沙特政府发布《沙特愿景 2030》（Saudi Vision 2030）并指出，沙特未来的发展支柱之一是将其特有的战略位置转型成为连接亚洲、欧洲和非洲三大洲的国际枢纽。[③] 为此，沙特政府斥巨资在第二大城市吉达北部建设阿卜杜拉国王经济城，并借助与其毗邻的阿卜杜拉国王科技大学（King Abdullah University of Science and Technology）推动科技领域的创新及关键领域的一流研究。沙特政府相信高等教育在国际合作与提升国家竞争力方面扮演着不可或缺的角色，因此实施高等教育改革势在必行。全球大学排行榜加速了沙特的改革步调，该国政府开始积极促进大学国际化，发展世俗高等教育，提升国内高等教育的整体质量与开放程度；开发研究型学术文化，促使沙特大学从教学型大学向研究型大学转变；鼓励科学技术创新，将若干所研究型大学建设成为世界一流的教学研究与提供社区服务的机构。沙特意欲以国际标准建设本国高等学校，形成一流的

---

① 刘淑华 .21 世纪以来俄罗斯高等教育国际化战略：动因、举措和特征［J］. 中国高教研究，2018（3）：80-87.

② 周言艳 . 中俄教育交流与合作问题研究［D］. 北京：北京外国语大学，2021 ：91.

③ Saudi Vision 2030-GeneralExpectations［EB/OL］.［2018-06-23］.https://www.vision2030.gov.sa.

高校体系。[①]

在南亚，印度政府从很早就意识到对外教育合作与交流的重要性。其第一任总理贾瓦哈拉尔·尼赫鲁（Jawaharlal Nehru）就曾指出，独立后的印度若要发挥其内在潜力，必须大力发展教育。他强调高等教育和学校的作用，提出要将教育作为外交手段，进行国际间的交流与合作，并主动同其他国家和海外大学进行教育交流合作，从而提升印度的高等教育质量。在此理念的引导下，印度积极开展对外教育合作[②]，特别是近年来印度政府解放观念，颁布允许外国高校进入印度办学的法律，并在其第十二个五年规划中提出将印度建成区域性教育中心的目标。可见，印度高等教育国际化意识越来越强，并且逐渐将高等教育国际化提升到国家战略高度。[③]

在北非，埃及目前虽尚未出台针对教育国际合作与交流的专门性政策，但从其治国方针和教育部门提出的发展规划中都可以找到“教育国际化”的理念。如埃及 2014 年宪法对埃及教育投入水平提出了国际化要求。宪法第十九条规定保证国家财政性教育支出不低于国内生产总值的 4%，并逐步向国际指标靠拢。第二十一条规定，保证国家财政性高等教育支出不低于国内生产总值的 2%，并逐步向国际指标靠拢。

此外，在国际化程度较高的沿线国家，其教育合作与交流政策出现以商业为导向的发展趋势。如新加坡明确把国际教育作为一种出口教育服务贸易，并规定教育服务贸易收入占国民生产总值的增长比例，使教育成为经济发展的人力资源支柱和重要部门，同时还把教育服务产业进行了细分，制定了各个部门的具体发展目标。新加坡注重提高国际教育服务的质量，不断检讨外国学生、学者入境签证等配套政策，为外国学生、学者提供更好的学习、研究环境。[④]

---

① 马青，黄志成 . 沙特阿拉伯王国建设世界一流大学体系：动力、战略及实践［J］. 比较教育研究，2017（2）：14-21.

② 刘小丽，闫温乐 . 印度高等教育中的国际交流与合作［J］. 上海教育，2017（20）：56-57.

③ 刘婷 . 印度高等教育国际化历史、现状及特点［J］. 世界教育信息，2016（18）：57-61.

④ 周南照 . 教育国际化的若干国家政策比较和世界态势反思［J］. 世界教育信息，2013（4）：3-18.

（二）“一带一路”沿线国家教育合作与交流政策的规划与举措

在微观层面，多数“一带一路”沿线国家已在国际教育合作与交流方面制定了明确的政策规划，通过签订具体、完备的合作项目协议与计划等系列举措不断推动其教育的国际化进程，并取得了一定成效。

截至 2015 年 6 月，印度已经与 51 个国家签署了 58 份教育交流项目（Educational Exchange Programmes，EEP）和谅解备忘录（Memorandum of Understandings, MOU）。交流的主要方式包括学者、学生、研究人员的交流，资料、出版物的共享，举办联合研讨会、讲习班、国际会议，学历资格互认，发展机构间的联系等。因此，印度在扩大其高等教育国际交流与合作范围的同时，也在不断提高其国际交流的层次和水平。① 2020 年，印度政府发布《2020 年国家教育政策》，再次强调高等教育国际化的重要性。为了使印度成为“全球学习目的地”，该计划制定了发展路线图，提出到 2030 年要实现印度高等教育国际化。除了为国外大学在印度建立分校提供便利，印度还鼓励在印度表现较好的大学去其他国家设立分支机构，并与全球顶尖大学建立合作和合资关系。②

中东地区的沿线国家在国际教育合作与交流方面也取得了新的进展。如土耳其—阿拉伯高等教育合作峰会通过了一项合作计划，希望建立土耳其—阿拉伯高校联盟网络，实行学位互认，增强学生和教师的互动和流动。该计划旨在实现土耳其与 22 个阿拉伯国家间的信息共享，以合作方式提高彼此的高等教育水平，实现互利共赢的目标。合作项目涵盖了历史和文化、社会科学与人类学、基础科学和工程等学科的本科生与研究生教育，有助于增强国家间的多边交流，为学生提供更多的选择和机会。③

在阿拉伯世界，各国以远程教育为契机，建立了阿拉伯国家开放大学。巴林、埃及、黎巴嫩、约旦和沙特阿拉伯 5 国均成立了阿拉伯开放大学的分校。其中，沙特阿拉伯有 4 个教学点，分别在吉达、利雅得、阿赫萨、海尔季等城市和地区。此外，阿拉伯国家开放大学的学位不但获得本国教

---

① 刘婷 . 印度高等教育国际化历史、现状及特点［J］. 世界教育信息，2016（18）：57-61.

② 王俊美 . 印度高等教育国际化面临挑战［N］. 中国社会科学报，2020-11-09（3）.

③ 张玉娴 . 土耳其和阿拉伯国家宣布进行高等教育新合作［J］. 世界教育信息，2014（11）：79.

育部门的许可，而且经过国际教育质量控制机构的核查和批准，教学实行国际化管理。

叙利亚也建立了虚拟大学，希望通过虚拟大学建立无国境教育体系，并颁发国际认可的学位。叙利亚还希望借此机会将阿拉伯地区与西方世界联系起来。事实上，近年来它与西方一些在线大学达成了协议。例如，加拿大、美国部分大学已向阿拉伯国家学生提供其教育服务项目。[①]

在埃及，高等教育部不仅响应阿拉伯国家的号召，建立了阿拉伯开放大学分校，还成立远程教育大学，重建大学教育开放项目，同时使用通信信息技术开发课程和培训项目。埃及《2000—2017 年长期项目规划》明确提出，开展与海外高校机构的科研合作与交流，扩展埃及高等教育经费来源。[②] 2016 年 2 月，埃及总统塞西（Abdel Fattah al Sisi）宣布国家可持续发展战略——《埃及 2030 愿景》，将教育改革作为重要一环。他指出，埃及大学前的教育课程应与全球化发展相适应，高等教育应与国际接轨，分阶段逐步实现如下目标（见表 2-4）。

表 2-4　《埃及 2030 愿景》的阶段性发展目标

目标	现阶段	2020 年	2030 年
世界大学 500 强中埃及高校的数量（所）	1	3	7
获得国际大学科研奖学金的高等教育教师百分比（%）	0.2	1	3

资料来源：根据《埃及 2030愿景》中教育及培训发展计划整理。

为了更好地响应塞西总统在《埃及 2030 愿景》中对教育的期望，埃及教育部出台了《2014—2030 埃及大学前教育战略计划》，其中涉及埃及大学前教育国际化的政策有：埃及大学前的语言教学目标是让学生熟练地掌握

① 哈迪，杨秀玉．阿拉伯国家高等教育的新进展［J］．外国教育研究，2004（5）：16-19.

② National Center for Educational Research and Development. Education development : national report of Arab Republic of Egypt from 1990 to 2000［R］. Cairo:National Center for Educational Research and Development, 2001 ： 59-60.

阿拉伯语，除此之外至少掌握一门国际性语言；在数学、地理、科学、语言等科目上采用国际教学大纲；按照国际标准建设评估体系；从国际伙伴关系协议中受益。

与此同时，埃及高等教育科研部出台了《2015—2030年埃及高等教育发展政府战略》，对埃及高等教育国际化的目标及措施做出了具体规定，见表2-5。

表2-5 《2015—2030年埃及高等教育发展政府战略》目标与措施

目标	措施
扩大国际学术交流，增强教师、学生的国际流动	·同国外大学签署谅解备忘录 ·推动现有谅解备忘录的实施 ·增强教师、学生的研究能力 ·为学生提供参与国际交流及国际培训项目的机会
提高埃及大学在地区和国际大学中的排名	·在每个大学中建立国际排名办公室
通过政府派遣，发展埃及海外文化代表处及海外研究系统	·将科研系统与国家科研计划和优先事项相挂钩 ·确认学校和研究中心是否为海外学生选择了与国家科研计划相一致的新学科和稀有学科的研究项目

资料来源：根据相关公开资料整理所得。

从以上政策可以看出，无论是宏观设想还是微观设计，沿线国家大多已经意识到开展国际教育合作与交流的必要性，以及希望通过合作将本国教育推向世界，并最终服务各国经济、社会和文化的繁荣发展。

二、“一带一路”沿线国家对外教育合作与交流的实践探索

综合教育国际化的不同实践类型，“一带一路”沿线国家对外教育合作与交流包括人员交流与项目合作、机构合作与合作办学以及融入国际教育平台三个方面。

（一）人员交流与项目合作

人员交流主要是基于学生、教师和学者专家的跨国交流，项目合作则

指结对子、授权特许专营和联合培养等形式。① 人员交流与项目合作是“一带一路”沿线各国开展教育合作与交流的最普遍形式，这其中也包含发达国家对沿线发展中国家的教育援助项目。

俄罗斯一直以开放的胸怀开展教育合作与交流。近年来，俄罗斯积极与世界其他国家开展教育合作与交流活动，和欧盟的教育合作项目超过200个。俄罗斯也积极推进与独联体国家的教育合作，制定了一系列旨在与独联体国家形成共同教育空间的措施和计划，促进科学和技术信息的国际交流合作。在科技国际交流方面，俄罗斯积极参与科学和技术等领域的国际性重要会议和展览活动。如在德国柏林举办的“世界舞台”国际教育服务学术交流展、在中国北京举办的中国国际教育展、在中国上海举办的浦江教育创新论坛等。俄罗斯还通过创建学位互认制度，保障与英国、法国、西班牙、波兰、塞浦路斯、韩国、印度等国家的学术交流。在人员交流方面，俄罗斯联邦政府在出台《2016—2020年计划》后，对计划实施的预期成果进行了详细规划，其中第44项明确规定要“解决外国留学生宿舍数量不足的问题”。这是俄罗斯政府首次在国家级报告中提出解决外国留学生的住宿问题，以为在俄留学生提供生活便利。

中亚国家通过接受美国的教育援助，一方面获得援助经费以改进本国教育水平，另一方面派出学生、学者赴美学习，以培养具有国际视野的高级人才。2001年，美国先后从中亚国家招收316名高中生和大学生，让其在美国的教育机构学习一年或者更长的时间；美国还接收55名来自塔吉克斯坦、土库曼斯坦和乌兹别克斯坦的研究生到美国的高校，让其在公共管理、公共卫生、商业管理、法律经济、新闻和环境保护等不同领域进行深造；美国还邀请275名中亚国家的专业技术人才和企业家访问美国，以使他们加深对美国民主、自由的市场制度的认识和了解；美国在已有的42个互联网站的基础上，又新建了10个公开的互联网站，以扩大中亚国家同外部世界的交流联系，加快这个地区与外部世界的信息交流。② 随着国会和政府拨

① KNIGHT J. Cross-border tertiary education：an introduction［M］// Cross-border tertiary education：a way towards capacity development. Paris：OECD Pubishing，2007：21-46.

② 高祖贵．美国与中亚的关系分析［J］．俄罗斯中亚东欧研究，2005（2）：73-79，96.

款的增加，美国与中亚国家在学生和其他人员、信息方面的交流不断扩大。①

印度则通过设立国际奖学金项目，扩大人员合作。2014 年，印度人力资源发展部和匈牙利人力部签署“印度—匈牙利教育交流计划”。根据这一计划，印度政府通过印度大学拨款委员会（University Grants Commission），每年向匈牙利留学生提供 35 个奖学金申请名额，从而帮助留学生在规定的几所印度大学里进行本科及研究生阶段学习。此外，印度与捷克、斯洛伐克、斯洛文尼亚、土耳其、韩国、以色列等国家签订的合作项目，为国际学生留学印度和印度学生出国留学提供帮助。②

（二）机构合作与合作办学

院校合作是绝大多数沿线国家开展教育合作与交流的主要途径。以印度的德里大学为例，该校通过合作项目研究网络和学生交流等方式，与其他国家的高校开展了多方位的国际交流活动。德里大学分别与亚洲、欧洲、美洲等地区的 69 所大学签订了谅解备忘录，主要包括中国的复旦大学、德国的海德堡大学、英国的格拉斯哥大学等，并与这些大学建构了良好的交流合作关系，交流的方式有学院设备的支持、学校管理研究人员的选送、交流生项目以及学者访问等。③

土耳其也积极开展同其他国家高校间的合作。如土耳其阿塔图尔克大学与印度的德里大学签订了“梅夫拉纳交流计划”，该计划由土耳其高等教育委员会发起，由土耳其财政部门提供资金，面向双方学生和教师开展项目交流。

南亚大学是印度于 2010 年建立的一所新大学，也是印度积极发展高等教育国际交流合作的产物。2005 年，南亚区域合作联盟（South Asian Association for Regional Cooperation，简称“南盟”）提出了建立南亚大学的倡议，通过集中教育资源，推动南盟成员国（阿富汗、孟加拉国、不丹、印度、马尔代夫、尼泊尔、巴基斯坦和斯里兰卡）建立一个以大学为载体的卓越人才中心。2010 年，南亚大学建成。2017 年 3 月 6—7 日，南亚大

---

① 冯燕. 独立后中亚高等教育与国际合作研究［D］. 乌鲁木齐：新疆师范大学，2013.

② 刘小丽，闫温乐. 印度高等教育中的国际交流与合作［J］. 上海教育，2017（20）：56-57.

③ 同②.

学在印度举行了为期两天的以“边界与边境研究：南亚视角”为主题的国际会议，旨在跨越传统的南亚边境研究，集中讨论研究边境生活、边境贸易和安全等主题。①

科研机构合作也是沿线国家间院校合作的重要形式。在这一方面，中亚国家的合作经验较为丰富。如哈萨克斯坦科学院与莫斯科国立大学签署了建立联合科研机构“天山天文台”条约。根据《哈萨克斯坦与俄罗斯21世纪睦邻友好同盟条约》，两国成立了哈俄、俄哈联合中学和大学，在阿斯塔纳开办了莫斯科大学分支机构。在吉尔吉斯斯坦的首都也成立吉俄、塔俄斯拉夫大学和俄罗斯学校，吉尔吉斯斯坦和塔吉克斯坦也在俄的帮助下建立了斯拉夫大学。斯拉夫大学是同时受两国双重领导的国立高等学府，学校的教学计划根据两国的教学大纲制定而成，学校毕业生将被授予两国政府承认的毕业证书和学位证书，斯拉夫大学在中亚影响很大。②

在海外办学方面，自20世纪90年代至2017年1月，全球共有311所海外分校。海外分校的迅猛发展在满足个人知识积累和能力提高的需求，增进学术交流和国际理解，提升高等教育的能力建设等方面发挥了重要的作用。③根据无边界高等教育观察组织发布的《国际分校：趋势和发展2016》，全球较大的海外分校输入国主要集中在阿拉伯联合酋长国（31所）、新加坡（12所）、马来西亚（12所）、卡塔尔（11所）等“一带一路”沿线国家。④

以阿拉伯联合酋长国为例，该国通过出台相关优惠政策吸引外国高校在本国建立海外分校。如建立自由区（free zones）免除联邦政府对入境教育机构的监管，其中包括迪拜知识村（Dubai Knowledge Village，DKV）、迪拜国际学术城（Dubai International Academic City，DIAC）。外来教育提供者在迪拜知识村建立的高等学校海外分校可以享有100%的产权。⑤外来

---

① 刘小丽，闫温乐．印度高等教育中的国际交流与合作［J］．上海教育，2017（20）：56-57.

② 冯燕．独立后中亚高等教育与国际合作研究［D］．乌鲁木齐：新疆师范大学，2013.

③ 张瑞芳．高等学校海外分校监管模式研究［D］．北京：北京师范大学，2018：1.

④ GARRETT R，MEROLA R，KINSER K，et al. International branch campuses：trends and developments，2016［R］.The Observatory on Borderless Higher Education，2016：1.

⑤ 郑立．阿拉伯联合酋长国引入海外分校的特征及启示［J］．中国国情国力，2017（11）：70-73.

教育提供者在迪拜国际学术城建立的境内高等学校海外分校不仅可以享有100%的产权，还可享有100%的免税权，100%的资产与利润转出自由。① 正是这些优惠条件，吸引了许多外来教育提供者前来建立高等学校海外分校，如1993年，澳大利亚的卧龙岗大学到迪拜建立分校。截至2017年1月，阿拉伯联合酋长国已经建立31所境内高等学校海外分校。②

卡塔尔于1995年设立“卡塔尔教育、科学、社会发展基金会”（Qatar Foundation for Education, Science, and Community Development），邀请世界著名大学前来建立高等学校海外分校。1998年，卡塔尔建立了第一所境内高等学校海外分校，即弗吉尼亚联邦大学卡特尔分校。③ 截至2020年11月，卡塔尔已经有11所境内高等学校海外分校。④

新加坡则提出了“十所顶尖级大学计划”（Top 10 Universities Project），即在十年内新加坡至少引进10所世界一流大学和“环球校园”计划（Global Schoolhouse Project），促使新加坡成为“地区教育中心”。在这些政策的积极引导下，截至2020年11月，新加坡已经成功吸引12所世界一流大学前来建立分校。⑤

马来西亚为了建成区域、教育优质中心（Center of Education Excellence），达成2020年远景目标计划，积极引进国际优质教育资源，吸引世界著名高校前来建立高等学校海外分校。1998—2000年是马来西亚引进高等学校海外分校的开端，先后建立了澳大利亚的莫纳什大学（Australia Monash University）、科廷科技大学（Curtin University of Technology）和英国的诺丁汉大学（The University of Nottingham）。⑥ 此后，该国又引进了9所高等学校海外分校，截至2017年1月，马来西亚已经建立12所高等学校海外分校。⑦

---

① 郑立. 阿联酋引入海外分校的特征及启示［J］. 中国国情国力，2017（11）：70-73.

② C-BERT. International campuses［EB/OL］.［2017-04-20］. http://cbert.org/?page_id=34.

③ 孙珂. 中东国家的跨境大学质量保证制度探析：以卡塔尔和阿联酋为例［J］. 比较教育研究，2015（11）：71-76.

④⑤ 同②.

⑥ 王喜娟，蒋珍莲，刘前程. 东盟高等教育研究概说［M］. 桂林：广西师范大学出版社，2012：46.

⑦ C-BERT. International campuses［EB/OL］.［2017-04-20］. http://cbert.org/?page_id=34.

（三）融入国际教育平台

沿线国家在进行国家间教育合作的同时，也主动投入国际组织、协会等机构的教育项目和地区事务中。沿线国家在欧亚经济联盟、上海合作组织框架以及“丝绸之路经济带”和统一能源系统的共同空间内开展活动，并实施旨在发展教育、科学、技术和创新领域融合的项目；在亚欧会议、亚太经合组织、东盟框架内加强与亚太地区国家的双边和多边合作；扩大与欧盟在科学技术领域的合作。一般而言，这些国家与国际组织的合作大多围绕教育援助计划展开。

以中亚为例，中亚国家25岁以下年轻人占居民总数的多数，对年轻一代的教育将影响中亚的未来。2007—2010年欧盟对中亚的教育援助高达2 500万欧元[①]，欧盟将这一投资形容为“投资未来”。与其他大国不同的是，欧盟教育战略定位于更基础和更全面的教育影响，包括小学、中学、大学、假期学习、培训、学生交流等，欧盟的目标是“使中亚的教育体系适应于全球化世界的需要”。这也就是说欧盟的教育战略不是简单地接受留学生或是在中亚设立几所学校，而是从形式到内容都对中亚教育体系进行西方式改造。因此，欧盟对中亚教育投资的收益和影响也更加长远。虽然中亚五国中只有哈萨克斯坦加入博洛尼亚进程，但如今广泛适用于欧洲的博洛尼亚进程已在中亚五国实施。[②]

俄罗斯在此方面也开展了多项国际合作，通过参与包括经合组织、联合国教科文组织、联合国工业发展组织、黑海经合组织、上合组织、欧洲理事会等组织的活动来确保俄罗斯联邦研究和教育部门的现代化发展，扩大国际科学、技术和教育合作的地理范围。主要措施包括促进同金砖国家其他成员国进行年度高等教育合作计划；促进与独联体成员国和其他国家在人道主义教育领域的合作；与独联体成员国形成一体的教育空间；同时致力于在国际组织框架内加强与亚太地区国家之间的双边和多边教育合作；在“伙伴关系现代化”框架内，扩展与欧盟国家在科技方面的合作；扩大国际教育合作的内容和范围，优先发展俄罗斯与国际教育组织的合作。

---

① 刘继业．欧盟对中亚的援助概况［J］．国际资料信息，2009（5）：1-6.

② 冯燕．独立后中亚高等教育与国际合作研究［D］．乌鲁木齐：新疆师范大学，2013.

印度也与许多国际组织和多边机构保持密切的教育合作，并积极参与国际组织的各类合作项目，如联合国教科文组织、金砖五国、南亚区域合作联盟、东亚峰会、经济合作组织、欧盟等。

第四节 我国与“一带一路”沿线国家教育合作与交流的历史与现状

中外教育交流源远流长，新中国成立后，邓小平同志于1983年提出“教育要面向现代化、面向世界、面向未来”的口号，在教育领域产生了极大影响，也开创了我国教育对外开放的新局面，为我国同沿线国家开展教育合作与交流奠定了坚实的基础。

一、我国与“一带一路”沿线国家教育合作与交流的历史渊源

从两千多年前西汉张骞出使西域起，我国通过对外交流开始了推动人类文明间对话的历史性活动。古代“丝绸之路”极大促进了文明间的交流；而在近代社会，风雨飘摇的封建王朝开始了“师夷长技以制夷”的“西学东渐”时代；进入现代社会，新中国成立后，我国与其他国家的教育交流逐步走向平等的人文交流；20世纪90年代后，教育合作与交流迎来全方位发展。

（一）以文明交流为主的时代

汉代张骞两次出使西域，开辟出横贯东西、连接欧亚的陆上“丝绸之路”，向西域传播中华文化。西汉时期，中国的船队已经抵达印度和斯里兰卡。唐代作为中国历史上对外交流的活跃期，玄奘西游和鉴真东渡等交流活动更进一步扩大了中华文化的美誉度和影响力，同时也促使各国宗教、文化与物产传入中国。到明朝，郑和下西洋极大地推动了中国航海业的发展和海上贸易的兴起，逐渐连通南亚、西亚、北非和欧洲。明末清初，中国人积极学习现代科技知识，欧洲的天文学、医学、数学、几何学、地理学知识传入中国，开阔了中国人的视野。

伴随中外文明交流与互鉴频繁展开而来的既有冲突、矛盾，也有疑惑

与拒绝。有学者认为，16 世纪以前中外文化交流的基本途径包括使节、商人、宗教徒、游牧民族、战争等五种途径。[①] 换言之，外交、贸易、传教以及争斗均构成了当时中外文化交流的活动方式。但同时，我们也无法否定这一时期所产生的关于文明的对话、学习、消化、融合以及创新，毕竟文明的交流是相互的。如“丝绸之路”促进了多种宗教文化的传播，佛教、基督教、伊斯兰教等与中国文化相融并在中国落地开花；诞生于中国的古代四大发明、丝绸、瓷器、茶叶等则为欧洲现代文明的开启和发展做出了贡献。毫无疑问，陆上和海上“丝绸之路”不仅是古代中国与沿线国家商贸往来的通道，也是文化交流的重要纽带。“丝绸之路”的历史就是一部“一带一路”沿线国家文明交流的历史。[②]

（二）以文化借鉴为主的时代

明朝末期，欧洲耶稣会传教士利玛窦（Matteo Ricci）等来华传教，开启了西方教育制度在中国的传播。1818 年，第一所教会学校——英华书院成立。此后，在中国同外国签订的各种不平等条约下，教会学校普遍出现在中国各个城市和乡村。随着第一次鸦片战争的结束，魏源完成并刻版发行 100 卷本的《海国图志》，这一伟大著作的刊行，向国人打开了一扇认识世界的新窗口。书中第一次提出“师夷长技以制夷”的命题，打破了传统的夷夏之辨的文化价值观，摒弃了“九州八荒，天圆地方，天朝中心”的史地观念，开辟了近代中国向西方学习的历程。彼时，我国与个别“一带一路”沿线国家也开展民间交流。如我国学生赴埃及留学的历史最早可以追溯到 1841 年，学者马复初在赴麦加朝觐后，转道前往埃及爱资哈尔大学进行短期学习。这也是我国近代史上有文字记载的第一位赴埃及留学的学生。在马复初之后，也有一些穆斯林学者去埃及学习伊斯兰文化知识，但都是学生自发的个人行为。

自 1860 年起，清朝政府仿效西方，创办新式学校；调整文教政策，鼓励西学，以“中体西用”为指导思想，为中外合作开办教育机构提供了契机。

① 陈尚胜 . 五千年中外文化交流史：第一卷［M］. 北京：世界知识出版社，2001 ：4.

② 孙存良，李宁 .“一带一路”人文交流：重大意义、实践路径和建构机制［J］. 国际援助，2015（2）：14-20.

清朝政府的“新政”，为中外合办教育机构的产生创造了有利条件。1900年八国联军攻陷北京之后，清朝政府遭受了有史以来最大的劫难，面临空前的生存危机。经受沉重打击之后，1901年开始，清朝政府被迫推行“新政”，试图通过政治、军事、经济、教育等方面的改革，挽救其垂危的统治。清朝政府在教育方面的改革主要有创办新式学堂、制定新学制、成立学部和废除科举，等等。从彼时起，中国的新式学校教育有了长足的发展，中外合办的教育机构也开始出现。①

在近代特殊的历史背景下，中方政府、个人与民间社会团体以及教会学校都积极寻求与外方进行教育方面的合作，中国开始模仿、借鉴西方的教育制度。外国政府、在华企业、社会组织、个人以及外国高校对我国的教育事业也颇感兴趣，这直接推动了中外在高等教育方面的合作。在清朝灭亡前后，分别出现了一批颇具影响力的中外合办的高等教育机构。其中，中外政府联合设立的高等教育机构有1909年创办的德华大学、1913年创办的湘雅医学专门学校、1920年创办的巴黎大学中国学院、1921年创办的上海中法工学院、1925年创办的莫斯科中山大学、1928年建立的哈佛燕京学社等。在民间教育界发起并成立的合作机构方面，最有代表性的当属1920年成立的中法大学。该校是在民国初年由蔡元培组织发起，在留法俭学会与法文预备学校和孔德学校的基础上组建的，主要由北京中法大学、中法大学海外部两个办学机构组成。在民国时期，我国同“一带一路”沿线国家的教育合作与交流逐渐频繁。教育合作与交流形式多种多样，包括翻译和引进外国教科书，教育官员出国考察，派遣中国学生出国留学，聘请外籍教师来中国任教、讲学等。如20世纪30年代，中国向埃及派遣留学生。1930年8月，云南回教俱进会暨明德中学正式致函爱资哈尔大学请求接受穆斯林优秀子弟留学深造。接到信函后，爱资哈尔大学校长当即回函同意云南回族学生留学的请求。1931—1938年，我国共向埃及派遣留学生33人。这些人在学成归国后，在翻译、教育、文化、外交等领域担任重要工

① 银丽丽.高等教育中外合作办学历史研究［D］.厦门：厦门大学，2014.

作，为中阿文化交流以及中国的阿拉伯语教学事业做出了突出贡献。[①] 为了更好地为中国留学生提供服务，埃及国王福阿德（Fuad）于 1932 年颁布诏书，批准在爱资哈尔大学成立专门的中国学生部，负责管理中国留学生事宜。除此之外，埃方还向中国伊斯兰学校赠送 400 本宗教书籍，向中国派遣两名爱资哈尔大学教授，以提高中国伊斯兰学校的办学水平。[②]

近代中外教育交流活动也推动了中国近代教育的改革，在学习欧美、日本教育经验的基础上，中华民国临时政府成立之后不久，便确立了新的教育制度。20 世纪 20 年代中国著名教育家陶行知曾对盲目搬用外国教育模式的做法进行了批评，他基于对杜威的“教育即生活”思想的扬弃和发展，提出了“生活教育”理论，并在晓庄试验乡村师范推行“小先生制”等一系列教育改革的措施。这表明，中国虽受到外来教育思想和制度的影响，但也在为教育的民族化不断付出努力。

（三）人文交流步入正轨的时代

1949 年 10 月 1 日，中华人民共和国成立。此后，新中国的对外教育交流全面转向以苏联为首的社会主义国家，这是中国对外教育交流史上的一个重大转折期，标志着我国教育价值取向的根本变化。从发展进程上看，50 年代主要是与苏联及其他社会主义国家交流；60 年代以后，教育交流方向逐渐转向亚非拉第三世界国家；1970 年以后，随着对外关系的改善，我国的对外教育交流工作进入新的发展阶段，并为改革开放后人文交流步入正轨打下了一定基础。

我国同苏联的教育合作与交流是在新中国成立后“全面学苏”时期开始的。1950 年 2 月，《中苏友好同盟互助条约》在莫斯科签订后，中国政府开始号召在各个领域学习苏联的经济建设经验。[③] 在全面学苏的过程中，文化教育领域始终走在最前沿。认为苏联的教育经验是优越的社会主义制度和高度工业化的反映，是苏联高度科学文化、高度政治思想水平的反映。

---

① 中国伊斯兰教协会：中国穆斯林学生海外留学［EB/OL］.［2018-04-08］. http://www.chinaislam.net.cn/cms/zjjy/lxs/201205/25-690.html.

② علاقات تاريخية قبل إعلان الجمهورية وشراكة استراتيجية بين القاهرة وثاني أكبر اقتصاد بالعالم ［EB/OL］.［2017-02-09］. http://gate.ahram.org.eg/News/1575329.aspx.

③ 田正平 . 中外教育交流史［M］. 广州：广东教育出版社，2004：859.

同时期，伴随海外华侨及欧美留学生的回归，我国与这些欧美国家教育交往的大门随即关闭。此外，由于中苏战略同盟关系的形成和全面学苏浪潮的兴起，我国大批留学生被派遣到苏联及东欧社会主义国家。1951 年，我国第一批派往苏联的 375 名留学生启程，这标志着新中国留苏教育的全面启动。此后，留学苏联的人员数量不断增加，留学的专业包括理、工、农、医、师范教育及法政、交通建设等。留学生类别从大学生和研究生逐渐拓展到短期专业进修的高校教师。据统计，1950—1965 年，中国向苏联和其他东欧诸国，以及朝鲜、古巴、蒙古等 29 个国家派出留学生 1 万余人，其中向苏联派出的人数占到近 80%。[①] 新中国成立初期的留苏教育，在为我国各条战线培养了大批人才的同时，也为新中国输入苏联建设的先进经验和优秀文化成果，特别是在社会文化和教育理念方面。但由于历史的局限，当时的留苏教育也存在专业单一、知识面狭窄的历史缺憾。

我国在向苏联大量派遣留学生的同时，数以万计的各类苏联专家也应聘来到中国。抗美援朝战争结束后，苏联来华专家人数猛增，仅 1956 年就有 3 113 人，其中文教领域 403 人。来华苏联教育专家包括教育行政部门顾问、学校及教育机构教师和部分来华讲学的教育专家等。但在 1957 年后，中国采取了少而精地借鉴苏联教育经验的合作方针。此后，随着中苏关系冷却，苏联开始逐渐减少外派来华专家数量。在中苏关系急剧恶化的阶段，苏联专家纷纷撤离。这在一定程度上影响了我国教育的持续发展。[②]

在新中国成立初期，除苏联外，保加利亚、罗马尼亚、捷克斯洛伐克、匈牙利、波兰等东欧社会主义国家是最早一批承认并与我国建立大使级外交关系的国家。至 1956 年底，世界上先后共有 26 个国家与我国建立了大使级或代办级外交关系，其中社会主义国家 9 个，周边国家 10 个，北欧国家 4 个，阿拉伯国家 3 个。我国与东欧社会主义国家及亚非拉等其他各国的教育交流与合作也随之展开。

具体而言，我国与东欧社会主义国家之间的教育交流可追溯到 1950 年 9 月。当时，25 名中国留学生分赴波兰、捷克斯洛伐克、罗马尼亚、保加

① 田正平 . 中外教育交流史［M］. 广州：广东教育出版社，2004：914-916.

② 同 ①914-917.

利亚、匈牙利等 5 国，学习所在国语言、历史、地理，这是新中国成立后我国首次对外派遣留学生。此后外派人员逐渐增多。在接收东欧来华留学生方面，1950 年，波兰、捷克斯洛伐克、罗马尼亚、保加利亚、匈牙利 5 国首批交换留学生 35 人到达北京。新中国成立初期，我国与东欧社会主义国家教育交流计划，或纳入双边的文化协定，或签订单独的教育交流协定。除互派留学生外，我国还先后与这些国家交换语言教师，此时也有一些教育援助类的合作。如 1956 年，我国教育部向阿尔巴尼亚教育部赠送了包括物理、化学、生物实验室设备 30 套，显微镜 200 架等在内的一批教学设备。[①]

我国与亚非拉各国的教育交流合作从新中国成立初期便已开始。当时，国家非常重视与亚洲周边国家的教育交流工作，在 1951 年先后选拔 5 名内蒙古青年赴蒙古学习蒙古文和兽医。越南是周边国家中向我国派遣留学生最多的国家。1953—1956 年，越南先后向我国派遣了 1 219 名留学生。根据中越双边文化交流协定，我国于 1955 年第一次派遣 3 名学生赴越南学习，1956 年又派出 2 名学生。在中印交流方面。1952—1956 年，我国共向印度派遣了 10 名留学生，1955—1956 年印度也向我国派出 10 名留学生。我国先后派出 26 名研究生到周边国家学习对方的语言、文化和历史。此外，教师互派和合作办学也是当时我国对外教育合作与交流的主要内容。如 1952 年，北京大学聘请了 3 名印度学者、1 名缅甸教师来校任教。1956—1957 年，北京大学还邀请了埃及开罗大学、亚历山大大学的史学教授来中国讲学，将埃及的古代史和考古学引入中国。[②]1955 年，越南在南宁、桂林设立中等师范学校，同年我国还援建了越南高级中学 15 个物理、化学、生物实验室。这也是新中国成立以来我国较早开展联合办学的历史经验。[③]1965 年，在科研领域，我国与埃及政府签订了中埃两国政府文化合作协定。

1970 年以后，我国对外交流工作进一步深化。1970 年，我国开始向刚果派遣汉语和数理化教师，此后又向突尼斯和阿尔及利亚派遣了汉语教师。这一时期，我国不仅加入联合国教科文组织，同时继续推进教育代表组团

---

① 田正平 . 中外教育交流史［M］. 广州：广东教育出版社，2004：979-980.

② 刘文鹏 . 埃及学与中国［J］. 史学理论研究，2002（1）：66-76，161.

③ 同 ① 981-982.

和学者的国际间互派。此外，对世界各国教育的研究也再次兴起。[①] 从 1978 年下半年到 1979 年，以扩大派遣出国留学生规模为主要内容，我国政府出台或批准了一系列旨在加快对外教育交流的政策，如《关于增选出国留学生的通知》《驻外使馆文化参赞会议讨论派遣出国留学生工作的情况报告》《关于改进出国留学人员工作的请示报告》等。随着扩大留学生派遣政策的确立，我国其他领域的对外教育交流相关政策也相继出台，包括聘请外籍专家教师、校际交流、参加国际学术会议等方面的政策，从而使得我国的对外教育合作与交流领域有了更丰富的拓展，也进一步确立了扩大对外教育交流的方针。

1980 年，以《中华人民共和国学位条例》的颁布为标志，我国对外教育合作与交流的法治化进程启动。1983 年，邓小平给北京景山学校题词——“教育要面向现代化，面向世界，面向未来”，“三个面向”成为新时期教育改革的指导方针。其中，面向世界的主要内容之一就是要积极开展对外教育交流，汲取世界各国的先进教育经验。1985 年，中共中央《关于教育体制改革的决定》则将对外教育合作与交流作为一项战略措施加以重视。1980—1991 年，伴随对外教育合作与交流战略地位的逐步明确，从出国留学、来华留学、聘请外国专家到民间进行教育交流和汉语教学等，国际教育合作与交流的各个领域都相继出台了具体政策。可以说，我国全方位对外教育交流政策开始初步形成。

1992—2000 年，我国对外教育合作与交流取得了更大进展。1992 年，邓小平视察南方谈话，中国共产党第十四次全国代表大会召开，确立了建立社会主义市场经济体制的目标，改革开放进入新的发展阶段，教育改革也向纵深推进。1993 年，中共中央、国务院发布的《中国教育改革和发展纲要》中，首次明确地将对外教育交流作为一个整体全面规划及推进的措施，也充分显示了对外教育交流在改革开放新形势下的战略地位。1999 年，国务院批转教育部拟定的《面向 21 世纪教育振兴行动计划》，集中对高等学校的国际教育交流工作提出了专门要求。从此，对外教育交流在我国高

---

① 田正平 . 中外教育交流史［M］. 广州：广东教育出版社，2004：1009-1014.

等教育发展中的地位更加突出。[①] 同时，对外教育交流的立法工作也取得了新进展，在《中华人民共和国教育法》及其他专门法律中均有关于对外教育交流工作的相关论述。如 1995 年出台的教育法明确规定了对外教育交流与合作的基本方针原则，明确了我国公民出国进行教育交流的法律程序，确立了国外个人来华进行教育交流的法律地位，规范了对外教育机构颁发各类证书和许可办法，并确定中外合作办学的基本法律依据。[②] 对外教育交流在教育法中得到明确规范，标志着对外教育合作与交流的立法取得了新的进展。

此后，我国又调整了出国和来华留学政策，建立了新的留学人员选派机制，放宽自费出国留学政策，加大吸引留学人员回国工作的力度；同时，聘请文教专家、中外合作办学、中外考试合作等方面的政策制度也相继完善。

（四）教育合作与交流全方位发展的时代

在新旧世纪交替之际，我国迎来了改革开放后的飞速发展时期，我国开始同世界各国稳步、深入推进外交关系，也全面推进了对外教育合作与交流工作。20 世纪 90 年代，我国与大多数“一带一路”沿线国家在教育、科技、文化领域的合作日益加强。如自 1991 年起，中国与东盟开启对话，中国与东盟成员国的关系不断加深，合作领域不断拓展。在中亚地区，1994 年 12 月，中国与哈萨克斯坦共和国政府签署了科技合作协定。再如，1995 年 12 月，中国、埃及两国签署了教育合作谅解备忘录。1996 年，中埃两国在北京举办了“面向 21 世纪教育——中埃第一届高层次教育研讨会”，之后该会议每年一次分别在北京和开罗举行，一直到 2003 年，总共举办了 7 届。通过中埃高层次教育研讨会，两国在教育层面上形成了稳定的交流机制，定期对双方教育政策、思路、模式进行了沟通和探讨，为推动两国教育交流做出了贡献。[③]

进入 21 世纪，国际关系持续变革，“人文交流”同“政治互信”“经贸

① 田正平 . 中外教育交流史［M］. 广州：广东教育出版社，2004 ：1028-1029.

② 同 ① 1034.

③ 中华人民共和国驻阿拉伯埃及共和国大使馆 . 中埃教育交流基本概况［EB/OL］.［2018-04-08］. http://eg.china-embassy.org/chn/zaigx/jyjl/t79032.htm.

合作”并驾齐驱，成为建构国际关系的基础、种子和润滑剂。全球化与知识经济时代的到来，使得教育国际化已势不可挡，教育早已突破地理意义上的国际局限，走向了全世界。中国对外开展教育合作与交流的意愿愈发强烈，与大多数“一带一路”沿线国家在教育、科技、文化领域的合作日益加强，不仅通过在国外设立孔子学院满足世界各国（地区）人民对汉语和中国文化学习的需要，加强中国与世界各国（地区）教育、文化之间的交流与合作[①]，而且通过各级各类教育合作与交流积极对外输出和引进人才、开拓科学研究的新路径，向全球展示中国经济发展、文化繁荣的新发明和新成果。

自2000年中国与俄罗斯建立中俄教文卫体合作委员会至今，我国已先后与俄罗斯、美国、英国、欧盟、法国、印度尼西亚、南非、德国、印度、日本建立起了涵盖教育、科技、文化、卫生与体育等领域的九大高级别人文交流机制。时任国务委员刘延东曾言：“不同国家、不同民族、不同文化之间沟通交流，在和而不同中取长补短，在求同存异中相得益彰，是推动人类文明进步的持久动力，对于增进互信与友谊、消除偏见与误解、促进人类社会和谐与繁荣具有不可替代的作用。”[②]伴随中国同“一带一路”沿线国家教育合作的深入发展，民间的人文交流也越来越繁荣，如在青年交流方面，中俄仅在2014年就共同举行了超过300项的青年交流活动。这为新时期中国发展对外教育合作与交流关系提供了肥沃的土壤。

二、我国与“一带一路”沿线国家教育合作与交流的现状分析

“一带一路”倡议涉及65个沿线国家、近44亿人口，并将中国、印度、埃及、希腊等世界古老文明的发源地连为一体。可以说，我国同大多数“一带一路”沿线国家的教育合作与交流已是全面开花，基本形成“多层次、宽领域、全方位”的纵深发展格局。官方倡议、民间个体和团体发起的多种形式的文化交流活动顺利开展，为国家间的交流合作提供了不竭动力。

---

① 孔子学院总部/国家汉办.关于孔子学院/孔子课堂［EB/OL］.［2018-08-17］. http://www.hanban.org/confuciousinstitutes/node_10961.htm.

② 中国政府网.中美人文交流高层磋商机制成立并召开第一次会议［EB/OL］.［2018-08-17］. http://www.gov.cn/ldhd/2010-05/25/content_1613568.htm.

我国与沿线国家教育合作与交流的主要领域可分为以下几个方面。

（一）建立双边和多边高层交流机制

伴随“一带一路”倡议的提出，中国同沿线国家的友好关系不断深化和发展，在政府层面，签订了一系列涉及教育合作与交流的国家合作的联合声明、联合宣言（见表 2-6），为国家间二的合作与交流提供了法理基础，有效提升了双边伙伴关系，为中外文化、教育、科技交流翻开了新篇章。

表 2-6　中国同部分“一带一路”沿线国家签署的有关加强教育合作与交流的部分政策论述

国别	时间	文件名称	相关内容
俄罗斯	2013 年 3 月	《中华人民共和国和俄罗斯联邦关于合作共赢、深化全面战略协作伙伴关系的联合声明》	在机制化和长期化的基础上扩大两国青年交流，中俄互办青年友好交流年活动
希腊	2013 年 5 月	《中华人民共和国政府同希腊共和国政府联合声明》	双方愿继续在教育、科研、青年交流、语言教学等领域保持密切沟通与合作
土库曼斯坦	2013 年 9 月	《中华人民共和国和土库曼斯坦关于建立战略伙伴关系的联合宣言》	双方将加强互派留学生和语言教学方面的合作，为在本国推广对方国家语言提供便利。双方支持两国高校建立合作联系；双方将推动两国学术机构间加强合作
吉尔吉斯斯坦	2014 年 5 月	《中华人民共和国和吉尔吉斯共和国关于进一步深化战略伙伴关系的联合宣言》	双方将鼓励两国高等院校和科研机构建立联系，在科技和学术信息交换领域开展合作
乌兹别克斯坦	2014 年 8 月	《中华人民共和国和乌兹别克斯坦共和国联合宣言》	双方愿进一步加强和扩大科技、人文领域合作，特别是在科学、教育、体育和旅游方面开展合作
塔吉克斯坦	2014 年 9 月	《中华人民共和国和塔吉克斯坦共和国关于进一步发展和深化战略伙伴关系的联合宣言》	双方愿进一步加强科技、教育、文化、卫生、体育和旅游等领域的合作，扩大教育科研机构、新闻媒体、民间友好组织、文艺团体和青年组织友好交往与合作，不断增进两国人民间的相互了解和友谊

续表

国别	时间	文件名称	相关内容
新加坡	2015 年 11 月	《中华人民共和国和新加坡共和国关于建立与时俱进的全方位合作伙伴关系的联合声明》	不断拓展教育合作新领域和新模式，共同推动中国—东盟教育交流合作实现新发展
印度尼西亚	2015 年 3 月	《中华人民共和国和印度尼西亚共和国关于加强两国全面战略伙伴关系的联合声明》	双方同意在有关双边教育合作协议框架下，加强在学生交流、语言教学、高等教育和职业培训等领域务实合作，加快商签互认高等教育学位学历协议
沙特阿拉伯	2016 年 1 月	《中华人民共和国和沙特阿拉伯王国关于建立全面战略伙伴关系的联合声明》	双方鼓励两国官方和民间文化交往，支持在新闻、卫生、教育、科研、旅游等领域的交流与合作，将继续相互举办文化周活动，积极参与对方举办的各类文化活动，加强两国青年合作
捷克	2016 年 3 月	《中华人民共和国和捷克共和国关于建立战略伙伴关系的联合声明》	双方愿意继续加强在文化、教育、体育、旅游等人文领域的交流合作，扩大互派留学生规模，拓展新兴领域合作，鼓励民间机构积极参与推动双边关系
匈牙利	2017 年 5 月	《中华人民共和国和匈牙利关于建立全面战略伙伴关系的联合声明》	双方愿意继续加强在文化、教育、体育、旅游等人文领域的交流合作，扩大互派留学生规模，推动两国青年的友好交往，拓展影视、智库、媒体等新兴领域合作，建立中东欧中医医疗教育和研究中心
阿拉伯联合酋长国	2018 年 7 月	《中华人民共和国和阿拉伯联合酋长国关于建立全面战略伙伴关系的联合声明》	双方鼓励在各阶段教育机构间设立教育合作项目，在“中国—阿拉伯国家科技伙伴计划”框架下，加强科技创新合作，促进双方在各研究领域的合作，加强两国教育机构的技术交流与人员往来

续表

国别	时间	文件名称	相关内容
塔吉克斯坦	2019 年 6 月	《中华人民共和国和塔吉克斯坦共和国关于进一步深化全面战略伙伴关系的联合声明》	双方将继续落实《中塔合作规划纲要》，推动“一带一路”倡议同塔吉克斯坦“2030 年前国家发展战略”深入对接，致力于逐步构建中塔发展共同体。双方将继续全面、切实落实现有双边共识和共同合作项目
希腊共和国	2019 年 11 月	《中华人民共和国和希腊共和国关于加强全面战略伙伴关系的联合声明》	双方愿以中希政府间科技合作协定签署 40 周年为契机，全面深化两国科技创新和人才交流合作，在科技合作联委会和“一带一路”科技创新行动计划框架下加强科技发展战略对接，支持共同资助联合研究项目、共建联合实验室和科技园区、技术转移等合作，共同落实《2019—2021 中希研究与技术合作执行计划》

资料来源：根据人民网、新华网、中国网、中国“一带一路”网和《人民日报》等相关内容整理。

在合作与交流制度不断完善的基础上，除与“一带一路”相关国家建立双边高层次交流平台外，中国也通过区域性联盟积极搭建多边合作与交流平台。如早在 2000 年，中非便已开展合作，中非合作论坛第一届部长级会议在北京顺利举行。截至 2018 年 9 月，中非合作论坛共开展了八届。其中，2009 年 11 月中非合作论坛第四届部长级会议宣布全面启动中非高校“20+20 合作计划”。在该计划下，北京大学与埃及开罗大学、北京语言大学与埃及苏伊士运河大学开展长期一对一合作项目，包括联合开展科学研究、教师培训、学术访问、汉语教学等。在 2015 年第六届部长级会议上，与会各国提出十项中非合作计划。在工业化发展方面，中方承诺将积极推进中非产业对接和产能合作的同时，设立一批区域职业教育中心和若干能力建设学院，为非洲培训20万名职业技术人才，提供4万个来华培训名额[①]，进而打开行业教育合作的新局面。

2007年1月，中国与东盟国家在自由贸易区框架下签订服务贸易协议，并在包括教育在内的多个领域达成相互间的开放承诺，有力地促进教育合作与交流。此后，中国与新加坡、马来西亚、越南、文莱、缅甸、老挝、柬埔寨、菲律宾等国家签署了教育交流协议，与马来西亚、泰国两国签订高等教育学历学位互认协议。具体交流方式主要包括：互派访问组团、举办各类论坛研讨会、交流活动周等，互派教师、留学生、交换生和青年志愿者等。从规模上看，呈现从无到有、由少到多、逐步发展的态势。有资料显示，截至2014年年底，中国在东盟国家的留学生已近12万人，提前8年完成“双10万计划”；东盟国家在华的留学生也已近7万人。同时，中国高校已开课讲授东盟国家所使用的语言种类。[②]

“中国—阿拉伯国家大学校长论坛”是中国政府旨在巩固和发展中国与阿拉伯国家的友好合作关系，促进中阿经贸、教育、文化等全方位交流合作的重要机制。作为中国同阿拉伯国家在高等教育合作与交流的品牌项目，论坛为中阿双方的大学校长提供了教育发展的经验交流、信息沟通和校际合作的高层平台。通过学校互派、校际互访、学者交流、语言及优势专业技术领域内合作及人才培养等方式，中国和阿拉伯国家高等学校间建立起稳定、长远和可持续的合作机制，推动中阿高等教育共同发展。自2011年起，中阿大学校长论坛已成功举办四届，每次论坛都有相应的会议主题。如第二届论坛主题是“面向未来，推进务实合作”，第三届论坛主题是“服务‘一带一路’建设，创新合作平台”。论坛期间，中阿双方大学共同就未来四年中阿高等教育战略合作重点、创新合作模式、丰富合作内容等问题进行深入研讨，并签署多份合作交流协议，内容涉及校际互访、学术交流、互派留学、学分互认等。双方通过发布《中阿高等学校战略性合作行动计划（2015—2019）》完善中阿大学校长对话

---

① 中非合作论坛［EB/OL］.［2018-04-18］. http://www.focac.org/chn/ltjj/ltjz/.

② 祁亚辉. 教育合作：巩固和拓展中国—东盟命运共同体的人文基础［J］. 东南亚纵横，2015（10）：22-27.

机制，达成中阿合作办学、建立政府（学校）奖学金以及学生互换、学分互认的学生双向流动等一系列协议，从而深化了中国与阿拉伯各国的教育务实合作。[①]

俄罗斯作为我国重要的战略协作伙伴，近年来与我国在人文领域的合作富有成效，并在中俄双边关系中发挥着日益重要的作用。为推动中俄战略协作伙伴关系的全面发展，统筹规范中俄在教育、文化、卫生、体育领域的合作，并使其机制化，早在2000年12月，两国在中俄总理定期会晤机制框架内成立了中俄教文卫体合作委员会。再如中国与斯洛文尼亚，两国建交于1992年，双方在各领域已全面开展合作事项。2016年，中斯签署《中国与斯洛文尼亚民航当局谅解备忘录》，为两国开通直航打下基础。同年，两国教育部实现互访并签署教育合作谅解备忘录，为深化双边教育合作创造更好的条件。2016年11月，中斯政府间科技合作委员会第11届例会在南京举行，会后双方签署了《中华人民共和国和斯洛文尼亚共和国科学技术合作委员会第十一届例会议定书》。双边高层密切联系为中斯教育合作与交流自上而下发展提供了强有力的保障。[②]

（二）基于多边合作扩大人才培养

人才培养与人员交流是国际教育合作与交流的常见形式。近10年来，随着中国高等教育质量不断提高，来华留学的费用相比其他英美国家更可承受，同时一些高校的优势专业引入英语教学，并在国际上有了一定的影响力，中国逐渐成为世界主要留学目的地国家之一。[③]同时，我国出国留学的人数不断增长，自费生比例不断扩大，留学专业选择更加广泛。具体看来，人才培养与交流包括联合培养、攻读学位、博士后、访问学者、高级研究学者、短期科研或进修等多种类型。1996年，我国成立国家留学基金管理委员会，并将其作为中外教育合作与交流的窗口，负责管理和使用国

---

① 新华网.中阿加强高等教育交流合作［EB/OL］.［2018-04-18］. http://www.xinhuanet.com/world/2015-09/12/c_1116542954.htm.

② 刘进，杨莉.“一带一路”沿线国家的高等教育现状与发展趋势研究（四）：以斯洛文尼亚为例［J］.世界教育信息，2018（8）：28-31，51.

③ OECD. Top host countries of all international studies worldwide［EB/OL］.［2018-01-05］.https://data.oecd.org/.

家留学基金、出国留学和来华留学事务，确定有关资助项目与方式。在留学基金管理委员会的作用下，我国与世界各国政府签订人员合作与交流的相关协议，设立留学奖学金项目。国家公派硕士/博士研究生项目、优秀本科生国际交流项目、高等学校青年骨干教师出国研修项目、西部地区人才培养特别项目、地方合作项目、国外合作项目—创新型人才国际合作培养项目等引起海内外教育界的极大反响。其中，同沿线国家的人才培养与人员交流成为我国对外教育交流的重要组成部分。

2007年，为紧密配合《国家中长期科学和技术发展规划纲要（2006—2020年）》的实施，培养国家建设所需的各行业的拔尖创新人才，教育部和财政部设立“国家建设高水平大学公派研究生项目”，面向重点建设的高水平大学，从最初的每年选派5 000人到2018年选派9 500人出国留学，攻读博士学位或参与博士生联合培养。其中除俄罗斯、新加坡、马来西亚、泰国等传统的教育合作大国外，我国与“一带一路”其他国家的教育部门和高校机构也纷纷建立合作关系，如克罗地亚共和国科学、教育和体育部，捷克共和国教育、青年和体育部，匈牙利坦帕斯公共基金会，立陶宛教育交流赞助基金会，俄罗斯远东联邦大学，以色列希伯来大学、巴伊兰大学、以色列农业研究组织和以色列高等教育委员会等。

人才培养和人员交流的蓬勃发展，首先离不开统一、可衔接的教育认证制度。截至2018年，中国已同24个“一带一路”沿线国家签署学历学位互认协议。如2011年4月与马来西亚签署了学历学位互认协议，增加了赴中国留学的马来西亚学生数量，也促进中马互派留学生数量的增加，人才培养合作不断加深。其次，离不开多样的教育合作专业领域。如国际区域问题研究及外语高层次人才培养项目，重点支持服务国家战略、填补领域空白、重点行业急需、具有前瞻性的跨学科或交叉学科人才培养的创新型人才国际合作项目，吸引更多学生、学者选择“走出去”或被“引进来”。

一方面，我国增加了给包括“一带一路”沿线国家在内的世界各国人才提供的各种奖学金资助。如为鼓励埃及学生来华求学，自2000年以来，中国政府不断增加对埃学生奖学金名额。2007年，中国政府宣布对埃学生奖学金名额增至每年50个，在其后3年将邀请包括埃及大学生在内的500

名非洲青年访华。2016 年，根据中埃签署的五项教育科技合作协议，中国将在 2016—2020 年 5 年间向埃及提供各专业硕士、博士及长期科研项目奖学金 500 个。[①] 在中国的埃及留学生主要攻读理、工、农、医和汉语专业，他们学成回国之后，在与专业相关的各个领域发挥着重要作用。而在埃及的中国留学生，大部分是穆斯林，在爱资哈尔大学接受教育。爱资哈尔大学每年向中国穆斯林学子提供 15 个奖学金名额，到其所属的学院学习。截至 2017 年，就读于爱资哈尔教育体系的中国留学生共计 1 705 人，其中女生 436 人。[②] 除此之外，还有少量中国留学生在埃及大学学习阿拉伯语、考古学和中东政治。

另一方面，我国也积极利用世界各国对本国人才提供的国际奖学金资助，吸引师生来华接受高等教育培养或开展学术交流合作。如 1995 年仅有 125 名中国学生在沙特留学，这一数据在进入 2000 年之后有了稳步提升，2003 年在沙特的中国留学生有 254 人，比 1995 年翻了一番，而 2016 年已经有 875 名中国学生在沙特学习，是 1995 年的 7 倍。[③] 中国在沙特的留学生有学习语言和宗教知识的，也有在沙特大学中从事科研项目的硕士生和博士生。2006 年在沙特“阿卜杜拉国王奖学金计划”的推动下，中国成为沙特政府新增公费派遣目的地国之一。2007 年是该计划实施的第一年，沙特高等教育部特意举办“阿卜杜拉国王奖学金计划”赴华留学生介绍会，向广大沙特学生介绍中国概况、文化习俗、高等教育以及就业前景等情况，鼓励学生赴华留学。2007 年共有 120 名学生通过资格审查，在接受汉语培训后赴中国清华大学、复旦大学、武汉大学、上海交通大学、山东大学、天津医科大学等院校学习工程、基础科学、计算机及通讯、金融财会、企业管理、临床医学、能源等专业。这是两国文化教育交流史上沙方首次大

---

① اليوم السابع. الحكومة : الصين تقدم 500 منحة دراسية للمصريين على مدار 5 سنوات [EB/OL] . [2018-09-22] . https://dh6.ink/H5ZH.

② اليوم السابع. ما لا تعرف عن الطلبة الوافدين الدارسين بالأزهر في 17 معلومات [EB/OL] . [2018-09-22] .https://dh6.ink/CYFip.

③ UNESCO.Saudi Arabia inbound internationally mobile students by country of origin [EB/OL] . [2018-09-30] . http://data.uis.unesco.org/.

规模对华派遣留学生。[①]

根据教育部的统计显示，2018年，共有来自196个国家和地区的49.22万名留学生来华留学，其中，“一带一路”沿线64国来华留学生人数共计26.06万人，占总人数的52.95%。[②]位列前15的来华留学生源国中包括11个“一带一路”沿线国家（泰国、巴基斯坦、印度、俄罗斯、印度尼西亚、老挝、哈萨克斯坦、越南、孟加拉国、蒙古和马来西亚）。[③]同时，我国也积极鼓励各级各类学生、学者和行业人员出国进行交流学习。2017年赴沿线国家留学的人数达6.61万人，比上年增长15.7%，超过整体出国留学人员增速。其中国家公派3 679人，涉及37个沿线国家。值得关注的是，来华留学生的学科分布更加合理，学习文科类专业的学生数量仍排名首位，占总人数的48.45%；学习工科、管理、理科、艺术、农学的学生数量增长明显，同比增幅均超过20%。此外，2017年来华留学生中，自费生达43.06万人，占总数的88.03%。[④]随着人才培养和人员交流规模的扩大，中国教育的世界影响力不断增强，中国对世界的认识也愈加深厚和全面。

（三）开展联合办学与科研机构合作

随着国际教育合作与交流的不断深入，我国一方面积极引进国外一流高校的办学经验，丰富高等教育办学形式，在国内与其他国家设立联合办学机构；另一方面，随着我国影响力的不断提升，国外对中国优质教育资源的潜在需求日益增长，许多“一带一路”沿线国家都邀请我国到其国家开展境外办学。[⑤]境外办学是提高国际化办学水平的重要措施，是我国高校实施“走出去”战略的重要体现。在“一带一路”倡议的引领下，我国高

① 中华人民共和国驻沙特阿拉伯王国大使馆.沙特大规模派遣公费赴华留学生[EB/OL].[2007-03-26].http://sa.china-embassy.gov.cn/zsgx/jyjl/200703/t20070326_2040044.htm.

② 中国政府网.196个国家和地区的49.22万名留学生去年来华留学[EB/OL].[2019-06-03].http://www.gov.cn/xinwen/2019-06/03/content_5397181.htm.

③ 中华人民共和国教育部.2018年来华留学统计［EB/OL］.［2021-03-30］. http://www.moe.gov.cn/jyb_xwfb/gzdt_gzdt/s5987/201904/t20190412_377692.html.

④ 中华人民共和国教育部.来华留学工作向高层次高质量发展［EB/OL］.［2018-03-30］. http://www.moe.gov.cn/jyb_xwfb/gzdt_gzdt/s5987/201803/t20180329_331772.html.

⑤ 曾君.“一带一路”为国际教育合作开辟新天地［N］.光明日报，2015-08-09（7）.

等教育国际化步伐正在加速。[①]

我国与“一带一路”沿线国家的高校已建立联合办学关系。如苏州大学（老挝苏州大学，是老挝政府批准设立的第一所外资大学，也是中国政府批准设立的第一所境外大学）、厦门大学（厦门大学马来西亚分校）、北京语言大学（曼谷学院）、云南财经大学（曼谷商学院）等都采取了这种形式。而沿线国家来我国开展联合办学的主要有莫斯科国立罗蒙诺索夫大学和北京理工大学共建的深圳北理莫斯科大学等。

其中，随着我国同阿拉伯国家的交流日益频繁，合作办学也逐渐起步，特别是同埃及在这方面的合作十分具有代表性。2004 年，埃方提出创立埃及中国大学（Egyptian Chinese University，ECU）的想法，经过一年的考察与谈判，2005 年 4 月 24 日，中国辽宁大学和埃及国际教育集团在开罗签订有关创建埃及中国大学的合作协议，意味着中东和北非地区将诞生第一所中国大学。根据协议规定，埃及中国大学将分别在两国高教部门注册，总部设在开罗，并逐步在埃及各省区以及中东地区其他国家发展分校。由埃方负责大学的基础建设等硬件投入，而中方则以“知识入股”的方式参与合作，负责教学大纲、专业课程的设计及教材的编写。中方每年拟派 8—10 名中国教师到埃及授课。[②] 2013 年 2 月 21 日，时任埃及总统穆尔西颁布第 118 号总统令，正式批准成立埃及中国大学。[③] ECU 的定位是一所“非传统型大学”，致力于“理论与实践相结合”，注重通过学术途径把中国的成功经验传到埃及。该校下设药物科学与技术、理疗、经济和国际贸易、工程与技术四个学院，目前只招收本科生。2016 年，该校工程与技术学院正式开始招生，开设建筑、软件工程和信息技术、能源和新能源、机械电子四个专业。2017 年，埃及私立大学最高委员会批准 ECU 理疗学院首批招收

① 陈鹏 .“一带一路”提速高等教育国际化［N］. 光明日报，2015-08-04（3）.

② 中华人民共和国外交部 . 埃及中国大学将在开罗诞生［EB/OL］.［2018-07 18］. http://www.fmprc.gov.cn/zflt/chn/zfjmhz/t193151.htm.

③ مرسي يصدر قرارات جمهورية بإنشاء 4 جامعات وإضافة 11 كلية جديدة［EB/OL］.［2018-09-20］. http://www.almasryalyoum.com/news/details/289830.

150 名学生。①ECU 已与北京交通大学建立了密切联系，并确定优先在土木工程领域开展合作，并签署了《埃及中国大学与北京交通大学合作谅解备忘录》。②2017 年 5 月，北京交通大学软件学院院长卢苇一行人访问埃及，洽谈国际合作项目，双方初步达成了交换生项目、短期交流项目、师资支持项目、“2+2”双学位项目等合作意向。

科研机构合作也是我国与“一带一路”沿线国家开展国际合作的重要方式。“一带一路”牵涉东亚至欧洲的诸多国家和广大地区，具有广阔的市场空间和巨大的科技合作潜力。随着“一带一路”沿线国家间的经贸交流日益频繁，沿线国家的科技合作将获得巨大的助推力，各国高校、科研院所、企业间在学术交流、人才流动和科技合作等领域的合作与交流也将与日俱增，极大地促进沿线国家的人才培养与科技创新。③

再以中埃合作为例。中国与埃及自 20 世纪 60 年代中期起就开始了科研合作与学术交流。21 世纪以来，两国在中埃科技合作联合委员会和“中非科技伙伴计划”框架下，积极推进双边科研合作，包括共同建立科学实验室、先进技术示范基地，启动学术、技术交流活动，并积极促进两国高校学者和专家的互访。值得一提的是，两国共同创办了埃中应用技术学院（Egyptian-Chinese College of Applied Technology）。该机构是两国在职业教育领域合作的典范。2016 年 11 月，北京信息职业技术学院与埃及苏伊士运河大学、埃及慈善基金会（Misr El Kheir Foundation）初步签署关于建立埃中应用技术学院的协议。由苏伊士运河大学提供伊斯梅利亚老校区的七栋旧校舍来进行改造，作为埃中应用技术学院的教学楼。2017 年 8 月，三方再次签署了关于合作建设与运作埃中应用技术学院的协议，确认了办学方案等细节。根据协议，该学院隶属苏伊士运河大学，相对独立运作，面向埃及高中毕业生招生，毕业者将取得埃及苏伊士运

① المصراوي. الأعلى للجامعات الخاصة "يوافق على زيادة أعداد المقبولين هذا العام بنسبة ٥٪ [EB/OL] . [2018-09-20] .https://dh6.ink/7XSUcF.

② 北京交通大学新闻网 . 我校代表团应邀访问非洲三国［EB/OL］.［2018-07-18］. http://news.bjtu.edu.cn/info/1044/21941.htm.

③ 孙存良，李宁 .“一带一路”人文交流：重大意义、实践路径和建构机制［J］. 国际援助，2015（2）：14-20 .

河大学学位和北京信息职业技术学院高职毕业证书。2017 年 5 月，埃及苏伊士运河大学选派 8 名教授来到北京信息职业技术学院进行培训，为实施埃中应用技术学院的合作课程教学做准备。2018 年 2 月，埃及政府正式批准苏伊士运河大学成立埃中应用技术学院。2018 年 6 月 21 日，埃中应用技术学院正式揭牌。2018 年，埃中两国科研合作又有了新的突破和进展。国家自然科学基金委员会与埃及科学研究技术院正式启动联合资助研究项目，以进一步推动两国科技交流与合作。此次在生命科学和工程与材料科学领域征集 6 个项目，中方对每个项目提供 200 万元人民币，埃方提供 300 万埃镑作为研究和合作交流经费。[①] 同年，中国复旦大学肿瘤医院与埃及艾因・夏姆斯大学医学院签署抗癌研究合作协议。这不仅是艾因・夏姆斯大学和复旦大学的一次合作，也是埃及与中国在肿瘤研究领域进行的一次合作尝试，它将开启中埃两国在肿瘤研究与临床治疗等方面友好合作的新篇章。[②]

（四）通过孔子学院发展汉语教育

孔子学院是国家汉办在世界各地设立的推广汉语和传播中国文化与国学的教育和文化交流机构。它作为一种新型的中外教育合作模式，旨在为增进世界人民对中国语言文化的了解，发展中国与各国的友好关系，为全世界汉语学习者提供方便、优良的学习条件。2004 年 11 月 21 日，全球首家孔子学院在韩国首尔成立。截至 2018 年 12 月 31 日，共有 154 个国家（地区）建立了 548 所孔子学院和 1 193 个孔子课堂，5 665 个教学点[③]，它们成为推广汉语教学、传播中国文化及汉学的全球品牌和平台。

在开办孔子学院方面，中国依托东盟国家的大学建立了 30 个孔子学院和 19 个孔子课堂，累计招生约 15 万人，其中在泰国设立 14 个孔子学院和

① فتح باب التقدم لتلقي مشروعات بحثية في إطارالتعاون العلمي المصري الصيني [EB/OL] . [2018-09-21] . http://asrt.sci.eg/ar/index.php/news/item/411-2018-03-29-16-18-38.

② 中国驻埃及大使馆教科处 . 中埃名校 “结对子” 抗癌研究合作协议签署 [EB/OL].[2018-07-19]. http://www.egchinaedu.org/publish/portal21/tab5198/info136297.htm.

③ 孔子学院总部 / 国家汉办 . 孔子学院 2018 年度发展报告 [R/OL] . [2019-08-12] . http://www.hanban.org/report/2018.pdf.

11 个孔子课堂，分别占东盟国家孔子学院和孔子课堂总数的 47% 和 58%。[①]中国在南亚地区共设立了 9 所孔子学院、3 个孔子课堂，分别占“一带一路”沿线国家孔子学院及孔子课堂总数的 7.2% 和 5.5%。孔子学院主要分布在印度（3 个）、巴基斯坦（4 个）和斯里兰卡（2 个）；孔子课堂主要集中在巴基斯坦（2 个）和斯里兰卡（1 个）。阿拉伯国家联盟有孔子学院 16 所，孔子课堂 2 个[②]，还有 8 个国家未建立孔子学院，15 个国家未开设孔子课堂，在阿拉伯国家开办孔子学院、设立孔子课堂的空间较大。

截至 2018 年，中亚地区正式挂牌的孔子学院有 8 所，其中哈萨克斯坦有 4 所，吉尔吉斯斯坦有 2 所，乌兹别克斯坦和塔吉克斯坦各有 1 所。中亚孔子学院的学生主要为本国在校中学生、本科生、研究生、公司职员和其他社会人员。中亚地区孔子学院的教师由中方合作院校派遣，承担一切教学活动；课程设置主要是以培训辅导为主，除了哈萨克斯坦孔子学院的常规教学班比较有规模，其他三国的孔子学院都侧重于短期的培训。中亚孔子学院还定期举办与汉语教学密切结合的文化活动和面向社会举办大型的文化推介活动。[③]

在非洲，中国于 2008 年先后在苏伊士运河大学和开罗大学成立孔子学院。2017 年开罗大学孔子学院本部与各教学点的注册学员数量达到了 3 261 人次。苏伊士运河大学孔子学院已在哈勒旺大学和泰达苏伊士经贸合作区建立了 2 个孔子课堂，在埃及英国大学、开罗纳赛尔城、卢克索导游工会和赫尔格达导游工会开办了多个教学点，截至 2017 年，学员人数达到 1 万余人次。[④]除了日常教学活动外，2 所孔子学院还举办多种文化活动，涉及展览、节庆、竞赛、表演、研讨等，以促进埃及学员对中国文化的了解。

除孔子学院外，以高校语言学院或国际教育学院开展的汉语国际教育也是“一带一路”建设“民心相通”领域的关键支撑手段，并日益受到国

---

① 孔子学院总部 / 国家汉办 . 关于孔子学院 / 课堂［EB/OL］.［2018-08-18］.http://www.hanban.edu.cn/confuciousinstitutes/node_10961.htm.

② 同 ①.

③ 冯燕 . 独立后中亚高等教育与国际合作研究［D］. 乌鲁木齐：新疆师范大学，2013 ：26-27.

④ 中华人民共和国驻阿拉伯埃及共和国大使馆教科处［EB/OL］.［2018-08-18］. http://www.egchinaedu.org/.

家政策的支持。一方面，国务院学位委员会于2008年批准正式设立“汉语国际教育”硕士专业学位，2012年设立“汉语国际教育”本科专业（前身为2003年设立的“对外汉语教学”本科专业）。据统计，2018年，共有来自196个国家和地区的492 185名各类外国留学人员在全国31个省（区、市）的1 004所高等院校学习。按洲别统计，亚洲学生总数为295 043人，占59.95%；非洲学生总数为81 562人，占16.57%；欧洲学生总数为73 618人，占14.96%；美洲学生总数为35 733人，占7.26%；大洋洲学生总数为6 229人，占1.27%。按国别排序，前15名依次为韩国50 600人，泰国28 608人，巴基斯坦28 023人，印度23 198人，美国20 996人，俄罗斯19 239人，印度尼西亚15 050人，老挝14 645人，日本14 230人，哈萨克斯坦11 784人，越南11 299人，孟加拉国10 735人，法国10 695人，蒙古10 158人，马来西亚9 479人。①

另一方面，许多“一带一路”沿线国家也积极发展汉语教育，培养汉语人才，将其作为同中国深化合作的沟通桥梁。如随着中埃友好关系的不断深化，培养精通汉语的人才越来越受到两国政府的重视。进入21世纪以来，埃及掀起了“汉语热”。截至2018年，埃及有艾因·夏姆斯大学、爱资哈尔大学、开罗大学、苏伊士运河大学、埃及科技大学、明尼亚大学、法鲁斯大学、开罗高等语言翻译学院等高校开设了中文系，在校学生近3 000人。其中历史最悠久的是建于1957年的艾因·夏姆斯大学中文系，该系拥有本科、硕士和博士学位授予权。近年来，汉语教学在埃及发展出新形式。2012年，尼罗河电视台开办汉语教学节目，以阿拉伯语作为讲解语言教授汉语。鉴于节目播出后收到的热烈反响，2015年8月，北京语言大学与尼罗河电视台开设孔子课堂，电视汉语教育得以走进埃及千家万户，满足了埃及不同年龄不同层次人学习汉语的需要。②除此之外，汉语教学也走进了埃及基础教育课堂。2008年9月，由中国政府援建的中埃友好示范学校正式落成。该校位于埃及吉萨省十月六日城，集学前班、小学、中学

① 中华人民共和国教育部. 2018年来华留学统计［EB/OL］.［2022-2-11］. http://www.moe.gov.cn/jyb_xwfb/gzdt_gzdt/s5987/201904/t20190412_377692.html.

② 刘水明，王云松. 首个电视孔子课堂落户埃及［N］. 人民日报，2015-08-06（21）.

于一体。2011 年该校中学部开设汉语课程，成为埃及首个教授汉语的全日制普通中学。[①] 中埃双方在语言教学领域的合作，培养了大批优秀的外语人才，为两国的进一步深入沟通搭建了桥梁。

（五）开展国际教育援助

对外援助是国家权力的组成部分及其维护国家利益的重要工具。[②] 在教育领域，中国已成为国际援助领域具有独特体系的新兴援助国。[③] 中国对外教育援助内容主要包括援建维修校舍、提供教学设备和资料、派遣教师、在华培训教师和专业技术人员、增加来华留学政府奖学金名额、支持职业技术教育发展等。[④]

在“一带一路”教育援助计划中，非洲是重要的合作伙伴。我国对非教育援助主要分布在极不发达的国家，如贝宁、赞比亚、卢旺达、马拉维等，教育援助资金更多投向最为贫穷、人口最稠密的极不发达国家和低收入发展中国家，致力于提高受援国的教育发展水平。我国前期开展的教育援助项目在上述国家和地区发挥局部优化、扶贫扶智的作用，得到受援国政府和人民的高度评价与赞赏，正面“外溢效应”正在逐步显现。[⑤] “中非高校 20+20 合作计划”是具有代表性的教育援外行动。中国和非洲国家各选择 20 所高校开展一对一长期稳定合作，合作双方在各自优势学科、特色学科领域开展实质性合作与交流，包括合作科研、教师培训、学术交流、师生互访、共同开发课程、联合培养研究生等。

例如，为了更好地解决埃及日益增长的教育需求与师资力量匮乏、教

① 中华人民共和国外交部 . 驻埃及大使宋爱国出席向中埃友好示范学校赠送教学设备交接仪式［EB/OL］.［2021-10-11］. http://www.fmprc.gov.cn/web/gjhdq_676201/gj_676203/fz_677316/1206_677342/1206x2_677362/t866313.shtml.

② 白云真 .“一带一路”倡议与中国对外援助转型［J］. 世界经济与政治，2015（11）：53-71，157-158.

③ 胡建梅，黄梅波 . 中国对外援助管理体系的现状与改革［J］. 国际经济合作，2012（10）：55-58.

④ 中华人民共和国教育部 . 国新办发布会介绍“一带一路”沿线国家民心相通情况［EB/OL］.［2018-12-11］. http://www.moe.gov.cn/jyb_xwfb/xw_fbh/moe_2069/xwfbh_2017n/xwfb_2017zbqt/201705/t20170511_304378.html.

⑤ 康乐，李福林 .“一带一路”教育行动中教育援助可持续模式探析［J］. 高校教育管理，2018，12（2）：17-24.

育资源分布不均之间的矛盾，中国政府在埃及启动了远程教育援助项目。该项目远程教育控制中心位于埃及穆巴拉克教育城内，由中国政府无偿援助，中兴通讯公司承建。该项目是 21 世纪以来，中国在埃及援助的最大的教育项目之一。项目一期工程在埃及全国范围内设有 33 个远程教学点，于 2002 年 8 月建成并投入使用。二期扩容工程于 2007 年 6 月竣工，在一期工程的基础上新增 110 个远程教学点，覆盖埃及 27 个省的远程教育网络，集远程教学、远程试验、远程探讨、远程考试、远程辅导及远程会议为一体。中国政府还向穆巴拉克教育城捐赠 60 余种约 400 册介绍中国的图书和光盘。截至 2015 年，该项目已累计培训 70 万人次，受到了埃及政府和人民的一致好评。此外，中国还在埃及全额援建了 2 所小学。一所是上文提到的位于吉萨省十月六日城的中埃友好示范学校。这所学校占地 11 万平方米，于 2008 年建成，2009 年投入使用，开设从学前班到中学的课程。2011 年，中国政府向中埃友好示范学校捐赠了价值 10 万美元的教学设备，以支持学校现代化教育。① 中国援建的另一所小学位于埃及姆努菲耶省希宾库姆市，于 2009 年开工，2013 年竣工。学校占地面积 9 000 平方米，包含幼儿园、小学、初中、高中 4 个教育阶段，设有教室、图书馆、清真寺、音乐室、舞蹈室、机房、多媒体室、实验室等教学活动场所。学校建成后，中方赠予该校价值 76 000 美元的教学设备。② 埃方表示，希望通过借鉴中国基础教育的先进经验，将这 2 所学校发展成为埃及公立学校的典范。

在中亚、东欧和东南亚，我国对哈萨克斯坦、土库曼斯坦、塔吉克斯坦、乌克兰、白俄罗斯、越南等“一带一路”沿线国家普遍开展了援助政府奖学金项目、商务部援外硕士学历学位项目。教育部还设立了“丝绸之路”中国政府奖学金项目，承诺每年向沿线国家提供 1 万个奖学金新生名额，有超过 180 所中国高校成为中国政府奖学金院校。

为进一步推进教育援外工作的深入开展，21 世纪以来，教育部先后在全国不同区域选择了多所特色各异、优势不同的高校作为教育援外基地，

---

① 中华人民共和国驻埃及大使馆经济商务参赞处 . 中国赠送中埃友好师范学校教学设备［EB/OL］.［2011-10-16］. http://eg.mofcom.gov.cn/article/i/201110/20111007782097.shtml.

② اليوم السابع. المدرسة الصينية بالمنوفية أحد جسور التواصل الحضارى بين مصر والصين［EB/OL］.［2018-08-19］. https://dh6.ink/7XSUcF.

这些基地的主要任务是通过发挥自身优势和特色开展工作，配合教育部承担来华、出国培训项目等教育援外任务。同时，教育援外基地也是发挥高等教育机构对教育援外事业的智囊作用、提升教育援外工作整体水平并促进教育援外工作可持续进行的重要载体。截至 2016 年底，我国先后共成立了 10 所教育援外基地[①]，分别是天津职业技术师范学院（2003 年）、浙江师范大学（2004 年）、吉林大学（2004 年）、东北师范大学（2004 年）、云南大学（2008 年）、贵州大学（2008 年）、南京农业大学（2008 年）、南京医科大学（2008 年）、天津中医药大学（2008 年）和琼州学院（现“海南热带海洋学院”，2008 年）。这 10 所教育援外基地过去 10 年主要依托各自学校的优势与特色，承担与开展了形式各异的教育援外项目，包括研讨、研修、培训等，援外对象主要是非洲与亚洲的发展中国家。如东北师范大学依托自身在教育管理、基础教育等学科领域的优势，承办了多期面向非洲国家的教育行政官员研讨研修班、义务教育研修班、大学校长研修班、青年教育工作者研修班及面向亚洲国家的大学教师研修班。[②]南京农业大学作为唯一一所以农业为特色的教育援外基地，不仅建设了以农业为特色的孔子学院，并在国内举办了发展中国家农业项目管理研修班、非洲国家农业信息技术研修班和东盟国家农业官员研修班等 50 期援外培训项目，在肯尼亚举办 4 期非洲国家农产品质量与安全培训班。[③]天津中医药大学则先后举办多期教育部和商务部面向多个发展中国家的药用植物研究与开发高级培训班和传统医药发展与管理高级研修班。十余年来，教育援外基地在发挥自身功能帮助发展中国家教育事业和专业技术取得进步的同时，也提高了中方有关培训人员的教学实战能力、英语水平和对外交往能力，推动相关高校的师资队伍建设向国际化水准迈进。

---

① 中华人民共和国教育部 . 这 5 年，我国教育事业全面发展［EB/OL］.［2018-08-19］. http://www.moe.gov.cn/jyb_xwfb/xw_zt/moe_357/jyzt_2017nztzl/2017_zt11/17zt11_bd/201710/t20171023_317194.html.

② 东北师范大学 . 教育援外历年项目［EB/OL］.［2018-09-19］. http://oice.nenu.edu.cn/info/1040/2525.htm.

③ 周光宏，张红生 . 开展教育援外工作 推进高校国际化进程［J］. 中国高等教育，2013（11）：52-54.

同时，我国还积极通过全球伙伴关系和多边发展机构开展教育援外工作，加强对外教育援助合作。通过开展援助计划，支持联合国实现《2030年可持续发展议程》及教育2030年行动框架，关照、响应、参与“一带一路”沿线国家正在实施和规划实施的地区性教育战略，如非洲联盟的《2063议程》《非洲大陆教育战略（2016—2025年）》，阿拉伯的《阿拉伯教育、文化及科学组织的教育战略》，欧盟的《欧盟2020战略》《欧洲委员会关于民主文化和文化间对话的能力框架》，拉美的“拉丁美洲和加勒比地区教育项目”，东盟的“东南亚国家联盟2025年社会愿景”等。我国在实现对外教育援助目标的同时，也得到国际社会组织、其他国家政府和非政府组织的大力支持，与“一带一路”沿线具有战略影响力、教育援助体系较为成熟的国家通力合作，推动文明交流互鉴，共同为中国和人类社会创建更加美好和可持续的未来而努力。如2012年，我国出资在联合国教科文组织设立中非多边教育合作信托基金，帮助非洲八国开展师资培训。中资企业也积极参与教育合作，在外开展教育援助工作。如2016年1月，埃及教育部长与中兴通讯公司区域经理进行了会晤，商讨再次扩大埃及远程教育项目。新的协议包括将远程教学点增至1 000个，覆盖埃及的所有省份。①

截至2020年底，我国对外直接投资为1 329亿美元，位居全球前列，实现规模总体稳定，结构更加优化。同时，我国对外直接投资存量超2.3万亿美元，比2015年末翻一番，对外投资大国地位稳定。其中，我国对“一带一路”沿线国家投资177.9亿美元，增长18.3%，占全国对外投资比重上升到16.2%；对重点行业投资实现较快增长，对装备制造业、信息技术业、科研和技术服务业投资分别增长21.9%、9.6%和18.1%。②但我国在“一带一路”沿线国家的教育援助项目的数量、体量、广度还远远不能满足构建“一带一路”教育共同体的需求，且与国家战略整体布局的需求也不相适应，

① "المدرسة الصينية" بالمنوفية أحد جسور التواصل الحضارى بين مصر والصين［EB/OL］.［2018-08-20］.https://dh6.ink/1nTf.

② 罗姗姗.去年我国对“一带一路”沿线国家投资增长18.3%［EB/OL］.［2021-7-30］. https://www.yidaiyilu.gov.cn/xwzx/gnxw/163244.htm.

亟待围绕“一带一路”倡议精准援助，整合、协同推进。[①]

第五节 我国与“一带一路”沿线国家教育合作与交流的机遇与挑战

我国与“一带一路”沿线国家教育合作与交流的现状分析表明，东盟大多数国家与我国拥有较好的合作基础。然而，我国与南亚、西亚、北非、中东欧等区域在教育合作平台与机制、学生交流、教师交流、研究合作与合作办学诸方面仍存在诸多不足。在“一带一路”背景下，我们不仅要把握国家间教育合作与交流的发展契机，同时也需要深刻认识面临的新挑战。

一、我国与“一带一路”沿线国家教育合作与交流的机遇

“一带一路”倡议是我国各级各类教育全面融入国家战略，扩大对外开放，进行国际化转型的重要契机。因此我们必须认清并抓紧这一历史机遇，顺势推动我国教育发展的质量与水平，提升全球影响力。

（一）教育合作与交流规模扩大的新机遇

我国不但是世界最大的留学生输出国，而且已成为世界第三大留学目的地国和亚洲第一大留学目的地国。同时，中国教育质量“软实力”显著增强，与国际各级各类教育改革的主流接轨，建立了一整套具有“中国特色、世界水平”的质量新标准、新体系，得到联合国教科文组织、经合组织、欧盟、国际高等教育质量保障联盟等国际组织与专家的高度评价。[②]但客观地讲，我国与英国、美国、澳大利亚以及欧洲的其他发达国家相比，教育的国际化水平仍然偏低，留学生教育的“逆差”状态依然未得到全面扭

① 康乐，李福林．“一带一路”教育行动中教育援助可持续模式探析［J］．高校教育管理，2018，12（2）：17-24.

② 薛成龙，邬大光．中国高等教育质量建设命题的国际视野：基于《高等教育第三方评估报告》的分析［J］．中国高教研究，2016（3）：4-14.

转，留学累计赤字在2015年达到新高峰（86.67万人）。① “一带一路”倡议的提出和实施在一定程度上促使沿线国家成为来华留学生生源增长的发力点，为提升我国教育水平，特别是高等教育国际化水平，全面深化“走出去”和“引进来”双重战略提供了重大机遇。

首先，由于同中国越来越密切的经贸往来和文化交流，东南亚、南亚及中东与中国的教育合作处于供不应求的状态，而且这些沿线国家多存在优质办学资源和教师资源不足的情况，有较大的挖掘和提升空间。因此，中国与这些沿线国家的教育合作将有较大的发展空间。正如全球化智库与南南国际教育智库研究院于2017年联合发布的《中国国际学校蓝皮书：“一带一路”沿线地区中国国际学校发展战略报告》中所指出的那样，教育市场对具有中国元素的国际教育仍处于需求大于供给的状态②。

其次，随着“一带一路”沿线国家成为来华留学的新增长点，沿线国家来华留学生人数将继续扩大。另外，《推动共建丝绸之路经济带和21世纪海上丝绸之路的愿景与行动》明确指出，“扩大相互间留学生规模，开展合作办学，中国每年向沿线国家提供1万个政府奖学金名额……深化沿线国家间人才交流合作”。同时，国内此前并非热门留学目的地的青海、宁夏、贵州、云南、江西、四川和广西等中西部地区和边境地区，得到了“一带一路”沿线国家留学生的青睐，留学生规模迅速扩大。在实施“一带一路”倡议的过程中，沿线国家必将为来华留学生教育发展提供重要推动力。

最后，在信息技术不断更新、教育途径不断丰富的今天，我国与“一带一路”沿线国家的教育合作与交流也可借助高科技手段和前期合作所搭建的平台，进一步深化合作内容与现实需求。具体可以中国大学为主导建立各类大学联盟，如“丝绸之路大学联盟”“一带一路高校战略联盟”和“新海上丝绸之路大学联盟”等。这就需要进一步开拓落实联盟的抓手，与沿线国家和地区大学之间在校际交流、人才培养、科研合作、文化沟通、政策研究和医疗服务等方面加强合作与交流，服务“丝绸之路”经济带沿线

---

① 王辉耀，苗绿．国际人才蓝皮书：中国留学发展报告（2016）[R]．北京：社会科学文献出版社，2016：1.

② 全球化智库，南南国际教育智库研究院．中国国际学校蓝皮书：“一带一路”沿线地区中国国际学校发展战略报告[R]．2017：23.

及欧亚地区发展建设。再如，加强网络教育合作，通过远程技术拓展“一带一路”沿线国家的课程共享平台、建立科研项目合作申请与管理平台，完善职业教育合作项目机制，并积极吸引其他国家和地区的高水平大学参与类似的合作网络，不断扩大教育合作的影响力。

（二）培养“一带一路”建设急需专业人才队伍的新机遇

“一带一路”倡议作为跨国共建的综合性系统工程，其发展离不开熟悉沿线国家国情、满足社会经济发展所需的技术人员、管理人员、普通劳动者，以及具有国际视野、熟悉国际规则和沿线国家文化的通用型人才。因此建构人才支撑系统，提升国家总体实力建设是高等教育国际合作的重要战略目标。“一带一路”建设以政策沟通、设施联通、贸易畅通、资金融通、民心相通的“五通”作为合作重点，相应带动了对创新创业人才、国际组织人才、非通用语言人才、华人华侨人才、海外高端人才以及急需领域专业人才的需求。

自 2012 年起，为服务国家外交战略，促进教育对外开放，教育部出台了专门的国别和区域研究支持政策，在部分高校和研究机构启动了区域与国别研究基地培育与建设工作，从而扩展各类培养专门化人才的组织机构。首批获得立项建设的培育基地共 37 个，有一部分是在原有研究机构上建立的，但更多的是新成立的专门化国别和区域研究与人才培养机构。培育基地包括区域研究基地和国别研究基地两部分，区域研究基地涉及非洲、南亚、中亚、中东、欧州、东南亚等区域；国别研究基地则涵盖美国、德国、日本、法国、加拿大、英国、俄罗斯等国家。相比教育部人文社科研究重点基地，这批国别和区域研究基地覆盖的国家和地区更广，所依托学校和学科的数量和层次更加多元。专门的国别和区域研究基地培育与建设工作使得国别和区域研究人才培育逐渐跳出政治学、外国语言文学的圈子，开始独立生长。此外，部分国别和区域研究基地也开始吸收除国际关系、国际政治等专业以外的社会科学和人文学科教师加盟，为人才培养方向的多元化和交叉人才培养项目的建立打下基础。然而从数量上看，我国与“一带一路”沿线国家开展联合办学和机构合作依然较少，且大部分分布在我们比较熟悉的国家。

在新的形势下，“一带一路”倡议进一步推动中国教育走出去。高校作为高级人才培养的摇篮和知识创新应用基地，须紧抓“一带一路”倡议机遇，携手企业，通过开展国内外人才开发培训项目、各国校长交流访问、教师及管理人员交流研修、互学互鉴优质教育模式等多种途径培养专业人才队伍，为共建“一带一路”提供人才支撑。同时，借助高等教育国际合作，各国可在信息工程技术、商贸、金融、交通、物流、能源、宗教、语言、文化、法律、旅游等诸多领域进行人才培养和人才挖掘，进而打造立体化、复合型人才培养与开发体系。在“一带一路”倡议下，教育国际合作与交流可以以契合“六大经济走廊”“重要发展领域”“重点推进国别”“重大工程项目”等规划路线为基础，更好地进行整体布局，在输出和输入高等教育资源、联合培养行业所需人才、提升人力资源的数量和质量的同时，促进我国和沿线国家的科技进步、经济发展和社会文明等，进而提升国家的能力建设水平。

（三）产学研、科工贸一体化建设的新机遇

教育合作与交流的开展需要以知识创新为载体，知识创新作为高校发展的不竭动力，推动着教育链、人才链、创新链和产业链在全球范围内的有机衔接。在“一带一路”倡议下，教育合作与交流有利于借助各国企业的深度参与，通过校企间、企业间、科研机构与企业间的合作项目和产业布局，为“一带一路”建设及沿线国家、地区的经济社会发展需要提供更多的智力支持。因此，“一带一路”倡议对于建立产学研合作的长效机制，打造科工贸一体化，将知识创新成果转化为实际效益，实现社会生产力和服务产业的可持续发展有积极意义。

首先，“一带一路”倡议有助于打开中国企业境外投资的局面，促进对外投资规模的扩大。随着“一带一路”倡议的推进，中国企业的境外投资高速增长，2016 年 6 月我国对外投资规模已超过了利用外资的规模。① 如为满足“一带一路”建设特别是“南海丝路”建设需要，适应中国—东盟自由贸易区（CAFTA）升级拓展需要，以巩固和拓展命运共同体人文基础为核心，中国与东盟应尽快在区域内服务贸易自由化框架下，把教育交流

① 商务部 . 商务部召开例行新闻发布会 [EB/OL]. [2019-08-17]. http://www.mofcom.gov.cn/xwfbh/20160617.shtml.

升级为教育合作。[①]

其次，随着我国在境外开设的企业和外资企业在华数量的不断增加，企业发展对各类人才的需求也相应提升，对高质量的职业教育需求尤其旺盛，对跨国家、跨行业、跨学科的国际化人才的需求呈现爆发式增长。[②]一方面，“一带一路”倡议可以借助人才带动产学研的充分合作，依靠引进高端技术型人才，活跃本地产学研合作；另一方面，鼓励派出人才积极探索沿线国家产学研发展模式，发挥自身专业特长。这不仅为我国高等学校在本土培养具有国际化特长的本国学生和留学生提供了机遇，也为高等学校与“走出去”企业合作，以及到境外为中国企业培养当地人才的境外办学指出了新路径。

最后，由于部分沿线国家的教育水平无法满足企业发展所需，我国得以受邀到境外开展办学，这为我国提升教育合作中的产学研、科工贸一体化水平提供了良好的发展环境。如已有巴基斯坦、哈萨克斯坦、约旦等10多个沿线国家向我国发出境外办学邀请，其中约旦希望我国推进应用型技术学校和相关专业赴当地办学。部分省份已开始制定相应政策，明确境外办学的方向。2016年8月，我国与东盟开展跨境教育合作对话，推动高校跨境办学，其中，江苏省在其《“一带一路”建设行动计划》中明确提出，要支持本省学校在柬埔寨西港特区办学，鼓励职业院校与企业合作跨境办学，助力产学研的持续创新。[③]

（四）中华文化在沿线国家广泛传播的新机遇

从历史的视角来看，“一带一路”倡议为推动中华文化国际传播提供了必要条件。“一带一路”是历史之路，借助古代丝绸之路，中华文化最大限度地吸收和融合了外来文化。[④]如今，从实践的视角来看，“一带一路”倡

① 祁亚辉．教育合作：巩固和拓展中国—东盟命运共同体的人文基础［J］．东南亚纵横，2015（10）：22-27.

② 中国网教育．开创“一带一路”国际产教融合全新格局［EB/OL］．［2020-12-06］．http://www.china.com.cn/education/2016-12/06/content_39861765.htm.

③ 贵州日报．推动高校跨境办学　支持中国企业走出去［EB/OL］．［2021-08-14］．http://szb.gzrbs.com.cn/gzrb/gzrb/rb/20160804/Articel05002JQ.htm.

④ 曾荣．一带一路与中华文化的国际传播［N］．中国社会科学报，2018-02-01（3）.

议为中华文化的国际传播提供了更为广阔的实现途径。教育合作与交流作为“一带一路”建设的关键环节，要使其发挥最大效益，实现沿线国家的经济共同发展和多元文化和谐共存，必须坚持建设促进教育合作与交流发展的长效机制，而这仍然是一项长期而系统的工程。

一方面，“一带一路”倡议要求我国在宏观层面加强顶层设计和实行一系列战略规划，着力推动各国文化交流与合作深入发展，实施外向型文化发展战略，切实推动中华文化的国际传播。而在中华文化的国际传播过程中，必须实施外向型文化发展战略，着眼于扩展中华文化的影响，以在世界上赢得更广阔的发展空间。孔子学院和孔子学堂在传播中华文化方面扮演着重要角色。“一带一路”倡议与孔子学院理念契合，有助于推动孔子学院规模的扩大。“一带一路”倡议以合作共赢和共同发展为宗旨，这与孔子学院“亲、诚、惠、容”的办学理念一脉相承。同时，“一带一路”倡议助推孔子学院成为中国与沿线国家合作的信息枢纽，推动孔子学院本土化、全方位、可持续发展。2016 年，孔子学院在沿线国家落地 134 所，其中俄罗斯和泰国最多；孔子学堂在沿线国家成立了 130 家，其中吉尔吉斯斯坦和泰国最多。但从全球范围看，孔子学院设在“一带一路”沿线国家的数量偏少，且分布不均。因此，我国需要在人文交流的大框架下，充分发挥地方高校创办海外孔子学院的积极性，根据不同国家的教育需求，开设不同特色的孔子学院，特别是有“一带一路”特色文化标识的孔子学院，这将促进中国和沿线国家人文教育合作的长期稳定发展。

另一方面，“一带一路”倡议要求我国合理挖掘中华文化价值，探索文化产业与社会经济发展以及人们生活水平之间的重要联系，大力发展文化产业，使中华文化走出去，真正实现文化精神与内涵的有效传播。① 而推动中华文化走出去，加强与“一带一路”沿线国家的文化交流与合作，必须遵循以我为主、政府主导，与国家政治外交大政方针相适应，与国家整体经济发展状况和国内社会主义精神文明建设相适应，官方与民间相结合的方针。② 自共建“一带一路”倡议提出至 2016 年底，中国与“一带一路”

① 曾荣．一带一路与中华文化的国际传播［N］．中国社会科学报，2018-02-01（3）．

② 同①．

沿线国家共同举办以“一带一路”相关内容为主题的人文交流活动20次，签署了43项文化交流执行计划等政府间合作协议。[①]截至2016年底，中国在“一带一路”沿线国家设立了30个中国文化中心，举办“丝绸之路（敦煌）国际文化博览会”“丝绸之路国际艺术节”“海上丝绸之路国际艺术节”等活动。中国与哈萨克斯坦、吉尔吉斯斯坦联合申报并成功获批世界文化遗产“丝绸之路：长安—天山廊道的路网”。“一带一路”倡议将进一步推动中华文化的国际传播，弘扬“丝绸之路”这一具有广泛亲和力与深刻感召力的文化符号；同时将发掘沿线国家深厚的文化底蕴，促进沿线国家文化发展；还将积极发挥文化交流与合作的作用，使沿线各国都可以吸收、融汇外来文化的合理内容，促进不同文化的共同发展。[②]

二、我国与“一带一路”沿线国家教育合作与交流的挑战

实施“一带一路”倡议为我国教育合作与交流带来了前所未有的时代机遇，但也带来了严峻的挑战。

（一）沿线国家教育文化差异提升了教育合作的难度

首先，“一带一路”沿线国家教育水平参差不齐，在某种程度上增加了教育合作与交流的复杂性。“一带一路”沿线国家主要涵盖东亚、东南亚、南亚、中亚、西亚北非、中东欧等地区的国家，整体而言，教育发展水平尤其是高等教育发展水平相对滞后，各国教育发展规模、发展水平及教育质量参差不齐，这将为未来的跨区域教育合作机制建设带来严峻的挑战。在构建相应的教育合作机制时，应注重不同地区乃至同一地区不同国家的国情差异，采取差异化政策，开发多样化的实践模式。

其次，“一带一路”沿线国家社会文化差异阻碍跨境人员流动。文化差异是“一带一路”沿线国家进行跨区域教育合作与交流的主要挑战之一。改革开放40多年来，我国对外交流与合作的重心主要集中在欧美国家和地区，对于“一带一路”沿线所涵盖的中亚、北非及中东欧地区和国家的文化认知相对较少，而这些来自语言、宗教、价值观念等方面的文化差异及

① 曾荣．一带一路与中华文化的国际传播［N］．中国社会科学报，2018-02-01（3）．

② 同①．

障碍，无疑对未来的教育合作尤其是跨境学生及教师的交流形成文化风险。尤其是在宗教方面，“一带一路”沿线 65 个国家两两之间，仅有 28.6% 的国家有相同官方宗教，且沿线绝大多数国家宗教集中度偏高，突出的宗教差异将形成主要的文化风险。①

尽管中国同沿线国家在教育合作领域已达成广泛共识，但沿线国家众多，国情复杂，教育观念和办学思想多元，各国的教育国际化理念必然存在差异，合作双方的部分行动者（高校及师生等）甚至未能真正践行国际合作理念，进而导致国际教育合作的发展目标和规划层次不清，合作参与度不高、力度不强，合作领域不够丰富，合作品牌项目稀缺等问题。一方面，很多国内高校依然是被动接受国家下达的国际化发展任务，缺少主动“走出去”发起合作的积极性；一些高校开展国际合作的视野狭隘，偏向性明显，认为同欧美发达国家合作才是迈向国际化，导致合作学校仍相对集中于发达国家和地区。另一方面，相较于欧美国家，我国对沿线国家留学生的教育吸引力不足，且来华留学生约 70% 集中在北京、上海、江苏和浙江等东部发达省市学习；高校鲜能推出具有不可替代性作用的特色合作项目和资源，且开展长期性、连续性合作的意识淡薄，这既难以实现深层次交往，又缺乏超前合作意识。

（二）合作制度设计不全面影响了教育合作的开展

在“一带一路”倡议下，中国同沿线国家先后签署了不同层次的合作协议、联合宣言或联合声明，为双方开展国家、地区间的教育交流与合作提供了法理依据。2016 年 7 月，教育部出台《推进共建“一带一路”教育行动》，为我国与沿线国家开展高等教育国际合作提供了总体行动指南。该文件提出政策沟通、合作渠道畅通、语言互通、民心相通、学历学位认证标准连通的基础性举措，强调将“丝绸之路”留学、办学、师资培训和联合培养作为支撑性举措，发挥人文交流磋商、国际合作平台和教育援助计划的引领作用②，进而形成以搭建通道、培养人才、共建机制为核心的顶层

---

① 刘威，黄晓琪 . 主动应对文化差异助推“一带一路”区域合作［EB/OL］.［2019-04-20］. http://www.cssn.cn/zt/zt_djch/ydylgjhzgflt/ydylzjjd/201704/t20170421_3495086.shtml.

② 中华人民共和国教育部 . 教育部关于印发《推进共建“一带一路”教育行动》的通知［EB/OL］.［2018-03-30］. http://www.moe.gov.cn/srcsite/A20/s7068/201608/t20160811_274679.html.

合作建议框架。

然而政策的可操作性，特别是教育合作与交流的有效性，依赖其嵌入的政治、经济和社会背景的制度设计。在合作的现实层面，我们需要对沿线国家复杂的民族、宗教、文化和教育体制差异与特征等环境因素进行精准把握。从外部宏观层面讲，各国教育在教学水平、师资力量、优势学科、重点研究领域的发展有所不同，教育合作的基础存在差距；我国除与东盟国家合作较好之外，与南亚、西亚北非、中东欧三个区域在师生交流、研究合作与共同办学诸方面的合作平台与机制建设存在不足[①]，合作呈现区域性失衡和发展步调不一致。各国在课程互认、学分互认、学历互认、资格互认方面并未形成统一框架。这种制度设计的缺陷使得跨境教育合作在执行过程中面临各种障碍，尤其是涉及课程互认、学分互认及学历学位等资格互认时，将会带来诸多挑战，甚至导致学历学位认证危机。根据高等教育毛入学率来看，在“一带一路”沿线国家中，既有实现了高等教育大众化和普及化的国家，也有高等教育仍然处于精英教育阶段的国家。沿线国家教育发展水平的差异将是“一带一路”沿线国家进行跨区域教育合作，尤其是跨境学历学位认证、跨境合作办学质量保障的重要挑战之一。从内部微观层面来看，我国高等教育的对外交流，特别是境外办学等尚处于初步阶段，经验不足，需要协调外交、商务、文化、教育等部门的力量，形成支持高等教育合作的合力；许多高校的国际化政策执行不到位，各部门之间各自为政，缺少统一的安排和协调，国际合作办公室等机构无法使国际化的政策在院系层面真正“生根”。[②]因此，完善从宏观到微观的制度设计，是确保我国与沿线国家实现“一对一”有效教育合作的前提。

（三）人才缺失与培养能力不足制约了教育合作的发展

培育适应“一带一路”建设需求的各类人才是中国教育和中国企业“走出去”的重要支持，也是吸引“一带一路”沿线国家与我国开展进一步合作的重要动因。但在“一带一路”倡议的实施过程中，教育合作却因欠缺

① 李盛兵．中国与“一带一路”国家的高等教育合作：区域的视角［J］．华南师范大学学报（社会科学版），2017（1）：62-65，189-190.

② 陆小兵，王文军，钱小龙．“双一流”战略背景下我国高等教育国际化发展反思［J］．高校教育管理，2018，12（1）：27-34.

通晓沿线国家国情的各类人才而遇到发展瓶颈。

一方面，我国对复合型人才的培养不到位。我国的国别和区域研究人才的培养主要由专门的外国语大学，综合性大学的国际关系学院、国别和区域培育基地、备案中心等，以及中国社科院国际研究学部下的各个国别和区域研究所承担，纵跨本科、硕士、博士三个阶段。但这三类机构皆存在人才培养单一性的问题。其中外国语大学国别和区域研究人才培养方案主要聚焦学生外语能力的提升，没有把学生的社会科学、人文科学学科素养与研究能力培养放到重要位置。而部分综合性大学和研究所的人才培养则专注于某一学科知识的培养与研究能力的提升，忽略了开展某些国别和区域研究必须具备的非通用语种语言能力的提升。此外，学科培养方向往往集中在国际关系、政治学等某一个具体学科或问题域上，忽视了国别和区域研究的跨学科特性，缺乏学科交叉培养。① 此种培养模式造成了复合型国别和区域研究人才培养不足的现状以及外语能力、学科研究能力“两张皮”的问题。精通语言的不精通专业研究，精通专业研究的只掌握了英语，在对非英语国家进行研究时很难分析一手资料与进行实地调研，且学科广度与研究深度不足，不能展开深入、立体的研究。

另一方面，我国对通晓国别和区域国情人才的培养覆盖面不全。2012 年以前，我国的国别和区域研究人才培养主要聚焦于欧美及日韩等发达国家和地区。2012 年以来，教育部持续推动国别和区域研究基地的培育，人才培养的大国化趋势得到一定改善，但是对“一带一路”沿线众多国家研究人才的培养仍显不足，部分新增的区域研究中心也存在只聚焦研究区域内少数几个大国的问题。“一带一路”沿线最初涉及的 65 个国家共有 53 种官方语言，分属 9 大不同的语系，但国内教授的只有其中 20 种②，更不用说对这些国家的历史、文化、经济、政治等方面进行专题研究和人才培养了。此外，在全校性的公共课程和辅修专业方面，我国高校仍主要提供美国、英国、日本等发达国家的国别研究课程，鲜见针对“一带一路”沿线

① 王周谊，耿琴 . 区域研究及其复合型人才培养机制研究［J］. 社会科学管理与评论，2013（1）：40-46.

② 陈岳，莫盛凯 . 以深化地区国别研究推动中国国际关系学科的发展［J］. 教学与研究，2016（7）：36-44.

国家的专题课程或辅修专业。总而言之，当前国别和区域研究人才培养面过窄，集中在大国、强国，需要进一步加强总体战略布局。上到研究生教育、下到本科生公共课建设，都需要考虑“一带一路”沿线国家研究人才培养的全面布局。面对复杂、多变的政治、经济和文化环境，只有既精通业务、通晓国际规则，又能把握当地的政治、经济、宗教与文化习俗，才能增强相互信任，进而开展深层次的合作。但目前此类人才比较匮乏，因此，培养通晓沿线国家国情的人才是推动“一带一路”建设有效落实的关键。

（四）教育质量缺乏保障影响了教育合作的成效

教育合作与交流的根本任务是提升教育质量，无论是吸引来华留学生、开展境外办学、为沿线国家培养人才，还是促进双边和多边教育交流合作，离开本国高质量的教育教学都无从谈起。近年来，我国教育发展水平虽然在改革中实现稳步提升，但在承载“一带一路”教育开放行动中仍然存在风险和挑战。特别是，许多高校仍使用来华留学生人数、受聘外籍教师比例、派出交流的师生人数等各类数据以评估其国际化程度和国际合作成果，而忽视了合作的质量和成效。

在人才培养方面，首先，我国对沿线国家来华留学生的准入门槛低，生源质量有待提升；语言学习类学生仍占很大比例，专业学习类学生和学历生比例较小。这意味着高校国际化的内涵发展方面仍比较弱。其次，对留学生的考核不严格，存在与培养国内学生不同的标准或缺乏衡量培养质量的权威性标准；留学生可选专业受限，高学历层次学生比例仍然偏低①。最后，受传统社会文化和教育体制影响，职业类院校和应用型高等院校的发展始终受限，职业教育和技术教育在国民教育体系中始终处于较低的话语地位。这给“一带一路”所需的专业技术类人才、技工和高素质工人的培养、输出和来华留学培训项目等都带来了挑战。

在境外办学方面，从高校自身能力条件来看，目前我国高等院校境外办学尚处于起步阶段，仍存在很多问题和不足，例如，规模小、学科专业单一，高校国际化师资队伍缺乏，通晓各国国情的人才欠缺，没有

① 马佳妮，周作宇．“一带一路”沿线高端留学生教育面临的挑战及其对策［J］．高等教育研究，2018，39（1）：100-106.

较明确的发展规划，境外办学定位不清晰，境外办学经验不足。从境外办学外部环境来看，沿线国家政策风险、文化冲突和差异带来的各种不确定性增加了我国境外办学的风险和难度。同时，境外办学投资成本高，依靠国家经费投入难以支撑境外办学的开展，而社会资金进入境外办学尚缺少驱动力，境外办学的发展仍然存在诸如办学的财政经费投入不足、合理回报不足等问题。[①] 在境外办学质量保障方面，尚未建立完善的质量保障体系。目前，我国多依靠教育部国际合作与交流司对海外办学的质量进行监管，质量保障体系尚不健全[②]，更缺乏独立的第三方机构对高校境外办学机构和项目进行全程监督和有效管理。总之，对教育合作与交流的质量监管存在明显的缺位现象。

在学术合作方面，我国同沿线国家在教师交流、课程合作与研发、跨学科合作等诸方面不尽如人意，甚至缺少具体数据支撑[③]；我国对外开展科研合作方面所投入的经费资源与中国学术界在国际中存在的“失语现象”并不相符。同时，科研成果的国际影响力有限，更难以权衡人才与知识的国际流动为产学研升级发展所带来的积聚效应。可见，教育国际合作已不能囿于一般性、低层次的合作与建设，提升合作的质量和成效更是迫在眉睫。教育合作质量是培养高素质人才、推进海外办学和夯实学术发展等一系列教育合作与交流的关键性衡量指标，更是推进我国“一带一路”教育对外开放可持续发展的生命红线。

① 鄢晓．我国高校境外办学的动因分析和对策建议［J］．高校教育管理，2016，10（3）：66-70.

② 熊建辉．境外办学：“走出去”还要“走得稳”［N］．光明日报，2016-11-29（14）.

③ 李盛兵．我国与“一带一路”国家高等教育合作的六大转变［J］．北京教育（高教），2017（5）：8-10.

第三章

『一带一路』倡议下
我国扩大教育开放战略

“一带一路”倡议不仅是我国扩大教育对外开放的重要组成部分，同时也是建设人类命运共同体的中国智慧和中国方案。党的十九大报告提出“积极促进‘一带一路’国际合作”“坚持引进来和走出去并重”“打造国际合作新平台”“推动建设开放型世界经济”等战略思想，为我们与沿线国家共同推进教育国际合作与交流提供了重要依据。本章在分析我国与“一带一路”沿线国家的教育合作与交流现状的基础上，探讨“一带一路”倡议下扩大教育开放的指导思想、战略目标和战略重点，并且基于战略重点探索我国在“一带一路”倡议背景下扩大教育开放的战略举措与实现路径。

第一节　扩大教育开放的指导思想、战略目标和战略重点

“一带一路”倡议是新时代我国对外开放理念、战略和模式的新常态，是中国践行“构建人类命运共同体”庄严承诺的具体实践，它不仅体现出我国引领世界共同繁荣发展的大国风采，同时也是新时代中国走向世界中心的愿景路线图。教育作为对外开放事业的重要组成部分，应主动对接国家对外开放战略与政策的发展需要，顺应新时代的发展要求与人民期许，以“一带一路”建设作为行动抓手，将“一带一路”教育行动作为重要契机，全方位构建我国教育开放的新格局，谱写我国教育开放的新篇章。“一带一路”倡议下扩大教育开放，首先必须明确其指导思想与工作方针，制定切实可行的发展目标，确立发展重点和主要措施。

一、“一带一路”倡议下扩大教育开放的指导思想和工作方针

（一）“一带一路”倡议下扩大教育开放的指导思想

1. 指导思想的依据

“一带一路”倡议下扩大教育开放的指导思想的制定，必须以新时代中国特色社会主义思想和党的十九大提出的我国的外交战略为依据，必须以我国教育改革与发展的指导思想为参照。

党的十九大报告明确揭示了新时代中国特色社会主义思想的内涵：“新时代中国特色社会主义思想，明确坚持和发展中国特色社会主义，总任务是实现社会主义现代化和中华民族伟大复兴，在全面建成小康社会的基础上，分两步走在本世纪中叶建成富强民主文明和谐美丽的社会主义现代化强国；明确新时代我国社会主要矛盾是人民日益增长的美好生活需要和不平衡不充分的发展之间的矛盾，必须坚持以人民为中心的发展思想，不断促进人的全面发展、全体人民共同富裕；明确中国特色社会主义事业总体

布局是‘五位一体’、战略布局是‘四个全面’，强调坚定道路自信、理论自信、制度自信、文化自信；明确全面深化改革总目标是完善和发展中国特色社会主义制度、推进国家治理体系和治理能力现代化；明确全面推进依法治国总目标是建设中国特色社会主义法治体系、建设社会主义法治国家；明确党在新时代的强军目标是建设一支听党指挥、能打胜仗、作风优良的人民军队，把人民军队建设成为世界一流军队；明确中国特色大国外交要推动构建新型国际关系，推动构建人类命运共同体；明确中国特色社会主义最本质的特征是中国共产党领导，中国特色社会主义制度的最大优势是中国共产党领导，党是最高政治领导力量，提出新时代党的建设总要求，突出政治建设在党的建设中的重要地位。”①

“坚持推动构建人类命运共同体”是新时代中国特色社会主义外交思想的集中体现。正如十九大报告所指出的那样，“中国人民的梦想同各国人民的梦想息息相通，实现中国梦离不开和平的国际环境和稳定的国际秩序。必须统筹国内国际两个大局，始终不渝走和平发展道路、奉行互利共赢的开放战略，坚持正确义利观，树立共同、综合、合作、可持续的新安全观，谋求开放创新、包容互惠的发展前景，促进和而不同、兼收并蓄的文明交流，构筑尊崇自然、绿色发展的生态体系，始终做世界和平的建设者、全球发展的贡献者、国际秩序的维护者”②。在此基础上，十九大报告确立了“坚持和平发展道路，推动构建人类命运共同体”的外交战略。“中国将高举和平、发展、合作、共赢的旗帜，恪守维护世界和平、促进共同发展的外交政策宗旨，坚定不移在和平共处五项原则基础上发展同各国的友好合作，推动建设相互尊重、公平正义、合作共赢的新型国际关系。”“我们呼吁，各国人民同心协力，构建人类命运共同体，建设持久和平、普遍安全、共同繁荣、开放包容、清洁美丽的世界。要相互尊重、平等协商，坚决摒弃冷战思维和强权政治，走对话而不对抗、结伴而不结盟的国与国交往新路。要坚持以对话解决争端、以协商化解分歧，统筹应对传统和非传统安

---

① 习近平．决胜全面建成小康社会　夺取新时代中国特色社会主义伟大胜利［N］．人民日报，2017-10-28（1）．

② 同①．

全威胁，反对一切形式的恐怖主义。要同舟共济，促进贸易和投资自由化便利化，推动经济全球化朝着更加开放、包容、普惠、平衡、共赢的方向发展。要尊重世界文明多样性，以文明交流超越文明隔阂、文明互鉴超越文明冲突、文明共存超越文明优越。”“中国积极发展全球伙伴关系，扩大同各国的利益交汇点，推进大国协调和合作，构建总体稳定、均衡发展的大国关系框架，按照亲诚惠容理念和与邻为善、以邻为伴周边外交方针深化同周边国家关系，秉持正确义利观和真实亲诚理念加强同发展中国家团结合作。”“中国秉持共商共建共享的全球治理观，倡导国际关系民主化，坚持国家不分大小、强弱、贫富一律平等，支持联合国发挥积极作用，支持扩大发展中国家在国际事务中的代表性和发言权。中国将继续发挥负责任大国作用，积极参与全球治理体系改革和建设，不断贡献中国智慧和力量。”①

2010 年中共中央、国务院颁布的《国家中长期教育改革和发展规划纲要（2010—2020 年）》提出我国教育改革和发展的指导思想是：“高举中国特色社会主义伟大旗帜，以邓小平理论和‘三个代表’重要思想为指导，深入贯彻落实科学发展观，实施科教兴国战略和人才强国战略，优先发展教育，完善中国特色社会主义现代教育体系，办好人民满意的教育，建设人力资源强国。全面贯彻党的教育方针，坚持教育为社会主义现代化建设服务，为人民服务，与生产劳动和社会实践相结合，培养德智体美全面发展的社会主义建设者和接班人。全面推进教育事业科学发展，立足社会主义初级阶段基本国情，把握教育发展阶段性特征，坚持以人为本，遵循教育规律，面向社会需求，优化结构布局，提高教育现代化水平。”

2017 年国务院印发的《国家教育事业发展“十三五”规划》提出我国教育改革和发展的指导思想是：“全面贯彻党的十八大和十八届三中、四中、五中、六中全会精神，以马克思列宁主义、毛泽东思想、邓小平理论、‘三个代表’重要思想、科学发展观为指导，深入贯彻习近平总书记系列重要讲话精神，认真落实党中央、国务院决策部署，紧紧围绕‘五位一体’总

① 习近平．决胜全面建成小康社会 夺取新时代中国特色社会主义伟大胜利［N］．人民日报，2017-10-28（1）．

体布局和‘四个全面’战略布局，树立道路自信、理论自信、制度自信、文化自信，以创新、协调、绿色、开放、共享的发展理念统领教育改革发展，坚持党的领导，坚持社会主义办学方向，全面贯彻党的教育方针，全面深化教育改革，着力提高教育质量，着力优化教育结构，着力促进教育公平，加快推进教育现代化，推动创新型国家和人才强国建设，为全面建成小康社会和实现中华民族伟大复兴的中国梦作出更大贡献。”

中共中央办公厅、国务院办公厅印发的《关于做好新时期教育对外开放工作的若干意见》提出我国新时期教育对外开放工作的指导思想是：“要全面贯彻党的十八大和十八届三中、四中、五中全会精神，以邓小平理论、‘三个代表’重要思想、科学发展观为指导，深入贯彻习近平总书记系列重要讲话精神，坚持‘四个全面’战略布局，全面贯彻党的教育方针，以服务党和国家工作大局为宗旨，统筹国内国际两个大局、发展安全两件大事，坚持扩大开放，做强中国教育，推进人文交流，不断提升我国教育质量、国家软实力和国际影响力，为实现‘两个一百年’奋斗目标和中华民族伟大复兴的中国梦提供有力支撑。”

2. 指导思想的内涵

党的十九大报告指出：“新时代中国特色社会主义思想，是对马克思列宁主义、毛泽东思想、邓小平理论、‘三个代表’重要思想、科学发展观的继承和发展，是马克思主义中国化最新成果，是党和人民实践经验和集体智慧的结晶，是中国特色社会主义理论体系的重要组成部分，是全党全国人民为实现中华民族伟大复兴而奋斗的行动指南，必须长期坚持并不断发展。全党要深刻领会新时代中国特色社会主义思想的精神实质和丰富内涵，在各项工作中全面准确贯彻落实。”[①]“一带一路”倡议下扩大教育开放的指导思想，要以新时代中国特色社会主义思想为指导，统筹国内国际两个大局、发展安全两件大事，服务国家外交战略和教育发展。具体而言，其内涵包括以下几个方面。

（1）以习近平新时代中国特色社会主义思想为指导。坚持中国共产党

① 习近平. 决胜全面建成小康社会 夺取新时代中国特色社会主义伟大胜利［N］. 人民日报，2017-10-28（1）.

的领导，坚持中国特色社会主义发展方向，坚持以人民为中心的发展思想，紧紧围绕“五位一体”总体布局和“四个全面”战略布局，树立道路自信、理论自信、制度自信、文化自信，以创新、协调、绿色、开放、共享的发展理念统领教育改革发展和教育对外开放，推动构建人类命运共同体。

（2）以构建人类命运共同体为宗旨。高举和平、发展、合作、共赢的旗帜，恪守维护世界和平、促进共同发展的外交政策宗旨，坚定不移在和平共处五项原则基础上发展同各国的友好合作，推动建设相互尊重、公平正义、合作共赢的新型国际关系。充分发挥教育在“政策沟通、设施联通、贸易畅通、资金融通、民心相通”中的重要作用，推动“一带一路”倡议建设政治互信、经济融合、文化包容的利益共同体、命运共同体和责任共同体。

（3）以构建“一带一路”教育共同体为总体目标。开展沿线国家双边多边人文交流高层磋商，加强战略规划对接和政策磋商，商定“一带一路”教育合作交流总体布局，探索教育合作交流的机制与模式，增进教育合作与交流的广度和深度，协调推动沿线各国建立教育双边多边合作机制、教育质量保障协作机制和跨境教育市场监管协作机制，统筹推进“一带一路”教育共同行动，形成平等、包容、互惠、活跃的教育合作态势，携手促进沿线各国教育发展，全面提升区域教育影响力。

（4）将扩大教育开放纳入我国对外开放大局。以服务党和国家工作大局为宗旨，统筹国内国际两个大局、发展安全两件大事，坚持扩大开放，做强中国教育，推进人文交流，不断提升我国教育质量、国家软实力和国际影响力，为实现“两个一百年”奋斗目标和中华民族伟大复兴的中国梦提供有力支撑。

（二）“一带一路”倡议下扩大教育开放的工作方针

2016 年 7 月，教育部制定了《推进共建“一带一路”教育行动》，提出了“一带一路”国家教育共同繁荣、聚力构建“一带一路”教育共同体的合作原则，即育人为本，人文先行；政府引导，民间主体；共商共建，开放合作；和谐包容，互利共赢。基于此文件精神和“一带一路”倡议下我国扩大教育开放的实践需要，我们提出如下扩大教育开放工作方针。

1. 统筹规划、重点布局。“一带一路”倡议下扩大教育开放工作方针要与国家“一带一路”总体规划相顺应，与我国教育开放总体布局相衔接，做好顶层设计，确定“一带一路”教育合作交流总体布局，统筹推进“一带一路”教育共同行动，统筹规划“一带一路”教育合作与交流的各方面工作，统筹协调国内各部门、各地方、各单位的工作，有序开展“一带一路”教育合作交流。同时，以重点工作领域和关键环节为突破口，带动各项工作的全面推进。

2. 育人为本，人文先行。充分发挥教育的人才培养功能，推进我国各级各类教育改革，加强外语教育、国际理解教育和可持续发展教育，合作培养“一带一路”建设所需的各种专业人才和熟练工人，为共建“一带一路”提供人才支撑。坚持人文交流先行，建立全方位、多层次的区域人文交流机制，搭建民心相通桥梁，推进沿线国家民心相通，助力教育合作渠道畅通。

3. 政府引导，民间主体。充分发挥政府在“一带一路”教育合作与交流中的引导作用，加强沿线国家政府间的沟通协调，整合多种资源，引导教育融合发展。充分发挥学校、企业及其他社会力量的主体作用，开展更大范围、更深层次、更高水平的“一带一路”教育民间合作交流，吸纳更多民间智慧、民间力量、民间方案、民间行动，活跃教育合作局面，丰富教育交流内涵。

4. 共商共建，开放合作。坚持沿线国家共商、共建、共享，推进各国教育发展规划相互衔接和政策磋商，制订时间表和路线图，推动弹性化合作进程，共同构建多元化教育合作机制，探索教育合作与交流的个性化模式和路径，增进教育合作交流的广度和深度，提升教育合作交流的质量和效益，实现沿线各国教育融通发展、互动发展。

5. 和谐包容，互利共赢。秉持尊重差异、求同存异、包容共生、互利共赢的理念，加强“一带一路”沿线国家不同文明之间的对话，互知互信、互帮互助、互学互鉴，寻求教育发展最佳契合点和教育合作最大公约数，促进沿线各国在教育领域互利互惠、共同发展，构建“一带一路”教育共同体，共创人类美好生活新篇章。

6. 改革创新，健全机制。将改革创新作为推动“一带一路”倡议教育开放工作的动力源泉，不断创新“一带一路”教育合作与交流的理念、模式和方法，不断推进我国各级各类教育的改革。充分利用国际合作平台并使其发挥作用，推动沿线各国建立教育双边多边合作机制、教育质量保障协作机制和跨境教育市场监管协作机制。建立“一带一路”教育合作与交流风险规避机制，保障教育合作与交流健康发展。

二、“一带一路”倡议下扩大教育开放的战略目标和战略重点

随着“一带一路”倡议的深入推进，我国教育扩大开放势在必行，而制定阶段性目标及构建战略指标则成为大势所趋。正是在此意义上，系统分析“一带一路”倡议下我国扩大教育开放的战略目标及其战略重点成为我们需要积极关注的重要问题。

（一）“一带一路”倡议下扩大教育开放的战略目标

改革开放以来，我国社会经济发展取得了举世瞩目的成就，不但解决了人民温饱问题，而且人民生活总体上达到小康水平。在这个基础上，我们党提出“两个一百年”的奋斗目标，即到建党一百年时建成经济更加发展、民主更加健全、科教更加进步、文化更加繁荣、社会更加和谐、人民生活更加殷实的小康社会，然后再奋斗三十年，到新中国成立一百年时，基本实现现代化，把我国建成社会主义现代化国家。对于“两个一百年”的奋斗目标，党的十九大报告明确提出新的三步走战略。“一带一路”倡议下扩大我国教育开放，也要依据十九大提出的三步走战略，确定我国教育开放三步走战略，依据时间节点分别制定到 2020 年的短期目标，到 2035 年的中期目标，以及到 2050 年的长期目标。

1. 2020 年的短期目标

党的十九大报告对我国社会经济发展的 2020 年目标做了清晰的表述：“从现在到二〇二〇年，是全面建成小康社会决胜期。要按照十六大、十七大、十八大提出的全面建成小康社会各项要求，紧扣我国社会主要矛盾变化，统筹推进经济建设、政治建设、文化建设、社会建设、生态文明建设，坚定实施科教兴国战略、人才强国战略、创新驱动发展战略、乡村振兴战略、区域协调发展战略、可持续发展战略、军民融合发展战略，突出抓重点、补短板、强弱项，特别是要坚决打好防范化解重大风险、精准脱贫、污染

防治的攻坚战，使全面建成小康社会得到人民认可、经得起历史检验。”①

我国已经实现了本阶段社会经济发展的总体目标，特别是实现了全面建成小康社会，为基本实现现代化的战略目标奠定了坚实的基础。“一带一路”倡议下扩大教育开放也取得了阶段性成果。我国与沿线国家的学分、学位、学历互认取得新进展，扩大教育开放的体制与基本制度不断完善，出国留学服务体系基本健全，来华留学生教育质量显著提高，涉外办学效益明显提升，双边多边教育合作广度和深度有效拓展，参与教育领域国际规则制定能力大幅提升，教育开放规范化、法治化水平显著提高，更好地满足了人民群众多样化、高质量的教育需求，更好地服务了经济社会发展全局。

2. 2035 年的中期目标

党的十九大报告提出了 2035 年的宏伟蓝图：“到那时，我国经济实力、科技实力将大幅跃升，跻身创新型国家前列；人民平等参与、平等发展权利得到充分保障，法治国家、法治政府、法治社会基本建成，各方面制度更加完善，国家治理体系和治理能力现代化基本实现；社会文明程度达到新的高度，国家文化软实力显著增强，中华文化影响更加广泛深入；人民生活更为宽裕，中等收入群体比例明显提高，城乡区域发展差距和居民生活水平差距显著缩小，基本公共服务均等化基本实现，全体人民共同富裕迈出坚实步伐；现代社会治理格局基本形成，社会充满活力又和谐有序；生态环境根本好转，美丽中国目标基本实现。”②

基于本阶段我国社会经济发展的总体目标和我国教育特别是教育开放的实际状况，“一带一路”倡议下扩大我国教育开放 2035 年目标可以确定为：到 2035 年，“一带一路”沿线国家基本形成一批具有中国特色、世界一流的教育开放品牌项目；基本完成“一带一路”沿线国家来华留学的学科专业体系建设，中外合作办学特别是中国学校走出去跨境办学进入世界先进国家行列，基本建成“一带一路”教育共同体，中国参与全球教育治理

---

① 习近平. 决胜全面建成小康社会 夺取新时代中国特色社会主义伟大胜利［N］. 人民日报，2017-10-28（1）.

② 同①.

的水平大力提升，基本形成中国全球教育治理新模式。

3. 2050年的长期目标

党的十九大报告提出了2050年的美丽远景，即“在基本实现现代化的基础上，再奋斗十五年，把我国建成富强民主文明和谐美丽的社会主义现代化强国。到那时，我国物质文明、政治文明、精神文明、社会文明、生态文明将全面提升，实现国家治理体系和治理能力现代化，成为综合国力和国际影响力领先的国家，全体人民共同富裕基本实现，我国人民将享有更加幸福安康的生活，中华民族将以更加昂扬的姿态屹立于世界民族之林”[①]。

基于本阶段我国社会经济发展的总体目标和我国教育特别是教育开放的实际状况，“一带一路”倡议下扩大我国教育开放2050年目标可以确定为：到2050年，我国教育开放水平进一步提高，与“一带一路”沿线国家教育合作的广度与深度得到极大拓展，很好地满足我国与“一带一路”沿线国家人民对多样化、高质量教育的需求。我国将成为世界人才中心和创新高地、世界教育中心和世界上最大的留学目的地国，中国教育发展经验将在世界范围内被广泛研究和传播。中国将全面参与全球教育治理，形成具有全球影响力的中国话语体系，形成中国特色的全球教育治理新模式。

（二）“一带一路”倡议下扩大教育开放的战略重点

“一带一路”倡议下扩大教育开放的战略重点主要包括人文交流、制度建设、人才培养、机制建设和全球教育治理模式五个方面。

1. 人文交流

“一带一路”倡议下扩大教育开放，人文交流是前提。要建立广泛、多维的人文交流机制，促进民心相通；持续扩大同沿线各国之间的高层次磋商机制，设立政府与非政府组织之间的对话机制，形成有利于政策联通、资源共享和项目衔接的合作机制，搭建以各级各类学校为纽带的教育交流机制，落实促进中外文化互鉴融汇的研究机制，丰富沿线各国青年相互理解的联络机制，建立推进合作计划顺利执行的保障机制；同时在教育交流

① 习近平. 决胜全面建成小康社会 夺取新时代中国特色社会主义伟大胜利［N］. 人民日报，2017-10-28（1）.

与合作中注重中国标准和规范的影响及运用，缜密布局国家组织、地方支持和民间推动的全方位、多维度人文交流机制。

2. 制度建设

“一带一路”倡议下扩大教育开放，制度建设是关键。要制定透明、可进行国际比较的国家资格框架，为学历学位互认奠定基础；促进我国与沿线国家的教育衔接，推进我国与沿线国家的学分互认，加强我国与沿线国家学位互授联授，建立学历学位认证保障体系；设立“一带一路”高等教育协调职能机构，建立“一带一路”教育协同创新研究中心，构建“一带一路”国家高层磋商制度，充分发挥国际平台的作用，打造“一带一路”高等教育区，全面推进跨国际区域的全方位教育合作机制。

3. 人才培养

“一带一路”倡议下扩大教育开放，人才培养是重点。要大力发展国际理解教育与可持续发展教育，培养具有全球胜任力的人才；高度重视外语战略的制定、调整和实施，科学规划非通用语专业分布，突出关键语种人才培养；加强专业技术人才培养培训，为“一带一路”建设提供专业技术人才支撑；大力培养国别和区域研究人才与国际组织人才，提升我国的全球治理能力；打造“留学中国”品牌项目，培养一批知华、友华的未来国际领袖人才。

4. 机制建设

“一带一路”倡议下扩大教育开放，机制建设是保障。要建立和完善境外办学监管机制，塑造中国办学品牌；加强政策法规建设，出台境外办学条例或境外办学管理办法，明确规定境外办学的审批、设立、管理、教育教学、财务等事宜；建立境外办学保障机构，保证境外办学保障条例和准则的有效实施，积极开展境外办学机构评估，定期公布评估报告；建立风险规避机制，保障“一带一路”教育开放稳步推进；建立风险转移和救济机制，构建风险预防、转移和救济三位一体的保障机制；建立信息公开及共享机制，打造与“一带一路”沿线国家的信息共享系统，采集、分析、处理和反馈教育合作与交流过程中的信息，避免因信息滞后带来损失；建立风险共担机制，与境外合作方共同成立风险投资基金，实现我国与“一带一路”沿线国家教育合作的风险共担与利益共享。

5. 全球教育治理模式

“一带一路”倡议下扩大教育开放，打造中国全球教育治理新模式是方向。要积极参与全球教育治理，扩大我国国际话语权；建立国际组织人才培养、储备、输送、任用新机制，有计划地发现与选拔国内政界和学界优秀人才，主动输送到各类国际组织工作；深度参与国际组织教育政策、规则、标准的研究和制定；建立平等合作、和谐包容、互利共赢、共同发展、共同繁荣的全球教育治理新模式。

第二节 推进中外合作办学内涵式发展

“一带一路”倡议以人文交流为纽带，注重夯实我国与沿线国家互联互通的社会根基，力求满足我国外部教育市场需求，为我国高校开展中外合作办学、引进国外优质教育资源提供契机。中外合作办学在开展教育互联互通合作、开展人才培养培训合作、共建丝路合作机制等方面发挥着重要作用，是“一带一路”倡议下扩大教育开放的重要路径。

一、“一带一路”视域下中外合作办学的现状

基于中外合作办学监管工作信息平台所公布的“经审批和复核的中外合作办学机构及项目名单”相关数据[①]，下文重点从沿线国家参与相关省市合作办学的区域与国别分布、学科专业分布、办学层次和招生，以及合作高校的影响力等方面，分析我国与“一带一路”沿线国家合作办学的发展状况。

（一）中外合作办学的区域与国别分布情况

中外合作办学的区域与国别分布呈现出合作办学项目在沿线国家分布不均衡、我国东部地区推进合作办学力度优于中部和西部地区等两方面的特点。

首先，合作办学项目在沿线国家分布不均衡。根据中外合作办学监管

① 该数据更新的截止日期为 2018 年 12 月 25 日。

工作信息平台，截至2018年12月25日，“一带一路”沿线共有俄罗斯、韩国、新加坡、波兰、马来西亚、乌克兰、印度、泰国、白俄罗斯、以色列、阿联酋等11个国家的高校参与我国26个省市的专科、本科、硕士及以上层次的中外合作办学项目建设活动。数据显示，我国与沿线国家高校合作办学项目共295个，合作办学机构共有18个，其中有5个具有独立法人资格。参与合作办学项目（机构）数量最多的沿线国家是俄罗斯，其项目占沿线国家参与合作办学项目总数的37.5%，其机构占沿线国家参与合作机构总数的61.1%。从构成上看，295个合作办学项目（机构）涵盖了东亚（111个）、中东欧（22个）、东南亚（40个）、南亚（5个）、西亚（2个）及北亚（115个）等地区。具体而言，俄罗斯与我国省市合作办学项目（机构）的数量最多，达到115个，随后依次是韩国（111个）、新加坡（26个）、波兰（12个）、马来西亚（10个）、乌克兰（6个）、印度（5个）、白俄罗斯和泰国（各4个），以色列和阿联酋（各1个），具体情况见表3-1。

表3-1 合作办学活动在目的地国及区域分布情况

（单位：个）

<table>
<tr><th colspan="2" rowspan="2">地区</th><th rowspan="2">国家</th><th colspan="2">专科</th><th colspan="2">本科</th><th colspan="2">硕士及以上</th><th colspan="3" rowspan="2">合计</th></tr>
<tr><th>项目</th><th>机构</th><th>项目</th><th>机构</th><th>项目</th><th>机构</th></tr>
<tr><td rowspan="9">亚洲</td><td>东亚</td><td>韩国</td><td>49</td><td>0</td><td>51</td><td>5</td><td>6</td><td>0</td><td>111</td><td>111</td><td rowspan="9">273</td></tr>
<tr><td rowspan="3">东南亚</td><td>新加坡</td><td>20</td><td>0</td><td>0</td><td>0</td><td>6</td><td>0</td><td>26</td><td rowspan="3">40</td></tr>
<tr><td>泰国</td><td>1</td><td>0</td><td>2</td><td>0</td><td>1</td><td>0</td><td>4</td></tr>
<tr><td>马来西亚</td><td>9</td><td>0</td><td>1</td><td>0</td><td>0</td><td>0</td><td>10</td></tr>
<tr><td>南亚</td><td>印度</td><td>1</td><td>0</td><td>3</td><td>0</td><td>1</td><td>0</td><td>5</td><td>5</td></tr>
<tr><td rowspan="2">西亚</td><td>以色列</td><td>0</td><td>0</td><td>0</td><td>1</td><td>0</td><td>0</td><td>1</td><td rowspan="2">2</td></tr>
<tr><td>阿联酋</td><td>0</td><td>0</td><td>1</td><td>0</td><td>0</td><td>0</td><td>1</td></tr>
<tr><td>北亚</td><td>俄罗斯</td><td>21</td><td>3</td><td>80</td><td>4</td><td>3</td><td>4</td><td>115</td><td>115</td></tr>
</table>

续表

<table>
<tr><th colspan="2" rowspan="2">地区</th><th rowspan="2">国家</th><th colspan="2">专科</th><th colspan="2">本科</th><th colspan="2">硕士及以上</th><th colspan="2" rowspan="2">合计</th></tr>
<tr><th>项目</th><th>机构</th><th>项目</th><th>机构</th><th>项目</th><th>机构</th></tr>
<tr><td rowspan="3">欧洲</td><td rowspan="3">中东欧</td><td>乌克兰</td><td>5</td><td>0</td><td>1</td><td>0</td><td>0</td><td>0</td><td>6</td><td rowspan="3">22</td></tr>
<tr><td>波兰</td><td>4</td><td>0</td><td>7</td><td>1</td><td>0</td><td>0</td><td>12</td></tr>
<tr><td>白俄罗斯</td><td>0</td><td>0</td><td>4</td><td>0</td><td>0</td><td>0</td><td>4</td></tr>
<tr><td colspan="3">合计</td><td>110</td><td>3</td><td>150</td><td>11</td><td>17</td><td>4</td><td colspan="2">295</td></tr>
</table>

资料来源：中外合作办学监管工作信息平台．教育部审批和复核的机构及项目名单（2018年12月25日更新）[EB/OL].[2019-01-07].http://www.crs.jsj.edu.cn/index/ sort/1006；中外合作办学监管工作信息平台．由地方审批报教育部备案的机构及项目名单[EB/OL].[2019-01-07].http://www.crs.jsj.edu.cn/index/sort/1008.

其次，我国东部地区推进“一带一路”沿线国家合作办学力度优于中部和西部地区。数据显示，我国东部地区 10 省市合作办学项目（机构）共 147 个，其中项目 136 个，机构 11 个；中部地区 6 省市共有 43 个，其中项目 41 个，机构 2 个；西部地区 12 省市共有 43 个，其中项目 36 个，机构 7 个；东北地区 3 省市共有 62 个，其中项目 57 个，机构 5 个。具体而言，在 31 省市中，从沿线 11 个国家中引进合作办学项目及机构最多的省份是江苏省和山东省（各有 37 个），随后依次是黑龙江（32 个）、吉林（27 个），甘肃、宁夏、青海、贵州、西藏还没有涉及参与沿线国家的中外合作办学活动，具体情况见表 3-2。

表 3-2 合作办学活动在我国区域分布情况

（单位：个）

地区	省市	专科		本科		硕士及以上		合计
		项目	机构	项目	机构	项目	机构	
东部地区	北京	0	0	2	0	7	1	10
	天津	0	0	1	0	2	0	3
	河北	16	1	3	0	1	0	21
	上海	2	0	2	1	4	0	9
	江苏	28	1	5	1	2	0	37
	浙江	9	0	2	0	4	0	15
	福建	2	0	1	0	1	0	4
	山东	15	1	18	2	1	0	37
	广东	2	0	1	3	4	0	10
	海南	0	0	1	0	0	0	1
小计	10	74	3	36	7	26	1	147
中部地区	山西	1	0	0	0	0	0	1
	安徽	2	0	3	0	0	0	5
	江西	2	0	3	0	0	0	5
	河南	0	0	19	2	0	0	21
	湖北	4	0	3	0	0	0	7
	湖南	3	0	1	0	0	0	4
小计	6	12	0	29	2	0	0	43

续表

地区		省市	专科		本科		硕士及以上		合计
			项目	机构	项目	机构	项目	机构	
西部地区	西北地区	内蒙古	6	0	2	0	0	0	8
		陕西	0	1	1	1	3	0	6
		甘肃	0	0	0	0	0	0	0
		青海	0	0	0	0	0	0	0
		宁夏	0	0	0	0	0	0	0
		新疆	7	0	1	0	0	0	8
	西南地区	四川	3	0	1	1	0	0	5
		重庆	2	1	1	3	2	0	9
		贵州	0	0	0	0	0	0	0
		云南	3	0	1	0	1	0	5
		广西	0	0	2	0	0	0	2
		西藏	0	0	0	0	0	0	0
小计		12	21	2	9	5	6	0	43
东北地区		黑龙江	0	0	30	1	0	1	32
		吉林	4	0	20	2	1	0	27
		辽宁	0	0	2	1	0	0	3
小计		3	4	0	52	4	1	1	62
总计			111	5	126	18	33	2	295

说明：根据《中共中央国务院关于促进中部地区崛起的若干意见》、《国务院发布关于西部大开发若干政策措施的实施意见》以及党的十六大报告的精神，现将我国的经济区域划分为东部、中部、西部和东北四大地区。

资料来源：中外合作办学监管工作信息平台 . 教育部审批和复核的机构及项目名单［EB/OL］.［2019-01-07］. http: //www.crs.jsj.edu.cn/index/sort/1006；中外合作办学监管工作信息平台 . 由地方审批报教育部备案的机构及项目名单［EB/OL］.［2019-01-07］.http: //www.crs.jsj.edu.cn/index/sort/1008.

（二）合作办学的学科专业分布情况

根据 2012 年 9 月教育部所颁布的《普通高等学校本科专业目录（2012

年)》对专业的划分情况和 2018 年 12 月 25 日中外合作办学监管工作信息平台统计数据信息[①]，我国共有 26 个省市与“一带一路”沿线 11 个国家(地区)开展了合作办学项目，涉及 10 个学科门类、49 个专业。具体而言，从专业分布的角度看，工学和管理学专业最多，而历史学和林学最少。工学学科中计算机专业、电子信息专业的数量最多；管理学学科中工商管理类专业数量最多；理学学科中数学专业数量最多；艺术学学科中美术学专业数量最多；经济学学科中经济学专业数量最多。依据我国《普通高等学校本科专业目录（2012 年）》所列学科专业目录，截至 2018 年 12 月 25 日，合作办学项目还没有涉及农学等学科。

（三）合作办学的层次和招生情况

第一，本科层次占据办学主体。截至 2018 年 12 月 25 日，在 295 项合作办学活动中，专科层次的 116 项，占比 39.32%，本科层次的 144 项，占比 48.81%，硕士及以上层次的 35 项，仅占 11.87%。由此可见，本科层次的办学活动占总办学活动的近一半，这说明中外合作办学活动是以本科层次为主的（详见表 3-3）。

表 3-3　合作办学活动的层次分布

办学层次	办学活动（项）	百分比（%）
专科	116	39.32
本科	144	48.81
硕士及以上	35	11.87
合计	295	100.00

资料来源：中外合作办学监管工作信息平台.教育部审批和复核的机构及项目名单［EB/OL］.［2019-01-07］.http：//www.crs.jsj.edu.cn/index/sort/1006；中外合作办学监管工作信息平台.由地方审批报教育部备案的机构及项目名单［EB/OL］.［2019-01-07］. http：//www.crs.jsj.edu.cn/index/sort/1008.

① 中外合作办学监管工作信息平台. 中华人民共和国教育部审批和复核的机构及项目名单［EB/OL］.［2019-01-07］. http://www.crs.jsj.edu.cn/index/sort/1006；中外合作办学监管工作信息平台. 由地方审批报中华人民共和国教育部备案的机构及项目名单［EB/OL］.［2019-01-07］. http://www.crs.jsj.edu.cn/index/sort/1008.

第二，招生方式包括纳入国家招生计划统一招生和自主招生两种方式，以前者为主。纳入国家招生计划统一招生是指，全日制普通高校通过统一招生选拔考试，依照《全国普通高等学校招生计划》内统一招录，学历类型为普通高等教育，学习形式为普通全日制（本专科教育阶段）、全日制或非全日制（研究生教育阶段）的高校学生及中等专业学校。自主招生则是高校选拔录取工作改革的重要环节。通过高考自主招生的笔试和面试之后，可以享受相应的高考降分政策。但自 2020 年 1 月教育部发布《教育部关于在部分高校开展基础学科招生改革试点工作的意见》后，决定从 2020 年起，不再组织开展高校自主招生工作。

（四）参与合作办学的沿线国家高校的影响力

高校排名是衡量其影响力的重要指标，高校世界排名越靠前，其国际影响力越大。根据全球著名国际高等教育研究机构 Quacquarelli Symonds（QS）公布的 2018 年世界大学排名榜，在“一带一路”沿线国家参与我国本科、硕士及以上的中外合作办学项目或机构建设的高校中，只有 4 所高校入围世界大学排名榜前 100 名，分别是新加坡南洋理工大学（第 11 名）、新加坡国立大学（第 15 名）、韩国高等科技学院（第 41 名）、莫斯科国立大学（第 95 名）。排名 100—400 名的有 3 所，分别是韩国延世大学（第 106 名）、韩国汉阳大学（第 155 名）、白俄罗斯国立大学（第 334 名）；其他参与合作的高校排名都在 500—1 000 名。[①]

二、“一带一路”视域下中外合作办学存在的问题与挑战

目前，我国与“一带一路”沿线国家合作办学存在的问题突出表现为办学规模偏小、合作对象范围有限，参与合作办学省市的地区分布失衡，办学层次整体偏低，学科分布失衡，部分专业设置相对集中以及优质教育资源引进不足等方面。

（一）合作办学规模偏小，合作对象范围有限

截至 2018 年 12 月 25 日，我国共有 26 省市与“一带一路”沿线 11 国

---

① QS.2018年QS世界大学排名综合榜单[EB/OL].[2019-01-08]. http://www.sohu.com/a/218720475_814060.

展开了中外合作办学活动。[①]从区域上看，沿线合作办学活动主要涉及北亚、中东欧、东南亚、东亚、大洋洲等地区，参与我国省市合作办学活动的国家占沿线国家（地区）总数的16.9%，并且超过半数的项目（机构）的外方合作高校来自俄罗斯[②]，这主要受历史渊源和地缘文化等因素影响。截至2018年12月25日，“一带一路”沿线国家（地区）中的西亚、中亚、蒙古等地区（国家）还没有教育机构参与我国省市合作办学项目（机构）的建设活动。总体而言，沿线国家参与我国省市合作办学项目（机构）的规模偏小，合作对象多是我国周边的国家（地区），范围有限，不利于多样化优质教育资源的引进。

（二）国内合作办学机构地区分布失衡

我国省市参与中外合作办学活动的地区分布失衡主要包括地区间的失衡和地区内部的失衡。就地区间的失衡而言，我国参与合作办学活动的26省市集中分布在东部地区（147个）和东北地区（62个），尤其是东部地区，相比而言，西部地区则很少（43个）。

就地区内部的失衡而言，在东部地区10省市中，江苏和山东参与沿线国家合作办学项目（机构）的数量最多；在中部地区6省市中，河南参与沿线合作办学项目（机构）的数量最多；在西部地区12省市中，重庆、内蒙古、新疆等参与沿线合作办学项目（机构）的数量较多；在东北地区3省市中，黑龙江参与沿线合作办学项目（机构）的数量最多。然而，作为面向中亚、南亚、西亚地区的商贸物流枢纽和产业人文交流基地，青海、宁夏、甘肃、西藏却还没有参与沿线国家中外合作办学活动。整体而言，我国参与中外合作办学的地区分布失衡问题仍然较为突出。地区间的失衡不利于“一带一路”倡议的协调可持续发展；地区内部的失衡不利于具有某些天然优势的省市为“一带一路”建设做出应有的贡献，限制了其积极作用的有效发挥。

---

① 沿线合作办学机构的数量是7个，全国已经批准的机构数量是66个（数据来自中外合作办学监管工作信息平台）。

② 俄罗斯参与我国省市合作办学项目（机构）的数量是115个。

（三）合作办学的学科专业设置偏窄

根据中外合作办学监管工作信息平台 2018 年 12 月 25 日的统计数据信息，中外合作办学所设置的学科主要集中在工学、管理学、理学等学科门类，而这些学科门类所设置的专业又主要集中在计算机、工商管理、数学等专业。然而，“一带一路”建设所急需的新能源、新材料、资源环境、农业、生物化工等专业所占比例偏小甚至还没有涉及。

2013 年 7 月，教育部颁发的《关于近期高等学校中外合作办学有关情况的通报》（教外司办学〔2013〕1210 号）指出，一些外方教育机构将中外合作办学作为营利手段，开展“连锁店”式的合作活动。[①]“连锁店”式的办学问题在沿线国家合作办学中仍然较为突出。

整体而言，我国合作办学项目（机构）的学科专业分布失衡问题较为突出，有的专业设置趋同，有的专业又没有涉及；“连锁店”式的合作办学活动不利于合作办学项目（机构）所设置学科专业的健康发展，也偏离了中外合作办学“切实引进优质教育资源”的初衷，更没有为“一带一路”倡议的发展做出应有的贡献。

（四）国内对沿线国家的优质教育资源吸引不够

“一带一路”背景下，与我国合作的外方高校的数量持续增加。外方高校的世界大学排名情况往往是其国际影响力的重要体现，同时也能够反映出我国吸引沿线国家教育资源的质量和水平。我国与沿线国家著名高校开展合作，采用双方分别颁发文凭的“双证书”式的合作办学模式，将更加有利于我国高校实质性地汲取外方成功的办学理念及管理经验。然而，数据显示，参与我国 26 省市开展中外合作办学项目（机构）建设活动的沿线国家合作高校中，入围 2018 年 QS 世界高校排名榜前 50 名的高校仅有 3 所[②]，QS 全球排名前 200 位的高校仅有 6 所。[③]这说明除新加坡和韩国的高校，沿线国家合作高校在 2018 年 QS 的世界高校排名榜中整体靠后。总体而言，

① 中外合作办学教育网 . 中华人民共和国教育部国际司关于近期高等学校中外合作办学有关情况通报［EB/OL］.［2018-07-21］.http://www.cfce.cn/a/jianguan/gonggao/2013/1121/2176.html.

② 这 3 所沿线国家合作高校分别是新加坡国立大学、南洋理工大学、韩国高等科技学院。

③ 这 6 所沿线国家合作高校分别是新加坡国立大学、南洋理工大学、韩国高等科技学院、荷兰代尔夫特理工大学、新西兰奥克兰大学、荷兰埃因霍温科技大学。

我国高校引进优质教育资源乏力；沿线国家与我国合作办学高校的整体办学水平较低，国际影响力较小；开展“双证书”合作模式的合作办学项目（机构）的数量较少、比例偏低。

三、“一带一路”视域下推进中外合作办学内涵式发展的策略

“一带一路”视域下推进中外合作办学，不仅需要扩大规模，完善结构，更需要提升办学层次，推进内涵式发展，提升办学效益。

（一）扩大合作办学规模与范围

2020 年 6 月颁布的《教育部等八部门关于加快和扩大新时代教育对外开放的意见》中明确指出“将加大中外合作办学改革力度”。适度扩大规模既是中外合作办学发展的基础，也是提升合作办学质量、产生实际效益的重要保障。首先，要从“一带一路”建设的大局出发，加强顶层设计，依据“一带一路”倡议对沿线国家中外合作办学的现实需求，合理扩大办学规模。[①] 一要倡导综合实力较强的高校与沿线国家办学实力匹配的外方高校展开深度合作，实现“强强联合”，切实发挥优质教育资源在提升我国省市合作高校教育质量中的积极作用；二要充分发挥民办教育在沿线合作办学过程中的积极作用，随着“一带一路”倡议的逐步推进与中外合作办学的深入发展，在未来一段时间内，民办教育将是中外合作办学过程中的一支重要力量；三要为沿线国家（地区）的高校营造良好的合作办学环境。在保障教育质量的前提下，通过提供政策支持、简化审批程序、合理减免税收、提供办学场地、改进审批方式等措施吸引沿线国家具有优质教育资源的高校积极参与合作办学活动。

与此同时，要适度拓宽与沿线国家（地区）的合作范围。2019 年 2 月 23 日，中共中央、国务院印发的《中国教育现代化 2035》在开创教育对外开放新格局中指出“提升中外合作办学质量”。拓宽与沿线国家的合作办学范围，有利于多元化引进优质教育资源，满足“一带一路”建设发展的多样化需求。部分“一带一路”沿线国家拥有优质教育资源，要理性认识优

① 林金辉. 中外合作办学的规模、质量、效益及其相互关系［J］. 教育研究，2016，37（7）：39-43.

质教育资源的概念。它除了指一流大学和一流学科，还指特色的专业和课程。中外合作办学作为跨国教育的“中国版本”，既离不开它得以存在的国际环境，更离不开它根植的本土环境[①]。因此，各省市应在“一带一路”建设背景下，依据其高等教育的整体定位和发展战略，密切结合区域经济社会发展对各类专门人才的需求以及学科、专业、师资队伍建设的需要，选择沿线合适的办学合作对象，重点关注沿线国家的优质教育资源，实现双方教育资源的有效匹配和优势互补。例如，中东及北非地区知名的重点综合性大学沙迦美国大学，其工商管理硕士课程被美国福布斯杂志评为海湾地区排名第一的 MBA 课程，且其建筑设计课程被评为全球前十、亚洲第四。我国应通过以上路径，力求充分抓住合作机遇和优势，在更大范围、更高水平、更深层次上，扩大与沿线国家的教育合作与交流，吸引沿线更多的国家（地区）参与中外合作办学活动，扩大办学规模，拓宽合作范围，促进沿线外方合作者的多元化。

（二）促进合作办学机构的地区均衡发展

针对国内合作办学机构呈现地区分布失衡的问题，我国要充分发挥不同地区的比较优势，使东部、中部、西部地区的合作办学活动形成“阶梯式”的发展格局，即“东部示范引领、中部稳中求进、西部逐步推进”，进而促使合作办学活动进入良性发展轨道。合作办学机构在我国地域分布呈现“东中部地区多，西部地区少”的布局，这与我国地区经济发展水平及高等教育吸引力紧密相关。在“一带一路”倡议下，我国要依据教育与社会发展相适应的教育基本规律，分类引导沿线国家与东部、中部、西部地区开展合作办学，充分发挥各地区的比较优势、协调地区分布。

对东部地区的中外合作办学活动而言，要充分发挥其在整个“一带一路”建设中的示范引领作用。作为改革开放的前沿阵地，东部地区的中外合作办学活动起步早，先发优势明显。东部地区高校应主动调整合作办学的思路，在引领中外合作办学外方合作国别结构调整方面做出表率。对中部地区的中外合作办学活动而言，要稳中求进，在稳定现有合作办学规模

① 姚峰，戚利萍. 高等教育中外合作办学的政策环境分析 [J]. 现代大学教育，2011（5）：98-104.

和发展速度的基础上，提高办学质量，切实做到提质增效。对西部地区的中外合作办学活动而言，要逐步推进，科学发展。西部地区在对接“一带一路”倡议建设方面具有许多天然优势。在地缘方面，我国西北地区（陕西、甘肃、宁夏、青海、新疆）是连接中亚、西亚的战略要冲，还是古“丝绸之路”和东西方文明交汇的跨境地带，长期以来都是我国西北方向重要的安全战略屏障；同时，西部地区具有丰富的自然资源、独具特色的民族风情，还具有西部大开发、沿边开放等政策优势。然而，受落后经济发展水平的客观制约，西部地区的高等教育水平普遍落后于东部、中部地区，一些高校暂时还不具备开展深度中外合作办学活动的条件。例如，新疆作为对接中亚地区的重要窗口和阵地，自身教育质量不高，区域内的新疆大学和新疆师范大学，尽管在语言培训、地缘位置、前期交流方面具有一定优势，但要作为承载面向中亚等地区教育交流的枢纽，却面临自身能力不足的问题。基于此，我国一方面要抓住西部地区大学入选“双一流”建设计划的机会，加强教育质量内涵建设，促进区域内整体教育体系的良性构建，增强区域内高水平大学建设对整体教育质量提升的涵养功能，提升其作为“一带一路”陆上门户地区的开放度；另一方面，要充分利用地缘优势、资源优势、民族风情优势以及政策优势，鼓励西部地区有条件的高校与沿线国家开展合作办学活动，形成因地制宜、特色发展的西部与沿线国家合作办学活动开放格局。

（三）优化中外合作办学的层次与方式

办学层次以及办学方式是影响中外合作办学结构的重要因素。[①] 中外合作办学层次总体偏低，主要以本科层次为主，以项目式办学方式为主。因此，我国要通过提高办学层次、扩大办学机构的规模来完善沿线中外合作办学结构。首先，要提升我国高校合作办学的层次，在确保本科合作办学项目质量的前提下，持续扩大硕士、博士层次的合作办学规模，形成科学合理的本科、硕士、博士办学层次结构体系。通常情况下，硕士、博士层次更加注重科学研究，有利于为中外双方师生提供更多的科研合作与交流的机会，从而通过科研促进教学，整体实现与沿线国家合作办学活动的可

---

① 中外合作办学的办学方式主要包括两种，即项目合作的办学方式和独立法人机构的办学方式。

持续发展。其次，在合作办学方式上，根据《中华人民共和国中外合作办学条例》，中外合作办学包括中外合作办学机构[①]和中外合作办学项目，其中中外合作办学机构是指中外双方教育机构联合建立的具有法人资格的教育机构。由于中外合作办学机构不隶属于任何单位且具有较大的运作自主权，这种办学合作方式更有利于我国高校整体引进外方优质教育资源，实质性地学习与借鉴其先进的办学理念、人才培养模式和管理经验。结合我国高校合作办学的实际，通过中外双方办学过程中的深度合作、有机融合，可以优化学科专业布局，增设新的教育门类，弥补目前中外合作办学专业覆盖面窄的情况，从而促进合作办学的科学化发展。

（四）优化合作办学的学科专业布局

专业复制率是衡量中外合作办学引进过程中外方教育资源多样化的重要指标。[②]专业复制率与多样化成反比，复制率越高，多样化越弱，反之则越强。“一带一路”倡议背景下，中外办学项目的学科专业分类布局呈现出专业重复率较高的特点，且与区域经济发展的契合度也偏低，难以适应区域产业发展的实际需要，也没有较好地与“一带一路”建设实现对接。

据中外合作办学监管工作信息平台的统计数据，截至 2018 年 12 月 25 日，中外合作办学的专业设置未能紧密围绕“一带一路”急需专业展开，合作办学过程中受营利动机的驱使，多设置易操作、办学成本低、收效快的专业，导致沿线合作办学专业设置趋同以及教育资源浪费。依据资源互补原则，我国在推进合作办学过程中应引进与高校综合办学水平相匹配的优质教育资源，与此同时也要坚持“以我为主，为我所用”的原则，提高沿线中外合作办学项目的学科专业布局的科学性。首先，教育主管部门要做好学科顶层设计和专业布局的整体规划，重点引导和支持与新兴产业相关的合作办学项目。其次，教育行政部门要进一步加强对合作办学项目的资质认证，避免“短平快”专业的重复设置，严格控制外国高校“连锁店”式的办学活动；重视对现已开展的合作办学项目的复核，从资源承载力的

① 中外合作办学机构又称中外合作大学。

② 此处专业复制率指省市域范围内中外合作办学项目（机构）数与专业数的比值（百分比）。例如，我国 18 个省市中外合作办学项目（机构）是 141 个，设置专业 163 个，其专业复制率即 86.5%。

角度论证其是否具备开展合作办学活动的能力。最后，教育主管部门可以通过设立研究项目，发展沿线中外合作办学智库，建设“一带一路”智库联盟，对立足区域社会经济发展实际和主动服务“一带一路”倡议发展所急需的新能源、贸易与文化旅游、交通运输、基础设施以及非通用语[①]等专业，提供积极的鼓励和支持。

第三节 推进境外办学稳妥发展

境外办学不仅是我国高等教育国际化的重要趋势，也是我国教育“走出去”的桥梁与媒介，现已成为我国经济、社会和文化持续繁荣发展的战略选择。2020年印发的《教育部等八部门关于加快和扩大新时代教育对外开放的意见》对新时代教育对外开放进行了重点部署，使教育对外开放的蓝图更清晰，通过进一步打造“一带一路”教育行动升级版，推动教育对外开放工作布局。“一带一路”倡议的深入实施为境外办学带来新的发展机遇，我国应积极有为，逐渐打造“走得出、走得稳、留得住”的境外办学新格局。

一、“一带一路”倡议下我国境外办学的必要性

境外办学是一个国家或地区参与国际教育服务贸易的重要形式。2019年发布的《高等学校境外办学指南（试行）》对高等学校境外办学的内涵进行了清晰的界定，“指中国高等学校独立或者与境外政府机构、具有法人资格并为所在地政府认可的教育机构或其他社会组织合作，在境外举办以境外公民为主要招生对象的教育机构或者采用其他形式实施高等学历教育的教育教学活动”。境外办学是我国教育对外开放事业的重要组成部分，2015年国务院授权国家发展改革委、外交部、商务部联合发布的《推动共建丝

① “一带一路”沿线国家非通用语专业可能会涉及蒙古语、土耳其语、泰米尔语、朝鲜语、菲律宾语、印度尼西亚语、柬埔寨语、马来语、缅甸语、越南语、荷兰语、哈萨克语、乌兹别克语、爱沙尼亚语、拉脱维亚语等。

绸之路经济带和21世纪海上丝绸之路的愿景与行动》明确指出，“加快‘一带一路’建设，有利于促进沿线各国经济繁荣与区域经济合作，加强不同文明交流互鉴，促进世界和平发展”。境外办学是中国教育文化“走出去”的重要环节，“一带一路”倡议为之提供了重要的制度保障。

一是境外办学是高等教育国际化的发展趋势。在全球化时代，世界各国政治、经济、文化等因素的融合形成动力机制，推动高等教育向国际化发展，促进各国教育资源的优化配置。①高等教育国际化传统上是指派遣学生和教师到国外学习，或者是通过吸引留学生和提供跨文化的课程体验将高等教育机构送到世界中去。②境外办学一直是高等教育国际化中最引人注目的发展趋势之一，以海外分校（International Branch Campus，简称IBC）为例，截至2015年，全球有超过200所海外分校。③境外办学作为高等教育国际化发展的一个新特征和发展趋势，已经在世界范围内迅速发展，成为当代高等教育国际化的重要表现形式和途径。

二是境外办学是扩大教育对外开放的要求。当前，世界高等教育格局正在发生变化，以西方发达国家为主导的世界高等教育国际化趋势已经发生改变，各国为争取在国际公共事务中的话语权，参与教育的呼声也越来越高。在全球化的时代背景下，开放是现代高等教育的基本特征。④教育对外开放具有双向性，既要引进，也要输出。境外办学作为教育输出的重要途径，是教育对外开放的应有之意。在我国综合国力持续提升的基础之上，开展境外办学，提升我国高校在世界范围内的影响力，对于服务国际国内大局、促进合作与交流和推动人类文明进步具有重大意义。

三是境外办学是高等学校自身发展的需要。自现代大学的雏形在欧洲中世纪诞生，大学作为一类特定的组织机构，一直拥有“国际性”特征。⑤20

---

① 朱文，张浒．我国高等教育国际化政策变迁述评［J］．高校教育管理，2017，11（2）：116-124.

② OWENS T L，LANE J E. Cross-border higher education: global and local tensions within competition and economic development［J］. New Directions for Higher Education，2014（168）：69-82.

③ HEALEY N. Managing international branch campuses: what do we know?［J］. Higher Education Quarterly，2015，69（4）: 386-409.

④ 蒋凯，张军凤．中国高等教育对外开放的基本特点［J］．清华大学教育研究，2017，38（6）：7-15.

⑤ 江波，钟之阳，赵蓉．面向未来的高等教育国际化发展［J］．高校教育管理，2017，11（4）：58-64.

世纪 80 年代，高校逐渐成为推进国际化的主体，高等教育国际化的各种活动主要集中在院校层面展开。① 进入 90 年代之后，高等教育在世界范围内处于激烈的竞争中，追求更高的声望、更大的学生市场份额以及更新的教育资源正在影响全球的高等教育②，越来越多的国内外高校根据自身资源及特色制定相应的国际化发展战略。2015 年 10 月，国务院颁布《统筹推进世界一流大学和一流学科建设总体方案》，将高等教育国际化战略与“双一流”建设紧密结合在一起，指出要“切实提高我国高等教育的国际竞争力和话语权，树立中国大学的良好品牌和形象”。在我国建设世界一流大学和一流学科的背景之下，境外办学已经成为高等学校获得自身发展的必然要求。

二、“一带一路”倡议下我国高校境外办学的发展现状

与中外合作办学相比，我国高校的境外办学开展得稍晚一些。1992 年，上海交通大学与新加坡华夏管理学院合作开展工商管理硕士研究生项目，北京中医药大学设立日本继续教育分校，可以看作我国高校较早运作的境外办学项目。2002 年 12 月，教育部发布《高等学校境外办学暂行管理办法》，这是我国第一部在境外办学领域出台的部门规章，也是我国第一个对境外办学进行系统规范的政策性文件，此后我国境外办学政策逐步完善，规模不断扩大，办学模式趋于多样化。

（一）境外办学政策逐步完善

境外办学政策是推动境外办学活动规范、有序、高效发展的基础。2002 年 12 月，教育部发布《高等学校境外办学暂行管理办法》，对我国境外办学的内涵、方针、申请与审批进行了具体规定。2010 年发布的《国家中长期教育改革和发展规划纲要（2010—2020 年）》明确提出，“推动我国高水平教育机构海外办学，加强教育国际交流，广泛开展国际合作和教育服务”。2016 年发布实施的《关于做好新时期教育对外开放工作的若干意见》针对新时期的境外办学明确指出，“鼓励高等学校和职业院校配合企业

① 黄福涛．“全球化”时代的高等教育国际化：历史与比较的视角［J］. 北京大学教育评论，2003，1（2）：93-98.

② OWENS T L，LANE J E. Cross-border higher education: global and local tensions within competition and economic development［J］. New Directions for Higher Education，2014（168）：69-82.

走出去，鼓励社会力量参与境外办学，稳妥推进境外办学”。2019年2月，中共中央、国务院印发的《中国教育现代化2035》提出，“积极稳妥推动职业学校、高等学校与企业共同走出去，共建一批人才培养、科技创新和人文交流基地”；“加快建设中国特色海外国际学校。鼓励有条件的职业院校在海外建设‘鲁班工坊’”。同年发布的《高等学校境外办学指南（试行）》，从招生与学籍、教学与科研、教师与学生、教学质量评估、行政管理、财务与资产管理、跨文化管理、风险管理、协议与章程签署、办学场地选择、培养方案制定和报备及办学地许可手续办理等具体环节，对高等学校境外办学提供了实操层面的技术指导，为高等学校境外办学健康有序的发展提供了重要依据（见表3-4）。

表3-4 促进我国境外办学发展的相关政策法规（1999—2019年）

政策／法规名称	发布年份	相关内容
《中华人民共和国高等教育法》	1998年	国家鼓励和支持高等教育事业的国际交流与合作；高等学校按照国家有关规定，自主开展与境外高等学校之间的科学技术文化交流与合作
《2003—2007年教育振兴行动计划》	2004年	加强中国特色学科和优势学科的对外教学工作，鼓励有条件的教育机构赴境外办学
《高等学校境外办学暂行管理办法》	2002年	我国在境外办学领域出台的第一部规章，也是我国第一个对境外办学进行系统规范的政策性文件。《办法》对我国境外办学的内涵、方针、申请与审批进行了具体规定
《国家中长期教育改革和发展规划纲要（2010—2020年）》	2010年	推动我国高水平教育机构海外办学，加强教育国际交流，广泛开展国际合作和教育服务。支持与境外高水平教育、科研机构建立联合研发基地
《关于加快发展现代职业教育的决定》	2014年	实施中外职业院校合作办学项目，探索和规范职业院校到国（境）外办学。推动与中国企业和产品“走出去”相配套的职业教育发展模式，注重培养符合中国企业海外生产经营需求的本土化人才
《推动共建丝绸之路经济带和21世纪海上丝绸之路的愿景与行动》	2015年	强化与周边国家在专业人才培养等方面的合作；广泛开展文化交流、学术往来、人才交流合作

续表

政策 / 法规名称	发布年份	相关内容
《关于做好新时期教育对外开放工作的若干意见》	2016 年	要鼓励高等学校和职业院校配合企业走出去，鼓励社会力量参与境外办学，稳妥推进境外办学
《推进共建“一带一路”教育行动》	2016 年	实施“丝绸之路”合作办学推进计划。有条件的中国高等学校开展境外办学要集中优势学科，选好合作契合点，做好前期论证工作，构建人才培养模式、运行管理模式、服务当地模式、公共关系模式，使学校顺利落地生根、开花结果。发挥政府引领、行业主导作用，促进高等学校、职业院校与行业企业深化产教融合。鼓励中国优质职业教育配合高铁、电信运营等行业企业走出去，探索开展多种形式的境外合作办学，合作设立职业院校、培训中心，合作开发教学资源和项目，开展多层次职业教育和培训，培养当地急需的各类“一带一路”建设者
《中国教育现代化 2035》	2019 年	积极稳妥推动职业学校、高等学校与企业共同走出去，共建一批人才培养、科技创新和人文交流基地。加快建设中国特色海外国际学校。鼓励有条件的职业院校在海外建设“鲁班工坊”
《高等学校境外办学指南（试行）》	2019 年	从招生与学籍、教学与科研、教师与学生、教学质量评估、行政管理、财务与资产管理、跨文化管理、风险管理、协议与章程签署、办学场地选择、培养方案制定和报备及办学地许可手续办理等具体环节，对高等学校境外办学提供实操层面的技术指导

资料来源：作者根据有关政策文件整理。

（二）境外办学规模不断扩大

第一，我国境外办学项目数持续增长。统计数据显示，截至 2014 年，我国共有经过教育部审批的高等教育境外办学项目 92 项，到 2018 年增加到 128 项，5 年同比增长率高达 39%，且大部分高校的境外办学项目主要面向“一带一路”沿线国家。[①] 在积极的政策导向以及沿线国家的大力支持和配合下，我国高校境外办学的积极性逐渐提高，境外办学的步伐逐步加快，

① 倪好，周谷平，陈健．“一带一路”倡议下中国高校境外办学：态势、障碍与出路［J］. 教育发展研究，2019，39（5）：9-13.

整合优质资源的能力增强，推动了我国高等教育“走出去”。

第二，我国境外办学招生规模持续增加。改革开放初期，我国参与境外办学的高校仅有几所，且境外招生数量十分有限，历经几十年的发展，我国境外办学在参与的高校数量及招生人数上均有显著的增长。例如，老挝苏州大学从 2012 年开始招生，首届本科生只有 22 人，首期汉语言培训班学员人数仅有 40 人左右。[①] 到 2017 年底，老挝苏州大学共招收本科生 70 余人，汉语培训达 2 338 人次。自 2012 年 7 月正式招生以来，老挝苏州大学无论是语言强化班学生数量还是本科生数量都有较大幅度的增长。

第三，我国境外办学专业设置不断调整和完善。一方面，专业设置由传统的汉语言文学、中医学向“一带一路”沿线国家的高等教育紧缺专业拓展。例如，截至 2021 年，厦门大学马来西亚分校已开办海洋技术、海洋科学、新能源科学与工程、电子信息工程等当地急需的 22 个本科专业。另一方面，设立了符合办学目的地国（地区）特色发展的专业。例如，大连海事大学和科伦坡国际航海工程学院在斯里兰卡办学，开设了交通运输、航海技术、轮机工程等优势特色学科专业[②]。

（三）我国境外办学模式趋于多样化

我国面向“一带一路”沿线国家境外办学持续深入发展，逐渐形成了多样化的办学模式。目前，我国高校境外办学至少包含高校自主境外办学和联合办学两种模式，其中，联合办学模式又可以划分为校校联合、校企联合以及校府联合三种模式。

首先，高校自主境外办学模式。该模式是由我国高校在“一带一路”沿线国家选址后，建立独立运作的海外分校，如厦门大学在马来西亚雪兰莪州创办的厦门大学马来西亚分校。厦门大学马来西亚分校是我国现有“一带一路”沿线国家境外办学机构中较为成功的、全资设立且具有独立校园的分校区。[③] 此类境外办学机构的特点就在于拥有自主管理权、自有资金，

---

① 老挝苏州大学 . 湄公河流域的一朵奇葩：老挝苏州大学印象［EB/OL］.（2013-01-05）［2022-03-10］. http://laowo.suda.edu.cn/b3/cd/c14108a308173/page.htm.

② 林秋兰 . 我国高等院校境外办学问题研究：以高职高专境外办学为例［D］. 厦门：厦门大学，2019.

③ 薄云，陈武元 . 高校境外办学特点、趋势与推进策略［J］. 中国高等教育，2019（9）：47-49.

能够在境外维持自身相对独立的运转。目前，这种办学模式在“一带一路”沿线国家中正得到积极推行。

其次，中外联合的境外办学模式，该模式根据境外办学合作对象不同划分为三种模式。第一种是校校联合境外办学模式。校校联合是指我国高校与“一带一路”沿线国家的高校或教育机构开展境外办学的模式。这种模式相比于自主办学模式，其优势在于可以利用双方高校的教育资源共同培养学生，形成境外办学合力。如云南财经大学与泰国兰实大学在境外合作创办的曼谷商学院。该模式的具体运行机制是学生在我国高校进行一段时间学习后，可以申请到泰国继续学习，完成学业后可获得办学双方大学的学位证书。第二种是校企联合境外办学模式，具体指我国高校与“一带一路”沿线国家的企业合作开展的境外办学。这种模式可以最大限度地缓解高校因资金不足带来的境外办学压力。如无锡商业职业技术学院与中国纺织服装企业红豆集团合作在柬埔寨西哈努克港经济特区创建柬埔寨西哈努克港工商学院，并探索出了一条国有公办高校与民营企业实行股份制境外办学的新路径。[①] 同时，高校能够依托企业开设相关专业，把教育与生产相结合，在境外办学过程中与当地企业相互扶持、相互成就，共同服务于“一带一路”沿线国家的建设。第三种是校府合作境外办学模式。校府合作是指由“一带一路”沿线国家政府提供相关的办学条件，诸如政策保障、资金扶持等，而中方高校则相对独立地开展教育教学活动，并授予毕业生中方高校毕业证书和学位证书。[②] 以老挝苏州大学为例，老挝《外国投资法》规定外国教育机构在老挝的办学层次最高只能是大专院校[③]，而老挝当地相关政府部门出于对中国高校的信任以及双方合作的坦诚，在时任老挝总理波松·布帕万的支持下，老挝计划投资部对老挝苏州大学的办学予以政策上的特例批准。同时，苏州大学还与老挝教育与体育部签署了相关合作备忘录，以获得老挝政府方面的支持。

---

① 郭强．“一带一路”倡议下我国高校境外办学路径研究［J］．教育评论，2019（3）：28-32.

② 彭婵娟．我国跨境办学的成就、问题与展望:《国家中长期教育改革和发展规划纲要（2010-2020年）》述评［J］．河北师范大学学报（教育科学版），2021，23（4）：65-72.

③ 倪好，周谷平，陈健．“一带一路”倡议下中国高校境外办学：态势、障碍与出路［J］．教育发展研究，2019，39（5）：9-13.

（四）职业教育境外办学取得新进展

“一带一路”倡议正引领着新一轮全球化，加强中国与“一带一路”沿线国家的职业教育交流与合作将成为未来教育交流的重要方向，可为“文明之路”建设注入新动力。[①]截至2020年9月，我国共有44所高职院校在“一带一路”沿线国家（地区）创办了28个境外办学机构、47个境外办学项目。[②]从我国职业教育境外办学实践的成效来看，主要呈现出以下三方面的特点。

第一，我国职业教育境外办学形式多样。“鲁班工坊”、“产教融合联盟”以及“边境联盟”是我国职业教育境外办学最常见也是最成熟的三种办学形式。截至2019年，天津市已先后在泰国、印度、印度尼西亚、巴基斯坦等多个“一带一路”沿线国家建立了8个鲁班工坊，其中高职院校参与了7个鲁班工坊的建设。[③]“产教融合联盟”的形式多用于与“一带一路”沿线国家开展经济领域合作，如在中国与马来西亚政府的努力下，我国华南地区高职院校“一带一路”轨道交通产教融合联盟在马来西亚境内开展了多个境外办学项目；“边境联盟”的形式主要是针对与我国领土海陆相邻的“一带一路”沿线国家，如越南、老挝、缅甸等东盟国家所举办的境外办学。由于边境地区经济欠发达，职业教育整体水平不高，制约了我国职业教育与东盟国家开展境外办学。因此，中国东盟边境职业教育联盟应运而生，对推动我国职业院校“抱团式”走出去和构建“一带一路”教育共同体具有重要的战略意义。[④]

第二，我国职业教育境外办学服务“一带一路”建设的水平持续提升。我国高职院校通过输出本校的优质教育，与境外国家急需发展的产业紧密联系，将产业与教学深度结合，为“一带一路”沿线国家培养所急需的专业人才，更好地服务于“一带一路”的建设。2019年4月，武汉铁路职业

① 新华网．职业教育交流助力“一带一路”建设［EB/OL］．［2019-12-04］.http://fec.mofcom.gov.cn/article/fwydyl/zgzx/201912/20191202918959.shtml.

② 李惠翔．新时代高职院校境外办学路径研究［J］．天津商务职业学院学报，2021，9（3）：81-85.

③ 薄云，陈武元．高校境外办学特点、趋势与推进策略［J］．中国高等教育，2019（9）：47-49.

④ 罗志，黄雄彪．“一带一路”背景下东盟边境职教联盟组建的战略构想［N/OL］．中国青年报，2016-09-26［2021-03-21］.http://zqb.cyol.com/html/2016-09/26/nw.D110000zgqnb_20160926_1-11.htm.

技术学院依托“鲁班工坊”模式，在泰国境内开办了“高铁鲁班学院”，为泰国高铁行业培育高技能人才，同时也为我国与泰国铁路合作项目储备高质量人才，保证项目的顺利实施。

第三，职业教育境外办学校企合作水平不断深化。“一带一路”倡议提出以来，许多中国企业率先响应国家政策，开始投身“一带一路”建设。一方面，企业经营迫切需要大量能够支撑企业“走出去”的技术人才和管理人才。另一方面，职业院校为了缓解境外办学的资金压力，实现职业教育“走出去”，开始与企业进行深度合作。2016 年颁布的《关于做好新时期教育对外开放工作的若干意见》中明确指出，“鼓励高等学校和职业院校配合企业走出去，鼓励社会力量参与境外办学，稳妥推进境外办学”，为我国职业教育院校与企业合作开展境外办学提供了政策保障。在政策支持下，中国许多优质职业教育院校配合我国的高铁、电信、船舶等行业相关企业，在“一带一路”沿线国家开展境外分校、境外培训中心等多种形式的境外办学，打造中国职业教育的国际化品牌，进一步丰富了我国境外办学格局，继续推进共建“一带一路”倡议行稳致远。

三、“一带一路”倡议下我国高校境外办学的发展困境

诚然，我国在境外办学的诸多领域已取得不俗的成就，但我国高校境外办学起步较晚，尚处于探索和发展阶段，与欧美发达国家相比，还存在较大差距。目前，我国高校境外办学仍存在政策引领不充分，办学定位不清晰，内涵建设不足，高校办学能力参差不齐，师资薄弱以及质量保障机制不完善等问题。

（一）境外办学的政策引领尚不充分

2002 年 12 月，我国颁布了《高等学校境外办学暂行管理办法》（以下简称《办法》）并于次年 2 月实施，该法规在此后 13 年中为我国高等学校境外办学提供了清晰的指引和明确的保障。2015 年，根据国务院“放管服”改革中“简政放权，落实和扩大高校办学自主权”的要求，教育部正式废止了该《办法》，并于 2019 年 9 月发布《高等学校境外办学指南》（试行）（以下简称《指南》）。《指南》相较于《办法》等行政法规而言，更多倾向于提供技术指导和可行性建议。我国境外办学包含职业教育与高等教育两个领

域，未来还会包含诸如基础教育、中等教育等更为广泛的领域。各领域教育虽具有共性，但受制于教育对象的不同，其独特性亦不能忽视。然而目前，我国缺少针对性更强、指导性更为明确的政策来引导不同领域不同层次的境外办学，以提升我国境外办学的实力，打造我国高等教育国际化的名片。与此同时，我国对境外办学高校的资金使用管理十分严格。2012 年 2 月颁布的《事业单位财务规则》（财政部令第 68 号）强调严格控制事业单位对外投资以及严格履行审批程序，其目的在于严防国有资产流失。这些规定在一定程度上限制了高校特别是公立高校对境外分校的投资。

（二）境外办学定位不清晰，内涵建设不足

2015 年，教育部废止《高等学校境外办学暂行管理办法》，之后逐步取消了境外办学的行政审批程序，释放了多主体参与境外办学的活力。在“十三五”期间，我国高校境外办学稳步发展。在我国境外办学发展势头迅猛的背景下，随之而来的一个重要问题就是如何正确认识我国高校境外办学的定位。第一，部分高校不能正确对待境外分校的地位问题。部分高校及机构将境外分校视为校本部的“附属品”，而未将境外分校纳入高校整体发展规划当中，使得境外分校始终处于无序和混乱的发展状态。第二，部分高校对境外办学服务于“一带一路”建设的认识不足。例如，许多高职院校抢抓境外办学机遇，利用境内、境外有限的资源，迅速启动境外办学项目，仅仅想要扩大学校海外声誉，而不考虑自身境外办学是否能服务于“一带一路”沿线国家的发展建设。同时，部分高校盲目扩大海外分校数量和规模，后期受项目所在国地缘政治环境、经济发展状况、职业教育政策、地域文化特色、资金投入需求等诸多因素限制，导致其境外办学只能维持短短几年而倒闭。[①]

高等学校作为境外办学主体，如果在办学中无序扩张和无目的发展，势必会导致办学停滞甚至失败的局面。换言之，高校在境外办学中内涵建设不够，不足以支持我国境外办学实现高质量发展。目前，我国境外办学的课程设置仍以“一带一路”沿线国家的需求而设，缺乏课程体系的系统

---

① 刘必旺，谈颖．高职院校“中文＋职业技能”境外办学实施路径研究［J］．职业技术，2022，21（2）：1-5.

性安排，存在课程结构不合理的问题。同时，我国部分高职院校在境外办学实践中未能打造和形成本校特色和品牌，同质化竞争和内耗的现象较为严重，造成整体资源利用效率不高，这无疑掣肘了我国境外办学整体质量的提升。再者，在境外分校管理水平的建设上，境外办学要求管理人员能够熟悉掌握国际化办学政策和具有良好的双语沟通能力，而符合境外办学要求的高级管理人才仍有较大缺口，使得部分境外办学高校特别是高职院校出现管理混乱、行政效率低下的现象，对境外办学的可持续发展产生消极影响。

（三）高校境外办学能力参差不齐

伴随“放管服”改革深入推进至教育领域，我国进一步放宽对境外办学的限制条件，鼓励社会力量开展境外办学，私营高等教育机构、跨国教育公司、教育基金会等新兴境外办学力量层出不穷。

从办学基础的差异来看，目前，我国境外办学的主体大多是国内办学基础好、办学实践丰富的公立高校，他们在境外办学中更易应对各种风险和挑战，这些高校自身良好的办学基础和国际化办学水平是境外办学的基本保障。如北京大学汇丰商学院英国校区、厦门大学马来西亚分校以及温州大学意大利分校等在境外办学目的地国均得到了当地认可，广受赞誉。目前办学基础较差的境外办学主体也在增加。这些办学基础薄弱的学校与机构，大多凭借对境外办学的热情而不顾及自身实际情况，不但无法满足我国教育对外开放的战略需求，也无法为“一带一路”沿线国家培养出合格的急需的高质量人才，制约了我国境外办学声誉和信誉的提升。

从办学经费投入的差异来看，公立高校特别是世界一流水平大学的办学经费相对于其他境外办学主体更加充裕。以 2020 年度高校部门预算为例，北京大学预算支出为 142.23 亿元[①]，而同作为境外办学主体的公立高校的大连海事大学的预算支出为 22.67 亿元[②]。不同于北京大学汇丰商学院英国校区的自主管理、自有资金、自负盈亏的模式，大连海事大学斯里兰卡校区

① 北京大学．北京大学 2020年度部门预算［EB/OL］.［2020-07-01］. https://xxgk.pku.edu.cn/docs/20200703095843466311.pdf.

② 大连海事大学．大连海事大学 2020 年度部门决算［EB/OL］.［2021-08-16］.http://xxgk.dlmu.edu.cn/info/1007/3661.htm.

处于入不敷出、资金严重不足的状况，该校一直以本部教育经费补贴斯里兰卡校区。即便如此，少量的经费补贴也仅能维持斯里兰卡校区正常运营，而境外校区想要进一步发展，现有经费投入则显得捉襟见肘。因此，年度部门预算较少的高校更希望政府能够予以财政资金支持以满足境外办学发展。

从境外办学高校寻求校企合作的能力差异来看，首要问题便是高校与企业之间缺少政府主导和监管的校企联系平台或机制，致使我国高校在开展境外办学时大都依靠本校校友或行业内人脉资源“牵线搭桥”进行合作。这种依托人脉关系建立合作的机制对于高职院校等影响力较低的高校极为不公平，使得高职院校等没有或少有优质企业与之合作，不利于促进我国职业教育境外办学整体实力的提升和推动职业教育“走出去”的国际化发展。

（四）境外办学中的师资问题较为突出

2018年颁布的《中共中央 国务院关于全面深化新时代教师队伍建设改革的意见》中明确指出：教师承担着传播知识、传播思想、传播真理的历史使命，肩负着塑造灵魂、塑造生命、塑造人的时代重任，是教育发展的第一资源。师资力量对于我国境外办学的重要性不言而喻。“一带一路”背景下我国境外办学的师资问题主要表现在三个方面：第一，高水平教师严重不足，无法满足境外校区扩大招生和提高质量的需求。高校教师往往在国内已承担了繁重的教学或科研任务，外派承担境外教学任务更加难以实现。由于我国与“一带一路”沿线国家尚未进行教师资格互认，而所聘用的外籍教师或当地教师由于教学水平和能力参差不齐，也无法提升教学质量，导致生源减少、无力负担办学成本等困境，进而不能吸引优秀教师加入，陷入恶性循环。第二，外派教师的适应能力不强。这种适应能力包括了对境外当地气候水土的适应性、对当地文化传统的适应性以及对教学内容和教学环境的适应性。第三，外派教师的津贴待遇与工作压力不对称。教师在境外的教学并不是短时间就能结束的，长时间投入我国教育对外开放的事业当中，如果职称评定时并无特殊照顾政策，则有失公允。[①]同时，相比于外派教师所承担的巨大的生理和心理压力，其津贴待遇并无明显优势，这使得外派教师的积极性大都不高，成为办学质量问题的又一因素。

（五）境外办学的质量保障机制不完善

境外办学的质量是双方合作可持续发展的灵魂与关键，也是我国境外办学实现由量变向质变跨越性发展的保障。由于境外办学的特殊性，境外办学主体与学校实体分属输出国与目的地国，因此在质量保障上，一方面，作为输出国，我国需要监管并保证境外办学的质量符合办学要求和各项政策规定；另一方面，目的地国对我国的境外办学也要提供必要的质量监管和保障。从我国对境外办学的质量监管和保障来看，2015 年以来，我国逐渐放宽境外办学的限制，允许各高校依据自身发展战略自主开展境外办学，对境外办学质量的监管则是由教育部国际合作与交流司和各省教育厅的外事工作部门负责，各省教育厅根据本省实际情况出台相关政策，并按期在教育涉外监管信息网上公布我国高等院校开展的涉外办学相关活动信息。[②]但这种结果性的监管存在着诸多弊端，如对办学过程中的教学、行政管理是否合乎质量规范缺乏实质性监管。此外，我国尚未建立完善的境外教育质量监管和认证体系[③]，现行质量标准是否符合当地实际情况等问题亟待解决。再者，以目的地国的视角来看，部分“一带一路”沿线国家经济发展水平和教育发展水平相对较低，多数境外分校难以获得当地政府相应的财力支持，对分校的质量监管也难以达成，而目的地国与我国的联合监管也收效甚微。如何建成双方都满意的质量保障机制，仍需我国与“一带一路”沿线国家共同努力。

① 林秋兰 . 我国高等院校境外办学问题研究：以高职高专境外办学为例［D］. 厦门：厦门大学，2019.

② 同①.

③ 韩云鹏，高惠琴 . 我国职业院校境外办学的现状、困境与推进路径［J］. 职教论坛，2021，37（10）：19-26.

四、“一带一路”倡议下扩大我国高校境外办学的策略

（一）加强政策引领，完善顶层设计

我国境外办学尚处于探索和发展阶段，办学经验仍显不足，完善境外办学政策已成为当务之急。我国应逐步健全和完善境外办学政策体系，营造优良的政策环境，完善经费投入的长效机制，扩大学历学位互认范围，在顶层设计上做好境外办学的规划。一是制订科学可行的战略规划和境外办学政策，明确发展目标、空间布局和优先发展领域，确保我国境外办学有计划、有重点、有方向地稳步推进。① 境外办学政策的内容应包括境外办学准入标准、管理体制、学生入学资格、课程设置、学制、学位授予、质量保障、经费来源、师资队伍、退出机制等问题②，以此为开展境外办学的高校提供切实可行的指导，保证高等教育境外办学的教育质量。除此之外，在制定好战略规划等政策的基础上，还需要协调我国政府与目的地国政府之间的关系，加强跨部门的通力合作，将政策落到实处。二是加大经费投入，健全经费投入长效机制。我国高校境外办学涉及设备资源和人力资源，经费在其中起着重要的作用。可以借鉴俄罗斯的两级拨款“供血”机制③，政府在增加对境外办学的财政支持的同时，鼓励高校采取多种方法吸引资金投入，开辟畅通、多样化的筹资渠道，为高校境外办学提供充足的资金保障。还可以以资金、信贷、税收等优惠政策取代传统的直接拨款的扶持方式，保障经费长效机制的有效性。④ 同时，有关政府部门应为高校境外办学资金设置专门渠道，畅通境外办学所需的合理外汇流动。三是扩大学历学位互认范围。学历学位是否互认是境外学生择校时关注的重点，我国应该借鉴“欧洲高等教育区”等成功经验，持续扩大“一带一路”沿线国家学生的学历学位互认，突破学生流动的制度障碍，提升境外办学高等教育

---

① 彭婵娟．我国跨境办学的成就、问题与展望:《国家中长期教育改革和发展规划纲要（2010-2020年)》述评［J］. 河北师范大学学报（教育科学版），2021，23（4）：65-72.

② 刘宝存，张瑞芳．国际视野下的跨境办学监管模式与我国的路径选择：基于教育输入国境内高等学校海外分校的视角［J］．西南大学学报（社会科学版），2020，46（5）：77-85，192-193.

③ 刘聪．我国高校境外办学的相关动因研究［D］. 南京：东南大学，2019.

④ 柳玖玲．“一带一路”背景下我国高等职业院校境外办学实践研究［D］. 杭州：浙江工业大学，2019.

文凭的共通性以及促进学生的国际流动。[①]

（二）打造办学特色，促进内涵发展

良好的专业布局与系统的课程设置有利于促进境外办学内涵式发展，而教师的教学质量对于境外办学高质量发展起着决定性作用。为顺应时代发展以及社会需求的变化，我国需要进一步完善专业设置，提升教师师资水平。一是完善专业布局，打造特色学科品牌。目前我国高校境外办学的项目数量较少，特别是在“一带一路”沿线国家开展的境外办学中，开设的专业多集中在汉语教学上。完善境外办学的学科专业布局和结构，就要求我国高校坚持需求导向和资源导向相结合的原则，既要以目的地国（地区）的社会需求为导向，也要根据目的地国（地区）的经济结构做出相应调整。[②]例如，我国在“一带一路”沿线国家开展境外办学时，可增加建筑、铁路、物流等相关专业，这样既可以满足目的地国（地区）的社会需求，也可以助推目的地国（地区）的经济发展，同时，可将中国文化与高校自身的优势专业相结合，推进中国文化传播，打造境外办学特色品牌，如中医药学、汉语言文学等，以此提升我国境外办学的国际竞争力和话语权。二是提升教师综合素养，打造国际化外派师资团队。在外派教师选聘上，严格设置外派教师准入门槛。我国应该制定政策调动教师参与外派的积极性，增加外派教师的补贴，给予职称评定或子女入学等照顾政策；在选聘过程中，坚持公平、公正、公开的原则，择优录取，力求选拔出具有跨文化交流能力和相关历史文化素养的教师队伍[③]；在外派教师培养上，要注重将专业水平培养和多元文化素养提升相结合，依据境外办学目的地国（地区）的教学方式，有针对性地培养外派教师，同时，注重提升教师多元文化能力素质。我国可以借鉴发达国家教育经验，在岗前培训中开设“多元文化教育”“多元民族意识”等课程，促进教师掌握多元文化社会所需的

---

① 胡瑞，尹河，朱伟静．“一带一路”沿线国家来华留学研究生教育：现状、困境与策略［J］．现代教育管理，2020（5）：51-57.

② 林秋兰．我国高等院校境外办学问题研究：以高职高专境外办学为例［D］．厦门：厦门大学，2019.

③ 刘聪．我国高校境外办学的相关动因研究［D］．南京：东南大学，2019.

基本知识及能力素质[①]；发挥海归教师的带头优势，提升师资的国际化水平。

（三）注重资源整合，推动校企合作

近年来，由于办学主体和相关方利益诉求不同，又缺乏良好的协同机制和合作平台，为进一步减少境外办学风险的产生，我国需要进一步整合政府、企业、院校等相关方的资源，推动校企合作进行产教融合。一是鼓励多方参与，发挥办学优势。目前，高校境外办学有企业主导型、院校主导型、行业协会主导型、多方参与型等多种合作模式。我国高校需要在整合资源的基础之上，鼓励多方参与，形成多位一体的境外办学模式。同时，利用好境外国家政府和境外人民的扶持与帮助，加强高校与境外办学目的地国的中国社会团体、慈善组织等机构的联系，广泛吸纳各方力量参与办学，为境外办学筹集更广泛的资金。二是重视与境外企业的联系，搭建境外办学校企合作平台。高校境外办学主体要主动对接企业人才需求，邀请企业参与人才培养方案制订、教学资源开发等教育教学环节。企业要发挥境外资源优势，为高校提供办学硬件设施、实习实训场所等方面的支持。高校与境外企业以产教融合为途径，在行业动态、软硬件设施等方面实现优势互补，资源共享。同时，我国还应该依托校企合作平台进行协同育人，鼓励企业积极参与和支持我国境外办学项目[②]，提高人才供给与需求的市场匹配度，共同推进境外办学项目的顺利实施，提升境外办学水平。

（四）健全保障机制，提升办学质量

境外办学质量保障机制由内部质量保障机制和外部质量保障机制共同构成。内部质量保障机制的主体是境外办学高等院校，外部质量保障机制的主体是政府教育主管部门或第三方机构。[③]健全内部与外部质量保障机制不仅有助于促进高校境外办学内涵式发展，同时能够有效监管、评估高校的教学活动。一是健全境外办学内部质量保障机制。构建高校境外办学内

① 胡瑞，朱伟静．南亚国家来华留学生教育发展状况与优化策略［J］．西南大学学报（社会科学版），2019，45（2）：88-95.

② 倪好，周谷平，陈健．“一带一路”倡议下中国高校境外办学：态势、障碍与出路［J］．教育发展研究，2019，39（5）：9-13.

③ 林秋兰．我国高等院校境外办学问题研究：以高职高专境外办学为例［D］．厦门：厦门大学，2019.

部质量保障机制需建立质量保障管理部门，明确管理职责，对境外办学的学科专业设置、师资派遣、教学设施配备、招生工作等方面进行严格规范。同时，要完善高校境外办学的自我评估机制，形成高校对境外办学机构和项目的常态化自我评估，以评促建，以评促改，评建结合。[①] 二是健全境外办学外部质量保障机制。外部质量保障机制主要包括对境外办学高校的学位、科研、教学等软件设施方面，以及校园建设、教学设备等硬件设施方面的审核。除此之外，还应完善境外办学准入机制和退出机制，严格把控高校境外办学门槛，对教育质量低、财政短缺、违反办学规则的高校，采取相应措施使其转制或退出。我国还应借鉴高等教育输出强国管理本国高校境外办学的经验来建立保障制度，构建获得国际认可的高校境外办学评估和质量保障机制。

第四节　促进孔子学院可持续发展

孔子学院是促进中文传播，加深世界人民对中国语言文化的了解，推动中外人文交流，增进国际理解的中外合作非营利机构。“一带一路”倡议为孔子学院的发展带来了新机遇，不仅为孔子学院的发展注入新活力，而且有助于推动孔子学院走特色化发展道路。然而，孔子学院面临数量分布不均匀、合作机构和承办机构较单一、运行机制不完善等问题。基于此，未来应科学定位“一带一路”沿线国家孔子学院的发展思路，丰富“一带一路”沿线国家孔子学院的发展模式，完善“一带一路”沿线国家孔子学院的运行模式。

一、“一带一路”沿线国家孔子学院的发展现状

孔子学院是我国政府为满足世界人民学习汉语的需要，在借鉴德国的“歌德学院”、法国的“法语联盟”、西班牙的“塞万提斯学院”、俄罗斯的“普希金学院”等国际经验基础上，创办的推广汉语语言和汉语文化的中外合

① 蒋凯，夏红卫．高校境外办学的瓶颈问题与应对策略［J］．江苏高教，2019（11）：18-24.

作非营利机构。自 2004 年创办以来，孔子学院取得了跨越式的发展与成就。根据中国国际中文教育基金会的统计，截至 2019 年底，全球有 162 个国家（地区）建立了 550 所孔子学院和 1 172 个孔子课堂。其中，在亚洲 37 国（地区）建立了 137 所孔子学院，在 24 国建立了 115 个孔子课堂；在欧洲 41 国建立了 187 所孔子学院，在 31 国（地区）建立了 348 个孔子课堂；在非洲 45 国建立了 62 所孔子学院，在 20 国建立了 48 个孔子课堂；在大洋洲 5 国建立了 20 所孔子学院，在 5 国建立了 101 个孔子课堂；在北美洲 12 国建立了 113 所孔子学院，在 8 国建立了 541 个孔子课堂；在南美洲 12 国建立了 31 所孔子学院，在 5 国建立了 19 个孔子课堂。[①] 截至 2019 年底，孔子学院已累计派出 12 万名教师、志愿者，培养培训各国本土汉语教师 50 万人次，全球孔子学院各类学员累计上千万人。在孔子学院的带动和影响下，到 2019 年底，已有 69 个国家将汉语教学纳入国民教育体系。[②]

在管理上，孔子学院最初由孔子学院总部 / 国家汉办负责管理和指导。2020 年 7 月，孔子学院总部更名为中外语言交流合作中心后，孔子学院转由新设立的中国国际中文教育基金会负责。该基金会由北京大学等 27 家高校、企业和社会组织联合发起。孔子学院的具体业务包括“研究提出全球孔子学院和国际中文教育发展愿景”“制定孔子学院品牌标准和规范，授权设立孔子学院和孔子课堂”“评估孔子学院和孔子课堂办学质量”等。[③] 由于管理体制的变化需要一定的过渡期，目前有关孔子学院的全面数据尚没有可靠的来源渠道。鉴于此，我们利用从孔子学院总部网站梳理到的数据来分析“一带一路”沿线国家孔子学院的发展情况。根据统计，截至 2017 年，“一带一路”沿线国家中有 52 个国家设立了 134 所孔子学院（见表 3-5）。

---

① 中国国际中文教育基金会 . 孔子学院［EB/OL］.［2021-08-18］. https://www.cief.org.cn/kzxy.

② 新华社 . 孔子学院十五年：全球“汉语热”带来机遇与挑战［EB/OL］.［2021-08-18］. http://www.gov.cn/xinwen/2019-12/10/content_5460063.htm.

③ 中国国际中文教育基金会 . 章程［EB/OL］.［2021-08-18］. https://www.cief.org.cn/zcc.

表 3-5 “一带一路”沿线国家孔子学院数量

（单位：所）

国家	数量	国家	数量	国家	数量	国家	数量
蒙古	3	新加坡	1	马来西亚	2	印度尼西亚	2
泰国	16	老挝	1	柬埔寨	1	越南	1
伊朗	2	土耳其	4	约旦	2	黎巴嫩	1
以色列	2	阿联酋	2	巴林	1	希腊	1
塞浦路斯	1	埃及	2	印度	2	巴基斯坦	4
孟加拉国	2	阿富汗	1	斯里兰卡	2	尼泊尔	1
哈萨克斯坦	5	乌兹别克斯坦	2	塔吉克斯坦	2	吉尔吉斯斯坦	4
俄罗斯	17	乌克兰	5	白俄罗斯	4	格鲁吉亚	1
阿塞拜疆	2	亚美尼亚	1	摩尔多瓦	1	波兰	5
立陶宛	1	爱沙尼亚	1	拉脱维亚	1	捷克	1
斯洛伐克	2	匈牙利	4	斯洛文尼亚	1	克罗地亚	1
波黑	1	黑山	1	塞尔维亚	2	阿尔巴尼亚	1
罗马尼亚	4	保加利亚	2	马其顿	1	菲律宾	4

资料来源：作者依据国家汉办网站资料整理，孔子学院/学堂［EB/OL］.［2018-08-28］. http: //www.hanban.org/confuciousinstitutes/.

在“一带一路”沿线国家的这 134 所孔子学院中，只有 125 所可以在国家汉办网站上查询到比较确切的启动时间。基于这 125 所孔子学院的启动时间，可以发现 2006 年启动的最多，有 22 所；其次为 2007 年，有 16 所；排在第三位的是 2011 年，有 15 所（如图 3-1）。在 2013 年“一带一路”倡议提出后，5 年时间（2013—2017 年）里在“一带一路”沿线国家共创办孔子学院 27 所，发展的速度并不是很快。

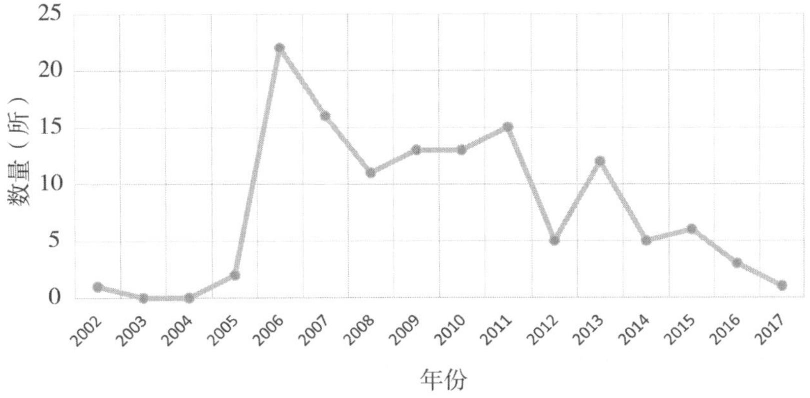

图 3-1 “一带一路”沿线国家孔子学院年度增加数量变化

资料来源：作者依据国家汉办网站资料整理，孔子学院/学堂［EB/OL］.［2018-11-02］. http: //www.hanban.org/confuciousinstitutes/.

截至 2018 年 12 月，全球已有 154 个国家（地区）建立了 548 所孔子学院和 1 193 个中小学孔子课堂。其中，“一带一路”沿线有 53 国设立 140 所孔子学院和 136 个孔子课堂，欧盟 28 国、中东欧 16 国实现孔子学院和孔子课堂全覆盖。孔子学院的设置通常是由外方相关机构来承办，同时需要有中方院校作为合作机构。就“一带一路”沿线国家的 140 所孔子学院而言，在中方合作机构方面，除塞浦路斯大学孔子学院的中方合作机构为成人高等院校外，其余均为普通高等院校。另外，除泰国东方大学孔子学院和斯里兰卡科伦坡大学孔子学院的中方合作机构为 2 个外，其余“一带一路”沿线国家孔子学院的中方合作机构均为 1 个。统计显示，“一带一路”沿线国家的 140 所孔子学院的中方合作机构总数量为 95 个，这就意味着部分中方机构同时合作的孔子学院数量不止 1 个。其中，北京外国语大学合作的孔子学院数量多达 9 个，位居第一；其次为北京语言大学、北京大学和厦门大学，合作的孔子学院数量均为 4 个；排在第三位的是广西民族大学、广西师范大学、兰州大学、上海大学、上海对外经贸大学、新疆师范大学、云南大学，合作的孔子学院数量均为 3 个；排在第四位的是安徽大学、大连外国语大学、对外经济贸易大学、福建师范大学、辽宁大学、山东大学、上海外国语大学、沈阳师范大学、天津理工大学、天津师范大学、天津外国语大学、西北师范大学、西南大学、新疆大学，合作的孔子学院数量均为 2 个；剩余的 70 个中方机构合作的孔子学院数量均为 1 个。

在孔子学院的承办机构即外方机构方面，除泰国勿洞市孔子学院、柬埔寨皇家科学院孔子学院、约旦安曼 TAG 孔子学院 3 所外，其余的承办机构均为当地的大学或学院。而这 3 所孔子学院的外方承办机构的性质各不相同，其中勿洞市孔子学院的承办机构是勿洞市政府，柬埔寨皇家科学院孔子学院的承办机构是柬埔寨皇家科学院，约旦安曼 TAG 孔子学院的承办机构是约旦 TAG 集团。另外，作为外方承办机构的大学或学院除了极个别在世界上享有一定声誉，其余均为比较普通的大学。具体而言，相对知名的有新加坡南洋理工大学孔子学院的承办机构南洋理工大学，在 2022 年 QS 世界大学排名中位居第 12 位；马来亚大学孔子汉语学院的承办机构马来亚大学，在 2019 年 QS 世界大学排名中位居第 65 位。

二、“一带一路”沿线国家孔子学院发展面临的机遇与问题

“一带一路”建设是我国与“一带一路”沿线各国在政治、经济、文化方面建立利益共同体，是一个相互吸纳和借鉴的过程。① 所以，“一带一路”建设将为孔子学院的进一步发展提供很好的机遇，因为孔子学院本身就是一个中国文化向外传播的重要途径。同时，“一带一路”建设也需要有一定的民心基础，孔子学院作为中国文化与世界各国教育文化交流的重要窗口，在民心相通中扮演着不可忽视的重要作用。在拥有发展机遇的同时，我们也应看到孔子学院也遭遇到一些挑战。

（一）“一带一路”沿线国家孔子学院发展面临的机遇

2016 年 11 月 22 日，教育部在与福建、广西、海南、贵州、云南、新疆六省（区）在京签署“一带一路”教育行动国际合作备忘录时，时任教育部部长陈宝生指出，“一带一路”是中国教育国际合作交流的顶层设计，是中国教育逐步走向世界教育中心的路线图，是在更高层次、更大范围推

① 罗兰烁 . 孔子学院在“一带一路”上［N］. 人民日报海外版，2016-10-01（5）.

进教育国际合作交流的重要抓手。[①]孔子学院作为中国国际合作与交流的重要组成部分，借助“一带一路”这一顶层设计，注定迎来发展的良好契机。

首先，“一带一路”建设有助于推动孔子学院规模的进一步扩大。“一带一路”是中国经济主动参与世界经济的重要途径。在“一带一路”建设框架下，我国与沿线各国在基础设施建设、经贸往来、金融服务、文化旅游等领域的合作与交流均表现出强劲的发展势头。例如，2020 年 9 月发布的一份智库报告显示，海外民众对“一带一路”倡议的认知度逐年提升，是海外认知度最高的中国理念和主张。[②]在贸易方面，我国与沿线国家的贸易额占外贸总额的比重逐年上升，2013 年为 25%，2018 年提升到 27.4%[③]，2020 年进一步提升到 29.1%。[④]在文化交流、民心相通方面，到 2016 年底，我国已与全部“一带一路”沿线国家签订了政府间文化交流合作协定。[⑤]2019 年，在我国学习的“一带一路”沿线国家留学生占比达 54.1%。[⑥]在这样的大发展背景下，汉语语言与中国文化的国际传播需求进一步加大，因为这些领域的合作与交流若没有一定的语言和文化作为媒介，很难有深入的推进。语言不通，文化不通，信任就很难建立起来，而信任建立不起来，合作与交流就失去了基础。孔子学院作为汉语与中国文化国际传播的有效机构之一，其本身就兼具加强我国与世界各国文化交流、友好合作以及增进互信的重要功能，因此在“一带一路”的持续推进过程中，必然会有越来越多的建设需求。

其次，“一带一路”建设可以为孔子学院的发展注入新活力。创办孔

---

① 赵新，韦建刚．“一带一路”视角下高校留学生教育发展对策探讨［J］．黑龙江高教研究，2018，36（6）：150-153.

② 中国新闻网．智库报告显示，“一带一路”倡议是海外认知度最高的中国理念和主张［EB/OL］．［2021-08-20］．http://www.chinanews.com/gn/2020/09-15/9291522.shtml.

③ 经济观察网．“一带一路”倡议六年成绩单：今年前 8 个月我国对沿线国家进出口增速高出全国整体 6.3 个百分点［EB/OL］．［2021-08-20］．http://www.eeo.com.cn/2019/0917/365784.shtml.

④ 吴佳潼．中国发布 | 商务部：去年我国与“一带一路”沿线国家货物贸易额达 1.35 万亿美元［EB/OL］．［2021-08-20］．http://news.china.com.cn/txt/2021-01/29/content_77169072.htm.

⑤ 央广网．我国已与“一带一路”沿线全部国家签订政府文化协定［EB/OL］．［2021-08-20］．http://china.cnr.cn/news/20170512/t20170512_523750850.shtml.

⑥ 央视网．2019 年在我国学习的“一带一路”沿线国家留学生占比达 54.1%［EB/OL］．［2021-08-20］．http://news.cnr.cn/native/gd/20201223/t20201223_525372126.shtml.

子学院的主要目的是满足世界人民学习汉语的需求，所以孔子学院虽然是中外合作办学机构，但是很少有驻国政府的介入。由于不是政府间的合作，这就容易引起相关人士对孔子学院兴办动机的质疑与批判。“一带一路”倡议的实施，对消除以西方国家为代表的国际社会对孔子学院的质疑具有一定的积极作用。“一带一路”是国与国之间的一种互惠合作与交流，推进“一带一路”建设对参与国来说是一个双赢或多赢的行动。孔子学院参与“一带一路”建设既是必然，也是必须。正如有研究者指出的：“在‘一带一路’产业经济合作全球化拓展的背景下，汉语国际传播不再是空喊弘扬中华文化的口号，而是具有实实在在的内容，那就是，汉语国际传播要服务‘一带一路’，服务产业经济合作，服务企业走出去、走进去、走上去，服务企业国际化，服务企业生产力发展。”[①] 孔子学院作为汉语国际传播的一个重要途径，在“一带一路”建设下，自然应该承担起这样的使命，同时也赋予自身新的活力。孔子学院的发展如果有了合作国家之间国家利益的介入，就不再是由我国主导的一种单纯的汉语与文化输出。

最后，“一带一路”建设有助于孔子学院的特色化发展。以往孔子学院的功能主要是满足世界各国人民学习汉语的需求，所以各国孔子学院无论是在运行模式上还是教材建设上，都具有一定的相似性。“一带一路”建设使得孔子学院的功能得到拓展，即从整体上要服务“一带一路”建设，在具体的内容上要根据“一带一路”建设需要以及“一带一路”沿线国家的情况等进行一些调整，从而形成“百花齐放”的格局。有研究者指出，“贸易畅通将为孔子学院因地制宜开设新课、扩大零基础成人生源、倒逼教学实用化改革提出新要求；资金融通将为孔子学院吸纳社会资本、实现资金来源多样化、突显公益性民间性提供历史契机”[②]。

（二）“一带一路”沿线国家孔子学院发展面临的问题

首先，“一带一路”沿线国家的孔子学院数量分布不均匀。从“一带一路”沿线国家孔子学院的数量来看，一是目前有部分“一带一路”沿线国

① 王建勤.“一带一路”与汉语传播：历史思考、现实机遇与战略规划［J］. 语言战略研究，2016，1（2）：33-38.

② 李丹：一带一路为孔子学院发展升级提供新推力［EB/OL］.［2018-06-25］. http://snydyl.shaanxi.gov.cn/article/3510.html.

家还没有设立孔子学院，而这些国家与我国的经贸往来并不少，并且部分已经与我国签署了共建“一带一路”的相关协议。例如，2017 年我国同文莱签署了“一带一路”建设、基础设施建设、卫生等领域的双边合作文件。2020 年全年我国与文莱的贸易额为 19.1 亿美元，同比增长 72.5%，我国企业对文莱全行业直接投资 2 350 万美元，同比增长 182.8% ①。再如，2021 年在第四届上海进博会上，叙利亚经济和外贸部长指出“中国已经成为叙利亚在进口方面的第一大贸易伙伴”②。但是，无论是在文莱还是在叙利亚，我国都没有设立孔子学院。二是孔子学院在“一带一路”沿线国家的布局不是很合理，与所在国家的人口基数和国别合作度等不是很匹配。一般而言，人口基数越大、国别合作越密切，对汉语学习的需求或潜在需求会越大，这就需要根据实际情况合理布局孔子学院，从而更好地发挥孔子学院的作用。但是目前的孔子学院国别布局有待进一步优化。部分国家人口基数大，与我国的合作度指数也比较高，但是该国所建设的孔子学院却并不多，典型的代表有越南、印度等。例如，越南 2019 年的人口总数达到了 9 600 多万，在 2018 年“一带一路”国别合作度排名中位居第 5 位③，但目前却只有 1 所孔子学院；印度 2019 年人口超过 13 亿，在 2018 年“一带一路”国别合作度排名中位居第 15 位④，但是目前却只有 2 所孔子学院。

其次，“一带一路”沿线国家的孔子学院合作机构和承办机构均比较单一。从前面的论述可以看到，高等教育机构（主要为普通高等院校）为孔子学院合作机构即中方机构的唯一类型，还没有其他相关利益群体的参与。另外，还存在“一对多”的现象，即一所中国高等教育机构同时是多所孔子学院的中方合作机构。一方面，“一带一路”建设最重要的是经济领域的合作，因此孔子学院若没有相关的企业、金融机构等的参与，就很难准确

① 中国新闻网 . 专家：2020 年中国对东盟直接投资大幅增长体现双方经贸韧性［EB/OL］.［2021-09-26］. https://baijiahao.baidu.com/s？id=1711932886834911396&wfr=spider&for=pc.

② 驻阿拉伯叙利亚共和国大使馆经济商务处 . 叙利亚经济和外贸部长：中国已经成为叙利亚第一大贸易伙伴［EB/OL］.［2021-08-20］. http://sy.mofcom.gov.cn/article/jmxw/202108/20210803183465.shtml.

③ 国家信息中心 .“一带一路”大数据 · 国别合作度指数［J］. 中国投资，2018（19）：104-105.

④ 同③.

把握“一带一路”建设的需求，不能很好地服务“一带一路”建设。另一方面，“一对多”的形式，虽然可以节约成本，但是也存在人手不够的困境，特别是在孔子学院教师的外派上。孔子学院的承办机构目前同样是以高等教育机构为主，政府、企业等机构参与少，同时承办机构中的世界知名高等教育机构有限，这不利于孔子学院融入当地的经济社会生活发展，也不易于产生较大的影响。“一带一路”建设既需要有一定的人才支撑，也需要有民心相通的基础，所以如何扩大孔子学院的各方参与主体，进而扩大受益群体，建立良性循环，是孔子学院在服务“一带一路”建设中面临的重要挑战。

最后，“一带一路”沿线国家孔子学院的运行机制不完善。目前孔子学院的创办基本都是由国外机构自愿申请，这样的办学机制有利于孔子学院在国外开展得更加顺利，对于孔子学院规模的壮大发挥了积极作用。但在当前“一带一路”建设不断深入推进的背景下，这种办学机制的弊端也逐渐显露出来。一方面，由于外方机构的需求与条件不尽相同，孔子学院的布局难免会出现不均衡，特别是个别机构可能并没有较大的需求与足够的条件，中方机构就需要付出更多，在一定程度上会造成资源的浪费；另一方面，这样的办学机制不能很好地对接“一带一路”建设。从前面的孔子学院年度增加数量变化就可以看出，“一带一路”政策发布后，孔子学院在沿线国家增加的数量并不是很多，而且年度增加数量还呈现下降趋势。此外，在办学经费筹措上，按照《孔子学院章程》，新开办的中外合作孔子学院的启动经费通常由中方投入，外方承办单位和中方共同承担年度运行及管理经费的50%。这种单一的经费筹措机制，使得不同国家和地区的孔子学院的办学经费出现严重不平衡状况。有研究者就指出，“欧美等发达国家的孔子学院通过学区经费支持、获取捐赠和向学生适当收费而拥有较为充裕的办学资金；而‘一带一路’沿线的大多数发展中国家，孔子学院的办学经费则相当紧张，有的合作方配套资金缺乏稳定保障，有的在建设之初就缺乏办学基础，日常运行相对困难”[①]。

---

① 詹海玉．“一带一路”背景下的孔子学院发展策略探讨［J］. 河北师范大学学报（教育科学版），2017，19（6）：121-125.

三、“一带一路”沿线国家孔子学院未来改革与发展路径选择

在“一带一路”建设背景下，孔子学院的发展需要抓住机遇，从发展思路、合作模式及运行机制等方面去调整，一方面推动孔子学院更高效发展，另一方面使其更好地服务“一带一路”建设需求。

（一）科学定位“一带一路”沿线国家孔子学院发展思路

在发展思路上，“一带一路”沿线国家孔子学院可以从以下几个方面着手。

一是要拓展孔子学院职能，把服务“一带一路”建设纳入其中。换句话说，在“一带一路”沿线国家的孔子学院发展过程中，不应单一地将其定位于满足外国人学习汉语的需求，而应主动探索如何运用孔子学院十几年的发展经验来为“一带一路”建设的人才培养与民心相通等做出更大贡献。孔子学院虽然是语言培训机构，但是它的外方承办机构与中方合作机构基本都为高等院校，所以完全可以借助双方的资源进行一些专业人才的培养。例如，吸引承办机构一些专业的学生在孔子学院选修汉语语言与文化课程，并给予学分认可等；或者对于在孔子学院学习汉语达到一定水平的专业学生，给予更多的机会到我国合作的高校留学。需要注意的是，专业人才应尽量瞄准目的地国“一带一路”建设需求，这样也有利于解决他们的就业问题。此外，也可以在当地经常举办一些中国文化与所在国文化交流的相关活动，推进这些国家人民对我国的了解。当然，赋予孔子学院服务人才培养和民心相通的职能，并不意味着孔子学院需要摒弃原有的功能，也不是“一带一路”沿线国家所有的孔子学院都应该服务“一带一路”建设的需要，而是应该根据自身的条件进行调整。例如，当出现了一些可能因为协议规定而难以调整的问题时，就不能勉强，在必要时应该通过兴办新的孔子学院来实现服务“一带一路”的需要。

二是要通过孔子学院驻在国“一带一路”建设的需要，创造条件或给予优惠条件，促进孔子学院进行职能拓展。孔子学院在“一带一路”沿线国家的发展中需要考虑驻在国的利益，只有这样才能获得驻在国政府力量的支持，才能更好地服务“一带一路”建设。例如，针对参与“一带一路”建设的语言类人才的培养或培训，可以给予资金与资源上的支持，让这些国家的孔子学院主动争取参与培养或培训。

三是要借助“一带一路”建设的需要，推进孔子学院的特色化发展。各国参与“一带一路”建设的情况不相同，而且驻在国本身也会有一些自身的文化等方面的差异。在这样的背景之下，将孔子学院教授汉语语言和汉语文化与政策沟通、设施联通、贸易畅通、民心相通等需求结合起来，推动孔子学院的多元化发展，特别是在教材建设等方面要多加考虑国别需求差异。例如，可以在汉语教学中，融入当地中资企业发展与需求情况的介绍，并与这些企业建立联系，有针对性地培养一些服务这些企业的当地人才等。

四是要优化“一带一路”沿线国家孔子学院的布局，特别是尽快在尚未建立孔子学院的“一带一路”沿线国家设立孔子学院。另外，在一些人口大国且与我国在国别合作或贸易合作方面比较密切的“一带一路”国家兴办更多的孔子学院，如在越南、印度、印度尼西亚和缅甸等均需要进一步扩大孔子学院的办学规模。如果经费不是很充足，就需要暂缓兴办其他非“一带一路”沿线国家的孔子学院，而优先考虑在这些“一带一路”沿线国家发展孔子学院。

（二）丰富“一带一路”沿线国家孔子学院合作模式

目前“一带一路”沿线国家孔子学院的合作模式以中外高校合作为主。这种合作模式由于参与主体主要为中方高校和外方高校——它们作为“象牙塔”与社会的互动不多，在一定程度上也缺少完善的市场反馈机制，所以在回应“一带一路”建设需求上可能存在不及时、不到位的情况。在这样的背景之下，从服务“一带一路”建设的视角出发，我们认为可以从以下一些方面着手。

一是积极促进现有的孔子学院与驻在国有中方背景的企业（如完全的中资企业或中外合资企业等）进行发展需求对接。由新成立的中国国际中文教育基金会牵头，并争取国家发展改革委、外交部、商务部等部门的支持，建立有中方背景企业参与的孔子学院新模式，把为企业提供有关服务作为孔子学院办学目标之一。“走出去”是“一带一路”背景下许多中方企业发展的一个重要选择，这就需要有相应的人才做支撑，孔子学院可以借此与企业开展合作。例如，可以由企业提供一定经费支持，从当地招募一些企业所需人才，由孔子学院对其进行汉语培训，或者招募当地的孔子学院毕业学员，由毕业学员为企业员工进行当地文化与语言等方面的培训。总之，孔子学院可以充分利用自身的资源，把企业吸引进来参与建设，同时为企业提供相关的服务与支持，共同进步。

二是在“一带一路”沿线国家扩大中方与驻在国政府、中方与外方企业合作兴办孔子学院的规模。在“一带一路”建设中，政府与企业是最主要的介入主体，主动争取获得驻在国政府与企业的支持，对于孔子学院的发展来说是一个良好的契机。在这样的模式之下，孔子学院可以有效回应各方需求，并根据这些需求同时结合自身的优势，使办学更加灵活与多样，从而有利于自身的可持续发展。一方面，驻在国政府在参与“一带一路”建设中，需要不断加强与我国的民心相通。而孔子学院是一个重要的渠道，可以在当地政府的支持下，不断扩大规模，丰富活动，架起两国人民文化交流的桥梁。例如，根据当地人民群众的需求有针对性地开展一些来华留学生教育、旅游中国等专题课程。另外，可以由孔子学院牵头在当地举办一些文化交流展之类的活动，以及派遣志愿者到当地的一些学校开展有关中国文化与教育交流的相关活动等。另一方面，“一带一路”建设对于部分外方企业来说，也是一个很好的机会，特别是那些已经与中方有合作往来的企业或期望与中国合作的企业。因为这样的合作是一个相互学习借鉴的过程，而深化这种合作或推动以后开展合作，都需要有一定的人才资源做基础，孔子学院在这方面具有先天的优势，可以充分利用这一优势，为企业提供相应的支持，这样也能吸引企业参与孔子学院建设。

（三）完善“一带一路”沿线国家孔子学院的运行机制

一是要改变过去由外方主动申请创办孔子学院的单一模式，增加由中方直接提出与外方合作创办孔子学院的模式。在“一带一路”建设背景下，这种由中方主动提出创办孔子学院的模式更加必要，因为“一带一路”建设本身就是由中方提出倡议，在整体的发展规划上中方占据着主动地位，所以也更加清楚孔子学院需要怎么做才能更好地服务“一带一路”建设。“一带一路”建设是一个互利共赢的倡议，由中方主动提出创办主要服务“一带一路”建设的孔子学院具有更大的可行性。特别是如果能让驻在国政府也介入的话，就更容易实施。

二是要扩大资金来源渠道，争取获得中方和外方企业以及社会机构的赞助或资助。在“一带一路”建设下，沿线国家的许多经济与社会资源在国际间的流动得到加强与重组，无论是经贸往来，还是人文往来都会得到蓬勃发展。孔子学院作为搭建中外社会与经济合作交流的重要桥梁之一，在这样的过程中，需要抓住机遇，通过提供语言服务、人才服务、培训服务、文化交流服务等吸引更多的社会资金来壮大与发展自身，从而更好地服务“一带一路”建设。比如，为企业提供订单式的人才培训服务，从而可以获得企业的资金支持。

三是要搭建“一带一路”沿线国家孔子学院网络联盟。虽然孔子学院经过十几年的发展已经积累了一定的经验，但是服务“一带一路”建设还是一个新的尝试。在这样的背景之下，组建由中国国际中文教育基金会牵头的“一带一路”沿线国家孔子学院网络联盟就显得尤为必要。这样的联盟可以推进“一带一路”沿线国家的孔子学院共商服务“一带一路”建设的举措，分享服务“一带一路”建设的经验，合作编写服务“一带一路”建设的专题汉语教材，灵活调配志愿者与孔子学院师资队伍等。总之，通过建立联盟来统筹规划“一带一路”沿线国家孔子学院的发展战略，可以更好地服务“一带一路”建设。

四是建立“一带一路”沿线国家孔子学院大数据平台。充分利用大数据技术，对于孔子学院的未来可持续发展具有不可忽视的重要意义，对于服务“一带一路”建设来说更是如此。一方面是“一带一路”沿线国家孔子学院本身积累的数据，另一方面是“一带一路”建设相关的数据，将这两方面的数据做好对接，可以实时地进行一些有针对性的调整，如孔子学院的布局、课程的安排等。另外，学员在学习过程中所积累的数据也是不可忽视的方面，充分做好这些数据的挖掘与整理工作，可以不断提高孔子学院的教学效率。当然，实现这样的目标可能需要借助一些信息化技术，这对于孔子学院当前资金不是非常充足的条件下，不得不说也是一个挑战。大数据的利用是未来的一个趋势，提前做好规划，以点突破，摸索经验，这样可以为未来“一带一路”建设提供更加精准的服务。

第五节 加强专业技术人才培养培训

“一带一路”建设是我国适应世界发展趋势，推动沿线国家共谋发展、互利共赢的共建倡议。人才培养是教育的核心任务，无论是解决“一带一路”倡议的理论问题，还是推进实施的实践问题，关键都在人才。加强专业技术人才培养培训，能够为“一带一路”建设提供专业技术人才支撑。“一带一路”建设急需的专业技术人才涉及政治、经济、文化、法律、民族、宗教等诸多领域。推进专业技术人才培养培训，要采取科学制定专业技术人才需求预测机制，构建专业技能人员培养培训体系、创新专业技术人才培养模式。

一、“一带一路”倡议下专业技术人才的需求分析

“一带一路”倡议的实施对我国涉外专业技术人才提出了大量需求，然而相比发达国家，我国企业在通晓国际规则及国别环境的国际化人才、高水平技术型人才供给及全球范围内的品牌认知度等方面仍具有缺口，这成为制约我国企业深度参与国际业务的重要瓶颈。因此，面对“一带一路”倡议顺利推进的现实需求，有效培养各类涉外专业技术人才，是我国把握机遇、应对挑战的重要保障。

中国与“一带一路”沿线国家货物贸易额从 2013 年的 1.04 万亿美元增加到 2020 年的 1.35 万亿美元，占中国货物贸易总额的比重由 25% 升至 29.1%。2020 年，在全球对外直接投资同比缩水 35% 的背景下，中国境内投资者在“一带一路”沿线的 58 个国家实现直接投资 186.1 亿美元。① 通过“一带一路”倡议的实施推进，到 2025 年，我国与沿线国家的年贸易额总量有望超过 2.5 万亿美元②。“一带一路”倡议对沿线国家加快基础设施建

① 国际在线.《中国“一带一路”贸易投资发展报告 2021》显示合作抗疫，逆势增长成为关键词[R/OL].[2021-08-16]. https://baijiahao.baidu.com/s? id=1707883714273099844&wfr=spider&for=pc.

② DJANKOV S, MINER S. China's Belt and Road Initiative: motives, scope, and challenges[M]. Peterson Institute for International Economics, 2016: 7.

设、发展本国产业具有重要意义，也对我国新常态下创造经济增长新动力、出口额外产能、升级产业及促进区域平衡发展具有重要作用。截至 2021 年 4 月，我国已与 171 个国家和国际组织签署 205 份共建“一带一路”合作文件①，其中，经贸合作类文件占 24%。交通运输、建筑、信息通信、能源和金融等五大行业是“一带一路”倡议中的重点合作领域和重大产业机遇。②

根据《“一带一路”大数据报告（2017）》，在国内媒体和网民最关注的推进“一带一路”倡议的人才中，技术人才占比较大，主要包括土木工程类人才、财务管理类人才、法律类人才、教育类人才、金融类人才、文化产业类人才、旅游管理类人才、电子商务类人才和现代物流类人才等。“一带一路”倡议旨在陆路上依托国际大通道，以沿线中心城市为支撑，以重点经贸产业园区为合作平台，海上则以重点港口为节点，共同建设通畅安全高效的运输大通道，这些都要求我国要培养和造就大量国际化的专业技术人才。③

（一）复合型工程技术人才

当前基础设施互联互通作为“一带一路”建设的优先领域，正在稳步推进，为我国企业与“一带一路”沿线国家在交通运输、能源、信息技术等产业领域的合作创造了有利条件。截至 2019 年初，我国已与沿线国家签署了 130 多个涉及铁路、公路、海运等双边运输协定，通过了 73 个公路和水路口岸，与相关国家开通了 356 条国际道路客货运输线路④，这意味着我国将有一大批跨境的铁路、公路、港口、电力等工程项目陆续在沿线国家落地。可以预期，这些项目的建设完成将需要数以十万乃至百万计的铁路、电力、通信等产业工程技术人才。由于我国与沿线国家在基础设施建设相关领域的发展规划、技术标准等存在较大差异，急需一批既懂工程技术又懂当地语言，既懂日常业务又通晓国际规则、善于国际协调等的复合型工

---

① 孙宜学 . 精准培养“一带一路”所需人才［N］. 中国教育报，2021-04-01（10）.

② 领英中国 . 中国企业迈向“一带一路”：人才大数据下的中国经济外交［R/OL］.［2021-08-21］. https://max.book118.com/html/2018/0702/5200144014001301.shtm.

③ 同②.

④ 新华网 . 图解“一带一路”：“五通”大数据和大事记［EB/OL］.［2018-03-01］. http://www.xinhuanet.com/fortune/2017-04/28/c_129580144.htm.

程技术人才。

（二）金融贸易专业技术人才

促进资金融通与贸易畅通是实现“一带一路”倡议目标的重要支撑。随着“一带一路”倡议逐步推进和落实，我国企业与沿线国家间的跨国贸易、跨国投资等合作项目和海外拓展业务数量与日俱增，迫切需要大批国际化金融、贸易专业人才参与其中。2020 年，我国与沿线国家货物贸易额已达 1.35 万亿美元，同比增长 0.7%（人民币计为 1.0%），占我国总体外贸的比重达到 29.1%。[①]“一带一路”沿线国家的社会经济、贸易模式、资源禀赋相差各异，这对我国金融贸易类专业人才培养提出了更高要求，未来亟须大量既能掌握经济金融理论知识，又能胜任经济金融国际实务工作，既精通国内业务，又熟悉沿线国家经济金融规则和发展特点的高端人才。因此，加快培育一批具有扎实理论基础、较强业务知识能力、熟悉国际经贸规则的国际化金融贸易业务人才是我国面临的迫切任务。

（三）涉外法律专业人才

涉外法律人才的专业素养表现为精通外语，能在国际事务中进行有效谈判和参与国际事务，通晓国际规则并明晰他国行业法律。[②]“一带一路”沿线国家的政治制度和法律法规不尽相同，其中许多国家的法律传统与我国存在很大差异。围绕“一带一路”倡议目标，不仅要着力培养大批具有通晓国际规则与沿线国家法律制度的涉外法律人才，也需要培养能够有效向其他国家宣传我国法律法规及相关制度的专业人才。随着我国企业海外投资贸易项目增多，与我国企业相关的法律纠纷也随之增多，如贸易倾销与反倾销、产品质量与知识产权法律风险等一系列涉外法律问题近年来呈现数量增加的趋势。而造成这些问题的一个重要原因是，我国企业缺乏对当地法律法规和市场规则相关知识的认识，导致他们在境外业务经营中出现了“水土不服”，陷入合同纠纷、民事诉讼和仲裁等，致使诸多项目陷入亏损状态。2020 年我国已有 600 多所高校开设法学专业，在校本科生超 60

---

① 吴佳潼 . 中国发布 | 商务部：去年我国与“一带一路”沿线国家货物贸易额达 1.35 万亿美元［EB/OL］.［2021-08-20］. http://news.china.com.cn/txt/2021-01/29/content_77169072.htm.

② 商务部 .“一带一路”背景下涉外法律人才培养问题探究［EB/OL］.［2021-08-13］. http://cafiec.mofcom.gov.cn/article/tongjipeixun/201712/20171202687058.shtml.

万人[①]，但培养能够在国际舞台上运用法律武器来维护我们国家领土、发展和安全利益的涉外法律人才的能力仍有待提高。因此，我国应该加强培养一批精通外语、掌握沿线国家贸易、金融投资法律法规、知晓当地商业合同规则等国际化法律专业人才，帮助中国企业在国际贸易合作识别贸易合同条款中存在的风险，助力我国企业更快、更好地“走出去”。

二、“一带一路”倡议下专业技术人才发展的问题与挑战

目前，我国的各类专业技术人才培养尚不能充分适应“一带一路”建设的需求，突出表现为各类高层次人才供给不足、高水平国际化工程技术人才以及国际化法律类人才急缺、涉外专业技术人才培养能力不高、缺少明确的国际组织人才培养规划、国际组织相关学科设置和师资建设滞后等系列问题。

（一）复合型工程技术人才供给不足

根据有关访谈结果，我国 72% 拥有海外业务的受访企业表示，其海外机构的员工目前主要从国内外派，另外 28% 则主要采用海外招聘的方式，且其中 68% 的企业将招聘的决策权划归中国总部[②]。采用海外招聘比例较低的原因主要由于在海外业务的人才供给方面，42% 的中国企业认为当前的薪酬福利竞争力不足，36% 的企业认为他们缺乏找到合适候选人的渠道，34% 的企业认为其企业品牌在全球范围内缺乏吸引力，32% 的企业认为目的地国人才对中国不了解或对中国企业不感兴趣[③]。即便是从国内外派员工，我国企业也面临专业技术人才总量不足的问题，特别是愿意投身海外、具备国际化能力的专业工程技术人才严重缺乏，技能熟练的关键岗位人才十分有限。[④]人才多元化与本地化的有效融合是当前我国企业在实施“走出去”战略中最为薄弱的环节之一，难以吸引高层次人才、缺乏找到合适候选人

① 中华人民共和国教育部．2019年教育统计数据［EB/OL］.［2021-08-01］. http://www.moe.gov.cn/s78/A03/moe_560/jytjsj_2019/qg/202006/t20200611_464767.html.

② 领英中国．中国企业迈向“一带一路”：人才大数据下的中国经济外交［R/OL］.［2021-08-21］. https://max.book118.com/html/2018/0702/5200144014001301.shtm.

③ 同②.

④ 张林发．企业涉外人才队伍建设中的问题及对策［J］. 上海企业，2014（6）：60-61

的渠道以及缺乏全球范围内公司的雇主品牌认知度是我国企业实施“一带一路”倡议时的人才痛点。

（二）国际金融与贸易人才培养体系不健全

一是专业设置不合理。伴随国际化进程，我国许多高校在专业设置中积极融入国际化要素，陆续开设了国际金融类与贸易类专业，比如“国际经济与贸易”“国际金融”等国际相关的专业（方向），以满足用人单位对金融贸易领域国际化专业人才的需要。然而，由于相关专业总量增长过快、目标定位不准确，同时我国高校基本都是按照传统学科门类来设置专业，缺乏对目标市场的深入调研和科学论证，这导致高校国际金融类与贸易类专业普遍存在专业名称与培养目标趋同现象严重、培养目标定位不清、专业结构比例失调以及特色不鲜明等问题。

二是培养过程不完善。在人才培养过程中，许多高校忽视了国际金融类与贸易类专业人才培养规律；重“知识传授”，轻“实操训练”；课程体系与用人单位的用人需求脱节，课程内容落后于时代发展；教学方法单一，单纯采用讲授法，学生缺少“身临其境”的体验，从而导致学生专业实践技能和创新能力不足、社会适应性差等一系列问题。尽管教育部早已在《关于加强高等学校本科教学工作提高教学质量的若干意见》等文件中对实践教学的重要性、时间分配等做出了相关规定，但在许多高校，专业实践作为专业技术人才培养的一个重要环节并未得到应有的重视。大多数高校在国际金融类与贸易类专业人才培养中只注重理论知识的传授和理论教学，忽视了学生实践能力的培养，造成了理论教学与实践教学脱节、实践教学落后等问题。

三是培养资源不充足。充足的国际化教育资源是培养国际化人才的前提条件。由于目前国内许多高校办学资源有限，尤其作为专业技术人才培养主阵地的地方高等院校，需要引进国外优秀的国际化教育教学资源，才能完成培育国际化专业技术人才的任务。但由于受到办学水平、经费投入、管理机制等因素的限制，大多数地方高校在国际化师资队伍、国际化课程建设、国际化实践基地等教育资源上无法满足国际化金融与贸易人才培养的需求。从师资队伍建设来看，国际金融类与贸易类专业需要大量具有一线国际贸易实务工作的教师，但目前大多数地方高校的大部分教师虽然拥有较深厚的理论知识，但缺乏必要的国际实操经验。从实践教学资源来看，目前高校实践教学主要通过校内实训课程和校外企业实习两部分组成。然而，由于校企合作不畅通，实习实训资源有限，大部分高校的实践教学资源尚不能满足学生的需要，学生的实操能力未能得到有效培养。

（三）涉外法律人才资源较为匮乏

“一带一路”沿线国家和地区的政治制度、法律制度、社会风俗和行为规范也差异巨大，尤其是大量发展中国家在劳工、税收、环境、准入机制及建设审批等多个方面的法律制度和政策保障尚不够健全，且因沿线同时包括大陆法系、海洋法系以及深受伊斯兰宗教和文化影响的伊斯兰法系国家，种种因素对我国涉外法律人才解决贸易争端及现有队伍的建设都提出了严峻挑战。

我国既精通语言又通晓相关国家法律规则的涉外法律人才处于严重匮乏的状态。而我国企业参与国际化进程的历程尚短，因对相关规则不够熟悉而蒙受损失的案例不在少数。根据有关业内专家的描述，我国既精通俄语同时精通俄国法律的涉外法律人才全国不超过 5 位，精通法律同时懂越南语的全国只有 2 位①，即便是在国家外交部门，既精通外语又精通所在国法律及国际法的人才也是凤毛麟角。此外，我国现有法律人才培养模式存在学科分科太细、教学与实务脱节以及法律专业外国语教育单一等现象，均不利于高水平涉外法律人才的健全培养。涉外法律人才对我国适应经济全球化进程，增强我国在国际法律事务中的话语权和影响力，维护我国公民、法人在海外的正当权益具有重要意义，大力培养涉外法律人才意义重大且迫在眉睫。

（四）高素质技能人才供给不足

“一带一路”沿线国家大多数都是发展中国家，在现代工业体系建设、基础设施建设、人力资源开发、教育均衡发展等方面都做得还不够，无法为“一带一路”倡议的具体实施提供足够的高素质技能人才。“一带一路”沿线国家中，一线工人数量少且操作技能差，导致项目建成后迟迟不能生

① 胡戎恩 . 创新人才培养模式成就“一带一路”法律精英 [EB/OL]. [2018-04-05]. https://www.yidaiyilu.gov.cn/ghsl/gnzjgd/4114.htm.

产、生产后不能达产稳产、达产稳产后不能有效降低成本提高劳动生产率，给企业带来了巨大压力，因此许多企业都在想尽办法提高一线工人的操作技能。[①]拥有强大技术实力和经济实力的国有企业是推进“一带一路”倡议的主力军，高水平专业技术人才是企业保持强大竞争力的核心。但在“走出去”拓展海外市场的进程中，国有企业目前面临高素质技能人才国内供给不足、海外招聘困难的窘境。

三、“一带一路”倡议下专业技术人才发展的战略举措

推进“一带一路”倡议下专业技术人才的发展，首先要科学制定专业技术人才需求预测机制；其次，要重点强化专业技术人才培养培训体系，创新法律专业人才培养模式，推进国际组织人才以及国别和区域研究人才发展；最后，要借助教育合作促进资源共享，提升人才培养质量，同时推动校企联动，协同培育专业技术人才。

（一）科学制定专业技术人才需求预测机制

由于目前我国针对“一带一路”的人才专项规划尚未拟定，服务“一带一路”倡议的专业技术人才培养仍处于无据可循的尴尬境地。尽管目前我国政府及相关职能部门已在人力资源市场监测方面积累了一些经验，但与英、德等发达国家相比——英国教育与就业部通过资助第三方机构每年收集人力资源普查和调查结果、企业就业数据等对本国人力资源市场进行监测，同时对人力资源短缺群体进行专项调查，来为国家决策和教育发展提供参考[②]——我国人才需求预测工作还处于起步阶段。

为了快速、有效地培养“一带一路”建设所急需但紧缺的专业技术人才，我国政府及相关职能部门应该加强顶层设计，整合各方资源，逐步建立政府主导、社会参与的“一带一路”专业技术人才需求专项预测机制，有效引导高校定位和专业发展，促使部分高校的专业技术人才培养与海外拓展的重点行业领域相对接。在这个过程中，政府要重视和激励社会力量

① 翟帆. 企业走出去，期盼职业院校跟上来［N］. 中国教育报，2015-08-01（3）.

② NEUGART M，SCHÖMANN K. Employment outlooks: why forecast the labour market and for whom?［R/OL］.［2018-03-15］. https://www.econstor.eu/bitstream/10419/43906/1/349223807.pdf.

的参与，积极动员和支持有条件的企业行业协会、社会团体等社会力量成立专业化、规范化的人才需求预测中心，利用互联网、大数据等先进技术手段和科学方法对“一带一路”相关产业领域所需的各类专业技术人才总量、结构、层次等情况展开专项调查、统计、分析、预测及反馈，尽快制定服务“一带一路”倡议专业技术人才发展专项规划和实施方案。与此同时，定期发布“一带一路”建设急需专业技术人才目录，并充分发挥现代信息技术在人才资源配置中的作用，建立动态、系统、完善的专业技术人才信息平台，从而为培养服务于“一带一路”倡议专业技术人才提供方向和依据。高校将借助这些平台和资源，结合学校自身学科特点和地域特点来确定人才培养目标、类型、层次和规格，调整和优化现有的学科专业设置、招生计划及人才培养方案等，加强紧缺专业技术人才的培养力度，使专业技术人才培养更好地适应社会经济发展的需要。

（二）强化专业技术人才培养培训体系建设

“一带一路”涉及基础设施建设、贸易合作、能源开发等经济多领域、社会全行业。教育要瞄准“一带一路”建设对各类专业技术人才的需求，努力调整和完善专业设置，提供必需的专业人才，鼓励和引导高校毕业生投身“一带一路”建设。第一，将专业技能人员培养培训作为“一带一路”最为急迫的教育需求。“一带一路”经济建设项目的快速推进，迫切需要对我国外派技术人员和工人进行必要的当地国情教育和语言文化习俗培训，需要围绕工程项目对当地人员进行技术技能培训，从而提高“一带一路”建设人才供给能力。与此同时，要加强现有专业技术人员的培训，帮助沿线国家开展职业技术培训和职业技术教育。第二，“一带一路”的实施涉及政治、经济、文化、法律等诸多领域，因而需要与沿线国家共同开展专业技术人才培训，支撑经贸合作。可依托国内重点高校，以沿线国家为重点，分层次开展商贸、金融、交通、物流、能源、法律、旅游等专业技术人才培训。第三，实施“一带一路”倡议，投资领域和经贸合作广泛，教育要紧密结合我国企业与沿线国家投资合作对各类专业技术人才的需求，加强劳务输出人员技术培训，增强人才供给能力，提高一批高等职业院校和中等职业学校办学水平及教育质量，着力促进西部和边疆地区职业技术教育发展。开展合作办学，支持沿线国家发展职业技术教育，培养适应本土产业及社会发展的专业技术人才。第四，培训主体要明确技术人员培训的核心素质及能力。涉外专业技能人员的培训领域首先包括专业技术层面的培训，其次还应包括目的地国家的交流性语言能力、专业性语言能力、法律法规、习俗礼仪等培训，同时也应当高度重视爱国主义教育、政治立场教育及保密等事宜的培训，确保国内涉外人员在“一带一路”沿线国家工作时，不仅充分发挥我国强大的技术优势，更要时刻维护国家形象、捍卫国家利益。

（三）促进资源共享，提升人才培养质量

“一带一路”倡议的实施对我国专业技术人才培养提出了更高的要求，需要加强境内外校际、院际合作，实现学校间、学院间的资源互通与共享。为了实现这一目标，首先政府应加大宏观调控的力度，加强境内外校际、院际合作的制度建设，通过相关法律、法规、政策来规范合作办学行为，明确各方权利和责任，平衡各方利益诉求。目前国内外已有多所高校围绕“一带一路”倡议建立了联盟合作关系，如 2015 年成立的“一带一路”高校战略联盟、2017 年成立的“一带一路”建筑类大学国际联盟等，但这些联盟多是自发形成，缺乏管理体制及机制。为了确保服务“一带一路”建设的境内外校际、院际合作有法可依，有章可循，持续健康发展，我国政府应尽快建章立制，规范合作办学的相关行为。目前大多数高校较为重视发达国家优秀资源的引进，未来要鼓励我国高校加大“一带一路”沿线非发达国家特色教育资源的引进力度，我国政府可以借助优惠政策或财政支持等手段来激励我国高校与沿线国家高校围绕“一带一路”建设展开合作，促进师生校际、院际流动，为我国高校与沿线国家高校有序开展校际、院际合作创造有利条件，提升我国高等教育对外开放的整体水平。

与此同时，我国各级高校主管部门应该进一步扩大和落实国内高校（尤其是地方高校）自主权，赋予它们更多的对外合作交流自主权，尤其是在合作项目目标制定、经费使用、课程设置和师资建设等方面拥有更多的自主权，鼓励和支持国内高校与沿线国家高校探索合作办学新模式，促进优质教学资源共享共用。高校自身也应该积极拓宽境内外校际、院际合作渠道，逐步与沿线国家高校建立起优势互补、互利互赢的合作机制，联合培养复合型专业技术人才。此外，高校还要敢于打破学校现有的学科分类布

局和院系界限，围绕服务“一带一路”倡议的人才需求，整合已有学科专业，根据现实需求促进不同学科专业的交叉和融合，开发跨学科的“一带一路”专业（方向）或培养项目，创新人才培养模式，培养更多服务于“一带一路”建设的复合型专业人才。

（四）校企联动培育专业技术人才

我国企业参与“一带一路”建设需要大量具备国际实践能力的专业技术人才。这类人才的培养单凭高校或企业的一己之力是难以实现的，需要建立境内外校企多方合作长效机制。借鉴发达国家的经验，我国政府应该加大对校企合作的支持力度，尤其要加大对国内高校与跨国企业合作的支持力度，充分发挥政府的引领作用。具体来讲，包括两方面，一方面我国各级政府应该加强校企合作的制度建设，通过制定相关法律，细化校企双方及相关职能部门的权利和义务，以法律、法规的形式保护各方的基本权益。如建立合理有效的高校毕业生境外见习实习管理制度；规范高校毕业生境外就业见习资助制度，为学生参与境外见习实习项目创设有利条件等。另一方面政府还应加强校企合作工作的统筹、协调和管理，通过成立权威的专业机构来负责统一协调和管理校企合作相关事宜，整合多方资源，持续优化校企合作发展环境，并通过项目化的方式来支持和推进国内高校与服务“一带一路”建设的相关企业之间的合作，为建立校企合作长效机制提供最坚实的保障。

校企双方应紧抓国家推进“一带一路”倡议的历史契机，依托高校学科与专业优势，积极探索校企跨国跨界合作之路，努力实现互惠共赢。其一，国内高校可通过与“走出去”企业及相关科研院所合作，以“一带一路”重点产业发展需求为导向，共建一批产学研跨境合作示范基地，采用订单式人才培养模式共同培育服务于“一带一路”建设的专业技术人才。校企双方通过共同参与专业设置、专业招生、人才培养方案的制定及人才评价考核的整个过程，将人才培养前置于高校，将企业急需专业人才的培养目标和能力有效融入相应的专业教学计划，让高校资源与企业境外项目实现有效衔接，实现人才培养与“走出去”企业的需求零距离对接。其二，国内高校还可以与“走出去”的企业共建境外实践实训基地、国际合作联合实验室等，为提升师生的实践能力和产业能力创造有利条件，真正实现产教融合、协同育人。一方面学生可以通过亲身体验跨国公司文化、技术和规章制度，来提高自身实战能力和适应能力，从而促进高校人才培养更好服务“走出去”企业的发展需求，为企业储备所需的专业人才；另一方面教师与企业技术专家通过双向交流，不仅可以让教师参与企业实践，让企业技术专家进校参与人才培养，以弥补教师实践教学能力的“先天不足”，丰富教师跨境实践经验，还可以让企业技术专家借助高校平台，与师生合作攻关，拓展企业的科技创新和自主研发能力。此外，有条件的高校还应该积极探索与“一带一路”沿线国家优秀企业展开校企合作，拓宽学生境外实习渠道，为学生提供形式多样的海外实习项目，以满足不同学生的学习需求。高校可根据具体专业培养计划和课程安排，有针对性地资助、派遣高年级学生到沿线国家企业开展境外见习、实习实训等实践活动。这样不仅可以让学生亲历异国企业文化、机制和运作方式，培养学生国际实操能力，还可以将异国企业的优秀经验带回国内。

与此同时，发挥企业培训技能人才的优势。相比高校，企业在工程实践、工程需求、工程素养、工程伦理等多个方面具有面向实践的认知和理解。如德国行业协会便具有统一制定高校毕业生工程能力标准的权利，高校与企业共同构成“双元制”模式，分别注重技术专业学生的理论基础和实践能力，效果显著。① 校企合作对企业而言能促进科技创新和成果转化，对高校培养人才而言则会带动工程技术类专业毕业生素质的变革性提升。加强高校、科研院所和企业之间的协同合作，建立健全产学研用一体化的人才培养与发展平台，将成为高校切实实现内涵式发展与推动专业技术人才成长的核心动力，将成为确保我国未来中长期涉外专业技术人才数量充沛、质量精益的重要保障。

（五）大力培养高素质涉外法律人才

2016年司法部发布了《关于发展涉外法律服务业的意见》，其中围绕“一带一路”倡议的部分指出：“推动与‘一带一路’沿线有关国家和地区在相关领域开展务实交流与合作，为国际货物贸易、服务贸易、跨境电子商务、市场采购贸易以及新的商业形式和新一代信息技术、新能源、新材料等新

① 林健．校企全程合作培养卓越工程师［J］．高等工程教育研究，2012（3）：7-23.

兴产业发展提供法律服务。在执业活动中开展对外法治宣传，向有关国家和地区宣传我国法律制度，特别是有关投资、贸易、金融、环保等方面的法律规定，增进国际社会对我国法律制度的了解和认知。”

切实推进涉外法律人才培养，国家应通过涉外部门和涉外企业协会牵头建立和发展公职律师及公职律师队伍，将国际化法律人才纳入各类国家重点人才工程，建立健全涉外法律人才推荐机制，规范律师涉外法律服务执业行为和管理，从而用行业呼唤引领高层次人才流动，加强涉外法律人才储备。长远而言，高校首先要改变现行法律英语的教学模式，加大力度清除“水课”。鉴于法律英语的专业性、严肃性和精确性，高校要跳出缺乏清晰目标的慵懒教学模式，务必要聘请懂法、知法、用法的外语人才走进课堂，改变法律英语仅仅作为选修课开设的现状。首先，高校涉外法律专业应系统开设法律英语课程，高度重视法律英语的听说读写译，并从中西法律、大陆法系和英美法系相对比的视角开展法律英语相关课程，增强学生的法律英语沟通能力和书写能力。其次，高校要注重涉外法律专业的课程模式改革，课程设置上要增加如涉外律师实务、审判实务、庭辩技巧、涉外诉辩文书应用、双语模拟法庭等实务性课程，同时要加强与涉外政府部门、涉外企业及涉外律所的联系，建设更多涉外法律实习实践基地，让学生在学习过程中将理论与实践紧密关联。

第六节　促进国际组织人才发展

国际组织已经成为一种超越民族国家的全球治理机构，在解决人类共同面对的国际危机、促进全球经济发展、推进国际交流与合作、维护世界和平与发展方面起到越来越重要的作用。在全球化时代，国际组织不仅致力于解决全球性问题，而且也对一个国家的国内政治产生重要影响。因此，在国际组织中有一定数量的代表，发出自己的声音，甚至能主动参与政策制定，对于提升国家形象、宣传本国理念、维护国家战略利益具有重要作用。特别是在“一带一路”倡议下，中国尤其需要在国际组织中开展公共外交，消除各国对“一带一路”倡议的疑虑，为“一带一路”倡议的实施营造良好的国际舆论环境，赢得沿线国家乃至世界范围内更多的支持和参与。中国作为全球的经济和政治大国，应该在国际组织以及区域性组织中发挥着越来越积极的、建设性的作用。因此，如何培养更多的高水平国际组织人才，从而增强我国在国际组织中的代表性，是一个亟待研究的问题。

一、国际组织人才培养的重要性和紧迫性

国际组织职员是主权国家在国际组织内发挥影响力的重要力量。国际组织职员不仅可以将自己的工作方式、理念、价值观等融入国际组织的日常工作，而且能够提高国家在国际组织内的设置议程能力和议事决策能力。[①] 因此，中国要在国际组织内提出更多的倡议，并在提出倡议后能够达成有利于中国的决策，就需要国际组织内的中国代表发挥公共动员能力，为中国争取更多的支持，维护中国的国际政治利益和经济利益。国际组织内的中国职员是我国开展公共外交的重要力量，但是目前我国在联合国等重要国际组织中，代表人数较少、职位偏低，这与我国国际地位以及缴纳的会费数额严重不符。联合国按照会费因素、人口因素、会籍因素三大指标来分配职员比例。2015 年，中国缴纳的联合国会费占比 5.148%，中国的任职人员理想幅度应为 119—161 人，但实际任职人员只有 71 人，远没有达到最低水平；2016 年，中国会费增加到 7.9%，任职人员数量的上限达到 200 人，但实际任职人数只有 81 人。[②]2020 年，中国会费已经超过 12%，在所有会员国中位列第二，但实际任职人数仍未达到适当幅度。[③] 此外，我国在国际组织中担任重要岗位的人员数量远远低于欧美等发达国家，甚至低于很多发展中国家。中国籍国际职员在国际组织中分布最多的是低层的事务性人员，中层管理人员非常匮乏，总体影响力有限。以联合国秘书处为例，2019 年副秘书长、助理秘书长、二级主管和一级主管等高级别官员以及专业技术人员中的中国籍人数为 93 人，远远低于联合国核算出的

---

① BFIO. Arbeiten bei internationalen Organisationen［R］. Deutschland Zentrale Auslands und Fachvermittelung: 2015.

② 宋允孚. 国际公务员与国际组织任职［M］. 北京：中国人民大学出版社，2016：4.

③ Committee on Contributions. United Nations scale of assessments for the regular budget 1946-2024［EB/OL］.［2021-08-18］. https://www.un.org/en/ga/contributions/scale.shtml.

238—322 人的适当幅度，其中高级别人员（包括副秘书长、助理秘书长、二级主管和一级主管）为 14 人，低于美国（43 人）、英国（18 人）、德国（18 人）、法国（17 人）等发达国家，考虑到中国缴纳的会费总额，中国籍高级官员人数仍然不占优势。[①] 这些因素都严重制约了中国在国际上发出自己的声音，不能够积极地开展公共外交来维护自身的国家利益。因此，积极培养国际组织人才已经被提高到国家战略的高度。特别是在“一带一路”倡议提出以后，我国的战略利益不断扩大，充分利用国际组织维护自身的国家利益就更为重要，培养更多高水平国际组织人才的需求就更为迫切。

二、我国高校国际组织人才培养的实践探索

通过国际组织开展公共外交，提升中国的代表性和话语权，为“一带一路”倡议的实施营造良好的舆论环境，重要途径之一就是向国际组织输送优秀人才。通过在国际组织任职，参与具体运作，以更好地掌握国际组织的运行规则，扩大我国在国际组织中的影响力。历史上我国对国际组织的重要性认识不足，没有国际组织人才培养的整体战略和配套政策，国际组织人才的培养和选拔一直滞后于发达国家。随着中国在国际上影响力不断加强，我国政府也认识到了国际组织人才培养的必要性。2010 年 6 月，中共中央、国务院印发《国家中长期人才发展规划纲要（2010—2020 年）》，明确提出要“积极支持和推荐优秀人才到国际组织任职”。2010 年 7 月，国家中长期教育改革和发展规划纲要工作小组办公室颁布《国家中长期教育改革和发展规划纲要（2010—2020 年）》，要求“积极参与和推动国际组织教育政策、规则、标准的研究和制定”，“适应国家经济社会对外开放的要求，培养大批具有国际视野、通晓国际规则、能够参与国际事务和国际竞争的国际化人才”。2016 年 4 月，中共中央办公厅、国务院办公厅印发了《关于做好新时期教育对外开放工作的若干意见》，要求“加快培养拔尖创新人才、非通用语种人才、国际组织人才、国别和区域研究人才、来华杰出人

---

① UN Secretary-General. Composition of the secretariat: staff demographics: report of the Secretary-General［EB/OL］.［2021-08-18］. https://digitallibrary.un.org/record/3897446#record-files-collapse-header.

才等五类人才”，提升中国“在全球教育治理中的发言权和代表性，选拔推荐优秀人才到国际组织任职……拓展有关国际组织的教育合作空间，积极参与全球教育治理”。2019 年 2 月，中共中央、国务院印发《中国教育现代化 2035》，要求密切与国际组织的合作关系，推动实施联合国《2030 年可持续发展议程》教育目标，参与国际重要机制和重大教育行动，深度参与国际教育规则、标准、评价体系的研究制定，结合全球教育发展热点主动发起教育议题，推动全球教育发展。该文件要求完善支持政策，鼓励教育领域优秀人才到国际组织任职服务，支持优秀青年师生参加国际志愿服务和国际合作项目。加大国际职员后备人才培养力度，积极向国际组织派遣实习生和借调人员。

在国家政策的引导下，我国高校加快了国际组织人才培养的步伐。目前，在培养国际组织人才和向国际组织输送人才工作上，我国高校已经进行了积极的实践探索，初步构建起了国际组织人才培养体系。高等学校成为培养国际组织人才的主体，有意识地培养和输送国际组织人才，是新时期高校直接服务国家战略的新支点。①

（一）开展国际组织人才培养的学科、专业和项目建设

自 2016 年《关于做好新时期教育对外开放工作的若干意见》发布以来，各高校加快了培养国际组织人才的步伐，设立了专门培养国际组织人才的学院，比如，上海对外经贸大学成立了全国首家贸易谈判学院；上海财经大学和上海国际问题研究院联合创立了上海国际组织与全球治理研究院；广东外语外贸大学 2016 年成立了国际治理创新研究院等。也有一些高校开设新的以到国际组织就业为培养目标的专业和项目，探索新的国际组织人才培养模式。例如，2013 年对外经济贸易大学在全国率先推出本科阶段独立成班的国际组织人才基地实验班；四川外国语大学与英国埃塞克斯大学合作开办了国际组织人才教改实验班；2015 年上海财经大学开办了三年制的培养国际高端财经人才的本硕连读国际班；中国人民大学法学院联合清华大学法学院、北京大学法学院和武汉大学法学院等国内法学教育机构，

---

① 上海财经大学．“定制”培养国际组织人才［EB/OL］．［2021-08-18］. http://www.cdgdc.edu.cn/xwyyjsjyxx/ggallb/yxk/shs/283724.shtml.

于2015年设立了创新型人才国际合作培养项目——中欧欧洲法项目；2017年广东外语外贸大学创办国际治理创新研究生项目。还有一些高校设立短期培训项目，例如，北京大学启动引领未来国际组织人才启航计划；华中科技大学开办国际组织后备人才班；浙江大学外语学院开办国际组织精英人才班等。

（二）开创形式多样的国际组织人才培养模式

由于国际组织对其员工的要求较高，其职员需要具有国际视野，通晓国际规则，拥有出色的外语能力，具备跨文化沟通与交流的能力，掌握扎实的专业知识，因此，国际组织人才培养需要在专业教育的基础上创新培养模式，针对其能力特点设置课程，实现特殊化培养。如四川外国语大学国际组织人才教改实验班采用“3 + 2”本硕连读培养模式。本科前三年学生修读语言课程和国际组织通识课程，在语言方面实行“英语 + 西班牙语”双语培养，在出国前达到语言要求；在国外学习的第一年继续英语和西班牙语的学习，学校为学生安排前往国际组织实习的机会；在国外学习的第二年修读硕士课程，攻读硕士学位。上海财经大学设立了以培养国际高端财经类人才为目标的“1 + 2”硕士项目。该项目从大学生中遴选优秀学生，进行为期一年的语言培训，语言模式为“英语 + 法语”；第二年学生赴国外合作大学学习，课程模块包括国际金融、国际法务等，同时进入国际组织实习；第三年学生回国学习并撰写硕士论文。广东外语外贸大学的国际治理创新硕士研究生项目和北京外国语大学的探索国际组织需要的复合型人才培养模式项目都采用了“1 + 1 + 1”模式，即1年国内学习，1年国际实习，1年撰写硕士毕业论文。北京大学还为全校本科生开设了公选课《大学生职业生涯规划》以及国际组织课程，邀请国际组织官员为北京大学学生开设讲座，为北京大学学生搭建起与国际组织行业精英对话的平台。清华大学通过成立学生社团“国际组织协会”、举办联合国模拟大会等各种形式，锻炼学生的国际化能力。北京外国语大学还从高二直接选拔优秀学生进入国际组织人才基地班，进行个性化培养。

（三）提供赴国际组织实习机会

国际组织人才除了需要扎实的理论知识外，更重要的是要具备实践能力。加强与国外高校以及国际组织的合作，是培养国际组织人才实践能力的必要手段。因此，我国高校以培养国际组织人才为导向的项目都加强了国外留学或国外实习，比如，上海财经大学国际组织人才培养项目与美国北卡罗来纳大学夏洛特分校、新加坡管理大学、英国伦敦玛丽女王大学、美国乔治·华盛顿大学和福特汉姆大学开展合作。此外，上海财经大学加强同国际组织、政府部门和企业的合作，为学生打造高端的国际实习平台。学校已与世界银行、亚洲基础设施投资银行、美洲开发银行等国际组织建立了合作关系，并与花旗银行、高盛集团、德意志银行等国际企业开展合作。项目开办至今，两届总计约 60 名学生全部赴海外合作大学学习，其中首届 19 名学生已分别前往世界银行国际金融公司、联合国开发计划署等国际组织机构实习。广东外语外贸大学和美国大学开展联合培养，并与联合国、欧盟等国际组织签订实习协议。为了支持中国学生到国际组织实习，2017 年 8 月，国家留学基金委颁发了《国家留学基金资助全国普通高校学生到国际组织实习选派管理办法（试行）》，为赴国际组织实习的学生提供为期 3 —12 个月的资助，资助范围涵盖往返国际旅费、资助期限内的奖学金和艰苦地区补贴等。在国家留学基金委的资助下，近年来我国到联合国总部、欧盟、国际刑事法庭等国际机构实习的人数不断增加。为了给高校毕业生到国际组织实习、任职提供更多支持，教育部大学生就业网开通了高校毕业生到国际组织实习任职平台，为大学生提供了国际组织背景情况以及招聘、考试等重要内容，为有意去国际组织实习或任职的高校学生提供信息服务。

（四）邀请国际组织职员举办讲座

培养国际组织人才，需要有丰富的国际组织工作经验的师资作为保障。国际组织职员除了具有专业知识外，还应该熟悉国际规则，具备高超的沟通技巧，熟悉国际组织运作方式等。而这些技能不是专业教师所能完全掌握的。因此，邀请那些在职的或卸职的国际组织工作人员来给学生授课、开设讲座，是对专业教育非常必要的补充。比如，清华大学邀请国际电信联盟秘书长赵厚麟与清华实习生座谈，武汉大学、北京外国语大学等邀请世界卫生组织前高级官员、原卫生部外事司司长宋允孚来校做报告，西安交通大学邀请联合国驻日内瓦办事处会议管理部口译司司长李正仁为师生进行主题讲座等。目前来看，由于高校开设关于国际组织的课程较晚，国内从国际组织卸职的专家也较少，且国内高校还鲜有聘请国际组织卸职人员为学生开设课程的情况，所以从长远考虑，引进和培养具有国际组织任职经验的教师就成了一项重要任务。2017 年，教育部向各高校下发了《关于报送国际组织、国际性学术组织兼职（任职）情况的通知》，要求各高校报送教职工在国际组织、国际性学术组织兼职（任职）情况，建设国际组织人才信息库。在构建起高校国际组织人才信息库后，我国就可以有目的、有计划地遴选和培养国际组织人才需要的专任教师了。

（五）成立国际组织人才培养专业学会

2021 年 7 月，中国教育发展战略学会国际胜任力培养专业委员会成立，该专委会将“以国际胜任力培养、国际组织人才培养工作的目标、任务和问题为导向，着力开展搭建交流分享平台、以科研力量支撑深入系统推动工作、编写‘国际组织人才培养年度报告’、组建智库提供咨询决策服务、促进协同研发课程体系、提供咨询指导培训服务、促进试行‘国际组织人才流动岗’等 7 项工作，与各方携手推进国际胜任力培养、国际组织人才和新时期国际交流合作人才培养工作”①。中国教育发展战略学会国际胜任力培养专业委员会的成立，为国际组织人才培养搭建了重要的理论研究和实践协助平台。

三、我国国际组织人才培养存在的问题

虽然近年来我国高校在培养和输送国际组织人才方面进行了积极的探索，也取得了显著的进展，但毕竟探索时间较短，仍然有很多问题需要解决。

（一）没有专门的人才培养协调机构

国际组织人才培养是一项系统工程，除了高校外，还需要外事部门、企事业单位、国际组织等通力合作。我国有必要成立一个专门的协调机构，沟通各个部门，提高人才培养效率。德国针对国际组织人才培养成立了国

---

① 刘晓蕾．携手共推国际胜任人才培养：中国教育发展战略学会国际胜任力培养专业委员会成立大会暨国际胜任人才培养论坛举行［EB/OL］．［2022-03-06］．http://job.chisa.edu.cn/v2/rmtycgj/202107/t20210727_610050.html.

际组织人才办公室，提供信息、咨询、中介服务，致力于提高国际组织中德国人的数量并建立起包括高校在内的合作网络。国际组织人才办公室联合德意志学术交流中心、联邦教育部门、大学校长委员会等为大学的国际组织人才培养提供支持。但中国目前还没有这样的机构，各个部门彼此独立、缺乏沟通，各有各的政策，没有充分利用资源。大学在课程设置、师资引进、寻找实习机会时要和各个部门打交道，这无形中提高了大学人才培养难度，降低了人才培养效率。

（二）缺乏明确的人才培养战略规划

我国当前有着迫切的国际组织人才培养需求，但是国际组织人才培养仍处于起步阶段，缺乏明确的国际组织人才培养战略规划。我国教育改革和人才队伍建设的几个重要文件，如《国家中长期人才发展规划纲要（2010—2020年）》《国家中长期教育改革和发展规划纲要（2010—2020年）》《关于做好新时期教育对外开放工作的若干意见》等，都提出要加大国际组织人才培养力度，积极支持和推荐优秀人才到国际组织任职，国家留学基金委也专门发文支持学生到国际组织实习，但我国还没有制定专门的国际组织人才培养和选送的长远规划，也没有系统设计具体的培养机制、保障制度、培养路径等。此外，虽然国家也出台了许多国际组织人才培养政策，但各职能部门针对国际组织人才培养大都是各自为战，缺乏统一的协调或领导机构，导致人才培养效率低下。

（三）国际组织人才培养和选派理论研究薄弱

欧美发达国家都十分重视国际组织人才培养的理论研究。如德国政府每两年就出台一次国际组织调查报告，总结德国人在国际组织中的任职情况以及国际组织人才的培养状况。瑞士也有专门针对国际组织的研究。1971年中国恢复了在联合国的合法席位，逐渐加入一些国际组织。进入20世纪90年代后，特别是近年来，中国才开始积极加入各种国际组织，积极参与国际组织的全球治理活动。所以说，中国参与国际组织的历史十分短暂。我们对国际组织的整体研究不足，缺乏对国际组织运行机制、人才选拔标准和程序、国际组织治理规则的了解。国内没有建立研究国际组织的专门机构，缺乏富有国际组织任职经验的研究人员，国际组织的研究力量分散且薄弱，无论是对国际组织本身还是对国际组织人才培养和选派，都缺乏高水平的研究成果，也没有总结出有效的实践经验。

（四）学科设置和师资队伍建设滞后

高校是培养和输送国际组织人才的主力，因此近年来各高校都积极响应教育部等部门的号召，迅速开展国际组织人才培养工作。很多高校成立了专门的工作小组，并由学校党政一把手担任组长，其中一批学校起到排头兵的作用，设立了专门培养国际组织人才的学科、专业和项目。但是从比例上来看，培养国际组织人才的学科、专业和项目还非常少，远远不能满足我国对国际组织人才的需求。同时，我国高校现行的学科专业分类标准和人才培养模式还不能满足国际组织对复合型人才的需要。[①] 此外，当前高校国际组织人才培养的师资十分匮乏，任课教师大都只是具有国际政治、外交、国际贸易等专业的背景，并没有接受过国际组织的专门培养培训，富有国际组织工作经验的教师数量更是严重不足。

（五）实习渠道少，制度保障不健全

培养国际组织人才，除了要重视扎实的专业知识和语言知识外，更应该重视实务层面，为学生提供更多的国际组织实习机会，使其尽早地熟悉国际组织工作流程，为将来进入国际组织工作奠定坚实的基础。目前我国对学生赴国际组织实习、工作都有了一定的政策支持。教育部从 2014 年便开始向联合国机构派遣实习生，国家留学基金委也资助学生赴国际组织实习。但是我国赴国际组织实习的机会仍然不多，人才储备不足。虽然部分高校和一些国际组织及国际企业签订了合作协议，建立了实习平台，但是国际组织实习平台建设依然不足。目前赴国际组织实习只有国家留学基金委的资助项目，缺乏其他专项基金会或社会力量的支持。另外，我国国际组织职员的社会保障方面的制度还不完善，国际组织职员回国后工作及融入社会充满不确定性，进而降低了国际组织任职的吸引力。此外，在赴国际组织实习学生的学制学分方面，高校也没有出台明确的规定。

---

① 中华人民共和国教育部等 . 2015-2017年留学工作行动计划[EB/OL] . [2021-08-18] . http://gjxy.tjnu.edu.cn/info/1107/1168.htm.

四、加强国际组织人才培养的改革路径

“一带一路”倡议的提出和深入实施，对国际组织人才的培养和选送提出了更高的要求。我国应根据新时代的新要求、新任务和新使命，进一步加强国际组织人才培养，探索国际组织人才培养和选送的模式与方法。

（一）做好国际组织人才培养中长期规划，建立专门研究智库

国际组织人才培养是一项系统工程，因此要有顶层设计，做好中长期发展规划。中长期发展规划应该对我国国际组织人才培养的成绩与问题、机遇与挑战进行认真梳理，对国际组织人才培养的近期和中长期发展目标、工作方针、基本原则、主要任务措施、体制机制、经费投入、师资队伍建设、组织协调、绩效评价等问题做出明确的、系统的规定和安排，做到国际人才培养的有计划、不盲目、高效率。培养国际组织人才，前提条件是对国际组织的使命、运行机制、治理规则、职员任用标准等有全面的认识，对国际组织人才培养的一般规律和特殊规律进行系统的研究。鉴于我国对国际组织以及国际组织人才培养研究比较薄弱，我国应加快建设一批国际组织研究智库和国际组织人才培养与选送研究智库，加强对国际组织、国际组织人才培养的研究。在建立智库方面，中国高校具有先天的优势。高校里不仅有众多的科研人才，而且许多国际教育组织已经落户在高校内部。比如，联合国教科文组织国际农村教育研究与培训中心于 1994 年在中国保定成立；2015 年 11 月联合国教科文组织第 38 届成员国大会正式批准设立联合国教科文组织国际工程教育中心，中心秘书处设在清华大学，批准在中国深圳设立联合国教科文组织高等教育创新中心，中心秘书处设在南方科技大学；2017 年，联合国教科文组织第 39 届成员国大会正式批准设立联合国教科文组织教师教育中心，中心秘书处设在上海师范大学。这些大学可以借助和国际组织的合作，积累经验，加强对国际组织规则、运作模式的研究，为国家和高校的国际组织人才培养决策提供支持。

（二）加强国际组织人才培养学科建设和师资队伍建设

高校是培养国际组织人才的重要基地。加强国际组织人才培养的学科建设，是提高国际组织人才培养效率的前提。首先，教育部学科专业目录是我国高等学校学科专业设置的基本依据，因此从国家层面上，可以在学科专业目录里专门设置国际组织研究一级学科或者专业，以凸显国际组织

的重要地位，并为各高校开设相关专业提供政策依据。其次，高校要以既有的外交学、国际政治学、国际贸易学、国际法学、外国语言文学等国际性特征强的专业为基础，打破学科壁垒，加强学科融合，打造新的国际组织专业。最后，在“一带一路”的时代背景下，我国还要加快非通用语种人才的培养，各外语类高校应加强非通用语种专业建设，鼓励学生修读非通用语种专业。在加强学科建设的同时，高校也要加大国际组织人才培养教师队伍建设的力度，为国际组织人才培养提供保障。在师资建设上，我们要坚持本地培养和外部引进相结合的策略，一方面可以派遣本校教师赴国际组织参观学习，到国际组织接受培训；另一方面应积极聘请国际组织在职人员或退休人员来高校任职或兼职。同时要建立国际组织回国人员信息库，从中选拔教师，丰富师资来源。

（三）创新国际组织人才培养模式，实现人才培养模式的多样化

加强国际组织人才培养，需要根据国际组织人才的特点创新培养模式。第一，在国际组织人才培养相关专业上，高校应根据国际组织人才跨学科性和高度专业性的特征，构建“专业素养 + 外语素养 + 国际组织素养”的培养模式，培养既具有较强的专业知识能力和外语能力，又具有国际组织素养的复合型人才。第二，根据专业性较强的国际组织的需要，高校应设计国际组织证书课程，选择急需专业和涉外专业的毕业生进行 1—2 年“外语素养 + 国际组织素养”的培训，获得证书者直接进入国际组织人才库。第三，高校应探索本硕或本硕博一贯制培养机制，选拔基础能力较强的学生进行小班化教学，着力培养高端国际组织人才。也可以借鉴欧美经验，提供短期硕士专业项目。我国当前所有学科的硕士专业学制都为 2—3 年，即使是应用型的专业硕士也是 2 年。而欧美很多高校都提供 1 年左右的短期硕士项目，这符合某些专业的特征，提高了培养效率。比如，德国发展政策研究院为期 9 个月的硕士项目，专门为德国和发展中国家合作的组织培养人才，其课程分为德国的理论学习和到发展中国家的亲身实践两部分。萨尔布吕肯大学也提供为期 1 年的欧洲法律硕士专业项目。第四，高校应开设“国际组织研究”辅修专业或者课程模块，供普通专业的学生选修，培养学生的国际组织素养，特别是将“核心价值观”“核心胜任力”“管理

胜任力”等核心素养纳入学校人才培养体系，扩大国际组织人才储备。① 由于国际组织的多样性需求和高校资源的差异，国际组织人才培养应该实现培养模式的多样化和个性化，提高人才培养的针对性。

（四）拓展实习渠道，加大资助力度

目前国家对学生赴国际组织实习、工作都有了许多政策支持。国际组织的实习渠道主要是由国家出面和各国际组织签订合作协议，或者是高校向国际组织或国际商业组织派遣实习生。除了向国际组织派遣实习生外，进入世界性的非政府组织任职或担任国际志愿者，以及利用大型国际会议、论坛等机会，让学生在其中从事服务性工作以积累经验，也是培养学生国际组织工作能力的重要途径。志愿工作可以培养学生的国际主义精神和人道主义精神，锻炼其团队合作能力，这些能力都是从事国际组织工作必不可少的要素，也是进入国际组织时履历上重要的加分项。因此，我国应鼓励更多的人到国际志愿者组织、国际义工组织等机构从事国际服务。另外，国家留学基金委等部门要进一步加大资助国际实习的力度，扩大资助范围，资助国际组织参观、国际组织夏令营等活动，使更多的人接触国际组织、了解国际组织，对到国际组织任职产生兴趣。

（五）健全人才培养保障体系，建立专门协调机构

国际组织人才培养是一项系统工程，需要国家、社会、学校通力合作，保持政策的稳定性和连贯性，为国际组织人才培养提供从选拔、培养到就业全方位的保障。首先，国家要赋予高校自主招收国际组织专业学生的权利，创新选拔模式，比如从高中直接挑选有潜质的学生，或者为高校其他专业转入国际组织相关专业的学生提供便利。其次，国家要给予国际组织人才培养示范项目政策和专项经费支持，扩大学生实习的资助范围、加大资助力度，并为赴国际组织实习的学生在学籍学分、弹性学制、户籍档案派遣等方面提供更加合理的政策，解决学生到国际组织实习的后顾之忧，减少学生未来发展的不确定性。② 最后，国家要积极协助学生以及国家公务员赴国际组织任职，并为其提供社会保障。应允许国际组织工作人员在

---

① 焦以璇．国际组织急缺中国人才，高校如何发力［N］. 中国教育报，2018-01-31（001）.

② 滕珺，曲梅．联合国未来胜任力模型分析及其启示［J］. 中国教育学刊，2013（3）：5-7.

国外工作期间自愿缴纳国内的各种保险，同时建立归国人员联系网络，为国际组织归国人员提供工作信息和帮助，使从国际组织卸职的人员更快地再度融入国内社会。这些保障工作涉及各个部门，国家应尽快成立专门的国际组织人才培养办公室，统筹人才培养事宜，负责政策发布、联系沟通、服务网络建立等工作，为高校的国际组织人才培养提供支持。

（六）强化爱国主义教育，培养家国情怀

宋允孚先生在关于培养国际组织人才的讲座中一直强调要养成学生的家国情怀。这里的“家国”可以理解成国家，也可以拆开，即中国为“家”，国际社会为“国”，具有家国情怀，既要为“国”奉献，又要心系“家”。也就是说，虽然国际组织职员要遵守国际组织的规章制度，秉持价值中立的立场，坚持奉献全人类的精神，但是他们也是民族国家的个体，在不损害公平的前提下，也要为自己的国家争取最大的利益，在国际舞台上为自己的国家发出声音、做出贡献。因此，在培养国际组织人才的过程中，我们要始终坚持把国家立场和民族情怀视为立德树人的根本要求，培养学生的爱国主义情感，解决好培养什么样的人、如何培养人以及为谁培养人这个根本问题。[①] 虽然当今国际政治出现了一些反全球化的保守主义倾向，但是国际政治经济已经深度融合，全球化成为不可逆的时代潮流。我国是全球化的积极倡导者和支持者，因此，持续不断地推进向国际组织输送人才，在国际上发出自己的声音，讲好中国故事，利用国际组织平台开展公共外交，为“一带一路”倡议营造良好的国际氛围，是我国当前政府开展外交的重要任务之一。在国际组织任职的中国人，要在不辱国家重托的同时具有习近平倡导的实现“人类命运共同体”的国际责任感，将中国梦和促进全球共同利益的实现视为自己肩负的时代使命。

① 彭龙. 全球治理体系变革与国际组织人才培养［J］. 社会治理，2017（4）：10-12.

第七节 大力培养国别和区域研究人才

2013年以来，随着我国“一带一路”倡议的提出以及各部委相关文件的出台，打造政治互信、经济融合、文化包容的利益共同体、命运共同体和责任共同体成为“一带一路”建设的发展目标，加强与沿线国家的“政策沟通、设施联通、贸易畅通、资金融通、民心相通”成为后续合作的重点。[①]“一带一路”沿线国家数量多，各国家国情差异较为明显，较多国家的文化、政治体制、社会经济发展与我国亦有较大不同，因此对各个国家的政治、文化、历史等的了解以及未来经济、社会发展趋势的预测成为“一带一路”这一国家级顶层合作倡议落实的关键。基于此，国别和区域研究人才的培养成为我国有效落实“一带一路”倡议的战略与实践需求。本节从国别和区域研究人才的内涵出发，探讨“一带一路”倡议下我国国别和区域研究人才培养的要求，分析我国国别和区域研究人才培养的发展进程与现实困境，构建人才培养的发展路径。

一、“一带一路”倡议下国别和区域研究人才培养的现实要求

国别和区域研究在西方学术界也称区域研究（Area Studies）或地区研究（Regional Studies）。正如美国资深的区域研究专家坦斯曼（Alan Tansman）所言，国别和区域研究是一个内涵广泛的概念[②]，并非一个具体的学科，而是针对特定地理上的、民族国家上的或文化上的区域进行跨学科研究的学术领域。国别和区域研究是一种统称与集合，涵盖社会科学和人文学科里诸多的学科，具体涉及政治学、社会学、文化与宗教研究、语言学、历史学、经济学、文学等。[③]基于国别和区域研究的定义可以得出，国别和区域研究人才本质上是跨文化的研究人才，而任何单一学科都无法

① 国家发改委，外交部，商务部．推动共建丝绸之路经济带和21世纪海上丝绸之路的愿景与行动［M］. 北京：外文出版社，2015：9-12.

② 桑顿，耕香．美国区域研究的起源、性质和挑战［J］. 国外社会科学，2004（1）：15-20.

③ Wikipedia. Area studies［EB/OL］.［2019-05-20］. https://en.wikipedia.org/wiki/Area_studies.

充分理解另一种社会和文化[①]，因此国别和区域研究人才应该是熟练掌握所研究国家或地区的语言，具备良好的科研素养，有多学科的知识背景，用跨学科的棱镜（multidisciplinary lens）去透视某一国家或地区某一类问题的复合型研究人才。

随着“一带一路”倡议的推进，国别和区域研究人才的重要性得到进一步彰显，成为促进我国和沿线国家“五通”的紧缺人才。“一带一路”沿线国家数量多，社会发展水平、文化、政治体制等多方面差异较大，此外“一带一路”倡议明确指出我国和沿线国家需要建立全方位、多层次、复合型的互联互通网络，实现政治、经济、文化、教育等多方面的互通合作，合作重点与目标较为多元。这些现实情况对我国国别和区域研究人才的培养提出了两方面的要求。

一方面是人才培养结构。“一带一路”倡议沿线国家数量众多，且分布在世界各个区域。这就要求我国全盘布局国别和区域研究人才培养机构，建立覆盖沿线各个国家的国别和区域研究人才培养基地。此外，“一带一路”倡议的落实需要有对沿线国家的政治、经济、文化、教育等多个方面进行深入探究的专门人才，为我国政府、驻外企业、教育机构等开展对外开放工作提供智力支持。因此我国在国别和区域研究人才培养专业方向的设置上应该做好顶层设计与全面布局，各培养单位也需要基于自身学科基础建立优势研究方向。基于此，国家应在全国范围内建立一批涵盖政治、经济、文化等多个专业方向的国别和区域研究人才硕士、博士学位点，培养一批在某一学科理论、方法以及问题域有深刻认识并能够对他国的某一方面进行深入、系统分析的专门人才。

另一方面是人才培养内容。沿线国家语言种类繁多，部分国家还有多种通用语言，而语言是展开国别和区域研究的基本工具，因此国别和区域研究人才需精通所研究国家的官方语言，对非官方的本土语言亦需要了解，以便分析一手文献资料，并进行实地调研。在人才培养过程中，培养单位需要建立一支覆盖面较广的沿线国家语言教学师资队伍，开设相对应的语

① SZANTON D L. The politics of knowledge: area studies and the disciplines [M]. California: University of California Press，2004: 1.

言类课程，重视学生多种语言能力的培养。沿线较多国家在文化、政治、经济等多个方面都与我国有较大差异，对其研究时往往需要对所研究国家或区域进行深入的实地考察，探讨现象背后的本质与问题产生的原因，而不是一般的描述性概论。这就要求我国国别和区域研究人才的培养单位开设系统的研究方法课程，让学生掌握定量、定性多方面的研究方法，规范合理地开展调查研究。此外，正如萨义德（Edward Said）指出的，西方学者在做东方学研究时需要有他者思维，避免西方中心主义。我国相对于较多“一带一路”沿线国家是大国、强国，在培养国别和区域研究人才时，亦需要防止学生陷入大国中心思维，应让其理解和解构所研究国家和地区的价值系统。①

二、我国国别和区域研究人才培养的发展进程与困境

20 世纪 60 年代起，我国开始了外国问题研究人才的制度化培养进程。在此过程中，国家层面和院校层面协力推动，在全国高校以及社科研究所建立了一批国别和区域研究人才培养基地，确定了较为明确的学科培养方向，搭建了本科、硕士、博士三级学位点培养结构，形成了以研究领域为逻辑的培养模式。但是，“一带一路”倡议背景下我国的国别和区域研究人才培养仍存在复合型人才培养不足、人才培养的国别和区域分布不均等问题与挑战。

（一）我国国别和区域研究人才培养的发展进程

新中国成立以来，我国政府一直十分重视外国问题的研究以及相关人才的培养。1963 年，根据毛泽东主席的指示，周恩来总理主持拟定了《关于加强研究外国工作的报告》。报告指出，外国问题的研究工作与外国问题的研究人才远远不能满足新中国开展外交的现实需要，决定建立苏联东欧、美国、西欧、东南亚、西亚非洲一大批外国问题研究所。②1964 年，中央国际研究指导小组和国务院外事办公室批准高等教育部《关于高等学校建

① 任晓 . 本土知识的全球意义：论地区研究与 21 世纪中国社会科学的追求［J］. 北京大学学报（哲学社会科学版），2008（5）：87-98.

② 赵宝煦 . 关于加强外国问题研究的一点史料［J］. 国际政治研究，2004（3）：142-143.

立研究外国问题机构的报告》，在部分高校成立了相应研究所和院系。如北京师范大学成立了外国教育研究室、美国经济研究室、苏联哲学及文学研究室[①]，中国人民大学成立了苏联东欧研究所、国际共产主义运动研究所，北京大学成立了外国哲学研究所、亚非研究所、世界近现代史研究室，复旦大学成立了资本主义国家经济研究所等。另外，北京大学、中国人民大学和复旦大学原有的政治系改为国际政治系，专门开展国际政治的研究和人才培养。而各所外国语大学、学院以及外交学院亦逐步开展起外语、外交人才培养工作。至此，我国国别和区域研究人才培养的组织雏形与培养方向基本形成。

1978 年改革开放后，中国的现代化建设客观上要求中国加强对外部世界的了解，因而对世界主要国家和地区的政治、经济、文化和历史的研究再次受到重视，人才培养机构也日趋学术化和多元化。[②] 1981 年，中国社科院建立了一批国别和区域研究的组织机构，包括美国研究所、西亚非洲研究所、欧洲研究所、俄罗斯东欧中亚研究所等，设置了不同国别和地区的国际关系、国际政治以及经济方向的硕士点与博士点。此外，部分高校的外国问题研究系进一步扩展成为学院，如北京大学、中国人民大学、复旦大学的国际政治系皆演变为国际关系学院，除了国际政治系外还设立了外交学系、政治学系以及不同的国别和区域研究中心，从国际政治、外交学、国际关系、世界经济等多个方向建立了本科、硕士、博士三级人才培养体系。部分原有的外国问题研究室也都升级为所或院，如四川大学南亚研究室演变为南亚研究所、北京师范大学外国教育研究室演变为国际与比较教育研究院，亦获得了相应专业的硕士点与博士点。最后，上海外国语大学、北京外国语大学、北京语言大学、北京大学等外语实力强校各语种的教研室转成院系，并逐渐建立了本科、硕士、博士三级人才培养架构，开展相关语种的语言、文学和历史研究人才培养。

1999 年以来，教育部实施人文社会科学研究重点基地支持计划，选择了一批有历史、有基础的国别和区域研究机构建立研究中心，包括国际问

---

① 顾明远 . 北京师范大学与中国教育［N］. 光明日报，2002-09-09.

② 孙德刚 . 中国的中东研究：1949~2010 年［J］. 西亚非洲，2011（6）：64-72.

题领域下的中国人民大学欧洲问题研究中心、复旦大学美国研究中心、华东师范大学俄罗斯研究中心、厦门大学东南亚研究中心、四川大学南亚研究中心等。此外，北京师范大学珠海分校国际教育研究中心、黑龙江大学俄罗斯语言文学与文化研究中心、广东外语外贸大学外国语言学及应用语言学研究中心等其他学科下的相关国别和区域研究机构亦受到支持。这些重点基地以研究生培养为主，仍以国际关系、外交学、国际政治、外国语言文学等为主要的人才培养方向，致力于较高层次的国别和区域研究专门人才的培养，打造了一批本领域内的中青年学术骨干队伍。[①] 重点基地支持计划促进了科学研究与人才培养的结合，以研究项目推动人才培养，让较多国别和区域研究的最新研究成果向教学层面转化。人才培养的思路也由学科专业逻辑逐渐向研究领域逻辑转变，为后续以研究领域为逻辑建立新的人才培养组织机构、开展人才培养工作打下了基础。此外，研究基地的建立保证了图书资料库、数据库等办学资源，扩展了高水平师资队伍，促进了国内外的学术交流。

2012 年起，为服务国家外交战略，促进教育对外开放，教育部出台了专门的国别和区域研究支持政策，在部分高校和研究机构启动了国别和区域研究基地培育和建设工作。首批获得立项建设的培育基地共 37 个，有一部分是在原有研究机构的基础上建立的，但更多的是新成立的专门化国别和区域研究与人才培养机构[②]。培育基地包括区域研究基地与国别研究基地两部分，区域研究基地涉及非洲、南亚、中亚、东盟、中东、欧盟等区域；国别研究基地则涵盖美国、德国、日本、法国、加拿大、英国、俄罗斯等国家。相比教育部人文社科研究重点基地，这批国别和区域研究基地覆盖的国家和地区更广，所依托学校和学科的数量和层次更加多元。2017 年，教育部出台了《国别和区域研究中心建设指引》，开展备案与课题支持，进一步推动了大学设立国别和区域研究中心的进程。专门的国别和区

① 中华人民共和国教育部 . 普通高等学校人文社会科学重点研究基地管理办法［EB/OL］.［2019-07-15］. https://www.sinoss.net/c/2008-09-18/537652.shtml.

② 中华人民共和国教育部 . 中华人民共和国教育部关于印发《国别和区域研究基地培育和建设暂行办法》的通知［EB/OL］.［2019-08-25］. http://www.moe.gov.cn/srcsite/A20/s7068/201501/t20150126_189316.html.

域研究中心培育与建设工作使得国别和区域研究人才培养逐渐跳出政治学、外国语言文学的圈子，开始独立生长。此外，部分国别和区域研究中心开始吸收除国际关系、国际政治等专业以外的社会科学教师和人文学科教师加盟，为人才培养方向的多元化和交叉人才培养项目的建立打下基础。

（二）我国国别和区域研究人才培养存在的问题与面临的挑战

面对“一带一路”倡议实施给我国国别和区域研究人才的培养提出的现实要求，我国高校、研究院等国别和区域研究人才培养机构在人才培养的逻辑确定、国别和区域分布、组织与师资结构、学科归属上都存在问题与挑战。

1. 复合型人才培养不足

我国的国别和区域研究人才的培养主要由专门的外国语大学，综合性大学的国际关系学院、国别区域研究中心等以及中国社科院国际研究学部下的各个国别和区域研究所承担，纵跨本科、硕士、博士三个阶段，但这三类机构均存在人才培养单一性的问题。其中外国语大学国别和区域研究人才培养方案主要聚焦在学生外语能力的提升，没有把学生的社会科学、人文学科素养与研究能力培养放到重要位置。而部分综合性大学和研究所的人才培养则专注于某一学科知识的培养与研究能力的提升，忽略了开展某些国别和区域研究必须具备的非通用语种语言能力的提升。此外，学科培养方向往往集中在国际关系、政治学等某一个具体学科或问题域上，忽视了国别和区域研究的跨学科特性，缺乏学科交叉培养。①

此种培养模式造成了复合型国别和区域研究人才培养不足的现状以及外语能力、学科研究能力“两张皮”的问题。精通语言的不精通学科研究，精通学科研究的只掌握了英语，在对非英语国家进行研究时很难分析一手资料与进行实地调研，且学科广度与研究深度不足，不能展开深入、立体的研究。

① 王周谊，耿琴. 区域研究及其复合型人才培养机制研究［J］. 社会科学管理与评论，2013（1）：40-46.

2. 国别和区域覆盖不全

2012 年以前，我国的国别和区域研究人才培养主要聚焦在欧美及日韩等发达国家。2012 年以来，教育部持续推动国别和区域研究基地的培育，人才培养的大国化趋势得到一定改善，但是对“一带一路”沿线众多国家研究人才的培养仍显不足，部分新增的区域研究中心也存在只聚焦研究区域内少数几个大国的问题。“一带一路”沿线 65 个国家有 53 种官方语言，但国内高校在小语种的教授上并没有全部覆盖[①]，更不用说对这些国家的历史、文化、经济、政治等方面进行专题研究培养。此外，在全校性的公共课程和辅修专业方面，我国高校仍主要提供美国、英国、日本等发达国家的国别研究主题，鲜见针对“一带一路”沿线其他国家的专题课程或辅修专业。

总而言之，国别和区域研究人才培养面过窄，集中在大国、强国，需要进一步加强总体战略布局，不论是研究生教育还是本科生公共课建设，都需要考虑“一带一路”沿线国家研究人才培养的全面布局。

3. 组织与师资结构的固化

长期以来，我国的国别和区域研究人才的培养由单一的专门学院或系部承担。这种固化的组织构架在较大程度上决定了人才培养的师资、课程乃至培养方向都缺乏多元性和交叉性。人才培养单位由单一的专业或学科建立，在办学资源上受制于院系边界，如想设置涉及多学科的课程有较多障碍。在研究生的培养上，受制于专门院系师资学科背景和研究方向聚焦性高的特点，人才的培养方向较为聚焦，只能在某一学科内选择。而这种传统学科型人才培养的组织构架与国别和区域研究的跨学科特性是相悖的。

教师是人才培养的关键，而组织固化所导致的师资队伍固化较大程度限制了国别与区域研究人才的培养。首先是师资整体学科的单一。较多国际与区域研究领域的教师是外语专业出身，对语言的掌握程度很好，但缺乏对某一具体学科的深入理解，亦缺乏规范的社会科学研究方法训练。其

① 陈岳，莫盛凯. 以深化地区国别研究推动中国国际关系学科的发展［J］. 教学与研究，2016（7）：36-44.

次是组织内师资学科趋同。同一个培养单位的师资学科往往集中于国际关系、政治学，较少有人才培养单位拥有历史学、社会学、经济学、语言学、教育学、人类学等多个学科背景的教师团队。最后是研究小国的师资不足。我国国别和区域研究师资队伍的研究领域偏大国、强国，一些小国和边缘区域研究的师资储备不足。师资队伍的固化使得人才培养单位在制定人才培养方案时受到限制，课程维度较为单一，学科融合性与多元性不足，方法课程缺乏，培养国别方向也较为局限。在此种情况下，纵使有人才培养改革的意图亦难以实现。

4. 学科制度的挑战

在很长一段时间里，我国国别和区域研究并不是独立的一级学科，人才培养主要寄托于两个学科。偏语言的国别和区域研究人才依托于外国语言文学这个一级学科进行培养，而与国别和区域研究相关的国际关系学、外交学则作为二级学科置于政治学一级学科之下。[①]这种现状对于培养复合型的国别和区域研究专门人才是不利的，放在外国语言文学一级学科下培养，很难培育出研究能力出众的、专门研究某个学科方向的国别和区域研究人才，而放在政治学一级学科下培养则只聚焦于政治学，而没有涉及“一带一路”倡议所强调的文化、历史、经济等方面的研究。此外，没有专门的一级学科，也在一定程度上影响大学学位点的建设、招生的开展、师资的吸纳和课程的建构，难以以学科为边界获取外界的支持。

2021 年 12 月，区域国别学成为新设的交叉学科门类下的一级学科，可以授予法学、文学、历史学学位。这是国别和区域研究人才培养历史上的重要里程碑，但是如何完善专业设置和人才培养体系，仍是需要进一步研究的问题。

三、我国国别和区域研究人才培养的发展路径

我国的国别和区域研究人才培养有着较长的历史，但尚未形成十分完整的国别和区域研究人才培养体系，存在多方面的问题与挑战。本部分仅从国家、院校以及学科知识三个层面出发，基于我国国别和区域研究人才

① 李晨阳. 区域国别研究的学科化［J］. 世界知识，2018（2）：73.

培养的现实问题、挑战以及国外国别和区域研究人才培养的经验与教训，展开人才培养发展路径的构建。

（一）国家层面：开展多维度的政策支持与全面布局

国家层面的政策举措对国别和区域研究人才的培养具有导向作用。国家层面通过设置专项资助项目，进行人才培养的国别、区域研究方向全盘布局以及突破单一学科限制建立人才培养保障机制，可全方位对国别和区域研究人才的培养进行顶层支持。

1. 建立专项资助项目

早在 1950 年，美国福特基金会（Ford Foundation）就建立了第一个全国性的区域研究人才培养资助项目，即国外区域资助项目（Foreign Area Fellowship Program，FAFP），项目资助周期为 4 年，被资助者接受为期两年的有关某一区域或国家的跨学科研究和语言训练以及为期两年的有关学位论文的海外调研和写作。1972 年，福特基金会又与美国社会科学研究委员会（Social Science Research Council，SSRC）以及美国学术团体联合会（American Council of Learned Societies，ACLS）合作，资助区域研究的博士研究生与博士后进行相关的研究工作，并投入数百万美元资助区域研究的工作坊、会议以及出版项目的实施。此外，美国在国防教育法、富布莱特项目以及国家自然基金中都有区域研究人才培养的专项支持，形成了私人基金与国家财政相结合的资助制度。①

可以看到，国别和区域研究人才培养的资助是一个长期的、综合立体的过程。首先，建立国别和区域研究人才资助项目，为本科生、研究生提供资助，使其能够前往所研究国家和地区的大学进行联合培养，开展长期的田野调查，充分体验当地文化，感受当地价值观。其次，建立资助项目吸引外国学者和学生前来中国开展国别和区域研究，一来可以吸引优秀的外国专家前来进行育人工作，二来亦可以建立多元化的人才培养环境。最后，国家层面、学会层面皆可设置专项基金对国别和区域研究人才的课程、讲座以及教材的出版进行支持，在教育财政预算中限定最低配比给予经费

① SZANTON D L. The politics of knowledge: area studies and the disciplines [M]. California: University of California Press，2004: 7-8.

保障。[①]

2. 实施全盘精准布局

不同的国家进行国别和区域研究人才培养的布局有着自身的逻辑与诉求。二战后，法国和英国把目光集中于在现有殖民地以及前殖民地展开区域研究人才的培养。日本和澳大利亚则主要聚焦于它们在东亚和东南亚的近邻，建立了东亚研究中心及东南亚研究中心等区域研究人才培养基地。[②]二战前，美国的区域研究主要聚焦在西欧，二战后，面对冷战以及拉丁美洲及亚非众多国家的非殖民化的局面，美国意识到原有区域研究的局限，在众多研究型大学中布局建立中国、苏联、非洲以及拉丁美洲等国别和区域研究中心，开展相关领域研究人才的培养。此外，在布局的研究方向上，美国从原有政治、经济方向扩展到文化、历史、宗教、文学等多个维度。而不同学校在布局过程中亦有所侧重，如密歇根大学主要培养东亚国别研究人才，下设中国、日本、韩国三个研究中心。

我国的国别和区域研究中心布局偏大国化、偏西方化。国家层面需进行顶层设计，对现存的国别和区域研究中心的人才培养情况进行调查，针对我国“一带一路”倡议的需要，进行全盘精准布局，重点应布局东南亚、中亚、西亚等之前较少关注的区域，对稀缺的、急需的国别和区域研究中心要优先发展。在布局的过程中，如何对国别和区域进行划分，划分标准背后的逻辑都是需要厘清的问题。[③]与此同时，国家还要对国别和区域研究的专业学科进行布局。正如“一带一路”倡议中提到的目标是要达成沿线国家经济、文化、政策等多方面的相通。因此在人才培养过程中需要从历史学、社会学、人口学、心理学、宗教学等多个学科出发进行布局，而不是仅仅关注国际政治、国际关系等学科。

3. 构建跨学科的国别和区域研究人才培养项目

国别和区域研究是一个新的交叉学科研究领域。而高等教育机构的人

---

① 刘宝存，孙琪 . 美国大学区域研究：发展、影响及争论［J］. 比较教育研究，2013，35（11）：49-54.

② 桑顿，耕香 . 美国区域研究的起源、性质和挑战［J］. 国外社会科学，2004（1）：15-20.

③ SZANTON D L. The politics of knowledge: area studies and the disciplines［M］. California: University of California Press，2004: 5-6.

才培养大多基于学科开展，没有学科的合法属性无疑给人才培养带来困难。面对此种情况，1972 年，美国社会科学研究委员会和美国学术团体联合会共同建立了跨学科（人文和社会科学）的区域研究委员会（Area Studies Committees），此后逐渐建立起国别和区域研究人才培养的生态系统，如相关的教学委员会、人才培养标准以及学生论文资助制度都相继出现，国别和区域研究人才培养的合法性得到提高。

我国的高等教育人才培养十分强调学科，一系列的人才培养工作以及较多的人才培养资源都是依托学科开展和获得。我国国别和区域研究人才的培养长期寄托于其他一级学科，很大程度上抑制了人才培养的多元化。虽然区域国别学一级学科的设置在学科建制上实现了重大突破，但国别和区域研究人才培养的跨学科性要求从制度层面进行学科松绑，淡化学科归属，鼓励建立跨学科的国别和区域研究人才培养项目，并逐步形成制度性的学术共同体、教学指导委员会、人才培养标准以及过程性的人才培养质量监控体系。

（二）院校层面：构建跨学科的人才培养体系

大学是国别和区域研究人才培养的主体，其培养举措直接影响人才培养的质量。跨学科是国别和区域研究的特性，也应是国别和区域研究人才培养的基本特征，基于此，院校层面可从组织、课程以及师资三个维度进行跨学科的人才培养体系构建。

1. 建立跨学科的人才培养组织机构

目前的社会科学的学科体系是在 19 世纪建立起来的，而当前的社会问题、时代需求与当时有天壤之别，较多领域的研究需要打破这种固定的学科体系，国别和区域研究就是其中的代表。[①] 20 世纪 50 年代，美国的哈佛大学、普林斯顿大学、康奈尔大学、密歇根大学等一流研究型大学率先建立了跨学科的区域人才培养组织机构。如密歇根大学的文理学院下设非洲研究中心、中国研究中心、日本研究中心、韩国研究中心、中东与北非研究中心、欧洲研究中心，包含本科、硕士、博士三级人才培养项目。而牛津大学则直接把机构命名为跨学科区域研究学院，下设七个区域研究中心，

① 华勒斯坦 . 开放社会科学［M］. 北京：生活 · 读书 · 新知三联书店，1997 ：37-44.

提供硕士和博士人才培养项目。这些机构打破了基于某个具体学科建立人才培养组织的惯例，而是按照国别和区域建立人才培养项目，与其他学院或系共享课程与师资。实践证明，坚持以跨学科的方式培养区域研究人才，在以学科为基础的院系里，办学合理性更高，更能得到制度层面、学校层面以及大众认知层面的支持。①

虽然少数高校设立了培养国别和区域研究人才的跨学科组织机构，但从总体上来说，我国高校缺乏培养国别和区域研究人才的跨学科组织机构，主要依托专门的外国语学院或国际关系学院。而外国语学院的人才培养存在偏外语技能型训练，人文社科知识系统化掌握欠缺，学生对社会现象、国际事务的洞察力和思辨力还需进一步加强。基于此，我国应该根据“一带一路”倡议的需求，选择一批有人文社科学科基础，亦有种类较为齐全的外语项目的大学构建跨学科的组织平台，整合各个学科、院系的学科与外语资源，建立以国别或区域命名的中心，开展国别和区域研究本科、硕士乃至博士的培养。

2. 形成多学科的人才培养方案

国别和区域研究人才培养方案的多学科主要体现在课程的安排以及方向的设置上。以全美声誉极高的康奈尔大学亚洲研究系东南亚研究项目为例，其研究生培养方案包括区域研究课程和语言课程两大块，其中区域研究课程涵盖国际关系、人类学、考古学、亚洲研究、性别研究、历史、音乐、艺术史七大版块共 41 门课程，语言课程则涵盖了东南亚国家的七种主要语言，其中不乏区域性的民族语言。学生根据自己的研究方向，与导师商讨主修与辅修课程，其中东南亚研究课程不少于总学分的 1/4。② 此外，美国在冷战初期就认识到如想在非洲、亚洲、拉丁美洲以及中东的经济、政治发展中扮演重要角色，就必须更多了解这些国家和地区的文化和历史，因此美国大学的区域研究人才的培养方向不仅包括政治学和经济学，还涵盖

① SZANTON D L. The politics of knowledge: area studies and the disciplines [M]. California: University of California Press，2004: 11-12.

② The Department of Asian Studies at Cornell University. Graduate study [EB/OL].[2019-10-11]. http://asianstudies.cornell.edu/ma.

了社会学、心理学、宗教学、历史学等。[①] 这些研究方向不仅对国家发展战略有用，对促进商业、传媒、教育的国际交流合作亦有裨益。

我国大学在制定国别和区域研究人才培养方案时应充分考虑跨学科因素，突破院系的障碍，积极整合外语学院、国际关系学院以及历史学、社会学、人类学等学科的课程资源，构建多学科的课程体系。与此同时，在研究生的培养上，人才培养机构应充分考虑“一带一路”倡议实施的多方面需求，有针对性地拓展多学科的人才培养方向，不同大学同一国别和区域研究中心的人才培养方向可基于已有基础有所侧重。如两所大学都设有南亚研究中心，一所大学政治学系和宗教学系研究实力很强，则可侧重培养南亚政治和宗教研究人才；另一所大学有着较多的南亚文学和语言学研究者，可侧重培养南亚文学和语言学研究人才。

3. 构建多元化的师资队伍

多元化的师资队伍是国别和区域研究人才培养机构的基石，亦是多学科人才培养方案的保障。全球顶尖的区域研究机构如哈佛大学费正清东亚研究中心、东京大学亚洲研究所以及牛津大学跨学科区域研究学院的教师队伍十分多元，分布在人类学、社会学、政治学、艺术学、历史学、语言学、宗教学等各个学科。这些教师至少有两重身份，即一个学科的专家加一个区域或国家的研究专家，比如历史学学者和中国研究者、社会学学者和拉丁美洲研究者。[②] 其中部分教师为双聘教师，由区域研究中心和某个专门学科的院系共同聘用。此外，这些中心还利用各种基金吸收全球优秀的学者前来教学与研究，如哈佛大学费正清东亚研究中心经常资助中国学者前去讲学、开展研究，在较大程度上丰富了其中国研究的教师资源。

我国大学国别和区域人才培养的多元化师资队伍建设可从以下几方面进行。第一，积极吸纳多元化的师资加盟。在吸收教师的过程中考虑学科背景，竭力打造一支涵盖历史学、社会学、语言学、人类学等多学科的教师队伍。第二，整合校内资源，建立双聘制度。重点关注校内外国文学、

① 桑顿，耕香 . 美国区域研究的起源、性质和挑战 [J]. 国外社会科学，2004 (1)：15-20.

② SZANTON D L. The politics of knowledge: area studies and the disciplines [M]. California: University of California Press，2004: 5.

语言学、国际关系学、历史学、宗教学、社会学、艺术学等专业的教师，聘请其担任国别和区域研究项目的研究生导师和授课教师。第三，构建语言师资队伍。与外语学院以及专门的外国语大学合作，按照培养机构的培养国别和区域，建立语言类教师队伍，尤其注重对非通用语种教师队伍的打造。第四，建立访问教授制度，积极吸纳与资助国外大学优秀的国别和区域研究学者前来进行研究和讲学。

（三）学科知识层面：强调多元化的学科知识与实践经历

学科知识是国别和区域研究人才培养的载体，其内容的选择与价值取向决定了国别和区域研究人才的专业能力与发展方向。基于研究对象的特点，国别和区域研究人才需要有交互性、持续性的跨文化、跨地域学习与实践经验以及他者思维。

1. 学习多方面的学科知识

在人才培养这一问题上，什么知识最有价值一直是教育哲学家思考的终极命题。知识的价值性不仅取决于知识本身，亦取决于学科特征、培养目标以及培养对象。国别和区域研究是跨文化的研究，理解另一种社会和文化则需要基于多学科知识进行。因此，研究者应该是复合型人才，对所研究国家和地区的语言、文化、历史、政治、社会有综合了解。①

基于此，国别和区域研究专业的学生在学习过程中首先需要对所研究国别和区域的主要语言进行学习，在听、说、读、写四个方面都需要达到熟练运用的程度，对所研究国家的非官方语言、对所研究区域的方言或民族语言亦要有所了解。其次，国别和区域研究的学生还需对研究国家和地区各个方面的知识有所了解。如密歇根大学非洲研究中心就要求学生选修设计学院、商学院、法学院、社会工作学院、艺术学院所开设的与非洲研究相关的课程，从而综合了解非洲文化、艺术、社会、政治、经济多方面的情况，对非洲有一个宏观的认识。②最后，学生需系统学习所研究方向的学科知识，形成专业学科知识体系，对研究方向所属学科的研究问题、理

---

① HALL P A，TARROW S. Globalization and area studies: when is too broad too narrow［N］. The Chronicle of Higher Education，1998-1-23.

② African Studies Center at University of Michigan. Students of African studies［EB/OL］.［2019-10-21］. https://ii.umich.edu/asc/students.html.

论框架以及已有研究有全面的理解。

2. 掌握多样的研究方法

长期以来，西方社会科学的学者不认同区域研究的学术性，认为区域研究缺乏具体的研究方法，与社会科学其他学科研究一般规律和理论建构的特点相悖，只是数据和信息的搜集，其成果亦只是二手材料的堆积。①20世纪70年代起，这种认识得到了改观，区域研究学界受经济学的影响，在研究与人才培养中推行定量研究，鼓励学生基于数学工具开展考察，寻找问题的普遍结论。②定量研究的方法在一定程度上解答了国家和区域发展的趋势，但是忽视了不同国家和区域历史、文化乃至价值观的差异。在“9·11事件”后，美国区域研究学界开始反思，重新加强了区域研究专业学生历史资料分析、田野调查等定性研究能力的培养，致力于使研究人才能够敏锐地理解所研究区域或国家民族、宗教等方面的特性，从而开展细致深入的研究，给出更加精准的预测。

由此可以看出，我国大学在进行国别和区域研究人才的培养时，首先要重视学生研究方法的系统学习，使其能够科学、规范地开展研究，保证其研究成果具备基本的研究范式和学术品格。其次，要让学生掌握多种研究方法，从方法论高度对定量研究与定性研究有较好的认识，从操作层面对问卷调查、数据处理与分析、田野调查、历史档案分析、访谈与观察等具体方法灵活运用。最后，让学生明白研究问题决定研究方法，应选用适合研究问题的研究方法开展国别和区域研究，亦要让学生体会国别和区域研究相比其他人文社科研究的特殊性，需要基于研究方法对所研究国家和地区的历史、文化、宗教等进行综合考察。

3. 具备实践经历与他者思维

西方国家早期的区域研究中有一种霸权控制（hegemonic control）的潜在思想。正如萨义德所言，其区域研究者在研究议程、研究单位、研究模型上都是以美国或欧洲为中心进行的。③这种带有后殖民主义色彩的研究与

---

① 桑顿，耕香. 美国区域研究的起源、性质和挑战［J］. 国外社会科学，2004（1）：15-20.

② 福山. 学术界何以有负于国家：区域研究的衰落［J］. 国外社会科学，2005（3）：90-92.

③ SZANTON D L. The politics of knowledge: area studies and the disciplines［M］. California: University of California Press，2004: 14-15.

育人模式引发了学界的思考。近年来，西方较多的区域研究者反思以往的研究都建立在理性本体论上，将研究者与客观世界分离，忽视了研究者的背景、种族、价值观，更忽视了所研究对象国的他者文化，指出应重视以实践理论为基础的背景性知识（background knowledge），强调研究者的实践经历，并以此成为行动逻辑的根本机制。① 基于此，前往研究国和地区进行一年及以上的实地调查与体验成为国别与区域研究人才培养必不可少的一个环节，促使学生最大程度地获取背景知识，突破自身原有的经验与价值观，深入理解他者文化。

“一带一路”沿线较多的国家与我国的文化差异较大，使用东方思维或大国思维不能很好地对其进行国别和区域研究。因此，我国在培养国别和区域研究人才过程中尤其需要赋予学生跨文化的实践经历，让其前往所研究国进行学习和交流，体验当地文化，感受当地价值观，逐渐形成他者思维。

第八节　大力推动非通用语人才培养

“一带一路”倡议对我国非通用语人才的培养提出了规模需求和规格要求，为满足上述需求，国家和高校层面均加强了非通用语人才的培养。但高校在非通用语人才培养方面也存在专业建设缺乏整体规划、课程设置与非通用语人才需求不匹配、师资队伍与非通用语人才培养规模不协调、非通用语高端人才培养乏力等问题。借鉴国外的成功经验，我国应逐步加强语言战略规划、不断增加投入、形成多样化人才培养模式、加强非通用语师资建设等。

① 秦亚青 . 行动的逻辑：西方国际关系理论”知识转向”的意义［J］. 中国社会科学，2013（12）：181-198，208.

一、“一带一路”倡议对非通用语人才的需求

在分析非通用语人才需求之前，我们需要界定何为非通用语。非通用语一般指除了联合国六种官方语言（阿拉伯语、汉语、英语、法语、俄语和西班牙语）以外的其他语种。也有学者提出，“‘非通用语’是我国外语教学界为加强教学的组织和管理采用的一个概念，它的基本含义是指那些在国际交往中使用范围不很广泛的外国语言，它的特定含义是指英语、俄语、德语、法语、西班牙语、日语和阿拉伯语之外的其他所有语种”[①]。2000年，教育部发布《关于申报外语非通用语种本科人才培养基地的通知》，其中将非通用语界定为除英语、法语、德语、俄语、日语、西班牙语、阿拉伯语七种语言以外的语种。基于此，本部分采用这一界定，即非通用语是指上述七种语言之外的语种。

（一）对非通用语人才数量的规模需求

“一带一路”沿线国家大多是多宗教、多民族、多语言国家，国情与民情都较为复杂。在这种情况下，语言互通不仅是政策制定和沟通的前提，更是直达民心的根本所在。要与沿线各国实现利益互惠、共同繁荣，首先就要打破语言壁垒。

在“一带一路”沿线国家中，通常存在官方语言、通用语言、民族语言共同使用的情况。官方语言与通用语言的不同之处在于，官方语言是以法律等形式确定下来的，通用语言则是普通民众在社会中通行的语言。大多数国家中，其官方语言也是通用语言，少数国家中，其官方语言与通用语言是不同的，如菲律宾的官方语言是英语，但通用语言是以他加禄语为基础的菲律宾语。民族语言的使用情况更为复杂。如菲律宾的民族语言有100多种，尼泊尔的语言种类多达118种。[②]官方语言可以实现政策沟通，但更进一步的设施、贸易、金融甚至民心的互通则需要熟悉合作国的通用语言甚至一些主要的民族语言。

据统计，“一带一路”沿线国家所使用官方语言就多达53种，涉及汉藏、印欧、乌拉尔、阿尔泰、高加索、闪含、南亚、南岛及达罗毗荼等9个主

---

① 丁超．中国非通用语教育的前世今生［J］．神州学人，2016（1）：6-11.

② 杨亦鸣，赵晓群．“一带一路”沿线国家语言国情手册［M］．北京：商务印书馆，2016：前言1.

要语系，如果算上通用语言和民族语言则多达200种左右。沿线各国多样化的语言国情对我国外语非通用语人才的培养数量提出了规模需求。一方面，合作国家日益增多，与之相应，对非通用语人才总量的需求也在持续增长。另一方面，合作各国覆盖非通用语种众多，因此在增加人才总量的同时也要兼顾各语种人才数量同步增长。

（二）对非通用语人才质量的内涵式需求

人才培养的质量与数量同样重要。多样化的语言国情对非通用语人才培养数量提出了规模需求，与“一带一路”沿线国家的多元化合作领域则对非通用语人才培养质量提出了规格要求。

从《推动共建丝绸之路经济带和21世纪海上丝绸之路的愿景与行动》中可以看出，我国与沿线各国的合作领域十分广泛。从交通基础设施、能源基础设施建设到通信干线网络建设，从传统能源如煤炭、油气、金属矿产等领域的开发到水电、核电、风电、太阳能等清洁可再生能源技术协作，从货币联通、贸易投资到金融监管合作，从艺术文化、旅游到科技、卫生等人文领域的交流，涉及行业众多。这些行业领域的合作对非通用语人才的培养质量提出了深层次的内涵式需求，主要体现在两个方面：一是要培养一批语言基本功扎实，且熟知对象国国情与文化的能够从事翻译、文化交流等工作的单一语种类非通用语人才；二是要培养大量具有国际视野兼具某一学科专业知识，能够从事专门行业建设、参与国际事务的复合型非通用语人才。

二、我国非通用语人才培养现状

20世纪末，受到经济全球化和国际化影响，我国开始逐步重视非通用语人才的培养。1997年，教育部成立了高等学校外语教学指导委员会非通用语组，旨在指导高校非通用语专业建设和人才培养。此后，无论是国家相关政策、项目层面还是高校层面都从不同维度加强了非通用语人才的培养。

（一）非通用语人才培养的政策支持与导向

2001年，为了保护和支持非通用语种专业建设，提高非通用语人才培养质量，教育部批准北京大学、北京外国语大学、上海外国语大学、北京广播学院（现中国传媒大学）、广东外语外贸大学、广西民族学院（现广西民族大学）、中国人民解放军外国语学院（现中国人民解放军战略支援部队信息工程大学）和中国人民解放军国际关系学院（现中国人民解放军国防科技大学国际关系学院）八所高校建立“国家外语非通用语种本科人才培养基地”，并对这八所高校的非通用语种专业给予专项经费和政策支持。

2012 年，教育部发布《普通高等学校本科专业目录（2012）》，其中外语非通用语种专业为 53 个。为满足“一带一路”倡议对非通用语人才的迫切需要，加快非通用语人才培养速度，教育部于 2015 年发布了《关于加强外语非通用语种人才培养工作的实施意见》，其中提出工作目标是“实现所有已建交国家官方语言全覆盖”。至 2017 年，教育部新增审批本科专业名单中增加非通用语专业 37 个，即高校中开设的非通用语专业达到了 90 个。

除了加强专业建设引导外，教育部还通过其他方式促进非通用语人才培养。2009 年，教育部召开“国际区域问题研究及外语高层次人才培养工作研讨会”。2010 年，教育部实施了“国际区域问题研究及外语高层次人才培养项目”，计划每年选派 1 100 人出国留学。项目所资助对象为国际区域问题研究相关专业或外语类专业高级研究学者、赴国外攻读学士（仅限国家亟须但国内暂不能自主培养的语种专业）、硕士或博士学位者、联合培养硕士生或博士生等。2012—2017 年，通过该项目共派出外语非通用语人才 3 454 人，先后为国内 9 个空白语种专业培养了师资人才。①

区域研究通常与外语教育联系密切，教育部通过支持高校开展国别和区域研究工作也带动了非通用语人才的培养。2012 年，教育部在全国高校布点了首批 37 家国别和区域研究培育基地。2015 年，教育部印发《国别和区域研究基地培育和建设暂行办法》，其中提出“制定实施覆盖本科和研究生阶段的国别和区域研究人才培养方案，培养能熟练掌握对象国语言、具有复合型专业背景的人才”。2017 年，教育部印发《国别和区域研究中心建

① 国家留学基金管理委员会．十八大以来国家公派出国留学情况［EB/OL］.［2018-03-07］. http://www.moe.gov.cn/jyb_xwfb/xw_fbh/moe_2069/xwfbh_2017n/xwfb_170301/170301_sfcl/201703/t20170301_297674.html.

设指引（试行）》，进一步提出高校建设国别和区域研究中心应当达到的条件之一是“具备一定的研究对象国语言特别是小语种语言优势”。至2017年12月，全国高校共有395家国别和区域研究中心获批教育部备案，这意味着区域研究也在带动着外语类人才的规模化发展。

总的来看，由于得到了国家相关政策和项目的资助与支持，我国非通用语专业建设速度在加快，人才培养途径得到了有益补充，非通用语人才数量在逐步增加。但另一方面，各高校的非通用语人才培养并不均衡，各非通用语专业之间的人才培养规格差异较大。

（二）高校非通用语人才培养现状

从上述八所拥有“国家外语非通用语种本科人才培养基地”（以下简称“培养基地”）的高校到各大省属外语类院校，近年来都在积极开设非通用语种专业。下文主要以“培养基地”所在高校为例考察非通用语人才培养的现状。之所以选择“培养基地”所在高校，一是由于国家重点部署，使上述高校在非通用语人才培养方面获得了优先发展机会，且取得了相应进展；二是因为上述高校分别分布在我国华北、华东和西南等地区，且涵盖了综合类、外语类等不同类别高校，具有一定代表性。此外，由于中国人民解放军外国语学院和中国人民解放军国际关系学院具有一定特殊性，因此以下主要对其他六所培养基地所在院校进行分析。

1. 专业设置概况

截至2017年，从六所高校的本科专业设置数量来看，北京外国语大学（以下简称“北外”）开设非通用语专业最多（90种），与教育部备案的全国高校非通用语专业总数一致；广西民族大学（以下简称“广西民大”）开设的非通用语专业最少，为7种，且均为东南亚国家所使用的官方语言；其他四所高校开设非通用语专业数量较为均衡。从开设的语种类别来看，各高校侧重点各有不同，北京大学（以下简称“北大”）侧重亚非语种专业建设；中国传媒大学（以下简称“中传”）、上海外国语大学（以下简称“上外”）侧重东西欧语种专业建设；广东外语外贸大学（以下简称“广外”）与广西民大侧重东南亚语种专业建设（见表3-6）。

可以看出，非通用语专业数量虽然在稳定增加，但不足以覆盖“一带一路”沿线国家所使用语言，这意味着目前所培养的非通用语人才的语种类别是有限的。

表 3-6 六所高校非通用语本科专业开设情况（统计至 2017 年）

学校	非通用语专业数量（种）	非通用语专业名称
北京大学	13	波斯语、朝鲜语、梵语巴利语、菲律宾语、蒙古语、缅甸语、葡萄牙语、泰语、乌尔都语、希伯来语、印地语、印尼语、越南语
北京外国语大学	90	波兰语、捷克语、罗马尼亚语、柬埔寨语、老挝语、僧伽罗语、马来语、瑞典语、葡萄牙语、匈牙利语、阿尔巴尼亚语、保加利亚语、斯瓦希里语、缅甸语、印尼语、意大利语、克罗地亚语、塞尔维亚语、豪萨语、越南语、泰语、土耳其语、朝鲜语、斯洛伐克语、芬兰语、乌克兰语、荷兰语、挪威语、冰岛语、丹麦语、希腊语、印地语、乌尔都语、希伯来语、波斯语、菲律宾语、斯洛文尼亚语、爱沙尼亚语、拉脱维亚语、立陶宛语、爱尔兰语、马耳他语、孟加拉语、哈萨克语、乌兹别克语、拉丁语、祖鲁语、吉尔吉斯语、普什图语、梵语巴利语、阿姆哈拉语、尼泊尔语、索马里语、泰米尔语、土库曼语、加泰罗尼亚语、约鲁巴语、蒙古语、亚美尼亚语、马达加斯加语、格鲁吉亚语、阿塞拜疆语、阿非利卡语、马其顿语、塔吉克语、茨瓦纳语、恩德贝莱语、科摩罗语、克里奥尔语、绍纳语、提格雷尼亚语、白俄罗斯语、毛利语、汤加语、萨摩亚语、库尔德语、比斯拉马语、达里语、德顿语、迪维希语、斐济语、库克群岛毛利语、隆迪语、卢森堡语、卢旺达语、纽埃语、皮金语、切瓦语、塞苏陀语、桑戈语
中国传媒大学	14	朝鲜语、土耳其语、普什图语、孟加拉语、尼泊尔语、印地语、泰米尔语、马来语、斯瓦希里语、葡萄牙语、意大利语、荷兰语、匈牙利语、瑞典语
上海外国语大学	20	波斯语、朝鲜语、印尼语、印地语、泰语、希伯来语、越南语、葡萄牙语、瑞典语、土耳其语、希腊语、意大利语、乌克兰语、荷兰语、匈牙利语、波兰语、乌兹别克语、哈萨克语、捷克语、斯瓦希里语
广东外语外贸大学	19	印尼语、泰语、越南语、朝鲜语、捷克语、印地语、老挝语、缅甸语、柬埔寨语、马来语、乌尔都语、波斯语、土耳其语、孟加拉语、意大利语、葡萄牙语、波兰语、希腊语、塞尔维亚语

续表

学校	非通用语专业数量（种）	非通用语专业名称
广西民族大学	7	越南语、老挝语、泰语、柬埔寨语、缅甸语、印尼语、马来语

资料来源：作者根据各高校官方网站整理统计。

2. 招生专业情况

具体招生专业数量及种类是非通用语人才培养现状的实际反映。从六所高校近三年的本科招生情况来看，招生的非通用语专业数量基本逐年增加，尤其北外的非通用语招生专业在 2017 年达到了 19 个。从专业类别来看，除广西民大外，各高校每年均招生的语种仅有朝鲜语、葡萄牙语、意大利语。此外，缅甸语、泰语、越南语等东南亚语种专业成为各高校近两年新增招生专业（见表 3-7）。从每年招生人数来看，朝鲜语、葡萄牙语和意大利语专业招收本科生最多，一般在 15—30 人；其他语种专业一般在 10—15 人。

从六所高校的硕博招生专业来看，主要有两大专业涉及非通用语人才培养。一是亚非语言文学专业，主要包含朝鲜语、波斯语、印度语、越南语、泰语等非通用语方向；二是欧洲语言文学专业，主要涉及意大利语、葡萄牙语、罗马尼亚语等方向。总的来看，在研究生教育阶段开展非通用语人才培养的专业较少。

表 3-7 六所高校近三年非通用语本科招生专业

学校	2015 年		2016 年		2017 年	
	非通用语招生专业数量（种）	非通用语招生专业名称	非通用语招生专业数量（种）	非通用语招生专业名称	非通用语招生专业数量（种）	非通用语招生专业名称
北京大学	4	朝鲜语、印地语、越南语、希伯来语	4	波斯语、朝鲜语、蒙古语、葡萄牙语	5	缅甸语、朝鲜语、乌尔都语、印地语、菲律宾语

续表

学校	2015年		2016年		2017年	
	非通用语招生专业数量（种）	非通用语招生专业名称	非通用语招生专业数量（种）	非通用语招生专业名称	非通用语招生专业数量（种）	非通用语招生专业名称
北京外国语大学	10	葡萄牙语、斯洛伐克语、挪威语、匈牙利语、捷克语、朝鲜语、泰语、柬埔寨语、印地语、马来语	12	葡萄牙语、乌克兰语、克罗地亚语、罗马尼亚语、波兰语、阿尔巴尼亚语、意大利语、朝鲜语、越南语、乌尔都语、马来语、斯瓦希里语	19	葡萄牙语、意大利语、匈牙利语、捷克语、瑞典语、荷兰语、芬兰语、塞尔维亚语、保加利亚语、立陶宛语、希腊语、朝鲜语、老挝语、波斯语、泰语、缅甸语、印尼语、豪萨语、菲律宾语
中国传媒大学	5	斯瓦希里语、意大利语、葡萄牙语、孟加拉语、荷兰语	3	朝鲜语、葡萄牙语、意大利语	4	马来语、葡萄牙语、尼泊尔语、普什图语、
上海外国语大学	9	朝鲜语、印尼语、泰语、土耳其语、葡萄牙语、瑞典语、希腊语、意大利语、荷兰语	6	朝鲜语、希伯来语、越南语、匈牙利语、意大利语、葡萄牙语	10	波斯语、朝鲜语、印尼语、印地语、泰语、波兰语、葡萄牙语、希腊语、哈萨克语、意大利语
广东外语外贸大学	13	朝鲜语、印尼语、印地语、柬埔寨语、马来语、缅甸语、老挝语、泰语、乌尔都语、越南语、波兰语、葡萄牙语、意大利语	12	朝鲜语、印尼语、印地语、老挝语、马来语、泰语、乌尔都语、越南语、波兰语、葡萄牙语、希腊语、意大利语	15	波斯语、朝鲜语、印尼语、印地语、柬埔寨语、缅甸语、泰语、越南语、波兰语、葡萄牙语、塞尔维亚语、土耳其语、希腊语、意大利语、孟加拉语
广西民族大学	7	印尼语、柬埔寨语、老挝语、缅甸语、马来语、泰语、越南语	6	印尼语、柬埔寨语、老挝语、缅甸语、泰语、越南语	7	印尼语、柬埔寨语、老挝语、缅甸语、马来语、泰语、越南语

资料来源：作者根据各高校招生网整理统计。

3. 课程设置

六所高校的非通用语专业人才培养目标基本包含两个核心要素，一是培养学生能够以较强的听、说、读、写、译等语言能力掌握一门外语，二是能够掌握外语对象国的文学、文化、历史、政治、经济等方面的基础知识。在目标导向下，所开设课程内容主要涉及三个方面，一是语言类课程，如基础 ×× 语、高级 ×× 语、口语、视听说、阅读、写作等课程；二是翻译类课程，如口译、笔译等课程；三是文化类课程，如国家概况、历史、报刊选读等。此外，还有高校根据自身学科优势开设了部分特色课程，如传播学、外国新闻节目研究等。

4. 师资配备

师资配备决定了一个专业的发展规模，也是人才培养质量的根本保证。在总体师资方面，北外由于非通用语专业较多，师资力量也较为雄厚；其他高校总体师资队伍相差不大，约 40—55 人。从师资结构来看，北大的教授与副教授人数均高于讲师人数，其他院校的高级职称教师人数普遍少于讲师人数。从语种分类来看，六所高校的亚非语种专业师资均强于欧洲语种专业，部分欧洲语种专业有赖于助教职称教师（见表 3-8）。

表 3-8　六所高校非通用语师资情况

（单位：人）

<table>
<tr><th rowspan="2">学校</th><th colspan="4">亚非语种专业</th><th colspan="4">欧洲语种专业</th><th rowspan="2">总计</th></tr>
<tr><th>教授</th><th>副教授</th><th>讲师</th><th>助教</th><th>教授</th><th>副教授</th><th>讲师</th><th>助教</th></tr>
<tr><td>北京大学</td><td>14</td><td>22</td><td>10</td><td>5</td><td>—</td><td>2</td><td>2</td><td>—</td><td>55</td></tr>
<tr><td>北京外国语大学</td><td colspan="4">56</td><td>7</td><td>13</td><td>15</td><td>6</td><td>97</td></tr>
<tr><td>中国传媒大学</td><td>—</td><td>6</td><td>18</td><td>—</td><td>1</td><td>3</td><td>20</td><td>—</td><td>48</td></tr>
<tr><td>上海外国语大学</td><td>5</td><td>9</td><td>19</td><td>2</td><td>—</td><td>5</td><td>7</td><td>5</td><td>52</td></tr>
<tr><td>广东外语外贸大学</td><td>5</td><td>10</td><td>13</td><td>—</td><td>—</td><td>3</td><td>14</td><td>—</td><td>45</td></tr>
<tr><td>广西民族大学</td><td>6</td><td>7</td><td colspan="2">27</td><td colspan="4">—</td><td>40</td></tr>
</table>

资料来源：作者根据各高校官方网站整理统计。

（三）非通用语人才培养过程中存在的问题

上述六所高校在非通用语专业设置、招生、课程内容及师资队伍方面呈现出几个特点，如逐步增加非通用语专业总量和招生专业数量，课程结构相对稳定一致，亚非语种师资较欧洲语种师资稍多等，大体上反映了我国高校在非通用语人才培养方面的基本趋势。同时，也反映出目前非通用语人才培养方面存在的一些问题。

1. 高校非通用语专业建设缺乏整体规划

总体上看，我国高校非通用语专业建设缺乏整体规划。一是专业重复度较高。至 2017 年，虽然各高校均开设了十余种非通用语专业，但主要集中在东南亚和欧洲语种，“一带一路”沿线国家所使用语言的覆盖率仍然较低。二是各高校的非通用语专业发展十分不均衡。如 2012—2017 年，教育部新增审批本科专业名单中的 37 个非通用语专业均由北外一所高校申报。三是虽然开设专业总量在增加，但每年实际招生专业数量不及总量的一半。北外由于开设的非通用语专业最多，因此与实际招生专业数量差异也最大。2017 年，北外在教育部备案的非通用语专业总数达到 90 个，但 2017 年实际招生专业数量只有 19 个。即使不考虑招生计划和校舍规模等因素的限制，北外非通用语实际可招生专业数量仍然有限。如北外的亚非学院拥有 40 种非通用语专业，但实际只有 18 种具备本科专业招生条件。

2. 课程设置与非通用语人才需求不匹配

课程结构与内容影响着未来的人才培养方向。目前高校非通用语专业的课程内容主要包括语言类、翻译类和文化类三部分，所培养的非通用语人才主要从事相关的翻译、外交、对外文化交流等领域的工作。但“一带一路”建设过程中不仅需要这类语言文化研究人才，更加需要的是能够参与“工程建设和经济贸易”“区域政治和秩序”① 等领域建设的复合型外语类人才。当前高校中的非通用语专业课程内容尚无法满足这一需求。

3. 师资队伍与非通用语人才培养规模不协调

从表 3-8 可以看出，非通用语专业的师资力量呈现金字塔结构，塔尖由少数教授和副教授组成，塔座则由讲师构成，有些学校的欧洲语种专业

---

① 瞿振元．“一带一路”建设与国家教育新使命［N］. 光明日报，2015-08-13（11）.

甚至没有教授担纲。具体到各语种专业，不仅师资匮乏，且师资力量差异较大。如广外仅意大利语和波兰语专业分别有 2 名和 1 名副教授，其他如葡萄牙语、希腊语和塞尔维亚语专业仅有讲师承担本科教学任务。就学历结构而言，大部分非通用语专业教师仅拥有硕士学位。受师资力量所限，有些非通用语专业只能 4 年甚至更久才能招收一届学生，无法满足“一带一路”建设所需的人才培养规模。

4. 非通用语高端人才培养乏力

非通用语高端人才主要指拥有硕士或博士学位的非通用语专业人才。上述六所高校中，中传、广外、广西民大三所高校均没有博士相关专业开展非通用语人才培养；另外三所高校除北大外，其他两所高校主要培养亚非语言文学专业的博士，且研究方向仅为朝鲜语和韩语。六所高校所开设的硕士相关专业主要偏重东南亚和西亚语种方向。整体来看，非通用语高端人才培养明显不足。一方面，高端人才不足会对“一带一路”倡议的“五通”深入合作产生影响；另一方面，高端人才不足会导致未来非通用语专业师资储备不足，从而影响人才培养的良性循环。

三、基于国外经验的非通用语人才培养路径探索

面对“一带一路”建设对非通用语人才的需求，以及目前我国非通用语人才培养方面的一些困境，我们可以借鉴他国在外语教育和非通用语人才培养方面的成功经验，以探索适合我国非通用语人才培养的路径。美国自二战后便开始重视外语教育，外语教育在培养国际问题专家和服务政治经济需要等方面都发挥了重要作用，在多个方面都可以为我们提供一定的参考。

（一）重视语言战略规划，突出关键语种人才培养

全球合作与竞争日益增强的背景下，外语技能在提升经济竞争力和国家安全方面发挥着基础性作用，因此外语教育包括非通用语人才培养已经成为一项重要的国家战略。美国于 2006 年发布了一项重要的语言战略，即国家安全语言计划（National Security Language Initiative，简称 NSLI）。NSLI 计划致力于对本国公民的关键外语技能进行长期投资，即在幼儿园至大学、至研究生教育阶段，甚至职业生涯阶段为公民提供各类外语学习项目，最

终实现以下目标:（1）增加美国公民学习关键外语的人数，并使他们从更小的年龄学起;（2）增加达到外语高级水平的美国公民人数，且重点是增加精通关键外语的人数;（3）增加讲授重点需求语言的教师数量。

NSLI 计划由美国国务院、教育部、国防部和国家情报局四大部门共同实施，其目标语言是阿拉伯语、汉语、日语、韩语、俄语，以及印度语系、波斯语、突厥语族等由国家情报局决定的语种，因此各部门都推出了相应的外语资助项目。如国务院的项目包括面向本科生和研究生的夏季集中语言学院项目（Intensive Summer Language Institutes）、美国富布莱特关键语言提升奖学金项目（Fulbright Critical Language Enhancement Awards for U.S. Students Program）、吉尔曼海外学习奖学金（Gilman Scholarships for Study Abroad）；教育部的项目包括外语援助计划（Foreign Language Assistance Program，简称 FLAP）、教师对教师倡议（Teacher-to-Teacher Initiative，简称 T2T）；国防部主要实施了国家安全教育项目（National Security Education Program，简称 NSEP）；国家情报局主要推出了“星谈计划（STAR TALK）”等项目。其中，国防部的 NSEP 项目影响力最大。

NSEP 项目下设博伦奖学金（David L. Boren Scholarships）、博伦助学金（David L. Boren Fellowships）、关键语言项目（The Language Flagship）、全球项目官项目（Project Global Officer）、语言培训中心项目（the Language Training Centers）、国家语言服务集团（National Language Service Corps）、英语作为传统语言使用者项目（English for Heritage Language Speakers），这些具体项目为美国培养了许多精通关键语言的毕业生，为提升美国竞争力和安全性起到了重要作用。其中，关键语言项目、全球项目官项目和语言培训中心项目均是直接为美国高校提供资助，并分别侧重资助高校的关键语言教学工作和高级军事学院的语言培训。2016 年，美国《国家安全教育项目年度报告》显示，NSEP 项目重点资助研究的关键语言超过了 60 种。①

美国 NSLI 计划与 NSEP 项目的实施给我们带来两点启示，一是要重视语言战略实施。虽然我国教育主管部近年来专门出台了相关政策文件，越

① National Security Education Program. 2016 Annual report［EB/OL］.［2018-02-06］. https://www.dlnseo.org/sites/default/files/2016%20NSEP%20Annual%20Report%20for%20Web.pdf.

来越重视外语教育，但是外语教育的相关政策还没有上升到国家战略的层面。“通过语言战略的制定、调整和实施可以带动语言实践、意识形态、立法等方面的社会选择。”[①]“一带一路”建设背景下，将外语教育提升至国家战略层面，有利于调动多部门资源，迅速形成人才培养的共识。二是要科学规划专业分布，突出关键语种人才培养。NSEP 项目的主要目的是满足美国对关键语言和关键地区专家的需要，并为美国国家安全部门与高等教育机构之间搭建一个能够满足其迫切需要的战略伙伴关系。在我国各高校非通用语专业设置重复度较高且高校间非通用语专业发展不均衡的情况下，可以根据高校所在区域及现有优势，对各高校的非通用语专业进行全盘式规划布局，明确关键语种，使非通用语种得到广泛覆盖的同时也有所侧重地发展。

（二）以政策、制度等形式增加投入，扩大人才培养规模

早在 1958 年，美国便颁布了《国防教育法》，以立法的形式确定了要“增加美国在外语、地区研究和国防事务问题方面的专家”，并且规定联邦政府每年要为改进外语教学、区域研究等方面提供不超过 800 万美元的资助。[②]1980 年，《国防教育法》中相关条文被并入美国《高等教育法》第六款。此后，美国联邦政府一直为《高等教育法》第六款下设的外语和区域研究项目增加资助。如 2001 年财政年度，联邦政府对上述项目的资助增加了 8%；2002 年财政年度，资助增加了 27%；2003 年财政年度，资助又增加了 10%。[③]除了美国《高等教育法》,《富布莱特—海斯法案》也为促进美国外语教育提供了较多资助。

基于联邦政府在外语教育领域的长期稳定的投入，美国在外语教学及非通用语人才培养方面取得了较大进展，从近年来美国高校中开设的非通用语专业数量可以窥见一斑。美国现代语言协会（Modern Language Association）将 15 种语言以外的外语界定为非通用语，这 15 种语言分别

---

① MALDONADO-VALEN TIN M. An exploration of the effects of language policy in education in a contemporary Puerto Rican society [J]. Education Policy Analysis Archives，2016，24 (85) :1-20.

② 刘宝存，孙琪 . 美国大学区域研究：发展、影响及争论 [J]. 比较教育研究，2013，35 (11)：49-54.

③ 同②.

是：西班牙语、法语、美国手语、德语、意大利语、日语、汉语、阿拉伯语、拉丁语、俄语、现代希伯来语、圣经希伯来语、古希腊语、葡萄牙语和韩语。2013 年，美国现代语言协会对全美开设外语课程的高校（2696 所）进行调研，数据显示，2006 年美国高校中开设的非通用语为 187 种，2009 年美国高校中开设的非通用语为 214 种，2013 年美国高校中开设的非通用语达到了 248 种。①

美国联邦政府通过立法保障外语和区域研究资助政策的长期性和稳定性，这一做法值得我们借鉴。自“一带一路”倡议提出以来，教育部陆续出台了《关于加强外语非通用语种人才培养工作的实施意见》《推进共建“一带一路”教育行动》等文件，其中提出要加强非通用语专业建设，推进外语教育教学工作等，但未明确对高校非通用语专业建设的资助。从美国立法带来的长效资助成效可以看出，经费投入是人才培养的基础保障，在巨大的人才需求面前，以政策或制度的形式增加相关资助，可以快速吸引专业建设所需师资，使高校中的已备案专业尽快满足招生专业条件，并使非通用语人才培养的正常教学活动得到有效保障，进而逐步扩大人才培养规模。

（三）形成多样化人才培养模式，满足更多领域需求

美国联邦教育部发布的《提升美国外语能力》（Enhancing Foreign Language Proficiency in the United States）报告中指出，NSLI 计划能够成功的原因之一是受益范围广，即学生从基础教育到研究生教育阶段可以获得不同类型的高质量的外语教育。除了提供主修专业教育外，美国高校还开设了大量外语类辅修专业。数据显示，2001 年，美国高校中在外语专业获得辅修专业证书人数与获得外语主修专业证书人数的比率为 28%，2013 年这一比率达到了 38.6%。此外，2013 年，美国高校开设的日语、法语、德语、俄语、罗曼斯语、意大利语、中东 / 近东语、斯拉夫语和葡萄牙语专业中，辅修专业证书的获得人数与主修专业证书获得人数的比例均超过了 40%，其中德语、法语、中东 / 近东语、葡萄牙语和斯拉夫语专业中这一比

① GOLDBERG D，LOONEY D，LUSIN N. Enrollments in languages other than English in United States institutions of higher education，Fall 2013［EB/OL］.［2018-02-06］. https://files. eric. ed. govlfulltext/ED569204. pdf.

例达到 50%，意大利语专业中这一数据为 60%，罗曼斯语专业中这一数据更是高达 80%。[①] 此外，美国高校中还常规性地开设了一些非学位教育的非通用语课程，以此作为专业教育的补充，让学生能够具备更多语言技能。尤其是美国国家战略迫切需要但掌握人数较少的非通用语，如斯瓦希里语、豪萨语、祖鲁语、约鲁巴语等非洲语言，逐步以常规课程而非专业的形式在美国高校稳定开设。见表 3-9，2002 年美国开设常规性非洲语言课程的大学数量较 1994 年有明显增加。

表 3-9　美国开设常规性非洲语言课程的大学数量

（单位：所）

语言	1994 年开设课程的大学数量	2002 年开设课程的大学数量
斯瓦希里语	12	50
豪萨语	8	12
祖鲁语	4	11
约鲁巴语	9	10
契维语	4	8
沃洛夫语	7	6
伊博语	–	5
阿姆哈拉语	–	3
班巴拉语	–	3
修纳语	–	3
茨瓦纳语	2	3
科萨语	2	2
南非语	–	2
林加拉语	5	1

数据来源：SANNEH S，OMAR A S. African-language study in the 21st century：expansion through collaboration and technology［J］. African Issues，2002（2）：42-49.

① Modern Language Association. Data on second majors in language and literature［EB/OL］.［2018-02-06］. https://www.mla.org/content/download/31117/1320962/zndmajors200113.pdf.

原因之二是政府为商贸、教育、科学、技术、工程和数学等更多学科的本科生和研究生提供从事外语和区域研究的机会，使他们在全球市场更具竞争力。[①]NSEP 项目下设的关键语言项目也强调通过常规教学和引导干预为不同专业和语言背景的学生提供清晰的语言学习路径，以培养不同学科领域学生的高级语言能力。项目优先资助的学科领域包括：农业和食物科学、区域研究、工程科学（包括生物、化学、物理、环境科学、数学等）、商业与经济、计算机信息科学、健康与生物医学、国际事务等。[②]

面对我国高校非通用语课程设置与人才需求不匹配的问题，我们可以从中借鉴几点经验。一是突破非通用语专业中以语言文学内容为主的传统课程体系，增加专业导向性课程模块，使学生具备更多学科领域知识；二是开设非通用语类辅修专业，为不同学科或专业的学生提供获得高级语言能力的机会；三是在一些尚未具备招生条件的备案专业中，面向全校先行开设非通用语类基础课程，使学生通过学习能够掌握非通用语的一般阅读或交流技能；四是在“国际区域问题研究及外语高层次人才培养项目”中开放申请人专业限制，使具备一定外语基础的各专业学生都有机会申请此类资助。多管齐下，以多种形式培养兼具语言技能与其他学科领域知识的非通用语人才。

（四）加强非通用语师资建设

美国 NSLI 计划自实施之初便设定了“增加讲授重点需求语言的教师数量”的目标，且在联邦教育部和国务院实施的项目中均有专门资助外语教师的项目，如“教师对教师倡议”、教师夏季学院项目（Intensive Summer Language Institutes for Teachers）等，主要是通过海外工作坊、教学专业认证等方式为教师提供外语教学支持和专业发展机会。在非通用语教师专业技术职称普遍不高且师资缺乏的情况下，我们可以借鉴 NSLI 计划的做法，一是为非通用语教师提供专项海外短期进修项目，快速提升专业教学水平；

---

① National Security Education Program. 2016 Annual report [EB/OL]. [2018-02-06]. https://www.dlnseo.org/sites/defanlt/files/2016%NSEP%20Annual%20Report%20for%20Web.pdf.

② MASON L, POWERS C, DONNELLY S. The Boren Awards: a report of oral language proficiency gains during academic study abroad (2015) [EB/OL]. [2018-10-11]. https://www.iie.org/en/Research-and-Insights/Publications/The-Boren-Awards-A-Report-Of-Oral-Language-Proficiency-Gains.

二是为教师提供海外攻读高一级学位的机会，改善非通用语教师的学历结构；三是加强研究生教育阶段的非通用语人才培养，有意识地进行引导，以为未来储备师资。此外，随着“一带一路”倡议带来的与沿线各国的深入交流，吸引更多外籍教师尤其是掌握偏冷门语种的外籍教师进入高校成为师资建设重要途径之一。

第九节 推进沿线国家高校教师培训

推进“一带一路”沿线国家高校教师培训是新时期教育对外开放与援助的工作重点之一。[①]高校教师培训是一种岗位教育，亦是一种继续教育，旨在让不同岗位的高校教师更好地履行岗位职责，促进其职业发展。“一带一路”沿线国家高校教师培训是一项国家层面、学校层面以及具体学科层面共同参与、策划与实施的工作，由我国商务部、教育部等部委主管，各高校承办，沿线国家的教育部门和高校共同参与，有着重要的现实意义。我国开展的沿线国家高校教师培训工作已经进入实践操作阶段，如何提质增效地开展这项工作，更好地帮助沿线国家高校开展行政管理人员、教学科研人员等不同类别的高校教师的培训是本研究的初衷。基于此，本节旨在梳理我国对沿线国家高校教师培训的政策、组织、操作多个层面的进展，考察培训工作推动过程中所遇到的问题与挑战，从制度层面、组织层面以及学科层面提出更好开展沿线国家高校教师培训工作的发展策略。

一、我国开展“一带一路”沿线国家高校教师培训的实施进程

新中国成立初期，我国对外高等教育交流主要面向苏联、朝鲜、越南等社会主义国家，20世纪六七十年代，又逐渐转向亚、非、拉第三世界国家。这一时期，我国的对外培训处于被动探索阶段，只与部分发展中国家实施人力资源开发合作项目，接收了少量国外高校的进修人员。总体来说，

① 中国政府网．中共中央办公厅、国务院办公厅印发《关于做好新时期教育对外开放工作的若干意见》[EB/OL].[2018-5-20].http://www.gov.cn/xinwen/2016-04/29/content_5069311.htm.

该阶段的对外教师培训规模小，培训工作不系统，是援外高校教师培训的起步阶段。

20 世纪 80—90 年代，随着改革开放的推进，我国积极探索对发展中国家专业人员的援外培训工作。这一阶段，我国积极向发展中国家派遣教师，承担了许多人力资源培训项目，并参与多项联合国开发计划署、教科文组织等国际组织的师资培训项目。①

进入新世纪，我国的高等教育对外援助工作进入系统化、制度化的阶段，师资培训与基础建设、仪器设备资助并列成为主要的援助方式之一。教育部、商务部、外交部在全国高校中建立了一批教育援外基地，负责众多发展中国家各类人才的培训工作，其中承担“一带一路”沿线国家高校教师培训项目的主力是浙江师范大学与东北师范大学。②浙江师范大学有着较好的非洲教育研究基础，与非洲各国的较多高校保持着紧密的联系，截至 2021 年 5 月，共承办了教育部、商务部主办的非洲英语国家高等教育管理研修班、非洲法语国家高等教育管理研修班、非洲英语国家大学校长研修班、非洲法语国家大学校长研修班、非洲法语国家大学教师研修班等各类援外短期研修班 183 期，参训人数达 4 448 人次。③而 2002—2019 年，开展沿线国家高校教师培训的另一重镇东北师范大学共举办了 48 期援外项目，培训了来自非洲、亚洲、大洋洲、南美洲等地的 1 370 名发展中国家教育工作者。④

除教育援助基地的高校外，教育部、商务部等部委也鼓励全国各高校以申报项目的方式承担对外高校教师培训任务。“一带一路”倡议提出后，教育部出台了多种面向沿线国家的高端人才合作与培训项目，鼓励具有地缘优势与专业基础的高校申报。比较有代表性的有鼓励中非高校合作的“20 + 20”计划、鼓励中外高校联合培养高层次科研人才的“丝路 1 + 1”

① 张郁慧 . 中国对外援助研究（1950-2010）[M]. 北京：九州出版社，2011 ：159.

② 庄腾腾，刘宝存 .“一带一路”倡议下我国教育援外基地建设：进展、挑战与对策 [J]. 河北师范大学学报（教育科学版），2018，20（4）：55-61.

③ 浙江师范大学 . 浙师大首个线上援外培训班开班 [EB/OL].[2021-08-21]. http://www.zjnu.edu.cn/2021/0521/c8449a359381/page.htm.

④ 东北师范大学 . 教育援外 [EB/OL] .[2021-08-19]. http://www.nenu.edu.cn/jlhz1/jyyw.htm.

项目、鼓励我国高校邀请“一带一路”沿线国家高校教师来华访学的“友好使者”培训计划等。[①] 此外，我国的部分行业性高校基于优势学科与沿线国家高校展开学科共建合作，其中一项重要内容就是为其培训专业教师。如北京交通大学等行业性大学实施人才培养与技术教育资助培训服务走出去战略，为部分沿线国家培养了一批交通运输相关专业的高校教师。复旦大学上海医学院、北京协和医学院等纷纷响应“一带一路”倡议，与沿线部分国家的医学院建立了合作关系，开展学术交流、科研开发以及教师培训项目。

经过十余年的沿线国家各类高校教师培训实践，我国承担培训任务的高校已经形成了一套固定的培训体系，有了较为稳定的师资队伍，在培训内容、培训方式上也逐渐成熟，并取得了较好的培训效果。[②] 以浙江师范大学与东北师范大学所开展的沿线国家高校教师系列培训项目为例，培训内容主要聚焦在中国基本国情、中国高等教育改革与发展、中国传统文化等方面，培训师资主要是来自国内知名高校、研究机构以及政府部门的专家，培训方式则是专题讲座、主题研讨与实地考察的方式相结合。如浙江师范大学举办的非洲英语国家大学校长研修班，邀请了国内知名高等教育学者与管理者开展主题为“中国高等教育体系”“中国高等教育改革现状及发展趋势”“中国高等学校内部管理体制改革——以浙江师范大学为例”“高校教学科研管理”“教师教育与大学发展”的讲座。项目组还联合浙江师范大学教务、人事、科研、后勤等职能部门的负责人就大学发展、学科建设等问题与学员进行交流研讨，并基于中外大学校长论坛、中非智库论坛等活动鼓励学员开展内部研讨。此外，项目组在培训后半程带领学员前往数所985高校进行实地考察。最后，教育部国际合作与交流司委托国内其他高校的教授组成专家组对项目进行综合评估。[③] 东北师范大学承办的“一带一路”沿线国家、地区大学教师研修班亦采用讲授、研讨与调研相结合的方式开展培训。相关领域的专家学者围绕中国高等教育改革、中国教育制度以及

① 内蒙古师范大学. 关于组织申报“中华人民共和国教育部2017年度教育援外项目”的通知[EB/OL]. [2018-08-02]. http://www.imnu.edu.cn/info/1076/1748.htm.

② 国务院新闻办公室.《中国的对外援助（2014）》白皮书（全文）[EB/OL]. [2018-07-30]. http://www.scio.gov.cn/zfbps/ndhf/2014/Document/1375013/1375013.htm.

③ 李旭. 浙江师范大学举办“英语非洲国家大学校长研修班”[J]. 西亚非洲，2004（6）：11.

中国文化等主题开设专题讲座。项目组带领学员围绕高教人才培养的创新模式、大学教学的创新设计与教师专业提升、中国教师教育改革的动向与课题以及发展中国家教育改革的相互借鉴与启示等主题展开研讨。在实地考察环节，项目组组织学员前往上海、北京两地的多所知名高校进行调研。[①]

诸多沿线国家高校教师培训班已经取得了较好的效果，在各个领域培养了一大批知华、友华的力量。如2005年浙江师范大学承办的非洲法语国家大学校长研修班的学员——时任中非共和国班吉大学校长图瓦德拉（Faustin-Archange Touadéra）于2016年当选为中非共和国总统。[②]图瓦德拉十分认可研修班的培训质量，认为培训课程与经历使其对中国高等教育的改革发展经验和高校运行管理情况有了全面认识，为后续本国高等教育改革提供了很好的借鉴。培训结束后，图瓦德拉随即代表班吉大学与浙江师范大学签订了合作备忘录，亦是培训效果的良好体现。

二、我国开展“一带一路”沿线国家高校教师培训存在的问题

我国的“一带一路”沿线国家高校教师培训工作逐步系统化、制度化。但是，随着“一带一路”倡议的贯彻实施，现有的对外高校教师培训基地数量以及培训项目种类明显不足。而“一带一路”沿线国家较大的社会文化差异性以及不均衡的高等教育发展水平给我国开展沿线国家高校教师培训工作带来了挑战。竞争激烈的高层次人才培训国际化市场亦对我国的沿线国家高校教师培训工作产生了外部压力。

（一）我国高校对外教师培训基地少，培训项目单一

“一带一路”沿线涵盖了东南亚、南亚、西亚、北非及中东欧的65个主要国家，涉及数量庞大的行政管理人员、教学科研人员和教辅人员。总体而言，我国参与“一带一路”沿线国家高校教师培训活动的力度明显不足，高校教师培训的数量和质量远远不能满足构建“一带一路”教育共同体的

---

① 东北师范大学.2017年“一带一路”沿线相关国家、地区大学教师研修班圆满闭幕［EB/OL］.［2018-07-18］. http://www.nenu.edu.cn/info/1055/2110.htm.

② 浙江师范大学国际交流与合作处.我校承办的非洲法语国家大学校长研修班走出首位总统校友［EB/OL］.［2021-08-19］. http://news.zjnu.edu.cn/2017/0109/c8449a190154/page.htm.

需求，与国家整体发展要求存在明显差距。①

其一，制度性、系统性开展沿线国家高校教师培训的高校基地偏少。相比庞大的沿线国家高校教师数量，无论是学校数量还是培训班次都远远不够，较多的“世界一流大学与世界一流学科”建设高校尚未发挥其学科优势。其二，我国开展的沿线国家高校教师培训主要面向非洲以及东盟地区，针对南亚、中东欧、中东地区国家的高校教师培训项目很少。其三，培训项目主要聚焦于沿线国家的高校行政管理者群体，多为大学校长研修班和中层干部研修班，缺乏面向学科骨干教师、青年教师、教辅岗教师的高水平专业培训。其四，开展的沿线国家高校教师培训项目以短期培训以及研讨会为主，缺少更具实效的中长期进修项目。其五，沿线国家大学教师培训项目内容较为宽泛，缺少聚焦于专门学科的培训课程。

（二）沿线国家文化多元及高等教育发展不平衡带来新挑战

“一带一路”沿线国家数量众多，沿线国家的语言文字、社会制度、民族文化乃至宗教信仰都有较大的差异，地缘政治格局和经济格局亦错综复杂。这对我国对外教师培训的顶层设计以及各高校培训活动的具体开展都带来了挑战。

此外，沿线各国高等教育的发展水平很不均衡，差异较大。全球创新指数报告显示，埃塞俄比亚、孟加拉国、柬埔寨、尼泊尔、巴基斯坦等国的高等教育发展水平得分均在 20 分以下，而阿联酋、白俄罗斯、卡塔尔、阿曼、新加坡的高等教育发展水平均在 50 分以上。沿线国家高等教育发展水平得分的差距则更加明显，如阿尔巴尼亚、亚美尼亚、柬埔寨等国均在 2 分以下，新加坡、以色列分数则高达 60 分以上。② 以上数据显示出沿线国家高等教育发展水平的巨大差异，这就要求我国的沿线国家高校教师培训工作要做精做细，要了解对方的需要，基于不同的高等教育发展水平展开多层次、多维度的高校教师培训。

① 康乐，李福林．“一带一路”教育行动中教育援助可持续模式探析［J］. 高校教育管理，2018，12（2）：17-24.

② DUTTA S，LANVIN B，WUNSCH-VINCENT S.The global innovation index 2017: innovation feeding the world［EB/OL］.［2018-08-23］. https://www.wipo.int/edocs/pubdocs/en/wipo_pub_gii_2017.pdf.

(三)高层次人才培训国际市场竞争激烈，对教师培训质量提出更高要求

经济全球化背景下，世界各国都将“教育国际化”作为对外交流的重要工作。如美国在东亚和东南亚实施“亚太再平衡”战略、在南亚提出“新丝绸之路”计划；印度在南亚实施“印度洋战略”和面向南海的“东向行动”；俄罗斯在中亚推进欧亚经济联盟建设等；日本、欧洲主要国家、澳大利亚则试图加大对东南亚等地域的地缘政治影响等。[①] 在这种情况下，众多国家都展开了吸引沿线国家优秀人才前往本国深造的行动。美国、英国、日本等西方高等教育强国凭借高质量、高声誉的培训项目与完善的高校教师培训、访学管理制度，吸引了大批沿线国家高校教师前去培训、进修。此外，美国部分一流大学如密歇根大学、哈佛大学皆利用本校的教师发展中心对外开展高校教师培训工作，密歇根大学教师发展中心仅 2019—2020 年度就为 16 所外国高校提供了培训服务。[②]

此种形势下，建立完善的外国高校教师来华培训体系与进修制度，全面提升我国针对“一带一路”沿线国家的高校教师培训质量显得尤为重要。我国高校制度性的对外教师培训工作起步较晚，2010 年后各高校才逐步建立起专门的教师发展中心，高校教师培训流程与项目初步确定，并形成了一支数量有限的教师发展专业人员队伍。因此，我国高校在为沿线国家开展高校教师培训时在资源的供给与专业人员的调配上存在挑战。与此同时，我国高校教师发展项目与学科联系较少，亦是开展沿线国家高校教师培训的障碍。此外，为应对国际化市场竞争，我国高校在开发沿线国家高校教师培训项目时，还需考虑承办学科的国际声誉、师资队伍的国际化水平等要素。

三、推进我国“一带一路”沿线国家高校教师培训的策略

随着高等教育的快速发展与对外高校教师培训工作的逐步展开，我国具备了为沿线国家开展高校教师培训的能力，积累了一定的实践经验，但

---

① 马佳妮，周作宇．“一带一路”沿线高端留学生教育面临的挑战及其对策［J］. 高等教育研究，2018，39（1）: 100-106.

② CRLT. 2019-2020 Annual report［EB/OL］.［2021-08-18］. https://crlt.umich.edu/sites/default/files/2019-2020_CRLTAnnualReport_interactive.pdf.

仍面临多方面的问题。以下主要从制度、组织和学科三个层面出发，提出推进我国“一带一路”沿线国家高校教师培训工作的发展策略。

（一）制度层面：做好顶层设计与制度建设

1. 加强沿线国家高校教师培训项目专项资助

当下，我国教育部设立了较多的针对“一带一路”沿线国家的高等教育合作项目，商务部则主办了非洲高校校长、教师研修班，发展中国家高校校长、教师研修班等多个培训项目，但无论是项目资助专项性还是多元性都还需要增强。二战后，美国以“富布莱特项目”为代表的多种基金会项目以及美国国际开发署（USAID）的援外培训项目都专门对外国高校教师来美短期研修、中长期访学进行资助，在宣传美国国家价值观、提高美国国际影响力方面获得了巨大成功。我国亦应借鉴此经验，加强顶层设计，不断细化、深化政策，增加支持沿线国家高校教师来华培训、访学的专项资助。首先，应考虑沿线国家的数量和所跨地区，进行合理分配资助名额，对于高等教育发展薄弱地区可设立一对一的资助项目；其次，针对不同高校教师群体设立专项资助，如校长培训资助、中层管理者培训资助、学科教师培训资助以及教辅教师培训资助；最后，结合沿线国家发展需要设立专项资助，对沿线国家高校的师资短缺学科有所侧重，在资助的指标上有所倾斜。

2. 做好全面规划，了解沿线国家的需求，制订精准的高校教师培训计划

结合对方的需要开展高校师资培训是日本教育援外的特点之一。如2000年东盟遭遇亚洲金融危机，日本政府认为帮助东盟国家培养科技和工程技术人才是克服金融危机的当务之急，因此在2001年成立了东盟大学联盟/东南亚工程教育发展项目。由日本11所著名的大学为东盟十国19所大学的工程专业青年教师赴日本高校进修提供援助，项目的实施效果得到了东盟各国的肯定。①

沿线国家高等教育发展水平乃至社会经济发展程度差异较大，我国政府在做沿线国家高校教师培训的顶层设计时，更需要对沿线国家的高校教师发展需求进行调研，准确地把握不同国家青年教师、资深教师等不同层

① 彭文平. 日本的高等教育对外援助［J］. 日本问题研究，2016，30（4）：49-57.

级教师以及行政管理人员、教学科研人员等不同职业轨迹教师的培训需求，从而进行全面的培训规划。与此同时，我国还应该结合各国的经济发展状况与现实需求，帮助其培训经济、社会发展的急需专业的高校教师。

3. 建立完善的沿线国家高校教师培训管理制度与访学制度

随着我国沿线国家高校教师培训工作的深入开展，教育部、商务部等培训主办单位需建立规范的外国教师来华培训管理制度，把控针对沿线国家的高校教师培训项目，保证培训项目的质量。此外，教育管理部门应会同各高校逐步完善沿线国家高校教师来华中长期访学进修制度，并督促各高校完善现有学校层面、学院层面国际交流与合作行政部门的人员配备，保证管理制度落地。可借鉴美国“富布莱特访问学者项目”、日本“国际交流基金访问学者计划”等项目经验，组织学科专家组对沿线高校不同学科教师进行选拔，建立数据库让来华访学教师与我国高校进行双向匹配，力求为沿线国家打造各学科的学术骨干和未来领军人才。

（二）组织层面：搭建合作桥梁与组织构架

1. 搭建沿线国家高校教师培训合作框架与实施平台

基于建立沿线国家教育共同体的倡议精神，我国的教育管理部门以及高校应积极地与沿线国家的教育部门或高校进行接洽，增进了解，拟定合作框架，签订合作备忘录，落实各类高校教师培训工作。此外，我国应该增加现有的培训基地，鼓励“双一流”建设强校发挥其学科专业优势，积极加入沿线国家高校教师培训工作。我国在与沿线国家合作开展高校教师培训时应充分发挥地缘优势和学科优势，打造区域性的高校教师培训平台。① 如西北高校可重点与中亚五国的教育部门和高校接洽，建立针对中亚五国的区域性高校教师培训中心；北京高校则可针对东亚、独联体、中东欧各国建立高校教师培训中心；广西、广东的高校可以针对东盟、南亚等国建立区域性的高校教师培训中心等。②

---

① 方宝，武毅英. 高等教育来华留学生的变化趋势研究：基于近十五年统计数据的分析［J］. 高等教育研究，2016，37（2）：19-30.

② 刘宝存，张继桥. “一带一路”沿线国家来华留学学历教育：地位、问题与对策［J］. 北京教育（高教），2017（5）：11-14.

2. 帮助建立教师发展组织机构，形成高校教师培训体系

20 世纪 90 年代起，欧美、日本的高校纷纷建起了进行高校教师培训的专门组织机构，即大学教师发展中心。2012 年以来，随着教育部高等教育司在全国高校中重点建立 30 所教师发展中心行动的落实，我国高校的教师发展中心已经普及化，组织架构趋于成熟，组织目标已经确定，组织工作逐渐制度化，相关的教师培训专业队伍也建立了起来。①

相比而言，沿线较多国家的高等教育发展还处于初级阶段，没有专门的大学教师培训组织机构，缺乏专业的教师培训队伍与制度化的培训流程。基于此，我国教师发展中心发展较好的高校可以对本校大学教师发展中心的发展过程与工作状况进行总结，整理出中国经验，有针对性地向有需求的沿线国家高校开展教师发展中心的组织输出。组织输出的内容包括大学教师发展中心组织目标确立、运行管理、教师培训人员队伍构建、教师培训项目的实施与评价等，并制定大学教师培训工作手册，推出一套具有操作性的高校教师培训内容与标准。

3. 积极开展境外高校教师队伍建设援助

近年来，英国、美国、日本等发达国家逐渐把教育援外重点从基础建设援助与设备设施援助转移到专业技术援助上来，走出国门为发展中国家建设大学师资队伍是专业技术援助的重要内容。②如日本派遣专家前往亚洲、非洲多个发展中国家的大学开展教学师资培训、行政管理人员培训，较大程度提高了受援大学教师的教学能力以及行政人员管理能力。③鉴于此种趋势，我国各高校应当发挥自身优势学科的作用，与高等教育欠发达的沿线国家高校进行对口支援，定期向其派遣专家组进行师资培训。专家组可由学科科研、教学、信息技术、行政管理等多方面的人才组成，旨在帮助受援助高校打造一支合格的教学科研师资队伍、专业化的教辅人员队伍以及

---

① 别敦荣，李家新．大学教师教学发展中心的性质与功能［J］．复旦教育论坛，2014，12（4）：41-47.

② 王小栋，傅王倩，王璐．英国教育援助的成效、问题与动向［J］．比较教育研究，2018，40（5）：53-60.

③ 彭文平．日本的高等教育对外援助［J］．日本问题研究，2016，30（4）：49-57.

高效的行政管理人员队伍，提升办学质量。[①]

（三）学科层面：发挥学科优势与师资力量

1. 打造优质的国际化教师队伍

高素质的师资队伍是吸引国外高校教师前来培训的持久动力。[②]美国之所以能吸引全球各国学者前去访学，重要原因是其拥有一支国际化的优质师资队伍。21 世纪以来，日本也直面本国高校教师队伍国际化程度较低的现状，大力吸引优秀外籍教师前来日本大学任教，旨在提升其对国际学者培训与访学的吸引力。

基于沿线国家语言文化多元化的特点以及高等教育国际市场竞争激烈的现状，我国高校应大力提高师资队伍的国际化水平，提升教师队伍的国际竞争力。一方面可基于"111 计划"等国家层面的人才项目以及各高校的创新引智项目，引进一批国际一流师资和具有国际竞争力的青年师资参与沿线国家高校教师的培训与进修访学科研指导工作。另一方面，各高校应基于多种渠道，优先派送给沿线国家高校开展培训的教师前往国外一流大学进修，丰富其国际经历，提升其国际化水平。基于此，各高校可打造出一支在培训方式、培训内容与国际接轨的教学师资队伍以及科研能力处于国际领先水平的导师队伍，保证沿线国家高校教师的研修与访学质量。

2. 发挥学科优势加强培训课程建设

进入 21 世纪以来，我国高校依托"985 工程""211 工程"以及"双一流"建设等政策支持，各学科迅猛发展，在国际上的竞争力稳健提升。截至 2021 年 2 月，共有 339 所内地高校的学科进入基本科学指标数据库（Essential Science Indicators，简称 ESI）全球前 1%。[③]我国可以依托具有国际竞争力的优势学科，重点打造面向沿线国家高校教师的培训品牌项目，在课程设置、教材教法等多方面与国际一流师资培训项目接轨，为沿线高校培养基础扎实、多元创新且具有良好教学与科研能力的教师。面对沿线国家语言

① 鲍东明，曾晓洁，张瑞芳．"一带一路"建设核心区对外开展教育交流合作情况调研报告［J］．比较教育研究，2016，38（12）：8-15，30.

② 郑刚．新世纪来华留学研究生教育发展现状及其改善［J］．学位与研究生教育，2013（1）：57-62.

③ 网易新闻．339 所！中国内地高校 ESI 排名最新出炉：国科大、清华、北大居前三［EB/OL］．［2021-8-16］．https://3g.163.com/dy/article/G9VCVJ1B0536N8D8.html.

多样化的特点，我国应该从中央、省（区）多个层面推动外语授课品牌建设工作，鼓励高校开发出英语、法语等多种语种的高校教师培训品牌课程。

3. 基于组织和学科构建有效教师培训项目

凭借组织声誉、学科平台、师资储备等优势条件，美国密歇根大学、哈佛大学等世界一流大学的教师发展中心积极地承办了多个国家的大学教师培训项目。如我国教育部委托密歇根大学开展的中国高校校长培训项目就是由密歇根大学教师发展中心组织实施的。我国高校的教师发展中心这一组织机构已经发展起来，部分高校面向新教师、资深教师、研究生助教、教育管理者的各级各类教师培训项目亦开展起来。我国可选取一批有资质的大学教师发展中心，依托本校的优势学科，组建国际化的教师培训师资队伍与教师发展专业员工队伍，构建针对沿线国家高校教师发展需要的各类教师培训项目，如新教师培训项目、资深教师培训项目、学科教师培训项目、教师发展专业人员培训项目、不同层次的教育管理者培训项目等。在高校教师培训项目的开发与实施过程中，应汲取欧美大学教师发展中心进行此种跨文化教师培训项目的经验教训，考虑不同培训对象的培训需求，构建内容多元、形式多样、以科学研究为支撑的培训项目。①

第十节　推动来华留学生教育发展

在“一带一路”倡议下，教育具有基础性和先导性作用。②来华留学生教育作为“一带一路”教育对外开放的重要组成部分，不仅是文化交流、互鉴互学的主要渠道，也是培养共建“一带一路”急需人才、支持沿线国家高层次国际化人才发展的重要途径。来华留学生教育工作在我国建设世界一流大学、推动教育国际化、培育国家软实力、塑造国家形象、推动知

① 屈廖健. 美国大学教师发展中心教师发展项目研究：以密歇根大学学习与教学研究中心为例［J］. 国家教育行政学院学报，2016（5）：90-95.

② 中华人民共和国教育部. 中华人民共和国教育部关于印发《推进共建“一带一路”教育行动》的通知［EB/OL］.［2018-04-23］.http://www.moe.gov.cn/srcsite/A20/s7068/201608/t20160811_274679.html.

识的跨文化传播、文化互鉴等方面意义重大。

一、“一带一路”沿线国家来华留学生教育现状

来华留学生教育指面向来华留学生开展的学历或非学历教育。根据教育部的统计，2018 年，在我国大陆学习的来华留学生共计 49.22 万人，我国已成为亚洲最大的留学目的地国。“一带一路”倡议提出以来，沿线国家来华留学生教育受到各方面的重视，发展迅速。当前，“一带一路”沿线国家来华留学生教育主要表现为以下四方面的特点。

（一）来华留学生教育总体规模增长迅速

“一带一路”沿线国家在来华留学生教育中占有重要地位。2010—2018 年“一带一路”沿线国家与全球来华留学生人数情况见表 3-10。“一带一路”沿线国家来华留学生占全球来华留学生人数的比例由 2010 年的 37.3% 增长到 2018 年的 53.0%。

表 3-10　2010—2018 年“一带一路”沿线国家与全球来华留学生人数情况

年份	全球来华留学生人数（人）	“一带一路”沿线国家来华留学生人数（人）	“一带一路”沿线国家来华留学生人数占全球来华留学生人数百分比（%）
2010	265 090	98 964	37.3
2011	292 611	110 558	37.8
2012	328 330	126 743	38.6
2013	356 499	142 461	40.0
2014	377 054	171 580	45.5
2015	397 635	185 322	46.6
2016	442 773	207 708	46.9
2017	489 172	245 005	50.0
2018	492 185	260 624	53.0

注：1.“一带一路”沿线国家指由政府部门划定的 65个国家，包括俄罗斯、蒙古及中亚5国，格鲁吉亚及独联体其他 5国，西亚北非 16国，东南亚 10国，南亚 8国，中东欧及南欧 18国。其中，中亚 5国指哈萨克斯坦、塔吉克斯坦、吉尔吉斯斯坦、乌兹别克斯坦、土库曼斯坦；独联体其他 5国指白俄罗斯、乌克兰、阿塞拜疆、摩尔多瓦、亚美尼亚；西亚北非 16国指伊朗、叙利亚、约旦、以色列、伊拉克、黎巴嫩、巴勒斯坦、埃及、土耳其、沙特阿拉伯、阿拉伯联合酋长国、阿曼、科威特、卡塔

尔、巴林、也门；东南亚10国指印度尼西亚、柬埔寨、马来西亚、菲律宾、新加坡、泰国、文莱、越南、老挝、缅甸；南亚 8国指尼泊尔、不丹、阿富汗、巴基斯坦、印度、孟加拉国、斯里兰卡、马尔代夫；中东欧及南欧 18国指希腊、塞浦路斯、波兰、黑山、马其顿、波黑、阿尔巴尼亚、立陶宛、拉脱维亚、爱沙尼亚、捷克、斯洛伐克、匈牙利、斯洛文尼亚、克罗地亚、罗马尼亚、保加利亚、塞尔维亚。

2. 若无特别说明，本节涉及的 2010—2018 年来华留学生数据来源于教育部国际合作与交流司编写的 2010—2018年《来华留学生简明统计》。

从来华留学学历生角度看，2010—2018 年“一带一路”沿线国家来华留学学历生占全球来华留学学历生比例由 43.5% 提高到 61.5%（见表 3-11）。具体到留学层次上，2010—2018 年“一带一路”沿线国家来华留学专科生的比例由 56.6% 提高到 88.0%，本科生的比例由 42.8% 提高到 59.3%，研究生的比例由 42.6% 提高到 61.8%。随着“一带一路”建设的持续推进，“一带一路”沿线国家将成为来华留学生教育的主要生源储备区域和来华留学生规模的主要增长极。

表 3-11　2010—2018 年“一带一路”沿线国家与全球来华留学学历生人数情况

年份	全球来华留学学历生人数（人）	“一带一路”沿线国家来华留学学历生人数（人）	“一带一路”沿线国家来华留学学历生人数占全球来华留学学历生人数百分比（%）
2010	107 432	46 726	43.5
2011	118 837	54 035	45.5
2012	133 509	62 579	46.9
2013	147 890	69 839	47.2
2014	164 394	96 240	58.5
2015	184 799	108 893	58.9
2016	209 966	123 808	59.0
2017	241 543	144 979	60.0
2018	258 122	158 763	61.5

（二）来华留学生教育呈现三个层次的差异

第一个层次是俄罗斯，俄罗斯显著领先于“一带一路”沿线的其他国家和区域，反映出俄罗斯在来华留学生的规模、层次结构和获得奖学金的人数等方面优势突出。俄罗斯是我国重要战略伙伴国和最大的邻国，随着中俄进入全面战略合作阶段，经济、政治、文化的交流直接推动了留学生教育的发展。2016 年，中俄双方提出 2020 年双边留学总规模达到 10 万人的目标，双方签署了包括学历互认在内的协议 1 000 份，设立了 100 个合作办学机构项目。2018 年，俄罗斯来华留学生人数为 19 239 人，比 2010 年增加 6 758 人，年均增长率为 5.6%。以上措施将进一步推动俄罗斯来华留学生教育结构的优化。

第二个层次是来华留学生教育发展较好的周边国家，具体包括泰国、越南、印度尼西亚、巴基斯坦、蒙古、哈萨克斯坦、印度和老挝等。我国与东南亚国家在文化传统、生活习俗、地缘关系等方面具有同源性，故而对东南亚学生具有“同质吸引力”，且中国—东盟贸易自由区的建立，极大地促进了东南亚来华留学生教育事业的发展。此外，国家间政治、经贸和人文等领域的深度合作促进了留学生教育的发展。2010 年，我国与蒙古签订了学历学位互认备忘录，加深了双边教育的磋商与协作。[①] 我国与印度则通过多种形式的务实合作促进了留学生教育的发展，例如，“中印交流年”活动的举办、《中印文化交流百科全书》的编纂等都发挥了积极作用。

依据 2018 年的统计数据，在“一带一路”沿线国家中，位于我国周边的俄罗斯、蒙古、巴基斯坦、缅甸等 18 个国家的来华留学生人数合计为 200 192 人，占“一带一路”沿线国家来华留学生总人数（260 624 人）的 76.8%，而其余 47 个我国非周边国家的来华留学生所占比例仅为 23.2%。周边国家是“一带一路”沿线国家来华留学生的主要生源国。而在“一带一路”沿线国家来华留学学历生中，我国周边国家生源所占的比例较高，达 77.7%，非周边国家生源所占的比例较低，尚不足 23.0%，其中，中东欧 21 国（俄罗斯除外）与西亚北非 19 国所占的比例分别仅为 2.1% 和 6.7%。因此，我国周边国家始终是来华留学生的主要供给区，在规模、学历层次及奖学金数量上都占有相当大的比重，有力地支撑了“一带一路”沿线国家来华

① 中华人民共和国教育部．袁贵仁会见蒙古国教育科学部部长［EB/OL］.［2018-04-23］. http://www.moe.gov.cn/jyb_xwfb/gzdt_gzdt/moe_1485/201303/t20130325_149277.html.

留学生教育事业的发展。

第三个层次是来华留学生教育发展较为落后的国家，主要包括西亚北非和中东欧的绝大多数国家。西亚北非有19个国家，除了也门之外，其他西亚北非国家教育发展较为落后；与西亚北非情况类似，在中东欧22国中，除了俄罗斯优势突出、波兰有相对微弱的优势之外，其余20个国家来华留学生教育发展落后。制约以上区域来华留学的因素较为复杂。一是政治及外交关系深度影响国家间的教育文化往来，进而影响留学生教育发展；二是以上国家高等教育发展水平以及人口数量也直接影响来华留学生教育发展。数据显示，中东欧大部分国家高等教育毛入学率在60.0%以上，其中希腊高等教育毛入学率2010年突破100%，2017年高达136.6%[①]，高等教育发展进入普及化阶段，来华留学的迫切程度不及东南亚国家。比较而言，我国高等教育刚刚步入普及化阶段，国际化发展水平有限，对这些国家和地区的吸引力不足。此外，来华留学生教育发展滞后的国家大多数人口总量低于500万人，来华留学生供给不足，这不仅限制了规模，而且降低了学历结构和奖学金数量。

（三）部分区域来华留学生教育“低水平聚集”状态有所缓解

中东欧国家来华留学生教育优化进程加速。从近年来华留学生数据的动态变化上看，中东欧来华留学生教育结构水平呈现上升态势，“低水平聚集”状态有所缓解。中东欧共有22个国家，约占“一带一路”沿线国家总数的1/3，且来华留学生教育发展水平普遍不高。然而，从发展动态上看，中东欧国家呈现较好的发展潜力，部分中东欧国家结构优化进程加速，例如，波兰、塔吉克斯坦、乌克兰、捷克和罗马尼亚的来华留学生教育在规模、高层次学生占比以及奖学金数量上均有良好的发展，呈现出增速优化的态势。2010—2018年，中东欧来华留学生规模年均增长率为8.4%，学历生人数年均增长率为9.6%，奖学金人数年均增长率为15.1%，成为“一带一路”沿线国家来华留学的新兴增长点，有效地缓解了“低水平聚集”的状态。

① 别敦荣，易梦春．高等教育普及化发展标准、进程预测与路径选择［J］．教育研究，2021，42（2）：63-79.

（四）高层次来华留学生总量偏低

在来华留学生教育方面，“一带一路”沿线国家来华留学非学历生比例较大，本科生为来华留学学历生的主体，留学层次总体偏低。2018 年，“一带一路”沿线国家来华留学生总计 260 624 人，其中，非学历生为 101 861 人，占比 39.0%，虽然较 2017 年的 40.8% 略有下降，但仍占有较大比例。在来华留学学历生的构成中，本科生为主要构成，占比远大于硕士研究生或博士研究生。2018 年，“一带一路”沿线国家来华留学学历生为 158 763 人。其中，专科生为 10 850 人，占比为 6.8%；本科生为 95 353 人，占比为 60.0%；硕士研究生为 35 437 人，占比为 22.3%；博士研究生为 17 123 人，占比为 10.8%。从来华留学生教育发展的角度上看，我国应鼓励“一带一路”沿线国家更多的学生来我国留学攻读学位，尤其是硕士、博士学位，以此为“一带一路”沿线国家培养更多的“一带一路”建设所需的专门技术人才和硕士、博士层次的高级专门人才。

二、“一带一路”沿线国家来华留学生教育存在的问题与面临的挑战

“一带一路”沿线国家众多，各国所拥有的国际政治经济环境、民族文化、宗教信仰以及教育体制差异较大，这使得“一带一路”沿线国家来华留学生教育发展充满挑战和不确定性。与此相对应，承载着人才培养重任的留学生教育必然存在诸多制约因素及现实挑战。

（一）来华留学生教育规模发展不充分、不均衡

扩大规模、促进国别均衡发展是东南亚来华留学生教育可持续发展的重要方面。为充分发展我国与沿线国家的教育交流与合作，2010 年，我国提出了“双十万学生流动计划”，即实现 2020 年东南亚来华和中国赴东南亚的留学生均达到 10 万人。① 然而，尽管近年来东南亚来华留学人数持续攀升，我国的留学生教育仍然处于教育服务贸易的“逆差”状态。截至 2014 年，中国在东盟国家的留学生人数近 12 万人，东盟国家在华的留学生

① 方宝，武毅英 . 论东盟来华留学教育扩大发展的有效路径［J］. 复旦教育论坛，2016，14（2）：107-112.

为7万人。[①] 由此可以看出，2014年我国与东南亚留学生的“逆差”为5万人，与计划目标存在较大差距，东南亚来华留学规模发展尚不充分。

（二）奖学金总量不足、来源单一

近年来，东南亚来华留学奖学金生数持续攀升。然而，与“一带一路”沿线国家的总体情况相比，东南亚来华留学奖学金生数偏少，且差距有继续扩大的趋势。2010年“一带一路”沿线国家来华留学奖学金生数占“一带一路”来华留学生总量的9.5%，截至2018年，“一带一路”沿线国家来华留学奖学金生数占“一带一路”来华留学生总数的比例上升到15.7%（见表3-12）。这表明“一带一路”沿线国家来华留学奖学金生数绝对数量稳步增加，但是奖学金生数占比较低、总量不足的问题凸显。

表3-12　2010—2018年“一带一路”沿线国家来华留学生获中国政府奖学金情况

年份	“一带一路”奖学金		东南亚奖学金		“一带一路”学历生奖学金		“一带一路”非学历生奖学金	
	奖学金生数（人）	占比（%）	奖学金生数（人）	占比（%）	奖学金生数（人）	占比（%）	奖学金生数（人）	占比（%）
2010	10 549	9.5	3 337	6.7	9 359	88.7	1 190	11.3
2011	12 890	10.4	4 118	7.5	11 643	90.3	1 247	9.7
2012	15 086	10.6	4 792	7.8	13 881	92.0	1 205	8.0
2013	17 947	11.2	5 553	8.1	16 608	92.5	1 339	7.5
2014	20 986	12.2	6 168	8.9	19 485	92.8	1 501	7.2
2015	24 247	13.0	6 647	9.3	22 483	92.7	1 764	7.3
2016	29 745	14.3	7 676	9.5	27 710	93.2	2 035	6.8
2017	36 648	15.0	9 121	9.6	34 317	93.6	2 331	6.4
2018	40 817	15.7	10 412	10.5	38 696	94.8	2 121	5.2

目前，中国政府奖学金是东南亚来华留学奖学金生数的主要来源，我国地方政府、高校、非政府组织及个人对东南亚来华留学生的资助有限。

① 黄娴．中国在东盟国家留学生近12万人［N］．人民日报，2015-08-06（12）．

与此同时，“双边”奖学金支持方式尚未形成，东南亚国家没有拨出专门经费用于推动来华留学生的交流与合作。

（三）多重因素制约来华留学生教育发展

留学人员的留学选择受多种因素的影响和制约。地理位置、经济发展水平、留学成本、高等教育质量、学位的认可度、授课语言以及留学环境安全等都是留学生在留学选择时考虑的因素。有学者指出，国际学生的流向主要受制于自然地理环境、历史文化传统、国际政治关系、经济发展水平、国家留学政策、教育发达程度等六个方面的因素。① 依据“一带一路”沿线国家的实际情况，语言、学历学位互认的程度、留学环境的复杂性、经济发展水平、教育质量等是目前制约“一带一路”沿线国家来华留学生教育发展的重要因素。

在语言方面，截至 2016 年，我国高校所开设的“一带一路”沿线国家官方语言专业仅有 20 种，制约了来华留学生教育的深入发展。② 在学历学位互认方面，截至 2017 年 4 月，我国仅与“一带一路”沿线国家中的 24 个国家签署了学历学位互认协议，签约国家数量偏少。③ 我国与东南亚 10 国中的泰国、越南、菲律宾、马来西亚、印度尼西亚签署了学历学位互认协议，与西亚 18 个国家均未签约。此外，“一带一路”沿线尚有许多国家经济、社会发展水平偏低，教育质量不高，来华留学缺乏内生性动力。

（四）来华留学生国别不均衡问题突出

“一带一路”沿线国家的来华留学生教育发展需求存在较大差异，主要体现在规模发展、培养层次和就读专业等方面。例如，目前沿线国家在我国留学的博士研究生中，巴基斯坦籍的学生占有较大比例。据统计，2018 年，巴基斯坦籍博士研究生为 7 617 人，占当年全部来华留学博士研究生的比例为 29.7%。巴基斯坦与我国的政治经济等各领域的合作比较紧密，其对

---

① 李联明，吕浩雪 . 高等教育国际化进程中制约国际学生流向的主要因素［J］. 比较教育研究，2004（6）: 71-75.

② 文秋芳 .“一带一路”语言人才的培养［J］. 语言战略研究，2016，1（2）: 26-32.

③ 中华人民共和国教育部 . 推进共建“一带一路”教育行动有关情况［EB/OL］.［2018-05-13］. http://www.moe.gov.cn/jyb_xwfb/xw_fbh/moe_2069/xwfbh_2017n/xwfb_170419/170419_sfcl/201704/t20170419_302850.html.

高层次人才的需求亦比较大。而在来华留学本科生方面，印度籍本科生则在全部来华留学本科生中占有较大比重。2018 年，印度籍本科生占当年全部来华留学本科生的比例为 12.6%，排名第一。从来华留学生就读专业角度看，据不完全统计，在我国攻读英文授课临床医学专业的留学生多来自印度、尼泊尔、孟加拉国等国家，而印度尼西亚、泰国等东南亚的来华留学生则更倾向于攻读工商企业管理、经济学、国际经济与贸易等商科专业。

以东南亚区域为例，来华留学生规模的国别发展不均衡的现象较为突出。2010—2018 年，泰国、印度尼西亚和越南的来华留学生总人数占东南亚国家来华留学生总人数的 63%，而其他国家所占份额较为有限。部分国家来华留学生的总人数和增速均不占优势。例如，2010—2018 年马来西亚年均来华留学生为 7 040 人（年均增长率为 11.8%），这一增长率比老挝（年均增长率为 29.4%）低了近 20 个百分点，比缅甸（年均增长率为 31.3%）低了约 20 个百分点。2010—2018 年新加坡年均来华留学生为 5 311 人（年均增长率为 3.4%），柬埔寨为 2 074 人（年均增长率为 29.8%），菲律宾为 3 471 人（年均增长率为 3.0%）。因此，国别发展不均衡的问题不仅存在于“一带一路”沿线国家，同时也存在于沿线的不同区域。

（五）高等教育对国际学生的吸引力不足

一方面，与发达国家相比，我国高等教育竞争力有待提升。在 2018 年 QS 世界大学排名前 200 名中，美国高校占据 47 席，英国高校占据 28 席，德国高校占据 12 席，澳大利亚高校占据 9 席，我国内地高校占据 7 席。[①] 相比较而言，我国高校的排名与美国、英国、德国高校存在着较大差距。另一方面，我国高校授课语言上存在先天劣势。留学语言是国际学生选择留学目的地国的重要考虑因素。而当今世界，英语是通用语言，美国、英国、加拿大、澳大利亚等英语国家在招收国际学生方面具有不可比拟的优势。英语是世界范围内最为广泛学习的语言，是世界上居于主导地位的学术系统如美国、英国、澳大利亚、加拿大与新西兰等国家的教学语言。当前，

① Quacquarelli Symonds. QS World University Rankings 2018［EB/OL］.［2018-04-22］. https://www.topuniversities.com/university-rankings/world-university-rankings/2018.

许多非英语国家设立英文授课项目来吸引国际学生。[①]OECD 在其研究报告中亦指出，授课语言譬如英语、法语、德语和西班牙语对国际学生具有较大的吸引力。[②]虽然近年来，随着汉语国际推广及孔子学院建设的有力推进，在全球范围内汉语日益成为一门受到各国普遍重视的语言，但在招收国际学生方面的劣势非短期内所能扭转。

三、"一带一路"沿线国家来华留学生教育的战略举措

"一带一路"沿线国家来华留学生教育在促进规模发展、扩大奖学金范围、提升整体水平等方面取得了可喜的成绩。然而，也面临着制约来华留学生教育发展的系列困难与障碍。促进"一带一路"沿线国家来华留学生教育的均衡、合理与可持续发展，应在扩大规模的基础上，力求实现规模、结构、质量和综合水平的协调发展与整体提升。

（一）以人才强国为目标，加强留学生教育顶层设计

当今时代，世界各国对留学生的争夺，归根结底是对人才的争夺。改革开放以来的历史实践和事实证明，包括出国留学和来华留学在内的留学生教育事业为我国的现代化建设及我国与世界各国的友好合作提供了巨大的人才支撑。党的十九大报告强调"聚天下英才而用之，加快建设人才强国"，在来华留学生教育的组织与实施中，我们应以人才强国为目标，加强来华留学生教育的顶层设计。

第一，设立高级别留学生教育管理机构。目前，全国范围内的留学生教育宏观管理是由教育部国际合作与交流司（港澳台办公室）下设的一个处室负责的，其级别和力量远远不足。留学生教育涉及外交、公安、教育、人力资源、商务等多个部门，牵涉多个领域。为适应新时代对留学生教育的新要求，我国应在有关部委之间建立高级别留学生教育协调机构或留学工作委员会，专职负责留学生教育的政策制定、组织实施、宏观管理与服

① ALTBACH P G. Globalization and the university: myths and realities in an unequal world [J]. Current Issues in Catholic Higher Education，2002，23（1）：5-26.

② Organization for Economic Co-operation and Development. Education at a glance 2016: OECD indicators [EB/OL]. [2018-07-23]. http://www.oecd-ilibrary.org/education/education-at-a-glance-2016_eag-2016-en.

务指导等。第二，制订留学生教育规划。对接国内外留学生教育需求，有效统筹出国留学与来华留学，对一定时期内的留学生教育作出统筹安排。第三，发挥留学生教育的高层次人才培养作用。有针对性地通过出国留学与来华留学，培养造就一大批具有国际水平的战略科技人才、科技领军人才、青年科技人才和高水平创新团队，培养造就一大批积极参与我国现代化建设及我国与世界各国开展互利共赢合作的杰出人才。第四，积极开展学历学位互认。争取与更多国家和地区签订学历学位互认协议，提高我国学历学位的国际认可度。第五，以提升培养质量为生命线。质量是留学教育可持续发展的原动力和根本所在。留学生教育质量事关留学生教育事业的长远发展。为此，中共中央办公厅、国务院办公厅印发的《关于做好新时期教育对外开放工作的若干意见》明确提出“加快留学事业发展，提高留学教育质量”；教育部在《推进共建“一带一路”教育行动》中也明确提出，“全面提升来华留学人才培养质量，把中国打造成为深受沿线各国学子欢迎的留学目的地国。以国家公派留学为引领，推动更多中国学生到沿线国家留学”。第六，持续扩大来华留学生教育规模，为优化来华留学生结构、提升质量及留学生教育综合服务能力奠定基础，促进教育交流与合作不断向广度和深度拓展。

（二）将来华杰出人才培养纳入整体发展规划

“来华杰出人才”是指具有高学历、高水准和高层次的来华留学人员，他们是“一带一路”建设各项专业领域（包括交通运输、经济贸易、基础设施、能源开发等）中急需的科研、管理和技术人才。“一带一路”倡导培养来华杰出人才的意义不仅在于从沿线国家获得各类高、精、尖人才，更重要的是这将成为我国未来开发高水平人才流动的新渠道，从而通过人才互通实现民心相通。“研究生教育作为国民教育体系的顶端，是培养高层次人才和释放人才红利的主要途径”①，因此研究生教育自然成为来华留学生教育中培养杰出人才的主要途径。

① 中华人民共和国教育部，国务院学位委员会 . 中华人民共和国教育部　国务院学位委员会关于印发《学位与研究生教育发展“十三五”规划》的通知［EB/OL］.［2018-04-23］. http://www.moe.gov.cn/srcsite/A22/s7065/201701/t20170120_295344.html.

首先，在国家层面应确立针对吸引杰出人才来华留学的发展战略，并将其纳入整体发展规划之中。我国政府、高校要高度重视和扩大来华留学研究生的培养和比例，同时将高级访问学者、各行业领域的青年杰出人才等列入来华杰出人才培养的重点发展对象。来华杰出人才的发展规划应服务于国家发展大局，统筹区域分布，划分各省、自治区和直辖市在“一带一路”建设中的使命和任务，“为沿线各国专项培养行业领军人才和优秀技能人才”①。其次，在总体规划中要更加重视各级各类国家精英和行业领袖的培养。具体就是拓宽和创新留学生教育渠道，大力开展“一带一路”沿线国家国际访问学者和青年领袖项目。同时实施“‘一带一路’沿线国家国际访问学者项目”和“‘一带一路’沿线国家青年领袖项目”，借鉴西方国家的经验，如美国的“富布莱特项目”、“耶鲁世界学者”计划，日本的“国际交流基金访问学者计划”，通过邀请沿线国家精英人才来华留学或访问，实现项目效益的最大化。高校还应主动对接沿线国家的教育需求，创设“一带一路”沿线国家专业硕士项目、高级研修班项目等教育培训，助力培养沿线国家精英和行业领袖以及“一带一路”急需人才，以加强精英阶层对中国的理解，夯实人类命运共同体的基础。②最后，高校应明确培养目标、细化培养模式、完善留学生管理制度，将来华杰出人才培养纳入高等学校人才培养的整体发展规划。来华杰出人才不同于普通的留学人员，一定要加以区分和对待，注重协同合作，完善来华杰出人才培养模式；高校应在其现有的优势学科和专业的基础上，发展高水平的研究生教育，打造有影响力的品牌学科，为“一带一路”建设输送人才。

（三）充分发挥奖学金对来华留学生教育的促进作用

长久以来，中国政府奖学金是扩大留学生规模、推动来华留学生教育充分均衡发展的重要力量。奖学金对于来华留学生教育结构优化具有突出作用。因此，要充分发挥奖学金在调整来华留学规模、层次结构和生源结构上的重要作用。

---

① 中华人民共和国教育部．中华人民共和国教育部印发《推进共建“一带一路”教育行动》的通知［EB/OL］.［2018-09-11］. http://www.moe.gov.cn/srcsite/A20/s7068/201608/t20160811_274679.html.

② 马佳妮，周作宇．“一带一路”沿线高端留学生教育面临的挑战及其对策［J］. 高等教育研究，2018，39（1）：100-106.

科学合理的来华留学奖学金政策是扩大留学生规模、推动来华留学生教育可持续发展的重要动力。针对目前沿线国家来华留学生规模发展不充分的问题，我国亟须建立政府主导、社会参与、主体多元、形式多样的奖学金体系[①]，做到“雪中送炭”，扫除来华留学的资金障碍、标准障碍、程序障碍。[②]一是政府主导，稳步增加中国政府奖学金的支持力度。我国应通过奖学金的激励与导向作用，调动留学生来华热情，培养高素质来华留学人才。二是层次多样，推动建立国家、地方、高校三级奖学金资助体系。我国应鼓励沿线国家留学生集中省份通过设立专项奖学金吸引优质生源。例如，2007年，广西设立了老挝留学生奖学金，定向支持老挝学生到广西民族大学留学，促进了老挝来华留学的发展进程。另外，要鼓励高校为来华留学生提供后勤保障、医疗保险和减免学费等优惠措施。三是主体多元，鼓励我国企事业单位和社会组织提供多重形式的来华留学奖学金。早在21世纪初，以国家开发银行、华为技术有限公司为代表的企业设立的来华留学奖学金就接近1亿元[③]，成为中国政府奖学金的重要补充。今后我国应大力倡导企业和社会组织参与来华留学奖学金体系。四是在奖学金管理过程中赋予高校更大自主权。我国应鼓励高校依据办学传统、学科优势等合理安排来华留学奖学金布局，提高奖学金的管理和使用效率，健全留学生资助体系，通过提高和扩大来华留学生奖学金、助学金的标准和范围，吸引更多优秀国际生源来华留学，切实做好“雪中送炭”的工作。

此外，我国应通过高层沟通的方式，积极倡导沿线国家建立支持本国学生来华留学的奖学金体系，形成“双边”共同资助学生在我国和沿线国家之间流动的机制。与此同时，来华留学奖学金的份额应持续向高层次人才和重点领域倾斜，实现奖学金对来华留学生规模和结构的双重调节作用。

---

① 中华人民共和国教育部．中华人民共和国教育部关于印发《留学中国计划》的通知［EB/OL］．［2018-09-11］．http://www.moe.gov.cn/srcsite/A20/moe_850/201009/t20100921_108815.html.

② 周谷平，罗弦．推进中国—东盟高等教育合作的意义与策略：基于“一带一路”的视角［J］．高等教育研究，2016，37（10）：37-41.

③ 谢建华，周一．认真践行科学发展观，又好又快地发展来华留学工作：访中华人民共和国教育部国际交流与合作司（编者注：应为国际合作与交流司）副司长刘宝利［J］．世界教育信息，2008（6）：12-14.

（四）打造来华留学生教育高水平学科群

要促进留学生教育的均衡发展，亟须打造高水平学科群，增加不同学科的留学吸引力，改变来华留学研究生层次偏低、结构不合理的状况。汉语学习和中国文化学习是沿线国家学生来华留学的重要目的，短期来华学习汉语及感受中国文化的留学生占据总量的绝大多数。目前，语言文学、中医药、中国艺术等传统来华留学生教育专业吸引力依然较强，且经济学、管理学等专业的东南亚来华留学生有所攀升，然而，具有较强留学生吸引力的高水平学科群尚未形成。

一要大力发展管理学、经济学和法学等专业的来华留学生教育。从全球来华留学生的专业选择来看，文科专业备受青睐。因此，我国要重点优化管理学、经济学和法学等学科专业，建立与国际接轨的课程设置及体系，增加符合沿线国家国情的选修课，不断拓宽专业口径，促进来华留学生多元化的专业选择。二要持续提高理工科专业的来华留学生教育发展水平。2018 年全球来华留学生选择就读理科专业的人数为 8 634 人，仅占留学生总量的 1.8%，说明理工科来华留学具有较大的发展空间。我国许多高校在理工科高等教育方面具有良好的留学生教育发展基础，例如，在武汉大学，最受泰国学生欢迎的专业是临床医学、口腔医学和工商管理，绝大部分学生在留学回国前就已签订了符合自身职业期望的工作。[①] 因此，要倡导我国高校从校情出发，结合学校专业特色打造留学品牌项目，促进留学生教育资源共享，提升优势学科专业的吸引力和留学服务能力，扩大我国高校来华留学的服务面。三要不断提升品牌专业的外语教学，建立“专业 + 外语”的复合型留学教育人才培养模式。在医学和工程学科等优势学科领域，我国不仅要开设汉语授课的品牌专业，同时要开设一定数量的英语授课的学位课程，扩大双语教学在专业必修和选修课程上的覆盖面，实现留学生语言学习和专业学习的互促共进，从而降低短期生比例，优化层次结构。

（五）形成区域联动合力，促进来华留学生教育均衡发展

截至 2018 年，“一带一路”来华留学生相对集中的区域横跨我国东部、

---

① 丁刚，暨佩娟．“留学中国热”在东南亚悄然兴起［EB/OL］.［2018-10-11］. http://www.banyuetan.org/chcontent/sz/hqkd/201174/59466.shtml.

中部和西部地区，涉及16个省份。其中，广西、云南、福建借助地缘优势以及来华留学平台建设，成为东南亚及南亚留学生的主要目的地。未来，“一带一路”来华留学生教育的发展要进一步结合地缘、文化优势和已有的留学生教育发展基础，形成区域联动。一方面，大力提倡各省份在“一带一路”倡议总体规划基础上，出台适合本省份的规划实施细则，搭建省部共建平台，实现省际留学生的战略协同，打造“一带一路”教育行动网络。另一方面，合理规划我国不同区域的来华留学生工作重点和目标，持续扩大云南、广西和福建等省发展东南亚来华留学生教育的优势；新疆与哈萨克斯坦、吉尔吉斯斯坦、巴基斯坦等8个国家接壤，具有显著的语言、文化和习俗的共融性，应定位在中亚地区开拓留学市场；鉴于地缘优势和贸易往来，东北地区和新疆可以共同开拓俄罗斯和蒙古的教育市场[①]；江浙沪等东部经济和教育发达省份，主要通过高质量来华留学生教育吸引中东欧等国家和新加坡的留学生。据此，逐步建成特色明显的“一带一路”优质高等教育集中区域，实现留学资源共享、留学生教育管理专业化，形成基于区域联动的留学中国品牌，为“一带一路”沿线国家培养高质量的国际化人才的同时，推动来华留学生教育的均衡、协调发展。

（六）以高端项目为引领，塑造来华留学生教育品牌

以高端项目为引领，塑造来华留学生教育品牌是留学生教育保持生命力，凝聚留学优势，培养高层次留学人才的有效途径。来华留学生教育往往依托项目来开展，而高端项目则在来华留学生教育中发挥着重要的示范和引领作用。打造“一带一路”沿线国家来华留学品牌，北京大学的做法值得借鉴。2016年4月，北京大学南南合作与发展学院挂牌成立，招收发展中国家政府的中高级官员攻读公共管理方向的硕士和博士学位，当年共有来自埃塞俄比亚等27个国家的28名硕士研究生和21名博士研究生成为首期学员。[②]北京大学于2014年启动的燕京学堂英文授课硕士项目于两年间共招收来自48个国家的172名外国留学生，其中欧美学生比例超过

① 陈丽，伊莉曼·艾孜买提.“一带一路”沿线国家来华留学教育近10年发展变化与策略研究[J].比较教育研究，2016，38（10）：27-36.

② 李岩松.北京大学服务国家战略、深化对外开放、加强和改进来华留学工作情况［J］.世界教育信息，2016，29（24）：22-23，34.

70%，很多学生毕业于哈佛大学、芝加哥大学、牛津大学、普林斯顿大学、剑桥大学、哥伦比亚大学等世界名校。①

（七）以政策制度为保障，构建优质的来华留学服务环境

党的十九大报告指出，“实行更加积极、更加开放、更加有效的人才政策，以识才的慧眼、爱才的诚意、用才的胆识、容才的雅量、聚才的良方，把党内和党外、国内和国外各方面优秀人才集聚到党和人民的伟大奋斗中来”。从培养和吸引留学人才的角度来讲，留学政策是人才政策的重要组成部分。我们要以来华留学政策为保障，构建起优质的来华留学服务环境。通过优质的来华留学服务环境培养、造就甚至留住更多来华留学优秀人才。

当前，就全国范围来讲，来华留学工作尚未形成社会化、专业化的服务体系。无论是院校管理抑或社会管理，管理服务水平较之发达国家均存在差距。针对来华留学服务存在的具体问题，应考虑采取如下措施予以解决：第一，优化来华留学服务的总体思路。要借鉴发达国家在国际学生管理服务方面的有益经验与做法，完善国际学生政策，提供专业化的服务，逐步建立健全院校管理、社会管理服务体系，提升管理服务水平。第二，从完善机构的角度上，建立来华留学专家咨询委员会和部际协调委员会，为来华留学生的学习、生活和工作提供便利。第三，建立名校联盟，积极开展来华留学生教育海外宣传和营销工作，吸引全世界优秀青年来华留学，扩大我国来华留学生教育总体规模和层次。第四，重点加强高校官网建设的力度，为留学生提供清晰、丰富的信息渠道，并且促进留学生融入中国文化。虽然近几年来，中国高校在“一带一路”沿线国家举办了多种交流活动，但对于许多国际学生而言，了解中国学校的途径还是相当有限，主要依靠高校的官网。然而，还有部分高校的英文网站建设不到位，缺少学校概况、院系设置、招生简章、合作交流等信息，而这些信息对于国际学生在申请学校时是必不可少的。因此，各高校要加大对英文网站的建设力度，加强常态化信息的发布与管理，以便海外申请者更好地了解中国高校。另外，在住宿方面，大多数高校的留学生都集中在留学生公寓，与中国学

① 李岩松．北京大学服务国家战略、深化对外开放、加强和改进来华留学工作情况［J］．世界教育信息，2016，29（24）：22-23，34.

生的接触机会甚少，不利于留学生充分融入中国文化环境。高校应尝试改变留学生集中住宿的管理方式，鼓励他们参与中国学生社团，与中国学生多交流，推进跨文化融合工作。第五，促进制度保障试点先行。尝试构建来华留学生社会化、专业化服务体系，可在来华留学生教育较为发达的北京、上海等地区先行试点。要进一步完善来华留学生打工、就业、签证、入籍等方面的政策，进一步简化出入境手续等，从政策制度层面打造来华留学的比较优势。管理服务事关来华留学生培养质量以及来华留学生对留学生活的满意度和毕业后的选择，今后应该将其作为来华留学生教育工作的重中之重来考量。

第十一节　完善人文交流机制

人文交流是促进“一带一路”沿线国家民心相通的重要途径，在增进沿线国家的互信理解、交流互鉴与包容合作过程中发挥重要作用。完善人文交流机制，构建政策引领、社会参与的人文交流格局，进一步扩大中外人文交流，是“一带一路”倡议的应有之义。

一、中外人文交流机制的发展状况

伴随“一带一路”倡议的持续推进，中央与地方、政府与社会等多方协同联动的中外人文交流合作机制已初步建立。

（一）中外人文交流的政策支撑

进入21世纪以来，我国越来越重视通过加强顶层设计的方式，完善中外人文交流的政策制度。中外人文交流开始上升至国家战略高度，成为我国对外交往的重要战略，并以政策的形式在党和国家重大文件和报告中确立下来。

2011年，党的十七届六中全会通过的《中共中央关于深化文化体制改革　推动社会主义文化大发展大繁荣若干重大问题的决定》中指出，“开展多渠道多形式多层次对外文化交流，广泛参与世界文明对话，促进文化相互借鉴，增强中华文化在世界上的感召力和影响力，共同维护文化多样性。……实施文化走出去工程，完善支持文化产品和服务走出去政策措施，支持重点主流媒体在海外设立分支机构，培育一批具有国际竞争力的外向型文化企业和中介机构，完善译制、推介、咨询等方面扶持机制，开拓国际文化市场。加强海外中国文化中心和孔子学院建设，鼓励代表国家水平的各类学术团体、艺术机构在相应国际组织中发挥建设性作用，组织对外翻译优秀学术成果和文化精品”。其中更是突出了构建人文交流机制的迫切性和重要性，明确指出要“把政府交流和民间交流结合起来，发挥非公有制文化企业、文化非营利机构在对外文化交流中的作用，支持海外侨胞积极开展中外人文交流”。

2016 年 7 月 13 日，教育部印发《推进共建“一带一路”教育行动》，该文件作为《关于做好新时期教育对外开放工作的若干意见》的配套文件，是国家《推动共建丝绸之路经济带和 21 世纪海上丝绸之路的愿景与行动》在教育领域的落实方案，为教育领域推进“一带一路”建设提供了支撑。《推进共建“一带一路”教育行动》指出，“一带一路”教育合作要坚持“育人为本，人文先行。加强合作育人，提高区域人口素质，为共建‘一带一路’提供人才支撑。坚持人文交流先行，建立区域人文交流机制，搭建民心相通桥梁”；坚持“政府引导，民间主体。沿线国家政府加强沟通协调，整合多种资源，引导教育融合发展。发挥学校、企业及其他社会力量的主体作用，活跃教育合作局面，丰富教育交流内涵”。该文件还提出“未来 3 年，中国每年面向沿线国家公派留学生 2 500 人；未来 5 年，建成 10 个海外科教基地，每年资助 1 万名沿线国家新生来华学习或研修”的明确目标。

党的十九大报告指出，“加强中外人文交流，以我为主、兼收并蓄。推进国际传播能力建设，讲好中国故事，展现真实、立体、全面的中国，提高国家文化软实力”。2017 年 12 月 21 日，中共中央办公厅、国务院办公厅印发的《关于加强和改进中外人文交流工作的若干意见》则直接指明人文交流工作的措施和方向，指出要“着力推动中外人文交流渠道更加畅通，平台更加多元，形式内容更加丰富”；“要创新高级别人文交流机制，充分发挥元首外交和首脑外交的引领作用，充分发挥高级别人文交流机制的示范带动作用”；“要丰富和拓展人文交流的内涵和领域，打造人文交流国际知名品牌”；“要健全全社会广泛参与的体制机制，充分调动中央与地方、政府与社会的积极性，进一步挖掘各地方、各部门、各类组织和群体在中外人文交流中的潜力和资源”;“加强中外人文交流，以我为主、兼收并蓄”。这是党和国家首次针对中外人文交流工作制定的专门文件，成为新时代中外人文交流的顶层谋划，为未来中外人文交流的发展指明了道路，也是我国与“一带一路”沿线国家人文交流的战略重点和发展方向。

《文化部“一带一路”文化发展行动计划（2016—2020年）》更是具体规划了五年内我国加强与“一带一路”沿线国家和地区文明互鉴与民心相通的愿景与行动计划，其中针对完善文化交流机制特别指出:“坚持文化对外开放战略布局，发挥政府引领统筹作用，加强与‘一带一路’沿线国家和地区政府间文化交流，着力建立长效合作机制，充分发挥国内各省区市优势，鼓励社会力量积极参与、共同建设。”逐步完善文化交流合作机制，“与‘一带一路’沿线国家和地区政府、民间文化交流合作机制进一步健全，部际、部省等工作机制进一步完善。形成政府统筹、社会参与、市场运作的整体发展机制和跨地区、跨部门、跨行业的文化交流合作协调发展态势”。

（二）中外人文交流的政府引领

“一带一路”倡议下中外人文交流意义重大，涉及面广，离不开相关国家的坚定支持。或者说，国家间交往在中外人文交流机制发挥作用的进程中具有举足轻重的地位。如果缺失国家间的深度、和谐交往，中外人文交流机制势必如履薄冰。目前，在政府层面创建高级别人文交流机制、双边人文交流机制和多边人文交流机制是我国扩大与“一带一路”沿线国家人文交流的重要举措和战略重点。其中，政府间高层官员互访、双边战略合作伙伴关系和文化合作协定是中外人文交流的主要形式。

第一，创建了高级别人文交流机制，充分发挥元首外交和首脑外交的引领作用与带动作用。

2015年5月，中印尼副总理级人文交流机制首次会议在雅加达举行[①]，中国国家主席习近平和印度尼西亚共和国总统佐科分别向会议致贺信。2016年8月，刘延东主持中印尼副总理级人文交流机制第二次会议，刘延

① 中国政府网．中印尼副总理级人文交流机制首次会议在雅加达举行［EB/OL］．［2021-05-21］．http://www.gov.cn/guowuyuan/2015-05/28/content_2870206.htm.

东表示，中印尼副总理级人文交流机制是习近平主席和佐科总统共同提议建立的，是中国与发展中国家建立的首个高级别人文交流机制。在该机制统筹协调下，一年来，双方在教育、科技、文化、卫生、体育、旅游、青年、传媒等八个领域合作取得丰硕成果。①

2018 年 12 月 21 日，中国—印度高级别人文交流机制首次会议在新德里举行，我国国务委员兼外长王毅与印度外长斯瓦拉杰共同主持。王毅表示，“建立中印高级别人文交流机制，是习近平主席和莫迪总理达成的重要共识”，人文交流机制是“推动中印关系全面发展的重要举措，也是构建东方文明复兴的重要平台，将有助于巩固双边关系民意基础、促进两国关系健康发展、推动不同文明和谐共处、共同维护世界的和平稳定”②。在高级别人文交流机制的引领下，更多层次、更多领域、更多级别的中外人文交流将会继续加强，旅游、教育、体育合作等都将成为未来中国与“一带一路”沿线国家关系的新增长点。

2020 年 11 月 10 日，中欧高级别人文交流对话机制第五次会议通过视频连线方式召开，国务院副总理孙春兰与欧盟委员会创新、研究、文化、教育和青年委员加布里埃尔共同出席。孙春兰指出，“深化人文交流是中欧双方领导人的重要共识。中欧高级别人文交流对话机制第四次会议以来，双方积极推动各领域合作，人员交流更加密切，民心相通不断巩固。面对新冠肺炎这个人类共同的敌人，中欧就抗击疫情和医疗卫生合作保持密切联系，相互支持、携手应对，展现了中欧全面战略伙伴关系的时代意义和全球影响”。加布里埃尔高度评价近年来欧中人文交流形式新颖、内容丰富、成果丰硕，表示愿与中方共同努力，加强政策衔接，充分挖掘合作潜能，推动欧中人文交流迈上新的台阶。③

2020 年 11 月 25 日，中俄人文合作委员会第二十一次会议以视频连线

---

① 中国政府网 . 刘延东主持中印尼副总理级人文交流机制第二次会议［EB/OL］.［2020-08-16］. http://www.gov.cn/guowuyuan/2016-08/01/content_5096701.htm.

② 中国政府网 . 中印举行高级别人文交流机制首次会议　王毅同印度外长斯瓦拉杰共同主持［EB/OL］.［2020-03-22］. http://www.gov.cn/xinwen/2018-12/21/content_5350956.htm.

③ 新华网 . 中欧高级别人文交流对话机制会议召开　孙春兰与加布里埃尔共同出席［EB/OL］.［2020-12-10］.http://www.xinhuanet.com/2020-11/10/c_1126723331.htm.

方式召开，国务院副总理孙春兰与俄罗斯副总理戈利科娃共同出席。孙春兰指出，经过 20 年实践，中俄人文交流机制正迈入更加成熟稳固也更有活力的重要阶段，人员往来更加密切，各领域合作取得丰硕成果，年度双向留学交流人员超过 10.4 万，成立了 12 个同类大学联盟、覆盖 636 所学校，联合实验室、研究中心建设有序推进，北京大学和莫斯科大学牵头成立“中俄数学中心”，成功互办文化节、电影节、旅游合作、青少年运动会、历史档案文献展等项目，为增进中俄人民友谊、推动文明交流互鉴作出了重要贡献。戈利科娃高度评价俄中人文合作基础扎实、成果丰硕、影响广泛，表示愿与中方共同努力，拓宽交流渠道，创新合作机制，打造更多务实合作项目，推动两国人文交流迈上新台阶。①

第二，建立了双边人文交流机制，积极推动和倡导沿线国家政府文化部门间的对话与合作。双边人文交流机制指的是中国与“一带一路”沿线国家中的某一个国家，以“官方—官方”的形式，以部长级以上的两国官员为主体，以人文交流为主题进行的两国沟通与协商机制。到 2016 年底，我国已经和“一带一路”沿线的 60 多个国家签订了政府间文化交流合作协定，实现了全覆盖，为国家间的文化交流提供了纲领性指导。并且我国已经与绝大部分国家达成协定，每 2—3 年签订一个更加务实的执行计划。②

从具体国家来看，近年来中国与哈萨克斯坦在人文交流方面实现了显著突破，高水平文化团组互访已成为常态，各文化领域互利合作不断深化。2006 年、2007 年中哈互办文化节活动，中国新疆、重庆、遵义等地代表团先后赴哈进行人文交流。由中国政府开办的孔子学院更是作为中哈人文交流的桥梁发挥着重要作用。③2020 年，由中国驻哈萨克斯坦大使馆主办的“丝路云端汉语夏令营”取得圆满成功，云端夏令营的举办适应了哈萨克斯

① 新华网 . 中俄人文合作委员会第二十一次会议召开　孙春兰与戈利科娃共同出席［EB/OL］.［2020-11-28］.http://www.xinhuanet.com/politics/leaders/2020-11/25/c_1126786623.htm.

② 中华人民共和国教育部 . 国新办发布会介绍“一带一路”沿线国家民心相通情况［EB/OL］.［2018-12-11］. http://www.moe.gov.cn/jyb_xwfb/xw_fbh/moe_2069/xwfbh_2017n/xwfb_2017zbqt/201705/t20170511_304378.html.

③ 张春友 . 人文交流成为中哈合作新亮点：访哈国务秘书兼外交部长萨乌达巴耶夫［N/OL］. 光明日报，2010-10-08［2018-09-17］. http://www.scio.gov.cn/hzjl/zxbd/wz/Document/774432/774432.htm.

坦民众学习汉语和中国文化的迫切需求，在新冠肺炎疫情这一特殊时期做出了有益探索和尝试。随着中哈人员往来的日益密切，哈萨克斯坦民众对中国的兴趣与日俱增。截至 2020 年，哈萨克斯坦境内共开设了 5 家孔子学院，在中国有 6 所大学开设了哈萨克斯坦文化中心。在哈中国留学生大约有 1 500 人，同时约有 1.5 万名哈萨克斯坦留学生在华就读深造。①

近年来中俄在人文领域的合作也颇有成效，在中俄双边关系中发挥着日益重要的作用。其中，我国为推动中俄战略协作伙伴关系的全面发展，统筹规范中俄在教育、文化、卫生、体育领域的合作并使其制度化，于 2000 年 11 月在中俄两国总理定期会晤机制的框架内成立了中俄教文卫体合作委员会。2009 年 10 月，《中华人民共和国政府和俄罗斯联邦政府关于互设文化中心的协定》在北京签署，随后 2010 年 9 月北京俄罗斯文化中心正式启用，莫斯科中国文化中心则于 2012 年 12 月揭牌运行。2013 年 11 月，中俄两国签署《中华人民共和国文化部和俄罗斯联邦文化部 2014—2016 年合作计划》，推动两国在音乐、戏剧、电影、造型艺术、民间创作、文物保护与修复、图书馆、博物馆、档案馆等领域开展系列务实合作。在教育领域，中俄之间还搭建起俄罗斯中小学生来华冬令营、中国中学生赴俄罗斯夏令营活动、中俄大学生艺术联欢节、中俄大学校长论坛等各大交流项目。中俄留学人员规模逐年扩大。

作为最早与新中国建交的国家之一，波兰一直与中国保持着深厚的友谊，两国于 2011 年缔结战略伙伴关系，并持续推进各种形式的人文交流实践。自 2011 年起，波兰各地都会举办“欢乐春节”活动，增进波兰人民对中华文化的了解，受到了当地人民的热烈欢迎。与此同时，在中国政府的支持下，波兰已开办 5 所孔子学院，其国内诸多幼儿园、小学、中学也积极开展汉语教育。② 此外，中国与沙特、塞尔维亚分别于 2016 年、2017 年签署了《关于促进文化遗产领域交流与合作的谅解备忘录》，进一步推动文化领域的合作。

---

① 央视新闻 . 哈萨克斯坦兴起追中国电视剧热潮 中哈人文交流亮点多［EB/OL］.［2020-08-28］. https://baijiahao.baidu.com/s?id=1676269196701747223&wfr=spider&for=pc.

② 任鹏 . “中波关系处于历史最佳时期”：访中国驻波兰大使徐坚［N/OL］. 光明日报，2016-06-19［2018-09-11］. http://epaper.gmw.cn/gmrb/html/2016-06/19/nw.D110000gmrb_20160619_1-05.htm?div=-1.

第三，建立了多边人文交流机制，积极推进与区域组织和国际组织的国际人文交流机制。多边人文交流机制指的是以人文交流为主题，中国与周边两个或两个以上的国家，或与国际组织合作构建的国际交流合作机制。例如，中国非常积极地参与国际人文交流事务，包括联合国教科文组织主持的世界文化遗产保护工作、国际奥委会主办的 2008 年北京奥运会、国际展览局主办的 2010 年上海世博会等。此外，一年一度的上海合作组织成员国文化部长会晤、中国—中东欧国家文化合作部长论坛、中阿文化部长论坛、中国—东盟（“10 + 1”）文化部长会议等机制，都从政府层面建立起多边文化交流框架。

具体来看，我国与东盟之间的合作最为广泛和深入。目前已经与东盟构建起教育交流周、教育部长圆桌会议、大学校长论坛等重要平台，打造了一批教育人文交流品牌活动，如“中国—东盟双十万学生流动计划升级版”项目等。2011 年，诞生于 2006 年的“中国—东盟文化产业论坛”正式升格为由文化部与广西壮族自治区人民政府联合主办的省部级论坛，并于 2012 年更名为“中国—东盟文化论坛”，历年来为建立中国—东盟长效合作机制，为促进中国与东盟国家在图书馆、非物质文化、艺术等领域的交流做出突出贡献。此外，中国—东盟博览会在举办经贸活动之余，同时举办“风情东南亚”晚会、“南宁国际民歌艺术节”开幕式晚会、“中华情”晚会、中国—东盟国际汽车拉力赛、中国—东盟高尔夫国际邀请赛、中国—东盟国际时装周、中国—东盟美食文化节等文化体育活动，促进中国与东盟国家的人文交流与合作。另外，国内一些沿线城市能够有效利用自身区位优势，加强与区域组织的人文交流。例如，广西的广播影视文化产业就通过与柬埔寨、老挝、缅甸、越南、泰国、印度尼西亚等国家联合开办广播电视栏目，译配并出口我国优秀影视作品以及引进国外影视作品，联合举办广播影视展、电影文化周、中国—东盟电视论坛、中国—东盟广播影视合作圆桌会议、中国—东盟网络视听产业合作发展论坛、中国—东盟博览会文化展等各种方式，加强中国与东盟的影视文化交流。

截至 2020 年，中国在联合国、二十国集团、亚太经合组织、上海合作组织、金砖国家等多边机制下的教育合作中发挥了积极的建设性作用，是全球教育治理的重要参与者和推动者。如今，新冠肺炎疫情给各国教育造成不同程度的冲击，实现联合国《2030年可持续发展议程》教育目标面临更大挑战。正如教育部国际司负责人所说：“新形势下，中国将打造‘一带一路’教育行动升级版，扩大教育国际公共产品供给，积极分享在‘停课不停学’、有序复学复课等方面的经验做法，向国际社会特别是广大发展中国家提供力所能及的帮助。中国还将深化与联合国教科文组织等多边机构的合作，为全球教育发展贡献中国力量，为全球教育治理贡献中国方案。”①

（三）中外人文交流的机构参与

无论是双边合作伙伴关系还是多边项目，都需要依靠各种机构来具体落实相关政策和计划。在“一带一路”倡议实施进程中，各种层次、形式的机构无疑正在或即将发挥重要作用。

教育作为人文交流的重要组成部分，在“一带一路”建设中具有基础性和先导性作用，其中学校尤其是大学以及科研机构在“一带一路”倡议下可以发挥非常重要的作用。目前，中国宏观经济研究院、中国华大基因研究院、中国国际经济交流中心、商务部国际贸易经济合作研究院、国家行政学院、中国石油经济技术研究院、清华大学研究生院等一批智库教学科研单位已经或将与博鳌亚洲论坛、老挝、巴基斯坦、法国、英国等智库、高校、论坛等机构就有关“一带一路”建设多个领域的联合研究、智库人员培训、专题会议、学术交流以及签署协议备忘录等，发布共同倡议。②大学的参与还使中外教育交流合作项目呈现出多样化的特点，大学之间的合作可以通过举办各种学生交流交换、联合研究、区域合作、联合办学、海外办学、联合实验室或研究中心等合作项目的形式推进。截至2020年，我国高校在近50个国家举办了100多个不同类型和层次的境外办学机构与项目。③此外，中国文化中心作为向世界介绍中国国情，展示中国文化，与各

① 人民网．加快和扩大新时代教育对外开放［EB/OL］.［2020-08-23］. https://baijiahao.baidu.com/s?id=1670238482316171156&wfr=spider&for=pc.

② 中华人民共和国教育部．国新办发布会介绍“一带一路”沿线国家民心相通情况［EB/OL］.［2018-12-11］. http://www.moe.gov.cn/jyb_xwfb/xw_fbh/moe_2069/xwfbh_2017n/xwfb_2017zbqt/201705/t20170511_304378.html.

③ 人民网．加快和扩大新时代教育对外开放［EB/OL］.［2020-10-23］. https://baijiahao.baidu.com/s?id=1670238482316171156&wfr=spider&for=pc.

国人民交流思想、分享理念的关键窗口，也为中外文化交流与合作发挥其独特功能。当前我国正在加紧设立中国文化中心，截至 2017 年，我国已经在 11 个“一带一路”沿线国家设立中国文化中心。①

（四）中外人文交流的社会参与

个体、第三方组织、企业以及其他社会力量能够在中外人文交流中发挥重要的主体作用，活跃人文交流局面，丰富人文交流内涵。一方面，在“一带一路”建设实践中，中外人文交流的主体主要是个人，他们所进行的个体层面的合作研究、自费留学、旅游与文化考察构成了民间层次的中外人文交流，且近年来呈现出不断壮大的趋势。相关统计数据显示，2017 年我国出国留学人员目的地虽仍相对集中于欧美发达国家和地区，但“一带一路”国家已经开始成为新的增长点。2017 年赴“一带一路”沿线国家留学的人数为 6.61 万人，比上年增长 15.7%，超过整体出国留学人员的增速。其中国家公派 3 679 人，涉及 37 个“一带一路”沿线国家。② 随着中国对外开放进程的深入推进，在沿线国家总共有 46 万人通过孔子学院、孔子课堂学习汉语。更有来自泰国、巴基斯坦、印度等越来越多的“一带一路”沿线国家的留学生来华交流与学习，截至 2016 年底，“一带一路”沿线国家在华留学生达到 20 多万人。③ 与此同时，中国也在积极利用定居海外华人的力量，促进民间层面的中外人文交流。据统计，2019 年，全球华侨华人中有 4 000 多万人口分布于“一带一路”沿线国家④，他们对中外人文交流实践的积极参与，在很大程度上有助于将中国的文化思想与“一带一路”沿线国家的实情实现更好的对接。

另一方面，中小企业、媒体、民间机制、非政府组织等多元化角色已经开始成为官方组织和计划的重要补充，为中国与“一带一路”沿线国家

① 中国一带一路网 . 11 个“一带一路”沿线国家设立中国文化中心［EB/OL］.［2020-10-23］. https://www.yidaiyilu.gov.cn/xwzx/roll/15059.htm.

② 中华人民共和国教育部 . 2017 年出国留学、回国服务规模双增长［EB/OL］.［2018-09-11］. http://www.moe.gov.cn/jyb_xwfb/gzdt_gzdt/s5987/201803/t20180329_331771.html.

③ 中国经济网 . 2016 年底“一带一路”沿线国家在华留学生达 20 多万［EB/OL］.［2017-06-11］. http://www.ce.cn/xwzx/gnsz/gdxw/201705/11/t20170511_22730510.shtml.

④ 中国日报网 . 2019 年《华侨华人蓝皮书》发布［EB/OL］.［2019-12-25］. https://baijiahao.baidu.com/s?id=1653436720271401121&wfr=spider&for=pc.

的人文交流牵线搭桥。目前“丝绸之路国际剧院联盟”“丝绸之路国际图书馆联盟”“丝绸之路国际博物馆联盟”“丝绸之路国际美术馆联盟”“丝绸之路国际艺术节联盟”正在建立之中，且已经得到了非常热烈的反响，相信未来这些民间机制会为促进中外人文交流与合作起到非常重要的作用。[①] 另外，中印非政府组织在促进两国教育交流方面发挥了重要的桥梁作用。其中，云南省中印合作交流促进会（Yunnan Society For China-India Cooperation and Exchange）成立于 2004 年，通过自身地理优势建设“桥头堡”，为促进中印教育以及其他方面的合作与交流献计献策。印中合作联盟（India China Alliance for Cooperation，ICAC）在促进中印教育合作上也发挥了重要作用，其在印度的合作伙伴主要包括位于昌迪加尔的 Chitkar 集团和位于金奈、泰米尔纳德邦的印度斯坦集团，在中国的合作伙伴则主要来自各公立、私立高等教育院校以及省政府部门，该联盟通过学生交流、教师交流、联合研究和联合项目、学生实习等方式促进两国教育合作与交流，为推动中国与沿线国家人文交流做出独特贡献。

二、中外人文交流机制存在的问题

在“一带一路”倡议的框架下，中外人文交流机制将遭遇诸多的现实问题和挑战，具体而言，这些困难主要包括以下几个方面。

（一）双边、多边人文交流机制覆盖不足，政府扶持力度仍需加强

第一，我国已经与波兰、哈萨克斯坦等大多数沿线国家建立起双边人文交流机制，与俄罗斯、印度、印度尼西亚建立起高级别人文交流机制，在俄罗斯、泰国和印度尼西亚等国家分别建立起 17 所、16 所和 6 所孔子学院，为加大与沿线国家人文交流发挥了重要的引领作用。但是，从所涉及的沿线国家数量来看，目前官方政府间的具体计划和孔子学院，特别是高级别人文交流机制所涉及的国家数量依然很有限，双边人文交流项目和战略合作伙伴国关系仍需进一步深化和加强。第二，多边人文交流机制的优

① 中华人民共和国教育部 . 国新办发布会介绍“一带一路”沿线国家民心相通情况［EB/OL］.［2018-12-11］. http://www.moe.gov.cn/jyb_xwfb/xw_fbh/moe_2069/xwfbh_2017n/xwfb_2017zbqt/201705/t20170511_304378.html.

势没有得到充分的发挥。上海合作组织、东亚峰会、亚太经合组织、亚欧会议、亚洲相互协作与信任措施会议、中阿合作论坛、东南亚教育部长组织、中非合作论坛、中巴经济走廊、孟中印缅经济走廊、中蒙俄经济走廊等现有多边合作机制的作用，联合国教科文组织等国际组织的资源和潜力还没有得到有效开发。第三，当前我国与“一带一路”沿线国家在人文交流机制覆盖的范围、深度和特色性方面皆有很大的发展空间。我国与沿线国家的人文交流集中在少数几个领域，而在教育、科技、文化、体育、青年等重点领域的交流深度不够，相关人文交流活动在海外媒体中的曝光率不高，且各人文交流机制及配套活动的内容和形式都极为相似，单一化和趋同化的现象比较显著。

（二）人文交流活动仍然以官方力量为主，社会力量参与不足

目前，中国与“一带一路”沿线国家的人文交流主要以政府主导的项目为主，沿线国家间的人员流动在全球流动中所占的比例依旧非常小，各地方、各部门、各类组织以及社会群体的主动性和积极性还没有被充分调动起来。沿线国家人文交流项目的资金支持也主要以政府基金为主，社会资本还没有进入相关投资领域。因此，未来如何引导非政府组织、企业、海外华侨华人、志愿者积极开发和参与人文交流项目，如何鼓励企业等社会资本投入“一带一路”沿线国家，是短期内迫切需要解决的问题。

（三）人文交流活动依然以短期项目为主，长效机制仍需完善

当前，我国与“一带一路”沿线国家开展人文交流的形式多样，主要通过多层级互访，友好城市文化交流，举办文化年、文化节、文化周、艺术周等短时间、集中式的“文化嘉年华”的方式，促进中国与沿线国家之间的文化碰撞与交流。这些活动场面大、话题多、关注度高，对提升国家间理解和改变民众的认知有着巨大作用，为推动中华文化面向世界、走向世界做出了一定贡献。但大型活动毕竟是短期的，时间和作用都具有短效性、即时性、游击性的特点。考虑到活动成本及外方民众接受度等因素，不可能频繁举办，文化传播效果有限。[①] 我国与沿线国家人文交流的长效机

① 太和智库 . 中外人文交流的魅力与使命：写在改革开放四十周年［EB/OL］.［2018-05-07］. https://www.sohu.com/a/230698731_201559.

制仍在建立的起步阶段，目前在沿线国家设立的孔子学院和海外中国文化中心数量有限，极具品牌影响力的文化交流项目的数量也很有限。

（四）人文交流活动具有随意性倾向，缺乏质量保障机制

质量是中外人文交流的核心要义，中外人文交流机制应有质量保障与监督机制才能充分发挥交流的作用。就目前来看，在中外人文交流实践中，如人文交流论坛、学生交流交换、学者的出国研修与访问，乃至高校之间的联合办学等，都没有一个对各种形式的交流成果进行审查与监督的监管机制。具体从教育领域来看，国家留学基金委员会开展的“国家建设高水平大学公派研究生项目”每年资助数千名研究生出国攻读博士学位或者进行博士生联合培养，但是除了留学人员归国后需提交留学报告，就再无其他形式的监督与管理，以至于难以保障留学生奖学金的有效利用。当然，教育交流仅是中外人文交流实践中的一小部分，却具有一定的代表性，可以看出当前中外人文交流中质量保障与监督机制的缺位。

三、中外人文交流机制的发展路径

中外人文交流是我国对外工作的重要组成部分，是促进我国与“一带一路”沿线国家民心相通、互联互通的重要渠道，通过搭建高水平对话平台、实现定期互访交流机制等方式，可以打消其他国家对我国的疑虑和误解，加强我国与沿线国家彼此的理解和包容。因此，我们应该在理性认识当前人文交流机制现状的基础上，积极探讨解决途径以应对所面临的问题。

（一）政府层面应加强政策扶持、经费支持和项目开发

第一，为了更好地促进中外人文交流，制定一系列灵活、连续、富有吸引力的支持政策，是十分必要的。为此，我国应该进一步扩大相关政策扶持，增强我国在人文交流领域的对外吸引力。第二，良好的政策需要落地实施才能达到预期响应，对此，政府层面可以制订具有可持续性、稳定性的经费计划，以大力支持中国与沿线国家的人文交流活动。如设立“丝绸之路”中国政府奖学金，为沿线国家培养优秀的急需型人才；划拨人文交流专项基金，保障人文交流和互访活动的开展。第三，目前我国仅与俄罗斯、印尼、印度在近期建立起高级别人文交流机制，构建的官方交流项目所涉及的范围和广度依旧有限。未来，要进一步发挥已建立高级别人文

交流机制的辐射和带动作用，健全中方委员会秘书处机制。同时要健全多层次、多方位、广覆盖的中外人文交流机制，进一步扩大人文交流所涉及沿线国家的范围和深度。第四，我国应更积极地拓展多边人文交流与合作项目，通过充分利用金砖国家教育部长会议、中国—东盟教育交流周、中日韩大学交流合作促进委员会、中阿大学校长论坛、中非高校 20 + 20 合作计划、中日大学校长论坛、中韩大学校长论坛、中俄大学联盟等已有平台的契机，与更多国家和地区进行合作，推动他们以更大的热情投入参与“一带一路”建设，以拓展多边人文交流的内容与形式。第五，加强沿线国家的专题研究，在深入了解沿线国家不同历史状况、经济发展、政治体制、文化和宗教差异的前提下，把握两国人文发展的具体规律，因国施策、因地制宜，有针对性地开展特色型对外人文交流活动。

（二）为民间力量和社会组织参与人文交流提供体制机制保障

目前中国与“一带一路”沿线国家的人文交流项目大多是官方主导，尤其是中方以政府投入居多。因此，中外人文交流模式需要重心下移，更多地将目光投向社会基层民众和草根团体，多发挥民间组织的主导性，助力中国与沿线国家的民间交流与合作。第一，为让广大普通民众去往“一带一路”沿线国家创造机会、提供保障，同时着力推动人文交流理念深入人心，调动广大人民群众的积极性，引导有机会走出国门的民众、华侨、留学生积极参与人文交流，做中国文化的传播者和践行者，促进沿线国家对中国文化的理解和包容。正如习近平总书记曾指出的：“让 13 亿人的每一分子都成为传播中华美德、中华文化的主体。”第二，鼓励和支持更多专业化的社会组织参与中外人文交流项目的开发与运营。如鼓励社会组织、各类文化团体及机构参与和承担人文交流项目，助推文化走出去。民间组织具有独特的优势性，能够通过推动中国边境城市与“一带一路”沿线国家城市间和市民间的交流与合作，让沿线国家人民之间增进理解和消除偏见，进而增强国家间的文化认同和相互了解。

（三）建立有设计、有规划的长效性中外人文交流机制

一方面，我们可以继续加强影响力较大、涉及面广泛的短期人文交流项目，如在沿线国家定期举办各种文化交流博览会，借助我国驻外使馆、各民间群体和社会组织的力量，扩大对外人文交流的范围。同时改进传播

方式，充分利用互联网和虚拟平台等传播速度快、传播范围广的特点，让汉语言文字、中华美食、中华武术以及其他非物质文化遗产等都能够以高效的方式走出去。另一方面，人文交流工作不是短期和暂时的，我们更为重要和迫切的任务是建立起有方向性、重点突出、有的放矢的可持续性人文交流机制，改变过去大干快上、一哄而上的短效性人文交流模式，逐步建立起一个全面、高效和先进的人文宣传体系。结合两国文化交流的新特点和两国民众的共同兴趣点，持之以恒地培育和打造一大批扎根深、效果实、范围广、可持续的品牌项目，真正将优秀的中国传统文化传播出去。

（四）建立有效的监督体系，更好地保障中外人文交流实践活动

总体而言，在“一带一路”倡议实施中，对于中外人文交流实践的监管至少应该包含两部分。一部分是对本国民众赴沿线国家开展人文交流活动的监管。尤其是公费出国交流的人员，如公费出国联合培养、公费参与人文交流活动的民众等，应对其人文交流实践的过程、结果等进行全面的监管。否则，缺乏相应的交流前培训体系和交流后评估方案，势必导致人文交流活动质量良莠不齐，无法达到预期的目标。另一部分是对外籍人士来华人文交流活动的监管。我国需要建构系统评价指标体系，对相应人文交流项目的落实情况进行定期检查、评估和总结。对不合格的人文交流主办单位予以相应惩戒措施，并督促其限时整改；对满意度高、效果扎实的单位则加大资助力度和奖励，鼓励其建立起优势品牌项目，并在一定范围内推广其有效经验。

第十二节 加强对外教育援助

对外教育援助是“一带一路”建设的重要内容，近年来我国颁布的教育改革政策文件也都要求发挥教育援助在“一带一路”教育共同行动中的重要作用，逐步加大教育援助力度，统筹利用国家、教育系统和民间资源，提升教育援助的成效。

一、我国对外教育援助的发展历程与角色转变

自新中国成立以来，中国对外教育援助已走过60余年的历史。中国从最初出于地缘政治和意识形态的考虑而向周边社会主义国家施以援手，到积极参与以联合国为代表的国际组织开展的双边和多边教育援助，再到提出共同推进“一带一路”教育行动倡议，反映了中国在对外教育援助发展过程中从积极参与到主动谋划的角色转变。

（一）积极参与：新中国成立至20世纪90年代的对外教育援助

新中国成立伊始，百废待兴。尽管面临着巩固新生政权和恢复经济发展的艰巨任务，但随着冷战的对峙以及朝鲜战争、越南战争的相继爆发，中国向周边社会主义国家伸出援手，自此拉开了对外援助的序幕。1953年，周恩来总理首次提出“和平共处五项原则”——互相尊重主权和领土完整、互不侵犯、互不干涉内政、平等互利、和平共处，这一原则成为该时期中国开展对外援助的基本准则。万隆会议上卓有成效的外交活动，也让中国援助的对象不再局限于周边社会主义国家，而是进一步扩展到其他地区的社会主义国家和亚非拉民族主义国家，援助范围逐步扩大。20世纪50年代至60年代中期是中国对外援助的起步时期，中国在教育领域的援助以双边援助为主，涉及捐赠教育物资和资金、派遣专家赴受援国开展技术培训、接收来华留学生等方面。例如，抗美援朝时期，中国为朝鲜抚养了1万多名战争受难儿童，其中2 500人在停战后继续留在中国学习。此后，中国政府又接收1万名朝鲜实习生来华学习各种专业技术，同时派遣专业技工和技师赴朝开展培训。①

1964年，周恩来总理在访问非洲时第一次提出了针对中国对外援助的“八项原则”。自此，我国对外援助有了明确的政策指导准则，步入新的发展阶段。1971年，伴随着在联合国安理会常任理事国席位的恢复，中国开始积极与以联合国、世界银行等为代表的国际组织进行多边合作。从20世纪60年代中期至70年代，中国对外援助进入飞速发展时期，受援国数量逐年增多、援助金额不断加大、援助内容日渐丰富。在教育领域，这一时期多边援助成为新的援助形式，援助规模也持续扩大。据统计，中国援非

① 张郁慧．中国对外援助研究（1950-2010）［M］．北京：九州出版社，2011：101.

教师在20世纪50年代只有3名，但到70年代时已经多达115名；与此同时，非洲来华的留学生规模也迅速增长，20世纪50年代来华留学生大多来自埃及、肯尼亚和乌干达等少数几个非洲国家，总人数为24人，但在70年代已达到648人且遍布与中国建交的25个非洲国家。[①]

从新中国成立至20世纪90年代，中国的对外教育援助在服务我国外交战略的同时，尽可能保障受援国利益，这一阶段，新中国的建设历经波折。改革开放后，经济发展规模大幅增长，中国开始积极参与援外事务，然而作为发展中国家，中国在该时期更多的是接受来自发达国家和国际组织的援助。

20世纪末，世界多极化和经济全球化趋势不断增强，“和平与发展”成为新的时代主题。面对不断变幻的国际形势，中国政府于1983年提出了以坚持“平等互利、讲求实效、形式多样、共同发展”四项原则为基础的、符合时代需求的对外援助指导思想。20世纪八九十年代，中国对外援助逐渐转向调整与改革时期。在教育领域，职业教育和人力资源培训成为这一时期的重点援助方式，援助包括官员培训班、技术培训班、短期人员交流项目、援外志愿者项目等多种形式，涉及农、林、牧等几十个专业。[②] 此外，中国进一步加深与国际组织合作，强调非政府组织在对外援助中的作用。1983—1994年，中国同联合国相关发展机构积极合作，共同向99个发展中国家和9个国际组织提供多边、双边结合的援助，累计培训各类技术人员1 500多人。[③]

（二）主动谋划：21世纪以来的对外教育援助

进入21世纪，随着中国经济的快速发展和国际地位的显著提高，不少发达国家和国际组织纷纷减少对中国的援助项目数量或者不再进行援助。与此同时，中国则越来越关注对他国的援助，所承担的国际援助责任与义务也在持续提升，这直接导致我国对外援助的潜在需求迅速增长，促进我国积极把自身成功发展经验与世界其他国家分享。由此，中国对外援助呈

---

① 邝艳湘，陈静．中国对外教育援助在公共外交中将大有可为［J］. 公共外交季刊，2017（3）：44-50，135.

② 同①.

③ 戴伦彰．走向二十一世纪的中国对外经济关系［M］. 北京：中国物价出版社，1997：141.

现出新的面貌。教育援助作为我国对外援助不可或缺的组成部分，近年来受重视程度日益加强。

2005 年，温家宝在联合国教科文组织第五届全民教育高层会议上向国际社会做出对外教育援助的五项承诺，包括：①扩大发展中国家校长、教师来华培训规模，由每年 500 名增加到 1 500 名；②向联合国教科文组织非洲能力建设中心和女童妇女教育中心提供 100 万美元援助，共同开展有针对性的研究与培训；③根据发展中国家的需要，在今后 3 年内为发展中国家援助 100 所农村学校，并提供配套的教学设备；④扩大接收发展中国家来华留学生数量，增加政府奖学金名额，从 2006 年起中国政府奖学金名额增至每年 1 万人次，并适当提高资助标准；⑤增加对遭受地震、海啸、飓风等严重自然灾害的发展中国家灾区教育的援助。“五项承诺”的提出标志着中国正逐渐成为国际教育援助中的新兴力量。2010 年，中国颁布了《国家中长期教育改革和发展规划纲要（2010—2020 年）》，其中强调要“加大教育国际援助力度，为发展中国家培养培训专门人才。拓宽渠道和领域，建立高等学校毕业生海外志愿者服务机制”。2016 年 3 月，《中华人民共和国国民经济和社会发展第十三个五年规划纲要》正式出台。文件提出，要“扩大对外援助规模，完善对外援助方式，为发展中国家提供更多免费的人力资源、发展规划、经济政策等方面咨询培训，扩大科技教育、医疗卫生……领域对外合作和援助，加大人道主义援助力度。积极落实 2030 年可持续发展议程”。该纲要中有关对外援助的规划不仅主动响应和对接了联合国于 2015 年提出的《2030 年可持续发展议程》，更是彰显大国积极承担国际责任和义务的表现。

中国的对外教育援助从之前力所能及地“积极参与”，到随着综合国力的增长逐渐有信心和能力去“主动谋划”，从而以负责任的大国形象加入对发展中国家的教育援助，是在“一带一路”倡议提出和深入实施中发生转变的。这一倡议将包括中国在内的 66 个国家紧密联系，开创了新的世界发展格局。2016 年 4 月，中共中央办公厅、国务院办公厅在其印发的《关于做好新时期教育对外开放工作的若干意见》中指出：“通过发挥教育援助在‘南南合作’中的重要作用，加大对发展中国家尤其是最不发达国家的支持力度，加快对外教育培训中心和教育援外基地建设，积极开展优质教学仪器设备、整体教学方案、配套师资培训一体化援助，开展教育国际援助，重点投资于人、援助于人、惠及于人。”“实施‘一带一路’教育行动，促进沿线国家教育合作。加强教育互联互通、人才培养培训等工作，对接沿线各国发展需求，倡议沿线各国共同行动，实现合作共赢。扩大中国政府奖学金资助规模，设立‘丝绸之路’中国政府奖学金，每年资助1万名沿线国家新生来华学习或研修。”2016年7月，教育部印发《推进共建“一带一路”教育行动》的通知，进一步强调发挥教育援助在“一带一路”教育共同行动中的重要作用，逐步加大教育援助力度，统筹利用国家、教育系统和民间资源，为沿线国家培养培训教师、学者和各类技能人才；并倡议各国建立政府引导、社会参与的多元化经费筹措机制，通过国家资助、社会融资、民间捐赠等渠道，拓宽教育经费来源，做大教育援助格局，实现教育共同发展。自此，《推进共建“一带一路”教育行动》成为国家层面做出的系统性整体政策设计与制度安排。①“丝绸之路”教育援助计划也因此成为“一带一路”教育行动中的引领性举措之一。2019年，“健全对外教育援助机制”正式被写入《中国教育现代化2035》，标志着我国对外教育援助进入新的发展阶段。

二、“一带一路”倡议下对外教育援助存在的问题与面临的挑战

作为国际援助领域的新兴力量，在构建人类命运共同体和“一带一路”教育行动框架内，当前中国对沿线国家的教育援助主要包括建设教育培训中心和教育援外基地、提供教育仪器设备和资金、派遣教师和专业技术人员、在华培训受援国教师和专业技术人员、设立中国政府奖学金、支持职业技术教育发展等方面。然而，“一带一路”沿线国家数量众多、分布广泛、教育发展水平参差不齐，以及我国现行的教育援助缺乏系统性、没有专门的援助机构等问题，对教育援助工作的深入开展提出了新的要求和挑战。

---

① 康乐，李福林．“一带一路”教育行动中教育援助可持续模式探析［J］．高校教育管理，2018，12（2）：17-24.

（一）沿线国家多元的背景制约对外教育援助发展

“一带一路”沿线国家错综复杂的社会经济环境和参差不齐的教育发展水平成为阻碍中国开展对外教育援助的客观因素。“一带一路”沿线总共涉及包括中国在内的66个国家，囊括了大部分亚洲国家和近半数的欧洲国家，跨越东亚、东南亚、南亚、中亚、西亚北非和中东欧共七个地区。[①]沿线国家在地缘政治、历史渊源、文化背景、社会经济发展水平等方面具有明显的差异，因此要求在开展教育援助时要因地制宜。在实施教育援助时，首先面临的是语言和文化的障碍。“一带一路”沿线国家处于多元文化聚集区，在不包括当地民族和部族语言的情况下，涵盖的官方语言就有近50种，教育援助不可避免地要面临不同语言和文化相互碰撞的问题。因此，我国急需培养一批熟知受援国历史文化以及通晓当地语言的非通用语种人才。其次，除新加坡等少数国家外，大部分沿线国家均属于发展中国家，其经济水平尚有很大提升空间；西亚、中东欧等部分地区国家的政治格局动荡不安且社会状况错综复杂，导致绝大部分受援国的教育基础较为薄弱。上述因素加剧了中国开展“一带一路”教育援助计划的难度和风险。当前，如何保持与受援国政府开展长期稳定的教育合作交流，如何与国际组织和当地非政府组织协调合作将教育援助深入实处，如何规避因战乱、贫困和社会动荡导致的教育援助中断现象等问题，都在制约着我国对“一带一路”沿线国家开展大规模、深层次的教育援助。

（二）缺乏专门的对外教育援助机构

目前，我国尚未设立专门的对外援助机构，也没有建立一体化的“一带一路”沿线国家教育援助机制，多部门负责的情况影响了对外援助效率的提升。商务部是目前负责我国对外援助工作的主要牵头和业务主管部门，此外还有外交部、财政部、教育部等32个中央部委机构，以及地方省、市商务部门，驻外使领馆等参与工作。[②]这种多部门分管协调的援助机制往往容易导致管理体系过于庞大，进而影响援助效率。除商务部统筹运作外，

---

① “一带一路”沿线国家指由政府部门划定的65个国家，包括俄罗斯、蒙古及中亚5国，格鲁吉亚及独联体其他5国，西亚北非16国，东南亚10国，南亚8国，中东欧及南欧18国。

② 史育龙，卢伟．“一带一路”建设背景下我国对外援助和开发合作进展、问题及推进策略［J］．经济研究参考，2018（2）：11-21.

其他部门也从各自分管的领域出发制定援助方案和实施援助计划，必然在一定程度上减弱援助的整体效应，影响援助工作开展的有效性。作为新兴援助国，我国在国际援助中从受援国转变成援助国，还是近十几年的事情，对于如何有效地开展援助，一直在探索之中。中国目前采取的是以商务部为主体的对外援助部际协调机制，还未像其他援助大国一样设立专门的对外援助机构。在国际援助体系中，美国、日本等发达资本主义国家都占据十分重要的地位并且成立了专门的对外援助机构——美国国际开发署和日本国际协力机构。以“二战”后最早开展大规模对外援助的美国为例，早在 1961 年，美国政府就成立了在其领导下的、专门的对外援助机构，即美国国际开发署。该机构负责执行全盘的对外援助政策以开展长期的对外经济和社会援助，可支配的经费占全部对外援助经费的 2/3。① 因此，设立专门的对外援助机构，健全我国教育援助的决策、运行、监督、反馈以及问责等一体化机制，是未来中国向援助大国转型和深入推进“一带一路”沿线国家教育援助计划的必经之路。

（三）对外教育援助监管体系尚未建立

面对“一带一路”沿线国家和地区复杂的环境，我们应该意识到对外援助项目的发展需要强有力的评估体系作为检测成果的重要工具，以便能够基于可行的数据制定正确的援助政策、策略和项目实施计划。因此，加强对外教育援助的监管、及时评估援助效果并在此基础上不断调整援助策略，是保障教育援助质量的重要一环。当前，我国的对外援助各领域的整体监管都相对滞后，还未正式出台有关对外援助的评估政策，因此也没有针对“一带一路”沿线国家教育援助质量的具体评估要求，这不利于今后在沿线国家开展深入、长期的教育援助。除此之外，我国教育援助的很多资料和数据尚未对外公开，现有的监管和评估缺乏透明性，同时没有第三方机构和社会力量的监督介入。在向援助大国转变的过程中，中国必须建立系统的、透明的评估与监测机制，并对其不断进行完善，这是保障援助效果的关键。在此方面，中国对外教育援助仍然任重而道远。

① 宋懿琛．美国对外教育援助的战略与实践［J］．世界教育信息，2009（10）：21-23，28.

三、促进对外教育援助发展的实施策略

在“一带一路”背景下，推动对外教育援助科学发展，提升对外教育援助效果和质量，需要从宏观上制订对外教育援助战略规划，完善援助项目的设计、实施、推进和评估等各环节。与此同时，要增加教育援助基地的数量，扩大教育援助基地的专业覆盖面，健全教育援助基地建设主体间的协调机制，加强教育援助基地建设。

（一）完善对外教育援助的战略规划

制定和完善“一带一路”沿线国家教育援助的框架、机制与战略规划将对我国对外教育援助发挥重要的指导和引领作用。对外援助的框架、机制与战略规划需要服务于“一带一路”教育建设，并不断对教育援助的理念和价值进行创新。为此，我国政府要建立从上而下的规范制度，发挥教育援助的导向作用。首先，制定相应的对外教育援助法，从法律层面明确教育援助的目的、原则、宗旨、流程、规模以及援助方式等内容，为“一带一路”沿线国家教育援助以及援助的整体开展提供法律依据。其次，加强顶层设计，通过颁布和实施一系列相关政策统筹对外教育援助，为援助项目的实施和深入推进提供保障。最后，成立专门的对外援助机构并形成教育援助一体化机制，而使教育援助更具针对性，避免各部门之间相互掣肘和重复援助，提高教育援助效率。总的来说，从制定法律、出台政策、成立专门的对外援助机构等宏观层面来构建对外教育援助的框架、机制与战略规划，是中国向援助大国角色转变至关重要的一步。

（二）建立多边合作的援助模式

“一带一路”背景下我国要积极加强与非政府组织合作，大力发展教育援助全球伙伴关系，倡导多边合作的援助方式。我国对外教育援助的持续、健康、有效发展离不开民间和社会力量的支持。非政府组织作为第三方机构虽然不是开展对外教育援助的主要决策者和实施者，但依然会对援助政策的制定、援助项目的开展以及援助效果的评估等方面产生影响。从 20 世纪 90 年代起，以联合国、世界银行等为代表的国际组织积极倡导以减贫为主要目标的人道主义发展援助，并认为教育是解决贫困问题的基本途径。为此，美国、日本等世界主要援助国以及中国等新兴援助国都在积极回应这一号召，增加本国在人道主义教育援助中的比例。然而，由于援助金额

和人力资源的限制，仅仅依靠一国实力很难将教育援助深入落实开展，特别是面对“一带一路”沿线国家错综复杂的社会环境以及参差不齐的教育发展水平时，中国需要与非政府组织和受援国当地民间志愿者等社会力量保持密切合作，积极建立教育援助全球伙伴关系，不再局限于一对一的双边援助，而是通过多边援助的方式推进“丝绸之路”教育援助计划。中国在国民经济和社会发展第十三个五年规划纲要中提出积极落实《2030 年可持续发展议程》，便是对联合国行动框架的积极响应和对接。在未来的对外教育援助中，中国应不断加强与受援国当地非政府机构以及国际组织的合作，充分利用这些机构和组织的人力、物力和财力，保障教育援助资源的充足性和有效性。

（三）依据国际标准发展精准援助

2005 年 3 月，一份关于提高援助效果的国际公认的文件——《援助实效问题巴黎宣言》（Paris Declaration on Aid Effectiveness）发布。宣言指出，虽然各援助国国情不同，但各国都应当参考国际公认的较为统一的指标框架来实施援助，且援助国应当基于受援国的国家发展目标、制度和程序来开展援助。这意味着，各援助国在开展包括教育援助在内的对外援助时应当遵循特定的共性。

在“一带一路”建设过程中，如何利用教育援助带动沿线国家积极参与进来，推动民心相通，是当前“丝绸之路”教育援助计划面临的一大挑战。实际上，援助作为一种稀缺资源，必然是有限的。在预算总额保持不变的情况下，增加对外援助的资金意味着国内福利、防务等方面费用的削减。因此，在教育援助服务我国外交战略的同时，政府应尽可能将资源用于“一带一路”沿线需要教育援助以及明确承诺要推动教育发展与社会进步的国家，并根据受援国的政治环境和特定的国家需求实施精准援助。推进精准援助，首先要注重对受援国所提供的援助进行合理分配，保障最大化利用教育援助资源；其次，在援助过程中，要根据受援国当地的实际情况及时调整教育援助的力度和项目数量；最后，要充分考虑教育援助在内容开发、培训方式创新等方面融入中国文化元素，积极开发既符合参训人员文化习惯，又富有中国文化与社会元素的培训媒介，促使参训人员在增强专业技术能力的同时加深对中国文化的了解和认同。总的来说，“一带一路”建设中的对外教育援助要谨防出现以自我为中心的“射线”式思维模式，树立“线段”式思维模式，深入研究不同国家的不同教育需求，同时从受援国的需求出发，制定教育合作政策，做到真正共赢。

（四）建立科学的援助监测与评估系统

建立科学的教育援助监测与评估系统，是改善我国“一带一路”沿线国家教育援助政策设计和评估政策落实程度的重要手段之一。政府要通过系统地收集和分析信息来提高教育援助的有效性，并为现行及未来的项目规划提供决策依据。

首先，我国政府应建立科学的对外教育援助评估与监测机制，从援助项目实施的前期、中期和后期等各个阶段进行全方位的监督。前期要确保教育援助项目实施的可行性，即在制定和开展对外教育援助前应派遣专业人员赴“一带一路”沿线受援国进行深入实地的调研考察，明确援助项目的难易程度，切实提出改善当地落后教育制度、教学环境等方面的援助方案；中期应建立动态、透明的教育援助监测机制，定期对外公布教育援助项目的统计报告和援助成果。随着援助格局的不断扩大，对外教育援助已不再是单纯的政府行为，应该支持国际组织、受援国当地的非政府组织、民间志愿者组织以及慈善机构等在其中发挥重要作用。[①] 后期要持续跟进援助效果，并对援助项目进行评估和总结。由于“一带一路”沿线国家教育发展水平的差异性，如何确定评估维度成为我国当前教育援助评估的一大挑战。基于此，中国应积极借鉴其他援助大国的发展经验，如将教育教学质量，入学率、毕业率和辍学率的变化，教师和学生行为的转变，援助项目可持续性的体现，以及非政府组织的参与等方面作为评估的参考维度，并进行有针对性的监测和评估。[②]

其次，为确保对外教育援助的公平性和透明性以及非政府组织参与教

① 中华人民共和国教育部 . 中华人民共和国教育部关于印发《推进共建“一带一路”教育行动》的通知［EB/OL］.［2018-09-15］. http://www.moe.gov.cn/srcsite/A20/s7068/201608/t20160811_274679.html.

② CHAPMAN D W，QUIJADA J J. An analysis of USAID assistance to basic education in the developing world，1990-2005［J］. International Journal of Educational Development，2009，29（3）：268-280.

育援助的积极性，应引入权威的第三方评估机构。当前，我国还未建立由第三方非政府组织参与的教育援助评估机制，而健全的第三方机构评估是迈向援助大国的关键一步。由于政府部门有限的人力、物力以及尚不健全的监测系统，政府可委托第三方机构对援助项目的可持续性进行全方位追踪、监测和评估，既能有效保障教育援助过程的透明性，同时也能帮助政府加强援助信息的公开与披露，让援助资金与援助物资的流通有据可查。

（五）加强教育援外基地建设

2016 年 4 月，中共中央办公厅、国务院办公厅在其印发的《关于做好新时期教育对外开放的若干意见》中指出，“通过发挥教育援助在‘南南合作’中的重要作用，加大对发展中国家尤其是最不发达国家的支持力度，加快对外教育培训中心和教育援外基地建设，积极开展优质教学仪器设备、整体教学方案、配套师资培训一体化援助”。教育援外基地是配合教育部开展教育援外任务的重要载体，其建设是实施“丝绸之路”教育援助计划、推进共建“一带一路”教育行动的重要有机组成部分。从数量、质量、区域、专业等多维度对教育援外基地进行再审视和重新布局，是保障教育对外援助及教育交流与合作有效推进的重要措施。

首先，立足优势扩增教育援外基地数量。我国有关教育部门应当认真总结现有十大教育援外基地多年来教育援外工作的经验与不足，着眼“一带一路”沿线国家的教育需求，基于国别研究、区域研究和比较研究的成果，在综合实力和行业特色实力更为雄厚的高等教育机构及教育研究院所中建立新的高水平教育援外基地，以进一步服务“丝绸之路”教育援助计划及我国与沿线各国的教育合作，并着眼长远，发挥我国在文化教育和工程技术等领域软实力和硬实力结合的双重区域领导力。

其次，同步建设国内外教育援外基地。鉴于现有教育援外基地在国内的分布比较分散，且我国在海外尚无任何教育援外基地，因此需要在依托优势教育资源、新增国内教育援外基地的基础上，尝试建立海外教育援外基地，以实现更加均衡的基地布局，从而更好地满足数量众多的各沿线国家的教育需求。

最后，扩大教育援外基地的专业覆盖面。我国应充分发挥工程教育体系的巨大优势，结合国内各类型各层次高校的专业特色，根据沿线国家不同的教育需求，大力加强教育援外基地的专业覆盖度，与不同区域的国家开展侧重不同的教育合作与援助。如有学者建议，我国与中东欧国家的合作应侧重于航空航天和信息技术等新型合作领域，与西亚北非等国家的合作应侧重于能源、勘探类传统工科及交通运输、土木工程、海洋工程等领域，而与东南亚、南亚、中亚等国家的合作应侧重于农业工程、动物医学、森林资源等领域。

第四章

『一带一路』倡议下扩大教育开放的保障机制

“一带一路”倡议下扩大教育开放的保障机制是确保跨区域合作在目标、动力、创新、协调等方面顺利运行的制度体系。建设跨区域教育合作保障机制的根本目的不仅在于推进中国与沿线国家深入开展各类优质教育合作，而且在于服务中国未来发展国际与国内两个市场的现实需求。保障机制的建立不仅有助于“一带一路”倡议的有效落实，同时有助于规避我国与沿线国家教育合作与交流过程中的风险。建立和完善“一带一路”倡议下扩大教育开放的保障机制，要求打造“一带一路”教育共同体，加强学位互授联授，打造“一带一路”高等教育区，构建跨区域教育合作机制，完善跨境办学监管机制，建立教育合作与交流的风险规避机制，构建扩大教育开放的协调机制。

第一节　打造“一带一路”教育共同体

教育部《推进共建“一带一路”教育行动》阐述了教育在“一带一路”建设中所提供的支撑作用，提出了重点合作的内容、思路和措施，其中明确指出:“中国倡导沿线各国建立教育共同体，聚力推进共建‘一带一路’，首先需要中国教育领域和社会各界率先垂范、积极行动。”建立教育共同体是实施“一带一路”倡议的迫切要求，也是新的全球化时代区域合作和国际合作的必然要求。教育共同体不同于以往的教育双边或多边合作，它强调沿线国家作为整体共同参与，以共同利益和共同责任为核心，促进区域和国际社会教育领域的共荣共通、合作共赢。“教育共同体”在“一带一路”倡议的实施中发挥着基础性、全局性和先导性作用，它是一个超越地域、文化和语言界限，以共同利益、共同责任为核心，建立在平等和尊重基础上的多元文化群体，具有关联性和互通性、开放性和包容性、差异性和多样性等特征。构建“一带一路”教育共同体，中国要主动与沿线国家一起制定教育合作新框架，搭建教育合作平台，创新区域教育治理模式，建立“合作式的网络化”治理模式，共走合作共赢之路。

一、“一带一路”教育共同体的内涵及特征

“共同体”是一个不断发展的概念，其英文是 community，在社会学和政治学领域通常被译为“社区”或“社群”。早期的共同体概念主要与地域相关，强调地理上的同一性和邻里关系。1887 年，德国社会学家滕尼斯（Ferdinand Tönnies）在《共同体与社会——纯粹社会学的基本概念》（又译为《社区与社会》）一书中提出了“共同体”即“社区”的概念，认为社区是指价值取向相同、人口同质性较强的社会共同体，这种共同体关系不是

社会分工的结果，而是由传统的血缘、地缘和文化等造成的。① 在滕尼斯看来，共同体与亲族关系和地域相关联，但并没有强调成员之间的共同利益。随着社会现代化的推进，社会利益逐渐分化，自主意识增强，共同体的概念开始超越传统的血缘和地域的限制而具有更多的内涵，心理上和精神上的共同性成为除地域之外的重要内涵。共同体常被用于指任何具有共同需要、利益、信念、价值和相对聚合、持续关系的人群，他们拥有共同的利益，致力于实现共同目标。社会学家吉登斯（Anthony Giddens）提出“脱域的共同体”概念，认为“脱域”（Disembedding）即“从生活形式内‘抽出’，通过时空重组，并重构其原来的情境”②。随着全球化的不断扩展和通信技术的发展，共同体的概念进一步扩大，成为拥有不同传统、文化、语言，处于不同地域，因共同的利益和兴趣而形成的群体。共同体的概念在新时代、新语境下被赋予新的内涵，各种共同体不断涌现，如学习共同体、科学共同体、教育共同体、命运共同体，等等。

共同体的概念经历了长期的发展后，其内涵在不断变化，学术界对共同体的理解和认识难以达成一致，但从共性的角度可以给出一个描述性定义，即“一个基于共同目标和自主认同、能够让成员体验到归属感的人的群体”③。“一带一路”倡议下的共同体由中国提出，但并不是以中国传统、文化、语言、地域为中心，而是一个超越了地域、文化、传统、语言等限制，基于人类共同利益、共同命运、共同责任而形成的虚拟空间中的群体。在这一群体中，所有成员具有共同的身份，对所在群体拥有认同感，为了共同目标和共同事业而努力，有主人翁责任感和集体归属感，成员之间共同合作。这也正是“一带一路”倡议强调互联互通、开放包容、共建共享、共存共生的原因所在。正如王义桅教授所说，“一带一路”倡议下的富有中国特色的“共同体”不同于原先西方世界所倡导的概念，甚至可以说是超越了西方的“共同体”概念。“共同体”所强调的就是一种共同的理念，这

① 滕尼斯．共同体与社会：纯粹社会学的基本概念［M］．林荣远，译．北京：商务印书馆，1999：5-6.

② 张志旻，赵世奎，任之光，等．共同体的界定、内涵及其生成：共同体研究综述［J］．科学学与科学技术管理，2010，31（10）：14-20.

③ 同②.

种“共同”，不是你的或我的，而是我们的。[①]“一带一路”倡议下的共同体汲取了中国古代天人合一、天下为公、和而不同的思想，不强调传统意义上的血缘、地缘和文化同一性，而是在最大意义上做到开放、包容、公平、公正。

教育共同体是“一带一路”倡议的核心内容，它以人才培养为核心任务，以满足沿线国家经济、文化和社会发展，实现共同利益为最终目的，通过教育项目、教育模式、治理机制创新，推动中国和沿线国家在教育领域的共荣共通、合作共赢。因此，“一带一路”教育共同体是超越了地域、文化、语言界限，以共同利益、共同责任为核心，建立在尊重和平等基础上的多元文化群体。教育共同体具有以下特征：

第一，关联性和互通性。教育共同体是“一带一路”沿线国家基于共同的目标和责任建立起来的多个国家教育的联合体，共同体的各个成员之间彼此相互关联。在推动教育交流与合作的过程中，各国要对各种教育资源进行优化组合，彼此之间要相互适应、相互融合，通过模式和机制创新，促使全体成员共同参与决策，最大限度发挥整体优势，实现共同利益。

第二，开放性和包容性。“一带一路”倡议构建了一个全方位的开放体系，推行“全方位、多层次、宽领域”的新一轮对外开放。[②]教育共同体也是一个全方位开放的系统，在开放主体上，充分调动沿线国家和地区的积极性，特别是欠开放、欠发达地区的积极性，对其他非沿线国家的参与也持开放态度，倡导各国政府、企业、民间组织、学校之间的多种交往与合作；在开放对象上，既努力推进对内开放，在地方层次开发多种教育合作项目，推动不同地区之间的互联互通，又积极扩大对外开放，向沿线其他国家实施开放政策，根据沿线国家需要，培养和输送多种人才；在开放心态上，以平等和尊重为原则，倡导包容性对外开放，不将一国的教育理念和教育模式强加于人，通过坦诚沟通达成合作，谋求教育共同发展。

---

① 张力玮，徐玲玲．“一带一路”倡议打造新型全球治理模式和新型共同体：访中国人民大学国际关系学院王义桅教授［J］．世界教育信息，2017，30（20）：7-13.

② 中国共产党新闻网．王义桅：“一带一路”的中国智慧［EB/OL］．［2018-04-16］．http://cpc.people.com.cn/big5/n/2015/0804/c191095-27410091.html.

第三，差异性和多样性。“一带一路”教育共同体超越了地域界限，跨越东北亚、中亚、东亚、东南亚、南亚、西亚北非、中东欧等地区，各国和地区在经济水平、历史发展、民族种族、宗教信仰、文化传统等方面存在很大差异，各国在教育发展水平、教育制度、学校体系、课程设置、教学模式等方面存在多样性。教育共同体是在尊重各国差异和特色的基础上进行资源共享、优势互补，从而促进教育共同发展，为实现沿线国家互联互通提供支撑。

二、打造“一带一路”教育共同体的必要性

“一带一路”建设的重点是“五通”，即政策沟通、设施联通、贸易畅通、资金融通、民心相通。教育在“一带一路”倡议中有着举足轻重的地位，发挥着基础性、全局性、先导性作用。① 它一方面促进民心相通，另一方面为其他“四通”提供人才支撑。② 在以往的教育合作与交流中，一带一路沿线国家的交流与合作在深度与广度上都还存在很大提升空间，而且原有的教育交流与合作方式在推动“一带一路”建设中尚存在合作理念、目标、政策、模式、机制等方面的不一致和不协调，因此，迫切需要建立一个基于共同责任和共同利益的教育共同体，来为“一带一路”建设提供强大的人才支撑，并促进民心相通和区域教育共同发展。

（一）“一带一路”建设亟须强大的人才支撑

人才培养是教育的核心任务。无论是解决“一带一路”倡议构思的理论问题，还是推进实施的实践问题，关键都在人才。随着新经济、新技术、新产业的发展，沿线各国急需大量新型人才来支撑“一带一路”建设，实现政策沟通、设施联通、贸易畅通、资金融通。首先，教育共同体可以为“一带一路”建设提供大量语言类人才。通过扩大多语种人才培养规模，共同开发语言课程，拓展以语言学习为核心的交流交换项目和联合培养项目，促进沿线国家语言互通，为各国政策沟通、贸易畅通奠定基础。其次，教育共同体可以为沿线各国培养各行各业领军人才和优秀技能人才。在推动各项计划

① 刘宝存．“一带一路”中教育的使命与行动策略［J］．神州学人，2015（10）：4-7.

② 柴葳．构建“一带一路”教育共同体［N］．中国教育报，2016-08-12（2）.

实施的过程中，各级政府、行业企业、高等学校和职业院校协同合作，根据沿线国家经济和社会发展需要，发展优势学科，开展多层次专业技术技能人才培养和培训，培养当地急需的“一带一路”建设者。最后，教育共同体可以为“一带一路”建设提供优秀师资。高质量人才离不开高质量师资，推动沿线国家共建“一带一路”，培养急需人才，需要加强教师之间的交流互访，相互借鉴优质教育模式和优秀教育经验。更重要的是，还需要培养大量能够在语言、交通运输、建筑、能源、环境工程、医学、水利工程、生物科学、海洋科学、生态保护和文化遗产保护等沿线国家急需的专业领域从事教育和教学工作的教师。构建教育共同体，既有利于推动教师交流，提升沿线国家教育质量，又有利于共享教师资源，促进沿线国家教育公平。语言人才、技术人才、师资队伍三位一体，为推动各国互联互通提供支持。

（二）促进民心相通需要教育共同体发挥基础性、桥梁性作用

“一带一路”倡议的核心是互联互通，这种互通，“应该是政策沟通、设施联通、贸易畅通、资金融通、民心相通五大领域齐头并进”①。教育在促进民心相通中发挥着基础性作用，教育交流为沿线各国民心相通架设桥梁。

民心相通指弘扬睦邻友好的合作精神，在教育、文化、旅游等领域深入开展人文合作，以文化交流推动包容开放理念的形成和扩散，促进文化交融，促成文化认同感，为深化沿线国家合作提供内在动力。②“一带一路”倡议的目的是推动沿线各国和区域之间的互惠互利、合作共赢。教育共同体是促进各国文化理解与交流的有利途径，具有凝聚人心的作用。通过教育共同体建设，各国在教育领域求同存异，深入合作，实现教育模式、教育项目、课程体系、教学方法等方面的创新，有利于青少年对不同国家文化的理解，培养其国际视野和跨文化合作能力。只有实现了跨文化理解和合作，才能真正实现沿线各国在文化上和价值观上的理解和认同，促进各国民心相通。因此，为了促进各国之间的语言学习、文化交流和文明对话，加强不同国家之间的文化理解和认同，增强各国之间的相互信任，教育共

---

① 人民网．习近平在“加强互联互通伙伴关系”东道主伙伴对话会上的讲话（全文）[EB/OL]．[2018-04-16]．http://politics.people.com.cn/n/2014/1109/c1024-25997257.html.

② 王义桅．世界是通的：“一带一路”的逻辑[M]．北京：商务印书馆，2016：26.

同体在“一带一路”建设中不可或缺。

（三）推进中国与沿线国家教育的共同繁荣，呼吁建立教育共同体

作为世界最大的发展中国家，中国在“一带一路”建设和世界发展中发挥着举足轻重的作用。中国的发展可以带动其他发展中国家脱贫致富，实现区域协调、均衡、可持续发展。“一带一路”倡议正是基于这一目标，它不仅着眼于中国的创新与发展，更将沿线国家和世界的共同发展、繁荣作为最终目标和共同责任，遵循共商、共建、共享原则，开创了21世纪地区合作新模式。教育部印发的《推进共建“一带一路”教育行动》明确指出，“推进‘一带一路’教育共同繁荣，既是加强与沿线各国教育互利合作的需要，也是推进中国教育改革发展的需要”。构建教育共同体，对中国和沿线国家的经济和社会发展具有重要意义。中国和沿线国家可以实现教育互联互通，开展人才培养和培训合作，共建交流合作机制，培养高素质人才，共同推动各国经济社会发展。教育共同体有助于加强各国教育政策和信息交流，签署双边和多边合作协议，制定共同遵守的国际公约，消除政策壁垒，破除交流合作瓶颈，加强政府间合作，达成合作共识，为沿线各国教育协同发展提供政策保障。构建教育共同体，还可以实现沿线国家和地区的教育和文化资源共享，通过整合资源，合作开发教学资源、项目，减少发展成本，提高资源使用效率。

2015年11月，联合国教科文组织发布《教育2030行动框架》（Education 2030 Framework for Action，FFA），确立教育的总体目标为“确保全纳、公平的优质教育，让全民享有终身学习机会”[①]，这也正是联合国《2030年可持续发展议程》（Transforming Our World：The 2030 Agenda for Sustainable Development）中目标4的内容。2020年6月，《教育部等八部门关于加快和扩大新时代教育对外开放的意见》进一步指出：“教育部将提供智力、人力、技术、文化、情感等多方面的支持，打造‘一带一路’教育行动升级版。”建立教育共同体，既是为了在沿线国家形成平等、包容、互惠、活跃的教育合作态势，促进区域教育发展，全面支撑共建“一带一路”，推进“一带

① Education 2030 Framework for Action［EB/OL］.［2021-08-18］. http://www.unesco.org/new/fileadmin/MULTIMEDIA/HQ/ED/ED_new/pdf/FFA-ENG-27Oct15.pdf.

一路”建设持续深入发展，也是为了实现联合国《2030年可持续发展议程》中的目标4，建设更加全纳、公平、可持续发展的社会。

三、打造“一带一路”教育共同体的策略

教育部印发的《推进共建“一带一路”教育行动》阐述了教育领域在“一带一路”建设中所提供的支撑作用，提出中国教育要行动起来，“中国倡导沿线各国建立教育共同体，聚力推进共建‘一带一路’，首先需要中国教育领域和社会各界率先垂范、积极行动”。中国应主动参与“一带一路”教育共同体建设，积极推动中国与沿线国家在教育领域的合作共建，带动沿线国家及地区全方位发展。

（一）制定“一带一路”教育共同体合作新框架

“一带一路”教育共同体的构建需要破除传统壁垒，坚持“共商、共建、共享”的原则，以全球化、区域一体化为背景，制定区域教育合作新框架。

1. 制定包容性合作政策，完善相关法律制度

“一带一路”沿线国家处于不同的经济发展水平，具有不同的历史背景、政治制度和文化传统。在制定教育交流和合作政策时，要结合各国的经济发展水平差异，充分尊重各国的历史和文化传统，因地制宜、因时制宜，在平等协商和相互尊重的基础上制定包容性的合作政策。

由于历史、制度和文化上的差异，“一带一路”沿线各国原有的教育合作法律法规和制度难以支撑新的教育共同体的运行，需要制定新的法律法规或制度来保障教育共同体的顺利实施。中国应在平等协商、互利共赢的基础上同沿线国家签署政府间教育合作协议，建立各国教育部长联席会议制度，构建多层次组织协调体系，完善相关工作机制，使教育共同体建设更加规范化、制度化。

2. 建立区域性的资格框架制度

资格框架制度是沟通学历教育、学位教育和资格证书制度之间的桥梁，通过建立统一可比较的标准，各国遵循同一标准开发课程模块、培训教师，同时也为师生在沿线各国和地区流动奠定基础。由于沿线各国的教育制度存在较大差异，而且涉及各级各类教育之间的衔接与沟通，因此，建立区域性的资格框架制度是一项复杂的系统工程。建议沿线各国主动谋划和积

极参与，共同协商形成区域性的资格框架的总体设想，并以此为基础，改革和完善现有的国家学历和学位体系，使之与区域性的资格框架保持一致。

3. 加强教育质量监测和质量保障领域的合作

首先，制定统一的、可比较的质量监测标准，促进“一带一路”沿线国家教育质量标准的统一。在顶层设计层面，制定“一带一路”沿线国家教育质量标准框架，各国在此基础上建立本国的评估标准；在具体操作层面，分层次展开，针对基础教育和高等教育分别制定统一的外部和内部质量监控标准。其次，建立教育共同体质量保障准则，包括各类学位、证书和文凭的颁发和互认等。最后，建立质量保障网络。为了更加有效地合作，建议各国教育部长共同协商，设立“一带一路”教育共同体质量保障网络。

（二）搭建“一带一路”教育共同体合作新平台

教育共同体建设需要打通沿线各国的教育界限，共享教育资源，其中，合作平台的建设至关重要。以往的教育合作大多限于国家与国家之间的双边合作，只需要双方在合作领域达成一致意见。“一带一路”教育共同体的合作是以“一带一路”整个区域和国际社会为背景的多边合作，需要搭建新的合作平台以促进区域教育深度融合。

1. 打造“一带一路”教育战略联盟

“一带一路”教育战略联盟包括多个不同层次、不同类型的联盟。第一，建立教育部长联盟，为沿线各国教育部长之间的沟通和对话搭建桥梁。中国政府要积极倡导各国教育部长之间建立联席会议制度，并建立联盟的相关工作机制。各国教育部长可以就共同关心的问题共商合作议程，共建议事规则，增加理解和信任，减少矛盾和冲突，为各国的教育对外开放制定更具包容性的政策和战略。第二，建立中小学战略伙伴关系联盟。基础教育领域的合作奠定了沿线国家教育合作交流的基础，不同省份、不同国家的中小学之间通过建立伙伴关系形成长效合作机制。中国要充分发挥在基础教育上的优势，通过对口支援、资源共享等方式，提高沿线国家基础教育的总体水平。第三，推进职业教育产教协同联盟。职业教育既是“一带一路”教育共同体的重要组成部分，也是“一带一路”倡议下基础设施建设和经济建设的重要支撑。产教融合、校企合作是各国职业教育的共同特征。中国应与沿线国家共同推进“一带一路”产教协同联盟建设，引导国内“一带一路”沿线各省市职业院校、标杆企业和行业协会代表积极“走出去”，与广大发展中国家的职业院校、行业企业开展合作，扩大交流，整合相关资源，进行优势互补，共同促进职业教育与产业协同发展，在技术技能型人才培养和人文交流中发挥桥梁作用。第四，深化“一带一路”高校战略联盟工作。高校作为传授知识和培养高端人才的主阵地，在“一带一路”文化交流和人才支撑中发挥着不可或缺的作用。“一带一路”高校战略联盟可以为沿线国家高校的合作与交流提供平台，深化高校间的合作与交流。

2. 设立“一带一路”教育发展基金

金融在“一带一路”倡议实施中发挥着巨大作用，资金融通本身也是我国对外开放的重要内容。除了推动金融领域资金融通、融资开放，教育领域的对外开放与合作也需要强大的资金支持，因此，设立“一带一路”教育发展基金成为推进教育共同体建设的必要条件。中国作为“一带一路”倡议的发起者，应为推进教育共同体建设提供系统化的资金支持。一是设立针对“一带一路”沿线国家的政府奖学金，吸引更多留学生到中国学习，使更多的人有机会了解中国文化，加深对中国的理解和信任；二是设立“一带一路”教育援助基金，专门对沿线国家的教育发展、师资培训、课程建设等提供经济资助，以促进沿线国家和地区教育的共同发展；三是设立“一带一路”教育研究专项资金，国家和省级科研基金委员会在制订规划时，预留专项资金用以支持“一带一路”教育研究，或者设立专项计划，鼓励更多人对“一带一路”沿线国家的教育问题开展专题研究，以便加深对“一带一路”各国教育现状、问题的了解，为未来的教育合作寻找更广阔的空间。此外，相关高校也可以设立专项资金支持“一带一路”教育研究。

3. 建设“一带一路”教育大数据平台

大数据技术可以对海量数据进行精准分析和有效整合，找出数据之间的相关性，预测未来教育发展趋势，对各国教育政策的制定具有重要参考价值。[①] 处于数字化时代的“一带一路”教育共同体建设要广泛收集沿线各

① 石勇. 大数据与“一带一路”[EB/OL].[2018-03-25]. http://theory.people.com.cn/n1/2016/1026/c207270-28808326.html.

国各级各类教育的基本数据、相关法律法规和政策制度，对各国未来教育发展作出预测，使教育合作更具针对性和前瞻性。

在建设教育大数据平台时，主要依托政府数据建立统一的大数据共享交换平台，推动各国官方公共数据开放共享；研究制定数据开放和保护的相关政策法规和信息管理制度；加强技术攻关，加快各国教育信息的采集、存储、发掘速度，完善信息安全和隐私保护技术；开发相关的软件和硬件产品，完善大数据支撑体系建设。总之，在教育共同体建设中，中国要充分利用好大数据和人工智能的优势，主动建设大数据平台，向沿线各国开放教育信息，同时也充分利用各国的教育资源，在教育资源和信息方面互通有无，互学互鉴，驱动各国教育共同创新发展。

（三）创新“一带一路”教育共同体治理模式

在“一带一路”教育共同体建设中，合作框架计划实施、合作平台有效运作的关键是区域治理模式的创新。教育共同体的治理主体涉及各国政府、企业、学校、社会团体等多个利益相关者，由于各国政治体制、经济基础和文化传统的差异，不能以某个国家、某个政府为主导，各国政府应该是一个有机联合体。教育共同体的治理模式要突破传统的政府主导或市场驱动模式，更好地发挥民间机构和非政府组织的作用，在区域教育治理中建立政府与非政府组织、企业、学校“合作式的网络化”治理模式。

1. 构建多元开放的治理主体

“一带一路”倡议为推动区域教育大开放、大交流、大融合提供了契机，区域教育治理要坚持开放共享的原则，治理主体既要坚持对内开放，充分发挥沿线各省、自治区的政府、企业、院校和中介机构的积极性和主动性，又要坚持对外开放，对沿线国家、区域社会组织和其他实体开放。在区域教育治理中，内外部治理主体要联合起来，通过某种组织形式协同发挥作用。建立区域性的教育联合体可以有效实现这一目标。这是一种建立在区域差异和地区优势基础上的高层次的区域教育组织形式，可推动不同层次的治理主体之间开展合作与对话，建立多元开放的生态治理体系。

2. 理顺多元主体间的权责关系

“一带一路”教育共同体包含多层次、多类型的参与主体，在构建共同体的过程中，要协调好国际社会、各国政府、地方机构、行业企业、学校之间的利益关系，确定不同层次治理主体在教育共同体中的地位，合理配置各方权利和责任，凝聚多方力量，实现共同目标。在区域教育治理中，应将权力分散到沿线各国的地方政府、社会组织和学校等基层单位，在处理区域教育事务中赋予各地方充分的自主权和决策权，同时又遵循区域共同的原则和制度规范。就中国而言，应赋予沿线各省、自治区和地方政府充分的自主权，通过政策引导和激励促使其在“一带一路”教育共同体建设中发挥主动作用。同时，鼓励沿线各国地方政府或非政府组织之间自主建立伙伴关系，形成合作机制，确定合作内容，制定地方性的区域合作协议。

3. 建立制度化的区域合作机制

“一带一路”区域教育治理应以合作为原则，以资源共享为基础，以制度建设为核心，以政策为保障，共同实现区域教育共同体的“善治”。合作是实现“一带一路”倡议的主要方式，区域教育合作是实现教育共同体目标的关键，各治理主体的决策、活动要以促进区域内的教育交流与合作为前提。

第一，在地方政府、国家、民间组织、学校和区域组织之间建立长效合作机制。沿线国家政府应加强沟通协调，整合多种资源，引导教育融合发展。发挥学校、企业及其他社会力量的主体作用，活跃教育合作局面，丰富教育交流内涵。

第二，建立“一带一路”优质教育资源共享机制。沿线各国要充分利用现代信息技术，通过区域内共建共享，在课程、师资、教育信息和技术、教育设施等方面实现优势互补。中国在资源共享方面要发挥主动作用，积极为沿线各国提供可利用的教育资源，为促进区域内教育公平、推动教育均衡发展、提高区域的教育质量发挥主导作用。

第三，建立和完善各种区域合作制度。沿线各国要在互相尊重、平等互利的基础上建立双边和多边合作制度，完善议事规则。例如，建立各国政府联席会议制度、政府组织和非政府组织联合议事制度、区域教育经费管理制度、合作办学制度、区域教育标准和质量保证制度。通过建立共同遵守的制度和规范，沿线各国在开展教育合作与交流时更容易建立信任和理解，达成最终的发展目标。

第四，建立教育政策交流与协同机制。沿线各国要开展“一带一路”

教育法律、政策协同研究，构建沿线各国教育政策信息交流通报机制，为沿线各国政府推进教育政策互通提供决策建议，为沿线各国学校和社会力量开展教育合作交流提供政策咨询。

第五，加强与地区组织的对接合作。地区组织在区域治理中发挥着重要作用，在构建“一带一路”教育共同体过程中，沿线各国要深入参与地区性组织的工作。首先，积极参与区域重大教育规则的制定，在区域教育治理中发挥关键性作用；其次，加强对各类文化、各国教育问题的研究，主动提出区域教育发展的新思路和新方案，为区域教育问题的借鉴提供决策参考；最后，积极参与区域教育标准的建立，在区域教育评估和认证中推广成熟经验，为区域教育质量保障贡献力量。总之，在与地区组织的对接合作中，沿线国家的主动参与有利于其形成开放、包容的心态，理解各国教育的差异性和多样性，更好地在多元文化背景下促进沿线各国教育交流与合作。

第二节　加强学位互授联授

自 20 世纪下半叶以来，在经济全球化以及区域经济一体化等因素的有力推动下，高等教育领域内的国际化发展趋势愈发显现，开展国际合作与交流、培养国际化人才成为大学职能的重要构成。作为国际化人才培养的重要途径和表现形式，高等教育领域的学位互授联授得到世界各国的普遍重视。我国在《国家中长期教育改革和发展规划纲要（2010—2020 年）》中明确提出“支持中外大学间的教师互派、学生互换、学分互认和学位互授联授”。当前，由我国发起的“一带一路”倡议得到了沿线绝大多数国家的积极响应和认可，我国与“一带一路”沿线国家在经贸、文化、教育等领域的合作正有条不紊地展开。而“一带一路”倡议顺利实施的关键是人才，尤其是具备国际视野和国际沟通能力的国际化专门人才。通过学位互授联授等途径培养更多的人才是“一带一路”倡议的必然要求。有鉴于此，本部分拟对国际上学位互授联授的概念及发展趋势做一梳理，并在分析当前我国学位互授联授的现状特点及面临的现实困境的基础上，提出推进我国学位互授联授的路径选择。

一、学位互授联授的概念辨析

学位互授联授是一个合成词，包括互授和联授，泛指合作高校对完成高等教育的学生分别授予本校的学位或者共同授予联合学位的各种做法。加拿大高等教育专家简·奈特（Jane Knight）将学位互授联授具体细分为双学位/多学位项目、联合学位项目、连续学位项目，并将其统称为国际JDCD（Joint，Double and Consecutive Degree）项目。其中，双学位项目指的是合作双方对完成其合作项目要求的毕业生各自颁发同等层次的学位的项目，多学位项目指的是合作三方或多方对完成其合作项目要求的毕业生各自颁发同等层次的学位的项目；联合学位项目指的是合作方对完成其合作项目要求的毕业生颁发一个联合学位的项目；连续学位项目指的是合作双方对完成其合作项目要求的毕业生颁发两个连续学位的项目（学士学位与硕士学位或者硕士学位与博士学位）。①

结合简·奈特有关学位互授联授的分类及界定，双学位/多学位项目、联合学位项目、连续学位项目分别具有以下特征。

双学位/多学位项目中，项目以合作各方签署的学分互认协议为合作基础；由合作各方各自颁发学位；因合作各方学制之间的差异，通常情况下，项目学制以合作各方中学制较长的一方的学制为准；项目教学和培养分别在合作各方或在合作一方进行。

联合学位项目中，项目以合作各方签署的学分互认或合作培养协议为合作基础；由合作双方或多方联合授予一个学位；项目学制相对于合作各方的普通项目学制通常不会延长；项目教学和培养在合作各方或一方完成。

连续学位项目中，项目以合作双方签署的合作培养协议为合作基础；项目由合作双方各自颁发学位；学位是连续的，即学士学位和硕士学位或者硕士学位和博士学位；通常情况下，项目学制要长于合作双方各自学位的学制，但要短于合作双方各自学位的学制之和；项目教学和培养在合作各方完成。

① KNIGHT J. Doubts and dilemmas with double degree programs［J］.Revista de Universidad y Sociedad del conocimiento，2011，8（2）：297-312.

二、学位互授联授的国际趋势

学位互授联授的产生与欧盟经济一体化及高等教育一体化进程紧密相关。联合学位项目应该被看作推动欧洲高等教育区（EHEA）建设与发展以及提高欧洲高等教育在世界的竞争力的主要工具。[①]学位互授联授是欧洲高等教育区的标志，其建立是为了推动师生交流，增进相互学习与合作的机会并建立优质项目，从而为学生提供真正的欧洲学习经历。[②] 20 世纪 90 年代初期，在欧共体向欧盟的转型过程中，法国、德国、意大利等国家之间就已经开始了学位互授联授。[③] 1995 年，欧盟与美国启动实施亚特兰蒂斯项目（Atlantis Programme），其合作的重点内容之一就是开发双学位与联合学位项目。进入 21 世纪后，学位互授联授逐渐成为高等教育国际化及跨境高等教育的重要表现形式，获得了较大发展，同时也面临诸多问题与挑战。总的来看，表现为以下四个方面。

（一）列入高校的战略规划

学位互授联授已成为高校国际化发展战略的重要内容，是高校发展海外战略伙伴关系的重要载体。正如美国教育理事会（American Council on Education）在其调查报告中所指出的，国际联合与双学位项目正成为高校寻求超越于教师个人与课程层面的合作而建立持久的多维度的国际伙伴关系的一种战略选择。[④]在美国教育理事会针对 134 所美国高校的调查中，47% 的高校将学位互授联授明确列入或正准备列入高校发展规划中。[⑤]发达国家诸如美国、澳大利亚、英国、加拿大等国的高校将学位互授联授作为招收高质量国际学生的重要渠道。而发展中国家的高校则往往将学位互授联授作为与发达国家高校合作培养高层次人才的有效途径。马来西亚的马来亚大学将与澳大利亚悉尼大学、澳大利亚墨尔本大学、英国诺丁汉大学等高校合作实

① European Quality Assurance Register for Higher Education. European approach for quality assurance of joint programmes［EB/OL］.［2021-01-22］.http://www.eqar.eu/kb/joint-programmes/.

② 同①.

③ 吕杰昕 . 学位互授联授的国际趋势与本土挑战［J］. 复旦教育论坛，2014，12（4）：82-88.

④ American Council on Education. Mapping international joint and dual degrees：U. S. program profiles and perspectives［R］.Washington D.C.：Center for Internationalization and Global Engagement，2014.

⑤ 同④.

施的联合博士学位项目，以及与澳大利亚新南威尔士大学、英国利物浦大学合作实施的双学位博士项目作为其战略规划中的重要内容。①

（二）类型选择倾向于学位互授

学位的颁发往往受到一国法律的限制，因此，在实践中，由合作方共同颁发一个学位的联合学位项目较难运作。欧盟高等教育一体化及其成熟的学分转换与质量认证体系为欧盟内国家之间开展联合学位项目提供了条件和保障，而欧盟之外的国家更倾向于选择运作相对容易的双学位项目。美国国际教育协会（Institute of International Education）针对全球 28 个国家的 245 所高校开展的调查显示，84% 的高校有双学位项目，仅有 33% 的高校有联合学位项目。② 泰国高等教育委员会发布的报告显示，2013 年，泰国高校与国外高校合作实施的 158 个学位互授联授项目中，联合学位项目仅有 7 个。③ 另有研究显示，乌克兰高校开展的学位互授联授项目绝大多数为双学位项目。④ 据美国教育理事会的调查显示，在接受调查的美国 89 所高校开发的 193 个学位互授联授项目中，78% 的项目为双学位项目，22% 为联合学位项目。⑤ 我国清华大学公布的 43 项研究生联合培养双授联授学位项目中，仅有 1 项为联合学位项目。⑥

（三）层次因国或地区而异

欧盟将学位互授联授定位为培养高层次人才，学位互授联授的设计与

---

① University of Malaya. University of Malaya strategic plan 2016-2020［EB/OL］.［2021-05-18］. http://portal.um.edu.my/doc/canseleri/ppsg_upload/pelan%20strategik/UM%20Strategic%20Plan_2016-2020_07052018.pdf.

② Institute of International Education. Joint and double degree programs in the global context［R］. Washington：Institute of International Education，2011.

③ 张成霞，胡彦如 . 泰国高等教育国际化的经验与实践：以高校国际合作学位项目调查为例［J］. 东南亚纵横，2016（2）：87-93.

④ LYSAK O. Double and joint degree programs in Ukraine：realia and prospects［J］. Advanced Education，2017（7）：17-22.

⑤ American Council on Education. Mapping international joint and dual degrees：U. S. program profiles and perspectives［R］. Washington D.C.：Center for Internationalization and Global Engagement，2014.

⑥ 清华大学 . 清华大学研究生联合培养双授联授学位项目［EB/OL］.［2021-01-22］. http://www.tsinghua.edu.cn/publish/yjsy/694/2010/20101215154043575631880/20101215154043575631880.html.

实施主要面向硕士、博士层次。2004年，欧盟启动实施伊拉斯谟（Erasmus）计划，其主要内容是支持至少由三所欧洲高校共同设计和实施的高质量的硕士和博士联合学位课程，推动高层次的学生交流与合作培养。目前，欧盟已将学生流动项目和终身学习项目等整合为欧盟“Erasmus +”计划，学位互授联授被纳入其中。学位互授联授在欧盟的实施直接服务于欧盟的高等教育一体化建设及高层次国际化人才培养。俄罗斯、乌克兰等国家的高校与国外高校的学位互授联授则主要面向硕士层次。有关调查显示，俄罗斯高校65%的学位互授联授项目为硕士层次。① 在乌克兰高校，硕士层次的学位互授联授项目占比为64.7%，学士层次的则为35.2%。② 而美国高校通常将学位互授联授作为国际学生的重要来源渠道，其开展的学位互授联授项目主要以学士为主，其次为硕士、博士。在美国教育理事会的调查中，48%的学位互授联授项目为学士层次，39%的项目为硕士层次，11%的项目为博士层次，另有2%的项目为副学士层次。③

（四）实施过程中面临诸多问题与挑战

学位互授联授事关两个及两个以上国家的高校，在具体实施过程中面临诸多问题与挑战。美国教育理事会曾在其报告中指出，美国学位互授联授在启动与管理方面存在的问题主要包括缺乏足够的资金，法律问题以及安全问题；学术方面面临的挑战主要表现为课程的等值性、语言与文化、教学方法、成绩与评价方法等方面的差异。④ 俄罗斯学者指出，项目设计须完全符合俄罗斯的国家教育标准及资格框架，针对联合学位的立法空白，在学生成绩评定与教育体制方面与国外高校存在差异等是俄罗斯高校开展

---

① DVORETSKY S，DVORETSKY D，DVORETSKAYA E. Perspectives and challenges of developing joint and double-degree programs in Russian higher professional education. in IEEE（eds.）.2013 international conference on interactive collaborative learning（ICL）[C]. Kazan：Institute of Electrical and Electronics Engineers，2013.

② American Council on Education. Mapping international joint and dual degrees：U. S. program profiles and perspectives [R]. Washington D.C.：Center for Internationalization and Global Engagement，2014.

③ 清华大学.清华大学研究生联合培养双授联授学位项目[EB/OL].[2021-01-22].http://www.tsinghua.edu.cn/publish/yjsy/694/2010/20101215154043575631880/20101215154043575631880.html.

④ 同②.

学位互授联授面临的问题与挑战。[①] 简·奈特认为，要在学位互授联授及其资格的开发与认可方面取得进展，高校及高等教育管理机构需要应对制度与惯例的差异性、质量保证及认证、语言、费用与支出等方面的挑战。[②]

三、我国学位互授联授的现状考察

20 世纪 80 年代末期至 90 年代初期，我国高校开始与海外高校合作实施学位互授联授。一直到 90 年代末期，我国高校的学位互授联授主要集中在硕士研究生层次，项目类型主要为双学位项目。譬如，南京大学于 1989 年与德国哥廷根大学合作设立比较经济法专业硕士双学位项目。[③] 进入 21 世纪后，学位互授联授逐渐成为我国高校与海外高校开展合作交流的常规内容。2010 年，我国在《国家中长期教育改革和发展规划纲要（2010—2020 年）》中首次以官方文件的形式提出支持中外大学之间的学位互授联授。教育部在 2012 年发布的《教育部关于全面提高高等教育质量的若干意见》中则进一步强调要支持中外高校间学生互换、学分互认、学位互授联授。

近年来，在世界范围内高等教育国际化趋势的有力推动以及国家政策的引导下，我国高校积极与国外高校开展学位互授联授。一方面，出于教育资源输出及吸引高层次人才的考虑，美国、英国、澳大利亚、加拿大、法国、德国、日本等发达国家积极与我国高校开展学位互授联授；另一方面，我国高校亦出于国际化人才培养以及自身对外交流能力建设的需要，积极与上述国家的高校开展学位互授联授的开发与实施工作。我国高校的学位互授联授呈现出了较强的发展势头，表现为以下特点。

---

① DVORETSKY S，DVORETSKY D，DVORETSKAYA E. Perspectives and challenges of developing joint and double-degree programs in Russian higher professional education. in IEEE（eds.）.2013 international conference on interactive collaborative learning（ICL）[C]. Kazan：Institute of Electrical and Electronics Engineers，2013.

② KNIGHT J. Doubts and dilemmas with double degree programs [J]. Revista de Universidad y Sociedad del Conocimiento，2011，8（2）：297-312.

③ 仇鹏飞.跨国硕士双学位项目与联合学位项目的模式、特征及实施建议 [J]. 研究生教育研究，2018（1）：49-54.

（一）合作类型以双学位为主，连续学位次之，多学位及联合学位较为少见

当前，我国高校与国外高校开展的学位互授联授基本上为基于学分互认协议而开展的双学位项目，其次是连续学位项目，多学位项目及联授学位项目较少。譬如，南京大学开展的硕士研究生层次的学位互授联授中，双学位项目为 16 个，联合学位项目仅为 4 个。① 鉴于此类项目多是高校的自主和自发行为，全国在此方面的总体数据目前无从统计。现阶段，在全国范围内有较大影响的学位互授联授是我国有关机构与美国合作开展的《中美人才培养计划》121 双学位项目。该项目是中国教育国际交流协会（CEAIE）、中教国际教育交流中心（CCIEE）和美国州立大学与学院协会（AASCU）共同开发与管理的双学位项目。截至 2022 年 6 月，有 175 所中美大学参加该项目，其中，中方大学 133 所，美方大学 42 所。② 截至 2022 年，有 6 300 多名大学本科和硕士学生赴美方大学学习，2004—2022 年共有 19 届本科生和研究生同时获得中美双方大学的毕业证书和学士（硕士）学位证书。③

在连续学位项目方面，我国高校与国外高校通常是在本科和硕士研究生阶段合作。项目学生通常在本科阶段的最后一年赴国外合作高校就读，一年后继续攻读硕士学位。我国高校承认其在国外合作高校第一年获取的学分，在其完成第一年的学习后向其授予我国的本科毕业证书和学士学位证书。项目学生继续在国外合作高校攻读硕士学位，毕业后获得国外合作高校颁发的研究生毕业证书（如有）和硕士学位证书。目前，此类项目在我国许多高校中存在。

（二）合作性质以学分互认为主，中外合作办学双学位逐渐增多

当前，我国学位互授联授的合作性质主要有两种：学分互认和中外合作办学。学分互认是指我国高校自主与国外高校互相承认学分，并通过签

---

① 仇鹏飞 . 跨国硕士双学位项目与联合学位项目的模式、特征及实施建议［J］. 研究生教育研究，2018（1）：49-54.

② 中教国际教育交流中心 .《中美人才培养计划》121 双学位项目简介［EB/OL］.［2022-11-09］. http://www.cciee121.com/html/lnbxz.html.

③ 同②.

署学分互认协议而开展的合作行为。学分互认具有简便、易操作的特点，我国高校与国外高校合作开展的学位互授联授大多以学分互认为主，项目学生须出国完成国外阶段的学习。

中外合作办学是指我国高校通过引进国外优质教育资源，与外方院校合作举办项目或设立机构而开展教育教学活动。自《中华人民共和国中外合作办学条例》《中华人民共和国中外合作办学条例实施办法》颁布实施以来，中外合作办学发展迅速。截至 2021 年 5 月，全国经批准设立的本科以上层次中外合作办学机构和项目（含与港澳台地区的合作办学机构和项目，下同）共 1 219 个，其中，机构 146 个，项目 1 073 个。[①] 在 2010 年前后获批的中外合作办学所颁发的学位多以我国的一个学位为主，为数不多的双学位项目也多以双校园即学生须出国一年或者两年的形式而开展。近年来，不出国即可颁发国外学位的中外合作办学逐渐增多，其中主要以双学士学位为主。

（三）合作模式以双校园为主，单校园模式呈上升趋势

当前，我国高校与国外高校合作开展的学位互授联授仍以双校园为主。学士双学位项目的培养模式为 1+2+1、2+2 或 3+1 等，硕士双学位项目的培养模式为 1+1、1.5+1.5、2+1 或 1+1+1 等，博士双学位项目的培养模式为 2+2，学士与硕士的连续项目培养模式为 3+1+1 或 3+1+2 等。以上合作模式主要存在于我国高校与国外高校通过学分互认而开展的双学位项目中。

单校园模式除个别联合学位项目以外，主要存在于部分颁发学士双学位的中外合作办学机构或项目中。随着我国高等教育质量逐渐获得世界认可，以及我国政府的政策引导与支持，来我国开展中外合作办学的国外院校逐渐增多，致使我国高校双学位的单校园模式呈现上升趋势。当前，由于中外教育体制的差异以及国外教育政策的限制，中外合作办学双学位单校园模式主要以学士双学位为主。

（四）合作方向以单向输入为主，双向交流及单向输出少

总体上看，我国的学位互授联授大多与美国、英国等发达国家开展，

---

① 教育部教育涉外监管信息网 . 教育部审批和复核的机构及项目名单［EB/OL］.［2021-08-17］. http://www.crs.jsj.edu.cn/index/sort/1006.

与发展中国家开展的较少；在合作方向上表现为以单向输入为主，双向交流及单向输出少。在美国教育理事会于 2014 年开展的调查中，我国是美国高校学位互授联授的最大合作伙伴国家，其余依次是法国、土耳其、德国与韩国。[①] 相对来讲，美国、英国等发达国家拥有优质的高等教育资源，对我国高校及学生具有较大的吸引力。同时，美国、英国等发达国家也将学位互授联授视为其拓展国际学生生源、招收更多国际学生的重要渠道。因此，我国高校与这些国家高校签署的学分互认协议往往是单向的。中外合作办学的双学位项目，无论是单校园模式还是双校园模式，皆以单向引进国外优质教育资源为主，因此，往往表现为单向输入。

四、我国学位互授联授面临的现实困境

学位互授联授在推动高等学校国际化人才培养、拓宽对外合作交流渠道、提升国际合作与竞争能力等方面具有重要作用。但如前所述，当前，在世界范围内，学位互授联授面临诸多挑战和困境。学位互授联授不是简单的学位授予，而是受一国或区域的学位管理制度、高等教育发展水平、授课语言、教育对外开放与合作程度等多方面因素的影响。目前，我国开展学位互授联授主要面临以下现实困境。

（一）输出困境

首先，欧盟及美国等发达地区和国家在国际学位互授联授进程中处于引领和主导地位，决定着学位互授联授的国际进程与走向。我国学位互授联授虽然发展较快，并已具有较大的规模，但无论是学分互认的双学位项目，还是中外合作办学的双学位项目，仍以单向输入为主，而欧盟及美国等发达地区和国家则以单向或双向输出为主。

其次，学历学位互认签约国数量偏少，我国学历学位的国际认可度有待提高。学历学位互认是学位互授联授的前提，截至 2020 年 9 月，我国已

① American Council on Education. Mapping international joint and dual degrees : U. S. program profiles and perspectives [R].Washington D.C.: Center for Internationalization and Global Engagement, 2014.

先后与54个国家签署了高等教育学历学位互认协议。[①] 从全球范围内来看，与我国签署学历学位互认协议的国家和地区数量偏少，比例偏低，我国学历学位在国际上的认可度不高，通用性不强。另外，从“一带一路”沿线国家来看，与我国签约的国家数量尚不到“一带一路”沿线国家总数量的一半，这不利于我国高校与“一带一路”沿线国家的高校合作开发和实施学历学位互认互授，不利于国际化人才的合作培养。我国在与“一带一路”沿线国家合作开展学历学位互认方面任重道远。

最后，相对于欧美发达国家和地区，我国学历学位的吸引力不强。高等教育实力与授课语言是学生选择攻读学位互授联授项目时的两个重要影响因素，也是高等学校在进行学位互授联授项目设计与开发时通常考虑的两个重要方面。与发达国家相比，我国高等教育整体实力有待提升。在世界高校排行榜上，相比较而言，我国高校的排名与美国、英国、德国高校仍存在较大差距。

当今世界，英语是通用语言，是英国、美国、加拿大、澳大利亚、新西兰等国家的教学语言。这些国家在开展学位互授联授方面具有不可比拟的优势。经济合作与发展组织在其研究报告中指出，授课语言譬如英语、法语、德语、俄语和西班牙语对国际学生具有较大的吸引力。[②] 从某种意义上讲，对国际学生的吸引力也是学位互授联授项目的吸引力所在。

（二）体制困境

我国的教育体制与国外存在差异，学位互授联授的开发与实施面临体制性困境。学位互授联授以学分互认或课程的衔接整合为基础，以授予各自学位或一个联合学位为宗旨，涉及两国或多国有关学位授予权、学制、学分等教育体制的法律和制度规定。而现阶段，我国与国外的学位教育体制存在较大的差异性。譬如在学位授予权管理方面，《中华人民共和国学位条例》第八条规定，授予学位的高等学校和科学研究机构及其可以授予学位的学科名单，由国务院学位委员会提出，经国务院批准公布。我国高等

---

① 中国政府网．中国已与54个国家签署高等教育学历学位互认协议［EB/OL］．［2021-08-17］．http://www.gov.cn/xinwen/2020-09/05/content_5540890.htm.

② Organization for Economic Co-operation and Development. Education at a glance 2016：OECD indicators［R］.Paris：OECD，2016.

学校哪些学科和专业可以授予学位必须获得国务院的批准。而在美国、英国、澳大利亚等国家，高校一旦获得办学资质和学位授予权，具体哪些学科和专业可以授予学位，通常都由高校自主确定。因此，在我国，高校如与国外高校合作设立联合学位项目，须经国务院学位办审批。针对世界范围内学位管理制度之间的差异，欧洲高等教育质量保证注册署亦指出，当前，联合学位的实施仍然面临严重问题，其中的许多问题与联合项目实施国不同的法律框架和规定有关。① 在学制方面，我国的本科阶段基本学制为4年，硕士研究生阶段基本学制为2—3年，博士研究生阶段基本学制为3—4年。而在加入博洛尼亚进程后统一学制的欧亚49个国家，其本科阶段基本学制为3年，硕士研究生阶段基本学制为1—2年，博士研究生阶段基本学制至少为3年。学制方面的区别是开展学位互授联授时需面对的一个重要问题。此外，我国的学分制、课程类别与结构等与国外亦存在较大差异，在学分等值转换、课程对接等方面亦面临挑战。

（三）政策困境

学位互授联授的政策与制度建设具有滞后性，学位互授联授的质量保障体系尚未有效建立。当前，我国有关学位互授联授的政策和制度建设与实践之间存在一定程度的脱节。譬如，关于学位互授联授的概念、类型与内涵等缺乏官方统一的界定；关于联合学位如何设立、审批与运作等，国家尚未出台有关的政策和指导性意见；关于学位互授的设立与运作，亦缺乏明确的政策和指导性意见。

此外，质量保障体系是高等教育发展的内在诉求，也是学位互授联授具有长久生命力并实现可持续发展的必要手段。在美国教育理事会调查的89所院校所举办的193个项目中，经美国相关机构认证的项目占比为83%。② 由此可见，美国院校开展的大部分学位互授联授项目已经被美国相

① European Quality Assurance Register for Higher Education. Internationalisation of (external) quality assurance in the European higher education area main trends and developments [EB/OL]. [2021-08-17]. https://ehea.info/media.ehea.info/file/Implementation/38/8/Background_paper_-_internationalisation_of_QA_-_BFUG_WG2_final_658388.pdf.

② American Council on Education. Mapping international joint and dual degrees: U. S. program profiles and perspectives [R]. Washington D.C.: Center for Internationalization and Global Engagement, 2014.

关机构认证。而当前，我国除中外合作办学类型的学位互授联授项目已置于中外合作办学质量保障体系之内以外，学分互认及其他类型的学位互授联授项目，其实施效果和培养质量缺乏有效的监督机制，在此方面的质量保障体系尚未有效建立。

五、我国学位互授联授的路径选择

学位互授联授是培养国际化人才的有效途径，是高等教育深化合作与交流的有效平台，其重要性不言而喻。开展学位互授联授是我国高等教育助推“一带一路”建设的必然选择，更是我国高等教育发挥更大影响力，走向世界舞台中央的内在要求。新的时代，我国必须积极行动起来，主动出击，在学位互授联授中有更大作为。

（一）坚持问题导向，强化理论和实践研究，打造具有中国风格的学术话语体系

学位互授联授是当前跨境高等教育的重要内容和表现形式，也是高等教育国际化的发展趋势。国际上有关学位互授联授的研究较多，已逐渐形成一定的学术话语体系。而当前，我国学术界针对学位互授联授的研究基本上处于引进与介绍阶段，同时针对国内学位互授联授实践的研究也较为薄弱。一方面，我国学术界尚未形成自己的学术话语体系，另一方面，理论针对实践的指导性不强。

展望未来，我们要立足教育实际情况，积极借鉴国际上学位互授联授的研究成果，结合我国的办学实践，坚持学位互授联授研究的问题导向，创造性地开展学位互授联授的理论和实践研究。其一，我们应研究学位互授联授在我国的创造性转化及与我国的教育法律法规、体制机制衔接问题；其二，我们要立足于“一带一路”建设等重大开放布局需求，研究学位互授联授如何服务于这些需求，如何为解决重大现实问题提供有针对性和前瞻性的研究成果；其三，我们要坚持“以我为主”的研究基调，基于我国的办学实践，开展学位互授联授的学术话语研究，形成具有中国风格和中国气派的学术话语体系。

（二）加强顶层设计，出台“学位法”，建立起与学位互授联授相适应的法律法规与政策制度

与国外大多数国家不同，我国实行的是学业证书制度与学位证书制度

并行的学历学位制度体系，即“双证制”。这种“双证制”符合改革开放初期及一段时期内我国经济社会发展的实际状况，其有效实施为我国高等教育的快速发展提供了制度保障。但进入21世纪以来，随着我国经济社会的发展以及学习型社会、终身学习社会建设的进展，“双证制”愈发显示出弊端，学业证书制度与学位证书制度之间的冲突愈发显现。①而“双证制”与大多数国家的单一学位证书制度存在的差异与区别亦对我国高校与国外高校开展学位互授联授形成了一定的制约。参照国际上的通行做法，适时出台“学位法”，建立起以学分制为基础的副学士、学士、硕士、博士四级学位制度体系，改“双证制”为“单证制”是我国学位制度改革的必然趋势，亦是我国参与国际学位互授联授的客观需要。

在出台“学位法”的基础上，推进学历学位制度改革及相应配套政策建设，建立起与学位互授联授相适应的法律法规和政策制度。为此可采取的具体措施包括：改革现有的学位管理审批制度为备案制，逐步将学科、专业的学位授予权下移至高校，同时，强化第三方评估认证制度；确立高等教育资历框架，建立学分积累与转换制度，推动职业教育与高等教育贯通衔接，实现职业教育与高等教育的学分与资历转换互认；建立高等教育质量保障机构，专职负责全国范围内包括学位互授联授在内的高等教育质量标准的制定、质量评估与认证的组织与实施及与国外高等教育机构开展质量保障合作等，以质量保障为杠杆，强化学位互授联授的质量建设；基于我国当前学位互授联授的办学实践，加强学位互授联授的具体政策与制度建设，实现学位互授联授的分类管理和分类指导等。

（三）坚持输入与输出相结合，在“新工科”及我国优势学科专业等领域开展学位互授联授，打造学位互授联授新增长极

我们应坚持输入办学与输出办学相结合，积极开展中外合作办学与境外办学领域的学位互授联授，使其成为未来一定时期内我国学位互授联授的主力军，发挥我国高校在国际学位互授联授中的主导作用。一方面，我们应加大国际优质教育资源输入力度，鼓励在“新工科”及国家急需、空

① 黄俭，王传毅．论我国研究生阶段学历证书与学位证书“双证制”：现状、问题与对策［J］．学位与研究生教育，2014（11）：44-47.

白、薄弱的学科专业领域开展同时授予国外学位与国内学位的中外合作办学机构和项目，提高中外合作办学学位互授联授在我国整个学位互授联授中的比例。另一方面，我们应加大优质教育资源的输出力度，基于共建“一带一路”需求，配合企业走出去，鼓励我国优势学科专业赴境外办学，与境外院校合作开展多种形式的学位互授联授，提高我国高等教育的国际影响力，服务“一带一路”倡议的实施。

（四）强化政策沟通，与更多国家和地区签署学历学位互认协议，提高我国学历学位的国际认可度

学历学位互认是学位互授联授得以顺利实施的前提和必要条件。针对当前我国学历学位签约国家和地区数量偏少的问题，我国应积极行动起来，加强与有关国家和地区的政策沟通，推动与更多国家和地区签署学历学位互认协议，提高我国学历学位的认可度。为此可采取的具体措施包括：推动落实联合国教科文组织《亚太地区承认高等教育资历公约》，建立和完善双边多边教育对话机制，推动亚太区域内双边多边学历学位互认；发起建立跨区域、国际性大学联盟，积极参与国际大学联盟，提高我国大学的国际参与度与对话力；支持联合国教科文组织《承认高等教育相关资历全球公约》的落实，建立全球范围学历学位互认机制；选拔优秀人才到联合国教科文组织等国际组织任职，加强与国际组织的合作，积极参与国际教育质量标准的制定等。

（五）协力推进“一带一路”教育共同体建设，推动区域内学位互授联授，逐步建立起“一带一路”学位互授联授质量保障体系

欧洲高等教育区（EHEA）在学位互授联授质量保障体系建设方面的实践为“一带一路”区域内的学位互授联授提供了很好的借鉴。为确保学位互授联授项目的办学质量，欧洲高等教育区部长会议于2015年批准通过了“学位互授联授项目质量保障欧洲标准”（European Approach for Quality Assurance of Joint Programmes）。该标准旨在替代当前现有的外部质量保障，为基于欧洲高等教育区的一致认可而开发的学位互授联授项目确立标准，而不是采用哪一个国家的标准，为学位互授联授项目的开发排除主要障碍，同时，推动真正反映和体现互授联授特征的学位互授联授项目形成共同的

质量保障方案。[①]

我国应加强与“一带一路”沿线国家的教育互联互通，积极签署双边、多边和次区域教育合作框架协议，制定沿线各国教育合作交流国际公约，打造“一带一路”教育共同体。在推动“一带一路”学位互授联授方面，可采取的具体措施包括：发起设立“一带一路”学生交流基金，鼓励本区域高校积极开展和实施学位互授联授项目，鼓励本区域学生积极参与区域学位互授联授；推动开发“一带一路”学分转移转换系统，实现区域学分转移转换；推动制定“一带一路”学位互授联授质量保障标准，逐步建立起“一带一路”学位互授联授质量保障体系等。

第三节　打造“一带一路”高等教育区

20世纪八九十年代以来，伴随世界经济全球化的深入推进以及区域经济的迅速崛起，资金、技术、信息和人才等要素资源的配置和商品、服务贸易、国际资本的流通进一步加快。日益凸显的经济一体化与社会文化一体化趋势在客观上要求高等教育的未来发展必须以更宽阔的视野、在更深层次和更高水平上强化区域内的互动与合作。在此背景下，欧洲、拉美、东南亚等地区的国家积极加强跨国、跨地区高等教育合作，构建起联系更加紧密的高等教育共同体，区域高等教育合作逐渐演变为全球教育合作的一股新浪潮。近年来，我国与“一带一路”沿线国家与地区的教育合作与交流取得了丰硕成果，吸收借鉴国际高等教育区域合作的相关经验，着力打造“一带一路”高等教育区，将更有利于加深我国与沿线国家的教育交流与合作，实现高等教育领域的资源共享、优势互补、互利共赢。

一、“一带一路”高等教育区的内涵与打造“一带一路”高等教育区的必要性

高等教育作为人文交流的重要载体和人才培养的关键环节，既是“一带一路”倡议的重要组成部分，也是“一带一路”建设的核心。2016年7月，

① European Quality Assurance Register for Higher Education. Definitions [EB/OL]. [2021-01-27]. https://www.eqar.eu/kb/joint-programmes/definitions/.

教育部牵头制定了《推进共建“一带一路”教育行动》，提出“聚力构建‘一带一路’教育共同体，形成平等、包容、互惠、活跃的教育合作态势，促进区域教育发展”的美好愿景。建立“一带一路”高等教育区，既是实施“一带一路”教育行动的迫切要求，也是全球化时代教育区域合作和国际合作的必然趋势。

（一）“一带一路”高等教育区的内涵与特征

跨境高等教育合作活动自中世纪大学产生之初就已存在，在相当长的一段时间内多指国与国之间单向、双向的教育输入或教育输出，之后逐步发展演变为多个国家之间多向的教育交流与合作。随着世界范围内知识传播、人员流动的加速与教育国际化趋势的加深，参与跨境高等教育的国家和地区越来越多，其形式也在不断创新。20 世纪 80 年代中后期，新区域主义或区域间主义（Interregionalism）的相关理论与范式在欧洲兴起并快速波及全球，“世界上绝大多数国家至少部分选择通过区域办法应对全球化挑战”，以致“当今全球时代广受关注的特征之一就是它所具有的明显的区域色彩”。[①] 这样的治理理念与范式同样渗透进高等教育领域，区域高等教育合作逐渐演变为全球高等教育合作的新领域和新层次，而实现区域高等教育合作的基本路径之一就是打造高等教育区。一般来说，高等教育区是指多个国家和地区打破空间和隶属关系的限制，依据地域联系、民族文化传统和社会发展需求等对高等教育的各类制度进行结构化调整，在学分转换、文凭补充、资格承认、学历互认、质量保障等方面建立具有兼容性和可比性的统一框架，加强联系与兼容，整合教育资源，最终促进非常规、跨越式的高等教育区域合作可持续性发展。[②] 中国依托“一带一路”倡议打造的“一带一路”高等教育区具体是指由“一带一路”沿线 65 个国家形成的带状高等教育合作区域，它以人类命运共同体理念为价值引领，以共同利益、共同责任为核心，坚持资源共享、优势互补，推动中国和沿线国家在高等教育领域的共荣共通、合作共赢。

---

① RÜLAND J. Interregionalism and international relations : reanimating an obsolescent research agenda ?［M］. New York : Springer, 2014 : 17.

② 李化树 . 建设欧洲高等教育区（EHEA）：聚焦博洛尼亚进程［M］. 北京：人民出版社，2013 : 23.

“一带一路”高等教育区具有以下特征：一是关联性与互通性。“一带一路”高等教育区是沿线国家基于共同的目标和责任，在共同的行动框架之下共建、共商和共享的高等教育合作平台，各国在推动高等教育交流与合作过程中相互适应、彼此配合，最大限度地发挥整体优势，协同实现共同利益。二是创新性与变革性。“一带一路”高等教育区超越了以追求自身政治经济利益为核心的传统价值取向，突出强调以满足沿线国家经济、文化与社会发展需求，促进区域高等教育能力建设与治理模式创新为目标，着力构建多元治理主体，积极促进高等教育与其他不同层次、不同领域的教育开展多层次交叉合作，在促进民心相通的同时也为政策沟通、设施联通、贸易畅通、资金融通提供人才保障。三是开放性与包容性。中国“一带一路”倡议推行的是全方位、多层次、宽领域和立体化的新一轮对外开放，“一带一路”高等教育区同样是一个完全开放包容的系统，它将平等和尊重作为合作的基本原则，充分调动沿线国家和地区的积极性，同时欢迎其他非沿线国家和地区的参与，倡导各国政府、企业、高等院校、民间组织以及社会公众紧密联系、坦诚交往，谋求高等教育共同发展。四是差异性与多样性。“一带一路”高等教育区由中国首倡，但中国并不会将本国的教育理念和教育模式强加于他国，而是充分承认和尊重沿线各国和地区在经济水平、发展历史、宗教信仰、文化传统等方面的差异性和多样性，在此基础之上对各国高等教育的制度体系、课程设置和教学模式等展开磋商，为实现高等教育优势互补、互联共通提供有力支撑。①

（二）打造“一带一路”高等教育区的必要性

“一带一路”高等教育区基于价值共通、话语共建、目标共推、资源共享、风险共担等原则，是重构沿线国家高等教育发展理念、愿景与秩序的新型合作模式。无论对于中国还是沿线其他国家和地区，打造“一带一路”高等教育区都具有十分突出的现实意义与实践价值。

第一，打造“一带一路”高等教育区是中国深入推进教育对外开放的题中应有之义。共建“一带一路”教育行动是中国在新的历史条件下全方

---

① 郄海霞，刘宝存．“一带一路”教育共同体构建与区域教育治理模式创新［J］．湖南师范大学教育科学学报，2018，17（6）：37-44.

位推进教育对外开放的重要举措，“一带一路”高等教育区更是服务“一带一路”教育行动和深化教育对外开放的重要基石与重要平台。“一带一路”高等教育区建设能将现有的优质教育资源“引进来”，与应用型本科、职业院校、我国企业“走出去”战略形成有效配合，助力破除高等教育深层次合作的政策壁垒、人员流动障碍以及沟通瓶颈，综合提升我国高等教育国际化质量水平，更好发挥“一带一路”教育在区域建设中的协调、沟通和推进职能，推动教育对外开放实现高质量内涵式发展。

第二，打造“一带一路”高等教育区是提升中国教育软实力的现实需要。21 世纪是以知识、人才为主导的时代，社会经济的发展大多由知识、人才的创新创造能力决定，国家的国际地位和国际形象与自身软实力的勾连度也越来越紧密。“一带一路”高等教育区能够提高我国的国际化人力资源培养质量与科研层次水平，同时，建设“一带一路”高等教育区将有利于我国人文交流全球布局的进一步完善，构建起具有中国特色、世界认同的教育理论体系、知识体系和话语体系，提升中国教育理念的国际亲和力和影响力，通过教育软实力助力中国文化软实力乃至整体软实力的有效提升。

第三，打造“一带一路”高等教育区是促进区域高等教育治理模式创新的必然要求。当今高等教育话语权主要由部分西方发达国家主导，而在“一带一路”沿线国家中占据 2/3 席位的亚非国家高等教育话语权的发展相对滞后。① 随着西方发达国家主导的高等教育治理体系与合作机制的弊端和有效性不足的问题日益显现，发展中国家和新兴国家对新型合作机制的诉求意愿日益强烈。与此同时，中国理念、中国模式与中国特色越来越获得“一带一路”沿线国家的认同。我国与“一带一路”沿线国家的互联互通迫切需要发挥高等教育的先导性作用，在教育战略对接、资源共享中创新合作模式，建设由我国倡导、各国参与、多方推进的“一带一路”高等教育区，助力我国从高等教育治理的“局外人”转变为“局内人”，从过去的参与者、合作者逐渐变为贡献者和设计者。

第四，打造“一带一路”高等教育区是推进中国及沿线国家教育繁荣

① 朱以财，刘志民．“一带一路”高等教育共同体话语权：现状评析与提升路径[J]. 现代大学教育，2020（1）：86-94.

的有效途径。作为世界最大的发展中国家，中国在“一带一路”建设和世界发展中发挥着举足轻重的作用。通过打造“一带一路”高等教育区，中国和沿线国家可以实现高等教育领域的风险共担与利益共享，按照统一的标准重构人才培养标准，提高高等教育在质量保障和文凭互认方面的区域认可度。中国与沿线各国在高等教育领域求同存异、深入合作，实现教育模式、教育项目、课程体系、教学方法等方面的协同创新，合作培养各国急需专业领域的领军人才和优秀技能人才，以教育繁荣带动社会、经济和文化的全面繁荣。

二、区域高等教育区建设的国际经验

随着国际政治经济一体化的不断加速与各国高等教育国际化程度的不断加深，高等教育的资源共享与合作超越了“民族—国家”的种种限制，涌现出欧洲高等教育区、“拉美—欧盟”高等教育区、东盟高等教育一体化等一系列具有代表性的高等教育区域平台。了解和把握区域高等教育区建设的国际经验，将有助于我国在“一带一路”建设中充分挖掘高等教育潜能，以更加主动开放的姿态打造“一带一路”高等教育区。

（一）欧洲高等教育区

欧洲高等教育区的提出有其深刻的政治和经济背景。一方面，欧洲需要通过加强文化教育等方面的交流合作培养适应欧洲经济联盟要求的人才；另一方面，也期望通过高等教育的合作与交流，来加深相互间的了解和理解，增强欧洲联盟内部的凝聚力，提高整个欧洲的国际竞争力。① 1998 年，《索邦联合宣言》（Sorbonne Joint Declaration）的签署明确了欧洲地区高等教育学历互认的体制标准，达成消除学分转换与人员流动障碍的共识，由此吹响了建设欧洲高等教育区的前奏。② 在促进高等教育区域合作的共同设想之下，欧洲 29 个国家的教育部长于 1999 年联合签署《博洛尼亚宣言》（The Bologna Declaration），提出了六项行动政策，包括建立易于理解和比

① 赵叶珠 . 欧洲高等教育区建设：背景、进程与意义［J］. 比较教育研究，2003（7）：9-13.

② The Four Ministers in Charge for France，Germany，Italy and the United Kingdom：Sorbonne Joint Declaration［EB/OL］.［2019-05-25］. http://duweb.donau-uni.ac.at/dam/jcr:9fdb8748-9c73-47f2-b25c-7cf94fbdd9d7/cop034_sorbonne_declaration.pdf.

较的学位体系、建立本科生与研究生的二级学位体系、推行欧洲学分转换与累积系统、增强各类人员的跨国流动性、合作提升区域高等教育发展质量以及扩展高等教育的欧洲维度等，标志着欧洲高等教育区建设的全面启动。[①] 2009 年，在博洛尼亚进程启动 10 年之际，46 个成员国的教育部长齐聚比利时鲁汶，回顾 10 年来欧洲高等教育区的改革历程。与此同时，欧盟委员会牵头的“里斯本战略”（The Lisbon Strategy）、“欧盟 2020 战略”（The Europe 2020 Strategy）与博洛尼亚进程相辅相成，为欧洲高等教育区“十年新时期”的开放协调发展注入新动力。2018 年，在巴黎召开的教育部长会议提出要持续深化区域高等教育合作结构化改革，在第三个十年内为构建兼具国际吸引力和竞争力的欧洲高等教育区而不断努力。[②]

欧洲高等教育区在 20 余年的发展建设中积累了许多宝贵经验，同时也为世界高等教育区域合作提供了一个良好的范例。总结起来，可以将欧洲高等教育区的建设经验归纳为以下几点：第一，确立共同政策目标，建立有效协同机制。欧洲高等教育区的不断发展得益于多元一体、区域共治“欧洲模式”所打造的独特格局，欧盟委员会及其成员国政府主导欧洲高等教育区的目标、政策及经费支持，区域一体化与教育一体化形成良性互动，保证了政策自上而下得到有效执行。高等教育机构、学校师生以及国际组织的多元参与和合作也为欧洲高等教育区的成功建设奠定了基础。第二，不断优化合作框架和标准，提高改革的可操作性。欧洲高等教育区在博洛尼亚进程中逐步构建起完善的学历资格框架与“学士—硕士—博士”三级学位制度，全面推广“欧洲学分转换和累计系统”（European Credit Transfer and Accumulation System）、《文凭补充说明》（Diploma Supplement）等共享型辅助工具，使欧洲各国高等教育能够相互兼容和衔接，各项高等教育改革能够有效实施落地。[③] 第三，加强内部教育治理，会议推进与制度建设

---

① The European Ministers of Education：The Bologna Declaration［EB/OL］.［2021-05-25］. http://www.ehea.info/page-ministerial-conference-bologna-1999.

② 刘爱玲，褚欣维 . 博洛尼亚进程 20 年：欧盟高等教育一体化过程、经验与趋势［J］. 首都师范大学学报（社会科学版），2019（3）：160-170.

③ 闫玉华，克维琦卡 . 欧洲高等教育区建设及其对世界高等教育的影响［J］. 江苏高教，2016（2）：145-148.

相互协调。欧洲高等教育区独特的高等教育政策体系改变以往各国“各自为政”的局面，各参与国还形成了定期召开教育部长会议的磋商制度，通过发布宣言或公报的方式确立下一阶段的发展目标与战略重点（见表 4-1）。第四，关注职业教育与培训，提高社会就业率。为使学生适应快速变化的劳动力市场需求，欧盟委员会及各成员国开设了各年龄段的职业教育培训课程，同时配套建立了欧洲职业教育学分转换制度等。最后，欧洲高等教育区还注重“一体化”与“多样化”的协调平衡，即在追求统一、兼容的同时，各成员国可因地制宜地保留各自的教育传统，为高等教育区的建设增添欧洲特色。总体而言，欧洲高等教育区的建立和发展对促进区域内高等教育的质量和竞争力，推动欧洲高等教育一体化、现代化，建立具有高度创造和创新能力的知识欧洲做出了重要贡献。受欧洲高等教育区的改革理念影响，通过建立高等教育区来促进区域教育一体化的高等教育合作方式得到了世界各国的广泛认同与借鉴。

表 4-1　2001—2018 年欧洲高等教育区教育部长会议公报主要内容

年份	公报名称	主要内容
2001	《布拉格公报》	增加学生参与度，完善欧洲学分转换和累积系统，构建终身学习体系，提升欧洲高等教育区的国际吸引力
2003	《柏林公报》	确立高等教育区在知识社会中的支柱效应，对二级学位体系与学历互认制度进行绩效评估，提出将博士阶段纳入三级学位体系
2005	《卑尔根公报》	提出完善高等教育质量标准、国家学历资格框架、联合学位制度以及弹性学习路径 4 项目标，启动构建国家资格框架
2007	《伦敦公报》	将促进人员流动、加强数据监测、保障就业与社会效益 4 项内容列为下一阶段的优先任务，采纳提升博洛尼亚进程全球维度的策略
2009	《鲁汶公报》	推进以学生为中心的教学、学生资助、终身学习、就业、教育研究与创新、国际教育合作等 10 个方面的改革
2012	《布加勒斯特公报》	提出为所有学生提供高质量教育，提高毕业生的就业能力、提升教学效果与促进学生流动三大目标

续表

年份	公报名称	主要内容
2015	《耶烈万公报》	提出面对经济社会危机等挑战，需把欧洲高等教育区建设成彼此互信、学历互认、自由流动的一体化合作区域
2018	《巴黎公报》	肯定欧洲高等教育区建设成果，提出继续完善三级学位及其质量保障体系，着力加强欧洲高等教育区与欧洲研究区的联系

数据来源：Ministerial Conference. Communiqué and statement 2001-2018［EB/OL］.［2022-02-20］. http://ehea.info/pid35261/events-by-period.html.

（二）拉美高等教育区

拉美独立之父西蒙·玻利瓦尔（Simón Bolívar）早在 19 世纪初就提出了拉美一体化的构想，认为拉美拥有共同的经历、语言、风俗习惯和宗教，主张使用统一渠道建立一个“平等的、永久性的一体化联盟”。① 20 世纪 80 年代，拉美地区受新自由主义的影响，进行了高等教育“自由化”改革，教育市场逐渐开放，高等教育从传统的精英教育向大众化转型。拉美各国也开始寻求高等教育区域合作，试图突破该区域内各国间教育制度零散、教育水平差异显著的发展困境，以共同提高区域高等教育水平。但直到 90 年代初，拉美国家才开始通过子区域和区域的资源整合来提高区域高等教育影响力，并先后成立了超过 10 个的高等教育区域组织。1996 年，拉美各国教育代表在古巴召开的哈瓦那会议上提出要改变拉美地区高等教育的现状，希望国际组织机构能协调和整合该地区高等教育系统出现的需求，提出相应的改革举措。② 1997 年，联合国教科文组织成立了拉丁美洲及加勒比地区国际高等教育研究所（International Institute for Higher Education in Latin America and the Caribbean），致力于为拉美搭建一体化的平台，推动该区域高等教育的发展。1999 年，拉美地区领导人和欧盟在巴西里约热内

① 洪国起 . 玻利瓦尔主义与拉丁美洲一体化［J］. 南开学报，1999（5）：131-141.

② ALBORNOZ O. Conferencia regional sobre políticas y estrategias para la transformación de la educación superior en América Latina y el Caribe：ideas，problemas y propuestas［EB/OL］.［2022-2-22］. https://unesdoc.unesco.org/ark：/48223/pf0000219410.

卢举办了第一届欧盟和拉美及加勒比领导人峰会，提出效仿欧洲高等教育区建立“拉美—欧盟”高等教育区的构想，会议强调“在拉美与欧盟之间建立一个常设的教育、文化机构，通过合作获得教育提升及科技进步，呼吁加强高等教育主体间的跨地区交流，加强高等教育机构间的合作”。[①] 在联合国教科文组织、欧盟等外部力量的推动之下，拉美高等教育一体化进程得到了加速。2009 年，拉美地区在联合国教科文组织的帮助下成立了拉丁美洲及加勒比地区高等教育空间（Latin American and the Caribbean Space for Higher Education），为推动拉美地区高等教育机构发展、促进学术交流、推进知识生产和管理、提供帮助服务以及信息和传播五个方面提供交流平台。[②] 2013 年，拉美与欧盟提出在原有高等教育区的基础上建立欧洲和拉美及加勒比地区高等教育、科学、技术和创新区的升级版设想，未来将会重点围绕高等教育、科学技术与创新、学术与社会生产力以及学术与公共政策四个领域展开深入合作。[③]

作为世界上拥有发展中国家数量最多的地区，同时也是教育异质性和不公平性问题最为凸显的地区，拉丁美洲及加勒比地区一直在追求高等教育一体化，但由于历史的原因，拉丁美洲的高等教育发展一直受到西方国家尤其是欧洲的影响。与欧盟较为成熟的一体化建设相比，拉丁美洲地区在寻求一体化的过程中并没有形成一条目标清晰的发展轨迹，内部合作呈现出“分散交叉型”的特点，33 个国家之间形成了近 20 个组织，其形式、目标、原则、成员数量不仅相同，并且很多国家横跨两个及以上合作组织。[④] 与此同时，拉美高等教育存在内力不足而过分依赖联合国教科文组织等国际组织外部推动的问题，这也在很大程度上延缓了一体化建设进程。但总体而言，拉美国家通过一系列的制度建设与议程设置，积极在人才培养模

① Primera Cumbre América Latina y el Caribe-Unión Europea. Declaración de Río de Janeiro [R]. Brussels: European Parliament, 1999.

② UNESCO. Report by the governing board of the UIVESCO international institute for higher education in Latin America and the Caribbean (IESALC) on the institute' s activities for 2010-2011 [R]. Paris, 2011.

③ Santiago CELAC-UE. Declaración de Santiago CELAC-UE [R]. Santiago, 2013.

④ MALAMUD C. Las relaciones entre la Unión Europea y América Latina en el siglo XXI: entre el voluntarismo y la realidad [M]. São Paulo: Plataforma Democrática, 2010.

式、科研和学术活动合作等方面与国际接轨，有效增加了区域高等教育入学机会，提升了区域高等教育质量与科技创新水平，对解决社会经济发展与就业等问题起到了良好的促进作用。此外，通过搭建高等教育一体化平台，拉美地区尤其是拉美子区域各国的高等教育机构之间形成了初步的资源整合与共享，加强了拉美地区内部高等教育学生、科研工作人员以及教师的流动，建立了南方共同市场（MERCOSUR）、伊比利亚美洲高等教育质量认证网络（Iberoamerican Net work for Quality Accreditation in Higher Education）等一系列区域与跨区域的高等教育合作组织，为拉美地区高等教育的学位学历互认、学分互换等提供了一个相对统一的参考框架。[①]

（三）东盟高等教育一体化

东南亚国家联盟自 1967 年宣告成立后就开始了东盟一体化的实践活动，但初期仅以有限范围内的经济合作为主，直到 1992 年第 4 届东盟国家首脑峰会提出创立东盟自由贸易区的设想后，东盟才开始实质性的一体化进程，这一年也是东盟高等教育一体化进程的起始年。第 4 届东盟国家首脑峰会提出建立“东盟大学联盟”（ASAEN University Network，简称 AUN），把高等教育确定为开发人力资源、提升公民素质与培养“东盟认同”“东盟意识”的重要手段。[②]1995 年，东盟大学联盟组织正式成立，东盟各成员国教育部长签署并发布《东盟大学联盟章程》（Charter of the ASEAN University Network），提出促进东盟学者和学术人员间的交流合作、开发学术性与职业性人力资源、加强东盟学术共同体间的信息传播和合作，该章程还正式提出成立“东盟大学”的发展目标。[③]2003 年，第 9 届东盟国家首脑会议通过并颁布《东南亚国家联盟协调一致第二宣言》（Declaration of ASEAN Concord II），宣布东盟将逐步建成经济共同体、安全共同体以及社会—文化共同体，在社会文化领域“加大对基础与高等教育、培训、科

---

① 胡昳昀，刘宝存 . 拉美高等教育一体化建设：目标、路径及困境：联合国教科文组织参与区域治理的视角［J］. 比较教育研究，2018（4）：69-76.

② The Heads of State and Government of ASEAN. 1992 Singapore Declaration［EB/OL］.［2022-03-12］. http://www.aunsec.org/5120.htm.

③ ASEAN University Network. Charter of the ASEAN University Network［EB/OL］.［2022-05-12］. http://agreement.asean.org/media/download/20220330062949.pdf.

学、人力资源发展等方面的投入，加强职业教育与证书认证，提高就业水平……”[①]。2007年，第13届东盟国家首脑峰会颁布了《东盟宪章》（ASEAN Charter），东盟高等教育一体化进入一个新阶段。随后又接连发布了《2004—2010年万象行动计划》（Vientiane Action Program 2004—2010）、《东盟社会—文化共同体蓝图》（ASEAN Socio-Cultural Community Blueprint）等一系列政策文件，围绕高等教育学生流动、高等学校教学与科学网络、东盟与东南亚教育部长组织合作、“东盟大学”及其联盟建设等议题提出了具体的改革任务。[②]

东盟高等教育一体化进程回应了东盟一体化和社会经济互动发展的需要，为推动东盟人力资源开发、公民素质提升、认同意识培养等做出了巨大贡献，有力提升了东盟区域合作水平与国际竞争力。东盟推进高等教育一体化的主要措施包括以下五个方面。第一，依照东盟高等教育一体化的进程路线与发展蓝图创建有利于高等教育区域合作的组织机构与工作机制，如东南亚高校联合会、东南亚教育部长组织、东盟大学联盟等都是东盟高等教育一体化特定阶段的特色行为主体。各类组织和机构各司其职，负责宏观政策制度、行动纲领以及预期目标等的制定和实施，保证东盟高等教育区域合作稳定推进。第二，将高等教育质量保障作为高等教育优先发展的领域，接连制定了一系列高等教育质量保障指导方针，如《东盟大学联盟质量保障》（ASEAN University Network-Quality Assurance，简称AUN-QA）、《AUN-QA曼谷协议》、《AUN-QA吉隆坡标准》等，以此与国际高等教育质量保障标准接轨。第三，实施学分转换计划，建立和完善区域内学分互认互换的框架与流程，着力增强高等教育资源质量认证和学分互认的透明度，如在亚洲开发银行的支持下，东南亚教育部长组织高等教育与发展区域中心共同实施了大湄公河次区域学分互认机制项目，建立起一个涵盖该区域所有科研院所的学分互认框架。[③]第四，促进学历学位文凭互认，着力增强东盟高等教育认证系统的可比性、互换性、相容性和透明性，如

① Association of Southeast Asian Nations. Declaration of ASEAN concord II [EB/OL]. [2022-3-12]. https://asean.org/declaration-of-asean-concord-ii-bali-concord-ii/.

② 覃玉荣．东盟高等教育一体化的发展历程［J］．东南亚纵横，2009（4）：54-57.

③ 李化树，叶冲．论东盟高等教育共同空间构建及启示［J］．比较教育研究，2015，37（3）：10-15.

“亚太大学流动计划”以欧洲学分转换系统为范本，建立了大学学分转换系统，为亚太地区大学学生的自由流动创造了有利条件。第五，实施双联制学位计划，与国外大学或国外大学联盟建立合作关系，签订双联培养正式协议，允许学生以“1+2”“2+1”“2+2”三种模式到国外大学进行课程学习与获得学位。①

三、“一带一路”高等教育区建设的路径

“一带一路”高等教育区建设是促进沿线65个国家不同行为主体、高等教育资源等要素顺畅流通，区域高等教育交流与合作领域及覆盖面不断扩大，从无序到有序、从低级到高级，持续深入、协同进阶的复杂过程。因此，必须坚持宏观把控与精细部署相结合的基本原则，确保从政策设计到落地实施各个环节的有序衔接，系统规划“一带一路”高等教育区的建设路径。

（一）完善“一带一路”高等教育区的顶层设计与整体布局

作为横贯亚非欧三个大洲、覆盖65个甚至更多国家的世界独一无二的高等教育跨境合作区，“一带一路”高等教育区在发展跨境高等教育合作的过程中，面临不同国家和地区高等教育体制及发展水平参差不齐、教育文化传统存在较大差异等一系列问题。为务实推进“一带一路”高等教育区建设，必须完善“一带一路”高等教育区的顶层设计与总体布局。首先，制定、深化和推广“一带一路”高等教育区的合作目标，促进沿线国家和地区形成对于“一带一路”高等教育区建设的目标期待，确立以人类命运共同体理念为核心的目标共推、资源共享、风险共担、价值共识，为高等教育区域交流与合作奠定坚实基础。其次，借鉴欧洲高等教育区、拉美高等教育区等的建设经验和运作模式，成立“一带一路”高等教育区的常设机构和专属职能部门，专门负责相关跨境教育合作事宜的跟踪、协调、监管和调配等，逐步打造“一带一路”高等教育特色智库网络和专家咨询委员会，明确机制建设的重点任务、具体实施方案、时间表和路线图，确保“一

① 张建新. 21世纪初东盟高等教育［M］. 昆明：云南人民出版社，2010：172.

带一路”高等教育区建设的持续有效开展。[①] 最后，构建多元开放的高等教育治理主体，理顺多元主体间的权责关系，积极发挥我国作为“一带一路”高等教育区发起者和组织者的引领作用，拓宽高等教育双边、多边合作交流对话平台与渠道，协调沿线各国政府和相关区域组织重视加强合作体系的顶层设计，优化高等教育区域合作磋商与协调机制，调动参与主体的合作意愿与行动积极性。

（二）搭建“一带一路”高等教育区的合作实体框架

我国应在“一带一路”高等教育区整体布局的基础上，针对当前沿线国家和地区高等教育深层次交流合作存在的主要问题和挑战，结合当前沿线国家高等教育的发展现状和进度，搭建全方位、多层次、具有新时代中国特色的高等教育区域合作实体框架。具体包括：第一，建立、完善学分转换与学位互认体系，根据沿线各国高等教育学制、学位和学分制实施现状，推动沿线高校进行学分制改革，建立弹性学制，在此基础上建立可以互相转换和互认的学分系统，研制出科学、客观且操作性强的学分转换公式，同时引导各国教育部门领导人和大学校长针对学历学位认定机制进行对话磋商，建立平等开放的学历学位互联互授机制。第二，共同建设“一带一路”区域高等教育学历资格框架体系和职业资格框架体系，借鉴欧洲高等教育区“文凭补充制度”的成功经验，协商发布“一带一路”高等教育区学历资格与职业资格统一标准，增强沿线不同国家、不同高等教育机构间文凭的兼容性和可比性，逐步实现高等教育、就业市场与从业标准的一体化。第三，加快“一带一路”高等教育区人才流动机制建设，革新高等教育领域学生、教师及研究人员的出入境办理及签证手续，着力推进高等教育人才的“走出去”及人才的双向流动机制，同时设置更多可持续发展的双边高等教育合作旗舰项目，鼓励中国高校在“一带一路”沿线国家开展国际交流和建设海外分校，着力打造“一带一路”高等教育人才高地。

（三）提升“一带一路”高等教育区合作项目的综合质量

“一带一路”高等教育区建设是一项长期而艰巨的系统工程，应以点带

---

① 刘宝存，张惠．“一带一路”视域下跨区域教育合作机制研究［J］. 复旦教育论坛，2020，18（5）：86-92.

面、循序渐进，抓住关键节点进行重点突破，拓宽区域高等教育合作的领域和层级，综合提高区域高等教育合作项目的质量水平。一是建立高等教育优质资源共享机制，充分利用好现代网络信息技术，通过区域共建共享实现沿线各国在课程、教育信息和技术、教育基础设施等方面的优势互补。中国应在资源共享方面发挥主导作用，积极为沿线各国提供各类可利用资源，促进区域内高等教育资源的优化配置，推动区域高等教育“量”的外延式和“质”的内涵式并行发展。二是创新高等教育办学与人才培养方式，丰富双边、多边跨境学习交流项目的种类和数量，与当地大学、高等职业院校、企业等共同开展教育培训合作，联合培养社会经济建设急需的专业技术人才、科技发展领域的尖端学术人才、高层次语言人才等。中国应积极输出教育技术服务，包括推进课题攻坚合作，鼓励国内应用型高校、职业教育机构协同有关企业走出去合作办学，配合一带一路“鲁班工坊”建设实施规模化专业人才培养，助力海外孔子学院和孔子学堂的建设，设立汉语言教学质量国际标准和测试标准，减少“一带一路”高等教育合作中因语言不同而产生的课程衔接及学历衔接问题等。① 三是增设多样化的“一带一路”教师交流互访与发展培训项目，建设沿线各国高校教师专业发展标准和课程质量监测标准，培养大量能够在语言、交通运输、建筑、能源、环境工程、医学、水利工程、生物科学、海洋科学、生态保护和文化遗产保护等沿线国家急需的专业领域从事教育和教学工作的优秀教师。

（四）优化“一带一路”高等教育区的合作保障机制

形成完善的高等教育区域合作保障机制是建设“一带一路”高等教育区的必然要求，同时也是支撑中国与“一带一路”沿线各国高等教育合作健康有序、长效发展的关键所在。“一带一路”高等教育区的合作保障机制至少可从以下三个方面进行优化。一是经费支持与援助支撑机制。应将高等教育领域的对外开放纳入政策性资金支持范围，统筹规划国家、教育机构与民间资源，增加“一带一路”高等教育经费资助的力度与范围，扩大高等教育经费在中国援外经费中的比重，推进中国高等教育境外培训和高等教育援外

① 张海燕，郑亚莉．“一带一路”倡议与高职国际化应用人才培养模式创新：以“专业 + 语言 + 国别”模式为例［J］. 中国高教研究，2019（12）：72-75.

基地建设，发起建立“一带一路”高等教育援助基金，为沿线国家教育合作、人才流动与机制建设提供充足的经费支持。二是高等教育质量监测评价机制。应制定“一带一路”沿线国家高等教育质量标准框架，开发具有兼容性和可操作性的监测评价辅助工具，由专门的职能机构实行全程监测；跟踪分析，在此基础上形成信息反馈与问责制度，不断总结经验得失，根据实际情况对“一带一路”高等教育区建设工作进行及时调整。三是风险规避与争端处理机制。应充分考虑“一带一路”沿线各国在语言、宗教、价值观等方面的文化差异，努力规避由此带来的潜在障碍与风险，同时建立高等教育区域合作的仲裁机构，对已经出现的矛盾争端进行妥善处理。

（五）加强“一带一路”高等教育区与双边及多边组织的对接合作

国际性组织和地区性组织在区域高等教育治理中发挥着重要作用。对于“一带一路”沿线国家高等教育水平参差不齐导致的教育合作衔接问题，可以充分利用现有的双边及多边合作机制，以组织平台建设为抓手，加强高等教育区与双边及多边组织的对接合作。一方面，建设“一带一路”高等教育区需要借助国际性和地区性双边、多边合作组织的力量，如联合国教科文组织、亚洲开发银行、东南亚国家联盟等国际组织以及“一带一路”高校联盟、“丝绸之路”大学联盟等区域性组织，同时结合现有的“一带一路”教育对话、“一带一路”中欧对话、“一带一路”学生流动与教育国际化研讨会等对话磋商渠道，协同推进沿线国家的区域高等教育合作。另一方面，中国应该在区域高等教育治理中发挥关键性作用，着力创建新的双边及多边高等教育区域合作组织平台，吸引包括相关区域性组织、各国科研机构、非营利性社会团体等积极参与区域高等教育合作，加强对各类文化、各国教育问题的研究，积极参与区域重大教育规则的制定，主动提出区域教育发展的新思路和新方案，引领并带动沿线各国共同加入高等教育合作互动网络，形成有利于政策交流、人文交流、资源共享的合作机制，推动沿线各国教育、经济、文化等共同发展和繁荣。

第四节　构建跨区域教育合作机制

“一带一路”倡议是一项世纪性的系统大工程，为我国教育的改革与发展提出了新的挑战和机遇。2016 年，教育部印发《推进共建“一带一路”教育行动》，为在教育领域全面推进“一带一路”建设提供了政策支撑和落实方案。随着我国与“一带一路”沿线国家教育合作的不断扩大和深化，构建完善的跨区域教育合作机制显得尤为迫切。本节拟从梳理“一带一路”视域下跨区域教育合作机制的发展现状出发，分析“一带一路”倡议对构建跨区域教育合作机制提出的新要求和面临的挑战，并在此基础上提出构建跨区域教育合作机制的对策。

一、“一带一路”视域下跨区域教育合作机制的发展现状

自“一带一路”倡议提出以来，我国与“一带一路”沿线国家的教育合作与交流不断增加，在跨境学生流动、跨境合作办学及学历学位互认等方面取得了一定的成效，并在跨区域教育合作机制建设方面取得了初步的进展。

（一）双边、多边及次区域教育合作机制初步形成

近年来，我国通过签署国际教育公约、制定教育合作规划、积极参与国际教育规则与标准制定等措施，推动双边、多边及次区域教育合作机制建设。2016 年，我国牵头制定了亚太经合组织教育发展蓝图《APEC 教育战略》（APEC Education Strategy），以契合联合国教科文组织的《教育 2030 行动框架》，推动亚太经合组织各经济体的教育合作。我国积极倡导和推动制定《承认高等教育资历全球公约》（Global Convention on the Recognition of Higher Education Qualifications），支持联合国教科文组织建立世界范围的学历互认机制，推动多边学历学位互认联通。[①] 此外，我国积极参与国际组织有关跨境教育合作公约的制定，在原有区域及跨区域的国际教育合作协议的基础上，积极推动制定和构建相关合作协定。例如，我国与联合国教科文组织及亚太地区有关国家密切合作，推动原有《亚太地区承认高等教育学历、文凭与学位的地区公约》（Regional Convention on the Recognition of Studies, Diplomas and Degrees in Higher Education in Asia and the Pacific）的更新。在促进“一带一路”沿线国家学位互认及学历学位认证标准方面，也取得初步进

① 人民政协网 . 阚阅：为完善全球教育治理提供中国方案［EB/OL］.［2018-12-01］. http://www.rmzxb.com.cn/c/2017-12-01/1887074.shtml.

展。截至2017年4月，我国已与世界上46个国家和地区签订了学历学位互认协议，经审批的各类中外合作办学项目共2 539个，其中包括波兰、匈牙利、捷克、菲律宾等24个“一带一路”沿线国家。[①]双边、多边及次区域教育合作机制的搭建有效地促进了人员的跨境流动，特别是在吸引学生来华留学方面已初显成效。据统计，2017年，来华接受高等教育的留学生共计48.92万名，其中“一带一路”沿线国家成为来华留学生的主要来源地，留学人数高达31.72万人，占总人数的64.85%，同比增长11.58%。[②]在学生流出方面，2017年，我国出国留学人数为60.84万，首次突破60万大关，同比增长11.74%，其中，到“一带一路”沿线国家的留学人员为6.61万人，同比增长15.7%，超过总体出国留学人员的增速，其中，有3 679名国家公派留学人员到“一带一路”37个沿线国家留学。[③]2012年以来，全国共有35万多人赴“一带一路”沿线国家留学。

（二）双边及多边人文交流磋商机制取得实质性进展

为了共同打造覆盖“一带一路”沿线国家与地区的跨区域教育合作平台，我国在人文交流机制建设方面有了实质性推进，不同级别的人文交流与磋商机制和对话平台纷纷建立，双边及多边的跨境教育对话活动日益频繁。

首先，在高校层面建立了一系列高校联盟。2015年5月，西安交通大学领衔成立“新丝绸之路大学联盟”（UANSR）。截至2018年，共有38个“丝绸之路经济带”的国家和地区的150所高校加入该联盟。[④]2015年10月，我国与“一带一路”沿线8个国家和地区的46所高校联合发布《敦煌共识》，成立“一带一路”高校战略联盟，秉承“互联互通、开放包容、协同创新、合作共赢”的理念，共同打造“一带一路”高等教育共同体，推动“一带

① 中华人民共和国教育部.与46个国家和地区学历学位互认！“一带一路”教育在行动［EB/OL］.［2017-04-19］. http://www.moe.edu.cn/s78/A20/moe_863/201706/t20170620_307369.html.

② 中华人民共和国教育部.来华留学工作向高层次高质量发展［EB/OL］.［2018-3-30］. http://www.moe.gov.cn/jyb_xwfb/gzdt_gzdt/s5987/201803/t20180329_331772.html.

③ 中华人民共和国教育部.2017年出国留学、回国服务规模双增长［EB/OL］.［2018-3-30］. http://www.moe.gov.cn/jyb_xwfb/gzdt_gzdt/s5987/201803/t20180329_331771.html.

④ 西安交通大学新闻网.第二届“一带一路”全球健康国际研讨会暨丝绸之路大学联盟2018全球健康论坛将召开［EB/OL］.［2018-10-20］. http://news.xjtu.edu.cn/info/1002/69010.htm.

一路”沿线国家和地区大学之间在教育、科技、文化等领域的全面交流与合作。[①]2018 年 5 月，“一带一路”标准化教育与研究大学联盟成立，通过标准化文化交流搭起“一带一路”民心相通之桥，推动标准化教育、研究和人才队伍建设的共同发展。来自 30 个国家（其中“一带一路”沿线国家 19 个）的 102 所高校先后加入联盟。[②]

其次，在国家层面，高级别中外人文交流机制不断发展。在“一带一路”倡议提出之后，在原有中俄、中美、中英、中欧四个高级别中外人文交流机制的基础上，我国又先后建立了中法、中印尼、中南非、中德、中印五个高级别中外人文交流机制，全面推动我国与这些国家和地区在教育、科技、文化、卫生、媒体、旅游、体育、青年等领域的合作。

最后，在区域层面，我国与“一带一路”区域间的人文交流日益制度化。2014 年，中国—东盟共同制定了《中国—东盟文化合作行动计划（2014—2018）》，致力于共同推进人文交流与合作关系，其中，教育交流与合作是双方人文合作的优先领域。自 2012 年中国—中东欧国家领导人会晤机制（又称“16+1 合作”、“1+16”领导人会晤）建立以来，中国—中东欧国家领导人已经举行了 7 次会晤，该机制已经成为我国与中东欧 16 国开展全面合作的最重要的平台。2018 年我国举办了助力“一带一路”沿线教育合作的“第六届中国—中东欧国家教育政策对话”。[③] 2019 年 1 月，中国—中东欧国家教育、青年交流年正式启动，2019 年还启动了“中国—中东欧国家教育能力建设项目”和“中国—中东欧国家高校联合教育项目”，中国与中东欧国家的教育合作进入新的阶段。

另外，一年一度的“一带一路”教育对话也是我国与“一带一路”国家教育合作与交流的重要机制。2017 年的首届“一带一路”教育对话的主题是“研究、决策与创新”，2018 年第二届“一带一路”教育对话的主题是“研

① 宜秀萍 . 一起走，才能走得更远 [N]. 甘肃经济日报，2017-09-22.

② 教育部中外人文交流中心 .“一带一路”标准化教育与研究大学联盟成立［EB/OL］.［2018-05-20］. https://www.ccipe.edu.cn/info/1002/2750.htm.

③ 中华人民共和国教育部 . 第六届中国—中东欧国家教育政策对话在深圳举办［EB/OL］.［2018-05-28］. http://www.moe.gov.cn/jyb_xwfb/gzdt_gzdt/moe_1485/201805/t20180528_337446.html.

究、决策与展望”[①]，在学位学历互认、合作办学、人才联合培养、教师发展和培训、合作研究、学术交流活动等方面深化合作。上述各种层面的人文交流机制的建立，助推着“一带一路”跨区域人文交流磋商机制的形成。

（三）跨区域教育质量保障协作机制不断深化

建立“一带一路”教育资金融通保障机制是形成跨境教育合作保障机制的关键，在此方面我国已取得较大进展，各类教育支持和资助计划纷纷涌现。2016 年，我国设立了“丝绸之路”中国政府奖学金项目，旨在优化来华留学政策环境，完善来华留学政策链条，该项目每年向“一带一路”沿线国家的入学新生提供不少于 3 000 个奖学金名额。[②] 各省级人民政府也纷纷设立面向“一带一路”沿线国家和区域的奖学金。2016 年北京市教委联合市财政局制定了《北京市外国留学生“一带一路”奖学金项目管理办法（试行）》，并在北京市外国留学生奖学金的基础上特设“一带一路”奖学金。2017 年，海南省政府在原有的政府国际学生奖学金的基础上设立省政府“一带一路”国际学生专项奖学金，2017 年安排的省政府国际学生奖学金达 1 000 万元，新招录国际学生 200 余人，并逐年增加“一带一路”沿线国家学生奖学金名额。[③] 香港特区政府教育局自 2016/2017 学年起，先后向印度尼西亚、马来西亚及泰国学生推出“一带一路”奖学金，并于 2018 年签署“教育合作谅解备忘录”，以加强跨境教育协作。[④]

在高等教育学历资格框架的推进方面，我国主导的“建设亚洲国家信息中心协作网络组织网站（ANICCW）”“建立亚欧跨境教育质量保障协作网络组织（CBQAN）”“制定《亚欧高等教育资历互认指南与操作手册》”等多项行动计划取得了实质性进展，并获得亚欧高等教育资历互认工作组的

① 中华人民共和国教育部 . 第二届“一带一路”教育对话在京举行［EB/OL］.［2018-11-26］. http://www.moe.gov.cn/jyb_xwfb/gzdt_gzdt/moe_1485/201811/t20181126_361446.html.

② 晋浩天 . 建设“一带一路” 中国教育做了啥［N］. 光明日报，2017-04-20（6）.

③ 海南省教育厅 . 海南省教育系统积极服务“一带一路”［EB/OL］.［2017-05-16］. http://edu.hainan.gov.cn/contents/70/50066.html.

④ 中国一带一路网 . 香港与缅甸签署教育合作谅解备忘录，推出“一带一路”奖学金［EB/OL］.［2018-10-27］. https://www.yidaiyilu.gov.cn/xwzx/gnxw/69871.htm.

肯定。[①] 2016 年 5 月，中共中央办公厅、国务院办公厅发布《关于加强和改进教学科研人员因公临时出国管理工作的指导意见》，针对高校科研人员的出境交流与合作提出了明确的规定，尤其是提出了对教学科研人员出国开展学术交流合作要区别管理等相关规定，这为深化“一带一路”跨区域教育与学术交流提供了政策支持。

二、“一带一路”视域下跨区域教育合作机制构建面临的新要求与存在的问题

（一）“一带一路”倡议对跨区域教育合作机制构建提出的新要求

教育部印发的《推进共建“一带一路”教育行动》呼吁沿线各国携起手来，聚力构建“一带一路”教育共同体，形成平等、包容、互惠、活跃的教育合作态势，促进区域教育发展，全面支撑共建“一带一路”，这对“一带一路”跨区域教育合作机制的构建提出了新的要求。

一是构建“一带一路”教育合作的目标抉择机制。跨区域教育合作机制的建设要以顶层设计为引领，从教育对外开放全局出发，对与“一带一路”沿线教育合作交流的各个层次、要素进行统筹谋划，加强目标决策机制、目标反馈机制及目标协调机制等相关目标机制建设。通过目标抉择机制，可以制定“一带一路”跨区域教育合作的总体目标、阶段目标、各区域目标等，并在此基础上加强双边及多边高级别的教育政策对话机制，建立对各地区、各国家的跨区域教育合作目标接纳程度、目标执行进度及目标实施效果的全方位跟进与监测。

二是加快推进“一带一路”沿线国家教育资历框架建设和对接。为了加快“一带一路”沿线国家的学历学位互认，促进跨境学生流动、跨境学分、学历认证及跨境就业，我国与沿线各国必须加快推进本国教育资历框架开发，实现在学历资格框架、学分转换与互认体系、教育质量保障体系、学生及教师流动体系、双边及多边跨境办学机制等方面的联通和对接。建设“一带一路”教育共同体不仅要求建设和对接国家教育资历框架，而且

① 中国一带一路网．亚欧高等教育资历互认取得实质进展［EB/OL］．［2017-04-26］. https://www.yidaiyilu.gov.cn/xwzx/hwxw/11741.htm.

要求在条件成熟的条件下共商共建区域性高等教育资历框架，逐步实现“一带一路”区域性高等教育一体化和就业市场的学历资格及就业标准的一体化。

三是重视“一带一路”沿线国家教育磋商及协调机制的建设。教育磋商及协调机制是解决“一带一路”跨区域合作过程中不同国家及区域间政策、规则的重要环节。协调机制主要涉及教育与政治、经济建设的协调，教育总战略与国家、地区、院校意志的协调，跨区域教育合作质量与扩大合作规模的协调等。构建协调机制主要涉及跨境人文互动机制、教育政策对话机制、教育合作与磋商机制以及应急与突发管理机制等，还包括增强沿线国家间的国际理解教育及国别研究，支持沿线国家教育智库之间开展联合研究、合作举办论坛等。尤其是借助沿线跨境组织的协调与磋商能力，如上海合作组织、东亚峰会、亚太经合组织等，基于中阿合作论坛、中蒙俄经济走廊等现有双边及多边合作机制的推进力量，推动沿线各国形成新型协作机制。

四是重视跨境教育市场质量保障与监管机制的构建，推动沿线各国建立教育双边及多边合作机制、教育质量保障协作机制和跨境教育市场监管协作机制。保障机制主要涉及跨区域合作教育跟踪监测体系、信息反馈机制、跨境合作办学质量评价与激励体系及跨区域合作风险规避与争端处理机制。“一带一路”教育共同体建设要求建立跨区域合作的仲裁机构，形成较为完善的风险规避机制和争端处理体系。此外，还需积极签署双边及多边教育合作框架协议，制定教育合作交流国际公约，逐步疏通沿线各国因政策环境、教育体制和文化差异而造成的教育合作交流的瓶颈，推进沿线国家间学分互认、学位互授联授，助力跨区域教育质量保障机制的构建。

五是注重跨区域教育合作创新机制的建设。创新机制是构建“一带一路”教育共同体合作框架的点睛之笔，其主要包含跨区域教育框架的创新构建理念、跨区域教育组织的创新协作模式、跨区域教育机构的创新合作机制以及特色教育资源的创新整合与共享机制。创新机制建设是在“一带一路”跨区域教育合作总体目标的基础上，灵活结合各地区、国家的既有教育合作机制，形成创新型的长效合作推动机制，并在积累、汇总、反馈的基础上，总结每一发展阶段的宝贵经验，不断对机制体系进行创新性的革新和调整。

（二）构建跨区域教育合作机制面临的问题与挑战

“一带一路”倡议是我国基于国际和国内两个大局提出的一项新的全球治理理念、模式，没有现成的经验和模式可以借鉴，而且“一带一路”沿途连通东北亚、中亚、东南亚、南亚、西亚、北非、中东欧等区域的 65 个国家，沿线各国国情不同，社会制度和经济模式多样，利益诉求也存在较大差异，在涉及如此之多的沿线国家间开展跨境教育合作的机制建设必然面临诸多挑战。

一是跨区域教育合作机制建设经验不足导致教育政策供给滞后。自 1978 年改革开放以来，我国在 40 多年的教育对外开放进程中探索出了一条具有中国特色的发展道路，在学生流动、跨境合作办学、国际学校建设、国际教育援助等方面都积累了较为丰富的经验，但对于如何构建一个跨区域的带状教育合作组织并形成与之相配套的教育合作机制，如何在“一带一路”沿线国家教育合作中担当起引领性、主导性的引擎的角色，全面推进跨国际区域的全方位教育合作机制，避免因经验不足而导致的政策供给、理念构建及支撑资源的滞后，这对我国而言无疑是个巨大的挑战。

二是“一带一路”沿线国家教育水平参差不齐，阻碍教育合作与衔接。“一带一路”沿线国家主要涵盖东北亚、东南亚、南亚、西亚北非、中亚、中东欧等地区的国家，整体而言，教育发展水平尤其是高等教育发展水平相对滞后，各国教育发展规模、发展水平及教育质量参差不齐，这为未来的跨区域教育合作机制建设带来严峻的挑战。在构建相应的教育合作机制时，应注重不同地区乃至同一地区不同国家的国情差异，采取差异化政策，开发多样化的实践模式。

三是“一带一路”沿线国家社会文化差异阻碍跨境人员流动。文化差异是“一带一路”沿线国家进行跨区域教育合作与交流的主要挑战之一。改革开放 40 多年来，我国对外交流与合作的重心主要集中在欧美国家和地区，对于“一带一路”沿线所涵盖的中亚、西亚、北非及中东欧地区的国家和文化认知相对较少，而来自语言、宗教、价值观念等方面的文化差异及障碍，无疑对未来的教育合作尤其是跨境学生及教师的交流形成文化风险。尤其是在宗教方面，“一带一路”沿线 65 个国家中仅有 28.6% 的国家有相同的官方宗教，且沿线绝大多数国家宗教集中度偏高，突出的宗教差异将形成重要的文化风险。①

四是“一带一路”沿线国家教育体制差异导致学历学位认证阻碍。“一带一路”沿线国家既有经济发达及欠发达国家，也有贫困地区，教育基础及发展水平差异显著，各国教育体制也各不相同，这将对跨境教育合作，尤其是在涉及课程互认、学分互认及学历学位等资格认证时，带来诸多挑战。根据高等教育毛入学率来看，在“一带一路”沿线国家中，既有高等教育发展水平处于精英教育阶段的国家，也有处于大众化阶段的国家，还有处于普及化阶段的国家。这就意味着，教育发展水平的差异在“一带一路”沿线国家中将是未来进行跨区域教育合作，尤其是跨境学历学位认证、跨境合作办学质量保障的重要挑战之一。

五是“一带一路”沿线国家语言多样制约课程衔接与联合培养。“一带一路”沿线 65 个国家共有 53 种官方语言，分属 9 大不同的语系，其中仅尼泊尔就有多达 4 种语系的 120 多种地方语言。多样性的语言和语系对“一带一路”建设中的小语种人才储备和建设提出了挑战，对于非通用语种人才的需求也前所未有地增加。在这样的多语系多语言的跨区域教育合作机制建设中，由于语言人才储备不足及语言授课不充分而造成的学习障碍，将会对跨区域的国际课程衔接及国际联合培养等环节提出种种挑战。

三、“一带一路”视域下跨区域教育合作机制构建的对策

在“一带一路”跨区域教育对外开放的整体框架下，不断巩固和强化“一带一路”跨区域教育合作机制至关重要。从长远来看，跨区域教育合作的可持续性需要制度化作为保障，需要在重新审视区域教育发展水平与潜力的现实基础上，结合地区及国家的既有教育合作机制，搭建创新型的教育合作机制。跨区域教育合作机制建设将是一个随着“一带一路”教育合作领域和覆盖面不断扩大及规则约束力不断增强的渐进发展的过程。针对

① 刘威，黄晓琪 . 主动应对文化差异，助推“一带一路”区域合作[EB/OL].[2017-04-20]. http://cafiec.mofcom.gov.cn/article/tongjipeixun/201704/20170402561200.shtml.

“一带一路”跨区域教育合作机制建设的要求、挑战和困难，我国应重点从以下五个方面加以应对。

一是加快“一带一路”跨区域教育合作机制建设的顶层设计和总体布局。我国“一带一路”教育对外开放的核心是以教育为引领，服务国家“一带一路”倡议，为其提供人才支撑和智力支持。因此，“一带一路”跨区域教育合作应秉持我国教育政策规划及治理的主导性和责任担当。跨区域教育合作机制建设作为“一带一路”教育对外开放顶层设计的重要组成部分，在当前的规划中应予以高度重视。在当下相关研究不足的情况下，我国应该围绕“一带一路”跨区域教育合作机制建设，逐步打造“一带一路”高等教育特色智库，建立跨区域的高等教育智库合作网络，开展高等教育跨境合作与对外开放相关政策研究，为国家建言献策。在相关研究的基础上，针对“一带一路”跨区域教育合作机制建设，政府及相关教育部门应成立专门的规划小组，整体设计“一带一路”跨区域教育合作机制的框架体系和建设路径，明确机制建设的重点任务、具体实施方案、时间表和路线图，并成立咨询委员会，对实施过程中的重大问题提出意见和建议。

二是建立和完善“一带一路”跨区域教育合作机制的框架体系。我国应在“一带一路”倡议总框架的基础上，针对当前沿线国家和地区跨境教育合作存在的主要问题和挑战，结合当前我国“一带一路”沿线国家的教育合作发展现状和进度，制定出具有新时代中国特色的跨区域教育合作机制框架。基于当前“一带一路”跨区域教育合作的发展现状和问题，跨区域合作机制主要包括目标机制、动力机制、运作机制、协调机制、保障机制和创新机制等，各分机制间相互联系并相互促进，共同推动整个“一带一路”跨区域教育合作的全面实施，其总目标是要建立“一带一路”教育共同体及“一带一路”跨区域高等教育区（如图 4-1）。

在框架的制定过程中，要重点关注教育政策互通与协调机制、沿线国家教育磋商机制、资历框架建设、跨境教育市场质量保障机制，以及跨境教育质量监管机制、协调机制等。此外，框架的搭建还要重点解决跨区域教育合作机制建设经验不足所导致的教育政策供给滞后问题，因沿线国家教育水平参差不齐、社会文化差异及语种的多样性而出现的包括课程、学分、学历等在内的教育合作衔接及跨境人员流动等问题。

图 4-1 “一带一路”跨区域教育合作机制框架

三是循序有效推进“一带一路”跨区域教育合作机制建设。跨区域教育合作机制的建设是一项长期而艰巨的工程，需科学合理而有序地推进。从“一带一路”建设的发展目标来看，未来将建成包含教育合作与交流、学生流动、学历学位认证、联合学位授予、跨区域联合办学等在内的“一带一路”高等教育区，最终纳入欧亚“命运共同体”。首先，循序渐进、由易到难。合作机制的构建是一项长期而复杂的系统工程，应遵循“由近及远、先易后难”的阶段性发展原则。在“一带一路”倡议的总体框架和原则下，结合《关于做好新时期教育对外开放工作的若干意见》、《关于加强和改进中外人文交流工作的若干意见》和《中国教育现代化2035》等文件精神，基于已有的教育合作框架，先在跨境教育合作政策制定、跨境学生流动、教育基础设施建设等容易达成协议的领域开展合作，然后分阶段、分步骤、有计划地实施开展。其次，要抓住关键环节。在整个跨区域教育合作机制框架中，有一些是关键性的环节，如学历资格框架互通机制、学历学位互认体系、跨区域合作质量保障机制、跨区域合作风险规避机制、跨区域合作争端处理机制等，只有处理好这些关键性环节，才能确保整个跨区域教育合作机制建设的成功。最后，要在机制框架搭建的过程中注重整个机制框架的结构设计，关注各分支机制间的协调与配合。例如，目标机制与运作机制的相互照应，保障机制与运作机制的内容呼应，创新机制在其他分支机制中的应用等。

四是充分利用现有机制搭建新的双边及多边跨区域教育合作机制。跨区域教育合作机制建设必须借助现有的双边及多边合作组织，如联合国教科文组织、亚洲开发银行、东南亚国家联盟、南亚区域合作联盟等国际组织的力量，结合现有跨区域和跨国间已经形成的双边及多边协作机制，如“一带一路”教育对话、“一带一路”中欧对话、中美智库“一带一路”对话、“一带一路”学生流动与教育国际化研讨会等现有的双边及多边对话磋商机制，协同推进“一带一路”沿线国家的跨区域教育合作。同时，要充分利用中国—东盟教育交流周，中日韩大学交流合作促进委员会，中日、中韩、中阿等大学校长论坛，中俄大学联盟等已有平台，开展务实教育合作交流；支持在共同区域、有合作基础、具备相同专业背景的学校组建联盟，如在“一带一路”教育联盟、“一带一路”国际医学教育联盟、“一带一路”纺织高等教育联盟、“一带一路”铁路国际人才教育联盟等现有的跨区域教育合作联盟的基础上，逐步搭建新的双边及多边跨区域教育合作机制。

五是在国家框架基础上构建“一带一路”教育共同体，打造“一带一路”高等教育区。随着我国与“一带一路”沿线国家教育互联互通的深入发展，迫切需要在教育规划对接、资源共享中探索新型合作形式，这就要求在新形势下的“一带一路”教育对外开放中，建设由我国主导、各国助力、多方推进的“一带一路”高等教育区。“一带一路”高等教育区作为跨越3个大洲、涵盖65个甚至更多国家的世界上独一无二的高等教育跨境合作区，与已经形成及正在建设的“欧洲高等教育区”“亚太高等教育区”“拉美—欧盟高等教育区”既有相同又有着很大的区别之处。我们可借鉴一些发展较为成熟的跨区域教育合作机制建设的经验，学习其值得借鉴的理念和做法，归纳总结经验和不足，避免出现跨区域教育合作中的常见风险和误区，并将其转化为“一带一路”教育合作长效推进机制的新思路和新举措，搭建“一带一路”高等教育区的建设框架。例如，借鉴欧洲高等教育区的建设经验和运作模式，成立“一带一路”高等教育区的常设机构和专属职能部门，专门负责跨区域教育合作事宜的跟踪、协调、监管和调配等。此外，还可建立“一带一路”高等教育区经费支持与援助支撑体系、质量保障体系、区内学分学位互认体系、区内学历资格框架体系及文凭认可体系等。

第五节　完善跨境办学监管机制

近年来特别是“一带一路”倡议提出以来，包括中外合作办学和境外办学在内的跨境教育成为我国教育改革和研究的热点问题。从2010年颁布的《国家中长期教育改革和发展规划纲要（2010—2020年）》，到2016年颁布的《关于做好新时期教育对外开放工作的若干意见》，再到2019年颁布的《中国教育现代化2035》，我国都把完善跨境教育监管制度，建设好中外合作办学机构和项目，推动我国高水平教育机构海外办学，作为一个重要的政策取向。因此，如何完善体制机制，建立健全监管制度，提高涉外办学的水平，是一个亟待深入研究的课题。放眼世界，在经济全球化浪潮中，随着高等教育国际化程度的加深和通信技术的迅速发展，作为跨境办学重要形式的海外分校获得了快速发展。随着高等学校海外分校的发展，教育输入国开始监管，然而高等学校海外分校的特殊性加剧了输入国监管的复杂性，冲击了传统高等教育单一的监管框架，高等学校海外分校监管逐渐成为国际高等教育关注的焦点。本节拟从教育输入国境内高等学校海外分校的视角，梳理国际视野下跨境办学监管模式的演变，分析国际视野下跨境办学监管模式的类型及其特征，并就“一带一路”倡议背景下我国跨境办学监管路径的选择提出建议。

一、国际视野下跨境办学监管的演变

跨境高等教育是在新航路开辟后西方列强对外扩张，并不断强化对亚非拉国家的文化和教育渗透、加强对殖民地的控制的产物，并随着全球化的深入发展而逐渐成为一种世界性的高等教育形式。教育输入国对境内外国高等学校的监管，经历了从无监管到有监管的历程，并呈现出多种监管模式并存的发展趋势。

（一）无监管期

从新航路开辟至二战结束前，跨境高等教育的主要表现形式是殖民地大学和教会大学。新航路的开辟使世界逐渐连成一个整体，经过第一次工业革命的发展，西方列强因开拓国际市场的需要而逐渐走上了殖民扩张的道路。殖民者为了以思想奴役的方式巩固统治，开始在殖民地建立大学，同时，教会组织为了传播教义和宣扬西方文化，也开始创办教会大学，最初的高等学校海外分校以此为主要表现形式开始兴起。在此时期，作为教育输入国的亚非拉国家无力监管这些殖民地大学或教会大学。

西班牙是最先开展殖民扩张的国家，其殖民的范围包括拉丁美洲、东南亚和非洲部分地区。为了维护其殖民统治，从 1538 年至 19 世纪初，西班牙按照萨拉曼卡大学（Universidad de Salamanca）或阿尔卡拉大学（Universidad de Alcalá）模式在拉丁美洲共建立了 25 所殖民地大学。① 在西班牙殖民菲律宾时期，也在菲律宾建立了殖民地大学。这些殖民地大学完全是“复制”宗主国的大学模式而建立的。西班牙通过设立大学，为皇室和教会培养服务性人才，灌输西班牙文化，巩固其殖民统治。在西班牙之后崛起的英国，为满足资本主义发展的需要，在全球殖民以开拓国际市场，并以其本土大学为范本在南非、印度、新加坡、马来西亚等殖民地建立英式殖民地大学。英国建立的殖民地大学是按照英国大学模式进行管理的，

---

① BERNHEIM C T. La Universidad Latinoamericana ante los retos del siglo XXI［M］. México：UDUAL, 2003：62.

英国“殖民地高等教育大学校际理事会”曾明确指出，马来西亚大学应按照英国大学模式履行教学、科研职能。[①] 19世纪后期，随着资本主义的发展，美国也走上了海外扩张的道路。与西班牙、英国等老牌殖民者一样，美国也在其殖民地菲律宾等地开办大学。为了扩大在国际上的影响力，美国开始在土耳其、埃及、黎巴嫩、中国等国家开办大学。在该时期，美国在海外创办大学，主要是以教会组织为主创办的教会大学，传播基督教教义，宣扬西方文化。此外，葡萄牙、荷兰、法国、德国等国也在其殖民地建立了殖民地大学。

在这个时期，以西班牙、英国、美国为代表所创办的以殖民地大学、教会大学为主要形式的跨境高等教育开始兴起。这些大学多是单独的大学，并不是经济全球化和高等教育国际化语境下的高等学校海外分校。西方殖民者按照其自身高等教育的发展理念、教育模式、运作机制等在亚非拉地区建立大学，提供师资、教材，规定教育内容、教育方式等。高等教育输出国和输入国双方地位极不平等，输入国被动接受输出国的教育输入，办学活动具有很强的政治性和宗教性。当一些殖民地国家实现民族独立后，它们的高等教育也基本继承了当时殖民地大学或教会大学的发展基因。

（二）监管期

二战后，全球意义上的跨境高等教育开始走向快速发展阶段，这时兴办的跨境高等学校既有独立的海外高等学校，也有高等学校海外分校，但是更多的是高等学校海外分校。独立的海外高等学校和高等学校海外分校在办学模式上有一些差别，作为教育输出国在海外办的跨境高等学校在办学模式上又有很多共性。为了表述上的方便，我们将其统称为“高等学校海外分校”。此时，实现了民族独立的殖民地国家开始根据本国经济社会发展和高等教育发展的实际需要，对境内高等学校海外分校实行监管，确保最低水平的教育质量，保护学生权益，维护最广泛的国家利益。从此，海外分校由无监管走向监管，并逐步形成多种监管模式并存的发展趋势。

---

① 张晓昭 . 马来西亚高等教育［C］// 中国地方教育史志研究会,《教育史研究》编辑部 . 纪念《教育史研究》创刊二十周年论文集（18）：外国高等教育史研究 .［出版地不详］:［出版者不详］, 2009 ： 16-18.

1955 年，美国约翰·霍普金斯大学在意大利建立约翰·霍普金斯大学高级国际研究院，这标志着全球意义上的高等学校海外分校出现。但是在 20 世纪 80 年代以前，高等学校海外分校发展缓慢。20 世纪 90 年代以来，在经济全球化的潮流中，高等学校海外分校迅速扩张，数量稳定且发展较快的海外分校输入国主要有阿拉伯联合酋长国、卡塔尔、新加坡、马来西亚等。根据美国纽约州立大学阿尔巴尼亚分校跨境教育研究小组（Cross-Border Education Research Team）和英国无边界高等教育观察组织（The Observatory on Borderless Higher Education）的调研，20 世纪 90 年代中叶至 2017 年 1 月 20 日，全球共 311 所海外分校，与 2000 年底（84 所）相比，增长了 270%；在 311 所海外分校中，248 所在运营中，22 所在筹建中，41 所已经被关闭。运营中的 248 所主要分布在 4 大洲的 73 国，其中亚洲 26 国有 146 所，欧洲 25 国有 61 所，美洲 9 国有 22 所，非洲 13 国有 19 所。①

二战后，许多获得民族独立的教育输入国高等教育发展基础较为薄弱，无法满足日益增长的教育需求，无法实现对国家社会经济发展目标的有效支持，亟须借助高等教育发达国家的优质教育资源带动本国高等教育的发展，一般对境内海外分校采取较为宽松的监管政策，只要通过输出国监管机构认证即可。因此，教育输入国为保障本国高等教育的质量而逐步加强监管，特别注重过程性监管和退出惩罚机制的构建。

至 21 世纪初，教育输入国对境内高等学校海外分校的监管呈现出多种监管模式并存的特点。2005 年，无边界高等教育观察组织学者在《跨国高等教育监管框架：模式与趋势》中，按照法律框架将跨境办学的监管模式分为六类，即无监管型（No Regulation）、自由型（Liberal）、相对自由型（Moderately Liberal）、自由向限制转换型（Transitional：Moving from Liberal to More Restrictive）、限制向自由转换型（Transitional：Moving from Restrictive to More Liberal）、严格限制型（Very Restrictive）。严格限制型又包括限制开办型（Restrictive Regulations Concerning Permission to Operate）和不予承认型（Recognition for Qualifications Obtained Through Transnational Provision is

① Cross-Border Education Research Team. Branch campuses [EB/OL] . [2018-10-27] . http://cbert.org/branch-campus/.

Virtually Impossible)。[①] 不同的监管模式是由各教育输入国国家政策的发展目标、高等教育系统的发达水平、高等教育质量保障机制的完善程度、国家教育资源充足与否、对外来教育提供者的认识等多种因素相互作用、共同形塑的结果。

二、国际视野下跨境办学监管模式的类型及其特征

上文已经讲到无边界高等教育观察组织按照法律框架将跨境办学的监管模式分为六种类型，下文简要分析无监管型、自由型、相对自由型、自由向限制转换型、限制向自由转换型、严格限制型等六种跨境办学监管模式的特征，并以代表性国家为例进行具体说明。

（一）无监管型（自由放任型）

采用无监管型监管模式的输入国未制定专门的监管政策，未建立全国性的监管机制对境内海外分校进行认证，外来教育提供者无须在当地教育主管部门注册就可以办学。这种模式通常是默认型监管模式（a default regulatory model）。也有个别国家对海外分校整体上没有监管，但也不认可海外分校颁发的某些学位，是一种非完全秉持“自由放任”（laissez-faire）的态度。目前，此类国家多存在海外分校数量少、经费限制等多种不同的情况，导致其制定监管框架的进程受到阻碍。近年来，随着外来教育提供者的增多，这类国家也面临建立监管机制的压力。代表性国家有尼日利亚、奥地利、印度尼西亚、丹麦、法国、西班牙、老挝、马耳他、墨西哥、巴拿马、俄罗斯、葡萄牙、塞尔维亚、斯里兰卡、乌干达等。

以尼日利亚为例。尼日利亚曾为英国殖民地，1960 年独立后其政治经济环境仍不稳定，教育资金匮乏，高等教育体系脆弱且入学率持续攀升，“人才外流”情况严重，教育不公平问题突出，这些阻碍了其高等教育的发展。因此，尼日利亚开始引进国外资源，满足国民需求，促进教育公平，培养优秀人才，提升高等教育能力建设。[②] 尼日利亚国家大学委员会

---

① VERBIK L，JOKIVIRTA L. National regulatory frameworks to transnational higher education：models and trends，Part 1［R］. The Observatory on Borderless Higher Education，2005：6.

② 同①8.

（National Universities Commission）监管国内所有高等教育，却未规定境内海外分校的质量保障机制，缺乏国内监管框架，极易导致低质量教育提供者进入当地。对此，尼日利亚政府表示，未来境内海外分校须满足国家大学委员会制定的《尼日利亚大学专业最低学术标准》（Minimum Academic Standards of Programmes in Nigeria Universities）。[①] 21 世纪以来，尼日利亚高等教育进入快速发展期，教育质量备受关注，未来当地将对境内海外分校实施监管，保障教育质量。[②]

（二）自由型

采用自由型监管模式的输入国希望通过引进国外资源，满足国内高等教育需求，提升高等教育能力建设，要求境内海外分校满足基本的要求，即通过输出国或国际权威机构的认证，当地没有专门的监管机制，但要在当地教育主管部门注册或获得办学许可权。此类国家监管境内海外分校的法律规定较为模糊，监管方式也因国而异，如联合办学（joint venture）、股权限制（shareholding limitations）等，但都提供相对宽松的办学环境。代表性国家有拉脱维亚、阿根廷、巴林、爱沙尼亚、芬兰、立陶宛、新西兰、荷兰、波兰、挪威、秘鲁、罗马尼亚、斯洛文尼亚、瑞典、瑞士等。

以拉脱维亚为例。拉脱维亚在 1991 年苏联解体后开始社会转型，经济发展缓慢、政局不稳，影响了教育发展。20 世纪 90 年代以来，国内教育资源匮乏，国民教育需求强烈，受苏联教育体制的影响，院校管理机制僵化，当地视跨境教育为解决国内高等教育问题的重要手段，积极引进国外资源，并使监管强度最小化。拉脱维亚未明确规定外来教育提供者的来源和性质问题，但高等教育法规定外国高等教育机构须满足高等教育法的要求[③]，满足《内阁监管条例》（The Cabinet Regulations）的标准后通过国

---

① UNESCO. First global forum on international quality assurance, accreditation and the recognition of qualifications in higher education [EB/OL] . [2018-12-20] . https://unesdoc.unesco.org/ark:/48223/pf0000131402.

② The Observatory on Borderless Higher Education. Recent developments in Nigeria:international recruitment, sector-wide accreditation process and latest transnational establishments [EB/OL] . [2019-02-17] . http://www.obhe.ac.uk/documents/view_details?id=354.

③ 顾建新 . 跨国教育发展理念与策略 [M] . 上海：学林出版社，2008 ：167-168.

家教育发展局（The State Education Development Agency）的许可[①]，才能合法地在当地建分校。外来教育提供者根据《高等教育院校法》（The Law on Institutions of Higher Education）在高等教育院校注册系统（The Register of Higher Educational Institutions）注册[②]。国家教育质量服务局（State Service of Education Quality）依据《欧洲资格认证框架》（The European Qualifications Framework）对境内海外分校授予学位的资格进行认证。[③]

（三）相对自由型

采用相对自由型监管模式的输入国希望通过引进国外教育资源来扩大高等教育入学机会，同时通过适度监管保障教育质量，保护受教育者的合法权益，维护国家利益。教育输入国鼓励外来教育提供者前来建分校，但对开放国内高等教育市场却持谨慎态度。境内海外分校需通过当地认证，从强制注册到正式评估不一，监管措施多样，但监管程序简单。代表性国家和地区有新加坡、澳大利亚、孟加拉国、中国、中国香港、埃及、匈牙利、以色列、牙买加、科威特、巴基斯坦、越南等。

以新加坡为例。新加坡期望通过引进世界一流大学以提升本国的高等教育能力建设，打造“区域教育中心”，带动教育输出。因此，政府通过“十所顶尖级大学计划”（Top 10 Universities Project）和“环球校园计划”（Global Schoolhouse Project）鼓励世界一流大学在当地建分校。根据新加坡的跨境教育监管框架，外来教育提供者应先到会计与公司监管局（Accounting and Corporate Regulatory Authority）注册公司，再向教育部（Ministry of Education）提出建校申请，申请通过后，获得当地办学权，最后到私立教育委员会（Committee for Private Education）注册成立私立教育机构。正式办学后，新加坡将境内的海外分校纳入私立教育系统统一监管。根据《大学自治法案》（The University Autonomy Bill），新加坡政府在确保境内海外分校发展与国家

---

① The State Service of Education Quality. Registration of a higher education institution［EB/OL］.［2018-12-27］. https://ikvd.gov.lv/en/registration/registration-of-a-higher-educational-institution/.

② 同①.

③ The State Service of Education Quality. Quality assurance：implementation of European Quality Assurance Reference Framework for Vocational Education and Training（EQARFVET）［EB/OL］.［2018-12-27］. https://ikvd.gov.lv/en/accreditation-and-quality-assurance/quality-assurance/.

优先发展战略协同的情况下，给予境内海外分校一定的办学自主权。在过程监管中，新加坡一般不对境内海外分校采取强制性的监管措施，如实行的教育信托认证计划（The Edu Trust Certification Scheme），该计划是一项质量保障计划，教育信托认证坚持“自愿申请”的原则，提供可信任的质量标志，协助新加坡私立教育界中（含境内分校）办学质量较高的教育机构凸显它们的地位。[①] 该认证由私立教育委员会负责实施，且与政府的激励措施相结合，获得“教育信托认证资格”的境内海外分校具有招收国际生的资格，而且国际生也能获得移民与关卡局发放的移民证。[②] 一般来说，政府对境内海外分校完成注册审批后坚持“自负责任、自负盈亏、自主办学、加强监督”的监管原则[③]，授予的学位是否获得认可则取决于当地市场。此外，新加坡强调通过政府各部门间的分工合作实现对境内海外分校的共同监管，且监管过程中注重保护学生利益，如制定了《学费保障计划》(Fee Protection Scheme)。

（四）自由向限制转换型

采用自由向限制转换型监管模式的输入国对境内海外分校的监管逐步加强，且监管环境总体趋向严格。输入国将境内海外分校纳入当地私立教育系统且进行统一监管，强制它们在当地注册或通过当地权威监管机构的认证，设定国内外教育机构合作办学的质量标准，且对它们实施院校审核。代表性国家有马来西亚、印度等。

以马来西亚为例。1991 年，马来西亚提出了《马来西亚 2020 发展规划：前进之路（2020 年愿景）》[Malaysian : The Way Forward（2020Vision）]，力图在 2020 年把马来西亚建成全面发达的国家（Fully Development Nation）。为了实现主要目标，1994 年马来西亚积极引进海外教育资源，允许外来教育提供者在当地建立高等学校海外分校，并对海外分校采取宽松自由的监管政策。1996 年，马来西亚联邦政府颁布第七个《国家五年计划（1996—2000）》，提出要将马来西亚建成地区教育中心（Regional Education Hub），

① Committee for Private Education. Private Education Act&Edu Trust Certification Scheme [ED/OL]. [2018-04-13]. https://www.cpe.gov.sg/qql/slot/u754/FOR%20PEIS/EduTrust%20Certification%20Scheme/information/EduTrust%20Guidance%20Document%20Version%203.pdf.

② 郭丽君. 中国跨国高等教育质量保障体系研究 [M]. 北京：社会科学文献出版社，2014：84.

③ 顾建新. 跨国教育发展理念与策略 [M]. 上海：学林出版社，2008：196.

并把引进高等学校海外分校作为建设地区教育中心的重要途径。截至 2007 年，马来西亚引进了 7 所高等学校海外分校，但是其中两所很快被迫关闭。于是，马来西亚开始反思如何促进境内学校海外分校的可持续发展，为当地提供高质量的教育，促成教育中心的建设。2007 年，马来西亚高等教育部（Department of Higher Education）发布《面向 2020 年国家高等教育战略规划》（National Higher Education Strategic Plan 2020），该规划明确提出将马来西亚建成地区卓越教育中心（Regional Education Hub for Excellence）。随着战略目标从教育中心向卓越教育中心的转变，马来西亚要求境内高等学校海外分校为其提供优质的高等教育。2007 年，马来西亚政府颁布《马来西亚资格管理署法》（Malaysian Qualifications Agency Act 2007）明确规定，境内高等学校海外分校与当地的私立高等教育一样，要接受马来西亚国家学术鉴定局（Malaysian Qualifications Agency）的认证和院校审核，且只有根据马来西亚资格框架（Malaysian Qualification Framework），在马来西亚国家学术鉴定局注册后，其授予的学位资格才被当地认可。马来西亚所采取的措施都旨在进一步加强对境内海外分校的监管，促进其稳健、高质量地发展，以增强当地高等教育的能力建设，提高国家的研究和创新能力，进而为马来西亚“2020 年建成全面发达国家”目标的实现提供智力支持。

（五）限制向自由转换型

采用这种监管模式的输入国对境内海外分校的监管在总体环境上更趋宽松，法律法规限制减少，且认可它们授予的学位（需满足一定的条件）。当地通过出台优惠政策（如减免税收）、提供便利条件（如简化注册程序）、设置特别区（如韩国仁川经济自由区）等方式鼓励外来教育提供者前来建分校。当地减少对外来教育提供者前来办学的限制，但并不意味着降低监管标准，外来教育提供者仍要遵循如正式开展办学活动前的注册等要求。代表性国家有日本、韩国等。

以日本为例。20 世纪 80 年代，日本允许外来教育提供者在当地建分校，但不认可它们颁发的学位，这也是发展至 20 世纪 90 年代美国在日分校被关闭的主要原因。目前，日本少子化问题突出，18 岁人口数的下降使高校间生源竞争日趋激烈，迫使日本私立院校招收海外学生。2003 年，日本实现了留学生达到 10 万人的目标，且政府再次降低留学日本的标准。2004 年日本教育部实施全面改革，给予高校更多的自治权。[①] 日本的这些做法为跨境教育的发展提供了有利条件，然而境内海外分校仍面临学位不被认可的问题。2003 年，日本文部科学省组成的小组向文部科学大臣提议应对跨境教育的资格认可做出规定。2004 年 12 月，日本对境内海外分校学位认可的要求做了说明，要求在日分校所提供的教育服务应与母体高校等同（或具有可比性），且要通过当地权威监管机构的认可，随之首次公布了境内海外分校资格认可的框架。[②]

（六）严格限制型

采用严格限制型监管模式的输入国对境内海外分校持消极态度，严格限制他们在当地办学，主要是为了保护本国的教育主权，防止传统文化或宗教受到外来教育提供者的异化。然而，输入国并不是完全阻止外来教育提供者在当地建分校，而是根据自身高等教育发展的实际，适时引导它们发展。该模式包括限制开办型和不予承认型两种。

1. 限制开办型

采用该模式的输入国对外来教育提供者在当地建分校实施强制性的监管措施且要求它们是非盈利、非宗教性的机构，同时要求它们通过本国及当地权威监管机构的认证。即使在输出国以“大学”命名的外来教育提供者，在输入国所建的分校也不能以“大学”命名。代表性国家有南非、保加利亚、塞浦路斯、阿拉伯联合酋长国等。

以南非为例。根据 1997 年南非《高等教育法》（Higher Education Act），外来教育提供者须先在公司注册局注册公司，再到高等教育与培训部（Department of Higher Education and Training）注册成立私立教育机构，在当地开展办学活动才具有合法性，且政府将其纳入私立高等教育系统，采用与监管当地私立高校同样的质量标准和监管框架监管当地分校。2010 年，南非政府颁布《高等教育法修正案》（The Higher Education Laws Amendment Act），其中第 3 条赋予教育部部长更多监管境内海外分校的权

---

① 曾小军 . 日本高等教育国际化：动因、政策与挑战［J］. 高教探索，2017（6）：86-90.

② OHMORI F. Japan's policy changes to recognize transnational higher education: adaptation of the national system to globalization?［EB/OL］.［2018-12-09］. http://www.obhe.ac.uk/documents/view_details?id=50.

力。同年，南非根据修正案，基于目前境内海外分校教育质量的实际，实施更加严格的监管，将它们整合到单一的高等教育系统之中，要求提供与公立高校同等质量的教育。在办学过程中，高等教育质量委员会（Council on Higher Education）要对境内海外分校实施认证、院校审核和国家评估，且每6年一次持续进行。同时，政府要求境内海外分校每年搜集与教师、学生人数相关的数据，以及资格证书、专业设置、学生成绩等方面的信息，并提交至教育部，教育部以此为依据，分析它们的发展状况并实施动态性监管。① 已通过高等教育质量委员会认证的境内海外分校根据国家资格框架（National Qualifications Framework）在南非资格局（South African Qualifications Authority）注册后，所授予的学位才被认可。并且，南非专门立法保护“大学”名称的使用，1999年南非教育部规定，禁止境内海外分校用“大学”命名。② 此外，政府不为境内海外分校提供办学资金支持，也不为其在校生提供奖学金、助学金资助。

2. 不予承认型

采用该监管模式的输入国允许外来教育提供者在当地建分校，但境内海外分校的办学活动常游离于当地高等教育监管框架之外，且当地政府不承认它们颁发的学位。代表性国家和地区有希腊、比利时（法语区）等。

以希腊为例。根据希腊宪法，高等教育由国家提供，而私立高等教育和跨国高等教育则由商务部（The Ministry of Commerce）管辖③，私立教育机构（含境内海外分校）提供的教育服务，其法律地位和办学方式属于非正规教育范畴④。政府允许外来教育提供者在当地建分校，且只有与当地私立院校合作办学，才具有学位颁发权，但政府并不认可它们授予的学位。

综上所述，教育输入国对外来教育提供者在当地建分校有着不同的态度和监管模式，每一种监管模式都有不同的特征，但也不是与其他模式截然分开的。一个国家和地区具体采用哪一种监管模式，与这个国家的历史

① 陈大立．略论中外合作办学监管体系的建立［J］．政法论坛，2013，31（2）：167-172.

② 吴岩．国际高等教育质量保障体系新视野［M］．北京：教育科学出版社，2014：193.

③ VERBIK L，JOKIVIRTA L. National regulatory frameworks to transnational higher education：models and trends，Part 2［R］. The Observatory on Borderless Higher Education，2005：10.

④ 刘承波，范文曜．希腊高等教育：政府举办与学校自治［J］．比较教育研究，2007（4）：84-89.

传统、政治生态、行政管理体制、社会经济发展水平、高等教育发展水平、国家战略等因素有着密切的联系。在不同的时期，输入国对境内海外分校采用的监管模式可能随着国家监管理念的变化、经济发展、文化需要、高校变革等因素而持续地变动和微调，但都旨在通过监管引导它们与国家政策发展相适应，促进它们的可持续发展。通过比较各种监管模式可以发现，适度监管和严格监管是教育输入国经常采用的监管模式，但也并非普适模式。一般而言，教育输入国对境内海外分校加强监管，并不是完全限制它们在当地开展办学活动，而是把海外分校纳入国家整个高等教育体系之中，规范其办学，提高其质量，使其更好地为国民提供接受优质高等教育的机会，促进社会经济的可持续发展。

三、“一带一路”背景下我国跨境办学监管路径的选择

进入21世纪以来，无论是在我国国内的中外合作办学大学还是我国高等学校“走出去”办学，都有了较快的发展，我国如何监管中外合作大学，我国高等学校“走出去”如何适应国外的海外分校监管制度，都是需要深入研究的课题。国际上跨境办学典型监管模式的做法，可以为解决我国跨境办学监管过程中存在的问题提供借鉴，我国必须根据我国高等教育发展的需要完善对中外合作大学的监管，并认真研究各教育输入国的海外分校监管制度，制定可持续发展的境外办学监管策略，探索具有中国特色兼与国际接轨的中外合作大学和境外办学监管框架。

（一）加强中外合作办学监管

改革开放以来，中外合作办学不断繁荣发展，截至2018年6月，中外合作办学项目和机构（含中国内地与香港合作办学项目和机构）共有2 342个，其中本科以上的有1 090个。[①] 自2004年我国第一所具有独立法人资格的中外合作办学机构——宁波诺丁汉大学建立以来，目前已有宁波诺丁汉大学、苏州百年职业学院、郑州亚欧交通职业学院、北京师范大学—香港浸会大学联合国际学院、西交利物浦大学、上海纽约大学、昆山杜克大学、

① 中国政府网．教育部批准终止234个本科以上中外合作办学机构和项目[EB/OL].[2018-10-18]. http://www.gov.cn/xinwen/2018-07/04/content_5303515.htm.

温州肯恩大学、香港中文大学（深圳）、广东以色列理工学院、深圳北理莫斯科大学、福州墨尔本理工职业学院等12所中外合作大学。

中外合作办学是我国扩大教育开放的产物，旨在通过引进国外优质教育资源，带动我国高校的教育教学改革。按照国际上的监管类型划分，我国作为跨境教育输入国，对跨境办学的监管属于相对自由模式，这在我国引进国际优质教育资源的初期是必要的。但是，从现有的12所中外合作大学的发展情况来看，由于国际资本的趋利性，这些学校对基础学科知识教学不足，对科学研究知识涉猎不深，基本上是开设热门专业，实行高收费，而且基本上与其他高校没有多少实质性的联系，形成一座座高等教育“孤岛”，并未给我国高等学校的教育教学改革带来明显的影响。因此，适度加强对中外合作大学的监管，引导中外合作大学健康有序发展，是摆在我们面前的一项重要任务。

首先，进一步完善中外合作大学准入机制，坚持引进国际优质教育资源开展合作办学。自从开展中外合作办学以来，我国一直坚持“强强合作、典型示范，真正引进强校、名校”的原则。在我国高等教育资源整体上不再短缺的情况下，我国必须根据国家教育发展需求，真正吸引一批世界一流高等学校和研究机构与国内相关学校合作，建设一批高水平中外合作办学机构，形成一批国际化优质高等教育资源。为此，我国应该加强对国际优质教育资源的评估，建立国际优质教育资源清单，由地方教育主管部门邀请清单中的世界一流大学和职业院校合作办学，严禁劣质教育资源进入我国。在目前具有独立法人资格的12所中外合作大学中，只有3所职业院校。在我国高等职业教育相对落后、吸引力不足的情况下，我们应该更多地引进一些世界一流的高等职业院校。

其次，进一步完善中外合作大学管理制度，充分发挥国际优质教育资源的改革示范作用。改革开放40多年来，我国高等教育事业发展取得了辉煌的成就，2019年全国共有普通高等学校和成人高等学校2956所，各类高等教育在学总规模达到4002万人，高等教育毛入学率达到51.6%。[①] 如何从一

① 中华人民共和国教育部.2019年全国教育事业发展统计公报［EB/OL］.［2020-05-20］. http://www.moe.gov.cn/jyb_sjzl/sjzl_fztjgb/202005/t20200520_456751.html.

个高等教育大国变成高等教育强国，是我国高等教育改革的一个重要目标，而中外合作大学正是我国实现这个转变的一个重要手段。我们不仅应该引进国际优质教育资源，而且应该在经费来源、管理体制、使命职责、办学层次、专业设置、招生制度、课程设置、质量标准、学位授予等方面制定明确的规定，进一步完善中外合作大学管理制度，克服国际资本的趋利性导致的中外合作办学层次低、忽视基础学科和科学前沿研究的现象，使中外合作大学真正成为国际优质教育资源的提供者。同时，加强中外合作大学与我国本土大学的合作与交流，把一座座“孤岛”变成一座座“灯塔”，发挥其在我国高等教育改革发展中的辐射作用，为我国高等教育改革发展，特别是在办学理念、内部治理体系、教学模式与方法改革方面提供经验借鉴。

最后，进一步完善中外合作办学评估制度，建立中外合作大学退出机制。评估是监管制度的重要组成部分，是提升中外合作办学质量、保障中外合作办学健康有序发展的重要途径。我们应该借鉴国际跨境教育监管的经验，建立自我评估、社会评估和政府认可相结合的中外合作办学评估制度，定期对中外合作大学的教育质量、科研水平、社会服务、财政状况、与我国本土高等学校的合作交流等方面的达成情况进行评估。同时，我们应该建立中外合作大学退出机制，对于教育质量低下、财政状况不佳、不遵守办学承诺和我国中外合作大学管理制度者，按照一定的程序使其转制甚至退场，保护受教育者的利益，维护中外合作办学的秩序。

（二）制定可持续发展的境外办学推进和监管策略

我国跨境高等教育的发展采取“请进来”与“走出去”双向发展的道路，我国在国内积极发展中外合作办学的同时，也积极推动高等学校“走出去”，到境外开展跨境办学。截至 2018 年 6 月，全国 21 个省、自治区、直辖市的 84 所高校开展了 128 个境外办学项目（机构），其中，项目 118 个，机构 10 个。[①] 机构包括大连海事大学斯里兰卡校区、老挝苏州大学、厦门大学马来西亚分校、云南财经大学曼谷商学院、同济大学佛罗伦萨校区、浙江大学帝国理工联合学院、北师大 - 卡迪夫中文学院、北京语言大学东京学院、清华大学全球创新学院、北京大学汇丰商学院牛津校区等。

---

① 姜泓冰 . 高校境外办学研讨会举行［N］. 人民日报，2018-07-04（12）.

随着“一带一路”倡议的深入实施，越来越多的国家希望我国去办学，如巴基斯坦、哈萨克斯坦等多个国家已向我国发出办学邀请。《中国教育现代化 2035》提出要在“一带一路”教育行动中积极稳妥推动职业学校、高等学校与企业共同“走出去”，共建一批人才培养、科技创新和人文交流基地。面对越来越多的高等学校到境外办学，如何制定可持续发展的境外办学推进和监管策略，已经变得日益迫切。

首先，加强对教育输入国跨境办学监管制度的研究，有针对性地推进我国高等学校的境外办学。如上所述，教育输入国对跨境办学的监管模式有多种类型，每一种跨境办学监管模式都有不同的特点。实际上，即使是属于同一种类型监管模式的国家，其监管制度和政策也不尽相同。我国推动高等学校开展境外办学，必须掌握教育输入国的境外办学监管制度和政策，整体把握教育输入国对外来教育提供者在当地建分校的态度，然后决定是否在该国办学及是否采取推进策略。推进境外办学不仅要求考虑教育输入国的境外办学监管制度和政策，而且要对该国的政治、经济、外交、文化、宗教、法律、海关、税收等各方面进行风险综合评估，全面论证在当地办学的可行性，并针对办学中的潜在风险和可能遇到的问题做好应急预案。

其次，加强对我国高等学校境外办学的质量监管，形成“走得出、留得住、办得好”的可持续发展的境外办学格局。我国应该制定“高等学校境外办学管理办法”，具体规定境外办学的准入标准、管理体制、学生入学资格、课程设置、学制、学位授予、质量保证、经费来源、师资队伍、退出机制等问题。特别需要指出的是，现在的高等教育输入国都特别重视优质教育资源的引进和海外分校的办学质量，同时，高等教育输出国也都特别强调境外办学的质量标准，保证境外办学的教学水平和教育质量与国内保持一致，保障本国高等教育的声誉。总的来说，我国高等学校的境外办学还处于探索阶段，高等教育质量和国际声誉也处在不断提升的时期。我国高等学校到境外办学，即使是在高等教育发展水平较低的发展中国家办学，也要坚持高质量、高标准，从而维护我国高等教育的国际声誉和国际竞争力，保障境外办学的健康、有序、可持续发展。同时，我国高等学校境外办学的监管，涉及教育部、外交部、公安部、司法部、文化和旅游部、海关总署、税务总局、外汇局等政府各部门，因此必须建立各部门间的有效协作机制，统一部署兼顾各部门合理分工。

第六节 建立教育合作与交流的风险规避机制

“一带一路”倡议的推行在为我国及沿线国家带来发展机遇的同时，也不可避免会遇到区域政治、舆论传播、社会文化等方面的阻力及风险。“一带一路”涉及60多个沿线国家，人口总量达到40多亿，这些国家和民族在历史上创造出形态不同、风格各异的文明形态，是人类文明宝库的重要组成部分，各种文明混合带来的复杂生态使得这个地区的文化异常丰富。同时，“一带一路”沿线区域也是全球宗教和民族分布最为复杂的地方，既是世界上几乎所有重要宗教的发源地，也是众多民族此起彼伏跃入历史舞台的场所。因此，我们需要警惕复杂的国际国内环境给教育开放带来的风险与挑战，在研判和分析机遇与风险的基础上建立风险规避机制，精准施策，发挥“一带一路”互惠共赢的政策效应。

一、“一带一路”教育合作与交流面临的风险

（一）区域政治风险

“一带一路”倡议涉及的国家众多，政治体制多元，情况复杂，因此，政治风险的存在对“一带一路”教育合作与交流形成潜在风险。例如，某些沿线国家政治体制多元化，加之近些年来不断发生政治事件，政坛的变动会影响国家的外交方针和国内主流民意，而这种转变有时幅度会很大，甚至是反转，会对国内教育政策的制定和对外交流造成严重影响。而且，沿线国家政情也会影响项目的开展和进度，有些国家社会动荡，效率低下，监管体制滞后，会给项目的合作和开放带来挑战。某些国家的权力核心层对“一带一路”倡议存在顾虑和质疑。因此，“一带一路”倡议的实施，尤其是涉及对外投资的教育合作与交流，须谨慎分析不同地域和国家的政治背景及历史发展脉络，避免政治因素对“一带一路”倡议的开展造成阻碍甚至是破坏。

（二）国际舆论风险

教育领域的合作与交流必须正视国际舆论的影响。“一带一路”倡议下

的教育合作与交流涉及诸多沿线国家，合作项目涵盖基础教育到高等教育不同层次，在国际舆论方面不仅要充分重视一些恶意的舆论攻击，自身在对外宣传方面也须充分重视单向教育话语可能存在的风险，要加强教育领域的对外传播能力，打造一套既反映中国发展特质又能与世界多元价值沟通的话语体系。

（三）教育涵量风险

教育对外开放的核心任务和目标实际上离不开提升自己的教育质量和涵量，无论是海外办学、吸引留学生、为沿线国家培养人才，还是双边和多边教育合作与交流，都离不开本国教育质量的支撑。我国教育发展水平近些年在改革中实现稳步提升，但在承载“一带一路”教育开放行动中仍然存在风险和挑战。一是尽管国家鼓励大学建设海外分校，实现高等教育资源的影响力外延，但在实际操作中尚缺乏详细完善的制度保障，如对公立大学国有资产的管理规定等，也缺乏良好的实践经验。二是“一带一路”建设涉及的对外开放前沿地区是枢纽地区，教育资源不充足，质量有待进一步提高。例如，新疆作为对接中亚地区的重要窗口和阵地，自身教育涵量不足。地区内的新疆大学和新疆师范大学尽管在语言培训、地缘位置、前期交流方面有些优势，但要作为承载面向中亚等地区教育合作与交流的枢纽，面临自身能力不足的问题。三是我们为沿线国家培养工程师等高层次专业人才，相比发达国家的优势还不是很突出。我们要反思如何让中国成为沿线国家学生选择留学的首选目的地国。从目前沿线国家学生来华留学来看，语言学习仍占很大比例，专业类和学历生比例较小。这意味着我国高校国际化的内涵发展方面仍比较弱。四是受传统社会文化和教育体制影响，职业类院校和应用型高等院校的发展始终受限，职业教育和技术教育在国民教育体系中始终处于较低的话语地位。这对于“一带一路”所需的专业技术类人才及技工和高素质工人的培养、输出和来华留学培训等，都带来挑战。五是在教育对外开放中需要妥善处理好高等教育的大众化和国际化的问题。国际需求和国内需求需要同步关照，适时相融。

二、建立教育合作与交流的风险规避机制

在实现“一带一路”教育开放过程中，面临区域政治风险、国际舆论

风险、教育涵量不足等风险与挑战。为保障“一带一路”倡议的平稳有效实施，我国应该建立教育合作与交流的风险预防和救济机制、信息公开与共享机制、风险共担机制、国际国内双循环机制等风险规避机制。

（一）建立风险预防和救济机制

我国要依据“一带一路”沿线国家的政策、社会、资源等具体条件，完善我国与沿线国家开展教育交流与合作的配套机制，构建风险预防、转移和救济三位一体的保障机制。在风险预防方面，要积极借助国际组织或中间力量，发挥风险预防与缓冲作用。在风险转移和救济方面，教育领域在对外交流过程中，要多加运用柔性的外交力量，如教育文化交流；要注重交流双方的共赢而非单方受益，讲求开展项目的实效性、灵活性和可持续发展性。

1. 借助国际组织实现风险预防

通过国际组织参与“一带一路”项目的实施，不仅可以有效借鉴其在国际教育援助项目过程中的成功经验，还可以最大限度地实现项目的风险控制，这种第三方参与的多边项目管理与实施机制目前已经在基础教育的对外合作中凸显成效。在基础教育领域，可以充分借助当前我国在国际组织开展的测试项目中取得的优秀成果增强我国的教育话语权和影响力，如上海在经合组织主导开展的国际学生评估项目（PISA）、教师教学国际调查（TALIS）中取得的成绩举世瞩目，其教师发展经验、教学模式、课程编写等都构成了卓越的上海经验或上海模式。英国希望不断加强与上海基础教育的合作，从上海引入数学教师和教材已经说明上海模式具有优越性和国际性，可以与国际社会共享资源。因此，在未来我国可以借助经合组织的基础教育国际测评产品加强与“一带一路”沿线国家的基础教育领域项目合作，包括学生交流、教师培训、教师访学等。尤其是对于一些基础教育较为落后的国家，可以开展培训对接项目。这种基于国际测评结果的推广模式和教育交流，一方面本身具有很强的合理性，有广泛的国际认知基础、接纳度和融合性，开展起来难度小，而且受欢迎程度高；另一方面，基础教育的学科教学交流和教师培训是各国教育领域的共同事业，符合各国国家利益。在国际组织的框架下，还可以合理、高效地发挥我国教育的世界影响力，这对提升我国国际影响力和文化软实力具有重要意义。例如，在世界银行发布的《2018年世界发展报告：学习 实现教育的愿景》中，提到我国中小学教师教研模式非常值得推广。这也进一步启发我们未来要不断注重教育领域中国经验的国际推广，为沿线国家民心相通发挥作用。

2. 重视已有多边机制的风控作用

教育交流合作项目应有效借力目前已有的双边和多边对外文化交流平台，实现教育项目开展可能出现的风险救济。例如，在国家层面，可以借助上合组织、中国—东盟合作框架、中国—中东欧国家合作框架、亚欧会议、欧亚论坛、东亚峰会、大湄公河次区域机制、金砖机制、孟中印缅论坛等，发挥人文先行、人文入心和人文融合作用。教育本身属于文化传播的重要载体和机制，对于加强沿线国家人民和我国彼此的理解，凝聚发展共识，传播中华文化具有重要意义，也是强化“一带一路”倡议社会根基的重要举措。在地方层面，相关城市可以持续通过友好城市机制开展教育文化交流，激发城市之间和学校之间交流的灵活性。合作主体要尽量与当地已有合作框架相兼容，以保证项目开展的稳健性、节俭性和可持续性。总之，我们可以依靠目前已经发展成熟的、有经验的国际多边合作机制，充分发挥多边机制既有的法律法规风险控制作用，服务教育项目的平稳运行。

3. 加强国际理解教育

风险预防离不开国际理解教育。如何消除别国疑虑，营造有利于发挥“一带一路”主导作用的环境，得到各方理解与支持是最重要的。在国际合作框架和平台下，教育领域要重视国际理解教育的开展。国际理解教育就是要寻求不同国家和民族之间的共性和差异，尊重多元价值观和文化，增进不同文化间的互相理解。因此，国际理解教育应当在各级各类教育、对外办学、教育交流等项目中得到体现，让学生充分了解各国社会文化，让留学生对我国了解更为深入。在教育交流上，可以以点带面，有轻有重，发挥榜样国家的作用。和与我国有着长期友好关系的国家开展旗舰项目，树立榜样作用，进而发挥好试点带动作用，带动地区发展。教育也具有舆论作用和效应，可以通过“心口相传”实现“润物细无声”的效果。未来我国应当借鉴国际经验，在舆论方面加强主动性，深度挖掘并加强教育的舆论价值体现，引导世界认识真实的中国。

4. 广泛开展实用学科合作

教育领域对外合作交流的风险与项目本身的性质不无关系。从本质上讲，教育是一个涉及意识形态问题的领域，尤其是教育领域中的人文社会科学，意识形态更为明显。所以，教育领域在与沿线国家的教育项目合作上，应尽量选择实用学科，主要将理工医科作为重要合作范围，这也符合“一带一路”项目开展所需。在理工医科的合作方面，要将不同国家开展的基建项目、外交合作项目、援助项目等统整为一体，形成合力，发挥最大影响力。我国每年派往非洲的医疗队在非洲地区建立了很好的口碑，基于此，教育领域可以选择与非洲国家的大学或相关组织合作开展医学相关的教学和科研活动，或建立中国海外医学教育机构，或在孔子学院中整合这一项目。国内大学应该逐步突破境外办学瓶颈，在海外办学走实用、专业、特色路线，如针对非洲艾滋病突出的情况，开展专项教育基地建设。同时，在中医纳入世界卫生组织全球医学纲要的契机下，发展国内中医教学教育力量，以医科大学和中医药大学为主，在非洲国家设立医学基地援建项目。2015 年亚吉铁路（埃塞俄比亚至吉布提标准轨距铁路）的开通，见证了中国铁路的“走出去”。该铁路从建设到通车，从设备到人员培训均由中方承担，采取了中国标准，体现了中国特色。国内以工科见长的大学和学科可以在类似项目基础上，积极展开铁路工程教育交流项目。如在埃塞俄比亚境外办学项目方面将铁路学校办好，加强铁路配套项目所需人才的培训交流合作。依赖实用学科开展教育交流合作，可以最大程度上符合沿线国家最迫切的发展需求，尽可能减少由于政治、文化和宗教带来的潜在风险。

（二）建立信息公开及共享机制

打造“一带一路”沿线国家的信息共享系统，采集、分析、处理和反馈教育合作与交流过程中的信息，可以避免因信息滞后带来的损失。“一带一路”倡议下的教育合作与交流面临复杂的各国政治、文化、民族、宗教等背景因素，教育合作与交流不仅需要建立双边信息共享机制，还应尽可能促成多边信息公开平台的建设，使项目的参与方可以及时了解不同国家的社会发展情况与教育需求，同时，发挥信息平台的项目过程监测机制，服务教育交流的顺利开展。

1. 建立教育项目监测机制

我国在“一带一路”沿线国家开展教育合作及援助项目时，应在前期做好调研工作，评估合作项目的短期及长期可行性。在教育援助资源分配的过程中，要注重资源配置和效能增长，保证教育援助的资金和教育资源创造社会价值；要注重合作资源分配比例的调配，选择更为有效的合作机构。例如，开展教育援助工作，首先应考虑受援国的整体发展情况，将资源向最需要的国家和地区倾斜，及时调整受援国教育援助项目的范围和数量。其次，要建立中长期动态监测机制。我国应建立透明的监测和汇报制度、独立监察和追踪开支机制，从而增加受援助方实际获得的援助资金。各参与主体应逐步建立和完善教育质量保障协作机制和跨境教育市场监管协作机制，推动受教育者参与教育援助质量评估监测，这既能体现以学习者为中心的教育援助理念，让中国与受援国的人民民心相通，又能增强评估的合理性和科学性。最后，逐步形成分类绩效评价体系。鉴于受援国以及区域的复杂情况，我国应基于不同类型援助项目的有效性、目标实现程度、可持续性，建立教育合作分类绩效评估体系，根据具体教育合作项目的性质、类型等条件差异，界定影响项目运行的影响因素，开发具体的绩效指标，构建多元化的教育合作分类绩效评价体系，以切实保障投入的任何资源都具有意义。

2. 加强教育对外传播机制建设

2021 年，习近平总书记对加强我国国际传播能力建设做出重要部署，要求加快构建中国话语和中国叙事体系，通过多种途径推动我国同各国的人文交流和民心相通，创新体制机制，把我国的制度优势、组织优势、人力优势转化为传播优势。教育领域是“一带一路”倡议的重要交流内容，做好对外宣传工作，在遵循国际通用规则的前提下发挥中国特色。我国一方面应按照沿线国家文化思维与国际社会话语习惯的方式宣传“一带一路”教育合作有关工作的开展；另一方面则应在遵循国际通用规则的基础上，基于各沿线国家的实际需求，有的放矢地发挥中国特色，增强沿线国家在与我国教育合作过程中的获得感，从而通过教育合作提升国家品牌，为国家在国际社会争取长远的正当利益奠定基础。

加强教育对外传播能力建设的前提是要畅通沿线国家教育领域中的信

息共享互利机制。首先，教育研究者和实践者要善于总结我国多年来在各层次教育中积累的经验，将教育经验上升到理论凝结，形成中国教育发展和改革的重要理论。其次，在与“一带一路”沿线国家进行教育合作与交流的前期、中期和后期，都要更好地把握对方的教育实际需求和改革方向，做好研判，精准把握对方的教育发展和现实阶段，基于对方教育需求做好高效的对接服务。再次，加强教育领域的对外传播机制要重视传播渠道机制的维护和开拓，目前对外传播我国教育经验和发展成就主要由政府主导，依托官方网站和媒体渠道，且以本土传播渠道为主。未来在对外传播机制上，一方面要充分挖掘并依靠国际组织在华机构及二类机构的国际公共平台的作用，对这些机构的发展给予充分重视，将其打造成中外教育信息共享和能力建设的重要窗口和平台。另一方面要大力培养教育领域在境外的话语渠道，包括在境外开展年度的教育博览会、书展等，发挥沿线国家教育专家的讲述能力，更好地精准解释我国的教育经验和话语体系。最后，应充分重视我国教育专家和实践者的国际写作发表能力，通过专著、论文、网站、视频等信息传播方式，将中国的教育故事生动地讲述出来，以对方国家“听得懂”且“愿意听”的方式畅通教育领域的信息共享机制。

（三）建立风险共担机制

“一带一路”倡议在开展的过程中，可能面临项目中断或不达预期而造成的经济风险。与境外合作方和多方利益相关者共同成立风险投资基金，可以实现我国与“一带一路”沿线国家教育合作的风险共担与利益共享。

1. 创新教育合作项目融资模式

“一带一路”倡议的教育合作与交流项目众多，涉及的国家多元，投资巨大，为避免投资风险，我国可以针对不同国家或者细化到不同项目，设置双边及多边合作融资及管理模式。一是风险投资基金可以由政府、企业、慈善组织、民间团体、个人按一定比例共同投资，投资、收益与风险成正比。二是针对教育领域的基础设施投资建设，可以参考资产证券化的做法，加快投资者的收益回报，并吸引私营领域的资金进行投资。[①] 三是

① 刘嘉婷.“一带一路”下 PPP 融资模式面临的问题及路径选择［J］. 经济研究导刊，2020（30）：59-60.

对于由于汇率、通货膨胀、外汇管制等金融因素引发的经济风险，应在合作协议签署时加以注明，多方知晓并遵照规定执行。四是在风险基金管理的过程中，应按照投资比例明确各方的管理权限和义务，将风险分配给更有风险管控力和化解力的一方，同时，要完善投融资的多方法律法规，避免相关利益者钻法律漏洞或逃避相应的责任。在教育合作项目融资中，要充分重视并发挥国内民办教育、私营单位、企业单位的市场作用，这些主体相比政府主导的教育单位和公立教育有更高的市场敏感性和风控意识，不仅要最大程度地推动这些机构先行先试“走出去”，也要逐步形成政府、企业单位、民办教育和公办教育的多方协调项目融资与管理模式。

2. 树立教育对外开放新的义利观

在教育开放和跨境教育的情境中，教育尤其是高等教育已经成为国际公共产品。国际公共产品的稳定供给需要有强大实力的国家带头承担这个成本。在实施跨区域教育合作的过程中，我国教育对外应具有更加强烈的成本意识。在“一带一路”教育对外项目实施中，国家和项目主体需增强教育的成本收益意识，应当将教育的经济效益作为“一带一路”倡议推动教育开放的重要方面筹谋。我国教育“走出去”要借鉴英国文化委员会（British Council）的模式与经验，其在雅思考试、英国文化传播、宣传英国教育等方面有非常好的实践模式，也创造了丰厚的经济利益。英国文化委员会的运行资金来源多元，包括政府资助款、学费、市场活动收益、捐赠等，在全球有 230 多家分支机构和 100 多个教学中心开展英语教学、教育、科技、艺术、文化等项目。[①] 我国需要进一步整合资源，发挥政府、市场和个体的力量，利用当前既有的对外交流组织和项目，挖掘、完善其合理的经济价值。充分挖掘教育对外交流项目的经济属性，要在符合对象国的切实教育需求基础上，成立由对方主导的项目基金，中方教育项目单位与人员以技术和专业为主参与管理，实现风险共担机制的建立。

3. 培育民间对外交流组织

目前，“一带一路”倡议主要是以政府交往为主，民间交流不够。一方面，由于民间文化意识和经济发展水平差异，难以形成聚合力量；另一方

① 陈丽君 . 英国文化委员会与孔子学院异同比较［J］. 中华女子学院学报，2012（6）：119-124.

面，有些沿线国家受西方文化影响较甚，我国民间文化交流在这些地区影响较小。加强民间交流，需要借鉴和创新民间交流机制，培育发展非政府组织。在对外教育文化交流中，可以适当发挥民间非政府教育组织的纽带作用，尊重当地社会文化，充分利用本地资源，重视公共外交的民间路线，实现政府外交和民间外交相融互补的良好局面。民间教育组织在规避国际舆论风险上亦可发挥更好作用，其主导成立的多边项目风险管理机制更为灵活，可以发挥风险共担机制的中介作用。

（四）畅通国际国内双循环机制

教育对外开放的核心任务和目标实现实际上始终离不开国内教育质量和涵量的提升，无论是吸引留学生、为沿线国家培养人才，还是建设教育对外开放窗口平台，都离不开本国教育质量的支撑。我国教育发展水平近些年在改革中不断稳步提升，但在承载“一带一路”教育开放行动中仍然存在不少挑战，这种挑战已经体现为在国内教育质量提升的紧迫性上。教育对外开放应以“一带一路”倡议为契机，激发教育改革动能，实现教育的内涵式发展，构建以国内大循环为主体、国内国际双循环相互促进的教育对外开放新发展格局。

1. 高质量建设亚洲高等教育枢纽

在和东南亚教育合作与交流上，我国应当充分利用与周边国家的友好关系与传统泛中华文化圈的作用，将我国逐步打造成为亚洲高等教育枢纽。高等教育枢纽分为三个层次，最高层次是知识创新枢纽，即充分吸引国际生并发挥其智力作用，汇聚全球人才，激活国内创新活力，进一步服务国家间政治与经贸交流。在吸引国际留学生上，我们应当注重设置不同层次的人才培养项目和基金项目，重视吸引和甄选其他国家的高层次精英人才来华留学，培养这些留学生的友华知华情感，为未来与其母国的政治与人文交流合作奠定人才基础，发挥这些高层次人才未来在其国内政治与社会领域的话语影响和中介传播作用，为“一带一路”倡议长期长线政治环境向好奠定基础。

在来华留学生培养上，我国高校尚需下大力气改革当前培养模式。目前来华留学生在校园生活中属于“分隔”培养，单独住宿、上课、活动等，未能真正与国内学生的生活学习融在一起，学习模式也未能打通，这和一些发达国家在留学生培养方面尚存在不小差距，也直接反映了我国大学在国际化进程上经验尚不足，国际化程度较低，在招生录取、生源地、人才层次等方面仍需不断改进。同时，一些留学生由于长期受西方文化影响，对我国存在一些消极预设印象，大学的培养方案在改善留学生对华认知上仍然需要不断改进。另外，我国为沿线国家培养工程师等高层次专业人才，相比发达国家而言，优势还不是很突出。我们需要反思如何让中国成为沿线国家学生选择留学的优先选择。从目前沿线国家学生来华留学的情况来看，语言学习仍占很大比例，专业类和学历生比例仍然较小，这意味着我国在高校国际化的内涵发展方面仍比较弱。总之，在校园设备、管理服务、课程设置、师资配备等方面，我国大学的国际化需要进一步升级改善，尤其是国内顶尖研究型大学或是入选“双一流”建设的高校，应加快国际化步伐。在国际交流领域中，我国应持续打造“留学中国”品牌，将学习、工作与居住等政策打通，为来华学生创造更为宽松、自由、多选择和高质量的学习工作环境。

2. 提高开放窗口地区的教育质量

“一带一路”建设涉及的对外开放前沿地区或枢纽地区教育资源不充足、质量不高，是关系“一带一路”教育合作的重要掣肘。如新疆作为对接中亚地区的重要窗口和阵地，自身教育涵量不足，能力有待提高。针对此，一方面，“一带一路”开放窗口地区要借助政策机遇，如抓住新疆大学和云南大学入选“世界一流大学建设高校”的机会，以高等教育质量内涵建设为主要任务和平台，辐射区域内整体教育体系的良性构建，扩大区域内高水平大学建设对整体教育质量提升的涵养功能，提升作为“一带一路”陆上门户地区的开放度。另一方面，地区内高校要突出一流学科和特色专业的引领作用，加大在人才引进、学科建设、学生培养、学术合作、国际交流等方面的改革力度，继续做好与内地科研高地院所的合作，实现从“输血”到“造血”的逐步转变。

在加强教育对外开放的过程中，我国应注重国际需求和国内需求同步关照，达到相融，避免高等教育大众化与国际化的冲突。在教育开放和跨境教育中，教育已经成为国际公共产品，尤其是高等教育。国际公共产品的稳定供给需要有强大实力的国家带头承担相应成本，这里涉及我国的国际责任和领导力问题。我国要在“一带一路”倡议中更好地发挥主导作用，首先必须着力提升国内教育质量。当前，我国高等教育的主要矛盾已经转变为追求公平、质量和实现内涵式发展，随着“双一流”建设的开展，学科评估、教学评估等质量保障机制的推进，国际交流与合作的不断加强，质量建设也在不断取得进步。但如若要在“一带一路”倡议中发挥教育的枢纽作用，尚需从国家政策调控、教育体制完善、办学质量提升、跨境教育创新等方面取得更大的进步。[①]陆上丝绸之路的一个重要功能就是要打通我国西部和西南对外开放的局面，为西部地区的发展创造机遇。如何在“一带一路”倡议下激发西部教育发展动力，实现开放新局面，需要国家持续在西部教育政策方面给予倾斜和扶持，尤其对新疆、云南、内蒙古的“门户”地区的教育发展，可以通过不断完善地区间和教育主体间的能力建设结对和资源共享，实现教育发达地区向这些口岸地区教育涵养的资源输送，促进其改进教育教学，提升自身质量，实现发展的自觉性和自主性。[②]

3. 注重职业教育的内涵建设

受传统社会文化和教育体制影响，我国职业类院校和应用型高等院校的发展始终受限，职业教育和技术教育在国民教育体系中始终处于较低的话语地位。这对于“一带一路”倡议所需的专业技术类人才、技工和高素质工人的培养、输出和来华留学培训等都带来挑战。职业教育是国民教育体系的重要组成部分，是“一带一路”倡议的重要支撑力量。新时代职业教育需加强标准体系建设，专业建设方面与高等教育的“新工科”建设计划结合，师资建设方面重视“双师型”教师的培养和职业师范院校的建设，在对接“一带一路”所涉工程项目的过程中，树立职业教育发展的前瞻意识和基底意识。前瞻意识就是项目院校在参与“一带一路”教育项目和人才培训过程中，应有发展眼光，而不能局限于当前沿线国家的“刚需”领域；基底意识就是在与高等教育新工科建设实现融合的过程中，有关院校应注重建设“最后一公里”，真正使产、学、研、用服务形成体系，使职业教育

---

① 李盛兵．中国与“一带一路”国家的高等教育合作：区域的视角［J］．华南师范大学学报（社会科学版），2017（1）：62-65，189-190.

② 鲍东明，曾晓洁，张瑞芳．“一带一路”建设核心区对外开展教育交流合作情况调研报告［J］．比较教育研究，2016，38（12）：8-15，30.

在不断提升质量的同时服务“一带一路”倡议的可持续发展。

与此同时，教育开放无论是在人才交流、项目合作还是海外办学方面，都需要重视塑造中国标准和规范。例如，结合我国提出的“中国制造2025”战略，职业院校的某些先进工业制造领域的相关专业在与“一带一路”沿线国家开展合作过程中，可以将中国制造及服务标准与合作项目及办学的课程设计结合起来，实现中国标准在“教、学、用”方面的贯穿，与沿线国家实现共赢的同时发挥我国的影响力。再如，在规范方面，上海的教师发展模式及在上述国际组织测试中体现出来的教学模式，已经受到国际社会的关注和赞誉，并且近些年上海连续承办了“一带一路”沿线国家的教师培训，上海基础教育发展中的规范已成为一种无形的外交力量在发挥着吸引力。未来，职业教育在对外交流交往中应特别注重中国标准和规范的塑造。

4. 加强海外分校的制度保障

长期以来，在国际教育发展视域中，我国一直保持学习的心态，重视借鉴别国教育经验，同时不断输出大批留学生。无论是国家层面规划还是个人家庭选择，我国输出的留学生在诸多国家国际生中所占比例都较大，在美国、英国的留学生比例多年稳居第一。留学生可以为留学目的地国带来较为可观的教育效益，如英国近年经济下行压力较大，不少高校财政紧缩，都提出要进一步扩大留学生群体，通过更多的留学生费用来维持运行。这些高校将我国视为重要的招生市场，在吸引生源方面做出了诸多实践和努力，包括直接建设海外分校。然而，我国的国际留学市场长期处于赤字状态，留学生培养较为落后，境外办学薄弱，教育“走出去”经验不足。中国大学如何“走出去”，如何将自己的课程、师资、品牌和声誉作为无形资产，需要我们深入思考。同时也需要塑造教育自信，在“一带一路”倡议框架下，从教育“走出去”的角度审思，搭建教育开放“走出去”的渠道、组织和机制，海外办学、教育开放义利观、中国标准塑造、对外交流机制等值得关注。

国家鼓励大学建设海外分校，以扩展高等教育资源的影响力，但我国在实际操作中缺乏详细完善的制度保障，如对公立大学国有资产的管理规定限制等，也缺乏良好的实践经验。近些年，国内一些大学在建设海外分校方面做出了尝试和努力。未来建设海外分校，首先，应优先关注政治稳定和与我国外交关系保持良好的国家和地区，防止因不可预见因素造成资产损失。其次，大学需要有明确的在地化意识和清晰的办学目标，在遵守当地法律法规的基础上，发挥中国大学的优势和特色。最后，在境外办学方面，大学需要重视并拓展大学的社会服务功能，重视对象国的教育需求，对当地社会需求保持敏锐度，增强社会融合意识。

第七节　构建扩大教育开放的国内协调机制

“一带一路”倡议是一项内涵极为广博的合作倡议，为中国扩大教育领域的对外开放创造了历史机遇，教育既是“一带一路”倡议的重要内容，也在其中起着基础性和先导性作用。伴随“一带一路”建设深入推进，教育对外开放所涉及的范畴也逐步扩展，这对我国教育制度和体制建设提出新的要求和挑战。为保障中国教育对外开放战略的稳步推进，应尽早在教育领域形成全方位、多层级、贯通性的国内协调机制。本部分将对这一机制的必要性、实施原则和构建策略进行分析。

一、构建扩大教育开放国内协调机制的必要性

“协调机制”（Coordination Mechanism）是一个管理学概念，一般是指人们为了达成某种目标而建立起来的用于处理事物相关方或利益攸关者之间关系的制度架构，其最根本目标是弥合甚至消解系统内部之间的矛盾，在保护各参与者的正当利益基础上尽量扩大整体利益。从中国教育对外开放的发展现实来看，构建科学合理的国内协调机制将会对“一带一路”倡议的顺利实施产生重要影响。

（一）建立协调机制是教育对外开放的内在要求

对于任何一个国家而言，扩大教育领域的对外开放是全球化时代的现实要求，也是促进本国教育转型升级从而迎合时代需求的理性选择。中国教育逐步扩大对外开放顺应了对外开放的时代潮流。“‘一带一路’倡议提出及实施以来，我国教育对外开放已不断走向深入，基本形成了全方位、多层次、宽领域的教育对外开放新格局。政策联通、出国留学、来华留学、

中外合作办学、境外办学、汉语推广、科研合作、人文交流等立体化的教育国际交流合作蓬勃发展。”① 在取得成绩的同时，我们也应认识到，扩大教育对外开放是一项系统工程，需要国内多部门、多领域、多层级的协调与同步，这对我国目前的教育体制、机制提出新要求。2016 年出台的《推进共建“一带一路”教育行动》中明确提出要“加强国内各部门各地方的统筹协调工作，有序开展‘一带一路’教育合作交流……提升中国开展‘一带一路’教育行动的质量和水平”。尽管对外开放是未来中国教育的必由之路，但这条路是有前提预设的，无序的对外开放不但会浪费资源，甚至会降低开展“一带一路”教育行动的质量和水平，而保障“有序”发展的前提就是国内各参与主体之间的统筹协商。换言之，协调机制的构建是中国教育对外开放的内在要求。

由于“一带一路”倡议在教育领域所涉范围极为广泛，并且其已经被视为未来中国发展的一次重要机遇，国内几乎所有与教育事业发展密切相关的地区、部门和单位都有加入“一带一路”倡议的意愿。在此背景下，如果各方之间没有成熟有效的沟通机制，很大程度上就会出现教育资源的投入浪费与教育项目的重复建设，最终造成教育对外开放结构上的不协调与效益上的不达标，因此，建立一种常态化的机构间的协调机制将有利于“一带一路”背景下扩大教育对外开放战略的平稳、健康与持续发展。在“一带一路”倡议深入推进的历史背景下，要推进中国教育更加多元、开放与健康，就必须具备相应的协调机制，后者对于教育的开放与发展具有重要意义。“一带一路”倡议为中国在新时代下构建新型教育对外开放格局提供了关键背景，在举国上下普遍将对外开放看成实现各自进步与发展必不可少的重要路径之时，如何协调国内各主体间的利益与追求，平衡各方因历史因素而造成的教育发展上的矛盾与冲突，是摆在教育管理者面前的时代难题。无论是利益的协调还是矛盾的平衡，其根本的解决途径就是形成一套专门协调制度或机制，这已经成为人们在处理实践问题时所形成的共识。对于整个中国教育对外开放的发展而言，这一协调制度既是前提，又是保

① 李金林，刘剑青，张乃心．“一带一路”建设背景下中国教育对外开放的新发展［J］．中国高教研究，2017（8）：45-49.

障，从很大程度上说，如果没有协调机制的顺利运行，中国教育对外开放将难以得到良性发展。

（二）建立协调机制推动参与主体形成最优结构

在经济全球化和教育国际化时代，国家之间的教育竞争既是质量与数量的竞争，也是层次和结构上的竞争，良好的系统内部结构有助于国家发挥自身优势，赢得教育领域中的竞争。在国家大力推进下，“一带一路”倡议的溢出效应正在逐步显现，教育的基础性地位也正在不断确立，“‘一带一路’倡议及其行动，不仅是新时期我国的国家战略、对外政策与对外行动，而且其必将对我国外交、经济、教育、文化等领域发展产生深远影响”[①]。“一带一路”倡议对于教育的影响正在从理论层面进入实践层面，从筹划阶段步入实操阶段。值得指出的是，受限于中国社会的复杂多样，教育在各地区、各领域与各单位之间的发展存在着显著差异，这是中国教育的现实，制约着人们的选择。国内协调机制的建立能够帮助各主体确定自身在教育对外开放中的角色与功能，进而在整体结构中找到自身所处的最佳位置，从宏观角度来说，只有各方所承担的角色和执行的功能恰好处于适宜程度，中国教育对外开放才能真正打开局面，实现预定目标。

延伸来看，教育对外开放事业的发展本身是多元性和独特性相统一的过程，在这一过程中，各方会基于自身历史与现实、优势与不足、预期与筹划等做出最优选择，这种选择的结果尽管从个体角度来看是理性的，但是从中国教育对外开放的整体结构上看，局部适宜的结果可能是整体上的不适宜。从不同地区、单位和部门功能互补的角度来说，缺乏各部门间的良性统筹与协调将会使得中国教育对外开放的局面陷入自发、盲目与混乱的状况，这从根本上与我国扩大教育对外开放的初衷相互背离，因此，国内协调机制的构建有助于创建教育对外开放的最佳结构，发挥我国教育发展的最大优势。

（三）建立协调机制有利于教育资源整合与分配

教育对外开放的目标之一是实现教育资源的优化配置，从国际视角来

---

① 李金林，刘剑青，张乃心．“一带一路”建设背景下中国教育对外开放的新发展［J］．中国高教研究，2017（8）：45-49.

看，是中国与“一带一路”沿线国家间教育资源的流动与调配，从而实现各国间优势互补，发挥共同体的整体优势；从国内视角来看，是各自从自身利益出发，选择优势教育资源参与国家宏观战略的实施，其本质是教育资源投入与产出的效益问题。基于此，在推进“一带一路”倡议下中国教育对外开放时，我们应时刻谨记提升所有教育资源的投入与使用效率，实现教育资源的有效设计与高效调配，这也是协调机制存在的合法性基石。

从中国的国家定位来看，我们正处于从教育大国向教育强国迈进的阶段，从总体上看，教育资源总量庞大但人均有限，教育发展仍不均衡，一些地方存在教育投入不足的情况。如果没有一套合理健全的国内协商机制的保障，许多本来能够加以整合优化的项目和方案就可能被投入实践，那么教育资源也可能会陷入重复甚至浪费的境地。

二、构建扩大教育开放国内协调机制的原则

在“一带一路”倡议深入推进的时代背景下，构建中国教育对外开放的国内协调沟通机制不仅具有极强的现实意义，同时也是箭在弦上、不得不为的必然选择，这既是由我国教育发展的现实状况所决定的，也是保证教育对外开放战略顺利实施的前提。为了保障“一带一路”中扩大教育开放国内协调机制的顺利运行，我们应在实施过程中坚持相应的构建原则。延伸来看，尽管协调机制所涉及的利益相关方可能极为多元，但总体上看，这些相关方可以大体分为参与者和指导者两个部分，在所属范畴上主要分为整体利益相关者和部分（个体）利益相关者，在深入分析各方利益诉求和资源分配基础上，“一带一路”中扩大教育开放的国内协调机制的构建主要应坚守以下三个原则。

（一）整体和部分利益相统一原则

“一带一路”倡议下的国际合作与交流是全方位、多层次、宽领域的，这为教育对外开放提供了广阔而多样的发展空间，越来越多的参与者注意到教育对外开放的领域在扩大、范围在拓宽、层次在提升。正如有学者指出的，我们要打破既有的教育开放格局，在现有的基础上扩大跨境合作办学、合作项目的规模和层次；鼓励社会力量参与境外办学，稳妥推进境外合作办学。通过建构和完善“一带一路”教育联盟、教育交流论坛和人文

交流机制，提高教育交流与合作的水平，打造教育交流与合作品牌。教育的国际交流与合作超越了传统教育的时空架构，使教育从理念到内容再到实践方式均发生了极大的变革，从而增强教育自身对时代要求的敏感性和回应力，促使教育能够深刻地顺应时代发展的形势，并为“一带一路”建设释放出更强大的支撑性价值。[①] 然而，在构建“一带一路”背景下扩大中国教育开放的协调机制时，所有的参与者都要认清现实状况，既要“仰望星空”，又要“脚踏实地”，其首要职责是厘清各自的职责和功能，深入贯彻整体和部分利益相统一原则。所谓的“整体和部分利益相统一”是指在事物成长过程中，参与者所具有的部分利益与事物发展的整体利益既是相融合也是相分离的，为了保障事物的顺利发展，必须在一定程度上将整体利益和部分利益的矛盾之处加以调和，在整体和部分均让渡各自相应利益的基础上，实现事物发展上的利益最大化，这也就实现了整体和部分利益的统一。从这一角度来说，事物的发展是充满矛盾的，这种矛盾既表现在它与周围环境之间存在冲突，也表现在其内部之间以及部分与整体之间存在冲突。“整体和部分利益相统一”能够实现的前提是双方均适度放弃各自的部分利益，从而赢得双方利益最大化。

教育在对外开放中往往具有先导性、基础性和支撑性作用，在推进教育对外开放时，由于各单位、各区域和各部门面临的实际情况不同，在很多情况下，各方只能根据已有条件做出符合自身利益的选择，然而这种选择的结果并非各方共赢。如果将视野扩展到“一带一路”建设的整体框架中，从全面、综合与系统的角度来审视各方利益，就能认识到各方所代表或所秉持的立场既存在共性，也存在一定程度的差异性。共性与差异性的存在实际上凸显出“一带一路”倡议背景下，中国教育事业的参与者在整体利益和个体利益之间存在分离的现象。为了共同推进扩大教育开放事业的进步，各利益方需要始终坚持整体和部分利益相统一的原则，切实将整体利益做到最大化，与此同时，在部分利益不危害或不妨碍整体利益时，为保护参与者的积极性，应保障部分利益的实现。

---

① 刘奕涛．拓展教育对外开放职能，筑基一带一路建设［N］．中国社会科学报，2017-08-17（4）．

（二）资源效益最大化原则

国内不同地区、部门和单位在推进教育对外开放时所遭遇的问题和挑战是不同的，这种不同既源于各参与者的实际情况不同，也源于各自对自身定位的认识不同以及在“一带一路”教育对外开放中扮演角色的不同。由于教育对外开放涉及的主要是教育资源的投入与分配，资源效益最大化原则应是构建国内协调机制的核心原则。所谓“资源效益最大化”是指在构建教育对外开放国内协调机制时，应时刻以教育资源的效益最大化为指导理念，以教育资源的整体使用效益为出发点，各方要打破从各自利益出发的格局，以一种更高层次、更广视域和更深理解的角度来看待中国教育对外开放背景下教育策略选择与教育资源投入的意义。正如有学者指出，“‘一带一路’建设背景下全方位开放的教育是一个多元要素高度互动的系统。保持系统内外的开放态势需要推进内部资源要素的互动整合与外部组织机构的协同创新”①。协调机制本质上是资源流动的高效协调，这是由于要想真正推进中国教育的对外开放事业，就必须充分发挥系统内部的结构优势，深入挖掘现有资源的综合效益，实现资源的保值与升值。

按照国家统一部署，我国教育相关部门都可以根据各自状况参与“一带一路”倡议，“各级各类学校秉承‘己欲立而立人’的中国传统，有序与沿线各国学校扩大合作交流，整合优质资源走出去，选择优质资源引进来，兼容并包、互学互鉴，共同提升教育国际化水平和服务共建‘一带一路’能力。中小学校要广泛建立校际合作交流关系，重点开展师生交流、教师培训和国际理解教育。高等学校、职业院校要立足各自发展战略和本地区参与共建‘一带一路’规划，与沿线各国开展形式多样的合作交流，重点做好完善现代大学制度、创新人才培养模式、提升来华留学质量、优化境外合作办学、助推企业成长等各项工作的协同发展”。② 从上述表述来看，来自不同单位、地区和部门的教育活动相关者都能够在其中找到参与教育对外开放事业的空间与领域，在这种背景下，群体的参与极易引起教育资

---

① 刘奕涛．拓展教育对外开放职能，筑基一带一路建设［N］．中国社会科学报，2017-08-17（4）．

② 中华人民共和国教育部．教育部关于印发《推进共建“一带一路”教育行动》的通知［EB/OL］．［2018-03-02］．http：//www.moe.gov.cn/srcsite/A20/s7068/201608/t20160811_274679.html.

源的重复投入，进而造成本已珍贵的教育资源使用效益下降，甚至造成严重浪费。而构建教育对外开放的协调机制的核心原则就是提升资源的使用效益，实现资源效益最大化。

（三）全员参与原则

“一带一路”倡议对于中国教育的刺激与推动作用正在逐步显现。“随着‘一带一路’建设向纵深推进，教育将在更高的层面实现开放，并在开放中不断拓展其实践职能——教育将在国际化人才培养，区域研究和跨国合作研究，提供智库咨询和参与全球治理，传承与创新民族文化，以及促进国际交流与合作等方面扮演重要角色。教育的对外开放，必将使这些职能扮演更强的开放性的角色，并在互动、交流、开放的过程中释放出教育基础性和先导性的价值，从而为‘一带一路’建设贡献支撑性的力量”。[①]教育对外开放是“一带一路”倡议背景下中国教育实现转型升级的必由之路，也是关乎中国社会未来发展的国家战略，这样一种持续时间久、影响程度深、波及范围广的宏大设计，在推进过程中必然需要各方面、各领域、各层次力量的群策群力。在构建“一带一路”下扩大教育开放的协调机制时，我们应始终坚持全员积极参与的原则，鼓励任何有资源、有动机和有能力的国内参与者加入这一活动。

长期以来，受意识形态和体制机制的影响，教育成为较为保守和封闭的领域，与经济、科技、文化和体育等领域相比，中国教育层面的对外开放与交流机制有待完善。随着经济全球化和教育国际化的深入推进，中国近年来参与国际教育事务的频度在增加，然而这种参与的规模和范围较为有限（局限于少数发达省份和部分群体），这种情况与中国作为一个崛起中的大国，教育作为一个大国的支撑性事业的地位并不相符。“一带一路”倡议为各方参与教育对外开放提供了难得的历史机遇，在其主导理念的刺激下，中国教育真正迎来全方位对外开放的契机，原先并未将国际市场和全球场域作为发展资源的众多教育参与者真正得到了参与的机会。在阻碍各方参与国际教育的众多因素中，缺少教育话语权与教育资源供给不足是其中最为重要的因素。在未来构建中国教育对外开放的协调机制时，我们必

① 刘奕涛．拓展教育对外开放职能，筑基一带一路建设［N］．中国社会科学报，2017-08-17（4）．

须着力提升每个参与主体的积极性，提升教育对外开放的整体效益。换言之，教育开放是一个系统工程，它绝不应该仅仅局限于某一地区、某一层次或某一范围，而是应尽可能地吸引更多的参与者置身其中，从而形成教育对外开放的整体趋势。在构建“一带一路”倡议下扩大教育开放的协调机制时必须牢固树立全员参与意识，真正以帮助各方共同参与“一带一路”教育合作、增强中国教育对外开放的程度和范围为指导精神，保护所有教育对外开放参与者的积极性。

三、构建扩大教育开放国内协调机制的策略

教育对外开放协调机制的构建涉及国内外众多领域和多个主体，在推进这一机制建立时，我们要切实将协调机制的基石打牢，在统一原则指导下不断实现以机制促发展的初始目标。在“一带一路”倡议的总体框架和原则下，我们应以《推动共建丝绸之路经济带和 21 世纪海上丝绸之路的愿景与行动》《推进共建“一带一路”教育行动》《关于做好新时期教育对外开放工作的若干意见》《教育部等八部门关于加快和扩大新时代教育对外开放的意见》等文件为指导，积极稳健地推进扩大教育开放国内协调机制建设。

（一）做好“一带一路”扩大教育开放国内协调机制的顶层设计

任何机制的建设都必须以合理科学的顶层设计为指引，建设扩大教育对外开放的国内协调机制应遵循科学指导，做好顶层设计，尽快起草和编制“一带一路”建设的总体发展规划，特别是要做好区域间的分工与协调。

《推动共建丝绸之路经济带和 21 世纪海上丝绸之路的愿景与行动》明确指出，推进“一带一路”建设，中国将充分发挥国内各地区比较优势，实行更加积极主动的开放战略，加强东中西互动合作，全面提升开放型经济水平。该文件还明确规划了西北地区、东北地区、西南地区、沿海和港澳台地区、内陆地区参与“一带一路”建设的优势和定位，为各地区参与“一带一路”建设提供了指南。例如，在西北、东北地区，发挥新疆独特的区位优势和向西开放重要窗口作用，深化与中亚、南亚、西亚等国家交流合作，形成丝绸之路经济带上重要的交通枢纽、商贸物流和文化科教中心，打造丝绸之路经济带核心区。发挥陕西、甘肃综合经济文化和宁夏、青海

民族人文优势，打造西安内陆型改革开放新高地，加快兰州、西宁开发开放，推进宁夏内陆开放型经济试验区建设，形成面向中亚、南亚、西亚国家的通道、商贸物流枢纽、重要产业和人文交流基地。发挥内蒙古联通俄罗斯和蒙古的区位优势，完善黑龙江对俄铁路通道和区域铁路网，以及黑龙江、吉林、辽宁与俄远东地区陆海联运合作，推进构建北京—莫斯科欧亚高速运输走廊，建设向北开放的重要窗口。又如，在西南地区，发挥广西与东盟国家陆海相邻的独特优势，加快北部湾经济区和珠江—西江经济带开放发展，构建面向东盟区域的国际通道，打造西南、中南地区开放发展新的战略支点，形成21世纪海上丝绸之路与丝绸之路经济带有机衔接的重要门户。发挥云南区位优势，推进与周边国家的国际运输通道建设，打造大湄公河次区域经济合作新高地，建设成为面向南亚、东南亚的辐射中心。推进西藏与尼泊尔等国家边境贸易和旅游文化合作。

“一带一路”倡议下的教育对外开放，应该服从和服务于“一带一路”建设的大局，充分发挥不同区域的优势，为不同区域的教育对外开放定位，做到合理分工、各展所长、良性竞争、互相促进。同时，教育部与国家发展改革委、外交部、商务部等部门和全国性行业组织紧密配合，围绕共建“一带一路”大局，寻找合作重点、建立运行保障机制，畅通教育国际合作交流渠道，对接沿线各国教育发展战略规划，通过中央政府各部门的有机协调促进全国不同区域的有机协调，保障全国一盘棋，提高“一带一路”建设的效率。

（二）丰富“一带一路”扩大教育开放国内协调机制的制度架构

从国内外政治经济发展现状来看，中国扩大教育开放国内协调机制的构建是一项长期而复杂的系统工程，应遵循“由近及远、先易后难”的阶段性发展原则，分阶段、分步骤、合理而有序地逐步实施，在这一过程中要持续丰富教育对外开放国内协调机制的制度框架与内涵。

为保障“一带一路”扩大教育开放国内协调机制的顺利运行，应灵活结合国内各地区、各部门间的正式与非正式机制，充分发挥国内各地区的比较优势，实行更加积极主动的教育开放战略，推进各部分的协调合作。首先，应尽快整合外交、商务、文化、教育等部门的力量，成立跨部门、跨区域、高规格的“一带一路”协调委员会，从而形成支持和推动教育合作与交流的合力。其次，应着力推进跨部门、跨区域的多方联席会议制度落地，定期召开各部门、各区域定期参加的高层次会议，共商与“一带一路”沿线国家教育合作与交流的政策与策略。最后，应加大信息技术投入，尽快建立教育对外开放的信息发布网络平台，及时发布我国与“一带一路”沿线国家教育交流与合作的政策、发展动态，为各区域、各部门、各单位制定教育政策提供参考。

（三）完善“一带一路”扩大教育开放国内协调机制的保障体系

在日新月异的新时代，想要保持制度的活力与灵活性，就必须建立一套稳定高效的保障体系。“一带一路”背景下教育对外开放的形势复杂多样，每个参与者面对的情况千差万别，为此，我国应建立一套成熟的国内协调机制的保障体系，以便及时、准确地处理各种突发状况，提升国内协调机制的现实效果。

相较于各种具体的运作制度而言，保障体系是“一带一路”教育对外开放国内协调机制得以运行的现实保证。这一体系主要涉及国内教育合作跟踪监测机制、反馈机制、评价与激励机制及风险规避与争端处理机制等。具体而言，我们应委托第三方机构每3年全面评估“一带一路”扩大教育开放国内协调机制的实施、效果和影响，建立科学的评价指标体系，客观准确评估，面向社会公布评估报告结果。此外，在经费保障方面，政府用于协作事务方面的资金应实行公开申报，并加强经费使用监督，强化重大协作建设项目经费使用的全过程审计，确保经费使用规范、安全、有效。另外，针对“一带一路”扩大教育开放国内协调机制面临的争端与风险，要建立跨区域协作仲裁机构，形成较为完善的风险规避机制和争端处理体系，对区域合作过程中可能产生的利益争端和矛盾等提供公平合理的处理手段，以化解国内教育合作中可能出现的纠纷和矛盾。

教育是“一带一路”倡议的重要组成部分，对于“一带一路”倡议的顺利推行具有基础性和先导性作用，从这一角度来说，教育对外开放既是中国从“教育大国”迈入“教育强国”的内在需要，也是“一带一路”下中国教育不得不为的现实选择。我国政府在《推进共建“一带一路”教育行动》中指出，“突出地方推进共建‘一带一路’的主体性、支撑性和落地性，要求各地发挥区位优势和地方特色，抓紧制定本地教育和经济携手走出去行动计划，紧密对接国家总体布局……充分利用地方调配资源优势，积极搭建海内外平台，促进校企优势互补、良性合作、共同发展。多措并举，支持指导本地教育系统与‘一带一路’沿线国家广泛开展合作交流，打造教育合作交流区域高地，助力做强本地教育”[①]。为保证教育对外开放的有效推进，构建高效合理的“一带一路”教育对外开放国内协商机制势在必行。为推进“一带一路”教育对外开放国内协调机制的建设，我们必须主动作为，敢担风险，迎难而上。

① 中华人民共和国教育部. 教育部关于印发《推进共建“一带一路”教育行动》的通知［EB/OL］.［2018-03-02］.http：//www.moe.gov.cn/srcsite/A20/s7068/201608/t20160811_274679.html.

第五章 『一带一路』倡议下扩大教育开放与我国教育发展政策调整

党的十九大报告提出“深化教育改革，加快教育现代化”的明确要求，为新时代教育事业的改革与发展赋予崇高的历史使命，教育的使命不仅与“一带一路”建设紧密相连，而且是我国扩大教育对外开放的必然选择和应有之义。由于“一带一路”倡议下扩大教育对外开放具有长期性、复杂性、艰巨性和不稳定性等特点，中国教育未来发展面临一系列挑战。我国教育的未来变革应以总结当前教育事业在自身建设与发展方面存在的问题及变革需求为基础，结合国际国内两个大局进行针对性的政策调整，最终促进教育事业担负起实现“一带一路”倡议目标及教育现代化的使命。

第一节　调整中小学外语教育政策

“一带一路”倡议的提出使我国与沿线国家的经贸往来日益密切，文化交流深入广泛，人员交往日益频繁。由于沿线国家在历史文化、社会制度、风土人情等各个方面存在巨大差异，“一带一路”建设不可避免地面临诸多问题和困难，这其中，很多问题的解决有赖于精通外语、通晓地区事务规则和熟悉区域社会文化的外语人才。作为“一带一路”建设的重要力量，外语人才往往在疏通民心、建立互信方面发挥着独特的作用。大力培养“一带一路”所需要的外语人才，成为我国外语教育的重要任务。基础教育作为整个教育体系的基石，在“一带一路”倡议中地位和作用突出。我国中小学是开展外语教育的重要阵地，是高级专门外语人才培养的重要基础，是国家外语能力发展的重要保障。中小学外语教育的质量，不仅直接影响中小学生外语能力的养成，更关乎全民外语能力的形成。因此，全面贯彻党的教育方针、落实立德树人根本任务，发展外语学科核心素养，为学生学习外语和终身发展打下良好基础，是中小学外语教育的重要使命。

一、“一带一路”倡议对中小学外语教育的新要求

（一）国际化的要求

新中国成立以来，我国中小学外语教育历经 70 多年的发展，取得了巨大的成就，为经济社会发展所需的高素质人才培养打下了坚实的外语基础。改革开放以来的教育实践表明，中国越开放，越离不开懂外语的人才，中小学外语教育不仅为公民外语素养的提升做出了贡献，而且为专业外语人才培养提供了基础保障。中小学外语教育的不断发展促进了人才培养的国际化。反过来，许多国际化的人才投身中小学外语教育事业，又推动中小学外语教育走向国际化。

当前，“一带一路”倡议对我国中小学外语教育提出国际化的新要求。一方面，国际化人才已经成为国家综合实力的核心要素，并在国家发展和国际竞争中成为优势资源。“一带一路”建设需要大量的国际化人才，这一客观实际促使我国人才培养从“本土型”向“国际化”转变。中小学外语教育作为学习世界语言和文化的主要渠道，在国际化人才培养过程中起着基础性作用，应跟随人才培养方向的变化而变化。例如，中小学应在日常外语教学中融入“一带一路”沿线国家概况和文化知识，为培养学生的国际视野、参与国际交流合作和国际事务的能力打下基础。另一方面，经过多年积淀，尽管我国中小学外语教育已经形成了良好的教学传统，积累了不少宝贵的教育教学经验，总结出不少有效的教学模式，但由于各地经济社会发展水平不一，教育投入和外语教学条件不同，仍有许多欠发达地区外语教育质量不高，还存在许多亟须解决的问题。这需要借助“一带一路”建设的契机，向沿线国家特别是教育水平高的国家借鉴经验、解决问题。同时，也应看到，随着我国一些城市化水平较高、经济发展条件较好的地区对基础教育的国际化发展的强烈需求，与其他国家在基础外语教育领域开展合作，不但可以将国外优质教育资源引进国内，提高教育质量，更可以将我国在外语教育方面探索出的成功实践和经验运用在对外教育援助领域，提升受援国的教育水平，扩大中国基础教育的影响力。

（二）多语化的要求

“一带一路”倡议在要求外语教育国际化的同时，也要求中小学外语教育的多语化。除了中国，65 个“一带一路”沿线国家使用的官方语言就超过 50 种，通用语言和民族语言则更多。种类众多的语言背后承载着多元的文化和价值理念。开展多语教育，可以帮助学生开阔国际视野、提升综合素养，为学生打开多元文化之门，促进其思维发展，使学生在文明比较的视野下深刻认知中华文化，增进国际理解。在这个意义上，多语化已经成为个人综合素质提升和现代基础教育发展的一个重要趋势。

我国中学语种多语教学始于 20 世纪 60 年代。在周恩来总理的倡导下，为了适应当时国际交往和各项事业发展的需要，建立了首批 7 所外国语学校，教授多个语种，此后全国外国语中学数量逐渐增加。2016 年，教育部印发《推进共建“一带一路”教育行动》。该文件是国家在教育领域落实“一带一路”倡议的纲领，详述了教育领域推进“一带一路”建设的重点内容和举措。文件中明确提出要把促进沿线国家语言互通作为合作的重点之一，要“逐步将沿线国家语言课程纳入各国学校教育课程体系”。此外，该文件还提出要“发挥外国语院校人才培养优势，推进基础教育多语种师资队伍建设和外语教育教学工作”。目前，除外国语中学外，我国大部分地区的义务教育阶段和普通高中阶段外语语种仍以英语为主，而在东北地区、内蒙古、新疆和上海等地的中学，俄语和日语也是重要的语种。“一带一路”教育行动计划的出台，表明国家第一次以文件形式要求将沿线国家语言课程纳入中小学课程体系。2017 年，教育部修订并颁布了《普通高中英语课程标准（2017 年版）》，我国普通中学的外语教学语种在英语、日语、俄语的基础上，增加了德语、法语和西班牙语。新课程标准的出台标志着我国普通中学语种正式走向多语化。

（三）人文化的要求

本世纪初，我国基础教育领域掀起了改革的浪潮。外语课程进入新一轮改革周期，2000—2003 年，教育部先后颁布义务教育阶段和普通高中阶段的英语、俄语和日语教学大纲及课程标准。全国多个省份相继开始基础教育课程改革。2012 年，在试验版义务教育课程标准实行 10 年之后，教育部发布了新修订的义务教育课程标准，并于 2014 年启动了普通高中的外语课程标准修订工作。2017年底，教育部发布了普通高中6个语种的课程标准。课程标准作为全国中小学开展外语教学的纲领文件，对外语教育的指导和规范作用不言而喻。但长期以来课程标准只是片面强调外语学习的工具性和对国家发展的意义，未能明确我国中小学外语教育、外语课程的价值及其对人文素养形成的意义。与试验版义务教育外语课程标准相比，2012 年版本外语课程标准最大的突破在于明确了外语教育的人文性，并力图做到工具性和人文性的统一。

“一带一路”建设所需要的外语人才是复合型人才，既要有扎实的外语功底，能够无障碍地与沿线国家人员进行交流，还要具备政治、经济、法律、传播等过硬的专业知识，了解当地思想文化发展状况，懂得当地的风俗习惯、禁忌，掌握对外交往的礼仪和沟通技巧等。这些知识与技能不是一天学成的，而要从基础外语教育阶段抓起，通过经年累月的训练与浸染才能掌握。“一带一路”建设需要重视中小学外语教育的人文性，通过外语课程的学习，学生要体验语言背后的多元文化及其合理性，了解不同语言承载的文化价值观，形成跨文化思维；通过文明比较，塑造民族文化自信，提高人文素养。

二、“一带一路”倡议下中小学外语教育的成就与挑战

（一）“一带一路”倡议下中小学外语教育政策的发展

当前，我国正处于全面深化改革开放、大力推进“一带一路”建设的关键时期，亟须一大批具有国际视野、通晓国际规则、能够参与国际事务和国际竞争的国际化人才。外语作为国际化人才的必备语言，需要从中小学阶段就开始打好基础。“一带一路”倡议发布以来，中央和地方政府陆续出台了多项中小学外语教育政策，有力地促进了中小学外语教育的发展。具体而言，这一时期的中小学外语教育政策主要集中在基础外语教育课程改革和招生考试改革两个方面。

1. 中小学外语课程改革

（1）义务教育阶段外语课程政策。我国现行的小学外语课程规定是21世纪初制定的。2001年1月，教育部印发了《关于积极推进小学开设英语课程的指导意见》，该文件的附件《小学英语课程教学基本要求（试行）》对小学英语课程的目的、起始年级与课时安排、教学目标与要求、模式与方法、教材与资源和教学与评价等方面做了详细的规定。事实上，在小学开设英语课程是21世纪初基础教育课程改革的重要内容。文件印发不久，国务院于2001年5月发布《关于基础教育改革与发展的决定》。同年6月，教育部根据国务院的规定出台了《基础教育课程改革纲要（试行）》，对课程改革目标、课程结构、课程标准、教学过程、教材开发与管理、课程评价、课程管理、教师的培养和培训、课程改革的组织和实施等九个方面做了规定。至此，21世纪基础教育改革的序幕被徐徐拉开。

2001年7月，教育部在前一年颁发的九年义务教育和全日制普通高中的英语、俄语与日语教学大纲的基础上，发布了《全日制义务教育普通高级中学英语课程标准（实验稿）》《全日制义务教育俄语课程标准（实验稿）》《全日制义务教育日语课程标准（实验稿）》；2003年又发布了《普通高中

英语课程标准（实验）》。此后，全国各地陆续进入新课程实验阶段。

2012年初，教育部发布了2011年版义务教育和普通高中课程标准，这是对原有课程标准的深入修订。此次修订是在认真总结过去10年外语课程改革经验的基础上进行的，是教育部按照《国家中长期教育改革和发展规划纲要（2010—2020年）》的精神，组织专家和一线教师反复论证过的。

在外语语种设置方面，《义务教育课程设置实验方案》中规定，小学开设英语课程的起始年级一般为三年级，各省级教育行政部门可结合实际，确定本地区小学开设英语课程的工作目标和步骤。初中阶段开设外语课程的语种，可在英语、日语、俄语等语种中任选一种。外国语学校或其他有条件的学校可开设第二外语。民族地区的中小学校，外语课程的设置由省级教育行政部门决定。新的课程标准沿袭了上述规定，并预留了有条件的学校从小学开设多语种课程的可能。

在课程标准的新变化方面，新课程标准首次确认外语课程是工具性和人文性的统一，这意味着外语教育绝不只是一个学习外语的工具，而是要通过外语教育来培养学生的素质，提高他们的人文修养。[①] 这一点不仅是英语新课程标准最重要的突破，也是俄语和日语新课程标准最重要的突破。它延续了通过情感态度、语言技能、语言知识、学习策略、文化意识等五个方面来共同培养学生的综合语言运用能力的理念，并在此基础上，对三个语种都设置了分级课程目标体系。

新修订的外语课程标准在理念上比较符合外语教学的素质教育趋向，也强调学生的能力养成。2013年，“一带一路”倡议出台，虽然有关外语课程的设置规定和教学要求仍然沿袭了原有规定，但却十分符合“一带一路”建设对人才培养的新要求。

（2）普通高中外语课程政策。2013年，教育部组织专家开始对普通高中外语课程标准进行全面修订。2017年底，教育部正式发布新修订完成的课程标准。新课程标准是在原2003年版课程标准实验稿的基础上修订的。原课程标准指导了十余年的高中课程改革实践，在全面推进素质教育中发

① 陈琳．通过英语教育为学生的终身发展和全面发展奠基：英语课标修订组组长陈琳教授谈《英语课程标准》的修订与实施［J］．基础英语教育，2011，13（4）：9-11.

挥了重要作用，但是，社会经济、科技文化发生的巨大变化对人才培养提出的更高要求，新课程标准呼之欲出。①

与前几版课程标准相比，2017 年的修订版主要的变化体现在课程理念和课程结构上。高中阶段外语课程除了要贯彻落实党的教育方针、落实立德树人的根本任务外，还要发展学生的外语核心素养，这也是培养社会主义建设者和接班人的文化基础课程。高中阶段课程与义务教育外语课程相衔接，是对义务教育课程的进一步深化和发展，为学生继续学习外语和终身发展打下基础。在课程理念上，高中外语课程强调发展学生的外语核心素养，落实立德树人根本任务；构建高中外语学习的共同基础，满足学生多样化的外语学习需求；丰富学生的语言实践活动，提高学生的外语运用能力；完善外语课程评价体系，促进学生的全面发展。总体来看，新的课程标准与义务教育阶段的课程标准一样，都坚持了工具性和人文性的统一，着重从语言能力、文化意识、思维品质和学习能力等五个方面对学生的外语能力进行塑造。②

从语种设置上看，为了适应我国进一步扩大开放的需要以及服务“一带一路”建设，在保留原有英语、日语、俄语语种的基础上，增加了德语、法语和西班牙语 3 个语种，以适应不同学生学习不同语种的需要。从课程结构上看，在保证每个学生具备共同外语基础的前提下，新课程标准采取了分类、分层设计，为学生提供了多样化的课程内容。在保证学分不变的情况下，高中外语课程降低了必修学分要求，增加了选修学分要求，设计了选修 I（参加高考学生必选）、选修 Ⅱ（拓展提高类）课程，满足学生差异化外语学习的需要。

新修订的高中外语课程标准贯彻了党的十九大精神和习近平中国特色社会主义思想，将帮助学生在学习语言基础知识和发展基本技能的同时，了解其他国家的文化，发展他们的跨文化交流能力，为进一步升学或走向社会做好准备。

---

① 中华人民共和国教育部．介绍《普通高中课程方案和语文等学科课程标准（2017 年版）》有关情况［EB/OL］.（2018-01-16）［2018-08-19］. http：//www.moe.gov.cn/jyb_xwfb/xw_fbh/moe_2069/xwfbh_2018n/xwfb_20180116/201801/t20180116_324680.html.

② 此处的课程理念综合了六个语种的课程标准，故不一一详列名称。

2. 中学外语考试改革

考试是外语教学评价的重要组成部分，是检验外语教学成效的常用工具。中小学外语教育的发展离不开合理的考试制度。为了配合新课程标准的修订，我国加大了对中小学外语考试的改革力度，以期增强考试的科学性和适用性，发挥考试等评价手段对人才选拔、教育教学的正面作用，以此破解唯分数论的难题，并解决外语考试和课业负担过重、综合语言运用能力不强等问题。具体改革措施主要有两方面。

（1）高考外语考试改革。2014 年 9 月，国务院印发《关于深化考试招生制度改革的实施意见》，在外语考试形式上规定“考生总成绩由统一高考的语文、数学、外语 3 个科目成绩和高中学业水平考试 3 个科目成绩组成。保持统一高考的语文、数学、外语科目不变、分值不变，不分文理科，外语科目提供两次考试机会”。在外语考试内容上，文件强调要“科学设计命题内容，增强基础性、综合性，着重考查学生独立思考和运用所学知识分析问题、解决问题的能力”。

为贯彻上述改革精神，教育部于 2014 年底出台《关于普通高中学业水平考试的实施意见》和《关于加强和改进普通高中学生综合素质评价的意见》。文件对高中学业水平考试的考试科目做出了要求，明确提出《普通高中课程方案（实验）》所设定的科目均列入学业水平考试范围。外语科目考试，由省级教育行政部门统一组织。在考试内容上，要求各省（区、市）根据国家发布的普通高中课程方案和课程标准的规定及要求确定考试内容。要对相关科目的实验操作、外语听力和口语的考试提出要求。命题应紧密联系社会实际与学生生活经验，在全面考核学生基础知识和基本技能的基础上，注重加强对能力的考查。

此后，全国各地开始分批启动高考综合改革，高考外语考试改革稳步推进。2014 年，上海市和浙江省作为首批试点地区开启高考综合改革，为学生高考外语考试提供两次机会。2017 年，北京市、天津市、山东省和海南省 4 个省（市）作为第二批试点地区开始高考综合改革。在英语科目考试方面，四省（市）均不分文理科，北京市提供两次听力考试，取最高听力成绩与笔试成绩一起计入高考总分。从 2021 年起，北京市英语高考增加口语考试，口语加听力考试共计 50 分，总成绩分值不变。[①] 天津市在原有两次听力考试的基础上，实行两次笔试，逐步探索计算机化考试，一年多考，取高分计入高考总分。[②] 山东省为学生提供两次听力考试、一次笔试机会，取原始听力最高分和原始笔试成绩一起计入高考总分。条件成熟时增加口语机考，适当扩大听说成绩比重。[③] 海南省为学生提供两次考试机会，包含听力和笔试成绩，学生选择其中最好的一次成绩计入高考录取总成绩。[④] 总体来看，4 个省（市）都出台了改革措施，引导高中外语教学重视学生的外语素养，强化了对学生外语综合运用能力的考核。参加第三批新高考改革试点的 8 个省（市），对外语考试的时间和次数都进行了明确。其中，河北省、辽宁省、福建省、湖北省、湖南省、重庆市等 6 个省（市）只在 6 月组织一次外语听力和笔试考试，待条件成熟后再实施外语一年两考。江苏省、广东省拟在 6 月组织一次外语笔试，将外语听说考试放在平时并实行机考。[⑤] 可见，受标准化命题机制和试题题库仍不完善的影响，第三批试点省（市）改革较为平稳，都维持了原有的考试安排，预留了外语一年两考和分步实施的空间。

（2）高中考试招生改革。在高考外语考试制度进行改革的同时，国家和地方对高中阶段的考试招生方式也进行了改革。2016 年，教育部发布《关于进一步推进高中阶段学校考试招生制度改革的指导意见》。意见指出，现行高中招生考试制度仍然存在一些问题，主要表现在招生录取唯分数论、

---

① 北京市教育委员会 . 北京市教育委员会关于印发《北京市深化高等学校考试招生制度综合改革实施方案》的通知［EB/OL］.（2018-08-22）［2018-08-24］. http：//jw.beijing.gov.cn/xxgk/zfxxgkml/zfgkzcwj/zwgkxzgfxwj/202001/t20200107_1563058.html.

② 天津市人民政府 . 天津市人民政府关于印发天津市深化考试招生制度改革实施方案的通知［EB/OL］.（2016-04-27）［2018-08-17］. http：//www.tj.gov.cn/zwgk/szfwj/tjsrmzf/202005/t20200519_2365717.html.

③ 山东省教育招生考试院 . 省政府办公厅关于印发山东省深化高等学校考试招生综合改革试点方案的通知［EB/OL］.（2018-03-28）［2018-08-17］. http：//www.sdzk.cn/NewsInfo.aspx?NewsID=4583.

④ 海南省人民政府 . 海南省人民政府关于印发海南省深化高等学校考试招生综合改革试点方案的通知［EB/OL］.（2018-03-27）［2018-08-17］. https：//www.hainan.gov.cn/hainan/szfwj/201803/babff1d1e88f4776b25e6ed93e4036d7.shtml.

⑤ 中国教育新闻网 . 八省份发布高考综合改革方案［EB/OL］.（2019-04-24）［2021-08-20］. http：//www.jyb.cn/rmtzgjyb/201904/t20190424_228253.html.

考试内容偏重机械记忆、重复训练，加重学生负担；招生违规现象时有发生，一些加分项目不合理，影响教育公平。随后，全国各省、直辖市教育厅（教委）相继于2017—2018年发布了本行政区落实高中阶段学校考试招生制度的政策。总体来看，几乎所有省份均就推行初中学业水平考试、完善学生综合素质评价、改革招生录取办法和完善自主招生政策等方面推出了改革措施。涉及外语考试的改革措施，多集中在将外语列为必考科目，采取闭卷考试形式，包含听力测试，探索口语测试。多数省份采取“两考合一”，全省统一命题组织考试，也有部分省份结合本省实际，允许一些地市根据情况决定考试内容，单独命题。卷面分值为100~150分，都包含听力分值，个别省份还鼓励将口语分值纳入总分。① 在命题方面，教育部也曾于2019年发布《关于加强初中学业水平考试命题工作的意见》，对中考命题工作予以规范，引导教育评价的改革方向。从改革的方向来看，国家和省（市）均制定了政策细则，引导初级中学重视对学生学习全过程的记录，突出对学生综合能力的培养，减轻学生负担，给学生提供更多的课程选择空间是高中阶段考试招生制度未来趋势所在。

从整体来看，中小学外语教育各学段的改革是相互衔接、互相呼应的，理念趋于一致，这为培养和选拔符合“一带一路”建设所需要的各类外语人才打下了坚实的基础，对今后一段时间的外语教学必将产生深远的影响。

（二）“一带一路”倡议下中小学外语教育面临的挑战

1. 外语师资队伍建设滞后

“一带一路”建设背景下，不少中学都增设了或即将增设多语种课程。学校为学生提供更多可能和选择的同时，也给自身师资队伍建设提出了挑战，最直接的表现为师资短缺的压力。以英语教师为例，在大部分城市的中小学，英语依然是外语教学的主体课程，英语教师数量虽然存在结构性短缺，但总体来看还能够满足基本需求。与此相对应，在我国许多农村地区特别是西部农村，那里的经济和教育发展水平相对较低，中小学英语教师数量十分短缺，一个学校只有一位英语教师的情况还很常见。对其他语

① 以上数据与结论根据各省教育厅落实教育部《关于进一步推进高中阶段学校考试招生制度改革的指导意见》整理得出，故不一一列举各省政策。

种而言，除条件较好的外国语学校外，无论是普通高中、普通初中还是小学，小语种教师都十分短缺，在扩大语种教学的现实下，这种短缺情况愈加凸显。

此外，高素质的外语教师队伍对于实现外语课程的价值和培养学生的人文素养也起着十分重要的作用。纵观现有外语师资状况，不同地区、不同中小学的教师，教学水平也是千差万别。很多教师的教育理念有待提高，教学方法有待改进。很多地区因为教育投入不足等原因，对师资的培训还不到位。如果说“一带一路”建设所需的人才是复合型的，那么为复合型外语人才培养打基础的中小学外语师资也应具备多方面的知识与能力。这本身对外语师资的专业发展和综合素质提升提出了新的要求。在各种影响因素没有彻底改观的情况下，外语师资队伍建设还有很长的路要走。

2. 外语应试教育惯性仍然存在

近年来，我国中小学外语教育改革虽然在理念上和实践中已经取得了不小的进步，但外语应试教育的踪影依然存在。其中一个很重要的因素是，不少中小学校和教师依然把外语作为工具来开展教学。日常教学中，不少教学模式依然是以追求高分数为目标，教师课上照本宣科，学生课下以背单词、做习题为主，通过一场场考试掌握考试技巧。学生很少读外语名著，不了解外语对象国文化和发展概况，没有养成应有的外语思维和良好的外语学习习惯。

为了全面推行素质教育，国务院于 2014 年就出台了《关于深化考试招生制度改革的实施意见》，文件在打破学生一考定终身、减轻学生学习负担和改进招生机制等方面做出了许多努力和尝试，主导了未来几年招生考试的改革方向。但在实际执行过程中，仍然有不少中小学没有很好地落实文件精神。在升学压力下，不少学校仍然没有严格贯彻义务教育和普通高中外语课程标准。这其中一方面是由于师资水平问题导致外语人文素养被动弱化，另一方面则是部分学校出于升学要求，将三年的外语课程压缩至两年上完，最后一年用于升学备考。回顾“一带一路”建设背景，不难发现，这样的外语应试教育显然难以实现以开阔学生国际视野、提升综合人文素养为主要特征的外语素质教育目标。

三、"一带一路"倡议下中小学外语教育政策调整建议

（一）扩大外语语种的学习范围

"一带一路"倡议背景下，随着我国对外交往事业的发展以及国际贸易的日渐繁荣，英语、日语、俄语等语种已经不能完全适应国家对多语种人才的需要。扩大普通高中教育的外语语种已经是大势所趋。为了进一步优化课程结构、适应国家对外开放的需要，2017年底我国颁布了新的普通高中课程标准，外语语种由原来的英语、日语和俄语，扩展为6种，增加了德语、法语和西班牙语。由于阿拉伯语是联合国官方语言，也是西亚北非地区许多国家的官方语言和通用语言，我国应该在时机成熟时扩大中小学外语语种范围，增设阿拉伯语为中小学外语教育语种。德语、法语、西班牙语和阿拉伯语作为新的外语语种具有通用性好、覆盖面广的特点，在国际场合应用较多。随着"一带一路"建设的深入，国家对上述通用语种人才的需求显著增加。如果到大学才开始培养有关人才，人才的培养效率显著偏低；如果在义务教育阶段开始上述语种教学，不仅可以使学生在最适合学习语言的年龄阶段完成基础知识的建构，而且可以使学生在大学有更多时间继续深入学习有关语种知识，并利用所学语种学习其他学科知识，促进学生思辨能力发展。

除了在全国范围内的中小学推行英语、日语、俄语、德语、法语、西班牙语、阿拉伯语作为外语课程学习，我国还应该鼓励与"一带一路"沿线国家毗邻的省（市）及区域，以选修课的形式开展周边国家通用语言的教育，这样将有力地推动周边国家通用语言的人才培养。特别是我国东北三省、广西、云南、内蒙古、新疆、西藏等地区，民族众多，很多民族语言与相邻国家语言具有相似性，利用已有民族语言优势开展外语教学能够显著提升部分语种人才培养的效率和质量。因此，在外语政策制定过程中，中小学多语种教学应利用当地已有的语种教学传统和基础，选择适宜本地需要的语种开展教学。

（二）重视外语课程资源建设

传统意义上的外语教育资源主要集中在外语教材、外语音像资料、外语图书和期刊。信息化背景下，外语教育也应该从传统的资源建设领域走向信息化资源建设，特别是要利用大数据技术和多媒体技术等建设外语教

育资源库。“一带一路”建设促进了教育领域的对外开放，我国中小学外语教育的发展，应该抓住这个难得的机遇建立特色外语教育资源。经济发展水平较高的地区，应该充分利用已有优势开展与“一带一路”沿线国家语言或者区域研究相关的外语特色资源建设；经济欠发达的地区，要依托经费投入充分利用现代信息技术引入优质教育资源，弥补外语教育的短板。例如，可以尝试通过中小学外语慕课建设，推动偏远地区外语教师培训，提升师资水平；也可以探索通过外语翻转课堂资源提升课堂教学效率。此外，鉴于地域、公共卫生事件等因素，教育主管部门应制定政策引导中小学校充分利用信息技术服务外语教学，促进其与课程的深度融合，逐步积累与建立从小学到高中一整套优质在线外语课程资源，以最大程度减少突发事件对外语教学的影响。中小学阶段特别是高中阶段的外语课程，应该深入探究和把握学生在信息技术极大丰富条件下的学习特点和规律，科学合理地开展线上线下混合式教学，充分将现代教育技术、人工智能、大数据等技术优势转化为辅助外语教学的优势，促进学生的有效学习，助力学生外语核心素养的形成与发展。①

（三）重视中小学外语教育的交流互鉴

在推进共建“一带一路”教育行动中，中小学外语教育的发展，离不开与沿线国家的交流互鉴，通过“整合优质资源走出去，选择优质资源引进来，兼容并包、互学互鉴，共同提升教育国际化水平和服务共建‘一带一路’能力。中小学校要广泛建立校际合作交流关系，重点开展师生交流、教师培训和国际理解教育”②。在尽量规避合作风险的情况下，通过与“一带一路”沿线国家教育合作，将我国中小学外语教育的优势资源转化为对外教育援助力量，加大对沿线国家尤其是最不发达国家的人才培养和师资培训力度，提高当地外语教育水平。此外，通过与“一带一路”沿线国家进行教育合作，在我国中小学引入沿线国家语言课程的同时，积极推动沿线国家将中文纳入本国的国民教育体系，促进沿线国家语言互通。

---

① 中华人民共和国教育部．普通高中英语课程标准（2017 版 2020 年修订）[M]．北京：人民教育出版社，2018.

② 中华人民共和国教育部．教育部关于印发《推进共建“一带一路”教育行动》的通知 [EB/OL]．[2018-08-19]．http ://www.moe.gov.cn/srcsite/A20/s7068/201608/t20160811_274679.html.

第二节　深化中小学课程改革

由于“一带一路”沿线国家政治体制多样，历史文化不同，宗教信仰多元，经济发展水平不一，要实现“民心相通”，需要通过教育承担相应使命。“一带一路”倡议背景下，基础教育课程改革是不能回避的时代命题。

一、“一带一路”倡议对基础教育人才培养的时代诉求

基础教育是奠定人生基石的启蒙教育，基础教育的目标定位和办学水平在一定程度上决定着个体和国家的未来。“一带一路”倡议的全面推进，要求高等教育、职业教育为之提供智力保障，而基础教育在育人过程中的基础性和先导性同样不能被忽视。把握新时代对基础教育的独特诉求，深化中小学课程改革，具有重要的战略意义和现实必要性。

（一）多元文化素养的诉求

“一带一路”倡议是应对世界多极化、经济全球化、文化多样化、社会信息化潮流的世纪方略，“从提出走向实践、从愿景变为行动，进展和成果超出预期，合作伙伴越来越多，影响力和号召力日益增强。这种成效的取得，文化扮演了先行者的角色”①。但是我们还应清醒地看到，沿线国家众多，基督教、佛教、伊斯兰教、犹太教等宗教在此分布，世界多种文明在这里碰撞。基于民族多样的文化差异性加之各种历史难题和现实困境的复合影响，使得“一带一路”建设还面临诸多不利因素和文化阻力。特别是因文化多样性诱发的文化陌生、文化隔阂、文化冲突，使增进文化交流、加深文化理解、实现文化共生成为“一带一路”教育共同体建设和民心相通的时代使命。要实现多元文化群体的民心相通，就需要增强彼此间文化的理解与互补，基础教育课程改革具有不容回避的特殊使命。同时，文化多样性也为基础教育课程改革提供了丰富的资源，我们既要关注全球主流文化动向，也要关注丰富多彩的非主流文化资源，既要关注民族文化的传承与弘扬，也应借鉴他者文化的精华，通过文化融通化解误解，增进信任。因此，

① 周爱民．“一带一路”建设的三重文化内涵［N］．湖南日报，2018-11-08（8）．

融入“一带一路”沿线国家的地域、民族文化，应成为我国基础教育课程改革的时代回应。让学生初步了解沿线国家的历史文化和基本国情，既能够陶冶学生良好的多元文化素养，也是增进文化理解、文化互信、文化共生的教育根基。从教育的延伸发展来看，“一带一路”倡议合作项目涵盖金融、法律、文化、教育、工程、医疗、经济等多个领域，对具有跨学科思维、跨文化意识的复合型创新人才的需求日益强烈。基于上述事实，把“一带一路”沿线的文化有效融入基础教育课程改革，能够为培养具有全球竞争力的国际化人才奠定必要基础。

（二）跨语言交流素养的诉求

语言是交流的工具，只有语言相通才能增进彼此理解，消除各种隔阂，经贸往来、文明互鉴、文化交流才有实现的可能，“一带一路”倡议目标和愿景的顺利实现同样需要以语言作为基础和保障。语言作为重要文化要素，是民生改善的重要对象和保障，是全球经济繁荣的媒介资源，也是人类命运共同体的精神血脉，这就决定了“一带一路”建设在不同层面都需要语言支持。因而，重视基础教育阶段多语种外语教育，增进对世界多民族语言文化的了解，是“一带一路”倡议和大国外交的需要，也是助力沿线国家经济发展和民生改善的重要保障。在全球化时代，世界各主要国家都从战略角度高度重视基础教育阶段的外语教育，外语教育成为培养学生国际素养、增加国际竞争力的重要途径。① 如前所述，在“一带一路”沿线的 65 个国家中，仅官方语言就多达 53 种，涉及九大语系。在 65 个国家中，大部分国家从法律上规定了单一的官方语言，但是也有东帝汶、菲律宾、新加坡等 12 个国家采用两种或者两种以上的官方语言。其中，以阿拉伯语作为官方语言（或之一）的国家最多，有 14 个，主要集中在西亚和北非。东南亚和南亚有 4 个国家将英语作为官方语言之一。以俄语为官方语言（或之一）的国家有 4 个，集中在中亚和东欧。除官方语言以外，“一带一路”沿线国家使用的非官方语言数量非常多。② 长期以来，欧美语言是我

---

① 曾天山，赵章靖．主要国家基础教育阶段开展外语教育状况比较研究［J］．比较教育研究，2018，40（11）：66-73.

② 王辉，王亚蓝．“一带一路”沿线国家语言状况［J］．语言战略研究，2016，1（2）：13-19.

国基础教育外语教学的主要对象，对“一带一路”沿线的语言关注相对较少，导致国内非通用语言人才的供给长期匮乏。基础教育阶段的外语教育不同于一般的外语人才教育，人文素养的提升是其核心目标之一，要充分考虑外语学习的趣味性、丰富性、多样性，拓展具有文化底蕴、人文气息的多元文化语言课程资源。进入新时代，基础教育阶段外语教育的战略地位日益凸显，无论是高素质专门语言人才的培养，还是跨文化人文素养的提升，均需要基础教育语言文字课程承担相应的使命。

（三）国际化基础素养的诉求

在全球化进程不断加快、国际交流日益增多的现代社会，具备国际化素养是新时期对社会公民的时代要求。伴随“一带一路”倡议的深入推进，基础教育国际化成为新的时代诉求，课程改革则是其中不可分割的重要组成部分。“一带一路”倡议的深入推进和人类命运共同体的有效构建，势必需要培养“学生的全球意识及对多元文化的理解力，培养学生的好奇心、想象力、批判性思维能力、沟通与合作能力、国际规则意识等”①，这也是基础教育国际化的目标内涵。《国家中长期教育改革和发展规划纲要（2010—2020年）》明确提出，要“坚持以开放促改革、促发展。开展多层次、宽领域的教育交流与合作，提高我国教育国际化水平”。作为世界基础教育大国，我国的基础教育课程改革无法脱离教育国际化的时代背景，重视培养学生的全球意识和国际素养成为教育改革的必然选择。课程的国际化是基础教育国际化的核心，根本在于加强国际理解教育，目标在于为提升学生的国际化素养奠定良好的基础。伴随“一带一路”倡议的全面推进，培养“国际化的中国人”成为我国教育改革与发展的时代诉求，“要拓展学生的国际视野和国际思维，让学生掌握国际文化和国际知识，获得进行国际交流合作的能力，做好将来参与到国际竞争中去的各种准备”②。国际化专门人才的培养和学生国际化基础素养的提升，要求我国必须加快基础教育国际化的进程，把国际化作为基础教育课程改革的重要目标定位。

① 周满生．对基础教育国际化的理性思考和路径探讨［J］．中小学管理，2017（5）：5-8.

② 项贤明．基础教育国际化的应有之义［N］．光明日报，2015-07-14（14）．

二、“一带一路”倡议下基础教育课程的应对迟滞

“一带一路”倡议下，基础教育的重要使命之一是为培养适应倡议发展需要的人才打下基础，充分发挥课程在基础教育阶段人才培养的重要意义，这不仅是课程发展的内生要求，同时也是推进人才培育的必然要求。与高等教育和职业教育相比，基础教育领域与“一带一路”倡议的相关变革尚未全面展开，在国情教育、语言教育、教育国际化等方面，基础教育课程改革仍然面临诸多现实困境。

（一）沿线国家国情教育课程相对不足

根据官方的统计数据，“一带一路”沿线共有 65 个国家。沿线国家中有如以色列、新加坡等经济发达的国家，但是发展中国家占大多数。当前我国中小学课程涉及的国家主要以欧美发达国家为主，对有关发展中国家甚至对新加坡、以色列等国的介绍比较少，即使有所涉及，课程内容的深度和广度也稍显不足。与之相比，发达国家的课程在涉及其他国家的知识方面更加全面，更加注重培养学生的全球意识和世界理念。以日本为例，日本中小学阶段的地理课程注重联系周边地区和世界地理现象，对世界区域地理没有进行主次划分，通过全方位、连续性的地理教学，让学生运用基本的地理思维来看待世界和日本。日本初一到初二的地理课程内容包括世界上的各种区域、日本的各种区域。俄罗斯中小学的地理课程将世界地理进行了较为全面的划分，世界人口地理、世界宗教地理、世界语言地理、世界文化地理、世界经济地理等，旨在用全球视野培养学生在不同维度、层面对世界地理的深入理解和认识，对学生掌握国际知识，成为全球公民具有重要意义。①

人类命运共同体的构建需要多元文化教育提供基础保障，增进文化理解和文化交流成为世界各国基础教育改革的时代使命。与欧美发达国家中小学历史地理课程标准需要“应对经济全球化需求，培养有国际竞争力的全球公民”相比，我国的中小学历史地理课程目标相对局限，尤其是在“一带一路”倡议下，我国对“一带一路”沿线国家的历史地理等国情教育重

---

① 王小禹，袁孝亭 . 国外地理课程标准课程目标的特征与趋势［J］. 外国中小学教育，2012（3）：54-60.

视程度仍然不够，掣肘了我国中小学生对“一带一路”沿线国家历史地理等国情进行深入、全方位的了解和认识。

（二）沿线国家的语言教育课程严重缺位

语言是人类文明传承的载体，是文明互通的纽带，是文明互鉴的桥梁，加强沿线国家语言教育课程建设，是助力“一带一路”建设的重要举措，是促进跨境民族语言认同、语言互通，推动经济发展、民生改善的基础保障。目前，我国“一带一路”沿线国家语言人才培养主要在高等教育和职业教育层面，基础教育阶段的语言教育课程相对匮乏，大多数中小学的外语课程仍然是以世界通用语言——英语为主，仅有少数学校开设日语、俄语、法语、德语和西班牙语课程，沿线国家中大部分国家的官方语言和通用语言课程尚未纳入我国的中小学课程。与之形成对比的是，欧美发达国家将中小学阶段的外语教育课程作为教育国际化背景下培养学生全球精神的具体策略。在荷兰，基础教育课程的重要目标就是培养学生的“国际素质”，目的就是让学生能适应全球化的发展趋向和国际社会的丰富多元，并掌握与全球经济和劳动力市场密切相关的语言技能，最终成为适应国际环境的世界公民。荷兰的中学生除了学习荷兰语和英语，还需要学习 2—3 门外语。[①] 荷兰在基础教育阶段积极加大外语教育课程的推行力度，目的就是让荷兰的学生能以多种语言作为交流媒介来扩大荷兰的国际影响力，塑造荷兰在国际上的良好形象。而我国当前基础教育语言课程的单一状况，在一定程度上制约着我国在沿线国家中的影响力的发挥。

（三）基础教育课程国际化程度较低

伴随“一带一路”倡议的全面实施，我国与“一带一路”沿线国家间学生的交流将更加频繁，这其中也包括基础教育阶段学生的出国留学和来华留学，我国基础教育阶段的适龄学生可以到“一带一路”沿线国家的国际学校就读，“一带一路”沿线国家的适龄学生也可以到我国的国际学校就读，这要求我国必须加快推进基础教育课程的国际化。但是，自“一带一路”倡议提出以来，我国基础教育课程的国际化发展并未发生实质性变化，未提出具有国际化特色的培养目标和改革方案，基础教育课程如何培养具有

---

① 邬志辉．全球化背景下的中国基础教育课程改革［J］．教育科学研究，2002（6）：18-20.

全球意识和全球领导力的国际化人才尚未提上日程。当前，我国基础教育课程的国际化还处于探索、试点阶段，在国际理解教育、留学交流、合作办学、师资培训等活动中，基础教育课程所应扮演的角色不甚清晰，作用的发挥还有待加强。为打破“一带一路”倡议推进过程中的文化壁垒，增进文化理解、文明互通，基础教育课程迫切需要为学生提供国际化的课程设计，为培养具有民族特色和国际视野、对中国具有深厚感情和强烈认同感的“一带一路”人才奠定基础。

三、“一带一路”倡议下基础教育课程的应因性改革

当前，“一带一路”倡议建设作为构建人类命运共同体的时代诉求，对基础教育课程改革提出了更高的要求。基础教育课程改革是一项系统工程，应以系统思维进行统筹设计，改革的指导思想应体现出“一带一路”倡议的时代背景诉求和对未来专门人才的需求。

（一）加强沿线国家的国情教育，开设沿线国家国情教育课程

为促进我国中小学生对“一带一路”沿线国家政治、经济、文化等各方面情况的了解，培养他们对沿线国家的感情，我国的基础教育课程改革应增设相关课程或内容，增进学生对沿线国家风土人情的了解，提升学生的人文综合素养。基础教育阶段的中小学可以开设“一带一路”沿线国家的国情教育选修课程和跨文化交流实践课程，在中小学课程和教材中有针对性地增加沿线国家的内容，从而拓宽学生的国际视野，提高学生的跨文化交流能力，帮助学生了解沿线国家的历史、语言、文化、地理、人口、民族、宗教、政治、军事、法律、经济、外交、社会、旅游等各方面的情况。这是扩大与“一带一路”沿线国家的交流合作、推进沿线国家民心相通的重要前提条件。沿线国家国情教育融入基础教育课程改革具有多方面的教育价值，能够为我国基础教育课程改革提供丰富的跨文化资源，也是提升基础教育国际化的重要路径。经验证明，历史文化类课程可以帮助学生了解世界，提升对相关国家政治、军事和经济关注的主动意识，对有效增加学生的国际知识具有重要意义。[①]

---

① 刘瑜，赵辙，张爱萍. 不同类型公开课对大学生国际视野培养的影响研究［J］. 大学教育，2015（1）：64-65.

在实际操作上，沿线国家国情教育课程的开设可以选择“线下教材+网络课程”的模式，拓宽学生对“一带一路”沿线国家相关信息的获取渠道。同时，在了解沿线国家文化风土人情的基础上，我国还应培养学生的多元文化素养，提升学生的跨文化交际能力。中小学可以通过设置跨文化交流实践课程增进学生对“一带一路”沿线国家的了解，提升他们未来与沿线国家人民进行跨文化交流的能力与意识，如通过与“一带一路”沿线国家开展志愿服务、夏令营、基础教育论坛等多种跨文化交流实践课程形式，增进我国与“一带一路”沿线国家青少年间的了解和信任。

（二）加大对沿线国家语言教育的重视，适时增设小语种课程

语言作为重要的软实力资源，是国家综合实力不可缺少的重要组成部分，有效利用和充分发挥语言资源是每一个国家、民族、群体和个体的语言权利。语言既是重要的文化要素、文化载体，也是消除隔阂、增进理解的便捷工具。“一带一路”沿线国家语言众多，语言相通是实现国家和地区民心相通的基础。特别是对外语专门人才的培养，应根据“一带一路”倡议和国家外交的现实需要，在基础教育阶段增强对沿线国家官方语言和通用语言的了解，加大对相关语言教育的重视力度。

首先，以多种形式开展多语种的外语教育。在全球化和“一带一路”倡议背景下，外语教育必须多语种化。结合发达国家外语教育的经验，在小学阶段可以规定所有学生必须学习一种外语，到了中学阶段要学习第二种外语。中小学的外语教育语种要合理布局，在以英语教育为主的同时适当布局俄语、日语、法语、德语、西班牙语和阿拉伯语教学。特别是在高中阶段，有条件的地区和学校可以用选修课和校本课程的形式开设其他沿线国家的官方语言和通用语言课程，我国与“一带一路”沿线国家毗邻的省（区、市）及区域的学校，可以用选修课的形式开展周边国家除了官方语言和通用语言以外的区域性民族语言的教学。

其次，积极推动中文和中华文化在沿线国家和地区的传播与推广。我国应通过基础教育国际化推广中文和传播中华民族优秀文化，推动沿线国家将中文加入国民教育体系。我国一些高水平的中小学在为孔子学院和孔子学堂进行师资培训、组织汉语考试的同时，还可以帮助其编写汉语教材，开设汉语课程和中国文化课程。这样，不但能让“一带一路”沿线国家的

青少年了解中国的语言文化，更重要的是培养他们对中国传统文化的深厚感情，有利于中国与“一带一路”沿线国家开展长期性、深度性的文化交流。

（三）加快基础教育课程国际化步伐，提供我国基础教育课程改革经验

伴随“一带一路”倡议的深入推进，加快我国教育的国际化进程、为人类命运共同体的构建奠定坚实的知识与文化基础，成为新时代基础教育课程改革的迫切要求。基础教育课程国际化改革重在培养学生的全球意识及对多元文化的理解力，培养学生的好奇心、想象力、批判性思维能力、沟通与合作能力、国际规则意识等。基础教育目标的设定应确立国家文化取向，让学生成为具有家国情怀的文化使者；同时，要培养学生的国际视野，使他们成为具备国际竞争力和全球领导力的未来国际人才。

在此背景下，基础教育课程改革应围绕国际化承担相应使命，着力做好如下两方面的工作。一是加快和推进基础教育阶段国内和国外留学课程的设计。我国的高水平中小学应有前瞻意识和战略眼光，为沿线国家的留学生设计专门的课程项目和教学方案。同时，也需要为准备去沿线国家留学的中国学生设计跨文化交流的基础课程。在与沿线国家进行合作办学过程中，我国有条件的高水平中小学可以为海外分校开发课程资源和设计教学项目，将我国优质的课程资源和教学方案输送到沿线国家。二是重视和深化我国基础教育课程成功经验的推广。“一带一路”倡议下，我国应改变以往单向的基础教育课程国际交流与合作，从“引进国外先进优质的课程资源”到“同时注重开发设计国内优质的课程资源”，将我国优质的基础教育课程资源推向沿线国家。从我国部分省（区、市）在PISA测评中的优异成绩可以看出，我国基础教育具有很多独特的优势[①]，可以将我国基础教育课程的改革经验向沿线国家推广。

第三节 加强中小学教师培养培训

2016年，教育部印发《推进共建“一带一路”教育行动》，提出实施“丝

① 吴颖惠.基础教育国际化开启中小学综合教育改革之门［J］.世界教育信息，2014，27（9）：52-57.

绸之路”师资培训推进计划，“开展‘丝绸之路’教师培训，加强先进教育经验交流，提升区域教育质量……跟进教师培训工作，促进沿线各国教育资源和教学水平均衡发展”。2018 年 1 月，中共中央、国务院印发《关于全面深化新时代教师队伍建设改革的意见》。2018 年 2 月，教育部等五部门印发《教师教育振兴行动计划（2018—2022 年）》，使得“一带一路”倡议下的我国中小学教师培养培训进入需要升级和供给升级的协调共进循环模式。“一带一路”倡议对中小学教师培养培训提出了新的要求，要从构建教育共同体出发，从整体上提高教师队伍的专业素质和专业创新能力；基于可持续发展理念，全面提高师范生培养的质量；与国际接轨确定卓越教师培养标准，发展教师的全球意识和竞争力；建设传统实训基地与现代信息技术相结合的开放性的培养培训平台，提高培养培训实效，服务“一带一路”区域教育改革发展。

一、“一带一路”倡议对中小学教师培养培训的新要求

“一带一路”倡议的提出体现了全球化社会形态所具有的多元化、信息化、学习化等时代特征，这些特征既为中小学教师培养培训提供了新的条件，也提出了诸多新要求。

（一）基于构建“一带一路”教育共同体，提高教师专业化水平

“一带一路”倡议反映了基于人类命运共同体思想的全球合作理念与实践，为构建平等交流、共同进步的区域乃至全球教育共同体建立了价值规范。习近平于 2013 年 3 月在莫斯科国际关系学院的演讲中第一次提到命运共同体，于 2014 年 11 月在中央外事工作会议上提出打造周边命运共同体，在 2015 年 3 月的博鳌亚洲论坛上提出通过迈向亚洲命运共同体，推动建设人类命运共同体，在 2017 年 1 月联合国日内瓦总部发表《共同构建人类命运共同体》的演讲。在人类命运共同体思想指导下，构建“一带一路”教育共同体、整体提高教师专业化水平成为我国中小学教师培养培训的战略目标。教师专业化是指“教师在整个专业生涯中，通过终身专业训练，习得教育专业知识技能，实施专业自主，表现专业道德，并逐步提高自身从教素质，成为一个良好的教育专业工作者的专业成长

过程”。[①]“一带一路”倡议下，构建区域教育共同体对教师整体专业化水平提出了新要求：第一，拓展专业化发展目标。“一带一路”倡议对中小学教师的包括国际化视野和跨文化交流的能力在内的国际理解力提出要求，要求教师能够拓展国际先进教育理念和经验，能够参与和积极开展区域内不同文化间的教育交流与合作。第二，全面提高教师专业化素质。“一带一路”教育共同体的构建要求中小学教师能基于我国和沿线国家教育改革发展的需要，升华专业思想，丰富专业知识，拓展专业能力，在专业心理品质方面尽快成长成熟，从而在提高“一带一路”教育共同体教育质量方面发挥更大作用。

（二）基于可持续发展理念，提高教师准入门槛

“一带一路”倡议蕴涵可持续发展的理念，包括区域教育改革开放的可持续发展、教师培养培训的可持续发展等。教师资格的获得是教师专业可持续发展的新起点。2015 年，我国在全国范围内正式实行教师资格的国家统考制度（简称“国考”），考试由笔试和面试组成，每 5 年认证注册一次。“一带一路”倡议下，“国考”的内容、考查标准以及组织实施等应体现可持续发展的理念。第一，“国考”内容要具有可持续的统整性，要能反映“一带一路”背景和教育改革背景下教师教育三个标准，即教师专业标准、教师教育课程标准、教师资格考试标准的有机结合。第二，对师范生和非师范生的资格准入要有所区别。对于师范生，要重点考查其学科教学的基本思想和基本方法；对于非师范生，要重视对其教育科学理论素养的考查。对所有申请人来说，实践能力是教师专业能力可持续发展的根本，要重点考查申请人的教育学理论、学科知识与教学实践的可持续的整合能力。第三，可持续发展理念下，申请人不仅需具有逻辑推理能力、阅读理解能力、语言表达能力以及将信息技术与学科教学整合的能力等，还需具备对“一带一路”沿线国家的伦理道德和法律法规的跨文化理解能力，以及能够深度融入世界教育改革发展潮流的视野和能力，尤其要具有可支撑其持续发展的终身学习的能力。

---

① 教育部师范司 . 教师专业化的理论与实践［M］. 北京：人民教育出版社，2003：11.

（三）基于发展全球竞争力，开展卓越教师培训

2014 年，我国教育部启动卓越教师培养计划，提出建立高校与地方政府、中小学“三位一体”协同培养新机制，强化招生就业环节，推动教育教学改革创新，整合优化教师教育师资队伍等举措，扩大卓越教师队伍，提升教育质量。[①] 从国际社会看，2011 年，英国制定《让卓越教师培养我们的下一代》（Training Our Next Generation of Outstanding Teachers），提出在中小学设置卓越教师岗，鼓励卓越教师在教育教学活动中体现突出地位，引领教育改革的创新，对其他教师发挥示范作用[②]。2014 年，美国实施“人人享有卓越教育者计划”（ Excellent Educators for all Initiative），提出启动技术援助网络，确保所有学生都能获得卓越教师的指导，要求卓越教师通过网络示范教学计划分享教育思想，交流经验教训[③]。“一带一路”倡议下，我国中小学卓越教师应具备全球意识和全球竞争力。在专业认识上，要从人类命运共同体的高度重新认识和理解教育教学活动、学生及教师角色、社会环境等。在专业知识上，能从解决全球社会、政治、经济、文化或环境问题出发拓展知识结构，并针对“一带一路”区域教育合作的需要拓展学科知识、教育学和心理学知识、现代信息技术以及其他跨专业的或交叉学科的知识。在专业情感上，能针对“一带一路”沿线国家民族多样化的背景形成对待多元文化的态度和情感。在专业行为上，能在教育教学活动中体现全球意识和能力，推动我国与“一带一路”沿线国家的教育合作交流。

（四）建设共享培训平台，扩大培养培训对象

2016 年，教育部印发的《推进共建“一带一路”教育行动》的合作愿景强调推动教育深度合作、互学互鉴，携手促进沿线各国教育发展，全面提升区域教育影响力；合作原则重视加强合作育人，提高区域人口素质，为

---

① 教育部 . 教育部关于实施卓越教师培养计划的意见 [EB/OL].（2014-08-19）[2021-03-21]. http://www.moe.gov.cn/srcsite/A10/s7011/201408/t20140819_174307.html.

② GOV.UK.Training our next generation of outstanding teachers［EB/OL］.［2018-05-12］. https://www.gov.uk/government/publications/training-our-next-generation-of-outstanding-teachers-an-improvement-strategy-for-discussion.

③ U.S. Department of Education .New initiative to provide all students access to great educators［EB/OL］.［2018-06-11］. https://www.ed.gov/news/press-releases/new-initiative-provide-all-students-access-great-educators.

共建“一带一路”提供人才支撑；合作重点包括加强“丝绸之路”教师交流，推动沿线各国校长交流访问、教师及管理人员交流研修，推进优质教育模式在沿线各国互学互鉴。这就对中小学教师培养培训方面提出了两个新要求：第一，建设和拓展区域共享的中小学教师培养培训平台。在信息化时代背景下，“一带一路”培养培训平台应是基地与互联网结合的多边合作和协作平台。实体培训基地和虚拟研修空间应各自发挥优势、相互补充，建立如“一带一路”中小学校合作联盟、中小学教师教育联盟、中小学教师培养培训联盟等务实的教育合作平台，为沿线国家提供教育培训中心和教育援外基地。第二，扩大培养培训对象。“一带一路”倡议下的中小学教师培养培训对象应扩大至沿线的所有国家，对沿线国家中小学包括校长在内的管理人员、教师提供针对性培训，通过援助于人、惠及于人的方式为“一带一路”民心相通提供人力支撑。

二、“一带一路”倡议下中小学教师培养培训的成就与问题

（一）“一带一路”倡议下中小学教师培养培训的成就

“一带一路”倡议实施以来，我国中小学教师培养培训致力于提高教师队伍的整体素质，在培养培训的目标内容、层次、模式、实施效果等方面取得了一定的成就。

1. 国家层面密集发布政策集中发力

2010年，我国教育部、财政部启动了“中小学教师国家级培训计划”（以下简称“国培计划”），使得我国中小学教师培训达到有史以来的最大规模并首次上升至国家级培训高度。至2018年6月，与“国培计划”配套的子项目已相继展开，包括“知行中国”小学班主任教师培训项目，普通高中课改实验省教师远程培训项目，中小学骨干教师研修项目，农村义务教育学校教师远程培训项目，中西部农村骨干教师培训项目，中小学体育艺术骨干教师培训项目，心理健康教育骨干教师培训项目等。[①] 2010年至2018年6月，我国教育部制定颁发的中小学教师培养培训的政策文件高频率地

① 教育部办公厅，财政部办公厅．教育部办公厅 财政部办公厅关于做好2018年中小学幼儿园教师国家级培训计划组织实施工作的通知［EB/OL］．［2018-04-11］．http://www.moe.gov.cn/srcsite/A10/s7034/201803/t20180313_329820.html.

出台（见表5-1）。国家层面的政策集中发力，推动我国中小学教师培养培训的规模、规格、标准、效果等达到前所未有的高度。

表5-1　2010—2018年教育部颁布的有关中小学教师培训培养的文件

序号	颁布时间	文件名称	主要内容
1	2010年6月	《中小学教师国家级培训计划》	开发教师培训优质资源，创新教师培训模式和方法，推动全国大规模中小学教师培训的开展
2	2011年1月	《关于大力加强中小学教师培训工作的意见》	完善培训制度，统筹城乡教师培训，创新培训模式机制，增强培训针对性和实效性
3	2013年5月	《关于深化中小学教师培训模式改革全面提升培训质量的指导意见》	增强培训针对性，改进培训内容，提升教师参训实效，强化培训自主性，加强培训者队伍建设，建设培训公共服务平台规范培训管理
4	2013年9月	《关于建立健全中小学师德建设长效机制的意见》	师范生培养必须开设师德教育课程，新任教师岗前培训开设师德教育专题，在职教师培训把师德教育记入培训学分
5	2013年10月	《关于实施全国中小学教师信息技术应用能力提升工程的意见》	到2017年底完成全国1000多万中小学（含幼儿园）教师新一轮提升培训，提升教师信息技术应用能力、学科教学能力和专业自主发展能力
6	2014年8月	《教育部关于实施卓越教师培养计划的意见》	深化教师培养模式改革，建立高校与地方政府、中小学协同培养新机制，培养高素质专业化中小学教师
7	2015年9月	《关于改革实施中小学幼儿园教师国家级培训计划的通知》	加强培训团队建设，探索培训新模式，为各地开展乡村教师培训培养“种子”、打造“模子”、探索“路子”
8	2016年6月	《教育信息化“十三五”规划》	建立健全教师信息技术应用能力标准，将信息化教学能力培养纳入师范生培养课程体系
9	2016年7月	《推进共建“一带一路”教育行动》	实施“丝绸之路”师资培训推进计划。开展“丝绸之路”教师培训，加强先进教育经验交流，提升区域教育质量
10	2016年12月	《教育脱贫攻坚“十三五”规划》	建立省级统筹乡村教师补充机制，依托师范院校开展“一专多能”乡村教师培养培训，解决音、体、美、外语教师短缺等问题

续表

序号	颁布时间	文件名称	主要内容
11	2017年11月起	《中小学幼儿园教师培训课程指导标准》	规范和指导五年一周期的教师全员培训工作，分层、分类、分科组织实施教师培训，提高教师培训的针对性和实效性
12	2018年3月	《教师教育振兴行动计划（2018—2022年）》	提升培养规格层次，创新教师教育模式，培养未来卓越教师，发挥师范院校主体作用，加强教师教育体系建设
13	2018年4月	《教育信息化2.0行动计划》	加强教育信息化领导力培训和教师信息化教学能力培训

资料来源：根据教育部网站2010—2018年发布的中小学教师培训培养文件整理绘制，网址为 http://www.moe.gov.cn/jyb_xxgk/index.html#2.

2. 培养培训目标和内容标准化、具体化

2012年，教育部发布《“国培计划”课程标准（试行）》（以下简称《标准》），为中小学和幼儿园的所有学科设置了相应的课程标准，指导“国培计划”课程资源的开发建设，为教师培养培训制定了标准。《标准》使用指南里按学科（领域）分学段、分项目设置，共计67个……包括课程目标、建议课程内容、课程设置与实施建议三部分，另附主题式培训设计样例[①]。《标准》使得我国中小学教师的培养目标和内容更加标准化和具体化。例如，中小学教师示范性短期集中培训项目针对地市级以上骨干教师，目标在于提高师德修养，更新知识，提升能力，形成学习共同体，培养区域学科教学与教师培训带头人[②]；中西部农村骨干教师培训项目针对的是农村骨干教师，目标强调将新课标的理念与要求落实到教育教学中，形成学习共同体，培养县域农村学校骨干力量[③]；中西部置换脱产研修项目针对的是农村义务教育学校有良好发展潜力的中青年骨干教师，目标在于为农村学校培养一批在深入推进课程改革、实施素质教育、开展教师培训中发挥辐射作用的

① 中华人民共和国教育部.《“国培计划”课程标准（试行）》使用指南［EB/OL］.［2018-04-19］. http://www.moe.gov.cn/ewebeditor/uploadfile/2012/10/12/20121012170421236.pdf.

②③ 同①.

带头人[①]；培训团队研修项目针对的是高校、教师培训机构和幼儿园、中小学一线骨干培训者，目标在于提升培训者培训方案设计、培训课程开发、培训教学、培训组织管理等方面的专业能力，加强培训专家团队建设[②]。从中可见，无论是受训对象还是培训项目的设计，以及培训目标的制定，都更加具体和有针对性。

3. 培养培训模式综合化、混合式

2015 年，《教育部 财政部关于改革实施中小学幼儿园教师国家级培训计划的通知》指出，要“有效利用教师网络研修社区，切实推行集中面授、网络研修和现场实践相结合的混合式培训”。在《关于做好 2018 年中小学幼儿园教师国家级培训计划组织实施工作的通知》中，教育部继续强调要推行集中培训、网络研修混合式培训方式。科学选择培训模式，是达到预期培训效果的重要途径。综合化的混合式培训模式极大提高了中小学教师培养培训的实效。如“集中面授”由高校专家统一授课，既有助于提高培训效率，也有助于以点带面地提升教师整体的教育科学理论素养。“网络研修”则是利用现代信息技术，推动被动培训向自主研修转换，使得参训群体扩大，为中小学教师全员培养培训提供开放空间。“现场实践”推动中小学教师将培养培训的理念、方法通过课堂教学实践的方式聚焦现实问题，并在实际问题的解决过程中对培训效果进行转化和检验。当然，其他培训方式，如校本研究、情景式、参与式、探究式等培训方式也都在中小学教师培养培训中被广泛使用。但混合式培训模式的提出使中小学教师培养培训超越了时空的限制，更有助于受训者更新知识、加强教学体验、促进反思、提高解决问题的能力等。

4. 培养培训重实践、重成果转化

我国教育部在 2016 年发布的《关于加强师范生教育实践的意见》中提到，“在师范生培养方案中设置足量的教育实践课程，以教育见习、实习和研习为主要模块，构建包括师德体验、教学实践、班级管理实践、教研实

---

① 中华人民共和国教育部.《“国培计划”课程标准（试行）》使用指南［EB/OL］.［2018-04-19］. http://www.moe.gov.cn/ewebeditor/uploadfile/2012/10/12/20121012170421236.pdf.

② 同①.

践等全方位的教育实践内容体系，切实落实师范生教育实践累计不少于1个学期制度”。实践教学能力已经居于教师培养的核心地位，是师范教育课程的重要内容。我国师范院校一直有与中小学合作培训师范生的历史传统，中小学为师范院校提供师范生培养的实践场所，师范生在中小学见习、实习，是师范生了解教育现实、积累教育实践经验和提升教学实践能力的重要途径。自“国培计划”实施以来，一方面，院校—政府—学校模式的教师培养培训，使得师范生的实践能力发展有了稳定的理论土壤、实践场域和评价机制。另一方面，在我国中小学教师培养培训过程中，无论是培训者还是受训者都更注重培训内容的转化和应用，一些承接培训任务的高校安排培训专家开展后续成果转化的跟进，针对学校特点、教师个性、学生特征指导课堂教学设计和实施，受训者自觉将在培训过程中获得的教育科学理论知识运用到教学实践当中。

（二）“一带一路”倡议下中小学教师培养培训存在的问题

1. 师范教育无法满足“一带一路”教育共同体的发展需求

“一带一路”教育共同体的建设基础在于师范教育。从源头看，与我国同类高校比较，我国师范教育院校生源质量不突出。有调查显示，“师范院校文科生源位次相对理工院校有一定优势，但差距逐年缩小，而与综合院校相比位次靠后；师范院校理科生源位次与综合院校和理工院校均有一定差距”①。从毕业去向看，教师资源分布结构不均衡且优质师范生流失。由于我国教师工资待遇总体水平不高，一定数量的师范生并不从事教育教学工作，且师范院校毕业生在整体去向上偏离农村和经济不发达地区，向城市和经济发达地区聚集。从培养方式看，我国师范生培养不单纯依托师范院校，截至2018年，在全国570所承担教师教育的院校中，有非师范院校383所；在全国具有教育硕士专业学位授权的142所院校中，有非师范院校83所；在15所具有教育博士学位授权的院校中，有北京大学、清华大学等

① 刘振中.生源差异视角下师范生职业能力分析及提升对策［J］.山西师大学报（社会科学版），2014，41（3）：150-153.

6 所高水平综合性大学。[①] 存在的疑问在于：第一，综合性大学在师范生培养方面是否比师范院校更具有师资或专业优势，是否有助于满足“一带一路”教育共同体对师范生“师范性”的要求。第二，综合性大学与中小学之间未形成紧密关系，对基础教育实际问题的研究还需深入，在师范生培养中的实践指向性有待突出，与“一带一路”教育共同体在教师培养培训中形成共生生态还需时日。

2. 教师准入门槛低，不利于教师专业的可持续发展

“一带一路”倡议对教师专业的可持续发展提出了更高要求。2016 年全国教育事业发展统计公报显示，全国小学招生 1 752.47 万人，比上年增加 23.42 万人，在校生 9 913.01 万人，比上年增加 220.83 万人；毕业生 1 507.45 万人，比上年增加 70.19 万人。全国初中招生 1 487.17 万人，比上年增加 76.14 万人；在校生 4 329.37 万人，比上年增加 17.42 万人。[②] 中小学招生规模不断扩大，使得学校对中小学教师的数量有更多需求，但我国教师准入门槛偏低，认定标准过多考查申请人先前资历，这对教师专业可持续发展的支撑作用不明显。首先，《教师资格条例》规定申请人需具备基本的思想道德条件、教育教学能力、学历等，多为对申请人前期综合资历的考查，对教师专业可持续发展要素考量不足。其次，在面试环节，“国考”综合考查“职业道德、心理素质、仪表仪态、交流沟通、思维品质、技能技巧、评价反思”等能力，但由于考官素质及考查标准存在差异，在面试环节存在标准不一现象，导致部分未达到教师标准者进入教师队伍，不利于我国中小学教师队伍整体的专业建设。

3. 培养培训对象的开放性和涵盖性待扩大

首先，“一带一路”倡议下，我国中小学教师培养培训对象有一定的局限性和封闭性。自 2011 年 1 月教育部发布《关于大力加强中小学教师培训工作的意见》至 2018 年 3 月发布《教师教育振兴行动计划（2018—2022 年）》，

---

① 教育部．关于政协十二届全国委员会第五次会议第 0361 号（教育类 036 号）提案答复的函［EB/OL］．［2018-04-22］．http://www.moe.gov.cn/jyb_xxgk/xxgk_jyta/jyta_jiaoshisi/201803/t20180312_329650.html.

② 教育部 .2016 年全国教育事业发展统计公报［EB/OL］．［2018-06-01］．http://www.moe.gov.cn/jyb_sjzl/sjzl_fztjgb/201707/t20170710_309042.html.

国家层面的官方文件未提及我国教师培养培训对象对沿线国家开放。“一带一路”沿线国家覆盖了世界三大宗教、上百种语言，这意味着只有将教师培养培训对象扩大至沿线国家的中小学教师、校长、各级教学管理人员，才能深刻了解沿线国家教育环境和教育体制，乃至社会制度、民族文化、宗教信仰等。其次，“一带一路”倡议下，中小学培养培训对象的开放性受供需矛盾的制约。国内一些自发针对沿线国家中小学教师开展培养培训工作的高校，前期调研工作不充足，对培训需求了解不全面，培训教师语言能力欠缺，导致总体规划、培训目标的针对性不突出，从培训思路、培训内容到培训的组织实施均不能满足沿线国家教师对培训的实际需求。最后，培训形式和内容的本土化无法包容沿线国家教师多元化背景。我国多数高校对中小学教师的培养培训以大班化、集中培训教育学、心理学理论知识为主，培训形式单一，内容泛化。本土化的培训内容和模式即便开放，也不能涵盖沿线国家中小学教师多样化的培训需求，培训效果难以保证。

4. 培训平台软硬件建设的兼容性和互通性待提高

“一带一路”倡议下，信息培训平台建设成为中小学教师培养培训的重要基地，但我国教师培养培训的公共服务平台的软硬件建设方面都亟待提高。第一，“一带一路”沿线国家教师培训平台的兼容性和互通性待提高。至 2018 年 7 月，我国中小学教师培养培训平台主要有“全国中小学教师继续教育网”“中国教师研修网”等国家教育资源公共服务平台。这些培训平台仅服务于本土教师远程培养培训或研修，并未放眼“一带一路”区域教育发展改革的热点问题，也未立足于“一带一路”沿线国家教师培养培训的需要，尚不能为“一带一路”教育共同体培养培训教师提供共享服务平台。第二，平台课程资源建设不能满足沿线国家教师培养培训的实际需求，主要体现为信息技术手段与学科教学整合的课程资源较少。国家教育资源公共服务平台上有关信息技术的理论知识和实践技能方面的专业知识较多，关于学科教学实践的案例也较为丰富，但如国家教育资源公共服务平台、网络教学平台，以及微博、微信等社会性软件应用等信息技术培训与学科教学之间整合的内容则较少，不利于课程资源在沿线国家推广和在教学实践中运用。此外，在信息技术发展迅速的时代，“一带一路”沿线国家共同面对信息技术理论和技术更新换代周期变短的现状，这使得我国“一带一路”教师培养培训信息平台建设更为急迫，而只有信息共享才能实现沿线国家中小学教师培养培训的互通。

三、“一带一路”倡议下中小学教师培养培训的策略

中小学教师培养培训工作持续时间长且能获得较大的社会效益，有利于沿线国家加深对中国教育改革发展的认识和认同，并受益于“一带一路”教育合作平台。“一带一路”倡议下，中小学教师培养培训要从构建区域教育共同体的战略高度出发，基于可持续发展理念，培养培训具有全球竞争力的教师，为区域教育改革建设实训基地及与信息技术相结合的教师培养培训平台。

（一）培育教师可持续发展的专业素质

“一带一路”倡议下，我国中小学教师培养培训应基于可持续发展的理念，致力于教师综合性专业素质的长远发展。可持续发展的教师综合性专业素质主要由专业知识、专业精神和专业能力构成。第一，夯实可持续发展的专业知识。除了学科知识、实践知识和促进教师专业成长的条件性知识外，“一带一路”倡议下，交叉学科知识尤为重要。新形势下，区域教育改革发展的速度将加快，教育教学合作交流在超越地理边界的同时也超越了学科界限，知识的深化与发展使得多学科相互交叉、相互渗透成为趋势，具备交叉学科知识基础是中小学教师专业素质可持续发展的基本条件。第二，培养可持续发展的专业精神。专业精神由道德、责任和态度共同构成。“一带一路”倡议下，教师的专业责任尤为重要，不仅体现为对学生、教学活动、学校的责任，更体现在推动区域教育发展、开展我国与沿线国家多层次教育交流与合作活动、深化人文交流、共建教育共同体等方面应担当的社会责任。第三，培养可持续发展的专业能力。教师的专业能力主要集中在教育教学能力方面。“一带一路”倡议下，教师需发展多元文化教育教学能力，以适应未来学生构成的多样性，沿线国家民族、宗教、文化的差异性，以及“一带一路”教育共同体改革发展的共同目标。

（二）提高师范生培养质量，满足区域教育共同体的需要

“一带一路”倡议下，师范生培养质量不仅关乎我国中小学教师素质和后续的专业成长高度，更关乎“一带一路”区域教育共同体的教育质量。

第一，重视提高师范生生源质量。我国师范院校生源层次位于综合院校和理工院校之后，师范生生源层次呈明显下降的趋势，反映了提高师范院校生源质量的紧迫性。以芬兰为例，其拥有高质量的教师队伍和卓越的基础教育质量，与其拥有优质的师范生生源密切相关。“芬兰师范专业录取率低于5%，远远低于几乎其他所有综合性大学专业的平均超过13%的录取率。”[①] 第二，提升师范生的实践能力。2016 年，教育部《关于加强师范生教育实践的意见》强调，要落实师范生教育实践累计不少于 1 个学期。2018 年，教育部在《关于全面深化新时代教师队伍建设改革的意见》中指出，“逐步将修习教师教育课程、参加教育教学实践作为认定教育教学能力、取得教师资格的必备条件”。实践能力是师范生应具备的基本专业素养，更是胜任“一带一路”建设发展需求的基本技能。师范生实践能力的成长要注重实践过程本身的内涵和质量，我国师范院校通常的做法是将师范生的实践实习分段、分层、连续地贯穿四年的学习。未来要注重不同年级师范生在实习实践的目标、内容、形式、层次及阶段上的承接性及系统性。

（三）制定卓越教师的培养标准

自 2010 年“中小学教师国家级培训计划”实施以来，我国对卓越教师的培养和认定由地方和承担卓越教师培养计划的院校负责，缺乏统一性和规范性的标准。“一带一路”背景下，我国应积极研究并制定卓越教师培养标准。第一，标准应从发展教师全球竞争力出发，应是高度统一性和差异性的结合。卓越教师培养标准、评价标准和认定标准应由国家权威机关制定，卓越教师的培养培训应有与国际接轨的目标和内容体系，评审程序和认定过程应体现全球意识。同时，卓越教师也应反映教师自身的个性特质，不同学校的办学特色以及地方教育改革发展的差异性等特征。第二，标准需体现与国际水平接轨的卓越性。卓越教师的标准需对接国际标准，从高尚的师德、扎实的专业素养、较高的社会声誉、精湛的教育教学方式方法、突出的教育教学效果等做出规定，全面提升教师在国际社会的竞争力。第三，标准需反映卓越教师的发展性。卓越教师的成长不是一蹴而就的，是

① MIKKONEN S. Finnish education system［EB/OL］.［2018-05-29］. https://www.youtube.com/watch?time_continue=5&v=oZkPgsGLn.

与国际水平接轨的专业认知、专业知识、专业能力和专业行动的长期积累和提升的过程，而且全球化时代带来的教育环境的变化和教育改革发展的需求使得卓越教师的成长是一个不断完善和升级的动态过程。

（四）基地建设与信息技术结合，提高培养培训实效

在信息时代背景下，“一带一路”倡议要求中小学教师培养培训要将传统的培训基地建设与现代信息技术以恰当的方式结合，拓展教育合作平台，提高培养培训实效。第一，培养培训实体基地与现代信息技术结合，拓展培训时空和创新培训形式。除对中小学教师定期开展面对面深度培训外，还应基于互联网开展远程研修，运用UMU、问卷星等各种应用软件，优化培训手段和过程。第二，将传统的培训课程研发与信息技术平台课程资源开发相结合。现代信息技术使得培训课程资源变得海量而开放，培训课程内容更新升级速度加快。而传统的依托于高校专家团队的课程研发方式，使得课程资源筛选和使用更有针对性。两者共同搭建的交流平台，既便于沿线国家培训者之间和培训机构之间进行交流、开发和建设课程资源，也有利于来自不同文化背景的受训者基于教学实践需要而自主选择学习资源，使课程资源的利用更有实效。第三，两者结合使跨国、跨地域的培养培训管理更加高效。培训者与受训者之间利用现代信息技术保持互动交流，管理参训教师，能在动态化的管理中简化培训工作程序，降低成本，提高效率，而且能对培养培训工作进行效果跟踪，建立全面、长效的培训机制。

第四节 优化高等教育结构

“一带一路”倡议对高等教育的发展来说既是机遇也是挑战。一方面，“一带一路”建设赋予高等教育新的时代使命，为“一带一路”建设提供人才支撑成为高等教育的重要任务；另一方面，“一带一路”倡议下的人才需求、经贸发展和教育对外开放对我国高等教育结构调整提出了新的要求。从服务“一带一路”建设考虑，我国高等教育存在区域结构布局、层次结构分布以及来华留学生结构的失衡问题。为推进“一带一路”建设，我国高等教育结构调整需要科学谋划省域高等教育布局结构、提升中西部高等教育的层次结构、优化高等教育人才培养结构，以及扩大“一带一路”沿

线国家来华留学生规模。

一、“一带一路”倡议下优化高等教育结构的必要性

高等教育结构既要遵循高等教育自身发展的内部关系规律，又受国家经济社会发展的外部关系规律所制约。“一带一路”建设所强化的人才作用、经贸合作以及教育对外开放，将倒逼高等教育结构的调整和优化，以充分发挥高等教育在共建“一带一路”中的基础性和先导性作用。

（一）“一带一路”建设人才支撑的需要

《推动共建丝绸之路经济带和21世纪海上丝绸之路的愿景与行动》（以下简称《“一带一路”愿景与行动》）提出了“一带一路”建设的目标是实现“五通”，即政策沟通、设施联通、贸易畅通、资金融通和民心相通，明确了“五通”在“一带一路”建设中的地位和作用。并指出，加强政策沟通是“一带一路”建设的重要保障，基础设施互联互通是“一带一路”建设的优先领域，投资贸易合作是“一带一路”建设的重点内容，资金融通是“一带一路”建设的重要支撑，民心相通是“一带一路”建设的社会根基。教育特别是高等教育在共建“一带一路”中具有基础性和先导性作用，高等教育合作与交流为沿线各国“民心相通”搭建桥梁，高等教育通过培养各类高素质专业人才为沿线各国政策沟通、设施联通、贸易畅通和资金融通提供智力支撑。

“一带一路”建设的内容主要涵盖以下三个领域：一是工程建设和经济贸易领域，包括交通、信息、能源基础设施，贸易与投资，能源资源，货币金融互联互通；二是区域政治和秩序领域，包括区域性的生态环境保护、海上合作领域、政策的互联互通；三是人文交流与合作领域，包括区域性的语言文化、科技人文、卫生和旅游等人文领域的互联互通。这些领域包括基础设施建设、技术、资本、货币、贸易、文化、政策、民族、宗教，无一不需要教育特别是高等教育提供人才支撑。[①]“一带一路”倡议对高等教育发展来说既是机遇也是挑战，一方面，“一带一路”建设赋予高等教育新的时代使命，高等教育服务于“一带一路”建设的首要任务是提供人才

① 瞿振元.“一带一路”建设与国家教育新使命［N］. 光明日报，2015-08-13（11）.

支撑，培养“一带一路”建设所需的各类人才是推动高等教育改革和发展的紧迫而重要的问题；另一方面，人才培养是高等教育的根本使命，“一带一路”建设的人才需求对高等教育结构调整提出了新的挑战和要求，不同的人才需求需要不同的高等教育人才培养结构。“一带一路”建设急需加快培养专业技术人才、非通用语种人才、国际贸易人才、国际组织人才和国际化人才等五类紧缺人才，这些人才需求倒逼我国高等教育人才培养结构进行调整和优化。

（二）“一带一路”建设经贸发展的需要

经济贸易是“一带一路”建设的主要载体，《推动共建丝绸之路经济带和21世纪海上丝绸之路的愿景与行动》指出，“共建‘一带一路’旨在促进经济要素有序自由流动、资源高效配置和市场深度融合，推动沿线各国实现经济政策协调，开展更大范围、更高水平、更深层次的区域合作，共同打造开放、包容、均衡、普惠的区域经济合作架构”。“一带一路”沿线国家多数是新兴经济体和发展中国家，总人口约44亿，经济总量约21万亿美元，分别约占全球经济总量的63%和29%。[①]尽管“一带一路”沿线国家的政治、历史、文化、人口、法律、科技、宗教等要素禀赋不同，但这些国家经济发展势头良好，互补性非常强，在基础设施建设、贸易、产能等方面具有合作的巨大潜力和空间，有助于改变国际经济贸易格局。

自从“一带一路”倡议提出以来，国家加大对“一带一路”建设资金支持，向丝路基金新增资金1 000亿元，鼓励金融机构开展人民币海外基金业务，规模预计约3 000亿元。中国国家开发银行、国家进出口银行将分别提供2 500亿元和1 300亿元等值人民币专项贷款，用于支持“一带一路”基础设施、产能、金融合作。[②]同时，“一带一路”国家经贸合作进展明显，2014—2016年，中国同“一带一路”沿线国家贸易总额超过3万亿美元。中国对“一带一路”沿线国家的投资累计超过500亿美元。中国企业已经在20多个国家建设56个经贸合作区，为有关国家创造近11亿美元税收和

① 瞿振元．“一带一路”建设与国家教育新使命［N］．光明日报，2015-08-13（11）．

② 李永全．“一带一路”蓝皮书　“一带一路”建设发展报告（2017）［M］．北京：社会科学文献出版社，2017：13.

18 万个就业岗位。[①]

“一带一路”建设中的投资和贸易需要了解一个国家的金融政策和法律、货币流通以及国际贸易规则等方面的知识，中国企业“走出去”也需要通晓当地语言，熟悉当地政治经济文化，了解当地的投资环境、民俗民风和人文地理等方面的知识。高等教育通过区域和国别研究帮助人们了解“一带一路”沿线国家的国情、地缘政治等，可以有效规避我国对外投资和贸易合作的风险。“一带一路”国家的经济往来必须以“民心相通”为基础，高等教育则通过“民心相通”联通全球经济。

（三）“一带一路”教育对外开放的需要

来华留学生教育是我国教育对外开放的重要组成部分。近年来，我国政府先后出台了吸引世界各国学生来华留学的政策，逐步扩大来华留学生的规模，为“一带一路”建设培养大批知华、友华的高素质国际化人才。如 2012 年教育部出台的《留学中国计划》中提出：“到 2020 年，使我国成为亚洲最大的留学目的地国家。建立与我国国际地位、教育规模和水平相适应的来华留学工作与服务体系；造就出一大批来华留学生教育的高水平师资；形成来华留学生教育特色鲜明的大学群和高水平学科群；培养一大批知华、友华的高素质来华留学毕业生。”2015 年 3 月 28 日出台的《推动共建丝绸之路经济带和 21 世纪海上丝绸之路的愿景与行动》指出：“民心相通是‘一带一路’建设的社会根基……扩大相互间留学生规模，开展合作办学，中国每年向沿线国家提供 1 万个政府奖学金名额。”2016 年 4 月，中共中央办公厅、国务院办公厅印发的《关于做好新时期教育对外开放工作的若干意见》中提出：“实施‘一带一路’教育行动，促进沿线国家教育合作。加强教育互联互通、人才培养培训等工作，对接沿线各国发展需求，倡议沿线各国共同行动，实现合作共赢。”2016 年 7 月 13 日，教育部印发的《推进共建“一带一路”教育行动》提出：“实施‘丝绸之路’留学推进计划。设立‘丝绸之路’中国政府奖学金，为沿线各国专项培养行业领军人才和优秀技能人才。全面提升来华留学人才培养质量，把中国打造成为深受沿

① 习近平 . 习近平主席在“一带一路”国际合作高峰论坛开幕式上的演讲［M］// 孙治国 .“一带一路”公共外交报告（2017）. 北京：海洋出版社，2017：5.

线各国学子欢迎的留学目的地国。”

长期以来，我国高等教育合作与交流的对象主要集中于欧美的几个发达国家，目的是学习和借鉴发达国家先进的教育理念和成功的教育经验，在这种合作与交流中我国高等教育的角色定位是“接受者”。“一带一路”倡议的提出要求我国高等教育合作和交流要有全球性布局，扩大高等教育对外开放的格局。我国与“一带一路”沿线国家的高等教育合作和交流有着巨大的潜力和空间，在“一带一路”建设中要践行“中国承诺”，积极参与全球高等教育治理，提供中国方案，输送中国经验，传播中国故事。教育对外开放格局的变化迫切需要调整高等教育结构，以更好地承担我国高等教育合作和交流的新使命和新任务。

二、“一带一路”倡议下高等教育结构存在的问题

结构的实质是构成系统的各要素的相互关系，表现为三种形式：数量对比关系，包括各要素的类型、每一类要素的数量及其对应比例；时空构成关系，时间和空间分别具有一维性和三维性，时空构成关系指各要素在时空四维空间中的排列组合构型；相互联结方式，指各要素间互相连接的具体形式。[①] 教育结构指的是教育总体的各个部分的比例关系及组合方式。[②] 从“一带一路”倡议审视我国高等教育结构的现状，较为突出的问题是高等教育结构失衡，主要表现为高等教育区域结构布局失衡、高等教育层次结构分布失衡以及来华留学生结构失衡。

（一）高等教育区域结构布局失衡

据教育部全国教育事业发展统计显示，2019 年全国各类高等教育在学总规模为 4 002 万人，高等教育毛入学率为 51.6%。全国共有普通高等学校 2 688 所（含独立学院 257 所），比上年增加 25 所，增长 0.94%。其中，本科院校 1 265 所，比上年增加 20 所；高职（专科）院校 1 423 所，比上年增加 5 所。全国共有成人高等学校 268 所，比上年减少 9 所；研究生培养机构

① 赵文华. 高等教育系统论［M］. 桂林：广西师范大学出版社，2001：113.

② 顾明远. 教育大辞典（增订合编本）［M］. 上海：上海教育出版社，1998：756.

828 个，其中，普通高等学校 593 个，科研机构 235 个。[①] 各省（区、市）高等院校布局和高水平大学分布情况见表 5-2。

表 5-2　全国各省（区、市）高等院校布局和高水平大学分布情况

（单位：所）

省（区、市）	总数	部属院校	本科院校	高职（专科）院校	入选一流大学
北京	93	39	68	25	A 类：8
天津	56	3	30	26	A 类：2
河北	122	4	61	61	0
山西	82	0	33	49	0
内蒙古	53	0	17	36	0
辽宁	115	5	64	51	A 类：1，B 类：1
吉林	62	2	37	25	A 类：1
黑龙江	81	3	39	42	A 类：1
上海	64	10	39	25	A 类：4
江苏	167	10	77	90	A 类：2
浙江	108	1	59	49	A 类：1
安徽	120	2	46	74	A 类：1
福建	90	2	39	51	A 类：1
江西	103	0	45	58	0
山东	146	3	70	76	A 类：2
河南	141	1	57	84	B 类：1
湖北	128	8	68	60	A 类：2
湖南	125	3	51	74	A 类：2，B 类：1
广东	154	4	67	87	A 类：2
广西	78	0	38	40	0
海南	20	0	8	12	0
重庆	65	2	26	39	A 类：1

① 中华人民共和国教育部 .2019 年全国教育事业发展统计公报［EB/OL］.（2020-05-20）［2021-08-16］. http://www.moe.gov.cn/jyb_sjzl/sjzl_fztjgb/202005/t20200520_456751.html.

续表

省（区、市）	总数	部属院校	本科院校	高职（专科）院校	入选一流大学
四川	126	6	52	74	A类：2
贵州	72	0	29	43	0
云南	81	1	32	49	B类：1
西藏	7	0	4	3	0
陕西	95	6	57	38	A类：2，B类：1
甘肃	49	2	22	27	A类：1
青海	12	0	4	8	0
宁夏	19	1	8	11	0
新疆	54	0	18	36	B类：1

资料来源：[1] 中华人民共和国教育部 .2019年教育统计数据[EB/OL].[2021-08-16]. http://www.moe. gov.cn/s78/A03/moe_560/jytjsj_2019/gd/202006/t20200611_464854.html .

[2] 中华人民共和国教育部，中华人民共和国财政部，中华人民共和国国家发展改革委 .教育部 财政部 国家发展改革委关于公布世界一流大学和一流学科建设高校及建设学科名单的通知[EB/OL].(2017-09-20)[2021-08-18]. http://www.moe.gov.cn/srcsite/A22/moe_843/201709/t20170921_314942.html.

我国高等教育区域布局整体上呈现出“东高西低”的现象。首先，从高校总体数量分布来看，我国东部省（区、市）的高校数量比较多，而中西部省份的高校总体数量相对偏少。全国的院校布局与各省（区、市）的经济发展水平比较切合，但高校数量与省（区、市）的人口规模不够匹配，也就是说我国不同省（区、市）人均高等教育资源配置非常不均衡。高等教育区域性结构失衡已经在一定程度上影响了高等教育功能的实现与经济社会的发展，成为制约科技实力提升和高端人才培养的一大瓶颈。① 其次，部属高校布局不符合区域经济发展的要求。当前我国区域发展格局基本形成了八大经济圈，不同经济圈的高等教育发展水平差距较大。部属高校在不同经济圈的分布为，在以江苏、上海、浙江、安徽为主体的“长江三角

① 周海涛 . 面向 2035 的高等教育结构布局优化［J］. 苏州大学学报（教育科学版），2018（1）：16-17.

洲”经济圈的有 24 所，在以广东为主体的“珠江三角洲”经济圈的有 5 所，在以北京、天津、河北、山东为主体的渤海经济圈的有 43 所，在以辽宁为主体的东北经济圈的有 5 所，在以福建为主体的海峡两岸经济圈的有 2 所，在以四川、重庆为主体的成渝经济圈的有 8 所，在以陕西为主体的关中—天水经济圈的有 6 所，在以河南为主体的中原经济圈的有 1 所。重点高校的布局反映国家在省域高等教育的投入差距，中西部地区优质高等教育资源相对比较匮乏，导致高层次人才对区域经济社会发展的支撑能力不足。

（二）高等教育层次结构分布失衡

我国高等教育基本形成包括研究生、本科生和专科生教育在内的三个层次，高等教育的层次结构是指研究生教育、本科生教育和专科生教育三个层次的比例关系，合理的层次结构能够为经济社会发展培养不同层次和规格的人才。据教育部教育数据统计显示，2019 年我国高等教育层次结构中博士、硕士、本科和专科的毕业生数和在校生数见表 5-3。

表 5-3　2019 年全国各省（区、市）高等学校研究生、普通本科、专科毕业生和在校生人数

（单位：人）

省（区、市）	毕业生数				在校生数			
	博士	硕士	本科	专科	博士	硕士	本科	专科
北京	17 547	75 703	121 066	26 008	107 029	284 327	527 417	74 128
天津	1 734	16 776	79 655	57 408	11 646	67 735	359 897	179 469
河北	461	13 385	174 547	183 284	3 760	54 551	822 919	651 052
山西	461	9 447	121 113	90 659	3 112	37 470	515 842	286 163
内蒙古	218	6 221	60 353	64 324	1 915	26 655	264 901	207 132
辽宁	2 237	30 832	165 262	91 844	16 811	116 528	696 797	344 347
吉林	1 938	17 239	116 629	55 186	11 688	65 247	493 437	206 708
黑龙江	1 914	18 599	122 745	72 064	15 579	68 352	542 083	236 077
上海	5 702	39 765	85 641	46 053	37 780	173 708	391 302	135 283
江苏	4 952	44 973	266 596	221 902	33 899	206 916	1139 878	734 206

续表

省（区、市）	毕业生数				在校生数			
	博士	硕士	本科	专科	博士	硕士	本科	专科
浙江	2 020	18 746	151 734	131 662	14 863	85 484	636 152	438 536
安徽	1 609	16 448	157 643	163 980	9 969	64 310	679 883	561 268
福建	1 019	12 136	121 645	78 524	7 536	54 616	518 096	343 135
江西	239	10 376	122 933	180 375	2 282	43 561	568 044	566 906
山东	1 712	25 881	244 719	333 261	11 895	116 444	1 101 805	1 082 139
河南	332	15 722	276 666	316 697	3 260	54 952	1 197 185	1 122 468
湖北	3 958	34 832	207 828	175 845	27 450	163 201	893 499	607 320
湖南	1 790	19 567	166 655	195 253	14 824	91 719	748 384	658 724
广东	3 075	26 999	267 550	254 544	19 404	116 326	1 159 808	894 169
广西	199	9 668	108 080	125 064	1 999	38 382	522 722	553 686
海南	47	1 597	25 748	24 645	562	9 131	118 741	88 683
重庆	1 110	15 530	108 837	91 982	7 368	76 481	470 302	364 562
四川	2 502	25 707	206 829	196 093	17 385	116 298	944 177	717 560
贵州	112	5 441	67 065	102 590	1 146	24 228	371 133	394 612
云南	402	10 369	101 738	94 725	3 522	46 365	470 776	393 259
西藏	14	563	5 968	3 967	164	2 281	25 533	10 693
陕西	3 032	29 263	160 501	132 995	22 699	133 174	693 238	428 752
甘肃	685	9 665	68 928	542 386	4 811	39 889	296 982	227 966
青海	15	1 273	8 570	10 388	298	5 735	42 130	31 052
宁夏	61	1 936	17 975	14 013	400	7 377	84 360	50 818
新疆	220	6 423	35 939	48 420	1 800	26 493	210 781	216 185
总计	61 317	571 082	3 947 157	3 638 141	416 856	2 417 936	17 508 240	12 807 058

资料来源：[1] 中华人民共和国教育部. 2019年普通高校研究生数[EB/OL]. [2021-08-16]. http://www.moe.gov.cn/jyb_sjzl/moe_560/jytjsj_2019/gd/202006/t20200611_464833.html.

[2] 中华人民共和国教育部. 2019年高等教育普通本专科学生数[EB/OL]. [2021-08-16]. http://www.moe.gov.cn/jyb_sjzl/moe_560/jytjsj_2019/gd/202006/t20200611_464825.html.

从表 5-3 可以看出，山西、内蒙古、河南、广西、海南、贵州、云南、西藏、甘肃、青海、宁夏、新疆等省（区）高校培养的研究生人数偏低，与其他省（区、市）高校的差距明显，特别是博士层次的研究生人数更少。如 2019 年博士毕业生中，海南有 47 人、贵州 112 人、西藏 14 人、青海 15 人、宁夏 61 人、新疆 220 人、云南 402 人、广西 199 人，这表明我国中西部高等教育层次结构偏低，反映了我国中西部高等教育培养高层次人才的能力严重不足。

（三）来华留学生结构失衡

在国家“一带一路”倡议的推动下，来华留学生教育得到了快速的发展，来华留学生数量持续增长，2013 年为 35.7 万人，2014 年为 37.7 万人，2015 年为 39.8 万人，2016 年为 44.3 万人，2017 年为 48.92 万人。2018 年共有来自 196 个国家和地区的 492 185 名各类外国留学生，比 2017 年增加了 3 013 人，增长比例为 0.62%（数据不含我国港、澳、台地区）。[①] 其中“一带一路”沿线国家来华留学生为 31.72 万人，占来华留学生总人数的比例为 64.85%，增幅达 11.58%，高于各国平均增速。从生源结构看，2017 年来华留学生人数增长最快的前 15 名来源国是韩国、美国、泰国、印度、巴基斯坦、俄罗斯、印度尼西亚、哈萨克斯坦、日本、越南、法国、老挝、蒙古、德国和马来西亚，除了韩国、美国、日本、法国和德国 5 个国家以外，其他 10 个国家都是“一带一路”沿线国家。北京、上海、江苏、浙江等东部 11 省（市）来华留学生共计 34.19 万人，占来华留学生总数的 69.88%。[②]

同时，还应看到我国来华留学生结构上还存在一些短板。如“一带一路”沿线国家来华留学生的覆盖面还比较窄，接收来华留学生的高校主要集中在东部经济发达省（市）的高水平大学，中西部经济欠发达地区高校的留学生数量偏少，区域差距明显；来华留学生的学科分布相对集中，学科分布结构不均衡，如 2017 年来华留学生学习文科类专业的学生数量占 48.45%，学习工科、理科、管理、艺术、农学等学科专业的学生数量有所增长，而学习经济、法学、历史学和教育学等学科专业的学生数量偏少，与“一带

① 中华人民共和国教育部 . 2018 年来华留学统计［EB/OL］.［2021-08-18］. http：//www.moe.gov.cn/jyb_xwfb/gzdt_gzdt/s5987/201904/t20190412_377692.html.

② 王辉耀，苗绿 . 国际人才蓝皮书 中国留学发展报告（2017）NO.6［M］. 北京：社会科学文献出版社，2017：40.

一路”建设密切相关的“设施联通、贸易联通和资金融通”所涉及的学科专业在来华留学生教育中有不少尚属空白；培养层次偏低，沿线国家来华留学生以本科生为主，其在学历留学生总数中的比重虽呈递减趋势，但仍占有绝对优势，研究生次之，专科生最少。如2015年的18 479名来华学历留学生中，本科生占来华留学生总数的32.2%，研究生占13.5%，专科生占0.8%。①

三、“一带一路”倡议下高等教育结构调整的路径

我国必须以“一带一路”建设为契机，科学谋划省域高等教育布局结构，提升中西部高等教育的层次结构，优化高等教育人才培养结构，扩大“一带一路”沿线国家来华留学生规模。多措并举，补齐短板，调整和优化我国高等教育结构，促进我国高等教育持续、健康发展，为“一带一路”建设提供充足的人才和智力支撑。

（一）科学谋划省域高等教育布局结构

“丝绸之路经济带”涵盖我国西部和东北地区的13个省、市和自治区，包括新疆、陕西、甘肃、宁夏、青海、内蒙古、黑龙江、吉林、辽宁、广西、云南、西藏、重庆。“21世纪海上丝绸之路”涵盖上海、福建、广东、浙江和海南等5个省市。《推动共建丝绸之路经济带和21世纪海上丝绸之路的愿景与行动》提出“推进‘一带一路’建设，中国将充分发挥国内各地区比较优势，实行更加积极主动的开放战略，加强东中西互动合作，全面提升开放型经济水平”。其中，在“一带一路”核心区上，新疆具有独特的区位优势和向西开放的重要窗口作用，是“丝绸之路经济带”上重要的交通枢纽、商贸物流和文化科教中心。我国支持福建建设“21世纪海上丝绸之路”核心区。我国应充分调研各省高等教育发展的现有基础，分析不同省份在“一带一路”倡议中的定位和作用，统筹考虑不同省域的产业结构调整、区域经济结构转型、人口结构变化、城镇化进程以及发展战略需求，出台高等教育布局结构和发展规划的纲领性文件，指导各省市结合“区位和地缘优势”调整省域高

---

① 栾凤池，孙伟.“一带一路”国家来华留学生教育的意义、问题及对策[J].江苏师范大学学报（哲学社会科学版），2018，44（1）：7-17.

等教育布局结构。如上海市为了更好地服务国家战略和区域经济社会发展，科学统筹、超前谋划了未来高等教育的发展战略和布局结构，在2015年出台了《上海高等教育布局结构与发展规划（2015—2030年）》，系统规划了上海高等教育类型、层次结构、学科布局及空间布局。全国其他省市、自治区应以推进“一带一路”建设为契机，统筹考虑国家发展和“一带一路”建设的支点作用，参考上海市的经验和做法，结合当地的区位优势，因地制宜地谋划各地未来高等教育布局结构与发展，促进省域高等教育的持续、健康发展，为我国成为高等教育强国贡献力量。

（二）提升中西部高等教育的层次结构

受区域经济发展水平和中西部地缘的限制，经费短缺和高端人才的严重流失造成中西部地区高等教育层次结构偏低，这制约着我国“一带一路”倡议提出的经济转型发展、贸易合作和投资。提升中西部高等教育的层次结构，首先，要加大投入，扩大中西部地区“省部共建”高水平大学的规模。我国应加大中西部地区高等教育的政策扶持力度，在经费、科技项目、高端人才等方面继续给予中西部地区高校倾斜支持，以更好地推动中西部地区经济转型发展。[①] 我国应扩大“省部共建”高校范围，支持中西部高校建设一流大学和一流学科。采取分层、分类发展策略，明确不同层次、不同类型高校在“一带一路”建设中的角色和任务，找准自身的办学定位和发展方向，打造学校的办学特色，从人才培养、科学研究、社会服务、文化传承与创新以及国际交流与合作等方面积极主动推进“一带一路”建设。其次，发挥国家“双一流”建设的辐射作用，鼓励东部高水平大学到中西部设立研究机构，开展与“一带一路”建设相关的国别和区域研究，培养相关专业的研究生，提升中西部高等教育的人才培养层次。最后，创建“一带一路”经济圈高校联盟，加强“一带一路”建设相关省、市、自治区高等教育合作，通过资源共享和优势互补，实现高等教育集群式发展，推动地区经济升级转型发展。

（三）优化高等教育人才培养的科类结构

“一带一路”建设面临的最为紧迫的问题是人才不足，高等教育应采取

---

① 徐小洲，辛越优，倪好．论经济转型升级背景下我国高等教育结构改革［J］．教育研究，2017，38（8）：64-71.

“分层分类、重点培养”的推进策略，优化人才培养结构。面对“一带一路”建设的人才需求，在科类结构上，高等教育需培养更多基础设施建设、商贸、金融、交通、物流、能源、宗教、语言、文化、法律、旅游等方面的专业技术人才、技术人员和熟练工人。[①]为此，我国应认真研判“一带一路”建设的产业需求，科学制订“一带一路”建设人才培养计划，设定招生专业、招生层次和招生规模，给予高校一定的招生自主权，加大“一带一路”建设所需人才的培养力度，推动“一带一路”建设的快速发展。

优化我国高等教育人才培养结构，重点培养以下四类人才。第一，要加大工程技术、项目设计与管理等领域急需专业人才的培养规模。据亚洲开发银行的评估报告显示，2010—2020 年，亚洲各国用于基础设施方面的投入累计约 8 万亿美元，其中 68% 为新建项目，32% 为更新维护项目，涉及能源、电信、交通、水务、卫生等诸多领域。这些项目的建设需要高等教育培养一大批相关领域的专业人才。第二，要加快非通用语言人才的培养力度。我国急需大量通晓“一带一路”沿线国家语言，熟知当地政治、经济、文化、习俗以及人文地理的语言人才，特别是“一带一路”建设需要的非通用语言人才极为稀缺，需要加大培养力度。第三，要培养大量的国际贸易人才。“一带一路”国家贸易往来、金融合作和对外投资急需大量懂得资本运作、货币流通、贸易规则制定、通晓国际规则的人才。第四，培养国际组织人才。“一带一路”倡议为我国参与国际组织和区域合作提供了双边及多边合作机制，有助于开展多层次、多渠道沟通磋商，推动双边及多边关系发展。培养国际组织人才有助于我国参与国际组织治理，形成全球经济政治新秩序。

（四）扩大“一带一路”沿线国家来华留学生规模

“一带一路”建设要采取“两手抓，两手都要硬”的策略，既要抓好与“一带一路”沿线国家基础设施、投资贸易、金融等领域的合作和发展，又要抓好与“一带一路”沿线国家“民心相通”的语言、旅游、人文交流等领域的软实力建设。我国政府应加大投入，进一步扩大“一带一路”沿线国家来华留学生的规模，逐步实现“未来 5 年，每年资助 1 万名沿线国

① 刘宝存.“一带一路”中教育的使命与行动策略［J］. 神州学人，2015（10）：4-7.

家新生来华学习或研修”的目标，为“一带一路”沿线国家培养一批知华、友华的国际化精英人才，让他们成为两国沟通的桥梁，从而奠定我国与“一带一路”沿线国家友好合作发展的基石。我国应进一步扩大与“一带一路”沿线国家政府间的合作和政府留学生奖学金项目，通过合作办学、人文交流、师生互访、夏令营等多种教育合作和交流形式提高高校的办学水平和教师的国际化水平，满足“一带一路”沿线国家不断增长的来华留学需求。另外，以“丝绸之路”中国政府奖学金吸引“一带一路”沿线国家的学生到我国示范性高等职业院校接受职业教育，学习中国文化和职业技能，为“一带一路”建设培养一大批高素质专业技术人才。

第五节　建立职业教育资格框架

职业教育是我国国民教育体系的重要组成部分，是我国各级各类教育中与经济社会发展联系最为紧密、对产业经济依存度最高的教育类型。“一带一路”倡议下我国与世界的互动融合日益加深，为职业教育的发展带来了新的挑战和契机。面向新时代新征程，我国职业教育需要坚持统筹兼顾，融入时代大潮，既要立足我国实际，又要着眼于当今世界的发展现状和未来趋势。在经济全球化和区域经济一体化加速发展、教育国际化成为大势所趋、终身教育理念日益普及与深化的大背景下，国家资格框架（National Qualification Framework，简称 NQF）[①] 的开发和实施成为新常态。作为国家资格框架的有机组成部分，职业教育资格框架的构建具有不可替代性和不可逾越性。为此，参考和借鉴“一带一路”沿线国家如菲律宾、印度等国的职业教育资格框架建设经验，总结北京、广东等省市和以国家开放大学为代表的教育机构的探索实践，积极建立健全遵循和体现职业教育规律、具有国际水准、有机衔接、多元立体的职业教育资格框架，对于推进我国与“一带一路”沿线国家经贸合作、加强互联互通、实现联动式发展有着重要意义。

---

① 说明：欧美发达国家所使用的资格框架或资历框架，英文表达均为 Qualification Framework，其在含义上存在较大程度的相似性。由于目前我国学界对资格框架或资历框架尚无一致性的说法，故本书所用资历框架或资格框架在不同语境下的含义大致相同。

一、“一带一路”倡议下建立我国职业教育资格框架的紧迫性和必要性

2013 年 9 月 7 日，习近平主席在哈萨克斯坦纳扎尔巴耶夫大学发表题为《弘扬人民友谊 共创美好未来》的演讲时，首次提出共同建设“丝绸之路经济带”的畅想。同年 10 月 3 日，习近平主席在印度尼西亚国会发表题为《携手建设中国—东盟命运共同体》的演讲时，首次提出共同建设“21 世纪海上丝绸之路”的倡议。由此，“一带一路”倡议走入世界视野，汇聚全球目光。2016 年 11 月 17 日，“一带一路”倡议首次被写入第 71 届联合国大会决议。“一带一路”是一个以互联互通为重点，以互利共赢为目标的经济合作倡议，希望通过实现优势互补，为世界经济增长和各国的共同发展创造更多的机遇。[①]“一带一路”建设任务艰巨繁重，包括基础设施、贸易、产业投资、能源资源、金融、生态环保、人文及海上项目等 8 个重要领域。“一带一路”倡议的谋划和落实，需要坚强的硬实力作后盾，更离不开深厚的软实力作支撑。倡议框架内各项内容的深层推进，迫切需要大批高素质技术技能型的专门人才的支撑和保障。

“一带一路”建设能够取得预期成效，关键在人才，根本在教育。职业教育是我国各级各类教育中与经济社会发展联系最为紧密、对产业经济依存度最高的教育类型，肩负培养多样化人才、传承技术技能、促进就业创业的重要职责。推进“一带一路”建设，必须要充分发挥职业教育在建设知识型、技能型、创新型人才队伍中的重要作用。“一带一路”倡议为我国职业教育提供了新的舞台和重要机遇，与此同时，职业教育所面临的问题和挑战也是前所未有的。

我国建成了世界上规模最大的职业教育体系，拥有基本覆盖国民经济各领域的职业教育专业。职业教育可以为“一带一路”建设项目提供其他教育不可替代的人才和技术技能支持。然而，与“一带一路”倡议的发展需求相比，我国职业教育服务“一带一路”建设能力方面仍存在较大差距，有较大的改善空间和潜力。首先，国际交流合作层次浅、领域窄，沟通合

① 新京报 . 2018 全国两会全国人大发言人：“一带一路”不是地缘战略工具，而是经济合作倡议［EB/OL］.［2021-08-11］.http：//www.bjnews.com.cn/news/2018/03/04/477651.html.

作的长效机制亟待完善。目前，我国与“一带一路”沿线国家之间的职业教育合作还停留在学生与教师短期互访、合作协议签订、参加国际学术会议等表面性、浅层次领域，而在制定推进区域协同发展战略规划，特别是与沿线国家共商、共建、共享区域职业教育资历等级参照标准，促进职业教育资历互通互认等诸多深层次的、实质性领域尚未达成广泛共识。如何与沿线各国就职业教育发展战略和对策进行充分交流及对接，保证高素质技术技能人才合理有序流动渠道畅通，是我国职业教育服务“一带一路”建设首要克服的一大难题。其次，相关领域人才培养能力不足，人才储备缺口巨大。围绕“一带一路”重点共建的“政策沟通、设施联通、贸易畅通、资金融通、民心相通”，职业教育被赋予的重要职责和使命在于培养大批精通中外文化特别是熟悉和了解“一带一路”沿线国家与地区文化习俗的跨文化人才，以及国际贸易、国际法律、国际工程项目设计与管理、国际营销、通信类等关键领域的专业人才，加强与“一带一路”沿线国家的人才互通。如何填补如此巨大的人才缺口，满足“一带一路”建设多领域、多层次的人才需求，是我国职业教育亟须解决的难题之一。再次，职业教育国际化程度较低，“走出去”时日尚浅、经验不足。我国当前职业教育的办学基础能力仍较为薄弱，且存在严重的地区不均衡。合作办学的国家多以发达国家为主，与“一带一路”沿线国家的联系相对较少。在“走出去”的广度和深度、项目引进的规范和保障、区域特色的形成和影响力、可持续发展等方面还有待改进。如何将“一带一路”沿线各国职业教育发展战略和对策进行有效交流、对接，在跨国培养与跨境流动的技术技能人才培养机制开发方面达成广泛共识，是“一带一路”建设对我国职业教育提出的新要求。此外，与国际行业标准对接的专业教学标准和课程体系开发力度不够，师资队伍国际化程度较低等都是“一带一路”背景下困扰和影响我国职业教育持续发展的棘手难题。

当前我国职业教育对接“一带一路”的差距与“短板”，归根结底在于现代职业教育体系的不完善。《国务院关于加快发展现代职业教育的决定》和《现代职业教育体系建设规划（2014—2020年）》两个文件的相继出台，标志着我国现代职业教育体系的顶层设计已初步完成，下一步的重要工作任务是如何做到整体贯彻落实。国际成功的经验和理论研究成果表明，现代职业教育体系需要有一个制度性的国家资格框架予以支撑。[①] 基于此，尝试构建与国际接轨的职业教育资格框架，加快现代职业教育体系建设是我国职业教育助力“一带一路”建设的加速器，是破解我国当前职业教育发展困局的关键。我国职业教育资格框架建设必须紧跟扩大改革开放的新形势，加强与“一带一路”沿线国家和地区的合作，促进国家资格标准的国际互认与对接，打造具有中国特色的职业教育话语体系，为中国企业“走出去”和职业技能人才的跨国流动、就业创造条件。

二、我国构建职业教育资格框架的进展与问题

我国现有的职业教育证书制度，并行存在两套证书体系，一是作为教育属性的学历证书体系，其层次结构从低到高依次为初等职业教育、中等职业教育、高等职业教育，其证书为学历证书，由教育部门颁发；二是作为职业属性的职业资历证书体系，等级结构从低到高依次为初级技能、中级技能、高级技能、技师、高级技师五个等级，其证书为职业资历证书，由人力资源与社会保障部按规定办理和核发。基于认知规律的学历证书与基于技能形成规律的职业资历证书之间不存在对应关系，缺乏有效连通，资历的可比性不强，不能实现等同或等值，缺乏资历等级通用标准。[②] 要解决这些问题，突破现有职业教育两套证书体系的束缚，我国需要顺应世界教育发展大势，在“一带一路”倡议全面推进的背景下，构建具有中国特色的职业教育国家资格框架，为我国职业教育发展注入新的生机和活力。

我国尚未建立国家层面的统一资格框架，但随着世界各国国家资格框架开发进程的逐步推进，国家资格框架的开发与构建已经引起我国政府的高度重视，陆续出台了一系列政策性文件。2016 年 7 月，教育部发布了《推进共建“一带一路”教育行动》，提出“共商共建区域性职业教育资历框架，逐步实现就业市场的从业标准一体化”。2019 年 2 月，国务院印发的《国家职业教育改革实施方案》提出，推进资历框架建设，探索实现学历证书和职业技能等级证书互通衔接，从 2019 年开始，在有条件的地区和高校探索

① 姜大源 . 职业教育应有突破 建立国家资格框架［N］. 光明日报，2016-11-15（15）.

② 同①.

实施试点工作，制定符合国情的国家资历框架。2021 年 3 月，国务院常务会议通过的《中华人民共和国职业教育法（修订草案）》第二章第十五条提出，“建立完善国家资历框架，使职业教育与普通教育的学习成果融通、互认”。此举明确了职业教育在建立国家资历框架这一重大制度创新中具有举足轻重的地位，相关工作已从理念和研究阶段逐步进入研制和实践落实阶段。2022 年 10 月，中共中央办公厅、国务院办公厅印发的《关于加强新时代高技能人才队伍建设的意见》明确指出，“建立职业资格、职业技能等级与相应职称、学历的双向比照认定制度，推进学历教育学习成果、非学历教育学习成果、职业技能等级学分转换互认，建立国家资历框架”。

事实上，为了加快推动职业教育学历证书和职业资历证书的融通，实现职业教育和普通教育的纵向衔接、横向沟通，北京、广东等省市和以国家开放大学为代表的教育机构已开展积极探索，形成具有推广价值的模式。例如，北京的职业教育分级制度改革、广东的终身教育资历框架等级标准、国家开放大学的学分银行等。

1. 北京市职业教育分级制度改革试点

2010 年 10 月，国务院办公厅印发《关于开展国家教育体制改革试点的通知》（以下简称《通知》）。《通知》明确了在北京市、天津市、上海市、广东省以及甘肃省部分市启动“探索建立职业教育人才成长‘立交桥’，构建现代职业教育体系”的改革试点工作。2011 年 1 月，北京市正式启动职业教育分级制度改革试验工作。同年 8 月，北京市属 1 所普通大学、15 所职业院校（含中职和高职）联合 30 多家企业合作开展了 12 个专业的职业教育分级制度改革实践。如图 5-1 所示，终身教育框架下的职业教育体系提出了建立以初中后教育分流为起点、以 5 级架构为基础、纵向上可以发展的职业教育 5+X 分级的基本框架。[①] 其中，职业教育 1 级和 2 级，属“基础性职业教育”，培养具有一定技能水平的初级、中级劳动者；职业教育 3 级和 4 级，属“提高性职业教育”，培养实用型、应用型高素质技能人才；

① 杨蕊竹，孙善学 . 我国国家资格框架制度形成路径研究［J］. 中国人民大学教育学刊，2016（4）：5-28.

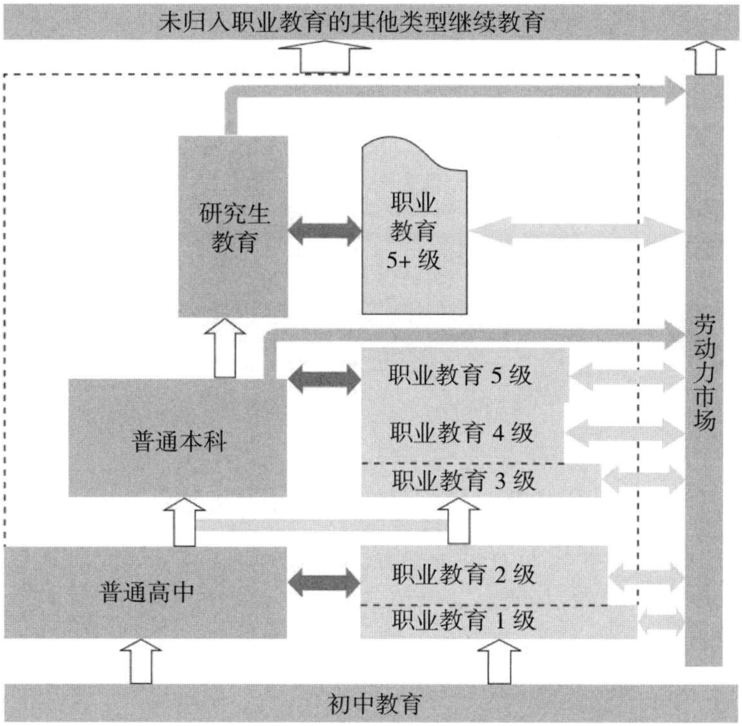

图 5-1 终身教育框架下的职业教育体系

资料来源：孙善学．职业教育分级制度基本问题［J］.教育与职业，2011(22)：41-44.

职业教育5级和5+级，属“发展性职业教育”，5+级别为开放级别。[①]职业教育分级制度需要建立灵活开放的职业教育入学制度，实行相应的职业教育等级证书制度，尝试从根本上摆脱职业教育的学历依赖，制定职业属性的等级标准和证书体系，为下一步建立国家资格框架奠定基础。目前，职业教育分级制度改革试验项目已经验收结题，但参与项目的职业院校和企业协作开展的探索实践仍在继续，很多具有创新性和推广效果的成果也已转化和应用到日常职业教育教学活动中。

2. 广东终身教育资历框架

2017年3月，广东省质量技术监督局批准发布《广东终身教育资历框架等级标准》(以下简称《标准》)。《标准》由广东开放大学牵头组织起草，

① 翟帆．北京试水职业教育分级制改革［N］．中国教育报，2011-09-17（3）.

是国内第一个终身教育资历框架等级地方标准。《标准》参考借鉴了欧洲资格框架（European Qualifications Framework）的等级标准，对于实现各级各类教育之间的沟通与衔接，搭建人才成长的“立交桥”，构建终身教育体系，创建全民学习、终身学习之学习型社会具有积极意义。如图 5-2 所示，《标准》将终身教育资历框架分为普通教育、职业教育、培训及业绩 3 种类型；将资历等级分为 7 级，从 1 级至 7 级，1 级为最低级，7 级为最高级；每个资历框架等级均采用知识、技能、能力 3 个维度进行具体描述。《标准》的特色亮点体现在以下几个方面：首先，该标准为各级各类教育成果间的认证、积累与转换提供了共同参照，普通教育、职业教育、培训及业绩 3 种类型教育之间实现了纵横贯通和衔接。其次，《标准》资历等级的 2 级至 6 级内容与现行国家职业资历证书体系能力进行了逐级比对和调整，搭建起教育与人力市场的互通桥梁。最后，《标准》为各级各类学习成果提供了可比性和转换性，以往获得的学习成果和工作经历等均可认定折算为学历课程学分，避免了重复学习，有助于降低学习成本，提高学习效率。[①]

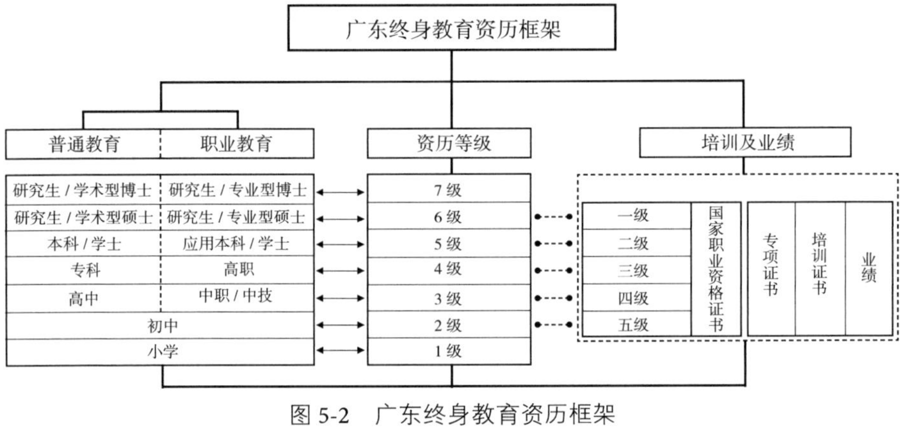

图 5-2 广东终身教育资历框架

资料来源：郑文，吴念香，杨永文．广东终身教育资历框架建设的实践与思考[J]．中国职业技术教育，2019(27)：23-27.

① 沈洪．广东发布全国首个终身教育资历框架等级地方标准［N］．中国质量报，2017-05-25（1）．

3. 国家开放大学的学分银行

长期以来，国内关于学分银行的实践探索热度不减，并向纵深发展。我国现有的学分银行实践分为国家层面和地方层面。国家层面是以国家开放大学学分银行为代表的以资格框架为引领的制度模式；地方层面是以上海市、浙江省和江苏省终身教育学分银行为代表的协议制模式。其他还有市民学分银行、高校学分银行联盟、校级成人高校学分银行、职业学院学分银行制、企业学分银行等。2012 年 6 月，教育部职业教育与成人教育司委托国家开放大学开展"国家继续教育学习成果认证、积累与转换制度的研究与实践"项目（以下简称"国家学分银行制度的研究与实践项目"），从国家层面对继续教育学分积累与转换制度的框架、方式方法、体制、机制等进行顶层设计，搭建国家标准体系。经过几年的实践探索，国家开放大学充分发挥自身在继续教育课程认证、学分积累和转换等方面的独特优势，构建了以学习成果框架（资格框架）为引领的制度模式和"框架 + 标准"的技术路径，形成了一系列具有创新性和可操作性、对实践具有指导意义的国家资格框架标准、体制机制方面的理论研究成果。2017 年 11 月，国家开放大学开通了与新教育研究院、超星集团合作研发的开放式学习平台——"学银在线"，面向全国提供不同类型学习成果的认证、积累与转换服务。

此外，从全国整体角度来看，我国对职业教育资历的评判，已逐渐从单纯参考职业资历证书，向构建更加规范完善的职业资格框架转变。近年来，我国人力资源和社会保障部等有关部门不断清理和规范各类职业教育资历证书。自 2008 年以来，我国取消和认定的职业资历许可事项已达 211 项，占设置职业资历总数的 34%。[①] 2018 年 2 月，中共中央办公厅、国务院办公厅印发《关于分类推进人才评价机制改革的指导意见》，提出"加快构建国家职业标准、行业企业工种岗位要求、专项职业能力考核规范等多层次职业标准"。符合我国国情的国家职业资格框架制度的建立，将使人才的使用有一个比对、评价和认定的国家平台。

① 新华网 . 中国拟完善职业资历框架提高"含金量"［EB/OL］.［2021-08-11］. http：//www.xinhuanet.com/politics/2015-08/05/c_1116155092.htm.

综上所述，我国统筹推进职业教育资格框架顶层设计与地方试点双管齐下，取得了许多有价值的成果，标志着我国职业教育资格框架体系的基本形成。但是，由于我国各级各类教育和培训体系是一个庞大而复杂的系统，各区域间职业教育发展水平不均衡情况仍客观存在，各地规定的实践标准不统一，因此，我国职业教育资格框架的建设和完善必将是一项艰巨、复杂而持久的系统工程。

三、国外构建职业教育资格框架的经验

据联合国教科文组织出版的《全球区域和国家资历框架目录》统计，截至 2019 年底，全球已有 161 个国家正在开发或实施国家资历（格）框架，积累了成功经验，取得了良好效果。[①] 资格框架按照不同的划分标准可划分成不同的类型。按地域覆盖范围的大小，资格框架大致可分为区域资格框架、国家资格框架和地区资格框架。其中，国家资格框架是目前数量最多的一种资格框架类型。国家资格框架按资历覆盖范围的不同又可分为综合资格框架、部门资格框架和分框架形式三种。综合资格框架通常涵盖各级各类教育资历，是现代资格框架发展的一种主流类型。部门资格框架通常可分为职业教育资格框架和高等教育资格框架两类。现代意义上的资格框架起源于职业教育与培训领域，因此职业教育资格框架的数量远胜于后者。加勒比共同体早期的职业资格框架，法国国家资格框架，英国的国家职业资历证书制度、资历与学分框架以及最新的规范资格框架，印度的国家技能资格框架，捷克的职业教育资格框架，南非基于国家职业标准的职业资历分框架，新加坡的劳动力技能资历认证体系，我国的国家职业资历制度等，均属于广义上的职业教育资格框架序列。分框架形式又称“桥梁式框架”，可在不同类型教育或培训部门间形成一种正式联系。其典型代表是南非的资格框架和澳大利亚的早期资格框架。[②] 构建中国特色的职业教育资格框架，既要充分考虑国情，结合国内实践，又要注重借鉴西方发达国家的

① 张伟远，谢青松，胡雨森．终身教育资历框架全球化发展的关键议题［J］．现代远程教育研究，2020，32（3）：44-50.

② 李建忠．通向终身学习的桥梁：资格框架国际比较研究［M］．重庆：西南师范大学出版社，2017：11-24.

先进经验。同时，还要与“一带一路”沿线国家分享经验，推动职业教育制度标准互联互通，共商共建“一带一路”区域性职业教育资格框架，共同培养服务“一带一路”建设需要的高素质技术技能人才。

（一）西方发达国家的经验

目前国内构建国家资格框架的尝试与实践多以西方发达国家资格框架的等级数目与水平描述符（level descriptors，也称资历等级标准）为参照与借鉴的对象。如前文中提到的广东终身教育资历框架就是参考了欧洲资格框架的水平描述符。就职业教育资格框架而言，英国国家职业资格框架具有广泛的国际影响力，我国的国家职业资历制度以及亚洲和非洲众多发展中国家的职业资历制度的建立受其影响较为明显。

英国是世界上最早开发职业教育资格框架的国家。1988 年，英国推出了 5 级结构的国家职业资历证书制度（National Vocational Qualification System，简称 NVQS），编写了资历等级标准，具有资格框架最核心的构成要素，成立了管理和实施资格框架的机构，标志着国家职业资格框架的正式建立。资历等级标准没有明确划分维度，而是将能力作为核心概念，以情景和工作的复杂性作为区分能力水平的依据，同时自主性、责任担当程度和合作能力也是资历等级标准的重要考虑因素。2008 年，作为职业教育资历制度改革的重要成果，英国推出了新一代具有创新意义的资历与学分框架（Qualifications and Credit Framework，简称 QCF）。该框架设置了 8 个等级和 3 个入门级，从知识和理解力、应用和行动、自主性和责任担当 3 个维度对资历等级标准进行了详细描述。该框架有 3 家监管机构实行协同监管。2015 年，英国宣布启动资历与学分框架的升级版——规范资格框架（Regulated Qualifications Framework，简称 RQF）。规范资格框架保留资历与学分框架的等级数目，扩大了区域适用范围，导入测量资历规格的“全部资历时间”（Total Qualification Time）这一全新概念，将提高资历的整体有效性作为改革的重点。规范资格框架的资历标准包括知识和技能 2 个维度。知识维度又分为知识和理解力两个次级维度。[①] 英国职业教育资格框架

① 李建忠．通向终身学习的桥梁：资格框架国际比较研究［M］．重庆：西南师范大学出版社，2017：204.

更新周期较短，每一代资格框架都是教育改革的产物。同时，其职业教育资格框架创新立足本国教育实际，遵循了教育基本发展规律，摒弃了“一刀切”的笼统方式，增强了资历学习的弹性。

（二）“一带一路”沿线国家的经验

作为《推动共建丝绸之路经济带和21世纪海上丝绸之路的愿景与行动》在教育领域的落实方案，《推进共建“一带一路”教育行动》为在教育领域推进“一带一路”建设提供了政策支持，并在我国国家职业资历证书制度推行的各类资历与大多数国家尤其是“一带一路”沿线国家尚未真正实现以资历标准为基础的资历互认的情况下，首次明确提出“共商共建区域性职业教育资格框架”。我国职业教育为了更好地服务于“一带一路”建设，唯有开展与沿线国家共商、经验分享、互学互鉴，方能构建全方位、多层次、宽领域的长效互利共赢的大联通。

“一带一路”是“丝绸之路经济带”和“21世纪海上丝绸之路”的简称，涵盖中东、非洲等65个国家，这些国家多为发展中国家和转型经济体，经济发展后发优势强劲，处于高等教育大众化及以上发展阶段，但职业教育的发展基础相对比较薄弱，水平较为滞后。在“丝绸之路经济带”北线的15个国家中，以俄罗斯和乌克兰为代表的11个国家重视发展职业技术教育，相继出台了多个法案以保证职业技术教育发展的持续性。在“丝绸之路经济带”中线的21个国家中，仅有黎巴嫩和伊朗两国的职业技术教育发展势头良好，为国家经济社会发展提供了技术技能人才支撑，取得了丰硕成果；其他国家的职业技术教育发展则相对滞缓。“丝绸之路经济带”南线国家的职业技术教育体制较为完善，如印度和泰国都建立起相对独立完整的职业技术教育体系。在“21世纪海上丝绸之路”西线国家中，新加坡高等职业技术教育历史较短，但发展迅速，已形成独树一帜的、较为完善的体系，成为亚洲乃至世界职业技术教育的新样板。在“21世纪海上丝绸之路”南线国家中，菲律宾完善的职业技术教育体系为菲律宾和其他国家培养了大量高素质技工人才和劳动者，推动促进了各行业的快速发展。“一带一路”沿线国家和地区资格框架建设虽然起步较晚，但后发优势明显，在资历设计理念和支撑资格框架运行的工具体系构建上学习和借鉴了发达国家的先进理念和成功经验。

1. 菲律宾“技术和职业教育与培训资格框架”

菲律宾是目前亚洲最大的劳务输出国家，为本国和其他国家培养了大批高素质劳动者和技能人才。进入 21 世纪以来，为了应对日益严重的熟练技工短缺问题，菲律宾政府加大了对职业技术教育和职业培训的政策支持力度。在第一个全国技术教育和技能发展计划（2000—2004 年）期间，菲律宾政府通过整合国家职业技能标准和区域示范能力标准，建立了菲律宾技术和职业教育与培训资格框架（The Philippine TVET Qualification Framework，简称 PTQF）（2003）。该框架是一个八级证书体系，包括Ⅰ—Ⅳ级、学士、硕士、博士以及博士后等共 8 个等级，明确规定了学员达到每个等级必须具备的技能、责任及工作适用范围等。其内部灵活衔接的特色体现在 8 个等级的职业教育纵向贯通，且各等级之间的连续关系不受培训机构或地域的限制。在第三个全国技术教育和技能发展计划（2011—2016 年）期间，菲律宾政府借鉴了澳大利亚国家资格框架和欧盟等国际组织的职业教育资格框架的模型，建立了内外灵活衔接的、职业教育和普通高等教育融通的综合资格框架——菲律宾资格框架（The Philippine Qualification Framework，简称 PQF）（2012）。菲律宾资格框架设计了职业技术教育与普通高等教育平行对等的教育层次和 8 个资历等级，从知识、技能和价值 3 个维度对资格等级标准进行了详细的描述，构建了职业技术教育与普通高等教育课程学分转化与积累系统，采用了资格证书互认与等价转换等手段，以期实现职业技术教育与普通高等教育等值。①

2. 印度“国家技能资格框架”

作为一个教育人口规模庞大、职业教育整体发展水平不高、职业技能培训相对薄弱的国家，印度在较短的时间内完成了极具挑战性的国家资格框架的开发与实施任务。2009 年，印度政府发布《国家技能开发政策》，提出了开发国家职业资格框架的设想。随后，印度人力资源与开发部、劳动和就业部分别开发构建了基于各自部门利益的“国家职业教育资格框架”和“国家职业资格框架”。2012 年，印度国家技能开发协调委员会将两个部门开发的资格框架整合为“国家技能资格框架”（National Skill

① 岑东莲 . 菲律宾职业技术教育体系的研究［D］. 桂林：广西师范大学，2014.

Qualifications Framework，简称 NSQF），并于 2013 年付诸实施。2015 年，印度技能开发与创业部发布《国家技能开发与创业政策 2015》，提出推动实现印度国家技能资格框架与国际资格框架的对接。印度国家技能资格框架包括两套职业教育资历体系，一是以国家职业标准为基础的、较窄口径的国家能力证书系列，二是以专业标准为基础的、较宽口径的学历职业教育资历，以适应不同的标准和培养模式。国家技能资格框架由 10 个等级组成，其等级标准是由知识、技能和能力三维结构构建而成的学习结果来进行描述的。其特征包括坚持能力本位原则，构建多入口、多出口、多层次“立交桥式”学习路径，加强纵向与横向流动，建立健全学分累计和转换制度，践行落实学分累积与转换制度，实施承认学习者“先前学习成果认证”制度等。①

综上所述，目前世界上职业教育资格框架数量众多，许多发展中国家资格框架的建设也起步于职业教育资格框架。但是，从实际实施情况来看，大部分资格框架仍处于构想设计或初步实施或部分实施阶段，相应的资格框架配套政策和实施工具尚需进一步完善，资格框架的功能和作用还未发挥出来。因此，借鉴他国成熟的经验，着力加强与“一带一路”沿线国家的职业教育资格框架对接，进一步完善具有中国特色的职业教育资格框架势在必行、刻不容缓。

四、加快构建我国职业教育资格框架的路径和策略

开发、构建与实施国家职业教育资格框架既是顺应世界潮流和发展趋势的必然选择，是职业教育国际化的应有之义，又是化解我国当前职业教育和普通高等教育分离和割裂局面的重要一环。同时，深度融合和精准对接“一带一路”沿线国家的资格框架，对于推进我国和“一带一路”沿线国家的互联互通、区域经济的深度合作，实现互利共赢有着极其深远的重要意义。

① 马君．印度现代职业教育体系的构建：基于资格等值的印度国家职业教育资格框架的文本分析［J］．河北师范大学学报（教育科学版），2014，16（4）：73-78.

（一）借鉴和汲取国内外有益理论思想和实践经验，筑牢中国特色职业教育资格框架的根基

当前，“制定国家资格框架”“共商共建区域性职业教育资格框架”已经被提升为新时代我国政府的重要工作内容之一。我国本土特定情境的职业教育资格框架建设亦成为国家全面推进职业教育内涵发展的重要“抓手”之一。国内职业教育资格框架的理论研究和模型构建仍然薄弱。一般来说，理论创新是制度创新、实践创新的先导和前提，没有理论的基础和前瞻，制度和实践就无法做到理性的自觉，只能是一种经验的摸索[①]。若无基本理论作为根基，职业教育资格框架的制度设计和实践应用便会成为无源之水、无本之木。

20 世纪 80 年代以来，我国职业教育资格框架研究经历了酝酿阶段（1981—2001 年）、过渡阶段（2002—2010 年）、发展阶段（2011 年至今），取得了较大进展，形成了一批有价值的研究成果。在既有的研究成果中，天津大学叶声华院士主持的 2013 年度教育部人文社会科学研究专项任务（工程科技人才培养研究工作）重点项目“职业教育国家资格框架研究”是国家资格框架研究主题的代表性研究课题；教育部委托国家开放大学开展的“国家继续教育学习成果认证、积累与转换制度的研究与实践”项目形成了具有创新性和可操作性的国家资格框架标准、体制机制方面的实践探索成果；在国家资格框架的国际比较研究中，也开始出现一些批判性的研究成果。但是，重比较轻基础、重文本轻文化、重经验轻反思的研究仍然存在。我国要建立国家资格框架，必须对国外的理论进行扬弃、发展并进行本土化融合，探讨具有中国特色的职业教育资格框架理论依据，寻找本土职业教育资格框架建构的理论生长点，开展植根于本土文化的创新实践。终身教育是世界各国构建国家资格框架制度的指导思想。基于我国职业教育跨界的属性，要实现职业教育与普通高等教育的等值，实现教育体系内部纵向的衔接与横向的贯通，必须勇于突破传统思维，将终身教育理念渗透到整个职业教育领域，打破职业教育体制上的“天花板”，构建开放的现代职业教育体系。

---

① 叶声华，邓小华 . 我国国家资格框架研究：反思与前瞻［J］. 职教论坛，2017（13）：5-10.

（二）坚持多方协同聚力，突出政府在职业教育资格框架建设中的主导作用

教育教学领域的理论研究者和实践工作者是当前国家资格框架研究的主要群体，他们在分析教育制度方面具备明显的业缘优势，但是缺乏全面认知劳动制度的客观条件，难以系统分析国家资格框架形成的体制性障碍。[①] 构建职业教育资格框架不是某个学者或某个课题组所能独立承担的任务，它需要发挥政府、市场、社会等多元主体的协同互补作用，来自不同学科领域和行业的专家以及政府部门、教育部门、人社部门、行业企业的人员集中力量协同攻关。因此，有必要统筹整合职业教育资源，组建职业教育资格框架研究共同体，各利益相关主体要突破自身利益局限，从多维实践中认识和把握现状，拓宽研究视野，激发创新思维，正确选择和应用研究范式和研究方法，多维度探寻职业教育资格框架开发和实施的现实路径。从国内的现有实践来看，广东终身教育资历框架的经验值得总结和推广。《广东终身教育资历框架等级标准》是在广东省教育体制改革领导小组领导下，由广东省教育厅提出并归口，广东开放大学牵头，共有 100 多个单位、200 多位专家参与研制，充分照顾各方的多元化利益诉求，在相互协调协商中达到利益平衡点，实现了不同社会利益的有机整合。

在构建职业教育资格框架的过程中，一方面需要保护多方利益诉求，凝聚共识，多方合力，共商共建，保证利益相关方从资格框架设计到实施的全程参与；另一方面还必须凸显政府部门的主导作用。国家资格框架是由政府设计，表征国家意志的人力资源开发与配置的基本规范及其制度体系，具有权威性、统筹性和指导性。[②] 资格框架的制定是一个公共政策形成的过程，需要经历一个自上而下、自下而上反复酝酿与修改的过程。国别研究发现，各国（地区）国家资格框架的开发与实施均是由政府主导，体现的是国家意志和国家行为。构建我国职业教育资格框架，需要由政府主导，统筹协调，多部门联动，社会各界积极参与。

---

① 蓝洁 . 国家资格框架：基于国内文献的述评［J］. 中国职业技术教育，2017（3）：15-19.

② 肖凤翔，安培 . 国家资格框架规制职业教育：赋权、边界与再造［J］. 中国高教研究，2017（7）：106-110.

（三）明确框架核心要素，设计具有权威和公信力的职业教育资历标准体系

资格框架的核心要素是资历、等级以及等级标准。在国家资格框架语境下，各国对资历有不同的定义。构建中国特色的职业教育资格框架首要之务是明确资历的内涵以及框架的等级数目。在我国，有学者将资历宽泛地定义为以下两类：一是教育资历证书，即国家教育部门或有资质的培训机构所颁发的学历证书、学位证书以及其他学业证明（作为劳动者继续教育成果的各类职业培训证明）。二是国家人力资源管理部门组织考核认定颁发的职业资历证书。其中，教育资历证书又可细分为学历性教育资历证书和非学历性教育资历证书，是个人专业能力及学习经历的表征；职业资历证书是个人职业能力及职业经历的表征。[①] 资历等级是资历分级的重要依据，等级的数目决定了资格框架的层级结构。各国资格框架的等级数目从5~12级不尽相同。等级覆盖范围一般从义务教育结束至博士学位教育层次，在此区间内各国可根据国情设置不同的等级数目。按照一般规律而言，资历等级数目设置越多，涵盖的学段就越多，资历等级的区分度就越细。从世界范围来看，采用8级和10级结构的资格框架成为主流趋势。以我国国家开放大学构建的具有国家资格框架性质的“学习成果框架”为例，该框架就采用了涵盖从基础教育到博士学位、从培训到高级职业资历的10级标准。等级标准又称水平描述符（level descriptors），是资历标准体系中的上位标准，其在不同的资格框架语境中有不同的维度和话语表述。欧洲资格框架从知识、技能和能力三维目标定义学历教育和非学历教育的学习结果，成为等级标准构建模式的范式，我国可借鉴或参照欧洲资格框架的经验。

资格框架的开发不是一蹴而就、一劳永逸的事情，需要根据实施过程中遇到的具体问题和教育形势的变化及时作出相应的调试和完善。我国政府应在吸收国外成熟经验的基础上，立足国内一些地区和部门已有的本土实践，总结凝练试点示范典型经验，根据试点成效判断对教育系统、职业培训和人力资源市场的适应程度，继续推进和扩大局部试点探索，如《国

---

① 肖凤翔，邓小华．国家资格框架要素论［J］．教育研究，2017，38（7）：37-43.

家职业教育改革实施方案》提出的“1+X”证书制度试点、职业教育国家学分银行建设等，从可操作的层面构建一个具有权威和公信力且切实可行的职业教育资历标准体系。

（四）完善质量保障体系，构建基于网络管理的职业教育资格框架技术平台

国家资格框架的实施和运行是一个由中央政府牵头、跨部门协同推进的复杂过程。为了保障国家资格框架的有效运行，避免其停留于“纸面”，须着力加强资格框架立法和质量保障体系建设。权威的国家资历制度，必须有权威的国家认证制度予以保障。国家资格框架质量保障体系建设，首先要依托独立公正的第三方认证和评估机构对资格框架运行过程进行质量监管，并定期向社会公众发布质量评价报告，增强监管的透明度和规范性。其次要广泛吸收行业企业参与质量评价，增强社会公众对资历质量的信心。

在当今“互联网 +”时代背景下，资格框架的运行还需要网络平台的支撑。有学者认为有必要建设基于“一网五系统”的国家资格框架“一站式”网络服务平台。其中，“一网”是指国家资格框架政府管理网，“五系统”是指资格框架管理系统、工作系统、服务系统、终身学习成果档案系统、交易系统。“一网五系统”构建过程中，服务于学习者是第一位的，构建一站式高效快捷服务网络平台，实现与教育部的“中国高等教育学习者信息系统”、人力资源和社会保障部的“国家职业资历证书全国联网查询系统”、公安部的“公民网络身份识别系统”、MOOCs 平台和社会相关领域国家级权威资历认证网等分类信息管理网的对接。①

（五）服务融入“一带一路”倡议，拓宽职业教育资格框架的国际视野

在“一带一路”倡议全面推进的背景下，我国职业教育资格框架体系的构建还要着眼于国际视野，在秉持平等互利、开放包容、创新共享的理念基础上，与“一带一路”沿线国家和地区的资格框架体系接轨，增加国际可比性，打破一些国家在职业资历认证这一问题上设置的服务贸易壁垒。积极推动构建职业教育资格框架的基础工程，加强政策沟通，实现成员国之间在职业教育层面的深度合作，有助于提高我国学历学位和职业技能等

① 高洁．国家资格框架建设刍议［J］．中国职业技术教育，2018（15）：31-34.

级证书在国际上的认可度，加快互通衔接，推动人才合理有序流动。

在适应国际职业教育标准的同时，更为重要的是在职业教育的国际交流与合作中增强我国在国际规则和国际标准制定中的话语权和主动权，展现和输出具有中国特色的、世界水平的职业教育标准和建设成果，向世界发出中国职业教育的声音。

第六节　加强涉外技术工人培训

“一带一路”倡议愿景与目标的实现离不开各类技术人才的支撑。随着“一带一路”倡议的不断推进，我国与“一带一路”沿线国家和地区建立了广泛的双边和多边合作机制，在各个重大产业领域的合作项目深入推进。在这一背景下，提供大批素质高、业务强的涉外技术工人是各项合作项目顺利推进的基石。因此，有效组织对涉外技术工人的培训和培养是我国应对新时代发展挑战的保障之一。

一、“一带一路”倡议下加强涉外技术工人培训的必要性

截至 2021 年 1 月 30 日，我国已与 171 个国家和国际组织，签署了 205 份共建“一带一路”合作文件。[①] 此外，我国已与数十个“一带一路”沿线国家广泛建立双边和多边层面的合作机制，共同规划了批量重点项目，逐步实施一大批国际产能和技术方面的合作项目，在交通运输、建筑、信息通信、能源和金融等重大产业领域的合作深入推进。

在此宏观背景下，无论是面向国内的自身发展还是面向国际合作项目的人才需求，提供大批素质高、业务强的技术工人是落实各项合作顺利推进的基石。然而与发达国家相比，我国涉外技术工人虽然以吃苦耐劳和勤劳肯干著称，但外语能力普遍不足，技术劳工能力有待提升，且对国外法规制度、文化差异及务工政策等方面了解较少。这一方面影响着技术工人自身的自我保护意识和发展能力，另一方面也限制了我国与有关国家具体

① 中国一带一路网. 我国已签署共建“一带一路”合作文件 205 份 [EB/OL]. [2021-08-20]. https://www.yidaiyilu.gov.cn/xwzx/gnxw/163241.htm.

合作项目的高质量推进。技术工人无法满足企业的实际生产需求，不仅在国内市场频频出现的“用工荒”中有所体现，也在国际劳务市场方面体现明显。随着国际劳务市场对高素质技术人才的需求不断增强，仅凭体力赚取辛苦钱的岗位愈益难寻。但我国外派的技术工人往往来源于农村剩余劳动力和城镇下岗工人，受教育程度和技能相比国际平均水平仍然偏低。因此，有效组织对技术工人的培训和培养是提升其自身生存能力与竞争能力、帮助我国应对“一带一路”倡议推进过程中遇到的各类挑战的重要保障。

二、我国涉外技术工人培训的发展现状与问题

（一）我国涉外技术工人培训的现状

我国目前对技术工人的培训主要由企业自行培训及依托高等院校开展培训，生产企业独立开展对技术员工的培训是主要的培训形式。随着企业发展到一定的规模，为应对市场环境、客户与社会大众对企业本身和其产品的要求，几乎每个企业都设有各自专门承担员工培训的部门，开展包括技术工人培训在内的各类培训，目的是确保企业员工的市场适应力，从而提升企业的核心竞争力。培训通常包括公司培训、部门培训、岗位培训等不同形式，其中岗位培训是主要针对员工进行的实际操作技能的培训与岗位内的相互学习，是培训技术工人最重要的形式。另一种培训依托有关高等院校进行。以高铁技术工人培训为例，通常而言，高铁运营所需的技术工种包括动车组司机、接触网工、动车组机械师、通信工、信号工、线路工、桥隧工、列车长和客服人员等。根据我国南方某省铁路局开展高铁人员培训的实证研究可以看出，动车组司机的理论培训在西南交通大学铁路机车司机培训考试中心进行，每期一个月，培训内容包括职业标准、高铁知识、动车组的总体系统及各系统工作原理以及行车组织规则等。接触网工的培训由中国铁路总公司选定培训基地开展。动车组机械师的培训在西南交通大学展开，培训内容包括理论培训、跟车实习、实操演练等，每期一个月。而通信工、信号工的培训则在北京交通大学展开，培训内容包括理论知识、设备养护维修技能、故障处理技能等。线路工和桥隧工的培训在郑州铁路职工培训基地和郑西高铁进行。列车长和客服人员的培训则在

有关铁路职业院校展开。[①] 与院校合作开展技术工人培训，可以充分利用和发挥高等院校的专业学科优势。

（二）我国涉外技术工人培训的问题

有关访谈结果显示，我国企业也面临专业技术人才总量不足的问题，特别是愿意投身海外、具备国际化能力的专业工程技术人才严重缺乏，技能熟练的关键岗位人才十分有限。[②] 综观我国对外输出的技术工人，其素质需要在如下几方面显著提高：一是外语能力存在系统性障碍，很多对外技术工人大多不懂外语，离开翻译往往寸步难行；二是劳务人员技能单一，只能从事单一业务的工作；三是脑力型劳务输出不足，主要是体力型劳务输出。事实上，国际劳务市场的竞争相当激烈，一些国际劳务派遣公司也时刻紧盯着全球各地的劳务需求，并凭借其强大的全球网络有的放矢，派遣具有竞争力优势的技术工人前往。例如，很多国际劳务巨头往往都会向目的地国家派遣以英语为母语的技术工人，仅从语言一方面就比我国技术工人占据更大的优势。

企业虽已逐渐认识到对技术工人开展培训的重要性，但在实践中，仍然有很多瓶颈需要突破。在培训方面，主要存在培训方式方法单一、培训内容陈旧等现实问题，从而导致涉外技术工人的技能与实践脱节现象较为严重；在制度方面，则存在资源投放不足和整体培训师资匮乏的情况。

仍以高铁为例，在高铁技术工人的培训过程中，存在专职培训教师虽重理论但对新知识把握不足以及现场经验不足的现象，而铁路部门的技术骨干虽然也会参与对技术工人的培训，但由于教学能力不足和自身工作的原因，导致培训效果不佳。诸如高铁这样的前沿技术在国内属于前无先例的领域，高速铁路技术和设备不断更新，高速铁路动车组知识不断变化，但现有的培训教材十分有限，往往教材的编写和修订跟不上技术更新的速度。此外，对技术工人的技能培训理论教学的比例远大于实践教学，同时教学手段也以传统的讲授法为主，很少使用诸如仿真模

① 董杰 . G 铁路局高铁技术工人培训改善研究［D］. 南宁：广西大学，2015.

② 张林发 . 企业涉外人才队伍建设中的问题及对策［J］. 上海企业，2014（6）：60-61.

拟教学法等多元手段。[①]

事实上，这一现象不仅存在于高铁技术工人的培训之中，在其他领域，甚至也存在于高等院校和高等职业院校的人才培养中。虽然很多国内高等院校和高等职业院校开设了涉外类课程，也有一定数量的大专院校以“涉外”和“技术”同时冠名，但整体而言，各类涉外专业技术人才的培养质量远远难以满足经济发展的需求。我国高等院校在涉外专业技术人才培养方面存在资源投放不足和师资队伍缺乏工程实践经验的问题。资源投放不足体现在由于经费限制和人才培养体系设计的欠缺，学生接受实践教学的机会和参与度极其欠缺，难以通过几年的学习获得应有的专业素养和技术能力。而师资队伍缺乏工程实践经验尤其是缺乏国际工程经验，则导致我国涉外专业技术领域毕业生的工程认知仍然停留在理论甚至书本层面。同时，各院校类型五花八门，教育教学质量参差不齐，同质化办学现象严重，无法大规模培养出既具有扎实的专业理论素养，又具有高水平的技术实践能力的高级技术工人。

三、“一带一路”倡议下加强涉外技术工人培训的策略

2015 年 8 月，人力资源社会保障部发布了《专业技术人员继续教育规定》(以下简称《规定》)，就专业技术人员的权益保障和素质技能提高做出了规定。《规定》指出，对包括技术工人在内的专业技术人员的继续教育，需要实行“政府、社会、用人单位和个人共同投入机制”。[②] 因此，开展涉外技术工人培训，提高培训质量需要不同层面的利益主体各自分担，共同努力。

（一）推动涉外技术工人工种培训的全覆盖

在国家层面，我国应建立涉外技术工人工种培训的全覆盖机制。出国前适应性培训对赴海外技术工人良好适应他国工作环境、保护自身利益及对国家的归属感等方面至关重要，政府、行业协会、劳务外派公司、劳务

---

① 许志刚．高速铁路技术工人技能培训工作探讨［J］．高速铁路技术，2017，8（5）：75-77，88.

② 中华人民共和国人力资源社会保障部．专业技术人员继续教育规定［EB/OL］．[2020-08-04］. http://www.mohrss.gov.cn/SYrlzyhshbzb/ldbk/rencaiduiwujianshe/zhuanyejishurenyuan/201508/t20150821_218605.htm.

工人本身等相关共同体应高度重视劳务工人出国前培训的重要意义。多年来，一些领域尤其是基础设施建设领域始终反映出我国外派技术工人与发达国家有关施工人员综合素质的差距，大量外派技术工人学历水平不高、接受教育时间较短。然而，一个国家的劳务输出人员素质的高低决定着这个国家在国际劳务市场中所占有的份额。无论我国外派技术工人先前教育层次基础如何，倘若在出国前能接受一段时间的专业培训，往往能提升技术工人运用专业知识解决关键问题的能力。

建立健全海外技术工人出国前培训全覆盖机制，有助于我国对外技术工人队伍素质的整体性提高，有助于在多个方面促进“中国制造”从粗放型向集约型的提升转型，从而服务于国家发展的整体性战略，包括“一带一路”倡议。因此，为确保每位出国技术工人都能切实接受培训，政府有关部门应提供必要的资金支持，并出台相关法律法规，由各行业协会具体负责调动有关人力、物力，组织开展培训工作。所有在册的劳务外派公司都必须根据其行业属性，依法组织与其签订外派合同的劳务工人定期接受由本行业协会组织举办的各项出国前培训，培训结束后需参加有关测试，测试通过后应由行业协会为每一位外派技术工人颁发合格证书，凭证书方可办理相关签证。

（二）统一制定各类技术工人培训内容的国家标准

对即将前往“一带一路”沿线国家出国务工的技术工人而言，目的地国的语言、文化习俗、法律法规、行为规范及外事礼仪都是极为重要的生存基础。此外，诸如劳动时间、加班待遇、保险情况、劳动权益保障等目的地国劳动法的相关内容，以及目的地国较为通用或比较重视的企业管理、质量管理、职业规范等相关内容，都对技术工人的工作与职业发展起着举足轻重的作用。技术工人的身心健康程度决定着技术工人出国之后能否较好地完成繁重的劳务工作。技术工人职业适应力的高低也与出国前准备充分与否密切相关。身心健康程度和职业适应力在一定程度上影响“一带一路”有关沿线国家对中国技术工人工作质量的评价与态度。

各行业协会应在深入调研和总结既有经验的基础上，牵头制定有关行业外派技术工人出国前培训的国家标准，开发有关教材及培训资料，形成培训专家库和人才库，确保培训机制在对赴海外技术工人全覆盖的基础上，使所有技术工人都能够学习到对其生存、发展、利益保障及维护国家形象至关重要的高质量内容。

（三）提升高校工程技术领域的应用型人才培养能力

高水平涉外技术工人离不开丰富的工程项目经验和充实的国际从业经验，相比高校而言，企业在工程实践、工程需求、工程素养、工程伦理等多个方面具有更多面向实践的认知和理解。纵观全球，一流的高等院校均已采取校企合作或协作的方式，为高校引入企业资源，以弥补高校师资队伍工程项目经历和训练不足的现实缺憾。如德国行业协会具有统一制定高校毕业生工程能力标准的权力，高校与企业共同构成“双元制”模式，注重技术专业学生的理论基础和实践能力，效果显著。[①]而美国硅谷与斯坦福大学从一开始就呈现出共同支持互相弥补的态势。校企合作对企业而言能促进科技创新和成果转化，对高校人才培养而言则会带动工程技术类专业毕业生素质的变革型提升。加强高校、科研院所和企业之间的协同合作，建立健全产、学、研、用一体化的人才培养与发展平台，将成为高校切实实现内涵式发展与推动专业技术人才成长的核心动力，也将成为确保我国未来中长期涉外技术人才数量充沛、质量精益的重要保障。

随着以人工智能技术、3D 打印技术、云计算、认知计算技术等为特征的第四代工业革命浪潮席卷全球，我国也相应提出了“中国制造 2025”的发展目标，切实将我国的经济发展模式从传统的劳动密集型产业转型升级为技术创新驱动型结构。在经过长达 10 年的准备之后，我国于 2016 年正式签订了国际工程联盟的一项重大协议——《华盛顿协议》，这意味着我国工程教育的专业认证具备了国际实质等效性，标志着我国高等教育尤其是高等工程教育的改革发展站在了新的历史起点。我国高等院校和高等职业院校必须抓住新机遇和新契机，积极开展工程技术领域和职业专业领域的课程培养模式的改革，务必确保工程技术类教育的人才培养模式从传统“讲座式”为主导向国际通用的理论与实践有效结合的培养模式快速转变，并在注重工程知识和工程技术的基础上大力开展工程沟通、工程合作、工程伦理等方面的教育，从而为我国培养大批高水平的涉外技术工人，为“一

① 林健．校企全程合作培养卓越工程师［J］．高等工程教育研究，2012（3）：7-23.

带一路”建设提供强大的技术人力资源保障。

（四）发挥企业的涉外技术工人培训优势

企业应结合自身发展需求，兼顾国内涉外技术工人集中培训与海外本土技术工人精准招聘。虽然目前很多“走出去”的海外企业仍以国内外派驻外管理及技术人员为主要方式，但很多企业纷纷表示，其在目的地国本土的长远发展离不开大量了解本土国情、便于开拓本土市场及通晓国际规则的海外本地技术人才的深度参与。[①] 目的地国本土员工是本地服务和经营的主力，而从国内外派到目的地国的涉外技术人员则具有对企业技术、产品、运营体系及企业文化更加了解的优势。往往完全依赖本地员工或完全依赖国内外派员工均不能有效实现企业利益的最大化，需要把包括研发、推广、国内供应和物流等职能的中方员工外派补全到目的地国本地的团队中。因此，国内涉外技术人才和海外本土技术人才各有优势，参与“一带一路”倡议的企业需要把握好两种人才的比例，以便更好地开拓当地市场。企业对国内涉外技术人员的培训领域首先包括专业技术层面的培训，其次包括目的地国的交流性语言能力、专业性语言能力、法律法规、习俗礼仪等跨文化培训，同时也应当高度重视爱国主义教育、政治立场教育及防止泄密等事宜的培训，确保国内涉外人员在“一带一路”沿线国家工作时，不仅充分发挥我国强大的技术优势，更要时刻维护国家形象、捍卫国家利益。

第七节 加强国际理解教育

“一带一路”倡议涉及65个沿线国家，沿线地区的民族、宗教与文化极为多元，人们在思维习惯、行为方式和价值观念等方面存在着显著差异。在此背景下，以“人类命运共同体”理念为指导，坚持和平、发展、合作、共赢原则，加强国际理解教育，从而促进民心相通就显得尤为紧迫和必要。总体来看，“一带一路”倡议背景下的国际理解教育，应紧密服务于教育对

① 领英中国．中国企业迈向“一带一路”人才大数据下的中国经济外交 [R/OL].[2017-02-06]. http://www.199it.com/archives/561927.html.

外开放大局，切实围绕“构建人类命运共同体”的使命要求，着眼于具有全球胜任力人才的培养，秉持开放、合作的姿态，做好本民族文化教育，并自觉融入教育综合改革，将国际理解教育落到实处。

一、我国国际理解教育的历程回溯与现实基础

（一）联合国教科文组织对国际理解教育的倡导

国际理解教育始于二战后国际社会对两次世界大战给人类社会带来的巨大灾难的深刻反省，如何通过教育来实现世界和平成为各国广泛关注的问题。1946 年成立的联合国教科文组织（UNESCO）被赋予开展国际理解教育的使命。联合国教科文组织的宗旨是促进教育、科学和文化方面的国际合作，以利于各国人民之间相互了解，维护世界和平。联合国教科文组织第一次大会上就提出了“国际理解教育”的理念，呼吁世界各国通过教育增进不同国家、不同文化间的理解，以达到促进“人类和平”的目标。

为了更好地推动国际理解教育，促进世界和平，联合国教科文组织在 1953 年启动了“联合学校计划”（The Associated Schools Project），该计划的宗旨是：扩大世界性问题和全球合作的知识；通过学习不同国家不同人民的文化形成国际理解；增进人权知识，遵守人权的基本原则；高度评价并大力支持联合国在世界和平、友谊和进步方面所做的巨大努力。”[①] 在联合国教科文组织的推动和指导下，许多成员国开展了国际理解教育的改革实验，取得了很好的实践效果。

在联合国教科文组织开展国际理解教育的初期阶段，国际理解教育的主要宗旨是增进民族国家间的相互了解和理解，促进各国间的合作，维护国际社会的和平；国际理解教育的内容主要包括和平教育、人权教育、对国际组织的宣传、国际问题教育等。[②] 但是，随着时代的发展，国际理解教育被赋予越来越多的使命，内容也不断扩展，和平教育、人权教育、多元文化教育、人口教育、跨文化教育、生态教育、环境教育、可持续发展教育、全球公民教育等都被纳入国际理解教育的范畴。

---

① 徐辉 . 国际教育初探：比较教育的新进展［M］. 成都：四川教育出版社，2001：6.

② 姜英敏 . 全球化视域下的国际理解教育政策比较研究［M］. 太原：山西出版传媒集团，2018：9.

当然，世界各国开展国际理解教育，并不是全面接受联合国教科文组织的建议，而是根据自己国家的实际有选择地、创造性地开展国际理解教育，这样就使得世界各国的国际理解教育有着不同的重点和特色。

（二）我国国际理解教育的开启

改革开放之初，以 1979 年向国外派遣留学生为前奏，拉开了我国教育改革开放的序幕，也启动了国际理解教育。自那时起，中外非政府教育组织的交流日渐频繁，需要成立专门的组织机构来指导和协调非政府教育国际交流活动的开展。在这种背景下，为了做好中国教育对外交流与合作工作，参照国际上许多国家的经验和做法，在周培源、季羡林等学界耆老的呼吁和教育行政部门的倡议下，由教育部、外交部报请国务院批准，正式成立了中国教育国际交流协会，以非政府、民间的形式加强和推动我国对外教育的交流与合作工作。中国教育国际交流协会的成立，开启了改革开放以来国际理解教育实践的新篇章。中国教育国际交流协会成立伊始即参与了 AFS 国际文化交流项目[①]，1981 年该项目首次向国外派出中学教师，1997 年开始向国外派出年度交流学生，2002 年启动了外国学生年度接待工作。成立 40 多年来，以参与 AFS 等项目为代表，中国教育国际交流协会站在国际理解教育的前沿，引领和参与国内国际理解教育的开展。

随着教育对外开放不断走向深入，1993 年 12 月，在我国苏州召开了首届以国际理解教育为主题的国际学术会议。这次会议指出，国际理解教育是一个跨世纪的教育难题。人类目前面临的挑战已远远超过了个人乃至一个国家的范围，如大气变化、臭氧层破坏、酸雨、核电站放射性污染、水污染、耕地减少、物种灭绝、战争与文明冲突等，这一切都严重威胁人类的生存。而要解决上述问题，就必须推进全球合作精神，推进国际化的

---

① AFS 国际文化交流项目（AFS Intercultural Programs）是一个国际青年交流组织，它意在通过全球志愿者合作伙伴关系，向个人、家庭、学校和社区提供国际和跨文化学习经验，致力于建设一个更加公正和平的世界。AFS 国际文化交流项目最早源于两次世界大战，美国野战服务（American Field Service）救护车司机群体，两次世界大战给人类带来的惨痛教训，使得这一群体更加意识到人类和平的珍贵。因此，战后这一组织便致力于通过教育和跨文化交流来预防未来的冲突。70 余年来，AFS 不断回应日益复杂的世界需求，在 50 多个国家提供国际交流项目，并接待来自 80 多个国家的国际学生，在促进国际交流、文化交融与国际理解方面发挥了显著影响。见 AFS 官网：https://afs.org/about-afs/.

教育；要求每一个国家和民族从全人类利益、全球观点出发考虑问题，也要求把教育提高到比任何时候都要高的水平，培养出适应国际化的开放性人才。

（三）我国国际理解教育的发展

2001 年我国加入世界贸易组织后，我国与西方诸国的经贸文化往来进一步密切，全方位、宽领域、多层次的开放格局渐趋形成。与此同时，培养具有全球胜任力的人才的时代要求也提上日程。由此，开展国际理解教育也就成为培养全球胜任力人才的题中之义。2010 年出台的《国家中长期教育改革和发展规划纲要（2010—2020 年）》（以下简称《教育规划纲要》）指出，“加强国际理解教育，推动跨文化交流，增进学生对不同国家、不同文化的认识和理解”以及“适应国家经济社会对外开放的要求，培养大批具有国际视野、通晓国际规则、能够参与国际事务和国际竞争的国际化人才”，并对国际理解教育做了系统部署。自此，国际理解教育走上了政府部门倡议和规划、学校响应和执行的模式。各地积极行动，制定和出台本地区国际理解教育文件；各学校纷纷响应，开发国际理解教育校本课程，通过结对中外姊妹友好学校、互派师生交流、举办校园文化活动项目以及学科渗透等方式开展国际理解教育。我国国际理解教育发展迅速，呈现出鲜明的国家推动色彩，并明确提出“全球胜任力”的培养目标。[①] 2020 年也是《教育规划纲要》的收官之年，教育部等八部门再度联合出台了《关于加快和扩大新时代教育对外开放的意见》，明确指出“把培养具有全球竞争力的人才摆在重要位置”，“要加强中小学国际理解教育，帮助学生树立人类命运共同体意识”，国际理解教育的战略意义由此更加凸显。

可见，在“一带一路”倡议提出之前，我国国际理解教育主要遵循教育对外开放的逻辑，参与国际上的国际理解教育项目。2010 年以来，遵循《教育规划纲要》要求，采取政府规划、学校响应的模式推进，在许多理念、举措方面与联合国教科文组织方面差异很大。“一带一路”倡议提出之前的国际理解教育，大抵属于“后发外生”型的国际理解教育。“一带一路”倡

---

① 姜英敏．全球化时代我国国际理解教育的理论体系建构［J］．清华大学教育研究，2017，38（1）：87-93.

议的提出，标志着对外开放进入新时代，也标志着教育对外开放的新起点，是我国主动参与制定世界规则，彰显软实力，提出国际问题解决的中国方案的开始。“人类命运共同体”的提出，为国际理解教育带来了新的内涵和要求。例如，2016 年 9 月，教育部基础教育二司和北京师范大学联合出台的《中国学生发展核心素养》，将关于国际理解教育的内容划到“社会参与—责任担当”板块，并对“国际素养”做了权威阐释：具有全球意识和开放的心态，了解人类文明进程和世界发展动态；能尊重世界多元文化的多样性和差异性，积极参与跨文化交流；关注人类面临的全球性挑战，理解人类命运共同体的内涵与价值等。如此表述，凸显了更多的自信态度与自主姿态。相应的，国际理解教育在当下及未来的发展也必将具备新的内容和呈现新的气象。

二、“一带一路”倡议下国际理解教育发展的新机遇

国际理解教育就是要寻求不同国家和民族之间的共性和差异，尊重多元价值观和文化，增进不同文化间的互相理解。“一带一路”倡议的提出与实施，为国际理解教育提供了新的内容、赋予了新的使命，进一步深化了国际理解教育的内涵，并且对当下及未来的国际理解教育研究的发展提供了广阔的发展空间。

（一）“一带一路”倡议为国际理解教育赋予新使命

“一带一路”倡议天然需要各国间的理解与认同，教育责无旁贷，尤其是国际理解教育，在促进“一带一路”倡议下关于政治互信与民心相通等倡议方面发挥着不可替代的作用。政治互信和民心相通要求增进“一带一路”沿线各国人民的人文交流与文明互鉴，让各国人民相逢相知、互信互敬，共享和谐、安宁、富裕的生活。其中，民心相通的前提是相互理解。相互尊重和理解是处理人类一切分歧的前提，这就需要国际理解教育立足促进不同文明之间相互开放、包容与理解的本位，通过开展课程、活动项目、校园文化、学科渗透等方面的培训，使校内教育与校外教育合力，全力促进我国与“一带一路”沿线国家在文化上的交流与理解。

（二）“一带一路”倡议为国际理解教育增加新内容

“一带一路”倡议为国际理解教育增加新内容，即秉持人类命运共同体

的理念，向世界一切文明敞怀。长期以来，我国关于国际理解教育的研究与实践，往往将国际理解教育置于中西方文明差异的对比之下，或者是我国同欧美发达国家对比的背景下，强调中西方文明对比。在实际操作中也是如此，以此前中小学国际理解教育的常见举措为例，无论是中小学姊妹学校结对，还是中外师生交流，抑或中小学项目活动（如多元文化节、模拟联合国等），国际理解教育所涉及的合作国家主要是欧美发达国家。究其原因，主要是由于改革开放以来，向西方发达国家学习使然，不可避免地将视线局限在中西方文化对比与交流中。近年来，随着教育对外开放格局的扩大和“一带一路”倡议的深度实施，中小学国际理解教育也开始面向“一带一路”沿线国家。从而，与我国开展文化深度往来的国家涵盖了发达国家、中等收入水平国家和贫穷落后国家，涉及西方文化、东亚文化、印度文化、伊斯兰文化、非洲文化以及拉美文化等主要文化圈，客观上有助于呈现全球化时代的各国各民族教育特色。

在这种背景下，响应“一带一路”倡议，国际理解教育要面向一切人类优秀文明成果，立足于“一带一路”倡议和实践的客观要求。从人类命运共同体的视点来看，不同文明之间更多是“赛跑”而不是冲突，那些经得住历史考验、符合人类共同利益的文明胜出，而那些愚昧、落后和不利于人类共同利益的文明被淘汰，此乃人类历史的一般规律。因此，要对人类一切文明成果持有开放、包容的心态，如此才能做到兼容并蓄。[①] 国际理解教育，理应向人类文明的一切优秀成果敞怀，具有世界大同的气度，将终极关怀的教育阳光洒向每个角落。

（三）“一带一路”倡议为国际理解教育带来新任务

正如习近平总书记说的那样，要“讲好中国故事，传播好中国声音”。在欧美国家贸易保护主义盛行、逆全球化趋势浮现的当前，讲好中国故事，传播好中国声音，无疑有着更加重要的意义。讲好中国故事，意味着如实、客观、积极地向世界展现改革开放以来的优秀文明成果，为“一带一路”倡议的顺利实施做好推广与宣传工作，让世界理解中国、懂得中国，从而

---

① 张远山．中华复兴的目标和进路：兼论中西文明的不同瓶颈及其突破［J］．书屋，2010（11）：4-10.

结交更多的国际朋友。

这其中，国际理解教育在通过学校交流、师生互访从而传递客观、真实、友好的中华文化方面发挥的作用不言而喻，在此过程中，国际理解教育也面临更高层次的要求。一方面，客观上需要国际理解教育对中国传统文化与改革开放历史有进一步的阐释与理解；另一方面，也必然要求国际理解教育着眼于长远，着眼于增强学生的跨文化交流能力，以及培养新时期能处理国际问题，具有世界观、中国心、民族情的人才。

三、“一带一路”倡议下加强国际理解教育的路径

在“一带一路”倡议下加强国际理解教育，目的在于培养具有国际视野和全球竞争力的人才，这样的人才具有较强的全球意识和全球素养，关心全球性议题，了解全球文化，具有“从多元视角批判地分析全球和跨文化问题的能力；理解文化差异如何影响人们的观念、判断以及对自己和他人的看法的能力；在普遍尊重人类尊严的基础上与来自不同背景的他人进行坦诚、得体和有效沟通的能力”[①]。他们能够分析当地、全球和跨文化议题，理解和欣赏他人的视角和世界观，与不同文化背景者进行开放、得体和有效互动，能够为集体福祉和可持续发展采取相应行动。[②]

（一）进一步明确国际理解教育的发展目标

国际理解教育的目的在于培养具有国际视野和全球竞争力的人才，这是各级各类教育中实施国际理解教育的目的。在“一带一路”背景下，国际理解教育不仅要聚焦培养具有国际视野和全球竞争力的人才这一目标，而且要促进民心相通，促进各国间的理解与尊重。国际理解教育在促进“一带一路”倡议下关于政治互信与民心相通等倡议方面发挥着不可替代的作用。民心相通的前提就是相互理解与尊重。着眼于此目标，国际理解教育应紧紧围绕教育促进民心相通来开展。国际理解教育过程要关注“一

① OECD. Global Competency for an inclusive world，2016［EB/OL］.［2022-01-20］. http://globalcitizen.nctu.edu.tw/wp-content/uploads/2016/12/2.-Global-competency-for-an-inclusive-world.pdf.

② OECD. The OECD PISA Global Competence Framework：preparing our youth for an inclusive and sustainable world［EB/OL］.［2017-12-12］. https://www.oecd.org/pisa/Handbook-PISA-2018-Global-Competence.pdf.

带一路”沿线国家的历史、地理、政治、宗教、文化与经济状况，以及我国在历史与当下与沿线国家文化往来的传统与现状，为国际理解教育增加新的内容，寻找合适的突破口，从而使国际理解教育在促进民心相通方面得到有效实现。

（二）树立开放合作的国际理解教育观念

开放、合作是开展国际理解教育的必然前提。“一带一路”倡议要求学生对“陆上丝绸之路”与“海上丝绸之路经济带”的过去、现在和将来形成客观理性的认知和理解。然而仅从历史文化的要求观之，需要认识与理解的不只是“丝绸之路”在历史上发挥的重要意义，更多是对不同文明之间的互动、交融的认识，乃至延伸至当今全球一体化的认识。构建人类命运共同体的人类追求，客观上要求教育向一切人类优秀文明成果开放，这也是新时期国际理解教育理应具备的气度，具体要做到平等对待世界上一切种族和文明，吸纳一切人类优秀文明成果为我所用。国际理解教育的进一步实施，客观上要求与国外互通有无，共同发展，通过教育的合作来开展。践履构建人类命运共同体的主张则是其中的有力抓手，亦是教育促进民心互通的逻辑诉求。秉持“构建人类命运共同体”的共同追求来展望教育的未来，“一带一路”沿线国家所展现出的色彩斑斓的印度文明、阿拉伯文明以及植根于亚非语文化的深厚的古典文明等，是当前及今后国际理解教育所关注的新的重点领域。

我国国际理解教育不仅要关注“一带一路”国家和区域，而且应当以提升学生的全球意识和全球素养为主旨，以培养具有国际视野和全球竞争力的人才为立足点，以和平与发展、公平与正义、文化自信以及生态文明为四大维度，以知识、技能、态度和价值观为主要要素，充分体现和平教育、人权教育、多元文化教育、人口教育、跨文化教育、生态教育、环境教育、可持续发展教育、全球公民教育等内容主题。

（三）“顶天立地”开展国际理解教育

在“一带一路”倡议下，首先，国际理解教育要“顶天立地”。顶天之“天”，是一切人类优秀文明成果。立地之“地”，是“一带一路”倡议和实践的客观要求。“一带一路”是和平之路、发展之路、共享之路，由此，对待沿线国家不同的文明，就不能停留在异质文明之间发生冲突的表象层面，而是要对人类一切文明成果持有开放、包容的心态。

其次，要做好本民族文化教育。长期以来，国际理解教育主要集中在对他国文化的引介、理解与比较，让学生认识并理解世界文化的多样性，从而逐步培养其开阔的眼界。然而，对本国文明深刻的认识与理解将有助于更好地理解他国文明，只有明确自身的优势和不足，才能在多样性的文明比较中取长补短，进而发展独立思考与批判性意识。“越是民族的，就越是世界的”，国际理解教育应传承人类一切优秀文明的内在品质，同时要促进其与本国价值观和传统文化教育的结合。新时期国际理解教育的开展，为传统文化步入国际社会提供了机遇与平台，国际理解教育既要吸收传统文化的精华，又要在传统与现代、中国与世界的互鉴中不断发展。

（四）将国际理解教育融入教育综合改革

国际理解教育并不是局限于某一个层次、某一种类型的教育，而是贯穿各级各类教育。因此，我国应该整体设计国际理解教育的理念、目标、核心内容主题、教学模式与方法、评价体系、支持系统，而且应该将其分解到各级各类教育中，分解到各门课程和活动中。

在现阶段，我国国际理解教育的重心在于基础教育阶段。根据我国课程管理体制和中小学教育实际，开设单独的全球素养教育国家课程是不现实的，因此可行的办法是在现有的课程框架内实施国际理解教育，建构多元一体的国际理解教育课程体系，这就要求我国把有关内容主题落实到各学科的课程标准和教材中。全球素养教育不仅应该融入语文、外语、历史、地理、艺术等课程中，也应该融入数学、物理、化学、生物、信息科技、体育和劳动等课程中。我国的中小学课程体系包括国家课程、地方课程和校本课程，在国家课程之外为地方课程和校本课程的开发与实施预留了空间。因此，地方政府和中小学应该利用地方课程和校本课程的灵活性，开设国际理解教育的地方课程和校本课程，同时通过跨学科的专题讲座和各种各样的实践活动，增强国际理解教育的效果。

国际理解教育不能停留在课程层面，必须通过有效的教学模式与方法予以实施。从国内外的实践看，国际理解教育的教学模式与方法是多种多样的，包括体验式学习方法、议题中心学习方法、互动式学习、数字化学习等多种类型，具体包括结构化辩论、有组织的讨论、时事学习、游戏式学习、项目式学习、服务式学习等多种方法。我国的国际理解教育应该充分利用学校、社区、企业、家长等多方面的资源，创造性开展国际理解教育。

国际理解教育的有效实施依赖于建立和完善中国特色的国际理解教育支持系统，需要各级政府、学校层面的支持，并形成合力。从政府方面看，我国应该出台国际理解教育指南，加强外语教学特别是加强“一带一路”沿线国家官方语言和通用语言的教学，把国际理解教育的内容纳入评价体系，开展教师和教育管理者的全球素养培训。从学校方面看，要营造国际理解教育的氛围，将国际理解教育融入各门课程中，组织开展国际理解教育活动，为教师的全球素养提升提供支持，同时要加强与社区、企业、家长等多方面的合作与协调。

（五）承担讲好中国故事的历史使命

“一带一路”倡议下国际理解教育的新任务是讲好中国故事，传播好中国声音。古“丝绸之路”不只是丝绸和茶叶交易的通道，它还是商品、思想和文化交流的通道，见证了各种文化的碰撞及融合。“一带一路”将会发挥积极作用，增强中国与世界交流的能力。主要包括如下三点：一是向世界讲好中国故事，尤其是讲好中国改革故事，展现中国在新时期继续坚持改革开放的良好形象与坚定信心；二是向“一带一路”沿线国家讲述中国改革开放事业取得辉煌成就的历程，向世界介绍中国经验，提供处理国际问题和国家发展的中国方案；三是向国内外民众讲清国家进步的源泉动力，凝聚共识，共同致力于构建人类命运共同体的伟大事业。

第八节　加强可持续发展教育

“一带一路”倡议合作的重点领域包括政策沟通、设施联通、贸易畅通、资金融通、民心相通，核心理念是共商、共建和共享，这与联合国《2030年可持续发展议程》高度契合。“一带一路”倡议已成为推进和落实世界可持续发展目标的重要平台，而教育作为提高人口素质的途径，不仅是可持续发展的组成部分，也是推动可持续发展的关键力量。因此，在建设“一带一路”过程中，我国应制定科学的可持续发展教育的战略规划，加强可持续发展教育的国际合作，树立可持续发展教育的全球治理观，开展可持续发展教育的教师培训，变革可持续发展教育的教学方法。

一、国际社会对可持续发展教育的推动

可持续发展教育（Education for Sustainable Development，简称 ESD）的兴起是 20 世纪 80 年代可持续发展运动的结果。1987 年，世界环境与发展委员会（World Commission on Environment and Development，简称 WCED）发表的《我们共同的未来》（Our Common Future）报告中第一次提出了“可持续发展”的概念，即“既满足当代人的需要，又不对后代人满足其需要的能力构成危害的发展”①。1988 年，联合国教科文组织从可持续发展的角度，将“环境教育和发展教育”整合为“可持续发展教育”，此后可持续发展教育成为国际社会共同关注的重要议题。从 1992 年联合国环境与发展大会发表《21 世纪议程》以来，国际社会通过组织召开会议或发表重要文件对可持续发展教育做了重要承诺（见表 5-4），积极推动了可持续发展教育的理念传播和实践发展。

表 5-4 与可持续发展教育有关的重要国际承诺

年份	机构或会议	承诺文件	承诺内容
1987	世界环境与发展委员会	《我们共同的未来》（也称《布伦特兰报告》）	第一次提出“可持续发展”的概念
1992	联合国环境与发展大会	《21 世纪议程》（第 36 章）	重新确定面向可持续发展的教育方向
2002	联合国世界可持续发展首脑会议	《约翰内斯堡执行计划》（包含实施《联合国可持续发展教育十年（2005—2014）国际实施计划》的建议）	可持续发展教育实质上就是高质量的教育，是为所有人的教育，也是终身学习的过程
2005	联合国教科文组织	《联合国可持续发展教育十年（2005—2014）国际实施计划》	把可持续发展的原则、价值观、具体实践贯穿学习的各个方面
2009	首届世界可持续发展教育大会	《世界可持续发展教育波恩宣言》（简称《波恩宣言》）	将可持续发展教育纳入未来公共教育政策

① 世界环境与发展委员会 . 我们共同的未来［M］. 长春：吉林人民出版社，1997：52.

续表

年份	机构或会议	承诺文件	承诺内容
2012	联合国可持续发展大会	《我们憧憬的未来》	促进可持续发展教育，并在《联合国可持续发展教育十年（2005—2014）国际实施计划》之后更积极地将可持续发展纳入教育
2013	联合国教科文组织大会	《全球可持续发展教育行动计划（2015—2019）》	把《全球可持续发展教育行动计划（2015—2019）》作为《联合国可持续发展教育十年（2005—2014）国际实施计划》的后续工作
2014	全球全民教育会议 可持续发展开放工作组	《马斯喀特协议》 《可持续发展目标》	到 2030 年，所有学习者都要通过包括全球公民教育及可持续发展教育等途径，掌握建立一个可持续发展和平社会所必需的知识、技能和价值观
2014	联合国教科文组织世界可持续发展教育大会	《塑造我们希望的未来——联合国可持续发展教育十年（2005—2014）监测与评估终期报告》	重申可持续发展教育是 21 世纪优质教育的重要组成部分
2015	世界教育论坛	《仁川教育宣言》《教育 2030 行动框架》	进一步落实《全球可持续发展教育行动计划（2015—2019）》

资料来源：UNESCO. Roadmap for implementing the Global Action Programme on Education for sustainable development［EB/OL］.［2022-01-20］. http://unesdoc.unesco.org/images/0023/002305/230514e.pdf：10.2018-08-06.

在诸多文件中，《教育 2030 行动框架》是在教育方面具体落实联合国《2030 年可持续发展议程》的具体指南，是当前影响可持续发展教育的最重要的文件。2015 年 9 月 25 日，联合国可持续发展峰会通过了《改变我们的世界——2030 年可持续发展议程》（Transforming our World：The 2030 Agenda for Sustainable Development），确立了以可持续发展目标为核心的工作纲领，认为社会的包容性、经济的绿色增长和环境保护是人类社会发展的三大支柱，并从社会、经济和环境 3 个维度提出了 17 个可持续发展目标和 169 个子目标。17 个可持续发展目标包括：目标 1. 在全世界消除一切形式的贫困；目标 2. 消除饥饿，实现粮食安全，改善营养状况和促进可持续农业；目标 3. 确保健康的生活方式，促进各年龄段人群的福祉；目标 4. 确保包容和公平的优质教育，让全民终身享有学习机会；目标 5. 实现性别平等，增强所有妇女和女童的权能；目标 6. 为所有人提供水和环境卫生并对其进行可持续管理；目标 7. 确保人人获得负担得起的、可靠和可持续的现代能源；目标 8. 促进持久、包容和可持续的经济增长，促进充分的生产性就业和人人获得体面工作；目标 9. 建造具备抵御灾害能力的基础设施，促进具有包容性的可持续工业化，推动创新；目标 10. 减少国家内部和国家之间的不平等；目标 11. 建设包容、安全、有抵御灾害能力和可持续的城市和人类住区；目标 12. 采用可持续的消费和生产模式；目标 13. 采取紧急行动应对气候变化及其影响；目标 14. 保护和可持续利用海洋和海洋资源以促进可持续发展；目标 15. 保护、恢复和促进可持续利用陆地生态系统，可持续管理森林，防治荒漠化，制止和扭转土地退化，遏制生物多样性的丧失；目标 16. 创建和平、包容的社会以促进可持续发展，让所有人都能诉诸司法，在各级建立有效、负责和包容的机构；目标 17. 加强执行手段，重振可持续发展全球伙伴关系。

从字面上看，可持续发展目标 4 是教育方面的可持续发展目标，但是由于其他可持续发展目标的实现都依赖于教育可持续发展目标的实现，依赖于通过促进学习者知识、技能、价值观和态度方面的转变，以便能够为可持续发展做出贡献，因此，所有促进可持续发展的议程、项目和活动中都要加强教育，可持续发展必须纳入教育，教育必须纳入可持续发展。从这个意义上讲，教育既是可持续发展的一个目标，也是实现其他可持续发展目标的重要手段。教育和其他可持续发展目标的关系见表 5-5。

表 5-5 教育和其他可持续发展目标的关系

《2030 年可持续发展议程》的其他目标	教育对其他可持续发展目标的作用
目标 1. 在全世界消除一切形式的贫困	教育对于人们摆脱贫困至关重要
目标 2. 消除饥饿，实现粮食安全，改善营养状况和促进可持续农业	教育在帮助人们转向更可持续的耕作方式和理解营养方面发挥着关键作用

续表

《2030年可持续发展议程》的其他目标	教育对其他可持续发展目标的作用
目标3. 确保健康的生活方式，促进各年龄段人群的福祉	教育可以对一系列健康问题产生至关重要的影响，包括早期死亡率、生殖健康、疾病传播、健康生活方式和幸福
目标4. 确保包容和公平的优质教育，让全民终身享有学习机会	全面普及各级优质教育是加快实现其他各项可持续发展目标的重要条件
目标5. 实现性别平等，增强所有妇女和女童的权能	妇女和女童教育对于实现基本识字、提高参与技能和能力以及改善生活机会尤其重要
目标6. 为所有人提供水和环境卫生并对其进行可持续管理	教育和培训提高可持续使用自然资源的技能和能力，并能促进人们养成良好的卫生习惯
目标7. 确保人人获得负担得起的、可靠和可持续的现代能源	教育方案，特别是非正规和非正式方案，可以促进更好地节约能源和利用可再生能源
目标8. 促进持久、包容和可持续的经济增长，促进充分的生产性就业和人人获得体面工作	经济活力、企业家精神、就业市场技能和教育水平等领域之间存在直接联系
目标9. 建造具备抵御灾害能力的基础设施，促进具有包容性的可持续工业化，推动创新	教育对于培养建立更具弹性的基础设施和更可持续的工业化所需的技能是必要的
目标10. 减少国家内部和国家之间的不平等	在同样容易获得的地方，教育对社会和经济不平等产生了明显的影响
目标11. 建设包容、安全、有抵御灾害能力和可持续的城市和人类住区	教育可以使人们有能力参与塑造和维护更可持续的城市，并在灾难环境中获得恢复力
目标12. 采用可持续的消费和生产模式	教育可以对生产模式（如循环经济）和消费者对更可持续生产的商品和防止浪费的理解产生重大影响
目标13. 采取紧急行动应对气候变化及其影响	教育对于大众了解气候变化的影响、适应和缓解（特别是在地方一级）的影响至关重要
目标14. 保护和可持续利用海洋和海洋资源以促进可持续发展	教育对于提高对海洋环境认识和建立关于明智和可持续利用的积极协商一致是重要的
目标15. 保护、恢复和促进可持续利用陆地生态系统，可持续管理森林，防治荒漠化，制止和扭转土地退化，遏制生物多样性的丧失	教育和培训提高技能和能力，以支持可持续生计和保存自然资源及生物多样性，特别是在受到威胁的环境中

续表

《2030 年可持续发展议程》的其他目标	教育对其他可持续发展目标的作用
目标 16. 创建和平、包容的社会以促进可持续发展，让所有人都能诉诸司法，在各级建立有效、负责和包容的机构	社会学习对于促进和确保参与性、包容性和公正的社会以及社会一致性至关重要
目标 17. 加强执行手段，重振可持续发展全球伙伴关系	终身学习建立理解和促进可持续发展政策和实践的能力

资料来源：LEICHT A，HEISS J，BYUN W J. Issues and trends in education for sustainable development［EB/OL］.［2018-08-08］. http://unesdoc.unesco.org/ark:/48223/pf0000261445.

二、面向 2030 年可持续发展教育的目标

2015 年 5 月，联合国教科文组织在韩国仁川组织召开了“世界教育论坛”，重点研讨了《教育 2030 行动框架》，通过了《仁川宣言》（Incheon Declaration），内容包括全球教育共同体对“教育 2030”所做出的承诺和《2030 年可持续发展议程》，明确提出教育是可持续发展的主要驱动力。2015 年 11 月 4 日，联合国教科文组织在巴黎召开第 38 届联合国教科文组织大会，正式发布了《教育 2030 行动框架：确保包容、公平的优质教育，促进全民获得终身学习的机会》（Education 2030 Framework for Action：Ensure Inclusive and Equitable Quality Education and Promote Lifelong Learning Opportunities for All，以下简称《教育 2030 行动框架》）。《教育 2030 行动框架》指出，认识到教育的重要作用，《2030 年可持续发展议程》强调教育是一项独立的可持续发展目标，并包括若干其他可持续发展目标下的教育目标，特别是关于健康、经济增长和就业、可持续消费和生产以及气候变化等方面的目标。实际上，教育可以加速实现所有可持续发展目标，因此，教育应该成为实现每个可持续发展目标战略的一部分。①

① UNESCO. Education 2030 :Incheon Declaration and framework for action for the implementation of sustainable development goal 4：ensure inclusive and equitable quality education and promote lifelong learning opportunities for all［EB/OL］.［2021-08-16］. http://unesdoc.unesco.org/ark:/48223/pf0000245656.

（一）可持续发展教育的总体目标

可持续发展教育是《2030年可持续发展议程》的核心内容，是可持续发展目标取得成功的关键推动因素和优质教育的重要组成部分。可持续发展教育旨在通过平衡的和综合的方法，在可持续发展的经济、社会及环境层面，赋予现在和未来一代满足自身需要的能力。《2030年可持续发展议程》将“确保包容和公平的优质教育，增进全民终身学习机会”作为可持续发展目标4，涵盖7个具体教育目标和3个支持目标[①]，具体内容如下。

4.1 到2030年，确保所有男女童完成免费、公平和优质的中小学教育，并取得相关和有效的学习成果

4.2 到2030年，确保所有男女童获得优质幼儿发展、看护和学前教育，为他们接受初级教育做好准备

4.3 到2030年，确保所有男女平等获得负担得起的优质技术、职业和高等教育，包括大学教育

4.4 到2030年，大幅增加掌握就业、体面工作和创业所需相关技能，包括技术性和职业性技能的青年和成年人数

4.5 到2030年，消除教育中的性别差距，确保残疾人、土著居民和处境脆弱儿童等弱势群体平等获得各级教育和职业培训

4.6 到2030年，确保所有青年和大部分成年男女具有识字和计算能力

4.7 到2030年，确保所有进行学习的人都掌握可持续发展所需的知识和技能，具体做法包括开展可持续发展、可持续生活方式、人权和性别平等方面的教育、弘扬和平和无暴力文化、提升全球公民意识，以及肯定文化多样性和文化对可持续发展的贡献

4.a 建立和改善兼顾儿童、残疾和性别平等的教育设施，为所有人提供安全、非暴力、包容和有效的学习环境

4.b 到2020年，在全球范围内大幅增加发达国家和部分发展中国家为发展中国家，特别是最不发达国家、小岛屿发展中国家和非洲国家提供的

---

① 中华人民共和国外交部.变革我们的世界：2030年可持续发展议程（中文版）[EB/OL].[2021-08-16].http://switzerlandemb.fmprc.gov.cn/web/ziliao_674904/zt_674979/dnzt_674981/qtzt/2030kcxfzyc_686343/t1331382.shtml.

高等教育奖学金数量，包括职业培训和信息通信技术、技术、工程、科学项目的奖学金

4.c 到2030年，大幅增加合格教师人数，具体做法包括在发展中国家，特别是最不发达国家和小岛屿发展中国家开展师资培训方面的国际合作

（二）可持续发展教育的学习目标

依据《2030年可持续发展议程》，可持续发展教育的学习目标至少包括认知、社会情感和行为三个维度。①

第一，认知学习目标。学习者理解教育和终身学习机会（正规学习、非正规学习和非正式学习）是可持续发展、改善人民生活和实现可持续发展目标的主要驱动力，发挥着重要作用；学习者把教育理解为公共利益、全球共同利益、基本人权和保障其他权利实现的基础；学习者了解教育方面的不平等，特别是在男女性别和农村地区的教育不平等，以及缺乏平等获得优质教育和终身学习机会的原因；学习者理解文化在实现可持续性方面的重要作用；学习者理解教育可以帮助创造一个更可持续、更公平、更和平的世界。

第二，社会情感学习目标。学习者能够提高人们对素质教育重要性的认识，这是一种对教育、可持续发展教育和相关方法的人性化和整体性的方法；学习者能够通过参与的方式来激励和授权他人去要求和利用教育机会；学习者能够认识到教育的内在价值，并在个人发展中分析和确定自己的学习需求；学习者能够认识到自己技能对改善生活的重要性，特别是对就业和创业的重要性；学习者能够亲自参与可持续发展教育。

第三，行为学习目标。学习者能够促进和实施不同层次的全民素质教育、可持续发展教育和相关方法；学习者能够促进教育中的性别平等；学习者可以公开要求和支持制定政策，促进人人享有免费、公平和优质的教育、公共教育系统和相关方法，并以安全、方便和包容的教育设施为目标；学习者能够促进年轻人的赋权；学习者能够利用所拥有的机会进行自我教育，并将所学的知识运用到日常生活中，促进可持续发展。

① UNESCO.Education for sustainable development goals：learning objectives［EB/OL］.［2021-08-16］. https://www.researchgate.net/publication/314871233_Education_for_Sustainable_Development_Goals_Learning_Objectives.pdf.

（三）可持续发展教育的领域及范畴

联合国《2030年可持续发展议程》倡导所有国家都应在人类、地球、繁荣、和平与伙伴关系等关键领域采取行动，以应对人类生存面临的全球挑战。可持续发展教育需要围绕以上关键领域，促使受教育者在思考和行动方式上发生深刻的转变。

可持续发展教育应重点关注的问题及范畴包括以下8个方面。①系统思维能力：识别和理解关系的能力；分析复杂系统的能力；考虑系统如何嵌入不同领域和不同范围的能力；处理不确定性的能力。②预期能力：理解和评估多种未来的能力；创造自己未来愿景的能力；应用预防原则的能力；评估行为后果的能力；应对风险和变化的能力。③规范性能力：理解和反思行为背后的规范和价值观的能力；在利益冲突和权衡、不确定的知识和矛盾的背景下，可持续地谈判价值、原则和目标的能力。④战略能力：集体发展和实施创新行动的能力。⑤协作能力：向他人学习的能力；理解和尊重他人需要、观点和行动的能力；理解他人、与他人相处并对他人敏感的能力；处理团体内冲突的能力；促进合作和参与解决问题的能力。⑥批判性思维能力：质疑规范、实践和观点的能力；反思自己的价值观、观念和行为的能力；在可持续性话语中持有立场的能力。⑦自我意识能力：反思自己在当地社会和全球社会中的角色的能力；持续评价和激励自己行为的能力；处理个人感情和欲望的能力。⑧综合解决问题能力：将不同解决问题框架应用于复杂的可持续性问题的能力；开发可行的、包容的、公平的解决方案的能力，促进可持续发展。[①] 为了促进可持续发展，个人必须学会理解与全球和地方可持续性挑战有关的复杂性、不确定性、权衡取舍和风险，才能成为可持续发展公民。

三、“一带一路”倡议下加强可持续发展教育的路径

“一带一路”倡议是一个具有包容性和开放性的发展平台，为可持续发展教育提供了新的动力和环境。为了实现社会、经济和环境等领域的可

① LEICHT A，HEISS J，BYUN W J. Issues and trends in education for sustainable development［EB/OL］.［2021-08-18］. http：//unesdoc.unesco.org/ark:/48223/pf0000261445.

持续发展目标，我国应从制定发展规划、加强国际合作、建立全球治理观、开展教师培训以及变革教学方法等五个方面改革和完善可持续发展教育。

（一）制定可持续发展教育的发展规划

自《中国 21 世纪议程》提出可持续发展教育理念以来，中国政府及时响应并制定了相应的文件，积极开展可持续发展教育的实践。1994 年国务院通过的《中国 21 世纪议程》，提出了我国可持续发展的战略目标、战略重点和重大行动，其中第六章的内容涉及教育与可持续发展能力建设，强调教育在可持续发展中的作用。可持续发展教育目标的核心是促进人的可持续发展，2010 年 7 月，教育部颁布的《国家中长期教育改革和发展规划纲要（2010—2020 年）》强调“要坚持学生的全面发展必须重视可持续发展教育”。为落实《2030 年可持续发展议程》，2016 年 9 月，我国政府出台了《中国落实 2030 年可持续发展议程国别方案》，就推进和落实“可持续发展目标 4”做出了重要承诺。可持续发展教育只是上述文件内容的一个组成部分，我国尚缺乏对可持续发展教育进行系统设计的规划文件，迫切需要加强顶层设计。为此，我国应研究《教育 2030 行动框架》提出的可持续发展教育的新目标、新内容和新方法，结合我国的国情和可持续发展教育的实际情况，政府应组织有关部委、学校、企业和社会等各界人士，共同研究制定《可持续发展教育发展规划》。以终身教育理念为指导，从横向的空间维度上，把可持续发展教育融入家庭教育、学校教育和社会教育，形成“三位一体”的可持续发展教育体系；从纵向的时间维度上，把可持续发展教育贯穿从学前教育、初等教育、中等教育到高等教育等整个教育体系的每一个阶段。课程内容上，把可持续发展教育作为一项重要的内容落实到学校教育中，着力培养学生可持续发展所具备的知识、技能、态度和价值观，使学生形成可持续发展的能力和素养。我国应实施可持续发展教育工程，从政策支持、经费支持、师资队伍建设、课程开发、检测评估以及管理体制等采取措施保障可持续发展教育的顺利开展，推动可持续发展教育目标的实现。

（二）加强可持续发展教育的国际合作

当前人类社会面临气候变化、环境、健康和安全等全球性问题，需要国际社会加强合作、共同应对。“一带一路”倡议致力于构建全方位互联互通网络，促进沿线国家经贸融合，增进人文交流，同时推动包容性发展与共赢合作，从而打造国际合作新模式。“一带一路”倡议倡导合作共赢，共同发展，探索的是南南合作、南北合作以及三方合作等新模式、新实践，是对传统国际发展合作的重要补充，有利于“一带一路”沿线国家分享经验、互鉴互学，促进彼此的战略对接、政策沟通。[①]“一带一路”倡议为可持续发展教育的国际合作提供了新的平台，通过成立区域可持续发展教育合作中心、双边或多边可持续发展教育合作与交流平台，推动环境、经济和社会发展等重点领域的国际合作，实现减贫、消除饥饿、人居、卫生、就业、环境等可持续发展目标。依据“共同但有区别的责任”原则，鼓励“一带一路”沿线国家政府、社会组织和各利益相关者加强交流合作、互学互鉴，推动可持续发展教育目标的落实。可持续发展目标的实现需要全球范围内的国际社会、民族国家等方面加强可持续发展教育的多方面合作和交流。

（三）树立可持续发展教育的全球治理观

《推动共建丝绸之路经济带和21世纪海上丝绸之路的愿景与行动》指出：“‘一带一路’是促进共同发展、实现共同繁荣的合作共赢之路，是增进理解信任、加强全方位交流的和平友谊之路。中国政府倡议，秉持和平合作、开放包容、互学互鉴、互利共赢的理念，全方位推进务实合作，打造政治互信、经济融合、文化包容的利益共同体、命运共同体和责任共同体。”“一带一路”倡议以“五通”建设促进经济可持续发展，构建人与自然、人与人的和谐共处，推动建设基于共同利益和共同责任、共享繁荣与安全的命运共同体。“一带一路”倡议下可持续发展教育的治理应秉持“共商、共建、共享”的新型全球治理观，“共商”强调主权平等、相互尊重、求同存异、协商合作，兼顾各方利益和关切，寻求利益契合点和合作最大公约数；“共建”意味着在自愿的基础上，打造开放包容的合作体系，探索灵活务实、切实照顾发展需求和安全关切的合作治理新模式；“共享”就是实现互利共赢，以公平发展、平衡发展和可持续发展为宗旨和目标构建共同繁

① 李慧莲.推进“一带一路”就是落实2030年可持续发展议程［N］.中国经济时报，2016-06-23（2）.

荣和共同安全的人类命运共同体。①

（四）开展可持续发展教育的教师培训

可持续发展教育要求教师具备关键的可持续发展能力，包括知识、技能、态度、价值观、动机和承诺等方面。除此之外，教师还需具备可持续发展的教育教学能力，即教师能够通过一系列创新性的教学方法和学习实践培养受教育者的可持续发展能力。

“一带一路”背景下开展可持续发展教育的教师培训要以 2018 年联合国教科文组织发布的《可持续发展教育的问题和趋势》报告中的目标为依据，了解可持续发展及相关的主题和挑战；理解全球、国家和地方层面可持续发展的话语和实践；从可持续发展的原则和价值观出发，综合考虑社会、生态、经济和文化等方面的关键问题和挑战；发展有关全球变化和当地表现的学科、交叉学科和跨学科的观点；反思促进可持续发展概念面临的挑战以及教师促进可持续发展的重要性和作用；反思为了可持续发展制定的正规学习、非正规学习和正式学习、非正式学习的机制，并将这些学习机制运用到自己的专业工作中；理解文化多样性、性别平等、社会正义、环境保护和个人发展是可持续发展不可分割的组成部分，以及如何将其作为教育过程的一部分；实践一种以行动为导向的转换性教学法，使学习者在当地社区和日常生活环境中参与系统、创造性的思维和行动过程；在组织学习的过程中充当变革推动者，推动学校走向可持续发展；提供与可持续发展有关的本地学习机会，建立合作关系；评估学习者跨学科的可持续性能力发展和具体的可持续能力相关的学习成果。② 与此同时，要将可持续发展教育整合到职前和职后的教师教育项目当中，促进可持续发展教育师资培训的体系化。

（五）变革可持续发展教育的教学方法

可持续发展教育促进和激励学习者成为积极的公民，使他们具有批判思维，能够参与塑造可持续的未来，实现这一目标的教学方法是可持续发展教育的教学法，这种参与式教学和学习方法使学习者能够为可持续发展

① 秦亚青，魏玲．新型全球治理观与“一带一路”合作实践［J］．外交评论，2018，35（2）：1-14.

② LEICHT A，HEISS J，BYUN W J. Issues and trends in education for sustainable development［EB/OL］．［2021-08-18］．http://unesdoc.unesco.org/ark:/48223/pf0000261445.

采取行动。可持续发展教育的教学法包括以学习者为中心的教学法、行动导向的教学法和变革性的教学法。①

第一，以学习者为中心的教学法将学生视为自主学习者，强调知识的主动发展，而不是单纯的转移或被动的学习。学习者的先验知识以及他们在社会环境中的经验是激励学习者构建知识库的起点。以学习者为中心的方法要求学习者反思自己的知识和学习过程，教育工作者应该鼓励和支持学习者的反思。以学习者为中心的方法将教育者的角色转变为学习过程的促进者。

第二，在行动导向的学习中，学习者参与行动，并在预期的学习过程和个人发展方面反思他们的经验，这些经验可能来自项目（在职学习）、实习、研讨会的促进以及活动的实施等，主要包括具有丰富的经验、观察和反思、形成概括的抽象概念、在新情况下应用概念等几个阶段。行动学习通过将抽象概念与个人经验和学习者的生活联系起来，增加知识获取、能力发展和价值澄清。教育者的作用是创造学习环境，促进学习者去经历学习过程和形成反思性思维。

第三，变革性的教学法旨在授权学习者质疑和改变他们对世界的看法和思考方式，以加深理解。教育者是一个促进者，通过授权和挑战学习者改变他们的世界观。它强调可持续发展教育中的学习必须克服现状，为学习者做好颠覆性思维和共同创造新知识的准备。

第九节 建设高质量国际虚拟大学

虚拟大学具有便捷、廉价、覆盖范围广等优势，能够在“一带一路”建设中发挥服务终身教育体系建设、发展跨国教育、连通不同国家和地区的现有教育资源等多种功能。我国虚拟大学发展源于广播电视大学，已经初步体系化，但仍存在国际化程度不高、质量保障体系不完善、学术研究薄弱、有待进一步发展高层次的学位教育等诸多问题。本节在对我国虚拟

① LEICHT A，HEISS J，BYUN W J. Issues and trends in education for sustainable development［EB/OL］.［2021-08-18］. http://unesdoc.unesco.org/ark:/48223/pf0000261445.

大学发展状况进行全面审视的基础上，探讨如何充分利用现有资源，结合“一带一路”沿线国家虚拟大学等网络教育发展现状和特点，以国际化为指针，基于我国高等教育发展现状，对我国虚拟大学发展进行合理布局，并通过跨境虚拟大学模式，在大学联盟基础上组建虚拟大学合作模式、以项目为基础的合作模式、校企合作模式等多种合作模式的高质量国际虚拟大学，以服务于培养“一带一路”需要人才的目的。

一、建设高质量国际虚拟大学的紧迫性

虚拟大学（Virtual University）区别于传统物理意义上的有教室和校园的高等教育机构，它存在于网络空间。琳达·希拉西姆（Linda Hirasim）等将虚拟大学定义为学习者能够进入的多媒体学习环境网，包括对大学学位教育、企业教育、专业发展、在职培训等课程进行设计和传播的各类中学后教育。[①] 虚拟大学的发展可溯源到20世纪60—70年代的开放大学等各类远程教育。约翰·丹尼尔（John Daniel）于1994年提出了“巨型大学”（Mega-university）的概念，将学位课程注册超过10万名学生的远程教学大学定义为巨型大学。2007年他又将学生人数超过百万的开放大学定义为“超级大学”（Hyper-university）。[②] 虚拟大学作为一种新型高等教育模式，要求教师的角色和院校的使命发生根本性的变革，力图通过各种基础设施建设和各种全部在线学习或者部分在线学习的学位课程计划，为学生提供在线学习体验和各种支持服务以及各种在线学习、教学和研究资源，使更广泛的人群接受高质量的教育。虚拟大学作为一种虚拟组织，具有其特定的组织使命与目标，同时也具有跨越组织边界、动态连接不同组织的能力，并通过沟通与合作，实现对组织内部与外部资源的有效整合，发挥其独特的作用，从而提供特殊的、高质量的高等教育服务。

随着信息技术的不断发展以及人们多元化的在线教育需求，从国际范围来看，虚拟大学发展呈现出以下发展趋势。首先，虚拟大学发展将更加关

---

① 张光，张玉军．虚拟大学信息管理系统的研究［J］．现代远距离教育，2003（3）：10-13.

② 张伟远，谢青松，王晓霞．国际视野中开放大学的最新发展和关注热点［J］．远程教育杂志，2017，35（4）：66-76.

注提供高质量的教育服务。虚拟大学建立之初，目的在于为更广泛的人群提供接受高等教育的机会。由于 MOOCs 等新型在线教育形式的迅猛发展，虚拟大学面临激烈的市场竞争。在此背景下，适应数字化技术的发展，提高教育质量成为虚拟大学发展的核心议题。非洲虚拟大学在成立之初就希望将发达国家的优质教育资源更为广泛地引入非洲大陆，2017 年，非洲联盟又在 2012 年成立的泛非大学（Pan-African University）成功经验的基础上组建非洲虚拟数字大学（Africa Virtual and E-university），目的就在于提升非洲高等教育质量。虚拟大学质量保证体系的建立和完善，已成为虚拟大学发展的关键。随着虚拟大学的不断发展，对虚拟大学的评估也与传统大学的评估渐趋统一。其次，虚拟大学从以教学为重点到教学和科研并重，以高水平的科研提高虚拟大学的声誉。虚拟大学更多地强调使更广泛的人群接受高等教育，致力于高等教育大众化，以践行终身教育理念。因此，虚拟大学发展中，教学一直是重点。但随着人们对高品质教育需求的增长，大学的声誉在人们寻求教育资源的过程中越来越占据首要地位。虚拟大学的科研水平，成为大学品牌建设的关键。再次，面对 MOOCs 等新的在线教育形式的挑战，虚拟大学更加重视课程项目的多样化，重视学位课程项目层次的提升。最后，在全球化潮流的驱动下，国际上著名虚拟大学开始更多地致力于在全球范围内不断拓展其教育服务范围，国际化成为虚拟大学发展的重要理念。

应对国际虚拟大学发展趋势，建设国际水平的虚拟大学是我国高等教育信息化建设的要求。2012 年 3 月，教育部制定了《教育信息化十年发展规划（2011—2020 年）》，明确提出要推进教育与信息技术的深度融合，创新人才培养模式。2020 年 6 月印发的《教育部等八部门关于加快和扩大新时代教育对外开放的意见》指出，要扩大在线教育的国际辐射力。针对我国高等教育信息化建设过程中所面临的政府财政投入不足、信息化资源分布不均衡以及信息化人才短缺等问题，建设和发展以现代信息技术为基础的虚拟大学，有效整合现有开放大学、远程教育、各类网络高等教育资源和平台以及普通高校和科研机构等各类资源，促进我国高等教育信息化进程。首先，建设虚拟大学可以弥补我国高等教育信息化建设中存在的政府财政投入不足的状况。教育信息建设需要大量稳定持续的资金投入，来进行基础设施建设以及相应的硬件配置和软件开发。虚拟大学不仅可以通过合作实现国内外不同高校之间的资源共享，还可以吸纳各类科研机构的学术资源、企业和各类社会机构的资金，实现对高等院校、政府和社会资源的有效利用，推进我国高等教育信息化进程。其次，利用虚拟大学资源整合功能，共同开发和利用信息化资源，改变我国信息化资源分布不均衡的问题。我国东部一些高水平大学教育信息化程度高、资源充足，而中西部一些高校相对而言教育信息化资源匮乏，东部和中西部存在严重不平衡的现象。通过不同大学之间的合作，组建虚拟大学联盟，可以共同建设和共享教育信息化资源。如合作建设虚拟大学资源共享平台、合作开发教学软件、合作开发学位项目和课程等。最后，建设虚拟大学有助于改变我国高等教育信息化发展所需人才短缺的问题。虚拟大学自身的特点要求有专业技术团队进行信息平台建设和专业软件开发，要求课程开发和课程教学团队具有较高的信息化能力。因此，虚拟大学无论是在人员聘任，还是在人员培训方面，都非常重视教育信息技术的掌握和应用，重视对教师信息化素养的评价。虚拟大学通过广泛的合作，还可以实现人员之间的跨校和跨国流动，从而有利于高水平的教育信息化人才队伍建设。

高等教育担负着培养“一带一路”建设所需人才的基础性任务。虚拟大学独特的组织特性和资源整合功能，使其在“一带一路”建设中能够发挥服务于终身教育体系建设、发展跨国教育、连通不同国家和地区的现有教育资源等多种功能。发展虚拟大学，能够改变我国开放教育长期以来以成人教育为主的局面，采取学历教育与非学历教育并重的发展战略，重视发展高层次学位教育。此外，还可以在大学联盟的基础上建立研究型虚拟大学，提供从学士到硕士、博士的学位项目，全面提升我国虚拟大学的水平。

二、我国虚拟大学的发展现状和问题分析

（一）我国虚拟大学的发展现状

虚拟大学在我国的发展历史不长，可以回溯到1960年北京广播电视大学（现北京开放大学）的创办。1979年中央广播电视大学（现国家开放大学）创办。我国广播电视大学曾经采用由中央、省（区）、市、县构成的四级体系，依托卫星广播电视播出系统以及互联网技术等高新技术支持，对我国高等教育的发展做出了巨大贡献。2012年，教育部通过了《国家开放大学

建设方案》，在中央广播电视大学和地方广播电视大学的基础上，成立国家开放大学。

在我国广播电视大学不断发展以及建立和完善开放大学的同时，以大学为核心的我国远程教育体系也不断发展壮大。1998 年，我国“现代远程教育工程”正式启动，清华大学等 4 所大学最早开办远程教育。远程高等教育以各大学为依托，通过建立网络教育学院或者与国家开放大学以及各省（区）、市开放大学合作等途径，提供高质量的高等教育，远程教育在我国蓬勃发展，为我国高等教育的大众化发展做出了重要贡献。

随着现代教育技术和网络技术的不断发展，建设虚拟大学成为我国高等教育发展的新探索。从 2001 年起，教育部、科技部认定了 115 所国家大学科技园，其中虚拟大学科技园是多种国家大学科技园的模式之一，这一模式是应现代科技发展和知识发展模式变迁的需要而生的新型组织机制。成立于 1999 年 9 月的深圳虚拟大学园，集产、学、研于一体，汇集了国内外 60 所高等院校以及众多科研机构、高科技企业、政府等多方资源，以一园多校的模式运作，不仅对深圳市的发展做出了重要的贡献，对促进科技创新和人才培养也具有重要意义，推动了虚拟科技园这一模式在全国范围的建立与推广。目前，我国已经建成国家教育资源公共服务平台、国家开放大学数字化学习资源中心、爱课程网等一大批优秀的开放教育资源库，并且在基础设施建设、数字教育资源的开发与应用、教师信息化培训等方面形成了一定的规模和特色。这些网络资源不仅在我国高等教育发展中发挥着重要的作用，也是连接我国高等教育和“一带一路”沿线国家高等教育发展的重要纽带。从国外虚拟大学发展现状来看，我国还没有真正意义上的虚拟大学，更多的是依托各实体大学的远程高等教育、国家开放大学和地方开放大学，以及各种网络高等教育资源和平台。因此，建设真正意义上的覆盖全国、跨越不同国家和地区的高质量国际虚拟大学，有利于整合我国国内现有优质高等教育资源，拓展与“一带一路”国家开展教育交流与合作的领域。

（二）我国虚拟大学发展的问题分析

1. 虚拟大学国际化程度不高

相比国际著名的虚拟大学，我国包括开放大学在内的虚拟大学国际化程度普遍不高，国际合作项目有限。造成这一现状的原因主要是办学理念存在偏差。长期以来，我国一直将开放大学定位在通过提供成人教育发展终身教育体系，而忽视了其在高等教育国际化中的地位和作用，没能很好地发展国际化学位项目和课程，没能形成虚拟大学学分的国际互换机制。教育部每年都会批准几百门国家精品在线课程，仅 2018 年度，就有本科教育精品课程 690 门，专科高等职业教育精品课程 111 门，共 801 门。[①] 如何实现这些课程的国际化，是摆在课程开发者面前的一个重要议题。建立高水平国际化虚拟大学，必须认识到不同国家之间的学历学位互认是建立新型大学的前提。截至 2018 年 2 月，我国与世界上 47 个国家和地区签署了学历学位互认协议[②]，而“一带一路”沿线涉及 65 个国家和地区，我国在“一带一路”沿线国家和地区的学历学位互认上仍有很大的推进空间。为此，需要积极推进我国与“一带一路”沿线国家的学历学位互认，为在这些沿线国家建立国际虚拟大学或者开展合作、招收学生创造有利条件。在具体的操作层面，可以借鉴现有的做法和经验，如推广学分银行制度，形成学分的互换与灵活转换机制。

教育部通过的《国家开放大学建设方案》强调借鉴国际经验和拓展国际空间，与相关国际组织、大学和机构开展针对性、多层次、宽领域的教育交流与合作，提升国际影响力、竞争力和吸引力，促进中华文化走向世界，明确将国际化作为开放大学发展的核心理念，这为我国建设国际化的虚拟大学提供了明确的指导思想。

2. 质量保障体系有待完善

完善的质量保障体系是发展高质量虚拟大学的根本保障，但我国的开放大学、远程教育机构等教育质量监控体系尚不健全，也没有纳入传统高等院校的评估制度，只是教育部负责进行机构授权和学术审计，没有专门机构负责对开放大学和远程教育机构等的教育质量进行严格的评审和认证，有待形成由政府、学校、第三方机构共同参与的质量保障体系。在这

---

① 中华人民共和国教育部 . 关于 2018 年国家精品在线开放课程认定结果的公示［EB/OL］.［2021-08-16］. http://www.moe.gov.cn/jyb_xxgk/s5743/s5745/A08/201812/t20181217_363767.html.

② 杜占元 . 深化研究生教育改革，推动内涵发展再上新水平［EB/OL］.［2021-08-16］. http://www.moe.gov.cn/s78/A22/moe_847/201804/t20180417_333427.html.

种情况下，有些开放大学和高等院校远程教育机构不得不通过国际同行认定，寻求自身的发展。例如，上海开放大学曾经邀请国际开放与远程教育协会（ICDE）对其进行评估认定。一些高等院校的远程教育机构通过引进ISO9000质量体系认证，实施内部质量保证。在国际上，对于虚拟大学质量评价，一些国家已有完善的评价体系。英国开放大学遵循的是英国大学统一的质量保证体系，接受英国高等教育质量保证署（QAA）的评价和监督。印度的英迪拉·甘地国立开放大学接受印度远程教育委员会的评估与认证。美国虚拟大学与美国其他各类高等院校一样，要通过美国高等教育认证机构的认证。

3. 学术研究水平有待提升

高质量的学术研究是享有国际声誉的高水平虚拟大学强有力的支撑。英国开放大学长期以来一直秉持以研究和学术为本的思想，教学和研究并重，在诸多学术研究领域走在世界前列，这是其在全球高等教育领域具有经久不衰的影响力的根本原因。2008年，英国开放大学总体科研水平位列英国高校科研50强，14%的科研成果达到世界领先水平，37%的研究成果达到国际先进水平。[①] 对于那些仅提供课程或者通过整合不同课程供应商提供课程的世界著名虚拟大学，也均通过对课程开发人员的培训、组建课程开发团队等途径，对课程、学生的学习特征、虚拟大学的管理等进行研究，以不断改进课程内容、形式，改进技术支持，提供优质的课程和教育服务。与这些具有广泛影响力的世界著名的虚拟大学相比，我国以开放大学和高等院校远程教育为基础的虚拟大学的科研水平还有待进一步提升。一方面，由于我国开放大学是由广播电视大学发展而来，长期以来对学术研究不够重视，科研财政投入不足，缺乏促进科研的制度保障、激励机制、高层次人才队伍，也没有形成产、学、研相融合的机制；另一方面，对于立足于高等院校的远程教育体系来说，以高校为依托的网络学院在办学过程中更多的是寻求如何充分利用高校本身的各种物质资源、人力资源和学术资源，而缺乏鼓励原创性的科学研究的制度和机制。虚拟大学作为信息技术高度发展的数字化时代的一种新型高等教育，需要具备现代大学的教学、科研

① 韦润芳.英国开放大学再认识：理念篇［J］.中国远程教育，2010（4）：15-23，79.

和服务等基本特征。各级开放大学和远程教育机构已经认识到必须通过提升科研能力促进其内涵建设以突破发展上的瓶颈，认识到科研水平的提高是开放大学可持续发展的内在驱动力，并积极寻求改革路径，致力于学术研究。

4. 高层次的学位教育亟待发展

我国广播电视大学建立之初定位于成人教育，因此，长期以来我国各级开放大学和以高等院校为依托的远程教育机构基本上以本科及专科教育为主，学位教育主要集中于本科教育。这不仅不能满足人们对高层次教育的广泛需求，也在某种程度上限制了虚拟大学的发展。众所周知，英国开放大学有完善的学位制度，进行学士、硕士、博士三级学位教育。作为英联邦国家的印度、巴基斯坦、马来西亚等亚洲国家的著名开放大学也设置学士、硕士、博士三级学位。[①] 而我国的虚拟大学学位制度建设尚处于起步阶段，2012 年，教育部批准国家开放大学具有学士学位授予权。此后，国家开放大学以及上海、江苏和北京等地的开放大学才开始陆续获得相关专业的学士学位授予权。这对我国虚拟大学建设具有里程碑意义，但与英国等国家虚拟大学学位教育的发展相比，我国虚拟大学学位教育的发展仍任重道远，尤其是亟待发展硕士和博士阶段的学位教育。为了进一步完善虚拟大学的学位教育体系，我国各级开放大学和高等院校远程教育机构已经开始积极与国内外高校合作，发展本科、硕士研究生等学位教育，以拓展合作范围。2018 年 1 月 19 日，国家开放大学与北京欧亚国际教育文化院签约，正式启动国家开放大学实验学院中德硕士研究生教育联合办学项目，并与德国马格德堡大学商讨共建硕士专业相关课程和教学资源。国家开放大学希望通过这一项目探索与国外普通高校合作培养研究生层次人才的模式，对国家开放大学研究生教育的发展起到引领作用。

三、“一带一路”倡议下我国虚拟大学建设的政策建议

（一）虚拟大学建设思路

从“一带一路”的发展角度来看，在我国现有开放大学、各高等院校

---

① 龚志武 . 远程开放大学的演变和发展趋势研究［D］. 广州：华南师范大学，2007：99.

远程教育、虚拟大学科技园建设和高等教育网络资源建设的基础上，建立和发展虚拟大学，并与“一带一路”沿线国家合作建设虚拟大学，是我国高等教育国际化的重要路径之一，也是培养“一带一路”建设所需人才的必然要求。为此，应在我国现有资源的基础上，创办高质量国际虚拟大学。

随着 MOOCs 的发展，我国应结合国内外现有的 MOOCs 资源，在“一带一路”沿线国家创办虚拟大学。MOOCs 通过知名教授和著名院校强大的课程制作团队，使课程在全球范围内产生巨大的吸引力，在很大程度上冲击了虚拟大学，使很多学生从虚拟大学转向 MOOCs。这种状况下，虚拟大学更应该以品牌效应为重，提高虚拟大学教育质量。格雷·伯桑（Greg Bothun）针对美国虚拟大学发展中存在的问题指出，要使虚拟大学能够良性运转，必须从获取、认证、课程开发、评估、营销、学生指导、定价等七个方面做好工作，强调虚拟大学课程的质量和教师的作用。[①] 这对我国虚拟大学的发展也同样具有参考价值。

在国际化方面，我国的开放大学与“一带一路”沿线国家的开放大学已经建立了很好的合作关系，开展了大量国际合作。国家开放大学与巴基斯坦、韩国、日本、印度等国的开放大学均有较为密切的合作。据国际开放与远程教育理事会六大执行委员对其成员开放大学的调查发现，世界著名的开放大学均将国际化作为重要的办学理念。英国开放大学建立之初，就将国际化作为重要的发展理念，并设立专门的部门负责国际化政策的制定与实施，招收全球范围的学生和相关人员。截至 2021 年 8 月，全球共有 220 万人注册英国开放大学进行学习，其中包括 7 700 名海外学生直接在开放大学学习。[②] 因此，我国建设虚拟大学，应立足国内，关注全球高等教育发展，以国际化的理念发展高质量虚拟大学。

（二）虚拟大学建设布局

1. 以东部地区高等教育为基础的研究型虚拟大学建设

我国东部地区高等教育比较发达，“985 工程”和“211 工程”大学比

---

① BOTHUN G D. Seven points to overcome to make the virtual university viable［EB/OL］.［2021-08-16］. https://www.educause.edu/ir/library/html/cem/cem97/cem972a.html.

② The Open University. Facts and figures［EB/OL］.［2021-08-16］. http://www.open.ac.uk/about/main/strategy-and-policies/facts-and-figures.

较集中，这些大学有较高的国际声望，科研实力较为雄厚，能够较好地将教学、科研和社会服务融为一体。我国应以这些高校为基础，发展高质量国际虚拟大学，重视学术研究在提升虚拟大学质量中的作用，提供高层次学位教育项目以及各类非学位教育项目和资源。东部地区的高等院校可以形成以东部一些高水平大学为核心的高校联盟，在此基础上建立研究型虚拟大学，面向所有“一带一路”沿线国家，并将发展领域拓展到全球范围。

2. 以西部大学联盟为基础的虚拟大学建设

2015 年 5 月，我国成立了“新丝绸之路大学联盟”，可以在西部大学联盟的基础上，形成针对中亚、西亚和东非国家的西部虚拟大学。2019 年 2 月，中共中央、国务院印发的《中国教育现代化 2035》强调，要振兴中西部地区高等教育，因此，结合西部高等教育基础设施建设情况和经济社会发展需要建设西部虚拟大学，是为西部地区高等教育国际化提供“弯道超车”的新机遇。我国可以针对中亚、西亚和东非的“一带一路”沿线国家的实际情况，与这些国家的普通高校和虚拟大学合作。

3. 以西南地区为核心的辐射东南亚和南亚的虚拟大学建设

西南地区省市的高校可以与“一带一路”沿线国家合作发展虚拟大学，促成区域性的高等教育的协同发展。我国与印度、巴基斯坦、马来西亚等国的虚拟大学均有合作关系，可以进一步开展深层次的合作。云南开放大学从 20 世纪 90 年代开始就与泰国素可泰开放大学、日本放送大学等开展合作，在合作方学校建立远程学习中心。我国与巴基斯坦在高等教育领域有着很好的合作关系，可依托“中巴经济走廊”重点项目，发展与巴基斯坦虚拟大学（Virtual University of Pakistan）等的合作关系。印度是国际远程教育组织——英联邦学习共同体（Commonwealth of Learning，简称 COL）成员，具有良好的远程教育经验和相关资源。英迪拉·甘地国立开放大学作为中央开放大学是印度开放大学的典范，负责协助印度教育部参与其他 13 所邦立开放大学以及其他远程教育机构的管理。印度与我国同属人口大国，开展与印度开放大学的合作，有助于两国共同发展。

（三）虚拟大学建设合作模式

建设虚拟大学应认识到其与传统大学的建设在大学管理、教学、科研、服务等方面存在很大的差异性，应综合考量管理服务、学生服务、资源服务和教师服务等四个主要方面。[①] 为此，应结合我国高等教育网络资源现状和各高校自身优势，有重点地选择虚拟大学建设合作模式。

1. 跨境虚拟大学模式

虚拟大学属于跨境高等教育中机构跨境流动的主要形式之一。纵观全球跨境高等教育发展状况，主要有四种跨境高等教育形式，包括海外分校（Branch Campuses）、独立院校（Independent Institutions）、企业大学（Corporate Universities）、虚拟大学（Virtual Universities）。[②] 全球跨境教育联盟（Global Alliance for Transnational Education，简称 GATE）为全球范围远程教育大发展提供了一个协调和沟通的平台，我们可以利用此类国际组织与其他国家合作，建立跨境高等教育联盟，进而建立跨境虚拟大学。英联邦小国虚拟大学（Virtual University of Small States of the Commonwealth，简称 VUSSC）就是跨境虚拟大学的很好范例。VUSSC 是由 30 多个英联邦小国参与的跨国远程教育合作机制，在合作开发课程、跨国学分转换和认可、跨境教育质量保证等方面形成了特色。

2. 大学联盟基础上的虚拟大学合作模式

虚拟大学也被称为虚拟教育联盟，被认为是以资源优化的方式组织起来的、基于知识共享的教育资源开发的动态组合共同体。[③] 我国可以根据我国西部高等教育发展特点，组建我国西部大学联盟，并在此基础上组建西部虚拟大学，与中亚、西亚和东非的“一带一路”沿线国家合作建立国际虚拟大学。建立和发展西部虚拟大学，有很多可资借鉴的国际范例。波兰虚拟大学（Polish Virtual University）将波兰 6 个城市的大学联系在一起。美国中西部 11 所院校曾组成大平原地区校际远程教育联盟。2015 年，复旦大学、北京师范大学、兰州大学、俄罗斯乌拉尔国立经济大学、韩国釜庆国立大学

---

① AOKI K，POGROSZEWSKI D. Virtual university reference model：a guide to delivering education and support services to the distance learner［EB/OL］.［2021-08-16］. https://www.researchgate.net/publication/228682393_Virtual_university_reference_model_A_guide_to_delivering_education_and_support_services_to_the_distance_learner.

② 薛卫洋 . 区域跨境高等教育合作新模式的探析与借鉴：以巴伦支海跨境大学为例［J］. 比较教育研究，2016，38（12）：22-30.

③ 周胜，史云定 . 构建企业虚拟教育联盟的网络化体系结构研究［J］. 开放教育研究，2001（5）：42-43，47.

等 46 所中外高校在甘肃敦煌成立了“一带一路”高校联盟，这为西部虚拟大学的发展提供了一个很好的条件。在国际虚拟大学的发展过程中，应整合国内现有资源，学习美国加州虚拟大学（California Virtual University，简称 CVU）的具体运作方式，大学不实际开发课程，只是整合不同的学术资源。

3. 以项目为基础的合作模式

我国在“一带一路”沿线国家合作发展高质量国际虚拟大学，可以以项目的形式，吸纳多个国家共同参与虚拟大学建设，促成多国虚拟大学建设的协同发展。1997 年，在世界银行资助下建立的非洲虚拟大学，是一个多国合作创办虚拟大学的典范，值得我们在“一带一路”沿线国家建设虚拟大学的过程中参考借鉴。截至 2021 年 8 月，非洲虚拟大学已经发展为非洲最大的电子学习网络，有 19 个非洲政府签署了参与虚拟大学建设的章程，来自 27 个国家的 53 所机构受惠于该项目，已经培训学生 74 073 人。① 以项目为依托发展虚拟大学，既可以解决资源分配不均的问题，同时也可以避免在“一带一路”沿线国家高等教育领域造成新的教育机会不均等。

4. 校企合作模式

高等教育的发展应服务于经济发展，培养经济发展所需的高层次人才。纵观全球虚拟大学的发展，与企业合作，共同建设虚拟大学，是许多虚拟大学成功的关键。1997 年建立的美国西部州长大学（Western Governors University，简称 WGU）运营之初，就与微软等企业合作。2020 年哈里斯在线民意测验（2020 Harris Poll Online）对 300 名雇主的调查显示，96% 的雇主希望再次聘用 WGU 的毕业生，98% 的雇主认为 WGU 的毕业生达到或超出企业对全美高校毕业生的预期。总体来看，全美高校毕业生的就业率为 92%，而 WGU 毕业生就业率则达到 94%。② 美国凤凰城大学明确规定大学的使命是为那些希望实现职业目标、提高工作业绩、提高领导和服务能力的学生提供接受高等教育的机会，帮助学生发展知识和提高技能，其教

① African Virtual University. AVU at a glance［EB/OL］.［2021-08-16］. https://avu.org/avuweb/en/avu-at-a-glance/.

② Western Governors University（WGU）. WGU 2020 annual report［EB/OL］.［2021-08-16］. https://www.wgu.edu/content/dam/western-governors/documents/annual-report/2020-annual-report-compressed.pdf.

育质量得到了众多企业的认可。

综上所述，我国建立高质量国际虚拟大学，需充分利用现有资源，根据“一带一路”沿线国家虚拟大学等网络教育以及网络资源发展现状和特点，开展多种形式的合作与交流，并基于大学联盟等现有合作机制，探索创建高质量的国际虚拟大学合作模式。穆尔（Michael Graham Moore）认为虚拟大学成功的关键因素有三：一是专门的管理知识，二是雄厚的资金，三是政治上的支持。他认为，政治上的支持是虚拟大学成功的最关键因素。[①]“一带一路”倡议以及教育部印发的《推进共建“一带一路”教育行动》等，为我国创建和发展国际虚拟大学提供了政治上的支持。美国西部州长大学是由美国西部州长协会直接发起的，学生不仅能够获得联邦政府的资助，还能够获得州政府的资助，这样就能够帮助更多的学生完成学业。而西部州长大学的学费保持多年不上涨，学生贷款拖欠率（5%）也远远低于联邦平均水平（11.8%）。[②]我国的深圳虚拟大学园国家大学科技园也是在深圳政府的支持下发展起来的。深圳市政府为其项目的首期建设拨款启动资金 6 000 万元，并且每年为入驻大学科技园的单位补贴 1 000 万元。[③]为此，在政策优势和稳定的财政支持的保障下，我国高等教育领域应结合“一带一路”沿线国家虚拟大学发展和相关高等教育资源现状，重视大学之间的现有合作机制。在国际化的背景下思考虚拟大学的地位和作用，以各种项目为契机，寻求与中方和外方企业合作，立足于学术研究，提供高质量的课程和学位课程项目，通过多种虚拟大学合作模式，促进我国与“一带一路”沿线国家高等教育总体水平的提升，使更多的人群受惠于国际虚拟大学所提供的高质量教育。

第十节　加强高校智库建设

智库是专门进行政策研究与分析的附属或独立的常设机构。欧美国家

① 穆尔．从无线电广播到虚拟大学：美国远程教育历史亲历者的反思［J］．肖俊洪，译．中国远程教育，2014（1）：24-34，58，95.

② 黄芳．MOOC 浪潮下美国虚拟大学的应对策略研究［D］．保定：河北大学，2016：36.

③ 王轲真．6000 万启动中国“硅谷”计划：政府投资建深圳虚拟大学园吸引海内外知名高校进驻［N］．深圳特区报，2010-05-11（A08）.

是智库建设的先行者，成立于 1884 年的费边社被认为是最早具备智库特征的组织。以此为起点，审视欧美智库的演进历程，不难发现，在国家社会发展与世界格局演变的重要历史阶段，政府难以通过一己之力化解棘手的国际国内矛盾与问题是智库兴发之因。智库体系由自主独立的智库、半独立智库、政府智库、准政府智库、高校智库、政党智库、企业智库构成[①]，而高校智库则是中流砥柱。在“一带一路”倡议逐步落实的关键时期，国家对健全决策咨询机制、意见征集和反馈机制等的需求亦空前强烈。这对我国高校智库而言，既是机遇也是挑战，如何提升自身实力并推动“一带一路”倡议的落实无疑是值得探讨的问题。

一、“一带一路”倡议下我国高校智库发展的新挑战

“一带一路”倡议是由习近平总书记于 2013 年先后在哈萨克斯坦纳扎尔巴耶夫大学和印度尼西亚国会演讲时提出，是党中央、国务院根据全球形势深刻变化，统筹国内国际两个大局做出的重大发展倡议，对开创中国全方面开放新格局、促进地区及世界和平发展具有重大意义。[②]“一带一路”倡议既包括涉及资金投入、基础设施建设的硬实力建设，亦包括关乎开展区域合作的民意与社会基础的软实力构建，那么，高校智库应在其中扮演何种角色呢？

2016 年 6 月 20 日，习近平总书记在出席“丝路国际论坛暨中波地方与经贸合作论坛”开幕式时，强调智力先行，强化智库的支撑引领作用。要加强对“一带一路”建设方案和路径的研究，在规划对接、政策协调、机制设计上做好政府的参谋和助手，在理念传播、政策解读、民意通达上做好桥梁和纽带。[③]这就意味着在硬实力方面，高校智库应扮演政府高参的角色；在软实力方面，高校智库应在学术界与政策制定者之间、政府与民众之间、“一带一路”沿线各国民众之间扮演桥梁的角色。换言之，在“一带一路”倡议下，高校智库应发挥技术支撑、凝聚共识之作用。

---

① MCGANN J G. 2020 Global go to think tank index report [R]. Philadelphia: University of Pennsylvania, 2021: 14.

② 中国现代国际关系研究院.“一带一路”读本 [M]. 北京：时事出版社，2018：3.

③ 梅新林，鲍健强. 中国大学智库发展报告 2017 [M]. 北京：中国社会科学出版社，2017：9.

可以说，如何讲好中国故事、让“一带一路”沿线各国民心相通，如何为“一带一路”倡议营造良好的舆论环境是高校智库面临的重大课题，围绕技术支撑、凝聚共识提升自身的发展水平是高校智库的历史使命。

二、“一带一路”倡议下我国高校智库建设的进展与问题

我国的智库可分为四大类，第一类是社科院和党校行政学院智库，第二类是高校智库，第三类是高水平科技创新智库和企业智库，第四类是社会智库。高校智库是指隶属大学的从事政策研究和决策咨询的组织，这类智库是由大学单独或在其他机构、团体的协助下创建的。[①] 与欧美相似，凭借学科齐全、人才密集和对外交流广泛、基础研究和理论研究积累深厚、跨学科与独立性强等比较优势，我国高校智库是整个智库体系的支柱。

（一）高校智库建设的发展历程与现状

我国高校智库的建设可回溯至 20 世纪 60 年代。1963 年冬，周恩来总理在出访亚非 14 国前夕，主持召集有关部门负责同志座谈如何加强研究外国问题的工作。[②]会后，综合讨论结果形成《关于加强研究外国工作的报告》。报告强调，随着国际外交活动的开展，研究外国问题的工作远远不能适应形势的需要，专门的研究机构和研究人员尤其不足，为此，应加强并新建一批独立的研究机构，并在有条件的高等学校内建立研究外国的机构。[③] 但这项工作因“文革”的开始戛然而止，后直至 1972 年在周恩来总理的特别关怀下才逐步恢复。1973 年始，各高校外国问题研究所陆续又挂起招牌。[④] 此后至 20 世纪 90 年代中叶，国务院各部属高校、地方省属高校下设的人文社会科学研究机构如雨后春笋般涌现。1999 年，教育部启动普通高等学校人文社会科学重点研究基地建设计划，分 4 批在全国 66 所高校设立重点研究基地 151 所。[⑤] 2012 年，为贯彻落实《国家中长期教育改革和发展规划纲要（2010—2020 年）》和党的十七届六中全会精神，服务国家外交战略，

---

① 梅新林，鲍健强 . 中国大学智库发展报告 2017［M］. 北京：中国社会科学出版社，2017：241.

② 赵宝煦 . 关于加强外国问题研究的一点史料［J］. 国际政治研究，2004（3）：142-143.

③④ 同②.

⑤ 中国政府网 . 教育部人文社会科学重点研究基地工作会在京召开［EB/OL］.［2018-10-01］. http://www.gov.cn/gzdt/2007-10/10/content_772399.htm.

促进教育对外开放，教育部在部分高校和研究机构启动了区域和国别研究以及国际教育研究基地遴选与培育建设工作，近40个研究所、中心获批立项建设。[①]同年11月，党的十八大报告提出："坚持科学决策、民主决策、依法决策，健全决策机制和程序，发挥思想库作用。"高校智库就此步入崭新高速的发展轨道。

2013年4月，习近平总书记对建设中国特色智库做出重要批示，这是中国最高领导层第一次就智库建设做出专门的重要批示。2013年5月，刘延东副总理主持召开"繁荣发展高校哲学社会科学 推动中国特色新型智库建设"座谈会并做重要讲话，强调要充分发挥高校学科齐全、人才密集的优势，繁荣发展高校哲学社会科学，为建设中国特色新型智库做出贡献。2013年11月，党的十八届三中全会提出建设中国特色新型智库，建立健全决策咨询制度。

为深入贯彻落实党的十八大、十八届三中全会精神，贯彻落实习近平总书记关于加强智库建设的重要批示和刘延东副总理在"繁荣发展高校哲学社会科学 推动中国特色新型智库建设"座谈会上的重要讲话精神，推进中国特色新型高校智库建设，为党和政府科学决策提供高水平智力支持，教育部历时一年制定了《中国特色新型高校智库建设推进计划》，并于2014年2月10日发布。

2014年10月27日，中央全面深化改革领导小组第六次会议审议了《关于加强中国特色新型智库建设的意见》。习近平总书记提出，要从推动科学决策、民主决策，推进国家治理体系和治理能力现代化，增强国家软实力的战略高度，把中国特色新型智库建设作为一项重大而紧迫的任务切实抓好。[②]2015年1月，中共中央办公厅、国务院办公厅印发《关于加强中国特色新型智库建设的意见》，要求各地区各部门结合实际认真贯彻执行。2015年12月，国家高端智库建设试点工作启动，25家国家高端智库成为首批试点单位，其中包括6家高校智库。正是在此背景下，31家智库建设

① 中华人民共和国教育部．区域和国别研究培育基地第一次工作会议成功召开［EB/OL］.［2018-10-01］. http:/www.moe.gov.cn/jyb_sjzl/s3165/201204/t20120417_134244.html.

② 人民网．习近平谈建设新型智库：改革发展任务越重越需要智力支持［EB/OL］.［2018-08-15］. http://cpc.people.com.cn/xuexi/n/2015/0121/c385475-26422432.html.

单位共同发起成立高校高端智库联盟，2017 年 9 月 20 日，高校高端智库联盟成立仪式暨首届圆桌会议在北京召开。设在高校的国家高端智库试点单位、进行智库签约的教育部人文社会科学重点研究基地等首批 31 家联盟成员单位代表共同签署了《高校高端智库联盟公约》。①

同时，围绕“一带一路”倡议，高校智库建设事业亦取得若干进展。首先，搭建指向“一带一路”的跨校智库合作平台。2015 年 4 月 8 日，“一带一路”智库合作联盟成立。“一带一路”智库合作联盟的理事单位多达 55 家，囊括了大部分国内对“一带一路”有权威研究的智库。② 2016 年 7 月 9 日，“一带一路”新疆发展与中亚合作高校智库联盟在石河子大学成立。“一带一路”高校智库联盟是以教育部为指导单位，北京大学为理事长单位，华中科技大学、华东理工大学、华中农业大学、重庆大学、江南大学、对外经济贸易大学、南京师范大学、华南农业大学、石河子大学、塔里木大学 10 个副理事长单位共同组建的非法人学术团体。③ 2017 年 6 月 7 日，由陕西省政府主办的“丝绸之路经济带”与“光明之路”对接国际研讨会暨陕西省高校“一带一路”智库联盟成立大会在西安举行。西安交通大学、西北大学、西北工业大学、西安电子科技大学等陕西 15 家高校共同成立了陕西省高校“一带一路”智库联盟。④ 其次，举办相关论坛与会议。比如，2016 年 9 月 7 日，中国高校“一带一路”智库联席会议在西北大学召开；2017 年 1 月 9 日，中国人民大学、光明日报社、“一带一路”智库合作联盟在北京联合主办“中国智库国际影响力论坛 2017”。最后，相关成果陆续出炉。譬如，2017 年 2 月 28 日，中国人民大学国家发展与战略研究院发布《“一带一路”沿线重要节点国家的定位》报告。报告介绍了“一带一路”沿线国家和地区的基本情况，分析国际局势，提出重要节点国家的选择原则和

① 中华人民共和国教育部 . 高校高端智库联盟成立仪式暨首届圆桌会议在京召开［EB/OL］.［2018-08-15］. http://www.moe.gov.cn/jyb_xwfb/gzdt_gzdt/moe_1485/201709/t20170921_314923.html.

② 中国网 .“一带一路”智库合作联盟成立 智库将大有可为［EB/OL］.［2018-10-01］. http://www.xinhuanet.com//politics/2015-04/08/c_127668996.htm.

③ 石河子大学 .“一带一路”新疆发展与中亚合作高校智库联盟成立［EB/OL］.［2018-08-15］. http://www.shzu.edu.cn/40/f3/c2a82163/page.htm.

④ 西北大学丝绸之路研究院 .“丝绸之路经济带”与“光明之路”对接国际研讨会暨陕西省高校“一带一路”智库联盟成立大会举行［EB/OL］.［2018-03-14］. http://isrs.nwu.edu.cn/info/1036/1979.htm.

依据，针对“一带一路”重要节点国家的国情进行解析，并根据“一带一路”重要节点国家的风险及针对性策略，分析这些风险复合趋势和应对策略，提出国际合作体系中中国国家战略选择。①

可以说，历经长期积淀，以党的十八大为契机，高校智库建设进一步体制化和机制化，成为国家治理体系中不可或缺的部分。正如《关于加强中国特色新型智库建设的意见》指出的，高校智库的发展目标是打造一批党和政府信得过、用得上的新型智库。②

（二）高校智库建设存在的问题

尽管我国高校智库已取得长足进步，但与美、英等国的高校智库相比仍存在一定差距。宾夕法尼亚大学全球智库研究组发布的《全球智库报告2020》显示，2020年全球共有11 175家智库，其中，美国2 203家，中国1 413家，印度612家，英国515家，韩国412家，是世界上智库数量最多的5个国家。③在世界顶尖智库排行榜中，中国共有9家智库入围，分别是中国现代国际关系研究院（排名第18位）、中国社会科学院（排名第38位）、国务院发展研究中心（排名第56位）、中国国际问题研究院（排名第58位）、中国与全球化智库（排名第64位）、北京大学国际战略研究院（排名第81位）、上海国际问题研究院（排名第96位）、天则经济研究所（排名第105位）、团结香港基金（排名第112位）④，其中，高校智库仅有1家。

若单看高校智库类别，“最好的高校智库”排行榜（Best University Affiliated Think Tank）显示，美国有28家、英国有8家、新加坡与中国各有6家入围（如图5-3）。入围的6家中国高校智库分别是北京大学国际战略研究院（排名第9位）、清华－卡内基全球政策中心（排名第13位）、清华－布鲁金斯公共政策研究中心（排名第14位）、中国人民大学重阳

---

① 国际在线.《“一带一路”沿线重要节点国家的定位》报告发布会在京举行［EB/OL］.［2018-02-14］. http://news.cri.cn/20170303/4529faaa-e060-96c7-7f80-c4f05bfdf21a.html.

② 中国政府网.中共中央办公厅、国务院办公厅印发《关于加强中国特色新型智库建设的意见》［EB/OL］.［2018-09-24］. http://www.gov.cn/xinwen/2015-01/20/content_2807126.htm.

③ MCGANN J G. 2020 Global go to think tank index report［R］. Philadelphia：University of Pennsylvania，2021：43-44.

④ 同③64-74.

金融研究院（排名第 35 位）、清华大学中国研究中心（排名第 58 位）、北京大学国家发展研究院（排名第 79 位）[①]。清华 – 布鲁金斯公共政策研究中心还获评 2016—2019 年度最佳区域研究中心（高校智库）。在“最好的区域研究中心”（高校智库）[Best Regional Studies Center（University-Affiliated）] 排行榜中，美国有 8 家、英国有 4 家、新加坡与澳大利亚各有 3 家、中国有 2 家入围（如图 5-4）。入围的 2 家中国高校智库分别是清华 – 卡内基全球政策中心（排名第 2 位）、浙江师范大学非洲研究院（排名第 25 位）[②]。由此可见，尽管中国高校智库已取得长足进步，但距离世界顶尖高校仍有一定的距离。尤其相较于跨境合作型智库，本土自主型高校智库存在更大的提升空间。

整体而言，中国虽是世界第二智库大国，但具有较大影响力和国际知名度的高质量智库缺乏，中国高校智库与顶尖水平之间仍存鸿沟。那么，我国高校智库的建设与发展究竟存在何种问题呢？不妨从《全球智库报告 2020》排名的核心指标中探寻线索。《全球智库报告 2020》的核心指标包括招募并留住精英学者与分析师、资源获取等输入性指标，智库产品的质量、智库成员被提名或担任政府相关职位等输出性指标，建议被相关机构采纳、成果被其他学者引用等影响力指标，媒体出镜率、网络点击量、调研报告的发布等成果转化指标等。诚然，《全球智库报告 2020》排名的客观性、合理性并非无懈可击，但这至少映射了我国高校智库建设存在的若干问题。

首先，智库建设的经费、人力、管理制度等保障性投入仍有待加强。充分、稳定的经费与人才队伍是高校智库建设的重要保障。从经费来源上看，我国高校智库的经费以政府拨款为主，社会资金为补充。大多数高校智库属于学校二级或三级机构，经费由学校拨付，主要来自财政拨款和项目经费；部分高校智库的经费直接来自政府的高校智库专项资金，学校以场地或编制的方式提供配套，如上海市教委牵头成立的 18 家高校智库；少

---

① MCGANN J G. 2020 Global go to think tank index report [R]. Philadelphia：University of Pennsylvania，2021：284-289.

② 同 ①350-352.

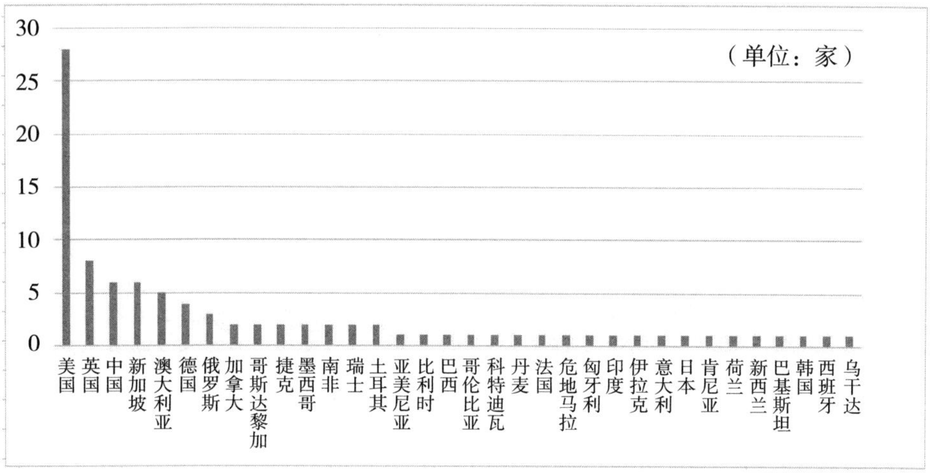

图 5-3 “最好的高校智库”上榜智库的国别分布

资料来源： MCGANN J G. 2020 Global go to think tank index report［R］. Philadelphia：University of Pennsylvania， 2021：284-289.

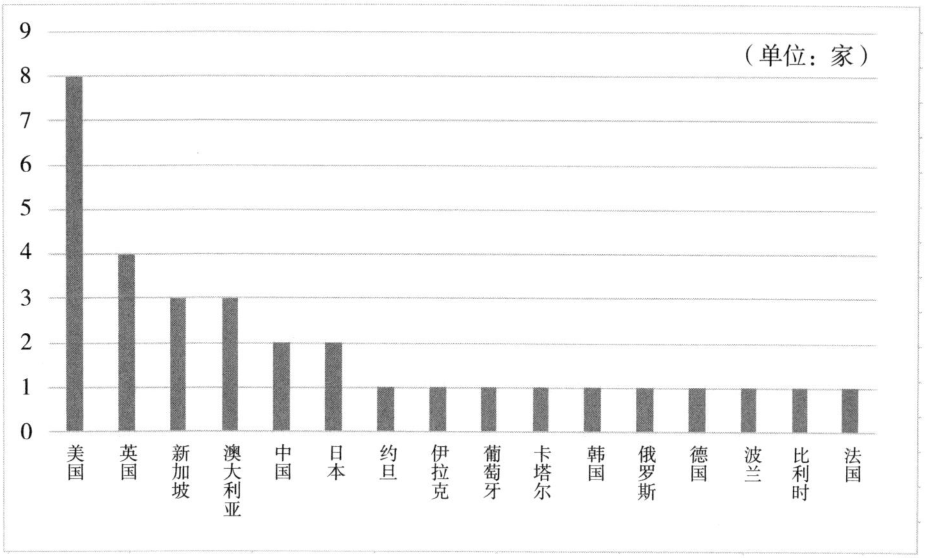

图 5-4 “最好的区域研究中心”（高校智库）上榜智库的国别分布

资料来源： MCGANN J G. 2020 Global go to think tank index report［R］. Philadelphia：University of Pennsylvania，2021：350-352.

数高校智库的经费来自企业捐赠，如中国人民大学重阳金融研究院和华南理工大学公共政策研究院；少数高校智库的经费来自国外机构，如清华－

卡内基全球政策中心和清华－布鲁金斯公共政策研究中心。[①] 对于绝大部分依靠学校或学院拨款的高校智库而言，经费的供给受其他院系、学校学科布局等多因素冲击，很难长久地维系。同时，从人力配置上来看，受经费、编制等因素的影响，多数高校智库主要以虚体形式存在，“一套人马几块牌子”的情形屡见不鲜。经费与人力资源的双重困境极大地束缚了高校智库的主观能动性，难以聚集专职服务于高校智库的研究人员与数据分析师。

其次，智库研究领域过于集中，对“一带一路”相关问题关注不足。基于地缘优势，目前国内以“一带一路”相关问题为主要研究领域的高校智库主要集中在陕西、新疆、云南等“一带一路”沿线地区高校，然而，这些地区的高校在研究力量、国内外知名度等方面均不具备足够优势。与此同时，以“985 工程”高校为依托的高水平研究型大学智库，其研究领域主要集中在社会科学领域，其中经济、教育、发展研究和区域问题研究占多数，法律、国情研究、科技政策、环境、国家治理、贫困农村等与“一带一路”倡议高度相关的研究领域则极少涉及；其研究对象传统上以欧美等发达国家为主，较少涉及“一带一路”沿线国家。

再次，智库与相关机构的跨部门常态合作机制有待完善。一是受制于知识、经费、制度、组织等方面的壁垒，智库一方面在高校中的地位相对独立，另一方面又与传统院系在功能定位上有部分重叠，这就导致智库与校内传统机构间的合作较少或表层化，不利于跨学科研究力量的构建。二是高校智库的研究成果主要应用于决策咨询，然而目前智库与政府、产业界的合作方式主要是订单式合同，高校智库与政府部门尚缺乏有效的沟通交流渠道。尽管许多高校设立了“教师挂职锻炼”机制，为教师与政府部门开辟了人员流动的渠道，但政策执行过程中的种种问题以及职位本身的暂时性都会影响智库研究人员工作的连续性和有效性。如《国家高端智库报告》内刊、《决策内参》等正式沟通渠道也被少数高校智库或其他类型智库所“垄断”（25 家国家高端智库仅 6 家高校智库入选），更多高校智库处于“失联”状态。这会造成要么政府部门对高校智库的专长与能力边界缺

---

① 邓淑宜，林辉煌．高校智库经费制度现状、问题与对策［EB/OL］．［2018-03-14］．http://www.cssn.cn/zk/zk_rdgz/201606/t20160630_3093811.shtml.

乏了解，后者亦对前者的需求不甚了然，要么高质量的咨询报告因报送渠道缺乏而被束之高阁。2010—2015 年，我国高校人文社科领域共出版著作约 15 万部，发表论文约 158 万篇，其中在国际刊物发表约 2 万篇，但这些研究成果转化为公共政策建议的仅有 6 万余份，得到中央领导批示或者被省部级以上部门采纳的更少。[①] 三是目前我国“985 工程”高校智库中国际合作型仅占 5%，但却在国际高校智库排行中表现优异。可见，加强与其他研究基地的国际合作不仅是提升智库研究实力的重要途径，也是推进“一带一路”研究的必由之路。

最后，智库成果的质量与影响力有待提升。《中国特色新型高校智库建设推进计划》明确提出，“高校智库应当发挥战略研究、政策建言、人才培养、舆论引导、公共外交的重要功能”[②]，但长期以来，高校智库仅将政策建言设为其核心功能，功能定位的窄化在一定程度上限制了其活动范围与成果转化途径，降低了智库成果的质量和影响力。我国高校科研力量集中，据统计，我国高校聚集了 80% 以上的社科力量、近半数的两院院士，以及规模庞大的研究生本科生队伍，可以为智库建设提供有力的人才支撑。[③] 在政策建言这一核心领域，受研究立场、研究视角、话语体系等因素的影响，我国高校智库的产品质量仍存在相当大的提升空间，尤其是产品与客户需求的匹配度值得重点关注。高校学者具有浓厚的“象牙塔”情结，在浩瀚的文献中探求真知灼见，站在先贤的肩膀上开创崭新理论路径，是其一贯的追求。而智库产品应让决策者即插即用，直接解决现实问题。因此，学术研究与智库产品之间绝非对等，而学者将既有的学术思维模式转变为实用型思维模式亦非朝夕之功，这也使当前智库产品在“接地气”方面有所欠缺，无法有效指导实践，其咨政建言之功效自然亦会打了折扣。此外，

---

① 朱宏亮，蒋艳．中国高校智库发展现状与未来策略思考［J］．高校教育管理，2016，10（2）：47-54.

② 中华人民共和国教育部．教育部关于印发《中国特色新型高校智库建设推进计划》的通知［EB/OL］．［2018-03-14］．http://www.moe.gov.cn/srcsite/A13/s7061/201402/t20140212_164598.html.

③ 中华人民共和国教育部．发挥高校优势，打造新型智库：教育部社会科学司负责人就《中国特色新型高校智库建设推进计划》答记者问［EB/OL］．［2018-02-12］．http://www.moe.gov.cn/jyb_xwfb/s271/201403/t20140307_ 165002.html.

后发劣势加之我国高校智库存在的目标定位模糊、跨学科整合能力欠缺等使得其输出的成果出现高校特色不明显、学科优势特色不突出的问题，不仅与国际顶尖高校智库存在差距，而且在与国内其他类型智库的竞争中也不占优势。

三、“一带一路”倡议下我国高校智库建设的发展路径

“一带一路”倡议对于高校智库而言既是机遇也是挑战。高校智库的可持续发展必须与“一带一路”建设相结合，同时还应处理好与所在高校及其内部管理制度之间的关系。

（一）引导现有智库加强“一带一路”相关问题研究

诚如前文分析，我国高校智库在经费、人员等方面均存在不充足、不均衡、不持续的问题。“一带一路”倡议自 2013 年提出以来发展迅速，不仅越来越多的国家加入，而且国家间的合作领域也逐步扩大，因而对“一带一路”倡议本身以及沿线国家的相关研究变得更加紧迫，传统的虚体机构或者兼职研究人员显然已经不能适应新形势。各级政府和高校均需加大投入力度，用于培育专门服务“一带一路”倡议的高校智库。这种输入性资源不仅包括办公区域、人员编制、专项经费等常规配给，还应包括智库所属高等学校相关管理制度的“松绑”与配合。

在经费方面，高校智库应以成本分担理论为依据，争取各级政府及高校的多重投入。除了保证“一带一路”专项经费的投入，还可以项目制经费为杠杆吸引其他实体院系有志于此领域研究的师生，充实研究实力。在人员编制方面，由于“一带一路”倡议涉及范围广，高校智库的相关研究人员应具备更多元化的教育背景和工作经历。有学者对斯坦福大学的胡佛研究所、国际安全与合作中心，伦敦政治经济学院的公共政策研究中心、国际事务与外交战略研究中心等 7 个国外顶级高校智库的研究人员背景进行研究后发现，绝大多数研究人员具有博士学位，胡佛研究所等 3 个机构具有博士学位的人员占比都在 80% 以上，具有在大学从事研究与教学经历的研究人员比例最高，具有政府部门、其他非营利性社会组织、媒体从业

经历的比例也几乎超过 40%。[①] 除专职研究队伍的建设外，还可以与校内其他学位授权点合作招聘项目博士后作为重要的人力资源。在管理制度方面，高校应认识到智库研究成果不同于普通高校科研成果，应对高校智库研究人员的成果认定范围与科研评价标准进行相应调整，为其创造更加合理的工作环境。

（二）扩大我国“一带一路”专题智库的建设

“一带一路”沿线包括分布在东亚、中亚、东南亚、南亚、中东欧、西亚北非等区域的 65 个国家，同时，“一带一路”建设是一项系统工程，涉及经济、人文、科技等诸多方面。巨大的研究工作量仅依靠现有高校智库显然是不够的。因此，多途径扩大“一带一路”专题智库建设尤为必要。

一是在国内增设一批国别和区域研究培育基地和备案中心。要将“一带一路”沿线国家的政治、经济、文化、社会、历史等因素纳入研究视域，这必然要求有将各个研究领域整合起来且熟谙当地语言的人才，以避免借助二手资料完成研究。相较于其他机构，高校具有学科门类齐全、人才密集的优势。因此，应充分利用各高校的优势学科，尤其是高水平研究型大学，协调高校内部及各高校之间的多学科力量，增设一批针对“一带一路”沿线国家的国别和区域研究培育基地和备案中心，拓展国别和区域研究的广度和深度。

二是在国际上基于区域布局试点建立“一带一路”海外研究基地或联合研究基地。为了更精准地判断、对接“一带一路”沿线国家多元化的合作需求，在妥善考虑政治影响、尊重国家主权及不干涉别国内政的基础上，可尝试与“一带一路”沿线国家和地区的高校，尤其是我国非通用语种人才较为匮乏的西亚、北非等地区的高校，积极磋商试点建立海外研究基地或“一带一路”联合研究基地，更深入地开展相关研究。

（三）健全沟通协调机制，推进高校智库的跨界合作

“一带一路”倡议的逐步推进以及项目实践中不断涌现的复杂问题，对高校智库的传统工作方式提出了挑战。高校智库亟待在学科结构、部门诉

---

① 张新培，赵文华. 谁在为著名高校智库工作：基于人员任职经历的结构化网络分析［J］. 清华大学教育研究，2014，35（6）：59-65.

求、国际合作等领域加强沟通与协调，实现深度合作。

一是突破学科壁垒，实现跨学科合作。当今已然是信息时代，世界各国各民族的互动早已频密，社会发展不断加速，科学研究所面临的问题愈加复杂，难以运用单一的学科理论与方法对一系列重大的国际问题进行研究。“一带一路”建设涉及政治、金融、贸易、历史、文化等众多领域，必然需要跨学科研究。事实上，跨学科研究机制在顶尖高校智库中并不鲜见。以获评2016—2019年度最佳高校智库的哈佛大学贝尔弗尔科学与国际事务研究中心为例，他们的科学技术与公共政策项目力图将技术评估、政治学、经济学、管理学与法学的研究方法运用于科学技术与政策碰撞所产生的问题的研究。项目团队由来自不同领域的学者构成，譬如，国际安全与防御、恐怖主义与反恐、安全策略，科技、科技政策，环境与气候变化、自然资源管理、可持续发展，高等教育政策，网络安全、大数据，国际关系、美国国内政治，国际金融、货币政策、贸易、经济政策、全球化等。[①] 与之相似，哈佛大学国际发展中心的研究团队来自哈佛大学的各个学院，如商学院、法学院、设计学院、医学院、教育学院、公共卫生学院、文理学院、肯尼迪学院等。[②] 各领域学者共同进行项目攻关，产出颇丰。因此，我国高校智库应通过多种方式突破跨学科合作的组织壁垒和制度壁垒。首先，建立跨学科专家委员会、跨学科信息办公室等跨学科管理机构，为高校内所有的跨学科活动，尤其是项目评选、成果认定、信息共享、人事评价等重要活动提供组织支持。其次，采用相对灵活的人事制度，为研究人员的跨机构流动提供制度支持。最后，设立合理的跨学科研究激励机制，如提升跨学科研究在绩效评价中的地位、专设跨学科研究基金等。

二是协调多元诉求，推进跨部门合作。首先，畅通高校智库与政府、产业界之间的沟通机制，通过定期的人员互访与机构互联、委托方需求适度公开招标、成果正式报送渠道增加等方式帮助政策制定者、产业界与学术界互知所需，使智库研究更有的放矢，打造具有中国特色的“旋转门”

① MCGANN J G. 2020 Global go to think tank index report［R］. Philadelphia：University of Pennsylvania，2021：284.

② CID.About CID［EB/OL］.［2018-08-15］.https://www.hks.harvard.edu/centers/cid/about-cid.

机制，即形成“政、产、学、研、用”之间人才交叉流动的良好格局，畅通智库研究成果的转化渠道，实现需求与供给的深度对接。当前，上海开始尝试构建“旋转门”机制，一方面鼓励高校专家到企业、政府挂职，另一方面吸引海内外高校、政府部门以及社会其他单位的一流研究人才加入高校智库。[①] 这一探索值得在高校智库推而广之。其次，充分发挥政府、专业学会等机构的平台作用，以诸如中国高等教育学会“一带一路”分会等机构为主体与纽带，定期组织不同类型智库间的交流与对话，建立“一带一路”大数据库，共享并定期发布合作成果，推动智库间的深度合作，发挥舆论引导和集成创新作用。

三是利用多边资源，加强跨地域合作。首先，充分利用我国现有海外研究资源，如驻外使领馆、孔子学院、高等学校的境外办学机构等，依托他们熟谙当地文化的优势，打破不同机构间的成果认定壁垒，建立稳定的合作机制，定期为“一带一路”研究提供宝贵的资料。其次，与“一带一路”沿线国家的智库建立常态交流机制，为研究人员互访、参与双方课题研究提供切实保障，在交流与合作中提高效率、增进互信。目前我国“985 工程”高校智库中，高校自主型占 32%，官学研合作型占 63%，国际合作型占 5%。[②] 而国际合作型在高校智库的排名中普遍处于优势地位。最后，与国际顶尖智库建立试点合作机制，注重在“一带一路”倡议相关课题中展开合作，力争在中西学者思想的碰撞与交流中，消弭他们对“一带一路”倡议的消极态度，并汲取欧美智库发展的先进经验。如此双管齐下的国际化机制可发挥“二轨外交”之作用，能够为我国软实力的构建添砖加瓦。正如 2014 年 3 月习近平总书记在访问德国时所强调的，在中德两国全方位战略伙伴关系中，要加大政府、政党、议会、智库的交往，这便将智库建设提上了国家外交层面，“智库外交”将成为我国国际交流与合作的“第二轨道”。

（四）加强人才培养功能，夯实“一带一路”研究的人力资源库

如今“一带一路”倡议面临的最突出挑战是缺少具有国际视野、中国

---

① 复旦发展研究院 . 上海推进高校智库建设 鼓励专家到政府部门挂职［EB/OL］.［2018-10-07］. https://fddi.fudan.edu.cn/cc/cd/c18986a183501/page.htm.

② 张新培，赵文华 . 中国研究型大学智库的发展现状研究：基于内容分析和专家访谈的调查［J］. 高校教育管理，2017，11（4）：91-96.

情怀，同时熟悉法律、金融和传播技巧等的复合型人才。比如，据北京律师协会反映，全国能够真正熟练办理涉外法律业务的律师不足 3 000 名，能够办理“双反双保”业务的律师不足 50 名，能够在 WTO 上诉机构独立办理业务的律师更是屈指可数。[①] 若想打造契合“一带一路”倡议需求的复合型人才，则必然需要打破分学科培养的藩篱，通过与校内传统院系、产业界、政府等机构建立联合培养机制来实现人才培养。

一是在本科生教育阶段，可通过开设本科生课程、参与本科生科研指导、提供实地调查与实习岗位等方式扩宽学生的知识口径，提供实践机会，与传统院系、企业、政府等机构合作实现本科复合型人才的联合培养。一方面可为“一带一路”建设输送实践人才，另一方面也能为“一带一路”研究培养后备资源。

二是在研究生教育阶段，可与国际政治、比较教育、国际法、传播学等相关学科的硕士、博士学位授权点合作，设立“一带一路”研究的硕士和博士项目，引入企业、政府等机构的力量，共同打造跨学科课程，以项目制为依托，直接培养高阶研究人才。

三是在专职研究队伍之外，与相关博士后流动站合作招聘项目博士后，为博士后研究人员提供进入企业、政府部门实践的机会，一方面可以弥补现有研究力量的学科短板，推进“一带一路”相关研究，另一方面亦可为智库的后续发展甄选较为成熟的人才资源。

第十一节　完善教育对外开放的支撑体系

“一带一路”倡议下建立健全教育对外开放支撑体系，促进教育对外开放各项措施的顺利实施，规避或减少教育对外开放风险，是教育对外开放持续发展的迫切要求。建立健全教育对外开放支撑体系包括修订和完善相关教育法律法规，创建新型法律格局，为扩大教育对外开放提供制度保障；整合沿线国家高校涉及“一带一路”倡议的研究机构，形成协同创新中心，为扩大教育对外开放提供平台支撑；以政府资本为引导，大力引进社会资

① 宋雄伟，樊继达.“一带一路”倡议：美国智库怎么看［N］. 中国经济时报，2016-12-28（5）.

源，促进公私合作，设立重大活动专项基金，为扩大教育对外开放提供财力保障。

一、完善法律法规建设，为教育对外开放提供制度保障

现代社会的任何合作都需要有拘束力的法律规则，用以防止或调整权益分配的失衡。[①]“一带一路”倡议不仅包括不同国家和地区，而且涉及一些国际组织，横跨中西各国不同法律体系。扩大教育对外开放为不同法律体系的交流提供了平台，但也必然面临不同法律体系间的冲突。完善教育法律，构建“共同语言”，是服务“一带一路”倡议下扩大教育对外开放的制度保障。

（一）法律法规在扩大教育对外开放中的重要作用

“一带一路”沿线国家的政治经济体制各异，扩大教育对外开放过程不可避免地会受到许多干扰因素的阻碍。加强法律法规建设，有利于破除体制、机制障碍，畅通沿线国家教育合作交流的渠道。例如，在教育援助项目的论证、谈判、合同签订、实施、事后监督等过程中需要有合法性的分析和高水准的法律服务。教育培训活动的开展，也需要借助法律明确双方的权利与义务，完成对教育培训的监督与评估。同时，知识、信息、技术等教育资源在沿线国家和地区间的流动与共享，也需要通过建设全方位的知识产权保护法，提升知识产权保护层次，来实现全程跟踪管理技术转移。[②]这些教育对外开放重点建设项目在确立、运作、收益等层面均需要借助法律法规来保障双方的权益，提高项目实施的质量与效率，实现项目设立的预期收益。

教育对外开放是全方位的开放，涵盖国家与国家、国家与地方、教育与政治、教育与经济等多层次、多类型的合作交流，加强法律法规建设，有助于协调不同类型和层次的冲突，推进“一带一路”沿线国家教育互联互通。一方面，教育对外开放强调通过沿线国家教育的合作交流实现教育

---

① 李雪平.“一带一路”的合作机制：法律缺陷、复杂挑战与应对策略[J].理论月刊，2017(1)：5-9.

② 汪习根，李曦光.“一带一路”视角下法治服务体系的优化：基于法律价值理念的分析[J].武汉大学学报（哲学社会科学版），2018，71（1）：106-116.

的共同发展，因此，必须在沿线各国就促进教育发展、建立统一政策、形成统一标准等达成一致，以签署合作协议等法律形式解决沿线国家教育合作中的问题。另一方面，“一带一路”倡议下扩大开放包括政治、经济、教育等领域的对外开放，促进教育与政治、经济等领域的合作交流是扩大教育对外开放的应有之义。如何衔接好教育与政治、经济等领域的合作关系，增强教育与政治、经济等领域在“一带一路”建设中的沟通交往，也需要通过一定的法律机制予以协调。

（二）“一带一路”倡议下教育法律法规建设现状

改革开放以来，我国教育法律从无到有，已初步形成以《中华人民共和国教育法》为基本法律，纵向上分为基本法律、单行法律、行政法规、地方性法规、政府规章五个层次，横向上包含《中华人民共和国学位条例》《中华人民共和国义务教育法》《中华人民共和国教师法》《中华人民共和国职业教育法》《中华人民共和国高等教育法》《中华人民共和国民办教育促进法》六个教育法律部门，纵横交错的法律体系，成为国内教育组织与实施的重要依据。① 在教育对外交流合作方面，现有法律法规主要集中于中外合作办学部分，先后颁布了《中外合作办学暂行规定》《中华人民共和国中外合作办学条例》《中华人民共和国中外合作办学条例实施办法》等文件。伴随“一带一路”教育行动的推进，截至 2019 年，我国已与中东欧、东南亚、独联体、东亚、北非等“一带一路”沿线地区的 24 个国家签署了高等教育学历学位互认协议。② 这些法律文件为扩大教育对外开放工作的实施奠定了基础。

然而，“一带一路”倡议下扩大教育对外开放包括教育援助、人才培养培训、中外合作办学等多方面内容，我国现有教育法律体系无论在内容上还是在结构上都存在明显不足。教育法律法规的缺失与漏洞一方面难以为我国开展教育合作交流提供依据与保障，阻碍了教育对外开放工作的进度；另一方面，教育法律法规的缺失与不足容易导致双边条约、多边条约制定

① 秦惠民，谷昆鹏 . 对完善我国教育法律体系的思考［J］. 北京师范大学学报（社会科学版），2016（2）：5-12.

② 中华人民共和国教育部 . 全面推进共建“一带一路”教育行动：教育部与四省市签署《推进共建“一带一路”教育行动国际合作备忘录》［EB/OL］.［2021-08-16］. http://www.moe.gov.cn/jyb_xwfb/gzdt_gzdt/moe_1485/201902/t20190219_370193.html.

过程中的法律冲突，增加教育对外开放工作的风险。因此，扩大教育对外开放工作不仅对现有教育法律体系提出了挑战，而且为创新我国教育法律格局提供了契机。

（三）"一带一路"倡议下教育法律法规发展路径

1. 完善教育法律体系

我国应立足现有教育法律体系，积极参与和推动国际法治的建设，加强对沿线国家和地区法律法规的研究，完善现有教育法律体系，提高我国教育法律体系的普适性。一是要不断建立和完善教育法律体系，为"一带一路"背景下有效开展对外教育援助、来华留学生教育、中外合作办学、境外办学等多方面交流活动提供依据和有效保障；二是要研究国际教育合作交流的规律与原则，完善相关法律法规建设，避免法律缺失及法律漏洞的出现，规避双边条约、多边条约制定过程中的法律冲突，降低教育对外开放工作的风险，从而推进教育对外开放工作顺利进行；三是要通过积极探索国际法律地方化、地方法律国际化的途径，建立国际法治、区域法治与国内法治之间的有机联系，逐步疏通扩大教育对外开放的政策性瓶颈。

2. 提高教育立法水平

我国应积极汲取政治、经济等领域法律体系的先发优势，增强教育法律体系的规范性与标准化，提高教育立法水平。教育对外开放是全方位的开放，包括政治、经济、教育等领域的对外开放，促进教育与政治、经济等领域的合作是教育法律体系的应有之义。当前，我国在政治、经济领域的法律体系相对完善，而在教育尤其是教育对外开放领域的法律体系相对滞后。在教育法律的完善上，要强化教育与政治、经济等领域在"一带一路"建设中的互通互鉴，建立教育法律与政治、经济领域法律体系的衔接。通过创建教育法律法规与政治、经济等领域法律法规之间的有机融合，推动扩大教育对外开放服务政治、经济发展的力度，实现"一带一路"倡议实施过程中教育与政治、经济等的合作共赢。

3. 发挥教育软法作用

软法指原则上无法律约束力但却有实际效果的行为规则。[①] 我国要充分

---

① SNYDER F. Soft law and institutional practice in the European Community［M］//MARTIN S. The construction of Europe. Berlin：Springer Netherlands，1994：197-225.

发挥软法在促进人文交流、增加共同理解方面的特殊作用，促进教育正式法律体系与非正式法律体系之间的有机调和，丰富教育对外开放法律体系的内涵。教育对外开放是促进沿线各国民心相通的主要途径，教育合作交流有利于增加沿线各国人民相互间的理解与信任，增进彼此友谊，也有利于增加扩大教育对外开放建设与软法之间的契合性。基于软法在不同语境、不同问题领域可以有不同的内涵，“一带一路”倡议下扩大教育对外开放的软法保障机制可以表述为：在遵循平等互利、合作共赢等原则下，我国与“一带一路”沿线各国合作行为体通过共同同意制定或认可的一套无正式法律约束力，但包含实质性行为准则并能够对合作行为体产生实际影响的原则、规范及决策程序。① 软法的实施尽管缺乏国家强制力的保障，但可作为教育正式法律体系的有效补充，扩展“一带一路”倡议下教育法律体系的外延。

二、加强协同创新中心建设，为教育对外开放提供平台支撑

协同创新是为了实现重大创新任务而开展的大跨度整合创新模式，其目的不仅是获得经济利润，也要取得技术突破，这在大学导向和政府领导的协同创新中表现得更为明显。② 整合沿线国家高校涉及“一带一路”倡议的研究机构，形成协同创新中心，是服务“一带一路”倡议下扩大教育对外开放的平台支撑。

（一）协同创新中心在扩大教育对外开放中的重要作用

“一带一路”倡议涉及国家与地区、政府与企业等双边多边合作关系。协同创新有利于在尊重相关国家主权和安全关切的基础上，整合“一带一路”沿线国家的资本、技术、人才、信息等要素，形成“一带一路”区域联合效应，实现沿线国家的合作共赢。高校协同创新中心因其特有的学科、人才、资源等优势，且组织灵活，能够满足不同创新任务的需要。一方面，高校协同创新中心能够根据科学研究前沿的需要，构建学科交叉研究共同体，进行基础研究，取得技术创新为“一带一路”发展提供源动力，并就

① 韩永红．“一带一路”国际合作软法保障机制论纲［J］．当代法学，2016，30（4）：151-160.

② REN D，SONG W，ZHANG G. Research on the benefits allocation system of the collaborative innovation center of China［J］. American journal of industrial and business management，2015，5（6）：376-382.

扩大教育对外开放过程的合作机制展开研究，探索开展双边多边教育合作交流的新格局，协调推动沿线各国教育发展制度的完善。另一方面，高校协同创新中心能够对扩大教育对外开放实施过程中提出的重大任务给予及时回应，集聚各方优势，开展有针对性的研究，缩短研究周期，提高研究效率。

扩大教育对外开放包括中国教育“走出去”、国外教育“引进来”以及两者之间的有机融合三个方面。高校协同创新中心既是中外教育交流合作的平台，也是中外教育交流合作的保障。高校协同创新中心不仅为中外教育合作交流搭建了高层次的互动平台，吸引沿线各国专家学者开展研究和学术交流，推进优质教育资源共享，而且有助于对外来文化进行合理的鉴别、吸收，去粗存精，去伪存真，避免全盘接收和盲目否定。应将我国教育发展的成功经验上升到理论高度，形成普适于发展中国家教育改革的经验模型，扩大我国教育的国际影响力，发挥我国在教育对外合作交流中的主动性。同时，协同创新中心以高校和学科为载体，在产出一流成果的过程中，有助于推动一批高水平大学和特色学科进入世界一流行列或前列，不断增强我国教育的核心竞争力，为扩大教育对外开放提供保障。

（二）“一带一路”倡议下协同创新中心建设现状

伴随科技的迅猛发展，根据国家需求，整合现有创新力量和资源，构建协同创新中心集中攻关成为促进国家和民族发展的重要途径。高校既是人才培养的基地，又是发展科学的重镇，在服务“一带一路”扩大开放建设中占据独特优势。先后成立的多个与“一带一路”倡议相关的研究机构，其中既有服务“一带一路”不同领域建设需求的，如西北政法大学与中国政法大学等单位共同成立的“一带一路”法律研究协同创新中心，吉林华桥外国语学院（现为吉林外国语大学）与韩国南首尔大学、日本樱美林大学等单位牵头创立的“一带一路”语言文化服务协同创新中心，同济大学与上海政法学院共同牵头创立的“一带一路”安全问题协同创新中心等；也有服务“一带一路”综合建设需要的，如浙江大学、北京大学、中国科学院地理科学与资源研究所牵头创立的“一带一路”合作与发展协同创新中心等；还有侧重“一带一路”倡议下具体区域合作的，如广西大学牵头创建的中国—东盟区域发展协同创新中心等。

然而，目前的高校协同创新中心多附属于东部沿海地区的大学，中西部地区则较少。“一带一路”建设是一项长期工程，西部地区教育资源的繁荣是教育对外开放持续深入发展的必要条件。同时，在“一带一路”协同创新中心建设初级阶段，协同单位多是国内高校，国外高校的参与度相对较低。高校协同创新中心作为“一带一路”沿线各国开展教育合作交流的重要平台，缺乏高质量的跨国型协同创新中心，限制了沿线国家教育资源的共享与互动，不利于深入开展国别和区域教育研究。

（三）“一带一路”倡议下协同创新中心发展路径

“一带一路”倡议下协同创新中心的发展可以从整合与互动两个维度来分析。[①] 整合维度主要集中于创建协同创新中心平台，包括构建国内协同创新中心和跨国协同创新中心两个方面。在国内协同创新中心建设方面，西部地区高校应充分利用“一带一路”倡议带来的发展机遇，通过协同创新中心平台的创建，借助东部地区高等教育优质资源获得自身的进步，实现东西部教育资源互补，在服务扩大教育对外开放的过程中促进国内教育质量的整体提升。在跨国协同创新中心建设方面，我国应根据“一带一路”倡议规划路线，分领域、分区域、分类型有机整合沿线国家高校涉及“一带一路”倡议相关的研究机构，合理布点，促进国内高校与国外高校研究机构间资源的有机融合，完善扩大教育对外开放的平台建设。

互动维度主要集中于完善“一带一路”倡议下协同创新中心制度。协同创新强调跨组织边界创新[②]，制度的完善是实现不同组织资本、人才、信息、资源等要素的有机整合，产生出超越单个组织独立行为所能达到的效果的关键。“一带一路”协同创新中心的制度建设主要包括参与制度、管理制度、分配制度及监督制度建设，要在调查现有国内外高校有关“一带一路”倡议研究机构的技术、经济、政治和社会等因素的基础上，评估各类协同

---

① SERRANO V, FISCHER T. Collaborative innovation in ubiquitous systems [J] . Journal of intelligent manufacturing, 2007, 18 (5) : 599-615.

② 克拉克 . 建立创业型大学：组织上转型的途径 [M] . 王承绪，译 . 北京：人民教育出版社，2003 : 3-7.

创新中心创建成功的可能性[①]，通过协作各方交流讨论确定协同创新中心的各项参数，建立健全资源、成果等在不同协作主体间的分配制度，并通过有效的监督提供制度保障，真正实现目标、人才、信息、技术、行动等创新要素在不同高校间的有序互动和充分共享，灵敏动态地回应“一带一路”倡议下扩大教育对外开放的建设需要。

三、加大经费投入，为教育对外开放提供财力保障

“一带一路”倡议包含政策沟通、设施联通、贸易畅通、资金融通、民心相通五大主要内容，每一个方面的工作都需要一定的经费支撑。“一带一路”沿线各国多为不发达国家，能够提供的经费支持有限，因此我国加大经费投入不仅是服务“一带一路”倡议下扩大教育开放的财力保障，同时也是扩大教育对外开放各项活动实施的基础，直接决定扩大教育对外开放的进度与质量。

（一）经费投入在扩大教育对外开放中的重要作用

扩大教育对外开放建立在沿线国家人才、信息、技术等教育资源大范围、大跨度的交流合作基础之上，这些交流合作离不开资金的支持。例如，人才的双向流动主要包括吸引沿线国家优秀学生来中国留学和鼓励我国学生到沿线国家留学两个方面，在人才流入与流出的过程中需要充足的资金发挥引导作用。同时，为保障扩大教育对外开放工作的顺利实施，也需要充足的经费支持协同创新中心等研究机构开展联合研究。因此，经费投入是扩大教育对外开放各项活动开展的基础。

（二）“一带一路”倡议下教育经费投入现状

目前我国主导设立了亚洲基础设施投资银行和金砖国家新开发银行等多边金融机构，以及丝路基金、中国—东盟投资合作基金、中国－中东欧投资合作基金、中国－欧亚经济合作基金等各种形式的合作基金，投资范围主要涵盖交通、能源、农业、工业、信息及贸易等领域的合作交流。教育是立德树人的伟大事业，需要长期资金的投入与支撑，但由于存在投资

① SAWATANI Y, SPOHRER J, KWAN S, et al. Serviceology for smart service system [M]. Tokyo: Springer Japan, 2017: 385-391.

回收周期长、收益见效慢等特点，教育经费紧缺一直是困扰欠发达国家教育发展的主要原因之一。根据相关调查结果显示，“一带一路”建设国家中（包括中国），低收入和中低收入国家有31个，中高收入国家高等教育财政投入呈增长趋势，中低收入国家高等教育财政投入严重不足，有略微下降的趋势[①]。这初步表明，在扩大教育对外开放建设过程中，沿线国家特别是不发达国家的教育财政投入将十分有限，导致扩大教育对外开放建设出现巨大的资金需求缺口，急需与之相配套的融资机制给予充足的经费保障。

在教育对外开放经费筹措方面，我国先后成立了“一带一路”文化和教育产业基金、“一带一路”文创专项基金以及“一带一路”国际人才专项基金等组织，旨在为推动沿线国家文化与教育互联互通提供资金支持。以“一带一路”国际人才专项基金为例，2018年1月4日，中国国际人才交流基金会与钛脉商学科技（北京）有限公司共同发起成立“一带一路”国际人才专项基金。该基金主要用于由中国国际人才交流基金会、钛脉商学科技（北京）有限公司和捐赠者共同选定的资助领域和项目，通过设立奖学金项目以及与各地校企合作建立专项等方式，促进国际人才的双向交流，引导沿线国家优秀人才来华留学、就业、创业，资助优秀人才赴沿线国家求学，力求通过相关项目的开展来提高中国教育的国际化水平，扩大与“一带一路”沿线国家和地区间的合作交流。[②]这些基金项目的成立在引进社会资源方面进行了有益探索。如何促进政府与社会资本的合作，形成多元可控的融资体系成为教育经费筹措方面努力的方向。

（三）“一带一路”倡议下教育经费投入的路径

1. 稳定重点建设项目经费

在“一带一路”背景下，我国扩大教育开放的重点建设项目主要包括培养培训教师、学者和各类技能人才，提供优质教学仪器设备和资料，增加来华留学政府奖学金名额，建设中国教育培训中心和教育援外基地等。[③]

① 沈华，邱文琪，梁冰洁．“一带一路”国家高等教育政府投入与中国合作［J］．电子科技大学学报（社科版），2017，19（5）：1-5.

② 中国国际人才交流基金会．“一带一路”国际人才专项基金举行签约仪式［EB/OL］．［2018-04-19］．http://www.citef.org.cn/news/detail/newsId/151/type/1.

③ 中华人民共和国教育部．教育部关于印发《推进共建“一带一路”教育行动》的通知［EB/OL］．［2018-04-19］．http://www.moe.gov.cn/srcsite/A20/s7068/201608/t20160811_274679.html.

以上重点建设项目的可持续发展都需要充足的经费予以支撑，而其收益主要体现为社会效益而不是经济效益。因此，加大经费投入、保证经费充足，是构建“一带一路”教育共同体、实现沿线国家教育共同发展的关键。

2. 设立“一带一路”系列教育基金

经费投入是“一带一路”倡议下扩大教育对外开放各项活动实施的基础，直接决定扩大教育对外开放建设的进度与质量。在政府做好统筹规划的情况下，应尝试积极发挥民间力量在“一带一路”教育交流与合作中的作用。为进一步推动“一带一路”教育基金的规范化和体系化，我国应积极采取系列措施。一是持续增加“一带一路”沿线国家的政府奖学金，吸引更多留学生到中国学习，使更多的人有机会了解中国文化，加强对中国的理解和信任；二是设立“一带一路”教育援助基金，专门向“一带一路”沿线国家的教育发展、师资培训、课程建设等提供经济资助，以促进“一带一路”沿线国家和地区教育共同发展；三是设立“一带一路”教育研究专项资金，国家和省级科研基金委员会在制定规划时，预留专项资金用以支持“一带一路”教育研究，或者设立专项计划，鼓励更多的人对“一带一路”沿线国家的教育问题开展专题研究，以便加深对“一带一路”沿线各国教育现状、问题的了解，为未来教育合作寻找更广阔的空间。此外，相关高校也可以设立专项资金支持“一带一路”教育研究。

此外，我国应建立多元主体参与的融资机制，在政府资本积极引导下，通过投资补助、税收优惠、提高声誉等政策制度设计为社会融资创造良好的环境；增强民间捐赠意识，倡导民间捐赠行为，大力引进社会资源；围绕教育对外开放过程中人才培养培训、教育援助等重大活动或事业设立专项基金，构建与扩大教育对外开放需求相适应的基金体系；丰富教育对外开放经费来源渠道，为扩大教育对外开放工作提供充足的资金支持。

主要参考文献

［1］徐照林，朴钟恩，王竞楠．“一带一路”建设与全球贸易及文化交流［M］．南京：东南大学出版社，2016：6.

［2］胡伟．“一带一路”：打造中国与世界命运共同体［M］．北京：人民出版社，2016：26.

［3］杨亦鸣，赵晓群．“一带一路”沿线国家语言国情手册［M］．北京：商务印书馆，2016：前言 1.

［4］张祥建，涂永前．“一带一路”：中国大战略与全球新未来［M］．上海：格致出版社，2017：前言 1.

［5］刘作奎．欧洲与“一带一路”倡议：回应与风险（2017）［M］．北京：中国社会科学出版社，2017：48−49.

［6］李永全．“一带一路”建设发展报告（2017）［M］．北京：社会科学文献出版社，2017：322.

［7］胡伟．“一带一路”：打造中国与世界命运共同体［M］．北京：人民出版社，2016：1.

［8］康利．谁在管理我们的学校：变化中的角色和责任［M］．侯定凯，译．上海：华东师范大学出版社，2011：2.

［9］华尔兹．国际政治理论［M］．信强，译．上海：上海人民出版社，2008：106.

［10］阿特巴赫．比较高等教育：知识、大学与发展［M］．人民教育出

版社教育室，译 . 北京：人民教育出版社，2001 ：34.

[11]宋秀琚 . 国际合作理论：批判与建构[M]. 北京：世界知识出版社，2006 ：155.

[12]郭丽君 . 全球化下的跨国高等教育：视点、问题与中国的应对[M]. 北京：中国社会科学出版社，2009 ：65–66.

[13] 北京师范大学中国教育与社会发展研究院“一带一路”国家教育发展研究课题组 .“一带一路”国家教育发展研究 [M] . 北京：北京师范大学出版社，2017 ：32.

[14] 田正平 . 中外教育交流史 [M] . 广州：广东教育出版社，2004 ：859.

[15] 张郁慧 . 中国对外援助研究（1950–2010）[M] . 北京：九州出版社，2011 ：159.

[16] 王义桅 . 世界是通的：“一带一路”的逻辑 [M] . 北京：商务印书馆，2016 ：26.

[17]李化树 . 建设欧洲高等教育区（EHEA）：聚焦博洛尼亚进程[M]. 北京：人民出版社，2013 ：23.

[18] 张建新 .21 世纪初东盟高等教育 [M] . 昆明：云南人民出版社，2010 ：172.

[19] 郭丽君 . 中国跨国高等教育质量保障体系研究 [M] . 北京：社会科学文献出版社，2014 ：84.

[20] 顾建新 . 跨国教育发展理念与策略 [M] . 上海：学林出版社，2008 ：196.

[21] 吴岩 . 国际高等教育质量保障体系新视野 [M] . 北京：教育科学出版社，2014 ：193.

[22]李建忠 . 通向终身学习的桥梁：资格框架国际比较研究[M]. 重庆：西南师范大学出版社，2017 ：11–24.

[23] 梅新林，鲍健强 . 中国大学智库发展报告 2017 [M] . 北京：中国社会科学出版社，2017 ：9.

[24]孔寒冰 . 加强战略互信，夯实“丝绸之路经济带”的社会基础[J].

当代世界，2014（5）：16-18.

［25］许安拓.“一带一路”对汉代丝路的传承与超越［J］.人民论坛，2018（4）：83.

［26］徐艳玲.人类命运共同体思想：全球化困境下的理论突围［J］.人民论坛，2017（28）：42-43.

［27］张文木.“一带一路”与世界治理的中国方案［J］.世界经济与政治，2017（8）：4-25，156.

［28］王义桅.全球治理的中国自信与自觉［J］.当代世界，2016（11）：14-17.

［29］马佳妮.高等教育国际合作：国际关系的视角［J］.高教探索，2014（5）：21-25.

［30］杨启光.国际关系理论视野下中国教育国际化发展战略的研究［J］.黑龙江高教研究，2010（7）：24-27.

［31］蒋凯，张军凤.中国高等教育对外开放的基本特点［J］.清华大学教育研究，2017，38（6）：7-15.

［32］辛越优，阚阅.“一带一路”倡议下的高等教育合作：国家图像与推进战略［J］.高等教育研究，2018（5）：101-109.

［33］潘懋元，罗丹.多国高等教育大众化模式比较研究［J］.高等教育研究，2007（3）：1-8.

［34］孙明娟.俄罗斯高等教育质量保障体系探析［J］.中国高等教育，2016（10）：60-62.

［35］马青，黄志成.沙特阿拉伯王国建设世界一流大学体系：动力、战略及实践［J］.比较教育研究，2017（2）：14-21.

［36］刘小丽，闫温乐.印度高等教育中的国际交流与合作［J］.上海教育，2017（20）：56-57.

［37］周南照.教育国际化的若干国家政策比较和世界态势反思［J］.世界教育信息，2013（4）：3-18.

［38］哈迪，杨秀玉.阿拉伯国家高等教育的新进展［J］.外国教育研究，2004（5）：16-19.

［39］孙珂．中东国家的跨境大学质量保证制度探析：以卡塔尔和阿联酋为例［J］．比较教育研究，2015（11）：71–76.

［40］祁亚辉．教育合作：巩固和拓展中国—东盟命运共同体的人文基础［J］．东南亚纵横，2015（10）：22–27.

［41］胡建梅，黄梅波．中国对外援助管理体系的现状与改革［J］．国际经济合作，2012（10）：55–58.

［42］周光宏，张红生．开展教育援外工作　推进高校国际化进程［J］．中国高等教育，2013（11）：52–54.

［43］康乐，李福林．"一带一路"教育行动中教育援助可持续模式探析［J］．高校教育管理，2018，12（2）：17–24.

［44］薛成龙，邬大光．中国高等教育质量建设命题的国际视野：基于《高等教育第三方评估报告》的分析［J］．中国高教研究，2016（3）：4–14.

［45］陆小兵，王文军，钱小龙．"双一流"战略背景下我国高等教育国际化发展反思［J］．高校教育管理，2018，12（1）：27–34.

［46］王周谊，耿琴．区域研究及其复合型人才培养机制研究［J］．社会科学管理与评论，2013（1）：40–46.

［47］陈岳，莫盛凯．以深化地区国别研究推动中国国际关系学科的发展［J］．教学与研究，2016（7）：36–44.

［48］马佳妮，周作宇．"一带一路"沿线高端留学生教育面临的挑战及其对策［J］．高等教育研究，2018，39（1）：100–106.

［49］郦晓．我国高校境外办学的动因分析和对策建议［J］．高校教育管理，2016，10（3）：66–70.

［50］林金辉．中外合作办学的规模、质量、效益及其相互关系［J］．教育研究，2016，37（7）：39–43.

［51］倪好，周谷平，陈健．"一带一路"倡议下中国高校境外办学：态势、障碍与出路［J］．教育发展研究，2019，39（5）：9–13.

［52］薄云，陈武元．高校境外办学特点、趋势与推进策略［J］．中国高等教育，2019（9）：47–49.

［53］郭强．"一带一路"倡议下我国高校境外办学路径研究［J］．教

育评论，2019（3）：28–32.

［54］韩云鹏，高惠琴．我国职业院校境外办学的现状、困境与推进路径［J］．职教论坛，2021，37（10）：19–26.

［55］刘宝存，张瑞芳．国际视野下的跨境办学监管模式与我国的路径选择：基于教育输入国境内高等学校海外分校的视角［J］．西南大学学报（社会科学版），2020，46（5）：77–85，192–193.

［56］胡瑞，尹河，朱伟静．“一带一路”沿线国家来华留学研究生教育：现状、困境与策略［J］．现代教育管理，2020（5）：51–57.

［57］胡瑞，朱伟静．南亚国家来华留学生教育发展状况与优化策略［J］．西南大学学报（社会科学版），2019，45（2）：88–95.

［58］蒋凯，夏红卫．高校境外办学的瓶颈问题与应对策略［J］．江苏高教，2019（11）：18–24.

［59］王建勤．“一带一路”与汉语传播：历史思考、现实机遇与战略规划［J］．语言战略研究，2016，1（2）：33–38.

［60］张林发．企业涉外人才队伍建设中的问题及对策［J］．上海企业，2014（6）：60–61.

［61］滕珺，曲梅．联合国未来胜任力模型分析及其启示［J］．中国教育学刊，2013（3）：5–7.

［62］彭龙．全球治理体系变革与国际组织人才培养［J］．社会治理，2017（4）：10–12.

［63］任晓．本土知识的全球意义：论地区研究与21世纪中国社会科学的追求［J］．北京大学学报（哲学社会科学版），2008（5）：87–98.

［64］赵宝煦．关于加强外国问题研究的一点史料［J］．国际政治研究，2004（3）：142–143.

［65］刘宝存，孙琪．美国大学区域研究：发展、影响及争论［J］．比较教育研究，2013，35（11）：49–54.

［66］福山．学术界何以有负于国家：区域研究的衰落［J］．国外社会科学，2005（3）：90–92.

［67］庄腾腾，刘宝存．“一带一路”倡议下我国教育援外基地建设：进展、

挑战与对策［J］. 河北师范大学学报（教育科学版），2018，20（4）：55-61.

［68］彭文平. 日本的高等教育对外援助［J］. 日本问题研究，2016，30（4）：49-57.

［69］方宝，武毅英. 高等教育来华留学生的变化趋势研究：基于近十五年统计数据的分析［J］. 高等教育研究，2016，37（2）：19-30.

［70］刘宝存，张继桥. "一带一路"沿线国家来华留学学历教育：地位、问题与对策［J］. 北京教育（高教），2017（5）：11-14.

［71］别敦荣，李家新. 大学教师教学发展中心的性质与功能［J］. 复旦教育论坛，2014，12（4）：41-47.

［72］王小栋，傅王倩，王璐. 英国教育援助的成效、问题与动向［J］. 比较教育研究，2018，40（5）：53-60.

［73］郑刚. 新世纪来华留学研究生教育发展现状及其改善［J］. 学位与研究生教育，2013（1）：57-62.

［74］别敦荣，易梦春. 高等教育普及化发展标准、进程预测与路径选择［J］. 教育研究，2021，42（2）：63-79.

［75］李联明，吕浩雪. 高等教育国际化进程中制约国际学生流向的主要因素［J］. 比较教育研究，2004（6）：71-75.

［76］文秋芳. "一带一路"语言人才的培养［J］. 语言战略研究，2016，1（2）：26-32.

［77］李岩松. 北京大学服务国家战略、深化对外开放、加强和改进来华留学工作情况［J］. 世界教育信息，2016，29（24）：22-23，34.

［78］邝艳湘，陈静. 中国对外教育援助在公共外交中将大有可为［J］. 公共外交季刊，2017（3）：44-50，135.

［79］史育龙，卢伟. "一带一路"建设背景下我国对外援助和开发合作进展、问题及推进策略［J］. 经济研究参考，2018（2）：11-21.

［80］张志旻，赵世奎，任之光，等. 共同体的界定、内涵及其生成：共同体研究综述［J］. 科学学与科学技术管理，2010，31（10）：14-20.

［81］张力玮，徐玲玲. "一带一路"倡议打造新型全球治理模式和新

型共同体：访中国人民大学国际关系学院王义桅教授［J］. 世界教育信息，2017，30（20）：7–13.

［82］吕杰昕 . 学位互授联授的国际趋势与本土挑战［J］. 复旦教育论坛，2014，12（4）：82–88.

［83］张成霞，胡彦如 . 泰国高等教育国际化的经验与实践：以高校国际合作学位项目调查为例［J］. 东南亚纵横，2016（2）：87–93.

［84］仇鹏飞 . 跨国硕士双学位项目与联合学位项目的模式、特征及实施建议［J］. 研究生教育研究，2018（1）：49–54.

［85］黄俭，王传毅 . 论我国研究生阶段学历证书与学位证书“双证制”：现状、问题与对策［J］. 学位与研究生教育，2014，（11）：44–47.

［86］郄海霞，刘宝存 .“一带一路”教育共同体构建与区域教育治理模式创新［J］. 湖南师范大学教育科学学报，2018，17（6）：37–44.

［87］朱以财，刘志民 .“一带一路”高等教育共同体话语权：现状评析与提升路径［J］. 现代大学教育，2020（1）：86–94.

［88］赵叶珠 . 欧洲高等教育区建设：背景、进程与意义［J］. 比较教育研究，2003（7）：9–13.

［89］刘爱玲，褚欣维 . 博洛尼亚进程 20 年：欧盟高等教育一体化过程、经验与趋势［J］. 首都师范大学学报（社会科学版），2019（3）：160–170.

［90］闫玉华，克维琦卡 . 欧洲高等教育区建设及其对世界高等教育的影响［J］. 江苏高教，2016（2）：145–148.

［91］胡昳昀，刘宝存 . 拉美高等教育一体化建设：目标、路径及困境：联合国教科文组织参与区域治理的视角［J］. 比较教育研究，2018（4）：69–76.

［92］覃玉荣 . 东盟高等教育一体化的发展历程［J］. 东南亚纵横，2009（4）：54–57.

［93］刘宝存，张惠 .“一带一路”视域下跨区域教育合作机制研究［J］. 复旦教育论坛，2020，18（5）：86–92.

［94］张海燕，郑亚莉 .“一带一路”倡议与高职国际化应用人才培养模式创新：以“专业 + 语言 + 国别”模式为例［J］. 中国高教研究，2019（12）：

72–75.

[95] 曾小军. 日本高等教育国际化：动因、政策与挑战[J]. 高教探索，2017(6)：86–90.

[96] 陈大立. 略论中外合作办学监管体系的建立[J]. 政法论坛，2013，31(2)：167–172.

[97] 刘嘉婷. “一带一路”下 PPP 融资模式面临的问题及路径选择[J]. 经济研究导刊，2020(30)：59–60.

[98] 李盛兵. 中国与“一带一路”国家的高等教育合作：区域的视角[J]. 华南师范大学学报(社会科学版)，2017(1)：62–65，189–190.

[99] 鲍东明，曾晓洁，张瑞芳. “一带一路”建设核心区对外开展教育交流合作情况调研报告[J]. 比较教育研究，2016，38(12)：8–15，30.

[100] 李金林，刘剑青，张乃心. “一带一路”建设背景下中国教育对外开放的新发展[J]. 中国高教研究，2017(8)：45–49.

[101] 曾天山，赵章靖. 主要国家基础教育阶段开展外语教育状况比较研究[J]. 比较教育研究，2018，40(11)：66–73.

[102] 王辉，王亚蓝. “一带一路”沿线国家语言状况[J]. 语言战略研究，2016，1(2)：13–19.

[103] 周满生. 对基础教育国际化的理性思考和路径探讨[J]. 中小学管理，2017(5)：5–8.

[104] 邬志辉. 全球化背景下的中国基础教育课程改革[J]. 教育科学研究，2002(6)：18–20.

[105] 吴颖惠. 基础教育国际化开启中小学综合教育改革之门[J]. 世界教育信息，2014，27(9)：52–57.

[106] 刘振中. 生源差异视角下师范生职业能力分析及提升对策[J]. 山西师大学报(社会科学版)，2014，41(3)：150–153.

[107] 周海涛. 面向 2035 的高等教育结构布局优化[J]. 苏州大学学报(教育科学版)，2018(1)：16–17.

[108] 栾凤池，孙伟. “一带一路”国家来华留学生教育的意义、问题

及对策［J］. 江苏师范大学学报（哲学社会科学版），2018，44（1）：7–17.

［109］徐小洲，辛越优，倪好. 论经济转型升级背景下我国高等教育结构改革［J］. 教育研究，2017，38（8）：64–71.

［110］杨蕊竹，孙善学. 我国国家资格框架制度形成路径研究［J］. 中国人民大学教育学刊，2016（4）：5–28.

［111］张伟远，谢青松，胡雨森. 终身教育资历框架全球化发展的关键议题［J］. 现代远程教育研究，2020，32（3）：44–50.

［112］叶声华，邓小华. 我国国家资格框架研究：反思与前瞻［J］. 职教论坛，2017（13）：5–10.

［113］肖凤翔，安培. 国家资格框架规制职业教育：赋权、边界与再造［J］. 中国高教研究，2017（7）：106–110.

［114］姜英敏. 全球化时代我国国际理解教育的理论体系建构［J］. 清华大学教育研究，2017，38（1）：87–93.

［115］秦亚青，魏玲. 新型全球治理观与“一带一路”合作实践［J］. 外交评论，2018，35（2）：1–14.

［116］张光，张玉军. 虚拟大学信息管理系统的研究［J］. 现代远距离教育，2003（3）：10–13.

［117］张伟远，谢青松，王晓霞. 国际视野中开放大学的最新发展和关注热点［J］. 远程教育杂志，2017，35（4）：66–76.

［118］韦润芳. 英国开放大学再认识：理念篇［J］. 中国远程教育，2010（4）：15–23，79.

［119］薛卫洋. 区域跨境高等教育合作新模式的探析与借鉴：以巴伦支海跨境大学为例［J］. 比较教育研究，2016，38（12）：22–30.

［120］张新培，赵文华. 中国研究型大学智库的发展现状研究：基于内容分析和专家访谈的调查［J］. 高校教育管理，2017，11（4）：91–96.

［121］李雪平. “一带一路”的合作机制：法律缺陷、复杂挑战与应对策略［J］. 理论月刊，2017（1）：5–9.

［122］汪习根，李曦光. “一带一路”视角下法治服务体系的优化：基于法律价值理念的分析［J］. 武汉大学学报（哲学社会科学版），2018，71（1）：

106–116.

［123］秦惠民，谷昆鹏．对完善我国教育法律体系的思考［J］．北京师范大学学报（社会科学版），2016（2）：5–12.

［124］韩永红．“一带一路”国际合作软法保障机制论纲［J］．当代法学，2016，30（4）：151–160.

［125］沈华，邱文琪，梁冰洁．“一带一路”国家高等教育政府投入与中国合作［J］．电子科技大学学报（社科版），2017，19（5）：1–5.

［126］习近平．弘扬人民友谊，共创美好未来：在纳扎尔巴耶夫大学的演讲［N］．人民日报，2013–09–08（3）.

［127］习近平．决胜全面建成小康社会　夺取新时代中国特色社会主义伟大胜利［N］．人民日报，2017–10–28（1）.

［128］新华社．总结经验坚定信心扎实推进　让“一带一路”建设造福沿线各国人民［N］．人民日报，2016–08–18（1）.

［129］《人民日报》评论员．传承弘扬丝路精神　共筑梦想同谱华章［N］．人民日报，2015–03–29（4）.

［130］涂端午．新时代教育对外开放和中外人文交流的中国担当［N］．中国教育报，2018–01–11（6）.

［131］瞿振元．“一带一路”建设与国家教育新使命［N］．光明日报，2015–08–13（11）.

［132］潘玥斐．深入开展“一带一路”文化交流与合作，谱写人类文明交流互鉴新篇章［N］．中国社会科学报，2017–02–22（1）.

［133］谢萍，赵瞳瞳，石磊．英国与“一带一路”的教育合作之道［N］．中国教育报，2018–03–02（5）.

［134］张清玲．“鲁班工坊”打造合作办学新名片［N］．中国教育报，2021–04–08（10）.

［135］陈鹏．“一带一路”提速高等教育国际化［N］．光明日报，2015–08–04（3）.

［136］曾荣．一带一路与中华文化的国际传播［N］．中国社会科学报，2018–02–01（3）.

［137］罗兰烁．孔子学院在“一带一路”上［N］．人民日报海外版，2016-10-01（5）．

［138］孙宜学．精准培养“一带一路”所需人才［N］．中国教育报，2021-04-01（10）．

［139］柴葳．构建“一带一路”教育共同体［N］．中国教育报，2016-08-12（2）．

［140］沈洪．广东发布全国首个终身教育资历框架等级地方标准［N］．中国质量报，2017-05-25（1）．

［141］周爱民．“一带一路”建设的三重文化内涵［N］．湖南日报，2018-11-08（8）．

［142］姜大源．职业教育应有突破　建立国家资格框架［N］．光明日报，2016-11-15（15）．

［143］翟帆．北京试水职业教育分级制改革［N］．中国教育报，2011-09-17（3）．

［144］宋雄伟，樊继达．“一带一路”倡议：美国智库怎么看［N］．中国经济时报，2016-12-28（5）．

［145］杨荣国．“一带一路”公共外交战略研究［D］．兰州：兰州大学，2017.

［146］冯燕．独立后中亚高等教育与国际合作研究［D］．乌鲁木齐：新疆师范大学，2013：26-27.

［147］林秋兰．我国高等院校境外办学问题研究：以高职高专境外办学为例［D］．厦门：厦门大学，2019.

［148］刘聪．我国高校境外办学的相关动因研究［D］．南京：东南大学，2019.

［149］柳玖玲．“一带一路”背景下我国高等职业院校境外办学实践研究［D］．杭州：浙江工业大学，2019.

［150］薛力．“一带一路”与中国的“新改革开放”［EB/OL］．（2017-11-22）［2022-03-18］．https://www.hnzk.gov.cn/zhikujianyan/7076.html.

［151］“一带一路”国际合作高峰论坛筹备委员会秘书处．“一带一路”

国际合作高峰论坛举行圆桌峰会，习近平主持会议并致辞［EB/OL］.［2018-03-01］. http://www.xinhuanet.com/world/2017-05/15/c129605243.htm.

［152］王义桅．如何看待“一带一路”建设的国际规则之争?［EB/OL］.(2017-10-03)［2018-03-02］.http://www.ftchinese.com/story/001076401?full=y.

［153］中华人民共和国外交部党委．外交部：推进“一带一路”建设，构建全方位对外开放新格局［EB/OL］.［2018-02-21］. https://www.yidaiyilu.gov.cn/ghsl/gnzjgd/ 29653.htm.

［154］中华人民共和国商务部．商务部召开2020年商务工作及运行情况新闻发布会［EB/OL］.［2021-01-30］. http://www.mofcom.gov.cn/xwfbh/20210129.shtml.

［155］王义桅:“人类命运共同体”思想解决三大世界问题［EB/OL］.［2018-02-27］. http://www.aisixiang.com/data/108208.html.

［156］新华网．推动共建丝绸之路经济带和21世纪海上丝绸之路的愿景与行动［EB/OL］.［2018-01-02］. http://www.xinhuanet.com/world/2015-03/28/c_1114793986.htm.

［157］新华网．习近平：推动共建“一带一路”走深走实造福人民［EB/OL］.［2018-12-11］. http://www.xinhuanet.com/politics/leaders/2018-08/27/c_1123336562.htm.

［158］新华网．“一带一路”:“五通”大数据和大事记［EB/OL］.［2018-03-01］. http://www.xinhuanet.com/fortune/2017-04/28/c_129580144.htm.

［159］中华人民共和国教育部．2019年度出国留学人员情况统计［EB/OL］.［2021-03-03］. http://www.moe.gov.cn/jyb_xwfb/gzdt_gzdt/s5987/202012/t20201214_505447.html.

［160］中华人民共和国教育部．教育2020收官系列新闻发布会第六场：介绍“十三五”期间教育对外开放工作情况［EB/OL］.［2020-12-29］. http://www.moe.gov.cn/fbh/live/2020/52834/twwd/202012/t20201222_506910.html.

［161］新华网．习近平在“一带一路”国际合作高峰论坛圆桌峰会上的开幕辞［EB/OL］．［2018-04-15］.http://www.xinhuanet.com/politics/2017-05/15/c_1120976082.htm.

［162］孔子学院总部／国家汉办．关于孔子学院／孔子课堂［EB/OL］．［2018-08-17］.http://www.hanban.org/confuciousinstitutes/node_10961.htm

［163］中华人民共和国驻沙特阿拉伯王国大使馆．沙特大规模派遣公费赴华留学生［EB/OL］．［2007-03-26］.http://sa.china-embassy.gov.cn/zsgx/jyjl/200703/t20070326_2040044.htm.

［164］中国政府网.196 个国家和地区的 49.22 万名留学生去年来华留学［EB/OL］．［2019-06-03］.http://www.gov.cn/xinwen/2019-06/03/content_5397181.htm.

［165］中华人民共和国教育部．来华留学工作向高层次高质量发展［EB/OL］．［2018-03-30］. http://www.moe.gov.cn/jyb_xwfb/gzdt_gzdt/s5987/201803/t20180329_331772.html.

［166］孔子学院总部／国家汉办．孔子学院 2018 年度发展报告［R/OL］．［2019-08-12］. http://www.hanban.org/report/2018.pdf.

［167］中华人民共和国教育部．国新办发布会介绍“一带一路”沿线国家民心相通情况［EB/OL］．［2018-12-11］. http://www.moe.gov.cn/jyb_xwfb/xw_fbh/moe_2069/xwfbh_2017n/xwfb_2017zbqt/201705/t20170511_304378.html.

［167］罗珊珊．去年我国对“一带一路”沿线国家投资增长 18.3%［EB/OL］.［2021-7-30］. https：//www.yidaiyilu.gov.cn/xwzx/gnxw/163244.htm

［168］中国网教育．开创“一带一路”国际产教融合全新格局［EB/OL］．［2020-12-06］. http://www.china.com.cn/education/2016-12/06/content_39861765.htm.

［169］中华人民共和国教育部．教育部印发《推进共建“一带一路”教育行动》的通知［EB/OL］．［2018-03-30］. http://www.moe.gov.cn/srcsite/A20/s7068/201608/t20160811_274679.html.

［170］新华网．职业教育交流助力“一带一路”建设［EB/OL］．［2019-12-4］.http://fec.mofcom.gov.cn/article/fwydyl/zgzx/201912/20191202918959.shtml.

［171］新华社．孔子学院十五年：全球“汉语热”带来机遇与挑战［EB/OL］．［2021-08-18］．http://www.gov.cn/xinwen/2019-12/10/content_5460063.htm.

［172］吴佳潼．中国发布｜商务部：去年我国与“一带一路”沿线国家货物贸易额达 1.35 万亿美元［EB/OL］．［2021-08-20］．http://news.china.com.cn/txt/2021-01/29/content_77169072.htm.

［173］央视网．2019 年在我国学习的“一带一路”沿线国家留学生占比达 54.1%［EB/OL］．［2021-08-20］．http://news.cnr.cn/native/gd/20201223/t20201223_525372126.shtml.

［174］商务部．“一带一路”背景下涉外法律人才培养问题探究［EB/OL］．［2021-08-13］．http://cafiec.mofcom.gov.cn/article/tongjipeixun/201712/20171202687058.shtml.

［175］刘晓蕾．携手共推国际胜任人才培养：中国教育发展战略学会国际胜任力培养专业委员会成立大会暨国际胜任人才培养论坛举行［EB/OL］．［2022-03-06］．http://job.chisa.edu.cn/v2/rmtycgj/202107/t20210727_610050.html.

［176］中华人民共和国教育部．教育部关于印发《国别和区域研究基地培养和建设暂行办法》的通知［EB/OL］．［2019-08-25］．http://www.moe.gov.cn/srcsite/A20/s7068/201501/t20150126_189316.html.

［177］中华人民共和国国务院新闻办公室．《中国的对外援助（2014）》白皮书（全文）［EB/OL］．［2018-7-30］．http://www.scio.gov.cn/zfbps/ndhf/2014/Document/1375013/1375013.htm.

［178］中华人民共和国教育部，国务院学位委员会．教育部 国务院学位委员会关于印发《学位与研究生教育发展“十三五”规划》的通知．［EB/OL］．［2018-04-23］．http://www.moe.gov.cn/srcsite/A22/s7065/201701/t20170120_295344.html.

［179］中华人民共和国教育部．教育部关于印发《留学中国计划》的通　知［EB/OL］．［2018-09-11］．http://www.moe.gov.cn/srcsite/A20/moe_850/201009/t20100921_108815.html.

［180］中华人民共和国教育部．2017 年出国留学、回国服务规模双增长［EB/OL］．［2017-06-01］．http://www.moe.gov.cn/jyb_xwfb/gzdt_gzdt/s5987/201803/t20180329_331771.html.

［181］中国日报网．2019 年《华侨华人蓝皮书》发布［EB/OL］．［2019-12-25］．https：//baijiahao.baidu.com/s?id=1653436720271401121&wfr=spider&for=pc.

［182］人民网．习近平在“加强互联互通伙伴关系”东道主伙伴对话会上的讲话（全文）［EB/OL］．［2018-04-16］．http://politics.people.com.cn/n/2014/1109/c1024-25997257.html.

［183］中国政府网．中国已与 54 个国家签署高等教育学历学位互认协 议［EB/OL］．［2021-08-17］．http://www.gov.cn/xinwen/2020-09/05/content_5540890.htm.

［184］人民政协网．阚阅：为完善全球教育治理提供中国方案［EB/OL］．［2018-12-01］．http://www.rmzxb.com.cn/c/2017-12-01/1887074.shtml.

［185］中华人民共和国教育部．第六届中国—中东欧国家教育政策对话在深圳举办［EB/OL］．［2018-05-28］．http://www.moe.gov.cn/jyb_xwfb/gzdt_gzdt/moe_1485/201805/t20180528_337446.html.

［186］中华人民共和国教育部．2019 年全国教育事业发展统计公报［EB/OL］．［2021-08-16］．http://www.moe.gov.cn/jyb_sjzl/sjzl_fztjgb/202005/t20200520_456751.html.

［187］中华人民共和国教育部．介绍《普通高中课程方案和语文等学科课程标准（2017 年版）》有关情况［EB/OL］．［2018-08-19］．http://www.moe.gov.cn/jyb_xwfb/xw_fbh/moe_2069/xwfbh_2018n/xwfb_20180116/201801/t20180116_324680.html.

［188］中华人民共和国教育部．教育部关于实施卓越教师培养计划的意

见［EB/OL］.（2014-08-19）［2021-03-21］. http://www.moe.gov.cn/srcsite/A10/s7011/201408/t20140819_174307.html.

［189］中华人民共和国教育部.《"国培计划"课程标准（试行）》使用指南［EB/OL］.［2018-04-19］. http://www.moe.gov.cn/ewebeditor/uploadfile/2012/10/12/20121012170421236.pdf.

［190］中华人民共和国外交部. 变革我们的世界：2030年可持续发展议程（中文版）［EB/OL］.［2021-08-16］. http://switzerlandemb.fmprc.gov.cn/web/ziliao_674904/zt_674979/dnzt_674981/qtzt/2030kcxfzyc_686343/t1331382.shtml.

［191］人民网. 习近平谈建设新型智库：改革发展任务越重越需要智力支持［EB/OL］.［2018-08-15］. http://cpc.people.com.cn/xuexi/n/2015/0121/c385475-26422432.html.

［192］中国网."一带一路"智库合作联盟成立 智库将大有可为［EB/OL］.［2018-10-01］. http://www.xinhuanet.com//politics/2015-04/08/c_127668996.htm.

［193］中国政府网. 中共中央办公厅、国务院办公厅印发《关于加强中国特色新型智库建设的意见》［EB/OL］.［2018-09-24］. http://www.gov.cn/xinwen/2015-01/20/content_2807126.htm.

［194］WENDT A. Social theory of international politics［M］. Cambridge：Cambridge University Press，1999：3.

［195］DE WIT H，KNIGHT J. Internationalisation of higher education in Asia Pacific countries［M］.Amsterdam：European Association for international education，1997：6-17.

［196］DJANKOV S，MINER S. China's Belt and Road Initiative：motives，scope，and challenges［M］. Peterson Institute for International Economics，2016：7.

［197］SZANTON D L. The politics of knowledge：area studies and the disciplines［M］. California：University of California Press，2004：1.

［198］SAWATANI Y，SPOHRER J，KWAN S，et al. Serviceology for

smart service system [M] . Tokyo : Springer Japan, 2017 : 385–391.

[199] SZANTON D L. The politics of knowledge : area studies and the disciplines [M] . California:University of California Press, 2004 : 1.

[200] BERNHEIM C T. La Universidad Latinoamericana ante los retos del siglo XXI [M] . México : UDUAL, 2003 : 62.

[201] ZHA Q. Internationalization of higher education : towards a conceptual framework [J] . Policy Futures in Education, 2003 (2): 248–270.

[202] WENDT A. Anarchy is what states make of it : the social construction of power politics [J] . International Organization, 1992 (2): 391–425.

[203] VINCENT–LANCRIN S. L'enseignement supérieur transnational : un nouvel enjeu stratégique? [J] . Critique Internationale, 2008, 39 (2): 67–86.

[204] KNIGHT J. Internationalization : management strategies and issues [J] . International Education Magazine, 1993, 9 (6): 21–22.

[205] ALTBACH P G. Globalization and the university : myths and realities in an unequal world [J] . Current Issues in Catholic Higher Education, 2002, 23 (1): 5–26.

[206] VAN DIJK H, MEIJER K. The internationalization cube : a tentative model for the study of organizational designs and the results of internationalization in higher education [J] . European Education, 1998 (4): 44–56.

[207] OWENS T L, LANE J E. Cross–border higher education : global and local tensions within competition and economic development [J] . New Directions for Higher Education, 2014 (168): 69–82.

[208] HEALEY N. Managing international branch campuses : what do we know? [J] .Higher Education Quarterly, 2015, 69 (4): 386–409.

[209] MALDONADO–VALENTIN M. An exploration of the effects of language policy in education in a contemporary puerto rican society [J] .

Education Policy Analysis Archives，2016，24（85）：1–20.

［210］CHAPMAN D W，QUIJADA J J. An analysis of USAID assistance to basic education in the developing world，1990–2005［J］. International Journal of Educational Development，2009，29（3）：268–280.

［211］KNIGHT J. Doubts and dilemmas with double degree programs［J］.Revista de Universidad y Sociedad del Conocimiento，2011，8（2）：297–312.

［212］LYSAK O. Double and joint degree programs in Ukraine：realia and prospects［J］. Advanced Education，2017（7）：17–22.

［213］SERRANO V，FISCHER T. Collaborative innovation in ubiquitous systems［J］. Journal of Intelligent Manufacturing，2007，18（5）：599–615.

［214］American Council on Education. Mapping international joint and dual degrees：U. S. program profiles and perspectives［R］.Washington D.C.：Center for Internationalization and Global Engagement，2014.

［215］MCGANN J G. 2020 Global go to think tank index report［R］. Philadelphia：University of Pennsylvania，2021：14.

［216］UNESCO.Education for all 2015 national review：Hungary［R/OL］.［2018–07–03］. http://unesdoc.unesco.org/images/0022/002299/229933E.pdf.

［217］UNESCO.Education for all 2015 national review：Indonesia［R/OL］.［2018–08–10］. http://unesdoc.unesco.org/images/0022/002298/229874E.pdf.

［218］The Department of Asian Studies at Cornell University.Graduate study［EB/OL］.［2019–10–11］.http://asianstudies.cornell.edu/graduate.

［219］African Studies Center at University of Michigan. Students of African studies［EB/OL］.［2019–10–21］.https://ii.umich.edu/asc/students.html.

［220］GOLDBERG D, LOONEY D, LUSIN N. Enrollments in languages other than English in United States institutions of higher education，Fall 2013［EB/OL］.［2018–02–06］. https://files.eric.ed.gov/fulltext/ED569204.pdf.

[221] National Security Education Program. 2016 Annual report [EB/OL] . [2018-02-06] . https://www.dlnseo.org/sites/default/files/2016%20NSEP%20Annual%20Report%20for%20Web.pdf.

[222] DUTTA S, LANVIN B, WUNSCH-VINCENT S.The global innovation index 2017:innovation feeding the world [EB/OL] . [2018-8-23] . https://www.wipo.int/edocs/pubdocs/en/wipo_pub_gii_2017.pdf.

[223] European Quality Assurance Register for Higher Education. European approach for quality assurance of joint programmes [EB/OL] . [2021-01-22] .http://www.eqar.eu/kb/joint-programmes/.

[224] University of Malaya. University of Malaya strategic plan 2016-2020 [EB/OL] . [2021-05-18] . http://portal.um.edu.my/doc/canseleri/ppsg_upload/pelan%20strategik/UM%20Strategic%20Plan_2016-2020_07052018.pdf.

[225] European Quality Assurance Register for Higher Education. Definitions [EB/OL] . [2021-01-27] . https://www.eqar.eu/kb/joint-programmes/definitions/.

[226] The Four Ministers in Charge for France, Germany, Italy and the United Kingdom : Sorbonne Joint Declaration [EB/OL] . [2019-05-25] . http://duweb.donau-uni.ac.at/dam/jcr:9fdb8748-9c73-47f2-b25c-7cf94fbdd9d7/cop034_sorbonne_declaration.pdf.

[227]The European Ministers of Education: The Bologna Declaration[EB/OL] . [2021-05-25] . http://www.ehea.info/page-ministerial-conference-bologna-1999.

[228] ALBORNOZ O. Conferencia regional sobre políticas y estrategias para la transformación de la educación superior en América Latina y el Caribe : ideas, problemas y propuestas [EB/OL] . [2022-2-22] . https://unesdoc.unesco.org/ark:/48223/pf0000219410.

[229] The Heads of State and Government of ASEAN. 1992 Singapore Declaration [EB/OL] . [2022-03-12] . http://www.aunsec.org/5120.htm.

[230] ASEAN University Network. Charter of the ASEAN University

Network [EB/OL] . [2022-05-12] . http://agreement.asean.org/media/download/20220330062949.pdf.

[231] UNESCO. First global forum on international quality assurance, accreditation and the recognition of qualifications in higher education [EB/OL] . [2018-12-20] . https://unesdoc.unesco.org/ark:/48223/pf0000131402.

[232] The Observatory on Borderless Higher Education. Recent developments in Nigeria : international recruitment, sector-wide accreditation process and latest transnational establishments [EB/OL] . [2019-02-17] . http://www.obhe.ac.uk/documents/view_details?id=354.

[233] OHMORI F. Japan's policy changes to recognize transnational higher education : adaptation of the national system to globalization? [EB/OL] . [2018-12-09] . http://www.obhe.ac.uk/documents/view_details?id=50.

[234] U.S. Department of Education.New initiative to provide all students access to great educators [EB/OL] . [2018-06-11] .https://www.ed.gov/news/press-releases/new-initiative-provide-all-students-access-great-educators.

[235] OECD. The OECD PISA Global Competence Framework : preparing our youth for an inclusive and sustainable world [EB/OL] . [2017-12-12] . https://www.oecd.org/pisa/Handbook-PISA-2018-Global-Competence.pdf.

[236] UNESCO. Education 2030 : Incheon Declaration and framework for action for the implementation of sustainable development goal 4 : ensure inclusive and equitable quality education and promote lifelong learning opportunities for all [EB/OL] . [2021-08-16] . http://unesdoc.unesco.org/ark:/48223/pf0000245656.

[237] LEICHT A, HEISS J, BYUN W J. Issues and trends in education for sustainable development [EB/OL] . [2021-08-18] . http://unesdoc.unesco.org/ark:48223/pf0000261445.

[238] BOTHUN G D. Seven points to overcome to make the virtual university viable [EB/OL] . [2021-08-16] . https://www.educause.edu/ir/library/html/cem/cem97/cem972a.html.

[239] The Open University. Facts and figures [EB/OL] . [2021-08-16] . http://www.open.ac.uk/about/main/strategy-and-policies/facts-and-figures.

[240] African Virtual University. AVU at a glance [EB/OL] . [2021-08-16] . https://avu.org/avuweb/en/avu-at-a-glance/.

[241] Western Governors University (WGU) . WGU 2020 annual report [EB/OL] . [2021-08-16] . https://www.wgu.edu/content/dam/western-governors/documents/annual-report/2020-annual-report-compressed.pdf.